현대 철학 사상의 지침서
윤리 도덕 덕치의 교과서

# 孟子의 名言 名句

## 朱子 集註 選譯

張基槿 編著

明文堂

▲ 맹자상(孟子像)

▼ 맹자(孟子)　주희집주(朱熹集注) 1894년 간본(刊本)

▲ 주자상(朱子像)　사서(四書)에 주(註)를 달아 편찬한 주희(朱熹)

▼ 성선설(性善說)을 설명하는 맹자

아성전(亞聖殿) 맹자는 공자(孔子)에 버금 간다하여 아성(亞聖)으로 불린다.

▲《맹자》권5 등문공장구(滕文公章句) 상 (上) 원문 정유자본(丁酉字本)

孟子集註大全卷之五

滕文公章句上

凡五章

滕文公爲世子將之楚過宋而見孟子

世子太子也

孟子道性善言必稱堯舜

道言也性者人所稟於天以生之理也渾

然至善未嘗有惡人與堯舜初無少異但

人汨於私欲而失之堯舜則無私欲之蔽

而能充其性爾

▼ 맹부예문(孟府禮門) 맹자의 고향인 산동성 추현(鄒縣)에는 그를 제사 지내는 묘(廟)가 있다.

▼ 맹자상(孟子像)

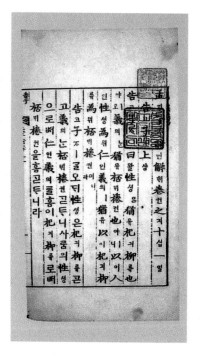

▲ 순(舜)임금 요(堯)임금으로
부터 왕위를 물려받았다.

◀ 맹자언해(孟子諺解) 선조명편(宣祖命篇)
고자장구(告子章句) 상(上)

▼ 호연지기(浩然之氣)를 설명하는 맹자

▼ 요(堯)임금 순(舜)임금과 함께 성
제(聖帝)로 일컬어진다.

# 머리말

사람은 육체적으로는 혼자 태어나 혼자 간다. 육체적 삶은 곧 식색(食色)을 바탕으로 한 개별적 삶이다.

그러나 사람은 영장(靈長)이다. 고로 「영적·정신적·도덕적 삶」을 살아야 한다.

하늘이 내려준 탁월한 본성을 바탕으로 「인의 도덕적·공동체적 삶」을 살게 마련이다.

가정적 차원에서는 육친애를 바탕으로 부모 형제 및 일가친척이 하나로 뭉쳐야 한다.

국가적 차원에서는 상하 좌우가 하나로 뭉치고 충(忠)과 성(誠)을 실천해야 한다. 그래야 민족 국가가 하나로 뭉치고, 더 나아가서는 세계 인류가 하나 되는 진정한 평화를 누리게 된다.

뿐만이 아니다. 개인이나 국가의 현실적·기능적 삶은 결국은 인류의 역사 문화 발전에 선가치적으로 기여해야 한다.

이와 같은 도리가 곧 천도(天道)다. 삶의 기능은 곧 인행(人行)이다. 천도를 인행으로 실천하면 지덕(地德)이 세워진다.

이를 「천공인기대지(天工人其代之)」라고 한다.

필자는 특히 지식인이 맹자를 공부하고 윤리 도덕적 삶을 살고 하늘 대신 공을 세우기를 간절히 바란다.

2010. 7. 16. 미수생일(米壽生日)

현옥련재거사(玄玉蓮齋居士)

# 차 례

# 참고 보충 차례

## 양혜왕장구 상(梁惠王章句 上)의 명언 명구

孟子見梁惠王 王曰 叟不遠千里而來 亦將有以利吾
國乎 孟子對曰 王何必曰利 亦有仁義而已矣.

맹자(이) 현 양혜왕(하신대) 왕(이) 왈 수 불원천리이래(하시니) 역장유이리오
국호(이까) 맹자(이) 대왈 왕(은) 하필 왈리(이꼬) 역유인의이이의(니이다)

맹자가 양혜왕을 알현했다. 혜왕이 말했다. 「선생께서 불원천리하고
이곳에 오셨으니 장차 우리나라에 이득을 주시겠지요.」 맹자가 대답해
서 말했다. 「임금님께서는 하필 이를 말하십니까. 역시 인의만 있을
뿐입니다.」

▶ 어구 설명

· 梁惠王(양혜왕) : 전국시대 위(魏)나라의 혜왕. 이름은 영(罃). 사기(史記)
  육국연표(六國年表)에 보면 「B.C. 370년부터 B.C. 335년까지 임금자리에
  있었다」고 했다. 그는 B.C. 362년에 도읍을 안읍(安邑 : 山西省)에서 대량
  (大梁 : 河南省 開封)으로 옮겼다. 그래서 「양혜왕(梁惠王)」이라 했다.
· 叟(수) : 노인장, 노선생(老先生). 당시 맹자의 나이를 53세 혹은 63세라
  했다. 확실하지 않다.
· 不遠千里而來(불원천리이래) : 천리 길을 멀다 하지 않고 찾아오다. 맹자
  의 고향 산동성 추(鄒)에서 대량까지는 먼 거리다.

·有以利吾國乎(유이리오국호) : 주자(朱子)는 이(利)를 부국강병(富國强兵)이라고 주를 달았다.

---

**王曰 何以利吾國 大夫曰 何以利吾家 士庶人曰 何以利吾身 上下交征利 而國危矣.**

---

왕왈 하이리오국(고하시면) 대부(이) 왈 하이리오가(오하며) 사서인(이) 왈 하이리오신(고하야) 상하(이) 교정리(면) 이국(이) 위의(리이다)

「임금께서 『어떻게 내 나라만을 이롭게 할까』하고 주장하신다면, 제후나 대부들도 『어떻게 내 집안만을 이롭게 할까』하고 말할 것이며, 또 선비나 백성들도 『어떻게 나 자신만을 이롭게 할까』하고 말하게 될 것입니다. 상하가 서로 자신의 이득만을 다투어 찾는다면 나라가 위태롭게 될 것입니다.」

▶ 어구 설명
·上下交征利(상하교정리) : 위와 아래가 서로 이(利)를 쟁취(爭取)하면.

---

**未有仁而遺其親者也 未有義而後其君者也 王亦曰 仁義而已矣 何必曰利.**

---

미유인 이유기친자야(며) 미유의 이후기군자야(니이다) 왕(은) 역왈 인의이이의(시니) 하필왈리(이꼬)

「인(仁)하면서 자기 어버이를 버린 자가 없으며, 의(義)하면서 자기 임금을 뒤로 돌린 자가 없습니다. 그러니 임금님도 역시 오직 인의만을 높이세요. 왜 하필 이를 말하십니까.」

[集註 選譯] (1) 此言 仁義未嘗不利 以明上文 亦有仁義而已之意也 :

「이 구절은 인의를 높여도 불리하지 않다」「그리고 위의 글, 즉『역시 인의만이 있다는 뜻(亦有仁義而已之意)』을 분명히 한 것이다.」

(2) 言 仁者必愛其親 義者必急其君. : 다음 같은 뜻을 말한 것이다.「인자(仁者)는 반드시 자기 어버이를 친애하고, 의자(義者)는 반드시 자기 군주를 긴요하게 생각하고 받든다.」

(3) 故人君躬行仁義 而無求利之心 則其下化之 自親戴於己也. :「고로 임금이 몸소 인의를 행하고, 이(利)를 취하려는 마음이 없으면, 곧 아래의 신하도 감화되어 임금을 친애하고 추대한다.」

(4) 此章言 仁義根於人心之固有天理之公也 利心生於物我之相形 人欲之私也. : 이 1장은 곧 다음 같은 뜻을 말한 것이다.「인의는 사람의 마음속에 뿌리하고 있는 공적인 천리이다.」「이심(利心)은 나와 남의 외형적인 대립에서 나타나는 사적인 욕심이다.」

(5) 太史公曰 讀孟子書 至梁惠王 問何以利吾國 未嘗不廢書而嘆也 曰嗟乎 利誠亂之始也 夫子罕言利 常防其源也 故曰 放於利而行多怨. : 태사공이 말했다.「나는 맹자의 책을 읽다가 양혜왕이 어떻게 하면 자기를 이롭게 하느냐고 말한 대목에 이르러 곧 책을 덮고 한탄하지 않을 때가 없었다.」「아! 이득을 구하는 것이 바로 문란해지는 시발이다.」「공자가 이득을 말하지 않은 것은 항상 문란해지는 근원을 막기 위해서였다.」「그래서 공자는 이득을 얻고자 행동하면 원한이 많게 된다고 말했다.」

(6) 自天子以至於庶人 好利之廢 何以異哉. :「천자에서부터 서민에 이르기까지 이득을 좋아하는 그 폐단은 어느 경우에나 다르지 않을 것이다.」

(7) 程子曰 君子未嘗不欲利 但專以利爲心則有害 惟仁義則不求利 而未嘗不利. : 정자가 말했다.「군자도 이득을 구하지 않는 것이 아니다. 단 전적으로 이득만을 얻으려고 마음먹으면 해가 있게 된다.」「인의를 높이면 이득을 구하지 않아도 언제나 이롭지 않음이 없다.」

(8) 當是之時 天下之人 惟利是求 而不復知有仁義. : 「당시에는 천하의 모든 사람이 오직 이만을 구하고, 또 인의가 있다는 것을 몰랐다.」

(9) 故孟子 言仁義 而不言利 所以拔本塞源 而救其弊 此聖賢之心也. : 「그래서 맹자가 인의만을 역설하고 이득에 대해서는 말하지 않았으니, 그것은 발본색원하고 당시의 폐단을 구제하기 위해서였다.」 「이것이 곧 성현의 마음이다.」

---

**孟子見梁惠王 王立於沼上 顧鴻鴈麋鹿 曰 賢者亦樂 此乎 孟子對曰 賢者而後樂此 不賢者雖有此不樂也.**

---

맹자(이) 현량혜왕(하신대) 왕(이) 입어소상(이러시니) 고홍안미록 왈 현자(도) 역락차호(이까) 맹자(이) 대왈 현자이후(에) 낙차(이니) 불현자(는) 수유차(나) 불락야(이니이다)

맹자가 양혜왕을 알현하자, 왕은 못 가에 서서 크고 작은 기러기와 사슴들을 둘러보면서 물었다. 「옛날의 현명한 임금도 <이와 같이 거대한 원유를 건설하고> 즐겼을까요.」 맹자가 아뢰었다. 「<인의도덕을 지키고 행하는> 현명한 임금이라야 비로소 이런 것을 참으로 즐길 수 있습니다. 어질지 못한 사람은 비록 이런 것들을 가졌다 해도 진정으로 즐길 수가 없습니다.」

▶ 어구 설명
· 沼(소) : 큰 연못. 호수.
· 鴻鴈麋鹿(홍안미록) : 「鴻(큰 기러기 홍), 鴈=雁(기러기 안), 麋(큰사슴 미), 鹿(사슴 록)」

文王以民力爲臺爲沼 而民歡樂之 謂其臺曰靈臺 謂
其沼曰靈沼 樂其有麋鹿魚鼈 古之人 與民偕樂 故
能樂也.

문왕(이) 이민력(으로) 위대위소(하시니) 이민(이) 환락지(하야) 위기대 왈령
대(라하고) 위기소 왈령소(라하야) 낙기유미록어별(하니) 고지인(이) 여민해
락(이라) 고(로) 능락야(니이다)

「결국 문왕은 백성의 힘으로 대와 못을 만들었습니다. 그러므로 백성들
은 기쁘고 즐거워했으며, 그 대를 영대라 부르고, 그 못을 영소라 부르
고, 또 그곳에서 큰사슴, 작은사슴 및 물고기와 자라들이 뛰고 놀고
자라는 것을 즐거워했습니다. 그러므로 옛날의 성군은 원유를 백성과
함께 즐겼으므로 진실로 즐길 수 있었던 것입니다.」

▶ 어구 설명

· 靈臺(영대) : 주(周) 문왕(文王)이 처음에 여러 면으로 살피고 헤아려 영대
(靈臺)의 터를 잡고 정했다. 문왕은 영대에서 위로는 하늘에 제사를 지내
고, 아래로는 백성을 내려보고 살폈다. 영대의 고지(故址)는 섬서성(陝西
省) 호현(鄠縣)에 있다.

[集註 選譯] (1) 孟子言 文王雖用民力 而民反歡樂之 : 맹자의 말은 곧
다음과 같은 뜻이다. 「문왕이 비록 백성들의 힘을 빌었지만, 백성들이
도리어 기쁘고 즐거워했다.」

(2) 旣加以美名 而樂其所有. : 「영대라는 좋은 이름까지 붙이고 임금이
가지는 것을 즐겁게 여겼다.」

(3) 蓋由文王能愛其民 故民樂其樂 而文王亦得以享其樂也. : 「무릇 문
왕이 백성들을 사랑할 수 있었기 때문에, 백성들도 왕의 즐거움을 즐겁
게 여겼으며, 문왕 역시 즐거움을 마냥 누렸다.」

---

## 湯誓曰 時日害喪 予及女偕亡 民欲與之偕亡 雖有 臺池鳥獸 豈能獨樂哉.

---

탕서(에) 왈 시일(은) 갈상(고) 여급여(로) 해망(이라하니) 민욕여지해망(이면)
수유대지조수(이나) 기능독락재(리이꼬)

「서경 상서 탕서편에 다음같이 있습니다. 『<백성들이 걸을 미워하면
서> 저 해는 언제 멸망할까. 나도 너와 함께 죽고 망하리라.』 이렇게
백성들이 임금과 함께 망해 없어지려고 하면, 비록 대나 못에 새나 동물
이 있어도 <버림받은> 임금이 어찌 혼자서 즐거워할 수 있겠습니까.」

▶ 어구 설명

· 湯誓(탕서) : 상(商)의 탕왕(湯王)이 하(夏)의 포학무도한 걸(桀)을 토벌하
기에 앞서, 자기 군사들에게 한 서약을 적은 글이다.

· 時日害喪(시일갈상) : 「시(時)」=「시(是)」, 「일(日)」은 「해, 태양, 곧 걸왕
(桀王)이다.」 <* 걸왕이 스스로 『나는 해』라고 떠벌였다.> 「해(害)는 曷
(어찌 갈), 何(어찌 하)로 풀이한다.」

· 予及女偕亡(여급여해망) : 「여(女)=汝(너 여), 偕(함께 해)」

[集註 選譯] (1) 民怨其虐 故因其自言 而目之曰 此日何時亡乎. : 「백성
이 걸의 학정을 원망했다. 고로 걸 자신의 말을 가지고, 그를 지목하고
말했다. 『저 해가 언제 망할까.』」

(2) 若亡則我寧與之俱亡. : 「그대가 망하면, 즉 나도 차라리 함께 망하리라.」

(3) 蓋欲其亡之甚也. : 「무릇 그의 멸망을 심하게 바랐다.」

(4) 孟子引此 以明君獨樂 而不恤其民 則民怨之 而不能保其樂也. : 「맹
자가 이 말을 인용해서 밝힌 것이다.」 「즉 임금이 혼자만 일락(逸樂)하
고, 백성들을 긍휼(矜恤)히 여기지 않으면」 「곧 백성들이 임금을 원망
한다. 따라서 그 즐거움도 지닐 수 없게 된다.」

孟子對曰 王好戰 請以戰喻 塡然鼓之 兵刃旣接 棄
甲曳兵而走 或百步而後止 或五十步而後止 以五十
步笑百步 則何如 曰 不可 直不百步耳 是亦走也 曰
王如知此 則無望民之多於鄰國也.

맹자(이) 대왈 왕(이) 호전(하실새) 청이전유(호리이다) 전연고지(하야) 병인
기접(이어늘) 기갑예병이주(호대) 혹백보이후(에) 지(하여) 혹오십보이후(에)
지(하여) 이오십보(로) 소백보(면) 즉하여(하니이꼬) 왈 불가(하니) 직불백보
이(언정) 시역주야(로다) 왈 왕여지차 즉무망민지다어린국야(하소서)

맹자가 대답하여 말했다. 「왕께서 전쟁에 능통하시니 전쟁을 비유로
들어 아뢰겠습니다. 바야흐로 싸움이 벌어져 둥둥 전고(戰鼓)가 울리
고, 양쪽 군사들이 서로 무기를 맞대고 싸우다가 한쪽이 패하여 갑옷을
버리고 무기를 끌고 도망을 가는데, 어떤 자는 백 보를 가다가 멈추고,
어떤 자는 50보를 가다가 멈추었습니다. 그리고 50보를 도망간 자가
백 보를 도망간 자를 보고 비웃었다면 어떻겠습니까.」 혜왕이 말했다.
「안 되지. 다만 백 보가 아닐 뿐, 그 자도 역시 도망간 것이오..」 맹자가
말했다. 「임금님께서 그렇듯이 도리를 알고 계신다면 이웃 나라보다
백성이 많아지기를 바라지 마십시오..」

▶ 어구 설명

· 塡然鼓之(전연고지) : 둥둥 북을 울린다. 진격할 때는 북을 울리고, 퇴각할
때는 종이나 쟁(錚)을 친다.

> 不違農時 穀不可勝食也 數罟不入洿池 魚鼈不可勝
> 食也 斧斤以時入山林 材木不可勝用也 穀與魚鼈不
> 可勝食 材木不可勝用 是使民養生喪死無憾也 養生
> 喪死無憾 王道之始也.

불위농시(면) 곡불가승식야(이며) 촉고(를) 불입오지(면) 어별(을) 불가승식
야(이며) 부근(을) 이시입산림(이면) 재목(을) 불가승용야(이니) 곡여어별(을)
불가승식(하며) 재목(을) 불가승용(이면) 시사민양생상사(에) 무감야(이니)
양생상사(에) 무감(이) 왕도지시야(이니이다)

「백성들로 하여금 농사의 때를 어기지 않고 농사를 잘 짓게 하면 곡식
을 이루 다 먹을 수 없게 됩니다. 그물눈이 촘촘한 그물을 못이나 강
속에 넣지 않고 <치어(稚魚)를 잡지 않으면> 물고기나 자라가 <번식
하여> 이루 다 먹을 수 없게 됩니다. 때에 맞추어 산림에 들어가 도끼
로 벌목하면 <산에 나무가 잘 자라고 무성하여> 재목을 이루 다 쓸
수 없게 됩니다. 곡식과 생선 및 자라 등의 식량이 풍족하고, 재목 등이
쓰고 남을 정도로 많으면, <그때에 비로소> 백성들로 하여금 양생(養
生)과 상사(喪死)를 유감없이 하게 할 것입니다. 유감없이 양생과 상사
를 하게 하는 것이 곧 '왕도덕치'의 바탕이고 시발점입니다.」

▶ 어구 설명

· 不違農時(불위농시) : 농사의 때를 어기지 않는다. 공자는 「때맞추어 백성
  을 부려 써라(使民以時)」고 말했다.
· 數罟(촉고) : 눈이 작은 그물. 「고(罟)」는 「그물 망(網)」과 같다.
· 洿(오) : 움푹 파진 낮은 땅이며 물이 고인 곳.
· 養生喪死(양생상사) : 「양생」은 산 사람을 잘 양육하다. 「상사」는 죽은
  사람의 장사를 잘 지내고, 또 제사를 잘 지낸다.

五畝之宅 樹之以桑 五十者可以衣帛矣 雞豚狗彘之
畜 無失其時 七十者可以食肉矣 百畝之田 勿奪其
時 數口之家 可以無飢矣 謹庠序之敎 申之以孝悌
之義 頒白者不負戴於道路矣 七十者衣帛食肉 黎民
不飢不寒 然而不王者 未之有也.

오무지택(에) 수지이상(이면) 오십자(이) 가이의백의(며) 계돈구체지휵(을) 무실기시(면) 칠십자(이) 가이식육의(며) 백무지전(을) 물탈기시(면) 수구지가(이) 가이무기의(라) 근상서지교(하여) 신지이효제지의(면) 반백자(이) 불부대어도로의(리니) 칠십자(이) 의백식육(하며) 여민(이) 불기불한(이오) 연이불왕자(이) 미지유야(니이다)

「다섯 무 넓이의 택지와 주변 땅에 뽕나무를 심고 양잠을 하면 나이 50세 된 어른이 비단옷을 입으며, 닭과 새끼돼지 및 개와 큰 돼지를 기르되 <가축이 번식하는> 때를 놓치지 않고 사육하면, 70세의 노인들이 고기를 먹게 됩니다. 한 가구에 백 무의 전답을 주고 농사지을 때에 맞추어 짓게 하고, 또 그들의 노동력을 탈취하지 않고 <농사를 잘 짓게 하면> 여러 식구가 있는 집안이 굶지 않고 잘 살 수 있게 됩니다. <그리고> 성실하고 근엄하게 학교 교육이나 교화를 하고, 거듭 백성에게 효제(孝弟)의 도의(道義)를 가르치고 깨우치면, 머리가 희끗희끗한 노인들이 짐을 지고 길을 가지 않게 됩니다. 70 노인이 비단옷을 입고 고기를 먹고, 일반 백성이나 서민들이 굶주리지 않고 추위에 떨지 않게 될 것입니다. <그와 같이 하고도> 천하에 참다운 왕노릇을 하지 못한 예는 아직까지 없었습니다.」

▶ 어구 설명

· 五畝之宅(오무지택) : 무(畝)의 속음은 「묘」. 「5무」는 약 260평이다. 5무의 택지는 한 집안의 가장이 받는 땅.

· 五十者可以衣帛矣(오십자가이의백의) : 나이 50세 된 어른이 비단옷을 입
  는다. 나이 50이 되면 노쇠하기 시작하며, 비단옷이 아니면 <몸을> 따뜻하
  게 감싸지 못한다. 나이 50세가 되기 전에는 비단옷을 입지 못한다.
· 庠序(상서) : 지방의 교육기관. 하(夏)나라는 교(校), 은(殷)나라는 서(序),
  주(周)나라는 상(庠)이라 했다.
· 孝悌(효제) : 부모를 잘 섬기는 것이 효(孝)이고, 형장(兄長)을 잘 받드는
  것이 제(悌)이다.
· 黎民(여민) : 「여(黎)」는 「검을  흑(黑)」. 「여민」은 「머리가 검은 사람이며,
  진(秦)나라에서 말하는 검수(黔首)와 같다.」

[集註 選譯] (1) 夫民衣食不足 則不暇治禮義. : 「백성들은 의식이 부족
하면 예의를 차릴 여유가 없게 된다.」

(2) 而飽煖無敎 則又近於禽獸. : 「반대로 배불리 먹고 따뜻하게 잘살되,
교육이 없으면 역시 금수(禽獸)와 가까운 존재가 된다.」

(3) 故旣富而敎以孝悌 則人知愛親敬長. : 「고로 먼저 잘살게 하고, 그리
고 효제(孝悌)를 잘 가르쳐야 한다.」「그러면 사람이 부모를 친애하고
연장자를 공경한다.」

(4) 而代其勞 不使之負戴於道路矣. : 「그리고, 노인을 대신해서 일하고
노인으로 하여금 짐을 지고 길을 가지 않게 할 것이다.」

(5) 此言 盡法制品節之詳 極財成輔相之道 以左右民 是王道之成也. : 이
는 곧 다음 같은 뜻을 말한 것이다. 「법제와 품절을 자세하게 만들고,
또 재물을 이루고 서로 도와주는 도리를 다해서 백성을 도와주는 것이
바로 왕도의 완성이다.」

狗彘食人食 而不知檢 塗有餓莩 而不知發 人死則曰
非我也 歲也 是何異於刺人而殺之 曰 非我也 兵也
王無罪歲 斯天下之民至焉.

구체(이) 사인식 이부지검(하며) 도유아표 이부지발(하며) 인사 즉왈 비아야
(라) 세야(라하시니) 시하이어자인 이살지(하고) 왈 비아야(라) 병야(라) 왕무
죄세(하시면) 사천하지민(이) 지언(하리이다)

「<윗사람이> 개나 돼지에게 <백성들이 먹을> 곡식을 먹여 사육하면
서 단속할 줄 모르고, 또 길가에 굶어 죽은 사람의 시체가 있어도 곡물
창고를 열어 구호미를 풀 줄 모릅니다. <그리고> 사람이 굶어 죽으면,
<임금은>『내 탓이 아니다. 흉년 탓이다』라고 말하니, 그런 태도는
사람을 찔러 죽이고『내가 아니다. 무기다』라고 말하는 것과 무엇이
다릅니까. 임금께서 죄를 흉년에 돌리지 않고 <참다운 왕도의 덕치를
펴면> 그때에 비로소 천하의 만민이 올 것입니다.」

▶ 어구 설명

·塗有餓莩(도유아표) :「도(塗) = 도(道)」. 표(莩)는 굶어 죽은 사람의 뜻.
·歲(세) : 그 해의 농사의 풍흉(豊凶)을 말한다.

[集註 選譯] (1) 程子曰 孟子之論王道 不過如此 可謂實矣. : 정자가 말
했다.「맹자가 논하는 왕도는 이와 같을 뿐이며, 참으로 알차고 실질적
이다.」

(2) 又曰 孔子之時 周室雖微 天下猶知尊周之爲義 故春秋以尊周爲
本. : 또 말했다.「공자 때에는 주(周)가 쇠미해도 천하가 주를 높이는
것을 의(義)로 여겼다. 그래서 춘추시대에는 존주(尊周)를 근본으로
삼았다.」

(3) 至孟子時 七國爭雄 天下不復知有周 而生民之塗炭已極. :「<정자

의 말> 맹자 시대가 되어서는 일곱 나라들이 전쟁으로 서로 패권을 다투었으며, 주(周)의 존재를 전같이 알아주지 않았다. 그래서 백성들이 도탄에 빠진 것이 극에 이르렀다.」

(4) 當是時 諸侯能行王道 則可以王矣. :「이러한 때에 제후들 중에서, 능히 왕도를 행할 수 있으면 왕이 될 수 있다.」

(5) 此孟子所以勸齊梁之君也. :「이것이 곧 맹자가 제(齊)나라나 양(梁)나라의 임금에게 권한 바다.」

(6) 蓋王者天下之義主也 聖賢亦何心哉 視天命之改與未改矣. :「무릇 왕(王)은 천하의 의주(義主)이다. 공자나 맹자 같은 성현은 또 무슨 마음을 품겠는가. 오직 천명으로 악덕을 몰아내고 왕도의 천하로 바뀌지는지 안 되는지를 보고자 한 것이다.」

---

梁惠王曰 寡人願安承敎 孟子對曰 殺人以挺與刃 有以異乎 曰無以異也 以刃與政 有以異乎 曰無以異也.

---

양혜왕(이) 왈 과인(이) 원안승교(하노이다) 맹자(이) 대왈 살인이정여인(이) 유이이호(이까) 왈 무이이야(니이다) 이인여정(이) 유이이호(이까) 왈 무이이야(니이다)

양혜왕이 말했다. 「과인은 편하고 즐거운 마음으로 가르침을 듣고자 합니다.」 맹자가 물었다. 「사람을 죽이는 데 몽둥이를 쓴 것과 칼을 쓴 것이 다릅니까?」 임금이 말했다. 「다를 바 없지요.」 맹자가 물었다. 「칼로 죽이는 것과, 정치를 잘못해서 죽이는 것이 다를 바 있습니까?」 임금이 말했다. 「다를 바 없지요.」

曰 庖有肥肉廐有肥馬 民有飢色野有餓莩 此率獸而
食人也 獸相食且人惡之 爲民父母行政 不免於率獸
而食人 惡在其爲民父母也.

왈 포유비육(하며) 구유비마(요) 민유기색(하며) 야유아표(이면) 차(는) 솔수
이사인야(니이다) 수상식(을) 차인(이) 오지(하나니) 위민부모(이라) 행정(하
되) 불면어솔수이사인(이면) 오재기위민부모야(이리꼬)

「<임금이나 귀족들의> 푸주간에는 기름진 고기가 넘치고, 마구간에
는 살찐 말들이 있는데, 백성의 얼굴에는 굶주린 기색이 돌고, 들판에는
허기져 쓰러진 시체가 있으니, 이는 바로 짐승을 데려다가 백성이 먹을
곡식을 먹게 하는 것입니다. 금수가 서로 잡아먹는 것조차 사람들은
나쁘게 여기거늘, 백성의 부모가 되는 임금이 다스리면서 금수를 끌어
다가 사람을 먹게 하는 잘못에서 벗어나지 못하니, 어찌 그를 백성의
부모라 하겠습니까.」

孟子對曰 地方百里而可以王 王如施仁政於民 省刑
罰 薄稅斂 深耕易耨 壯者以暇日 修其孝悌忠信 入
以事其父兄 出以事其長上 可使制梃 以撻秦楚之堅
甲利兵矣.

맹자(이) 대왈 지방백리 이가이왕(이니이다) 왕여시 인정어민(하사) 생형벌
(하시며) 박세렴(하시며) 심경이누(하고) 장자이가일(로) 수기효제충신(하여)
입이사기부형(하여) 출이사기장상(하리니) 가사제정(하여) 이달진초지견갑
리병의(리이다)

맹자가 대답했다. 「국토가 사방 백 리만 되어도 <덕치로써> 왕노릇을

할 수 있습니다. 임금께서 만약 백성에게 인정을 베풀어, 형벌을 적게 하고, 세금 징수를 감면하고, 또 농토를 깊이 갈고 김을 잘 매게 하여 <농업생산을 높이고> 아울러 청소년에게 공부할 시간을 주어 저마다 『효제충신(孝悌忠信)』을 닦게 하고, 집안에서는 부모와 형제를 잘 섬기고, 나가서는 연장자나 윗사람을 잘 섬기게 감화해야 합니다. 그렇게 하면, 그들 백성들로 하여금 몽둥이를 들고도 진(秦)나라와 초(楚)나라의 견고한 갑옷이나 예리한 창칼을 무찌르게 할 수 있습니다.」

▶ 어구 설명

· 地方百里(지방백리) : 사방 백 리는 작은 나라다.
· 易耨(이누) : 「이(易)는 치(治)다.」「누(耨)」는 「김맬 운(耘)」이다. 「이(易)」를 「때맞추어 속히」로 풀어도 된다.
· 壯者(장자) : 청년 혹은 성인.

---

彼奪其民時 使不得耕耨 以養其父母 父母凍餓 兄
弟妻子離散 彼陷溺其民 王往而征之 夫誰與王敵
故曰 仁者無敵 王請勿疑.

---

피(이) 탈기민시(하여) 사부득경누(하여) 이양기부모(하면) 부모(이) 동아(하니) 형제처자(이) 이산(하리니) 피(이) 함닉기민(이어든) 왕(이) 왕이정지(하시면) 부수여왕적(이리이꼬) 고(로) 왈 인자무적(이라하니) 왕청물의(하소서)

「그들 진(秦)나라와 초(楚)나라는 백성들의 시간을 빼앗아 농사를 잘 지어, 자기 부모를 보양하는 것조차 못하게 합니다. 따라서 부모가 추위에 떨고 굶주리고 형제 처자가 서로 흩어집니다. 그들 나라에서 백성들을 함정이나 물속에 빠뜨리듯이 <포학한 정치로 민심을 잃었을 때에 민심을 하나로 만든> 임금이 가서 바로잡는 일을 어느 누가 막고 대항할 수 있습니까. 고로 인자(仁者)는 무적이라 합니다. 임금은 저의 말을 의심하지 마십시오.」

▶ 어구 설명

·彼(피) : 적국을 말한다. <진(秦)나라나 초(楚)나라.>
·陷溺(함닉) : 「함(陷)은 함정(陷穽)에 빠뜨리다. 익(溺)은 물에 빠뜨리다.
·仁者無敵(인자무적) : 「인자에게는 대적할 사람이 없다.」

[集註 選譯] (1) 仁者無敵 蓋古語也. : 「인자무적(仁者無敵)은 아마 고어(古語)일 것이다.」

(2) 百里可王 以此而已. : 「백리가왕은 이만하면 충분하다는 뜻이다.」

(3) 恐王疑其迂闊 故勉使勿疑也. : 「임금이 자기의 주장을 우활(迂闊)하다고 의심할까 겁을 내고, 임금으로 하여금 의심하지 말라고 힘주어 말한 것이다.」

(4) 孔氏曰 惠王之志 在於報怨. : 공씨(孔氏 : 이름은 文仲, 臨江 사람)가 말했다. 「혜왕의 뜻은 원한을 풀고자 함이었다.」

(5) 孟子之論 在於救民. : 맹자의 주장은 「백성을 구제(救濟)함에 있다.」

(6) 所謂天吏則可以伐之 蓋孟子之本意. : 「이른바 천도를 집행하는 하늘의 관리만이 방벌(放伐)할 수 있다고 한 것으로 곧 맹자의 본의일 것이다.」

孟子見梁襄王 出語人曰 望之不似人君 就之而不見
所畏焉 卒然問曰 天下惡乎定 吾對曰 定於一 孰能
一之 對曰 不嗜殺人者能一之 孰能與之.

맹자(이) 현량양왕(하시고) 출어인왈 망지 불사인군(이오) 취지 이불견소외언
(이러니) 졸연문왈 천하(는) 오호정(고하여늘) 오(이) 대왈 정어일(이라호다)
숙능일지(오하여늘) 대왈 불기살인자(이) 능일지(라호다) 숙능여지(오하야늘)

맹자가 양양왕(梁襄王)을 만나고 나와서 말했다. 「멀리서 바라보아도 그 풍모가 임금 같지 않고, 가까이 대해도 임금다운 위엄이 보이지 않더라. 그런데 느닷없이 나에게 『천하가 어떻게 될 것이냐』고 묻기에, 내가 『결국은 하나로 통일됩니다』하고 대답했다. 임금이 『누가 천하를 하나로 통일할 수 있느냐』고 묻기에 답했다. 『사람 죽이기를 좋아하지 않으면 천하를 통일할 수 있습니다.』 임금: 『누가 그를 따르고 편들겠느냐.』」

▶ 어구 설명

· 梁襄王(양양왕) : 혜왕(惠王)의 아들, 이름은 혁(赫).
· 就之(취지) : 가까이 대해도.
· 卒然(졸연) : 「갑자기」의 뜻.
· 天下惡乎定(천하오호정) : 천하가 어떻게 될 것이냐. 「정(定)」은 「결정이 나다」.
· 定於一(정어일) : 하나로 통일된다.
· 孰能一之(숙능일지) : 누가 능히 하나로 통일할 수 있느냐.
· 孰能與之(숙능여지) : 누가 그와 한패가 되고, 그를 위해 싸우겠느냐.

[集註 選譯] (1) 蓋容貌辭氣 乃德之符. : 「무릇 용모나 말투는 덕성과 일치한다.」

(2) 其外如此 則其中之所有者 可知. : 「밖으로 나타나는 품이 그와 같으니, 그 속에 지니고 있는 덕성도 알만하다.」

(3) 王問 列國分爭 天下當何所定. : 「임금이 물었다. 『여러 나라가 갈라져 싸우고 있으니, 천하가 어떻게 되야 하는가.』」

(4) 孟子對 以必合于一 然後定也. : 「맹자가 대답했다. 『반드시 하나로 통일되고 바르게 정해질 것입니다.』」

對曰 天下莫不與也 王知夫苗乎 七八月之間 旱則
苗槁矣 天油然作雲 沛然下雨 則苗浡然興之矣 其
如是 孰能禦之 今夫天下之人牧 未有不嗜殺人者也
如有不嗜殺人者 則天下之民 皆引領而望之矣 誠如
是也 民歸之 由水之就下 沛然孰能禦之.

대왈 천하(이) 막불여야(이니) 왕(은) 지부묘호(이까) 칠팔월지간(이) 한즉묘
(이) 고의(라가) 천(이) 유연작운(하야) 패연하우 즉묘(이) 발연흥지의(하나니)
기여시(면) 숙능어지(리오) 금부 천하지인목(이) 미유불기살인자야(이니) 여
유불기살인자(면) 즉천하지민(이) 개인령이망지의(라) 성여시야(면) 민귀지
유수지취하(하리니) 패연(을) 숙능어지(리오)

맹자가 대답했다. 「천하에서 어느 누구도 안 따르고 편들지 않을 사람
이 없습니다. 임금님도 논에 심은 벼의 묘(苗)를 아시지요. 7, 8월 사이
에 가물면 묘가 바짝 마릅니다. <그러다가> 하늘에 뭉게뭉게 구름이
일어나고 비가 한바탕 억세게 쏟아져 내리면 즉시 시들었던 묘가 다시
세차게 살아서 일어납니다. 그와 같은 <힘이나 도리를> 어느 누가
막을 수 있습니까. 오늘 천하의 임금들은 살인을 좋아하지 않는 자가
없으며 <모두가 백성을 못살게 굴고 죽이고 있습니다.> 만약에 살인
을 즐기지 않는 인자(仁慈)한 임금이 나타나면 즉시 천하의 모든 백성
들이 목을 길게 뽑고 우러러 바라볼 것입니다. 참으로 어진 임금이
나타나면 만민이 그에게 돌아와 순종(順從)할 것이며, 흡사 물이 아래
로 흘러내리듯이, 또 <단비가> 쏟아져 내린 듯이 <흠뻑 젖으려 할
것입니다. 그와 같은 왕도를> 누가 가로막을 수 있겠습니까.」

▶ 어구 설명
· 油然(유연) : 구름이 성하게 일어나는 모양.
· 沛然(패연) : 비가 세차게 쏟아지는 모양.

· 浡然(발연) : 묘가 세차게 살아서 일어나는 모양.

· 人牧(인목) : 백성을 양육하는 목자(牧者), 즉 인군(人君).

· 領(영) : 「목 경(頸)」과 같다.

[集註 選譯] (1) 予觀孟子以來 自漢高祖 及光武 及唐太宗 及我太祖皇帝 能一天下者 四君皆以不嗜殺人致之 其餘殺人愈多 而天下愈亂. : 「내가 본 바, 맹자 이후의 역사적 사실로 한(漢) 고조(高祖)와 광무(光武), 당(唐) 태종(太宗) 및 우리 송(宋)나라의 태조(太祖) 등이 능히 천하를 통일할 수 있었으며, 그들 네 군주는 다 살인을 좋아하지 않았으므로, 통일을 이루었다.」「기타의 임금들은 더욱 심하게 살인을 하여, 더욱 천하를 어지럽혔던 것이다.」

(2) 秦晉及隋 力能合之 而好殺不已. : 「진(秦)과 진(晉) 및 수(隋)는 무력으로 천하를 통합했으나, 살인 좋아하기를 멈추지 않았다.」

(3) 故或合而復分 或遂以亡國. : 「그래서 천하가 합쳤다가 다시 분열되었으며, 혹은 끝내 망했던 것이다.」

(4) 孟子之言 豈偶然而已哉. : 「그러니 맹자의 말이 우연히 한 말인가.」

---

## 曰 德何如 則可以王矣 曰 保民而王莫之能禦也.

왈 덕(이) 하여 즉가이왕의(리이꼬) 왈 보민이왕(이면) 막지능어야(이다)

선왕이 말했다. 「덕이 어떠하면 즉 참다운 왕이 될 수 있겠습니까.」 맹자 : 「백성을 잘 보호하고 친애하면 왕이 될 것이며, 그것을 누구도 막을 수 없습니다.」

▶ 어구 설명

· 保(보) : 백성을 사랑하고 보호한다는 뜻.

> 曰 無傷也 是乃仁術也 見牛未見羊也 君子之於禽
> 獸也 見其生 不忍見其死 聞其聲 不忍食其肉 是以
> 君子遠庖廚也.

왈 무상야(라) 시내인술야(니) 견우(코) 미견양야(일세니이다) 군자지어금수
야(에) 견기생(하고) 불인견기사(하며) 문기성(하고) 불인식기육(하시니) 시
이(로) 군자(는) 원포주야(니이다)

맹자가 말했다. 「상심하지 마십시오. 그러한 것이 바로 인(仁)을 이룩
하는 심술(心術)입니다. <그때에 임금께서는> 눈앞의 소는 보았으나,
아직 양은 보지 않았습니다. <그래서 눈앞의 소는 차마 죽일 수 없다고
생각하시고, 눈앞에 없는 양을 대신하라고 하신 것입니다.> 본래 군자
의 금수를 대하는 태도가 <그러한 것입니다.> 살아있는 것을 보고는
차마 눈앞에서 <무참하게> 죽는 꼴을 못 보고, 또 <죽어가면서 내는
비명> 소리를 듣고는 차마 그 동물의 고기를 먹지 못하는 법입니다.
그러기 때문에, 군자는 푸주간을 멀리하는 것입니다.」

▶ 어구 설명

· 無傷也(무상야) : 상심하지 마십시오. 백성들이 오해를 해도 걱정하지 마
  라, 관계없다.

· 不忍(불인) : 「무참하고 잔인한 꼴을 참고 보지 못한다」는 뜻.

[集註 選譯] (1) 蓋人之於禽獸 同生而異類 故用之以禮. : 「원래, 인간
과 금수는 같은 생명체이며 다만 종류가 다를 뿐이다.」 「그러므로 저마
다 예(禮), 즉 도리에 맞게 해야 한다.」

(2) 而不忍之心 施於見聞之所及. : 「사람의 불인지심도 직접 보고 듣는
곳에서는 더 심하게 나타나게 마련이다.」

(3) 其所以必遠庖廚者 亦以預養是心 而廣爲仁之術也. : 「푸주간을 멀

리하는 이유도 인심을 미리 키우려는 까닭이며, 인(仁)을 넓히는 방법
이다.」

---

王說曰 詩云 他人有心 予忖度之 夫子之謂也 夫我
乃行之 反而求之 不得吾心 夫子言之 於我心有戚
戚焉 此心之所以合於王者 何也.

---

왕(이) 열왈 시운 타인유심(을) 여촌탁지(라하니) 부자지위야(로소이다) 부아
내행지(하고) 반이구지(호대) 부득오심(이러니) 부자(이) 언지(하시니) 어아
심(에) 유척척언(하여이다) 차심지소이합어왕자(는) 하야(이꼬)

왕이 기뻐하며 말했다. 「시경(詩經)에 『타인의 마음을 내가 촌탁한다』
라는 말이 있거늘, 바로 선생을 말한 것입니다. 허기는 내가 행했으면
서도 돌이켜 보아도, 내 마음을 잘 알 수 없었거늘, 선생의 말을 들으니
<전에 모르던 불인지심(不忍之心)이> 내 마음속에 새삼스럽게 되살
아나는군요. 하지만 그런 마음이 왕도덕치(王道德治)에 합당한 까닭이
무엇입니까.」

▶ 어구 설명
· 詩云(시운) : 시경(詩經) 소아(小雅) 교언편(巧言篇)에 있다.
· 忖度(촌탁) : 남의 마음이나 생각을 헤아려 추측한다.
· 戚戚(척척) : 「측은한 마음이 동한다」로 풀이함이 좋다.

---

曰 有復於王者 曰 吾力足以擧百鈞 而不足以擧一
羽 明足以察秋毫之末 而不見輿薪 則王許之乎 曰
否 今恩足以及禽獸 而功不至於百姓者 獨何與 然

則一羽之不擧 爲不用力焉 輿薪之不見 爲不用明焉
百姓之不見保 爲不用恩焉 故王之不王 不爲也 非
不能也.

왈 유복어왕자(이) 왈 오력족이거백균 이부족이거일우(하며) 명족이찰추호지
말 이불견여신(이라하면) 즉왕허지호(이까) 왈 부(라) 금(에) 은족이급금수
이공부지어백성자(는) 독하여(이꼬) 연즉일우지불거(는) 위불용력언(이며)
여신지불견(은) 위불용명언(이며) 백성지불견보(는) 위불용은언(이니) 고(로)
왕지불왕(은) 불위야(이언정) 비불능야(이나이다)

맹자가 말했다. 「어떤 사람이 임금님에게 『나의 힘은 족히 백 균의
무게를 들어올릴 수 있다. 그러나 지금은 털 하나도 들어올릴 수 없다.
또 나의 눈은 밝아서 족히 추호의 끝도 볼 수 있다. 그러나 지금은
수레에 실은 장작더미가 보이지 않는다』고 말하면 <그자의 말을> 임
금께서는 인정하겠습니까.」 임금이 「아니라」고 말했다. 맹자 : 「지금
임금님의 은애(恩愛)가 족히 금수에 미치고 있거늘 그러면서 임금님의
공덕(功德)이 백성에 미치지 못하는 것은 단적으로 왜 그러합니까. 그
러한즉 털 하나를 들어올리지 않는 것은 힘을 쓰지 않는 것이고, 수레
에 실은 장작이 안 보인다고 하는 것은 밝은 눈으로 보지 않기 때문입
니다. 백성들이 임금에게 보육되지 않음은 임금이 은덕을 베풀지 않기
때문입니다. 고로 임금이면서 왕도덕치(王道德治)를 펴지 않는 것은
안하는 것이지, 못하는 것이 아닙니다.」

▶ 어구 설명
· 復(복) : 「말할 백(白)」과 같다.
· 鈞(균) : 30근의 무게.
· 秋毫(추호) : 가을에 동물의 가는 털.
· 輿薪(여신) : 수레에 실은 장작더미.

[集註 選譯] (1) 今恩以下 又孟子之言也. :「금은(今恩) 이하도 맹자의 말이다.」

(2) 蓋天地之性 人性爲貴. :「모든 천지간에 있는 만물의 본성 중, 인간의 본성이 가장 존귀(尊貴)하다.」

(3) 故人之與人 又爲同類而相親. :「고로 사람과 사람은 동류가 되며, 따라서 서로 친애해야 한다.」

(4) 是以惻隱之發 則於民切 而於物緩. :「그러므로『측은하게 여기는 마음의 발현』도 백성에게 더욱 절실하고, 동물에게는 덜하게 마련이다.」

(5) 推廣仁術 則仁民易 而愛物難. :「인(仁)을 베풀고 넓히는 방법에 있어서도, 즉 백성에게 인애(仁愛)를 베풀기는 쉬워도, 동물을 사람과 똑같이 사랑하기는 어렵다.」

(6) 今王此心 能及物矣 則其保民而王 非不能也 但自不肯也. :「지금 임금이 그와 같이 측은하게 여기는 마음을 동물에게 능히 미쳤으니, 백성을 보호하고 왕도덕치를 펴는 일은 절대로 불가능한 일이 아니다. 다만 자신이 하려고 하지 않는 것이다.」

---

曰不爲者與不能者之形 何以異 曰挾太山以超北海 語人曰 我不能是誠不能也 爲長者折枝 語人曰我不 能是不爲也非不能也 故王之不王非挾太山以超北 海之類也 王之不王是折枝之類也.

---

왈 불위자(와) 여불능자지형(이) 하이이(이꼬) 왈 협태산(하여) 이초북해(를) 어인왈 아불능(이라하면) 시(는) 성불능야(이어니와) 위장자절지(를) 어인왈 아불능(이라하면) 시(는) 불위야(이언정) 비불능야(이니) 고(로) 왕지불왕(은) 비협태산이초북해지류야(이라) 왕지불왕(은) 시(이) 절지지류야(이니이다)

임금이 물었다. 「하지 않는 것과 못하는 것은 그 형상이 어떻게 다릅니까.」 맹자가 말했다. 「태산(泰山)을 끼고 북해(北海)를 넘어야 할 경우, 남에게 『나는 못한다』고 말하면, 그것은 진짜로 못하는 것입니다. 그러나 연장자를 위해서 나뭇가지를 꺾을 때에 『나는 못한다』고 말하는 것은 하지 않는 것이지 못하는 것이 아닙니다. 고로 임금님이 왕도덕치(王道德治)를 펴지 않으시는 것은, 겨드랑이에 태산을 끼고 북해를 뛰어넘는 유(類)가 아니고, 임금님이 왕도덕치를 펴지 않으시는 것은 나뭇가지를 꺾는 유이며, 그것은 하지 않는 것입니다.」

▶ **어구 설명**

· 挾太山(협태산) : 「협(挾)」은 「팔이나 겨드랑이에 끼다.」 「태산(太山=泰山)」은 제(齊)나라에 있다.

· 折枝(절지) : 주자(朱子)는 「나뭇가지를 꺾다」로 풀었다. 「지(枝)」를 「지(肢)」로 보고 「절을 한다」 혹은 「어른을 위해 팔다리를 주무른다」로 풀이하는 설도 있다.

> 老吾老 以及人之老 幼吾幼 以及人之幼 天下可運
> 於掌 詩云 刑于寡妻 至于兄弟 以御于家邦 言擧斯
> 心 加諸彼而已 故推恩 足以保四海 不推恩 無以保
> 妻子 古之人 所以大過人者 無他焉 善推其所爲而
> 已矣 今恩足以及禽獸 而功不至於百姓者 獨何與.

노오로(하여) 이급인지로(하며) 유오유(하여) 이급인지유(이면) 천하(는) 가운어장(이니) 시운 형우과처(하여) 지우형제(하여) 이어우가방(이라하니) 언거사심(하여) 가제피이이(니라) 고(로) 추은(이면) 족이보사해(오) 불추은(이면) 무이보처자(이니) 고지인(이) 소이대과인자(는) 무타언(이라) 선추기소위이이의(니라) 금(에) 은족이급금수 이공부지어백성자(는) 독하여(니이꼬)

「먼저 임금님의 부모 및 일가의 모든 노인 어른들을 잘 섬기고 공경하시고, 그리고 다른 사람의 노인, 즉 모든 백성의 부모 노인들도 잘 섬기고 공경하십시오. 또 우선 임금님이 자기 집안의 자녀나 어린 사람들을 사랑으로 양육하고 이어 <그 사랑의 양육을> 모든 백성들의 어린 사람들에게도 미치십시오. 그러면 천하를 자기 손바닥 위에 놓고 굴리듯이 잘 다스릴 수 있습니다. 시경(詩經) 대아(大雅) 사제편(思齊篇)에 <다음같이 있습니다.> 『문왕이 자기 부인에게 바르게 대하고, 그리고 인덕(仁德)을 형제에게 미치고, 더 나아가 일가 친척 및 나라를 다스리노라.』 이 말은 곧 <본성 속에 있는> 인심(仁心)을 들어서 모든 사람에게 베푼다는 뜻을 말한 것입니다. 고로 은덕을 뻗어 넓히면 족히 사해 만민을 보호할 수 있지만, 뻗어 넓히지 않으면 자기 처자도 보호할 수 없습니다. 옛날의 성왕이 다른 사람보다 크게 뛰어난 이유는 바로 인심을 잘 뻗어 백성들을 사랑했기 때문입니다. 지금 임금님의 은혜가 금수에까지 족히 미쳤거늘, 그런데도 은공이 백성에게 미치지 못한 것은 단적으로 왜 그렇습니까.」

▶ 어구 설명

· 老吾老(노오로) : 앞의 「노(老)」는 「노인을 모시는 예로써 섬긴다」는 뜻. 「오로(吾老)」는 「우리 집안의 부모와 어른들」.
· 及(급) : 미친다.
· 運於掌(운어장) : 용이하다는 뜻.
· 刑于寡妻(형우과처) : 「형(刑)」은 「모범적으로 바르게 하다」의 뜻. 「과처(寡妻)」는 「임금의 본처, 정비(正妃)」의 뜻으로 푼다.

[集註 選譯] (1) 蓋骨肉之親 本同一氣 又非但若人之同類而已. : 「골육을 나눈 일가 친척은 뿌리가 같고, 또 선조의 한줄기 피를 이어받고 있으며, 그 친밀도에 있어 일반적으로 말하는 '동류의 사람'과 같은 것만이 아니다.」

(2) 故古人必由親親推之 然後及於仁民 又推其餘 然後及於愛物. :「그러
므로 옛사람들은 반드시 친 부모형제를 친애하는 것을 바탕으로 하고
사랑을 미루어 나갔던 것이다.」「그런 다음에 백성을 사랑하고, 또 기타
사람에게 사랑을 미루어 뻗고, 그 다음에 동물이나 만물을 사랑했다.」

(3) 皆由近以及遠 自易以及難. :「모두 가까운 데서 멀리 뻗고, 먼저
용이한 것을 하고 다음에 어려운 것을 해야 한다.」

(4) 今王反之 則必有故矣 故復推本而再問之. :「그런데 지금 임금은 반
대로 했으며, 반드시 그렇게 한 이유가 있을 것이다.」「그래서 맹자가
다시 근본을 내세워 가지고 물었던 것이다.」

---

## 權然後知輕重 度然後知長短 物皆然 心爲甚 王請 度之.

권 연후(에) 지경중(이며) 도 연후(에) 지장단(이니) 물개연(이어니와) 심위심
(하니) 왕청탁지(하쇼서)

「저울로 재보아야 경중(輕重)을 알 수 있으며, 자로 재보아야 장단(長
短)을 알 수 있으니, 모든 사물이 다 그러합니다. <특히 보이지 않고
미묘하게 작용하는> 마음은 더욱 심합니다. 그러므로 청하오니, 부디
마음을 잘 헤아리십시오.」

▶ 어구 설명
· 權(권) :「權(저울추 권)」.
· 度(도) :「자로 길이를 잰다」는 뜻.
· 度之(탁지) :「저울이나 자를 가지고 칭량(稱量)한다」는 뜻.

[集註 選譯] (1) 今王恩及禽獸 而功不至於百姓 是其愛物之心 重且長
而仁民之心 輕且短. :「지금 임금의 은혜가 금수에게 미치면서, 그 은공

이 백성에게 이르지 못하는 것은 결국 동물을 불쌍하게 여기는 마음은 무겁고 멀리 미치는데, 백성을 인애(仁愛)하려는 마음이 가볍고 짧다.」

(2) 失其當然之序 而不自知也. :「당연한 순서를 상실한 것이며, 자신이 모르고 있다.」

(3) 故上文 旣發其端 而於此 請王度之也. :「그래서 앞의 글에서는 『이미 인(仁)의 단서가 나타났다』고 말하고, 여기에서는 『임금께서 헤아리시기를 청합니다』라고 한 것이다.」

曰王之所大欲可得聞與 王笑而不言 曰爲肥甘不足
於口與 輕煖不足於體與 抑爲采色不足視於目與 聲
音不足聽於耳與 便嬖不足使令於前與 王之諸臣皆
足以供之 而王豈爲是哉 曰否吾不爲是也 曰然則王
之所大欲可知已 欲辟土地 朝秦楚 莅中國 而撫四
夷也 以若所爲 求若所欲 猶緣木而求魚也.

왈 왕지소대욕(을) 가득문여(이까) 왕(이) 소이불언(하시다) 왈 위비감(이) 부
족어구여(이며) 경난(이) 부족어체여(이며) 억위채색(이) 부족시어목여(이며)
성음(이) 부족청어이여(이며) 편폐(이) 부족사령어전여(이까) 왕지제신(이)
개족이공지(하나니) 이왕(은) 기위시재(시리이꼬) 왈 부오불위시야(로이다)
왈 연즉왕지소대욕(을) 가지이(니) 욕벽토지(하고) 조진초(하고) 이중국 이무
사이야(로소이다) 이약소위(로) 구약소욕(이면) 유연목이구어야(니이다)

맹자가 말했다. 「임금님께서 크게 바라는 바가 <무엇인지> 들려주실 수 있습니까.」 왕이 빙그레 웃으며 말하지 않았다. 맹자가 물었다. 「기름지고 맛좋은 음식이 입에, 즉 먹기에 부족해서입니까. 가볍고 따뜻한 옷이 몸에, 즉 입기에 부족해서입니까. 혹은 아름답게 꾸민 미녀

들이 눈으로 보기에 부족해서입니까. 아름다운 음악소리가 귀로 듣기에 부족해서입니까. 유순하고 사랑스런 근신들이 앞에서 부려쓰시기에 부족해서입니까. <그러한 모든 것은> 여러 신하들이 충분히 공급해 올리거늘, 그런데도 임금님은 어찌하여 <욕심을 내고> 전쟁을 하려고 하십니까.」임금이 말했다. 「아니오. 그런 것 때문에 전쟁을 하는 것이 아니오..」맹자가 또 말했다. 「그러면, 즉 임금님의 큰 욕구를 알 만합니다. 영토를 더 넓히고, 진나라와 초나라를 조공 들게 하고, 제나라가 천하의 중심이 되어, 사방의 오랑캐 나라를 다스리자는 것입니다. 하지만 임금님이 하시는 일, 즉 전쟁으로써 그러한 것을 바라는 것은 흡사 나무에 올라가 물고기를 잡으려고 함과 같습니다.」

▶ 어구 설명
· 便嬖(편폐) : 「유순하고 총애하는 신하」의 뜻.
· 辟(벽) : 영토를 넓히고 확대한다는 뜻.
· 朝秦楚(조진초) : 진나라와 초나라를 조공 들게 한다.
· 莅中國而撫四夷也(이중국이무사이야) : 「이(莅)」는 임한다, 군림한다는 뜻. 사이(四夷)는 사방의 오랑캐.
· 緣木而求魚(연목이구어) : 나무에 올라가 물고기를 잡으려고 하다. 즉 「절대로 얻을 수 없다」는 뜻을 말한 것이다.

曰鄒人與楚人戰 則王以爲孰勝 曰楚人勝 曰然則小固不可以敵大 寡固不可以敵衆 弱固不可以敵强 海內之地方千里者九 齊集有其一 以一服八 何以異於鄒敵楚哉 蓋亦反其本矣.

왈 추인(이) 여초인전 즉왕이위숙승(이니이까) 왈 초인(이) 승(하리이다) 왈 연즉 소고불가이적대(며) 과고불가이적중(이며) 약고불가이적강(이니) 해내

지지(이) 방천리자(이) 구(에) 제(이) 집유기일(하니) 이일복팔(이) 하이이어
추적초재(러이꼬) 개역반기본의(니이다)

맹자가 되물었다. 「추(鄒)나라 사람과 초(楚)나라 사람이 싸우면 임금
께서는 어느 쪽이 이긴다고 생각하십니까.」임금이 대답했다. 「초나라
사람이 이깁니다.」맹자가 다시 말했다. 「그러므로 작은 나라는 당연히
큰 나라에 대적할 수 없고, 소수는 당연히 다수에 대적할 수 없고, 약자
는 당연히 강자에 대적할 수가 없습니다. 해내(海內)의 구주(九州) 땅
에는 사방 천리가 되는 큰 나라가 아홉 개나 있습니다. 제(齊)나라 땅을
다 합해도 그 중의 하나에 불과합니다. 하나로써 여덟 개를 정복하려는
것은 추 같은 작은 나라가 초 같은 큰 나라와 싸우려는 것과 무엇이
다릅니까. 그러므로 역시 원칙적으로 근본으로 돌아가십시오.」

▶ 어구 설명

· 海內之地方千里者九(해내지지방천리자구) : 예기(禮記) 왕제편(王制篇)에
  있다. 「사해 안에는 구주(九州)가 있고, 한 주(州)는 사방 천리(千里)이다.
  (凡四海之內九州 州方千里)」

今王發政施仁 使天下仕者皆欲立於王之朝 耕者皆
欲耕於王之野 商賈皆欲藏於王之市 行旅皆欲出於
王之途 天下之欲疾其君者 皆欲赴愬於王 其如是
孰能禦之.

금왕(이) 발정시인(하사) 사천하사자(로) 개욕립어왕지조(하며) 경자(로) 개
욕경어왕지야(하며) 상고(로) 개욕장어왕지시(하며) 행려(로) 개욕출어왕지
도(하시면) 천하지욕질기군자(이) 개욕부소어왕(하리니) 기여시(면) 숙능어
지(리이까)

「지금부터 임금님께서 바른 정치를 발동하시고 인덕(仁德)을 베푸시

고, 천하의 모든 선비들로 하여금 임금님의 조정에 나서서 벼슬을 살게
하고, 천하의 모든 농사짓는 사람으로 하여금 임금님의 밭에서 농사를
짓게 하고, 천하의 모든 상인으로 하여금 임금님의 시장에 물건을 쌓아
두게 하고, 천하의 모든 여행하는 사람으로 하여금 임금님 나라의 길을
지나게 하고, 또 천하에 있는 <다른 나라에서> 자기 나라 임금의 잘못
을 미워하는 사람들로 <하여금>, 모두가 임금님에게 와서 호소하게
하십시오. 그렇게 된다면 임금님께서 <천하 만민의 진정한 왕자가 되
는 것을> 누가 막을 수 있습니까.」

▶ 어구 설명

· 商賈(상고) : 다니면서 물건을 파는 것을 상(商)이라 하고, 물건을 놓고
  파는 것을 고(賈)라 한다.

[集註 選譯] (1) 發政施仁 所以王天下之本也. :「바른 정치를 발동하고
인덕을 베푸는 것」이「천하 만민의 진정한 임금이 되는 근본이다.」

(2) 近者悅 遠者來 則大小彊弱非所論矣. :「가까운 사람은 기뻐하고,
먼 나라의 백성들이 모여든다.」「<나라의> 대소(大小) 강약(强弱)은
논할 바가 아니다.」

(3) 蓋力求所欲 則所欲者 反不可得. :「무력으로 원하는 바를 구하면
도리어 얻지 못한다.」

(4) 能反其本 則所欲者 不求而至 與首章意同. :「근본으로 돌아갈 수
있어야, 구하는 바가 구하지 않아도 <스스로> 온다.」「즉 첫 장의 뜻과
같다.」

王曰 吾惛不能進於是矣 願夫子輔吾志 明以敎我
我雖不敏 請嘗試之 曰 無恒産而有恒心者 惟士爲
能 若民則無恒産 因無恒心 苟無恒心 放辟邪侈 無
不爲已 及陷於罪 然後從而刑之 是罔民也 焉有仁
人在位 罔民而可爲也.

왕왈 오혼(하여) 불능진어시의(로니) 원부자(는) 보오지(하여) 명이교아(하쇼
서) 아수불민(이나) 청상시지(호리이다) 왈 무항산 이유항심자(는) 유사(이)
위능(이어니와) 약민즉무항산(이면) 인무항심(이니) 구무항심(이면) 방벽사
치(를) 무불위이(니) 급함어죄 연후(에) 종이형지(면) 시(는) 망민야(이니) 언
유인인(이) 재위(하야) 망민이가위야(이리오)

왕이 말했다. 「나는 혼미하여 <그런 경지에> 나아갈 수 없소이다. 원
하는 바 나의 뜻을 돕고 <아울러> 지향할 바를 밝게 가르쳐 주시오.
내가 비록 영민(英敏)하지는 못해도 일단〔嘗〕 시험삼아 애는 써보겠소
이다.」 맹자가 말했다. 「항산(恒産)이 없어도 항심(恒心)을 간직하는
사람은 오직 선비만이 그럴 수 있습니다. 일반 백성은 곧 항산이 없으
면, 그로 인해 항심도 없게 됩니다. 만약에 항심을 간직하지 못하면
방종(放縱)하고, 괴벽(乖僻)하고, 간사(奸邪)하고, 사치(奢侈)하는
<나쁜 짓을> 끝없이 하게 됩니다. 죄악에 빠져들게 된 다음에 뒤따라
형벌을 가하는 것은 곧 『망민(罔民)』입니다. <즉 그물로 물고기를 잡
듯이 백성을 법망(法網)에 걸어 잡는 짓입니다.> 어찌 인덕(仁德)을
갖춘 임금이 자리에 올라 다스리면서 백성에게 그물을 치고 걸리게
하겠습니까.」

▶ 어구 설명

· 無恒産 (무항산) : 「항(恒)」은 「항상 변치 않고 안정된다」는 뜻. 「산(産)」
  은 생업(生業)의 뜻.

· 恒心(항심) : 「사람이 항상 지니고 있는 착한 마음」이란 뜻.
· 罔民(망민) : 「망민(罔民=網民)」은 그물로 물고기를 잡듯이 백성을 법망 (法網)에 걸게 한다는 뜻.

---

是故 明君制民之産 必使仰足以事父母 俯足以畜妻 子 樂歲終身飽 凶年免於死亡 然後驅而之善 故民 之從之也輕.

---

시고(로) 명군(이) 제민지산(호대) 필사앙족이사부모(하며) 부족이휵처자(하 야) 낙세(에) 종신포(하고) 흉년(에) 면어사망(하나니) 연후(에) 구이지선 고 (로) 민지종지야(이) 경(이라)

「그런 고로 고대의 명군(明君)은 민생을 안정되게 하고, <모든 백성들 로 하여금> 반드시 위로는 족히 부모를 잘 봉양할 수 있게 하고, 아래 로는 족히 처자를 양육할 수 있게 했습니다. 풍년에도 평생토록 배불리 먹고 잘살며, 흉년에도 굶어 죽는 것을 면했습니다. 그런 다음에 백성 들을 교육하고 독려하여 착한 길을 가게 했습니다. 고로 백성들이 <윤 리 도덕을> 따르고 행하기가 용이했습니다.」

▶ 어구 설명
· 畜(휵) : 「양육(養育)」의 뜻.
· 樂歲(낙세) : 「즐겁게 살 수 있는 풍년」의 뜻.
· 輕(경) : 「힘들지 않고, 따르고 행하기 쉽다」는 뜻.

[集註 選譯] (1) 此言民有常産 而有常心也. : 이는 곧 「백성들의 생활이 안정됨으로써, 백성들이 변치 않는 도덕심을 갖게 된다」는 뜻을 말한 것이다. <* 관자(管子)는 말했다. 「나라의 곡식 창고를 가득 채우고 다음에 예절을 다스려야 한다. 백성들은 의식이 충족해야 명예나 치욕 을 가린다.(倉廩實 而知禮節 衣食足 而知榮辱)」>

王欲行之 則盍反其本矣 五畝之宅 樹之以桑 吾十
者可以衣帛矣 雞豚狗彘之畜 無失其時 七十者可以
食肉矣 百畝之田 勿奪其時 八口之家 可以無飢矣
謹庠序之敎 申之以孝悌之義 頒白者 不負戴於道路
矣 老者衣帛食肉 黎民不飢不寒 然而不王者 未之
有也.

왕욕행지 즉합반기본의(이꼬) 오무지택(에) 수지이상(이면) 오십자(이) 가이
의백의(며) 계돈구체지축(을) 무실기시(면) 칠십자(이) 가이식육의(며) 백무
지전(을) 물탈기시(면) 팔구지가(이) 가이무기의(며) 근상서지교(하야) 신지
이효제지의(면) 반백자(이) 불부대어도로의(리니) 노자(이) 의백식육(하며)
여민(이) 불기불한(이오) 연이불왕자(이) 미지유야(이니이다)

「임금께서 왕도의 덕치를 원하신다면서 왜 근본으로 돌아가지 않으려
하십니까. <즉 인심(仁心)을 바탕으로 한 왕도인정(王道仁政)으로 돌
아가셔야 합니다.> 모든 농가마다 다섯 무의 택지를 갖게 하고, 그곳에
뽕나무를 심어, <양잠에 힘을 쓰게 하면> 50세의 어른들이 <따뜻한>
비단옷을 입을 수 있습니다. 닭, 돼지, 개 및 큰 돼지 같은 가축을 양육
하고, <번식할> 때를 잃지 않고 <새끼를 받아 키우면> 70세 노인에
게 고기를 먹게 할 수 있습니다. <모든 농가에> 백 무의 농토를 주고
<또한 그들로 하여금> 농사지을 때를 놓치지 않게 <보장해 주면>
일가 8명의 식구가 굶지 않고 먹고 살 수 있습니다. <그 다음에> 학교
교육을 성실하게 하고, 효제(孝悌)의 도의(道義)를 거듭 밝히고 행하
게 하면, 반백의 노인들이 도로에서 짐을 지고 가는 일이 없을 것입니
다. 노인이 비단옷을 입고, 고기를 먹고, 백성들이 굶주리거나 추위에
떠는 일이 없게 되고도, 진정한 왕자가 되지 못한 예는 아직 없습니다.」

▶ 어구 설명

・盍(합) : 「어찌 안하느냐(何不)」의 뜻.

・庠序(상서) : 지방의 학교.

[集註 選譯] (1) 此言制民之産之法也. : 이렇게 하는 것이 곧 「민생을 안정시키고 잘살게 하는 법이라는 뜻을」 말한 것이다.

(2) 趙氏曰 八口之家 次上農夫也. : 조기(趙岐)는 말했다. 「8명 식구의 농가는 상급의 농가 다음가는 농부다.」

(3) 此王政之本 常生之道 故孟子爲齊梁之君 各陳之也. : 「이렇게 하는 것이 곧 왕도 덕치의 근본이며 <또 언제나 백성을 잘살게 하는 도리다.> 「고로 맹자는 제나라 선왕 및 위나라 혜왕 두 사람을 위해서 각각 이렇게 진술한 것이다.」

(4) 楊氏曰 爲天下者 擧斯心 加諸彼而已. : 양씨가 말했다. 「천하를 잘 다스린 <옛날의 성왕은> 자기의 착한 마음을 밝혀서 <실지로> 모든 사람에게 <덕을> 입게 해주었던 것이다.」

(5) 然雖有仁心仁聞 而民不被其澤者 不行先王之道故也 故以制民之産 告之 : 「그러나 비록 인심이 있다, 혹은 어질다는 소문이 나도 <실지로> 백성들이 은택(恩澤)을 입지 못하는 까닭은 선왕의 도를 행하지 않기 때문이다.」 「고로 <맹자가> 『실질적인 민생 안정』을 <임금에게> 고했던 것이다.」

(6) 此章言 人君當黜霸功行王道 而王道之要 不過推其不忍之心 而行不忍之政而已. : 「이 장은 다음 같은 뜻을 말한 것이다.」 「임금은 마땅히 패도(霸道)의 무공을 배척하고 왕도(王道)의 덕치를 해야 한다.」 「왕도 덕치의 요는 자신의 『불인의 마음(不忍之心)』을 미루어 『불인의 정(不忍之政)』을 행하는 것이다.」

(7) 齊王非無此心 而奪於功利之私 不能擴充以行仁政. :「제선왕(齊宣王)은 그 마음이 없는 것이 아니다.」「그러나 공리를 취하려는 사심(私心)에 빼앗기고 <착한 마음을> 확대하고 충족하고 인정(仁政)을 행할 수 없게 된 것이다.」

(8) 雖以孟子反覆曉告精切如此 而蔽固已深 終不能悟 是可歎也. :「비록 맹자가 반복하고 깨우쳐 일러주고, 또 그토록 절실하고 친절하게 <일러주었거늘> 그러나 선왕의 사심(私心)의 덮임이 너무나 굳고 깊어서 끝내 깨닫지 못한 것이다.」「참으로 탄식할 노릇이다.」

## 양혜왕장구 하(梁惠王章句 下)의 명언 명구

---

日王之好樂甚 則齊其庶幾乎 今之樂由古之樂也 日
可得聞與 日獨樂樂 與人樂樂 孰樂 日不若與人 日
與少樂樂 與衆樂樂 孰樂 日不若與衆.

---

왈 왕지호악(이) 심 즉제기서기호(인져) 금지악(이) 유고지악야(니이다) 왈
가득문여(이까) 왈 독락악(과) 여인락악(이) 숙락(이니이꼬) 왈 불약여인(이니
이다) 왈 여소락악(과) 여중락악(이) 숙락(이니이꼬) 왈 불약여중(이니이다)

맹자가 임금에게 말했다. 「임금님께서 음악을 매우 좋아하신다면, 제나
라가 머지 않아 잘 다스려질 것입니다. 오늘의 음악도 옛날의 음악과
같습니다.」 임금이 말했다. 「자세히 들려주실 수 있습니까.」 맹자가
임금에게 말했다. 「혼자 음악을 즐기는 것과 다른 사람과 함께 음악을
즐기는 것과, 어느 쪽이 더 즐겁습니까.」 임금이 말했다. 「<혼자 즐기
는 것은> 다른 사람과 함께 즐기는 것만 못합니다.」 맹자가 또 물었다.
「소수의 사람과 함께 음악을 즐기는 것과, 다수의 사람들과 함께 음악
을 즐기는 것과, 어느 쪽이 더 즐겁습니까.」 임금이 말했다. 「많은 사람
들과 함께 즐기는 것이 더 좋습니다.」

▶ 어구 설명
· 今之樂 由古之樂也(금지악 유고지악야) : 「금악(今樂)」은 세속적인 음악.

「고악(古樂)」은 선왕의 음악. 「유(由)」를 「유(猶)」로 풀이한다.

今王鼓樂於此 百姓聞王鍾鼓之聲 管籥之音 擧欣欣
然有喜色 而相告曰 吾王庶幾無疾病與 何以能鼓樂
也 今王田獵於此 百姓聞王車馬之音 見羽旄之美
擧欣欣然有喜色 而相告曰 吾王庶幾無疾病與 何以
能田獵也 此無他 與民同樂也 今王與百姓民同樂
則王矣.

금왕(이) 고악어차(이어시든) 백성(이) 문왕(의) 종고지성(과) 관악지음(하고)
거흔흔연 유희색 이상고왈 오왕(이) 서기무질병여(아) 하이능고악야(오하며)
금왕(이) 전렵어차(이어시든) 백성(이) 문왕(의) 거마지음(하며) 견우모지미
(하고) 거흔흔연 유희색 이상고왈 오왕(이) 서기무질병여(아) 하이능전렵야
(오하면) 차(는) 무타(이라) 여민동락야(이니이다) 금왕(이) 여백성민동락 즉
왕의(시리이다)

「만약에 임금님이 이곳에서 음악을 연주하고 즐기시면, 백성들이 종이
나 북소리, 또는 생황이나 피리소리를 듣고 모두들 싱글벙글 희색을
띠고 서로『우리 임금님께서 제발 무병하셔야지, <그렇지 않으면>
어떻게 음악을 연주하고 즐기실 수 있겠는가』하고 말합니다. 지금 임금
님이 이곳에서 사냥을 하시는데 백성들이 임금님의 거마(車馬) 소리를
듣거나, 아름답게 새털로 장식한 깃발이나 정기(旌旗)를 보고 모두들
싱글벙글 희색을 띠고, 서로『우리 임금님께서 제발 무병하셔야지,
<그렇지 않으면> 어떻게 사냥을 즐기실 수 있겠는가』하고 말할 것입
니다. 이는 다른 이유가 아닙니다. 백성들과 함께 <음악이나 사냥을>
즐기시기 때문입니다. 지금에라도 백성들과 함께 즐기시면 바로 <왕도
덕치의> 임금님이 되십니다. 만약에 이제라도 임금이 백성들과 즐거

움을 같이하시면 참다운 왕도덕치를 하십니다.」

▶ 어구 설명

· 管籥(관약) : 「管(피리 관)」, 「籥(생황 약)」
· 擧欣欣然有喜色(거흔흔연유희색) : 모두 싱글벙글 희색을 띄고.
· 旄(모) : 깃대 장식.
· 則王矣(즉왕의) : 곧 왕도덕치(王道德治)의 참다운 임금이 될 것이다.

[集註 選譯] (1) 與民同樂者 推好樂之心 以行仁政 使民各得其所也. : 「여민동락자(與民同樂者)」는 <임금의> 즐기는 마음을 미루어 인정(仁政)을 함으로써, 백성들로 하여금 저마다 원하는 바를 얻게 함이다.

(2) 好樂而能與百姓同之 則天下之民 歸之矣 所謂齊其庶幾者如此. : 임금이 음악을 좋아하고 능히 백성들과 같이 즐길 수 있으면, 천하 만민이 그에게 귀순할 것이다. <앞의 경문에서 맹자가> 말한 바, 「제나라 <정치가 도에> 가까워진다」고 한 것이 곧 그와 같이 된다는 뜻이다.

(3) 范氏曰 戰國之時 民窮財盡 人君獨以南面之樂 自奉其身. : 범씨가 말했다. 「전국시대에는 백성들은 궁핍하고 재물도 없었다. 임금만이 혼자 통치하는 즐거움을 누리고 자기 일신을 받들었다.」

(4) 孟子切於救民 故因齊王之好樂 開導其善心 深勸其與民同樂. : 「맹자는 절실하게 백성들을 구제하려고 했다.」 「고로 제나라 임금이 음악을 좋아하는 <취향을> 바탕으로 하고, 그의 선심(善心)을 계도(啓導)하고 <임금에게> 백성과 더불어 즐거움을 같이하라고 깊이 권했던 것이다.」

(5) 而謂今樂 猶古樂 其實今樂古樂 何可同也 但與民同樂之意 則無古今之異耳. : 「그래서 <맹자는> 오늘의 속악(俗樂)도 옛날의 아악(雅樂)과 같은 것이라고 말한 것이다.」 「그러나 사실상 오늘의 속악과 옛날의 아악이 어찌 같겠는가.」 「다만 백성들과 함께 즐기는 뜻에 있어서는 고금의 차이가 없는 것이다.」

(6) 若必欲以禮樂治天下 當如孔子之言 必用韶舞 必放鄭聲. :「만약에 반드시 예악으로써 천하를 다스리려면 당연히 공자의 말같이 순임금의 소무(韶舞)를 쓰고, 정(鄭)나라의 음탕한 음악을 추방해야 한다.」

(7) 蓋孔子之言 爲邦之正道 孟子之言 救時之急務 所以不同. :「무릇 공자의 말은 나라를 다스리는 정도(正道)를 말한 것이다.」「맹자의 말은 난세를 구제하려는 다급한 조치를 말한 것이다.」「그래서 같지 않은 것이다.」

(8) 楊氏曰 樂以和爲主 使人聞鍾鼓管絃之音 而疾首蹙頞 則雖奏以咸英韶濩 無補於治也. : 양씨가 말했다.「음악은 화락(和樂)을 위주로 한다. 사람으로 하여금 종고관현(鐘鼓管絃)의 음악을 듣고 두통을 느끼고 이마를 찌푸리게 한다면, 비록 함영소호(咸英韶濩) 같은 우아한 음악이라도 다스림에 도움이 되지 않을 것이다.」

(9) 故孟子告齊王以此 姑正其本而已. :「그래서 맹자가 제나라 임금에게 고하여 당장에 <정치의> 뿌리가 되는 <화락을> 바로잡게 하려고 한 것이다.」

---

臣始至於境 問國之大禁 然後敢入 臣聞郊關之內有
囿 方四十里 殺其麋鹿者 如殺人之罪 則是方四十
里 爲阱於國中 民以爲大 不亦宜乎.

---

신(이) 시지어경(하야) 문국지대금 연후(에) 감입(하니) 신(은) 문교관지내(에) 유유(이) 방사십리(에) 살기미록자(를) 여살인지죄(라하니) 즉시방사십리(는) 위정어국중(이니) 민(이) 이위대(이) 불역의호(이까)

「저는 처음에 제나라 국경에 도달하자 나라에서 크게 금하는 것이 무엇인가를 물어본 후에 감히 들어왔습니다. 그때 제가 들은 바, 교외 관문

안에 사방 40리 넓이의 원유가 있고, 그 안에서 크나 작으나 사슴을
죽이면 살인과 같은 죄로 벌준다고 했으니, 그것은 바로 나라 안에
사방 40리 넓이의 함정을 파놓은 것입니다. 백성들이 크다고 생각하는
것 역시 당연하지 않습니까.」

▶ 어구 설명
· 問國之大禁(문국지대금) : 예법상, 남의 나라에 들어갈 때는 금법을 묻는다.
· 郊(교) : 국도(國都) 밖, 백 리를 교외라 한다.
· 麋(미) :「麋(큰사슴 미)」

---

齊宣王問曰 交鄰國有道乎 孟子對曰 有 惟仁者爲
能以大事小 是故湯事葛 文王事昆夷 惟智者爲能以
小事大 故大王事獯鬻 句踐事吳.

---

제선왕(이) 문왈 교린국(이) 유도호(이까) 맹자(이) 대왈 유(하니) 유인자(아)
위능이대사소(하나니) 시고(로) 탕(이) 사갈(하시고) 문왕(이) 사곤이(하시니
라) 유지자(이아) 위능이소사대(하나니) 고(로) 태왕(이) 사훈육(하시고) 구천
(이) 사오(하니이다)

제나라 선왕이 물었다. 「이웃 나라와 사귀는 좋은 도리가 있습니까.」
맹자가 대답했다. 「있습니다. 오직 인덕이 있는 임금이라야 나라가 커
도 작은 나라를 잘 다룰 수 있습니다. 그러므로 은의 탕왕이 갈백(葛伯)
을 잘 도왔고, 주의 문왕이 오랑캐 곤이를 잘 다루었습니다. 또 지혜로
운 군주라야 나라가 작아도 큰 나라를 잘 다룰 수 있습니다. 그래서
주의 태왕이 훈육을 잘 달랬고, 월의 구천이 오의 부차를 잘 섬겼던
것입니다.」

▶ 어구 설명
· 以大事小(이대사소) : 대국이면서 작은 나라를 도와준다.

· 昆夷(곤이) : 서쪽 오랑캐 .
· 大王(태왕) : 주(周)의 태왕(太王=大王). 문왕의 조부 고공단보(古公亶父).
· 句踐事吳(구천사오) : 월(越)나라의 임금 구천은 오(吳)나라와 싸워 패하
자, 오왕(吳王) 부차(夫差)의 노예가 되고, 굴욕을 참고 견디었다. 마침내
구천은 재기하여 오나라를 치고 설욕(雪辱)했다.

---

**以大事小者 樂天者也 以小事大者 畏天者也 樂天
者 保天下 畏天者 保其國 詩云 畏天之威 于時保之.**

---

이대사소자(는) 낙천자야(이오) 이소사대자(는) 외천자야(이니) 낙천자(는)
보천하(하고) 외천자(는) 보기국(이니이다) 시운 외천지위(하야) 우시보지(라
하니이다)

「큰 나라의 임금이면서 작은 나라를 잘 도와주는 것은 하늘의 도리를
즐겁게 따르는 사람입니다. 작은 나라의 군주이면서 큰 나라를 잘 섬기
는 것은 하늘의 운세를 두려워하는 사람입니다. 천도를 즐겁게 따르고
순종하는 사람은 천하를 잘 보유할 수 있고, 천운을 두려워하는 사람은
나라를 잘 보존할 수 있습니다.」「시경에『하늘의 위엄을 두려워함으
로써, 나라를 잘 간직한다』라고 했습니다.」

▶ 어구 설명
· 詩云(시운) : 시경(詩經) 주송(周頌) 아장편(我將篇)의 구절.
· 時(시) : 시(是)와 같다

[集註 選譯] (1) 天者理而已矣 大之字小 小之事大 皆理之當然也. :「천
(天)은 곧 천리(天理)다.」「대국(大國)이 소국(小國)을 자애(慈愛)하
고, 소국이 대국을 섬기는 것은 천리상으로 당연한 일이다.」

(2) 自然合理 故曰樂天 不敢違理 故曰畏天. :「<우주> 자연의 합당한
도리이다. 고로 낙천(樂天)이라고 한다.」「감히 도리를 어기지 않음을

외천(畏天)이라 한다.」

(3) 包含徧覆 無不周徧 保天下之氣象也. : 「모든 것을 포괄하고 넓게 덮어 주고, 보편적으로 두루 다 사랑하지 않음이 없는 태도가 곧 천하를 보유하는 임금의 기상이다.」

(4) 制節謹度 不敢縱逸 保一國之規模也. : 「절제하고 분수를 지키고 방종 일탈하지 않는 것이 한 나라를 보존하는 규범이다.」

> 齊宣王見孟子於雪宮 王曰 賢者亦有此樂乎 孟子對
> 曰 有人不得則非其上矣 不得而非其上者非也 爲民
> 上而不與民同樂者亦非也 樂民之樂者 民亦樂其樂
> 憂民之憂者 民亦憂其憂 樂以天下 憂以天下 然而
> 不王者未之有也.

제선왕(이) 견맹자어설궁(이러시니) 왕왈 현자(도) 역유차락호(이까) 맹자(이) 대왈 유(하니) 인부득 즉비기상의(니이다) 부득이비기상자(도) 비야(이며) 위민상이불여민동락자(도) 역비야(니이다) 낙민지락자(는) 민역락기락(하고) 우민지우자(는) 민역우기우(하나니) 낙이천하(하며) 우이천하(하고) 연이불왕자 미지유야(니이다)

제나라 선왕이 설궁(雪宮)에서 맹자를 보고 물었다. 「현자도 역시 이러한 즐거움이 있습니까.」 맹자가 대답했다. 「있습니다. 백성은 <함께> 즐거움을 누리지 못하면 위를 비방합니다. 임금과 함께 즐거움을 누리지 못한다고 임금을 비난하는 것은 잘못입니다. <그러나> 위에서 백성을 다스리면서 백성과 함께 즐기지 않는 것도 역시 잘못입니다. 임금이 백성들의 즐거움을 즐겁게 여기면, 백성 역시 임금의 즐거움을 즐겁게 여기고, 임금이 백성과 함께 근심 걱정을 하면, 백성도 역시 임금과 함께 근심 걱정을 합니다. 즐거움을 천하와 함께하고, 근심 걱정을 천하와 함께하고도 임금이 되지 못한 예는 아직 없습니다.」

▶ 어구 설명

· 雪宮(설궁) : 제나라 선왕의 호화로운 이궁(離宮). 고지(故址)는 산동성(山東省) 임치현(臨淄縣)에 있다.

· 賢者(현자) : 성현(聖賢), 현군(賢君).

[集註 選譯] (1) 雪宮離宮名 言人君能與民同樂則人皆有此樂 不然則下之不得此樂者 必有非其君上之心. :「설궁(雪宮)」은 「이궁(離宮)의 이름이다.」 〈다음 같은 뜻을 말한 것이다.〉「임금이 백성과 함께 즐길 수 있어야, 곧 모든 사람이 즐거움을 공유한다.」「그렇지 않고, 아랫사람이 즐거움을 얻지 못하면, 반드시 위의 임금을 비방하는 마음을 품게 된다.」

(2) 明人君當與民同樂 不可使人有不得者 非但當與賢者共之而已也. :「임금은 마땅히 백성과 함께 즐거움을 같이하고, 즐거움을 얻지 못하는 사람이 없게 해야 한다. 비단 현자와 함께 공유할 뿐만이 아니라, 〈백성과 함께 즐거움을 공유함을〉」밝힌 것이다.

(3) 下不按分 上不恤民 皆非理也. :「아래가 분수를 안 지키고, 〈임금을 비방하고〉 위가 백성을 구휼하지 않고 〈혼자 즐기는 것은〉 도리가 아니다.」

(4) 樂民之樂 而民樂其樂 則樂以天下矣 憂民之憂 而民憂其憂 則憂以天下矣. :「임금이 백성의 즐거움을 즐기고, 백성이 임금의 즐거움을 즐기니 곧 천하와 더불어 즐기는 것이다.」「임금이 백성의 걱정을 걱정하고, 백성이 임금의 걱정을 걱정하니 곧 천하와 더불어 걱정하는 것이다.」

夏諺曰 吾王不遊吾何以休 吾王不豫吾何以助 一遊
一豫爲諸侯度.

하언(에) 왈 오왕(이) 불유(면) 오하이휴(이며) 오왕(이) 불예(면) 오하이조(이
리오) 일유일예(이) 위제후도(라하니이다)

「하(夏)나라의 속언에 다음같이 말했습니다. 『만약에 우리 임금께서
봄에 돌보아주시지 않으면 우리는 어떻게 안심하고 쉴 수가 있으며,
또 만약 우리 임금께서 가을에 돌봐주시지 않으면 우리들이 어떻게
도움을 받겠느냐.』 이렇듯이 천자가 봄이나 가을에 순시하는 일유일예
(一遊一豫)가 다 제후들에게 본보기나 법도가 되었던 것입니다.」

▶ 어구 설명
• 一遊一豫 爲諸侯度(일유일예 위제후도) : 전국을 돌며 살피고 예비하는
  것이 모두 제후들의 법도가 되었던 것이다. 「예(豫)」는 「안락하다」는 뜻과
  아울러 「미리 도와주고 예비해 준다」는 뜻도 있다.

今也不然 師行而糧食 飢者弗食 勞者弗息 睊睊胥
讒 民乃作慝 方命虐民 飮食若流 流連荒亡 爲諸侯
憂 從流下而忘反謂之流 從流上而忘反謂之連 從獸
無厭謂之荒 樂酒無厭謂之亡 先王無流連之樂 荒亡
之行 惟君所行也.

금야(에는) 불연(하야) 사행이량식(하야) 기자(이) 불식(하며) 노자(이) 불식
(하야) 견견서참(하야) 민내작특(이어날) 방명학민(하야) 음식약류(하야) 유
련황망(하야) 위제후우(하니이다) 종류하이망반(을) 위지류(이오) 종류상이
망반(을) 위지련(이오) 종수무염(을) 위지황(이오) 낙주무염(을) 위지망(이니)

선왕(은) 무류련지락(과) 황망지행(하시더니) 유군소행야(니이다)

&lt;안자가 경공에게 하는 말&gt;『오늘에는 그렇지 않습니다. &lt;임금 행차에&gt; 많은 군대가 수행하고, 많은 양식을 &lt;징발해서&gt; 먹습니다. &lt;그래서&gt; 굶주린 백성들이 더욱 먹지를 못하고, 시달리고 지친 백성들이 쉬지도 못합니다. &lt;그러므로 백성들이&gt; 서로 성난 눈으로 흘겨보며, &lt;임금 행차를&gt; 헐뜯고 욕하며, 백성들이 나쁜 마음을 품습니다. &lt;임금이 백성을 사랑하라는 선왕의&gt; 명을 어기고 백성을 학대하고 흘러가는 강물처럼 &lt;무절제하게&gt; 먹고 마시고, 또 끝없이 계속해서 거칠고 무도한 짓을 함으로써 작은 나라나 지방을 다스리는 제후들의 걱정거리가 되고 있는 것입니다. 흐름을 따라 내려가기만 하고 돌아오지 못하는 것을 유(流)라 하고, 거슬러 올라가기만 하고 돌아오지 못하는 것을 연(連)이라 하고, 짐승을 쫓아가서 끝없이 사냥하고 물릴 줄 모르는 것을 황(荒)이라 하고, 술 마시고 노는 것을 끝없이 즐기는 것을 망(亡)이라 합니다. 옛날 제(齊)나라의 선왕께서는 물줄기를 타고 흘러내려가거나 반대로 거슬러 역행하는 즐거움을 취하신 일이 없으셨습니다. &lt;그러하거늘&gt; 오늘의 대왕께서 &lt;그런 일을&gt; 하려고 하시렵니까.』

▶ **어구 설명**

· 師(사) : 2천5백 명의 부대.
· 睊睊(견견) : 성난 눈으로 흘겨보다. 「睊(흘겨볼 견)」
· 胥讒(서참) : 「胥(서로 서), 讒(참소할 참)」
· 方(방) : 「어기다, 거역하다」로 푼다.
· 從流下(종류하) : 「배를 풀어 물에 흘려보낸다」는 뜻.
· 從流上(종류상) : 「배를 당겨 거슬러 올라간다」는 뜻.
· 從獸(종수) : 「전렵(田獵), 즉 사냥을 함」이다.
· 樂酒(낙주) : 「술을 마시고 즐겁게 논다」는 뜻.

・荒亡(황망) : 「황음무도(荒淫無道)」와 같은 뜻.

[集註 選譯] (1) 亡猶失也 言廢時失事也. : 「망(亡)은 실(失)이다.」 즉 「나라와 시국을 문란케 하고 정사를 망친다는 뜻이다.」

(2) 言先王之法 今時之廢 二者惟在君所行耳. : 곧 「선왕의 법도를 따르느냐, 〈반대로〉 오늘의 기강을 망가지게 하느냐, 두 가지가 오직 임금의 행할 바에 달렸음을 말한 것이다.」

---

王曰 王政可得聞與 對曰 昔者文王之治岐也 耕者九一 仕者世祿 關市譏而不征 澤梁無禁 罪人不孥 老而無妻曰鰥 老而無夫曰寡 老而無子曰獨 幼而無父曰孤 此四者 天下之窮民而無告者 文王發政施仁 必先斯四者 詩云 哿矣富人 哀此煢獨.

---

왕왈 왕정(을) 가득문여(이까) 대왈 석자문왕지치기야(에) 경자(를) 구일(하며) 사자(를) 세록(하며) 관시(를) 기이부정(하며) 택량(을) 무금(하며) 죄인(을) 불노(하더시니) 노이무처왈환(이오) 노이무부왈과(이오) 노이무자왈독(이오) 유이무부왈고(이니) 차사자(는) 천하지궁민이무고자(이어늘) 문왕(이) 발정시인(하시대) 필선사사자(하시니) 시운 가의부인(이어니와) 애차경독(이라하니이다)

제나라 선왕이 말했다. 「왕정에 대한 말을 들려줄 수 있습니까.」 맹자가 대답해서 말했다. 「옛날에 주문왕(周文王)이 기(岐)를 다스릴 때에, 농민은 9분의 1을 세금으로 바쳤으며, 벼슬을 살면 〈녹봉을〉 자손에게도 세습하게 했으며, 관문이나 시장에서는 감시하고 감독만 할 뿐, 별도로 통행세나 물품세를 징수하지 않았습니다. 소택(沼澤)이나 강에서 어량(魚梁)을 설치하고 고기를 잡는 것을 금하지 않았으며, 죄인을 벌하되 처자에게 연루시키지 않았습니다. 늙고 아내 없는 사람을 환(鰥 : 홀아비)이라 하고, 늙고 남편 없는 사람을 과부라 하고, 늙고 자식 없는 사람을 독(獨 : 자식 없는 아비)이라 하고, 어리면서 부모 없는 아이를 고(孤 : 외톨이 고아)라고 합니다. 이들 네 종류의 불쌍한 사람들이 천하의 궁민(窮民)이며 호소할 곳이 없는 <불쌍한> 사람들입니다. <그래서> 문왕이 정치를 하고 인덕(仁德)을 베풀 때에 반드시 이들 네 부류에 속하는 사람들을 먼저 구제했습니다. 시경(詩經) 소아(小雅) 정월편(正月篇)에 있습니다. 『부유한 사람들은 <그래도> 괜찮다. 이들 의지할 데 없는 사람들이 가장 불쌍하다.』」

▶ 어구 설명

· 岐(기) : 주(周)나라의 옛 땅. 섬서성(陝西省) 기산현(岐山縣).

· 耕者九一(경자구일) : 농민은 9분의 1을 세금으로 바쳤다. 정전법(井田法)이다. 9백 무(畝)의 농지를 정(井)자 모양으로 9등분하고 8명의 농부가 공동으로 경작한다. 주변의 여덟 개 백 무는 사전(私田)으로 각자가 소유하고, 가운데 백 무는 공전(公田)으로 8명이 공동으로 경작하고, 그 소출을 국가에 세금으로 바쳤다.

· 關市譏而不征(관시기이부정) : 관문이나 시장에서는 <수상한 사람을> 시찰하고 감독만 할 뿐, 별도로 세금을 징수하지 않았다. 「기(譏)」는 「시찰하거나 감독한다」는 뜻. 「정(征)」은 「통행세나 물품세를 거두다」의 뜻.

· 澤梁(택량) : 「택(澤)」은 소택(沼澤), 「양(梁)」은 「어량(魚梁)을 설치하고 고기를 잡는다」는 뜻.

· 孥(노) : 처자.

· 詩云(시운) : 시경 소아(小雅) 정월편(正月篇)에 있다. 원래는 주(周) 유왕(幽王)의 실정(失政)을 읊은 시다.

· 哿(가) : 「가(可)」와 같다.

· 煢獨(경독) : 「경(煢)」은 형제 없는 사람, 「독(獨)」은 자식 없는 사람.

[集註 選譯] (1) 先王養民之政 導其妻子 使之養其老而恤其幼. : 「선왕은 백성을 보양하는 정치를 폈으며, <모든 가정의> 처자를 잘 교도하여 <저마다 자기 집안의> 노인들을 잘 공양하고 어린아이들을 잘 키우게 했다.」

(2) 不幸而有鰥寡孤獨之人 無父母妻子之養 則尤宜憐恤. : 「그런데도 불행하게 환과고독(鰥寡孤獨)한 사람이 나타나고, 또 부모처자의 보양을 받지 못하는 경우에는 특히 <나라에서> 그들을 긍휼(矜恤)하고 돌봐 주어야 했다.」

(3) 故必以爲先也. : 「그래서 <그들에 대한 구제를> 반드시 앞세웠던 것이다.」

王曰 善哉言乎 曰王如善之 則何爲不行 王曰寡人有疾 寡人好貨 對曰 昔者公劉好貨 詩云 乃積乃倉 乃裹餱糧 于橐于囊 思戢用光 弓矢斯張 干戈戚揚 爰方啓行 故居者有積倉 行者有裹囊也 然後可以爰方啓行 王如好貨 與百姓同之 於王何有.

왕왈 선재(라) 언호(이여) 왈 왕여선지 즉하위불행(이니이꼬) 왕왈 과인(이) 유질(하니) 과인(이) 호화(하노이다) 대왈 석자(에) 공류(이) 호화(하더시니) 시운 내적내창(이어늘) 내과후량(을) 우탁우낭(이오아) 사집용광(하야) 궁시사장(하며) 간과척양(으로) 원방계행(이라하니) 고(로) 거자(이) 유적창(하며) 행자(이) 유과낭야 연후(에야) 가이원방계행(이니) 왕여호화(어시든) 여백성동지(하시면) 어왕(에) 하유(리이꼬)

제나라 선왕이 말했다. 「선생의 말은 참으로 좋은 말입니다.」 맹자가 임금에게 말했다. 「임금님께서 <저의 말을> 좋게 여기신다면 왜 즉시 행하지 않으십니까.」 왕이 말했다. 「저에게는 나쁜 버릇이 있습니다. 저는 재물을 좋아합니다.」 맹자가 임금에게 말했다. 「옛날의 공류(公劉)도 재물을 좋아했습니다. 시경(詩經) 대아(大雅) 공류편(公劉篇)에 다음같이 있습니다. 『곡식을 들에도 쌓고 창고에도 쌓았도다. 건량(乾糧)을 전대나 자루에 넣었도다. 모든 백성들이 안락하고, 또 나라를 빛나게 하고자 생각했노라. 궁시(弓矢) 및 간과부월(干戈斧鉞) 등 모든 무기를 갖추고 비로소 <민족 이동의> 대행진을 시작했노라.』」 <맹자가 시경을 풀이하고 다시 말했다.> 「그러므로 남아 있는 사람들에게는 들이나 창고에 쌓은 곡식을 먹게 했고, 민족 이동에 참가하는 사람들에게는 전대나 자루에 넣은 마른 곡식을 가지고 가서 먹게 했으며, 그런 연후에 비로소 민족의 대이동을 시작했던 것입니다. 그러니 임금님께서도 재물이나 무력을 좋아하신다면 백성과 더불어, 즉 백성을 위해서 <재물을 쌓고 무력을 강화하십시오> 그렇게 하면 참다운 임금노릇을 하는 데 하등의 문제가 없습니다.」

▶ 어구 설명

· 公劉(공류) : 주(周)나라의 시조, 후직(后稷)의 증손이다. 민족의 영도자로 태(邰)에서 빈(豳)으로 이동하여 농업을 진작하고 주(周)의 기틀을 공고히 했다.
· 乃裹餱糧(내과후량) : 「裹(쌀 과), 餱(건량 후)」
· 于橐于囊(우탁우낭) : 「橐(전대 탁), 囊(주머니 낭)」
· 戢(집) : 「집(輯=集)」과 같다.
· 張(장) : 「마련하다, 갖추다」로 풀이한다.
· 干戈戚揚(간과척양) : 「간(干)」은 방패, 「과(戈)」는 창, 「척(戚)」은 도끼〔斧〕, 「양(揚)」은 큰 도끼〔鉞〕. 즉 모든 무기를 갖추고 무력을 강화하고.
· 啓(계) : 시작하다.

[集註 選譯] (1) 孟子 言公劉之民 富足如此 是公劉好貨 而能推己之心 以及民也. : 맹자의 말은 다음 같은 뜻을 말한 것이다. 「주(周)나라 공류

(公劉) 때에는 백성들이 그와 같이 부유하고 안락하게 살았다. 그 까닭은 공류가 재물을 좋아하되, 능히 자기 마음을 미루어 백성에게 미쳤기 때문이다.」

(2) 今王好貨 亦能如此 則其於王天下也 何難之有. :「그러므로 지금 임금님께서 재물 좋아하시는 태도를 그와 같이 한다면 곧 천하에 왕정을 펴는 것은 어렵지 않다.」

---

**孟子謂齊宣王曰 王之臣有託其妻子於其友 而之楚遊者 比其反也 則凍餒其妻子 則如之何 王曰 棄之曰 士師不能治士 則如之何 王曰 已之 曰 四境之內不治 則如之何 王顧左右而言他.**

맹자(이) 위제선왕왈 왕지신(이) 유탁기처자어기우 이지초유자(이) 비기반야(하야) 즉동뇌기처자(이어든) 즉여지하(이꼬) 왕왈 기지(니이다) 왈 사사(이) 불능치사(이어든) 즉여지하(이꼬) 왕왈 이지(니이다) 왈 사경지내(이) 불치(이든) 즉여지하(이꼬) 왕(이) 고좌우 이언타(하시다)

맹자가 제선왕에게 물었다.「임금님의 신하가 만약에 다른 친구에게 자기 처자를 의탁하고 초나라로 갔다가 돌아와 보니 <그 친구가 돌보지 않아서> 자기 처자가 얼고 굶주렸다면 그런 친구를 어떻게 하시겠습니까.」임금이 말했다.「그런 친구는 버려야 한다.」맹자 :「감옥을 다스리는 책임자가 부하를 단속하지 못하면 그런 자를 어떻게 하십니까.」임금 :「파면한다.」맹자 :「네 울타리 안, 즉 나라를 다스리지 못하면 <그런 임금을> 어떻게 해야 할까요?」임금은 좌우를 둘러보고 딴소리를 했다.

▶ 어구 설명

· 比(비) : 이르러〔及〕의 뜻.

· 棄(기) : 절교(絶交)의 뜻.

· 士師(사사) : 감옥을 다스리는 책임자.

· 已(이) : 파면한다는 뜻.

[集註 選譯] (1) 孟子將問此 而先設上二事以發之 及此而王不能答也. :
「맹자는 장차 이 말을 묻고자, 먼저 두 가지 예를 들고 <그에 대해 임금
으로 하여금> 발명케 했던 것이다.」「그러나 막상 임금의 책임에 이르러
서는 임금이 답을 못했다.」

(2) 其憚於自責 恥於下問. : 「<그 까닭은> 스스로 책임지기를 꺼리고,
또 신하에게 그와 같은 문책을 받는 것이 부끄럽기 때문이다.」

(3) 如此 不足與有爲可知矣. : 「이와 같이 하면, 유위(有爲)의 정치를
할 수 없음은 알 수 있다.」

(4) 趙氏曰 言君臣上下 各勤其任 無墮其職 內安其身. : 조씨(趙氏)가
말했다. 「이 글은 임금이나 신하나 위나 아래나, 저마다 자기 책임을
부지런히 수행하고, 직무에 태만하지 않아야 저마다 신분이 편안함을
말한 것이다.」

孟子見齊宣王曰 所謂故國者 非謂有喬木之謂也 有
世臣之謂也 王無親臣矣 昔者所進 今日不知其亡也
王曰 吾何以識其不才而舍之 曰 國君進賢 如不得
已 將使卑踰尊 疏踰戚 可不愼與.

맹자(이) 견제선왕왈 소위고국자(는) 비위유교목지위야(니라) 유세신지위야
(이니) 왕무친신의(샤소이다) 석자소진(을) 금일(에) 부지기망야(온여) 왕왈

오하이식기부재이사지(이꼬) 왈 국군(이) 진현(호대) 여부득이(니) 장사비(로)
유존(하며) 소(로) 유척(이니) 가불신여(이까)

맹자가 제나라 선왕을 보고 말했다. 「이른바 고국(故國)은 사(社)에
교목(喬木)이 있는 나라를 말하지 않습니다. 대(代)를 이어가면서 공
을 세운 세신(世臣)이 많이 있는 나라를 말합니다. 그런데 임금님께
는 참으로 친근한 신하가 없습니다. <뿐만 아니라> 이전에 벼슬하던
신하가 지금 어디로 가서 어떻게 사라졌는지도 아시지 못하고 계십니
다.」 선왕이 말했다. 「내가 어떻게 <사전에> 재능이 없다는 것을 알
고 <안 쓰고> 또 버릴 수 있겠소.」 맹자가 말했다. 「나라를 다스리는
임금은 현명한 사람을 등용해 써야 하며, 부득이하게 신분이 비천한
사람이라도 <현명하면> 존귀한 사람 위에 써야 합니다. 또 임금과
사이가 소원한 사람이라도 <현명하면> 친척 위에 올려 써야 합니다.
그러니 어찌 신중하지 않을 수 있겠습니까.」

▶ 어구 설명
· 故國(고국) : 「뿌리가 깊고 역사와 전통이 오래된 나라.」
· 喬木(교목) : 토지신(土地神)을 모신 사(社)나 조상을 모신 종묘(宗廟)에
  심은 오래되고 큰 나무. 하(夏)나라는 송(松), 은(殷)나라는 백(柏), 주(周)
  나라는 율(栗)이다.
· 世臣(세신) : 대를 물려가면서 벼슬하고 공훈을 세운 집안의 신하.

[集註 選譯] (1) 王意以爲 此亡去者 皆不才之人 我初不知 而誤用之 :
왕의 생각은 다음과 같다. 「그들 사라진 자들은 모두가 재능이 없는
자들이다. 내가 처음에는 모르고 그들을 잘못 등용해 쓴 것이다.」

(2) 故今不以其去爲意耳 因問何以先識其不才 而舍之也. :「그러므로
지금 나는 사라진 그들을 생각하지 않는다.」 <그리고 맹자에게> 되물었
다. 「어떻게 미리 재능 없음을 알고 <쓰거나 또는> 버렸겠느냐.」

(3) 如不得已 言謹之至也. : 「만약 부득이하면」은 「지극히 신중하게 해

야 한다」는 뜻을 말한 것이다.

(4) 蓋尊尊親親 禮之常也 然或尊者親者 未必賢 則必進疏遠之賢而用
之 : 「무릇 존귀한 사람을 높이고 친족을 친근하게 대하는 것은 예(禮)
의 상도(常道)이다.」「그러나 혹 존귀한 사람이나 친족이라도 반드시
현명하지 못한 경우에는 <그들을 제쳐놓고 관계가> 소원해도 현명한
사람을 등용해 써야 한다.」

(5) 是使卑者踰尊 疏者踰戚 非禮之常 故不可不謹也. : 「이것을 『사비
자유존 소자유척(使卑者踰尊 疏者踰戚)』이라 한 것으로, 예(禮)의 상
도는 아니다.」「그러므로 신중하게 하지 않으면 안 된다.」

左右皆曰賢 未可也 諸大夫皆曰賢 未可也 國人皆
曰賢 然後察之 見賢焉 然後用之 左右皆曰不可 勿
聽 諸大夫皆曰不可 勿聽 國人皆曰不可 然後察之
見不可焉 然後去之 左右皆曰可殺 勿聽 諸大夫皆
曰可殺 勿聽 國人皆曰可殺 然後察之 見可殺焉 然
後殺之 故曰 國人殺之也 如此然後可以爲民父母.

좌우개왈 현(이라도) 미가야(하며) 제대부(이) 개왈 현(이라도) 미가야(하고)
국인(이) 개왈 현 연후(에) 찰지(하야) 견현언 연후(에) 용지(하며) 좌우개왈
불가(이라도) 물청(하며) 제대부(이) 개왈 불가(이라도) 물청(하고) 국인(이)
개왈 불가 연후(에) 찰지(하야) 견불가언 연후(에) 거지(하며) 좌우(이) 개왈
가살(이라도) 물청(하며) 제대부(이) 개왈 가살(이라도) 물청(하고) 국인(이)
개왈 가살 연후(에) 찰지(하야) 견가살언 연후(에) 살지(니) 고왈 국인(이) 살지
야(라하니이다) 여차 연후(에) 가이위민부모(이니라)

「좌우 측근의 신하들이 모두 현명하다고 말해도 <믿고 따르면> 안
됩니다. 모든 대부(大夫)들이 다 현명하다고 말해도 <믿고 따르면>

안 됩니다. 국민들이 모두 현명하다고 말하면, 그 다음에 <임금님이 몸소> 살피시고 참으로 그 사람이 현명하다는 것을 확인한 다음에 그를 등용해 써야 합니다. 좌우 측근의 신하들이 모두 안 된다고 말해도 듣고 따르면 안 됩니다. 모든 대부들이 다 안 된다고 말해도 듣고 따르면 안 됩니다. 국민들 모두가 안 된다고 말하면, 그 다음에 임금 자신이 살펴보고 참으로 안 되는 것을 알게 된 다음에, 그 사람을 제거해야 합니다. 좌우 근신이 다 죽여야 한다고 해도 듣지 말며, 여러 대부가 다 죽여야 한다고 해도 듣지 말며, 국민 모두가 다 죽여야 한다고 한 다음에 비로소 임금이 살펴서, 죽여야 할 죄가 보이면, 사형에 처해야 합니다. 그러므로 국민의 <이름으로> 사형하는 것입니다. <임금이> 이와 같이 <국민의 공론을 바탕으로> 해야 비로소 국민의 부모라 할 수 있습니다.」

[集註 選譯] (1) 左右近臣 其言固未可信 諸大夫之言 宜可信矣 然猶恐 其蔽於私也. : 「좌우의 근신이라도 그들의 말을 굳게 믿을 수 없다.」 「모든 대부들의 말은 의당히 믿어야 한다.」 「그러나 그들의 말도 역시 사사로움에 가려질 우려가 있다.」

(2) 至於國人 則其論公矣 然猶必察之者. : 「국민들의 말은 그 주장이 <원칙적으로는> 공론이 되어야 한다.」 「그러나 임금이 반드시 살펴야 한다.」

(3) 蓋人有同俗 而爲衆所悅者 亦有特立 而爲俗所憎者 故必自察之 而親 見賢否之實 然後從而用舍之. : 「무릇 사람 중에는 대중과 의견을 같이 하여, 대중의 즐거움을 받는 경우도 있다.」 「<반대로 대중과 다르게> 홀로 우뚝 서서 <독선적인 주장을 내세움으로써> 대중에게 미움을 사는 경우도 있다.」 「고로 임금이 반드시 스스로 살피고, 친히 현명한지 아닌지 실상을 보아야 한다.」 「그런 다음에 비로소 그를 등용하거나 물리쳐야 한다.」

(4) 則於賢者 知之深 任之重 而不才者 不得以幸進矣. : 「<그러면 곧> 현명한 사람을 깊이 알고, 또 더욱 중하게 쓸 수 있다.」 「<반대로> 재능 없는 자들이 요행으로 벼슬에 나올 수 없게 된다.」

(5) 所謂進賢 如不得已者 如此. : 「<맹자가 앞에서> 진현 여부득이자 (進賢 如不得已者)라고 말한 것은 이와 같이 하라는 뜻이다.」

(6) 此言 非獨以此 進退人才 至於用刑 亦以此道. : 이는 다음 같은 뜻을 말한 것이다. 「비단 인재를 등용해 쓰거나 물리칠 때에 만 이렇게 하지 않고, 형벌을 가함에도 이와 같은 도리로 해야 한다.」

(7) 蓋所謂天命天討 皆非人君之所得私也. : 「무릇 이른바 천명(天命) 이나 천토(天討)는 임금이 사사로이 할 수 있는 것이 아니다.」

(8) 傳曰 民之所好好之 民之所惡惡之 此之謂民之父母. : 대학전(大學 傳)에 있다. 「백성이 좋아하는 것을 좋아하고, 백성이 싫어하는 것을 싫어한다. 그렇게 하므로, <임금을> 백성의 부모라 한다.」

---

**齊宣王問曰 湯放桀 武王伐紂 有諸 孟子對曰 於傳有 之 曰 臣弑其君可乎 曰 賊仁者謂之賊 賊義者謂之殘 殘賊之人 謂之一夫 聞誅一夫紂矣 未聞弑君也.**

제선왕(이) 문왈 탕(이) 방걸(하시고) 무왕(이) 벌주(라하니) 유제(이까) 맹자 (이) 대왈 어전(에) 유지(하니이다) 왈 신시기군(이) 가호(이까) 왈 적인자(를) 위지적(이오) 적의자(를) 위지잔(이오) 잔적지인(을) 위지일부(이니) 문주일 부주의(오) 미문시군야(케이다)

제나라 선왕이 <맹자에게> 물었다. 「은(殷)의 탕왕(湯王)이 하(夏)의 걸(桀)을 방벌(放伐)하고, 주(周)의 무왕(武王)이 은(殷)의 주(紂)를 토벌했다고 하는데, 사실 그런 일이 있었습니까.」 맹자가 대답했다. 「전하는 바, 그렇다고 합니다.」 선왕이 되물었다. 「신하가 자기 임금을 시해(弑害)해도 됩니까.」 맹자가 말했다. 「인(仁)을 해치는 것을 적(賊)이라 하고, 의(義)를 해치는 깃을 잔(殘)이라 합니다. 잔학하게 역적질하는 사람은 일개 필부(匹夫)입니다. 제가 듣고 아는 바, 일개 필부 주(紂)를 처단한 것이지 임금을 시해한 것이 아닙니다.」

▶ 어구 설명

· 放(방) : 유치(留置), 즉 가두어 둔다는 뜻. 「서경(書經) 중훼지고(仲虺之誥)」에 있다. 「성탕(成湯)이 걸(桀)을 남소(南巢)에 추방하고 가두었다.」
· 有諸(유제) : 사실로 그런 일이 있었느냐.
· 一夫(일부) : 「모두가 등을 돌리고 일가 친척이 떨어져 다시는 임금노릇을 못하게 된 사람을 말한다.」

[集註 選譯] (1) 書曰 獨夫紂. : 「서경 태서(泰誓)에 독부주(獨夫紂 : 외톨이가 된 주)라고 했다.」

(2) 蓋四海歸之 則爲天子 天下叛之 則爲獨夫 所以深警齊王 垂戒後世也. : 「무릇 사해(四海) 만민(萬民)이 귀속하면, 천자가 된다. <그러나> 천하 만민이 등을 돌리고 배반하면 독부(獨夫)가 된다.」 「그러므로 맹자가 <이 말을 가지고> 제나라 선왕에게 심각하게 경고하고, 또 후세에 훈계를 내린 것이다.」

(3) 王勉曰 斯言也 惟在下者 有湯武之仁 而在上者 惟桀紂之暴 則可. : 왕면(王勉)이 말했다. 「이 말은 아랫사람이 탕왕이나 무왕같이 인덕이 있고, 윗사람이 걸(桀)이나 주(紂)같이 포악할 때에만 적용된다.」

(4) 不然 是未免於簒弑之罪也. : 「그렇지 않으면, 나라를 찬탈하고 임금을 시해했다는 죄를 면할 수 없게 된다.」

孟子見齊宣王曰 爲巨室 則必使工師求大木 工師得
大木 則王喜 以爲能勝其任也 匠人斲而小之 則王
怒 以爲不勝其任矣 夫人幼而學之 壯而欲行之 王
曰 姑舍女所學 而從我 則何如 今有璞玉於此 雖萬
鎰 必使玉人彫琢之 至於治國家 則曰 姑舍女所學
而從我 則何以異於敎玉人彫琢玉哉.

맹자(이) 견제선왕 왈 위거실 즉필사공사(로) 구대목(하시리니) 공사득대목 즉
왕(이) 희(하야) 이위능승기임야(라하시고) 장인(이) 착이소지 즉왕(이) 노(하
야) 이위불승기임의(라하시리니) 부인(이) 유이학지(는) 장이욕행지(니) 왕왈
고사여(의) 소학(하고) 이종아(라하시면) 즉하여(하니이꼬) 금유박옥어차(하
면) 수만일(이라도) 필사옥인조탁지(하시리니) 지어치국가(하야는) 즉왈 고사
여(의) 소학(하고) 이종아(이라하시면) 즉하이이어교옥인조탁옥재(이꼬)

맹자가 제나라 선왕을 보고 말했다. 「큰 집을 건축할 때에는 반드시
우두머리 목수로 하여금 큰 재목을 구하게 하고, 그가 큰 재목을 얻으
면 즉 임금님이 좋아하실 겁니다. 그래야 능히 그 일을 감당할 수 있기
때문입니다. <그런데 그 밑에 있는> 목수가 <큰 재목을 깎거나 베어
서> 작게 토막을 내면 임금님은 바로 노하실 것입니다. <그래서는
큰 집을 짓는> 일을 감당하지 못하기 때문입니다. 대체로 사람이 어려
서 글을 배우는 목적은 장성하여 실지로 좋게 행동하기 위해서입니다.
<그런데> 왕이 <성인이나 군자를 보고> 『지금은 잠시 <그대가 배운
왕도(王道)의 학문지식을> 버리고 <무조건> 나의 <무력패도(武力覇
道)를> 따라야 한다.』고 말하신다면 어떻게 되겠습니까. 지금 여기에
원석 옥돌이 있으며, 그 값이 만 일(鎰)이나 되면, 임금님은 반드시
그 원석을 옥인(玉人)으로 하여금 쪼고 다듬게 할 것입니다. 국가를
다스리는 일에 있어 『잠시 그대가 배운 학문을 버리고 나의 방식을

따르라고 말을 하시니』 어째서 전문가인 옥인으로 하여금 옥돌을 다듬
게 하는 것과 다르게 하십니까.」

▶ **어구 설명**

· 巨室(거실) : 큰 궁전.
· 工師(공사) : 건축하는 총책임자.
· 匠人(장인) : 여러 일꾼들.
· 璞(박) : 돌 속에 묻혀 있는 옥(玉).
· 鎰(일) : 황금 24량(兩).
· 玉人(옥인) : 옥을 다듬는 보석공.

[集註 選譯] (1) 范氏曰 古之賢者 常患人君 不能行其所學. : 범씨(范
氏)가 말했다. 「옛날의 현인은 항상『임금이 자기들 현인이 배운 바를
행하지 못하는 것』을 걱정했다.」

(2) 而世之庸君 亦常患賢者 不能從其所好. : 「그러나 세상의 어리석은
임금은 역시『현인들이 자기의 <저속한 욕심을> 따르지 않는 것』을
걱정했다.」

(3) 是以 君臣相遇 自古以爲難 孔孟終身而不遇 蓋以此耳. : 「그러므로
현명한 신하와 현명한 임금이 서로 만나기가 어려웠던 것이다.」「공자
나 맹자가 종신 좋은 임금을 못 만난 것이 그래서일 것이다.」

---

孟子對曰 取之而燕民悅 則取之 古之人 有行之者
武王是也 取之而燕民不悅 則勿取 古之人 有行之
者 文王是也 以萬乘之國 伐萬乘之國 簞食壺漿 以
迎王師 豈有他哉 避水火也 如水益深 如火益熱 亦
運而已矣.

맹자(이) 대왈 취지이연민(이) 열즉취지(하소셔) 고지인(이) 유행지자(하니)
무왕(이) 시야(니이다) 취지이연민(이) 불열즉물취(하소셔) 고지인(이) 유행
지자(하니) 문왕(이) 시야(니이다) 이만승지국(으로) 벌만승지국(이어늘) 단
사호장(으로) 이영왕사(는) 기유타재(리오) 피수화야(이니) 여수익심(하며)
여화익열(이면) 역운이이의(니이다)

맹자가 대답해서 말했다. 「연(燕)나라를 취해서 연나라 사람들이 좋아
한다면 즉 취하십시오. 옛날 사람으로 그와 같이 한 사람이 바로 주무
왕(周武王)입니다. 취해서 연나라 사람들이 좋아하지 않으면 즉 취하
지 마십시오. 옛날 사람으로 그와 같이 한 사람이 바로 주문왕(周文王)
입니다. 만승의 제(齊)나라가 만승의 연나라를 치는데, <연나라 백성
이> 대그릇에 밥을 담고, 항아리에 국물을 담아 가지고 와서 임금님의
군대를 환영하는 까닭은 어찌 다른 이유가 있겠습니까. <연나라 국민
들이> 물이나 불 같은 고통에서 벗어나려고 해서입니다. <그런데 만
약에 제나라가 연나라를 친 다음에> 더욱 깊은 물에 빠진 듯이 고생을
하고, 더욱 심한 불에 타는 듯이 고생을 하게 된다면, 그들은 또 다른
데로 옮겨가려고 할 것입니다.」

▶ 어구 설명
· 簞食壺漿(단사호장) : 「단(簞)은 대나무 그릇.」 「사(食)는 밥.」 「호장(壺
漿)은 항아리에 담은 국물」.
· 運(운) : 굴러간다는 뜻.

[集註 選譯] (1) 趙氏曰 征伐之道 當順民心 民心悅 則天意得矣. : 조씨
가 말했다. 「정벌의 도리는 민심(民心)에 순응하는 것이다.」 「백성들의
마음이 기쁘면 곧 하늘의 뜻을 얻게 될 수 있다.」

書曰 湯 一征 自葛始 天下信之 東面而征 西夷怨 南
面而征 北狄怨 曰奚爲後我 民望之 若大旱之 望雲
霓也 歸市者不止 耕者不變 誅其君 而弔其民 若時
雨降 民大悅 書曰 徯我后 后來其蘇.

서(에) 왈 탕(이) 일정(을) 자갈(로) 시(하신대) 천하(이) 신지(하야) 동면이정
(에) 서이(이) 원(하며) 남면이정(에) 북적(이) 원(하야) 왈 해위후아(오하야)
민(이) 망지(호대) 약대한지 망운예야(하야) 귀시자(이) 부지(하며) 경자(이)
불변(이어늘) 주기군 이조기민(하신대) 약시우(이) 강(이라) 민(이) 대열(하니)
서(에) 왈 혜아후(하다소니) 후래(하시니) 기소(이라하니이다)

「서경(書經) 중훼지고(仲虺之誥)에 있습니다. 『탕왕이 처음에 무력 토
벌을 갈(葛)나라부터 시작했다. 천하의 모든 사람들이 그를 믿었다.
<탕왕이> 동쪽으로 가서 정벌하면, 서쪽 오랑캐가 원망했다. 남쪽으
로 가서 토벌하면, 북쪽의 오랑캐들이 원망했다. 그리고 말했다. 왜
우리들은 뒤로 돌리는가.』 백성들이 <탕왕이 와서 악을 치고 자기들을
구제해 주기를> 바란 것이 흡사 심한 가뭄에, 비구름이나 무지개를
바라보듯이 했습니다. 그래서 시장으로 오가는 사람들이 걸음을 멈추
지 않았고, 또 농사짓는 사람들도 변함없이 여전히 농사를 지었습니다.
<탕왕이 무력으로> 나쁜 임금을 주살(誅殺)하고, 그들 백성들을 구제
하고 위로해준 것을 마치 때맞춰 비가 쏟아져 내린 것처럼 백성들이
크게 기뻐했습니다. 그래서 서경에『우리 임금이 오기를 기다린다. 임
금이 오면 백성들이 소생한다』고 적었습니다.」

▶ 어구 설명
·一征(일정) : 「처음에 정벌했다」의 뜻.
·奚爲後我(해위후아) : 「왜 우리들은 뒤로 돌리는가, 미루는가.」
·霓(예) : 무지개. 「예(霓)」를 설문(說文)에서는 「뇌기(雷氣)」라고 풀었다.

· 耕者不變(경자불변) : 「변(變)」을 주자는 「동(動)」으로 풀었다.
· 徯(혜) : 「혜(徯)」는 「대(待)」, 즉 기다린다.
· 后(후) : 임금의 뜻.

孟子對曰 凶年饑歲 君之民 老弱轉乎溝壑 壯者散
而之四方者 幾千人矣 而君之倉廩實 府庫充 有司
莫以告 是上慢 而殘下也 曾子曰 戒之戒之 出乎爾
者 反乎爾者也 夫民今而後得反之也 君無尤焉 君
行仁政 斯民親其上 死其長矣.

맹자(이) 대왈 흉년기세(에) 군지민(이) 노약(은) 전호구학(하고) 장자(는) 산
이지사방자(이) 기천인의(오) 이군지창름(이) 실(하며) 부고(이) 충(이어늘)
유사(이) 막이고(하니) 시(는) 상만 이잔하야(니) 증자(이) 왈 계지계지(하라)
출호이자(이) 반호이자야(라하시니) 부민(이) 금이후(에) 득반지야(로소니)
군무우언(하소셔) 군(이) 행인정(하시면) 사민(이) 친기상(하야) 사기장의(리
이다)

맹자가 대답해서 말했다. 「흉년이 들고 굶주릴 때에 임금님의 백성들
은, 노약자는 <굶주려> 도랑이나 구덩이에 떨어져 굴렀으며, 젊은 사
람은 뿔뿔이 흩어져 사방으로 간 사람의 수가 수천 명이나 되었습니다.
그러나 임금의 곡물 창고에는 곡식이 가득 차있었고, 재물이나 물품
창고에는 재물이 가득 차 있었습니다. 그래도 관리들이 임금님에게
고하지 않고 <구제해 주지도 않았으니> 이는 곧 임금이 태만하고 관
리가 잔학했던 것입니다. 증자(曾子)가 말했습니다. 『삼가고 또 삼가야
한다. 그대로부터 나간 것이 그대에게 되돌아온다.』 허기는 백성들은
이제부터 뒤늦게 <임금이나 관리들에게> 되돌려주려고 할 것입니다.

임금님은 탓하지 마십시오. 임금님이 인정(仁政)을 행하시면 그 백성들이 윗사람을 친애하고, 또 윗사람을 위해서 죽기도 할 것입니다.」

▶ 어구 설명

· 轉乎溝壑(전호구학) : 「전(轉)은 굶주리고 허기져서 이리저리 구르다가 죽는다」는 뜻이다. 「溝(도랑 구), 壑(골 학)」

· 廩(늠) : 「廩(곳집 름)」

· 府庫充(부고충) : 「府(곳집 부), 庫(곳집 고)」「충(充)」은 차다.

· 上(상) : 윗사람.

[集註 選譯] (1) 君不仁而求富 是以有司 知重斂而不知恤民. : 임금이 어질지 못하고 재물만 구하므로 이에 관리들이 거두어들이는 것만 알고, 백성 구휼을 모른다.

(2) 故君行仁政則有司 皆愛其民而民亦愛之矣. : 고로 임금이 인정(仁政)을 행하면 모든 관리도 백성을 사랑하게 되고, 또 백성도 위를 사랑하게 될 것이다.

(3) 范氏曰 書曰 民惟邦本 本固邦寧. : 범씨(范氏)가 말했다. 「서경(書經) 오자지가(五子之歌)에 『백성은 바로 나라의 근본이다. 근본이 굳어야 나라가 편안하다.』고 있다.」

(4) 有倉廩府庫 所以爲民也 豊年則斂之 凶年則散之 恤其飢寒 救其疾苦. : 나라에 창름(倉廩)과 부고(府庫)가 있는 것은 백성을 위해서다. 즉 풍년에는 곡식이나 재물을 거두어 저장하고, 흉년에는 풀어서 백성들의 기한(飢寒)이나 질병 및 고통을 구휼해 준다.

(5) 是以民親愛其上 有危難 則赴救之 如子弟之衛父兄 手足之捍頭目也. : 그러므로 백성들이 윗사람들을 친애하고 나라에 위난이 있을 때는 달려가서 구제한다. 흡사 자제(子弟)가 부형(父兄)을 지키고, 손발이 머리나 눈을 보호함과 같이 한다.

> 苟爲善 後世子孫 必有王者矣 君子創業垂統 爲可
> 繼也 若夫成功 則天也 君如彼何哉 强爲善而已矣.

구위선(이면) 후세자손(이) 필유왕자의(리니) 군자(이) 창업수통(하야) 위가계
야(이라) 약부성공 즉천야(이니) 군여피(에) 하재(리오) 강위선이이의(니이다)

「적어도 착하게 다스리시면 후세의 자손 중에 반드시 훌륭한 임금이
나타납니다. 군자는 나라를 새로 세우고 좋은 전통을 내려주고 <후손
이 나라와 전통을> 이어 나갈 수 있게 해주어야 합니다. 그리고 성공하
고 못하고는 바로 하늘에 달려 있습니다. <그러니> 임금님께서 지금
그들에 대해서 어찌 하려고 하시지 말고, 오직 전력을 기울여 착한
정치를 행하십시오.」

▶ 어구 설명
· 創(창) : 「만든다」는 뜻.
· 統(통) : 줄기, 즉 전통의 뜻.

[集註 選譯] (1) 言能爲善 則如大王 雖失地 而其後世 遂有天下 乃天理
也. : 곧 다음 같은 뜻이다. 「능히 선을 행하면, 즉 주(周)의 태왕(太王)
같이 비록 땅은 잃어도 그 후손이 천하를 지니게 되니 곧 그것이 천리이
다.」

(2) 然君子 造其業於前 以垂統緖於後 但能不失其正 令後世可繼續而行
耳. : 「그러므로 군자는 오직 먼저 창업을 하고, 그 전통을 뒤에 내려
계승하게 하되, 능히 정도(正道)를 잃지 않고 후세로 하여금 계승하게
해야 한다.」

(3) 若夫成功 則豈可必乎. : 「그 성공에 대해서는 어찌 필연이라고 하겠
는가.」

(4) 彼齊也 君之力 既無如之何 則但彊於爲善 使其可繼而俟命於天

耳. : 「그들 제(齊)나라는 원래부터 임금의 힘으로는 어찌 할 수 없으니 <임금님은> 오직 착하게 하는 데 힘을 써야 한다. 그리고 후손으로 하여금 계승하고 하늘의 명을 기다리게 해야 한다.」

(5) 此章 言人君當竭力於其所當爲 不可徼幸於其所難必. : 이 장은 「임금은 마땅히 할 바에 힘을 쓰고 '반드시 그렇게 되기 어려운 바[於其所難必]<즉 천명>'에 있어, 요행을 바라면 안 된다는 뜻을 말한 것이다.

樂正子入見 曰 君奚爲不見孟軻也 曰 或告寡人曰
孟子之後喪踰前喪 是以不往見也 曰 何哉 君所謂
踰者 前以士 後以大夫 前以三鼎 而後以五鼎與 曰
否 謂棺槨衣衾之美也 曰 非所謂踰也 貧富不同也.

악정자(이) 입견왈 군(이) 해위불견맹가야(이꼬) 왈 혹(이) 고과인왈 맹자지후상(이) 유전상(이라할새) 시이(로) 불왕견야(호라) 왈 하재(이꼬) 군소위유자(는) 전이사(이오) 후이대부(이며) 전이삼정 이후이오정여(이까) 왈 부(라)위관곽의금지미야(이니) 왈 비소위유야(이라) 빈부부동야(니이다)

악정자(樂正子)가 들어가서 <평공을> 보고 말했다. 「임금님, 어째서 맹자를 만나보지 않으십니까.」 평공이 말했다. 「어떤 사람이 나에게 다음같이 말하더라. 『맹자가 모친상을 부친상보다 더 성대하게 지냈다』 그래서 <내가> 가서 보지 않았다.」 악정자 : 「임금님께서 '지나쳤다'고 하신 말씀은 무슨 뜻입니까. 먼저는 맹자가 사(士)의 신분으로 부친상을 지냈고, 나중에는 대부(大夫)의 신분으로 모친상을 지냈으며, <그래서> 먼저는 삼정을 바쳤고, 나중에는 오정을 바쳤습니다. <그것을 두고 지나쳤다고> 말씀하시는 것입니까.」 평공 : 「그것을 말하는 것이 아니오. 관곽(棺槨)이나 의금(衣衾)을 좋게 했다는 뜻이오..」 악정자가 말했다. 「이른바 지나친 것이 아닙니다. 빈부가 같지 않기 때문입니다.」

&lt;부친상 때는 가난해서 조촐하게 지냈고, 모친상 때는 부유했으므로 잘 모셨다는 뜻이다.&gt;

▶ 어구 설명

· 樂正子(악정자) : 맹자의 제자이면서 평공 밑에서 벼슬을 하고 있었다.
· 三鼎(삼정) : 「삼정」은 사(士)의 신분. 즉 시(豕) 1정, 어(魚) 1정, 석(腊 : 육포) 1정을 바친다.
· 五鼎(오정) : 「오정」은 대부의 신분. 「삼정」 외에 양(羊) 1정, 부(膚 : 돼지 가죽살) 1정을 더 바친다.
· 與(여) : &lt;그것을 두고 지나쳤다고&gt; 말씀하시는 것입니까?
· 棺槨衣衾(관곽의금) : 「관(棺)은 시신을 모시는 내관(內棺), 곽(槨)은 외곽 (外槨), 즉 바깥의 관.」 「의금은 수의나 위에 덮는 이불」.

樂正子見孟子 曰 克告於君 君爲來見也 嬖人有臧倉者沮君 君是以不果來也 曰 行或使之 止或尼之 行止非人所能也 吾之不遇魯侯 天也 臧氏之子 焉能使予不遇哉.

악정자(이) 견맹자 왈 극(이) 고어군(호니) 군(이) 위래견야(이러시니) 폐인유 장창자(이) 저군(이라) 군(이) 시이(로) 불과래야(하시니이다) 왈 행혹사지(며) 지혹니지(나) 행지(는) 비인소능야(이라) 오지불우로후(는) 천야(이니) 장씨 지자(이) 언능사여(로) 불우재(리오)

악정자가 맹자를 보고 말했다. 「저, 극(克)이 임금에게 말해서 임금이 와서 &lt;선생님을&gt; 만나보고자 했습니다. 그런데 측근인 장창이라고 하는 자가 임금을 &lt;가지 못하게&gt; 저지했으므로 임금님이 결국 오지 못했습니다.」 맹자가 말했다. 「갈 때에도 무엇인가 가게 하는 힘이 있고, 멈출 때에도 무엇인가 막는 힘이 있는 법이다. 가거나 멈추거나 다 사람의 힘만으로 되는 것이 아니다. 내가 노나라의 임금을 만나지 못하는 것은 천명이다. 장씨 같은 인간이 어찌 능히 나로 하여금 임금을 못 만나게 할 수 있겠느냐.」

▶ 어구 설명
· 克(극) : 악정자의 이름.
· 嬖(폐) : 「嬖(사랑할 폐)」
· 尼(이) : 「이(泥)」로 「멈추다」의 뜻.
· 天(천) : 「하늘」, 곧 「천운(天運)이나 천명(天命)」의 뜻.

[集註 選譯] (1) 言人之行 必有人使之者 其止 必有人尼之者. : <맹자의 말은> 곧 다음 같은 뜻을 말한 것이다. 「사람이 가는 것도 반드시 가게 하는 사람이 있고, 멈추게 하는 것도 반드시 멈추게 하는 사람이 있다.」

(2) 然其所以行 所以止 則固有天命 而非此人所能使 亦非此人所能尼 也. : 「그러나 가게 하는 바탕이나 멈추게 하는 바탕이나 마땅히 천명이 있어야 하고, 사람의 힘만으로 가게 하거나, 못 가게 막는 것도 아니다.」

(3) 然則我之不遇 豈臧倉之所能爲哉. : 「그러니 내가 임금을 못 만난 것도 어찌 장창의 힘만으로 그렇게 된 것이겠느냐.」

(4) 此章言 聖賢之出處 關時運之盛衰 乃天命之所爲 非人力之可及. : 이 장은 다음 같은 뜻을 말한 것이다. 「성현이 출현하거나 숨어 있거나, 시운의 성쇠와 관련이 있으며 바로 천명으로 이루어지는 것이며, 사람의 힘이 미칠 수 있는 것이 아니다.」

## 공손추장구 상(公孫丑章句 上)의 명언 명구

或問乎曾西曰 吾子與子路孰賢 曾西蹴然曰 吾先子
之所畏也 曰 然則吾子與管仲孰賢 曾西艴然不悅
曰 爾何曾比予於管仲 管仲得君如彼其專也 行乎國
政如彼其久也 功烈如彼其卑也 爾何曾比予於是.

혹(이) 문호증서왈 오자여자로숙현(고) 증서(이) 축연왈 오선자지소외야(이니
라) 왈 연즉오자(이) 여관중숙현(고) 증서(이) 불연불열왈 이하증비여어관중
(고) 관중득군(이) 여피기전야(이며) 행호국정(이) 여피기구야(이로대) 공렬
(이) 여피기비야(하니) 이하증비여어시(오하니라)

「어떤 사람이 증서(曾西)에게 『선생님과 자로(子路)는 어느 분이 더
현명하십니까』하고 묻자, 증서는 송구스런 표정으로 말했다. 『그분 자
로 선생은 우리 선인께서도 경외하신 분이시오..』<어떤 사람이 또>
『그렇다면 선생님과 관자는 어느 분이 더 현명하십니까』하고 묻자,
증서가 발끈 화를 내고 불쾌한 듯이 말했다. 『그대는 어찌 나를 관중과
비교하느냐. 관중은 임금의 신임을 받고 <재상이 되어> 그와 같이
전횡(專橫)했으며, 또 다스리면서 그와 같이 오래도록 <부국강병만
을> 일삼았다. 관중의 공은 그와 같이 비천한 것들이거늘, 어찌 그대는
나를 그런 자와 비교한단 말인가』하고 탓했다.」

▶ **어구 설명**

· 曾西(증서) : 공자의 제자 증자(曾子 : 曾參)의 손자다. <\* 조기(趙岐)는 손자라 했다. 그러나 후세에는 아들이라고 하는 설도 있다.>

· 吾子與子路孰賢(오자여자로숙현) : 오자(吾子)는 여기서 증서이다. 자로 는 공자의 제자 중유(仲由).

· 管仲(관중) : 제환공(齊桓公)을 패자(覇者)로 만든 재상(宰相).

· 艴(불) : 노한 기색.

· 烈(열) : 「업(業)」으로 푼다.

· 曾(증) : 「잠시나마」의 뜻.

[集註 選譯] (1) 楊氏曰 孔子言 子路之才 千乘之國 可使治其賦也 使其現於施爲 如是而已. : 양씨(楊氏)가 말했다. 「공자는『자로의 재능은 천 승의 나라에서 군사(軍事)를 다스리게 할 만하다』고 말했다.」「만약에 자로에게 현실적으로 정사를 시행하게 해도 <그는 역시 패도가 아닌> 왕도의 덕치를 따랐을 것이다.」

(2) 其於九合諸侯 一正天下 固有所不逮也. : 「<그러므로 관중처럼 무력으로> 제후를 규합하고 천하를 바로잡는 일은 <자로에게는> 당연히 미치지 못하는 일이다.」

(3) 然則曾西 推尊子路如此 而羞比管仲者. : 「그러나 증서는 자로를 이같이 높이고 존경했으며, 자기를 관중과 비교하는 것을 부끄럽게 여겼다.」

(4) 何哉 譬之御者 子路則範我馳驅而不獲者也 管仲之功 詭遇而獲禽耳. : 「왜 그랬을까.」「수레를 모는 어자(御者)를 비유로 들겠다. 자로는 <예치(禮治)의> 법도대로 수레를 몰고 달려서 <금수를> 잡지 않았다.」「그러나 관중이 공을 세웠다고 하는 것은 속임수로 접근하여 금수를 획득한 것이다.」

(5) 曾西仲尼之徒也 故不道管仲之事. : 「증서는 공자의 문도(門徒)이다. 고로 관중의 권모술책을 말하지 않는다.」

> 曰 管仲曾西之所不爲也 而子爲我願之乎 曰 管仲
> 以其君覇 晏子以其君顯 管仲晏子猶不足爲與 曰
> 以齊 王由反手也.

　　왈 관중(은) 증서지소불위야(어늘) 이자(이) 위아원지호(아) 왈 관중(은) 이기군패(하고) 안자(는) 이기군현(하니) 관중안자(는) 유부족위여(이까) 왈 이제(로) 왕(이) 유반수야(이니라)

맹자가 말했다. 「관중은 증서조차도 치지 않은 사람인데 그대는 내가 관중같이 되기를 원하는가.」 공손추가 말했다. 「관중은 자기 임금 환공을 패자가 되게 했고, 안자는 자기 임금의 이름을 빛나게 했습니다. <그만한 공을 세운> 관중이나 안자를 아직도 부족하다고 생각하십니까.」 맹자가 말했다. 「제나라의 <강대한 힘을 가지면> 천하에 참다운 왕노릇하기는 손바닥 뒤집듯이 쉬운 일이다.」

▶ 어구 설명
· 晏子以其君顯(안자이기군현) : 안자는 안영(晏嬰)으로 제경공(齊景公)의 명상(名相)이었다. 현(顯)은 이름을 나타나게 한다는 뜻.
· 王由反手也(왕유반수야) : 「반수(反手)」는 「용이하다」는 뜻. 「유(由)」는 「유(猶)」와 같다.

> 齊人有言曰 雖有知慧 不如乘勢 雖有鎡基 不如待
> 時 今時則易然也.

제인유언왈 수유지혜(나) 불여승세(며) 수유자기(나) 불여대시(라) 금시즉이
연야(니라)

「제나라 사람들의 속담에 있다. 『비록 지혜가 있어도 운세를 타는 것만
못하고, 비록 농기구가 있어도 농사철을 기다리는 것만 못하다.』지금
이 <제나라로서는> 좋은 때이므로 쉽게 왕업(王業)을 이룰 수 있다.」

▶ 어구 설명
・鎡基(자기) : 밭갈이하는 농기구. 기(基)는 기(鎡).
・時(시) : 경작하고 씨뿌리는 때.

夏后殷周之盛 地未有過千里者也 而齊有其地矣 雞
鳴狗吠相聞 而達乎四境 而齊有其民矣 地不改辟矣
民不改聚矣 行仁政而王 莫之能禦也.

하후은주지성(에) 지미유과천리자야(하니) 이제(이) 유기지의(며) 계명구폐
(이) 상문 이달호사경(하니) 이제(이) 유기민의(니) 지불개벽의(며) 민불개취
의(라도) 행인정이왕(이면) 막지능어야(이리라)

「하・은・주 3대(代)가 흥성했을 때도 영토는 천 리를 넘지 못했었다.
그러나 제나라는 이미 천 리의 영토를 가지고 있으며, 또 <사방에서>
닭이 울고 개짖는 소리가 서로 어울려 들리며, <촌락이> 사방의 국경
에까지 이어져 있으며, 제나라에는 백성들이 많이 있다. 고로 영토를
더 넓히지 않고, 백성도 더 모으지 않고, 인정(仁政)을 펴서 왕화(王化)
하면 아무도 막지 못할 것이다.」

[集註 選譯] (1) 此言其勢之易也. :「이는 제나라의 운세로는 용이하다
는 뜻을 말한 것이다.」

(2) 三代盛時 王畿不過千里 今齊已有之 :「<하・은・주> 3대에는 흥

할 때에도 왕기(王畿)가 천 리를 넘지 못했다.」「지금 제나라는 이미 큰 영토를 가지고 있다.」

(3) 異於文王之百里 又鷄犬之聲相聞 自國都以至于四境 言居民稠密也. : 「그러므로 주문왕(周文王)이 백 리의 땅을 가진 것과는 다르다. 또 개와 닭소리가 들리니, 이는 곧 국도에서 사방의 국경에 이르도록 촌락이 있고, 또 백성들이 조밀하게 모여 산다는 뜻이다.」

且王者之不作 未有疏於此時者也 民之憔悴於虐政 未有甚於此時者也 飢者易爲食 渴者易爲飮 孔子曰 德之流行 速於置郵而傳命 當今之時 萬乘之國 行 仁政 民之悅之 猶解倒懸也 故事半古之人 功必倍 之 惟此時爲然.

차왕자지부작(이) 미유소어차시자야(하며) 민지초췌어학정(이) 미유심어차시자야(하니) 기자(에) 이위식(이며) 갈자(에) 이위음(이니라) 공자(이) 왈 덕지류행(이) 속어치우이전명(이라하시니) 당금지시(하야) 만승지국(이) 행인정(이면) 민지열지(이) 유해도현야(리니) 고(로) 사반고지인(이오) 공필배지(는) 유차시(이) 위연(하니라)

「또한 <인정을 행하는 참다운> 왕자가 나타나지 않은 기간이 오늘보다 더 긴 때가 없었다. <주나라 문왕·무왕이 나타나 천하를 안정시킨 다음 오늘까지 약 7백년이 지났다. 그래서> 백성들이 학정에 시달려 초췌하게 된 것도 지금보다 더 심할 때도 없었다. 굶주린 사람에게는 먹을 것을 쉽게 먹게 할 수 있으며, 목마른 사람에게는 물을 쉽게 마시게 할 수 있다. 공자가 말했다. 『덕의 감화가 사방으로 퍼져 나가는 것은 역마(驛馬)가 명령을 전하는 것보다 빠르다.』 오늘의 시운을 맞아서 전차 만 대를 지니고 있는 천자의 나라가 인정을 행하면 백성들이 좋아할 것이며, 흡사 거꾸로 매달려 있다가 풀려난 듯이, <좋아할 것이다.> 고로 일이나 수고는 옛사람의 반을 하고, 공은 옛사람의 배를 세울 것이다. 이 모두가 때로 인해서 그렇게 되는 것이다.」

#### ▶ 어구 설명

- 疏(소) : 「사이가 벌어지다」의 뜻. 즉 「오랫동안 왕자가 나타나지 않았다」는 뜻이다.
- 置郵(치우) : 「역마, 역참」으로 풀었다.
- 倒懸(도현) : 거꾸로 매달려 있다. 「막히고 고생한다」는 뜻이다.

[集註 選譯] (1) 此言其時之易也 自文武 至此七百餘年 異於商之賢聖繼作. : 이 말은 곧 「이때가 용이하게 왕업(王業)을 행할 때라는 뜻이다.」 「주나라 문왕과 무왕으로부터 지금까지 7백여 년이 되었다. <그러므로> 은나라 때에 현인이나 성군이 뒤이어 나타난 때와는 상황이 다르다.」

(2) 民苦虐政之甚 異於紂之 猶有善政 易爲飮食. : 「또 지금 백성들이 혹심한 학정에 시달리는 정도도 옛날 주왕(紂王) 때와도 다르다. <더 심각하다. 그러므로> 만약에 지금 선정(善政)을 펴면 <만민들이> 쉽게 먹고 마시듯이 <왕도를 받아들일 것이다.>」

(3) 言飢渴之甚 不待甘美也. : 즉 「만민이 심하게 굶주리고 목마르고 있으므로 감미(甘美)한 것을 기다리지 않고도 쉽게 먹고 마실 것이다」라는 뜻을 말한 것이다.

<＊ 맹자는 공자의 말을 인용해서 결론을 지었다. 『공자가 말했다. 덕의 감화가 사방으로 퍼져나가는 것은 역마가 명령을 전하는 것보다 빠르다. (孔子曰 德之流行 速於置郵而傳命)』그리고 맹자가 다음같이 총괄적으로 말했다. 「<서로 전쟁만 하는> 오늘날 천자(天子)가 인정(仁政)을 행하면 백성들이 좋아할 것이며, 흡사 거꾸로 매달려 있다가 풀려난 듯이 좋아할 것이다. (當今之時 萬乘之國 行仁政 民之悅之 猶解倒懸也)」>

公孫丑問曰 夫子加齊之卿相 得行道焉 雖由此覇王
不異矣 如此則動心否乎 孟子曰否 我四十不動心
曰若是 則夫子過孟賁遠矣 曰是不難 告子先我不動
心 曰不動心 有道乎 曰有.

공손추(이) 문왈 부자(이) 가제지경상(하사) 득행도언(하시면) 수유차 패왕(이라도) 불이의(리니) 여차 즉동심(가) 부호(이까) 맹자왈 부(이라) 아(는) 사십(이라) 부동심(호라) 왈 약시 즉부자(이) 과맹분(이) 원의(사쇼이다) 왈 시불난(하니) 고자(도) 선아부동심(하니라) 왈 부동심(이) 유도호(이까) 왈 유(하니라)

제자 공손추가 맹자에게 물었다. 「선생님께서 제나라의 경상(卿相) 자리에 오르시고 도를 행하신다면 <제나라 임금을> 패자(覇者)로 만들수도 있고, 혹은 왕자(王者)로 만들 수도 있으며, 아무도 이의를 제출하거나 괴이하게 여기지 않을 것입니다. 그래도 마음의 흔들림이 없겠습니까.」 맹자가 말했다. 「없을 것이다. 나는 나이 사십이다. 마음의 흔들림이 없다.」 공손추가 맹자에게 말했다. 「그렇다면 선생님은 맹분(孟賁)보다 월등히 더 용감하십니다.」 맹자가 말했다. 「<천도를 간직하고> 마음을 동하지 않게 하는 것은 어렵지 않다. 고자가 나보다 먼저 마음을 동하지 않는다고 했다.」 공손추가 맹자에게 물었다. 「마음을 흔들리지 않게 하는 데 도가 있습니까.」 맹자가 말했다. 「있다.」

▶ 어구 설명

· 公孫丑問曰(공손추문왈) : 공손추는 맹자의 제자로 정치에 관한 문답이 많다. 제나라 사람으로 성이 공손(公孫), 이름이 추(丑).

· 否(부) : 동요가 없다.

· 我四十不動心(아사십부동심) : 나는 나이 사십이다. <절대로 마음의 흔들림이 없다.>

· 孟賁(맹분) : 위(衛)나라의 용사. 물에서는 교룡(蛟龍)을 피하지 않고, 뭍

에서는 외뿔소[兕]나 호랑이[虎]를 겁내지 않았다고 한다.
· 告子(고자) : 이름이 불해(不害). 고자는 맹자보다 나이가 많다. 묵자(墨子)
  에게 배웠으며, 성(性)에는 선악(善惡)이 없다고 했다.

[集註 選譯] (1) 若得位而行道 則雖由此而成霸王之業 亦不足怪 任大責
重 : 「만약 자리에 올라 자신의 주장대로 하면, 즉 <임금을> 패자(霸者)
로 만들거나 혹은 왕자(王者)로 만들 수 있으며, 남도 괴상하게 여길
수 없이, 임무와 책임이 중하고 크다.」

(2) 如此亦有恐懼疑惑 而動其心乎. :「그런 경우, 역시 두렵거나 의혹
하는 등, 마음이 흔들릴 것이다.」

(3) 四十彊仕 君子道明德立之時 孔子四十而不惑 亦不動心之謂. :「나
이 사십은 건강하게 벼슬하고 군자로서 도를 밝히고 덕을 세우는 때다.」
「공자의 『사십에 불혹(四十而不惑)』은 역시 부동심(不動心)을 말한 것
이다.」

(4) 程子曰 心有主 則能不動矣. : 정자(程子)가 말했다. 「마음에 중심
이 잡히면 능히 움직이지 않을 수 있다.」

北宮黝之養勇也 不膚撓 不目逃 思以一毫挫於人
若撻之於市朝 不受於褐寬博 亦不受於萬乘之君 視
刺萬乘之君 若刺褐夫 無嚴諸侯 惡聲至 必反之.

북궁유지양용야(는) 불부요(하며) 불목도(하야) 사이일호(이나) 좌어인(이어든)
약달지어시조(하야) 불수어갈관박(하며) 역불수어만승지군(하야) 시자만승지
군(호대) 약자갈부(하야) 무엄제후(하야) 오성(이) 지(커든) 필반지(하니라)

「북궁유의 용기에 대해서 말하겠다. 그는 <칼이나 창에 찔려도> 피부
나 살이 오므라들지 않는다. <눈앞에 무기를 대고 위협해도> 눈을

깜짝이거나 눈동자를 돌리지 않는다. 터럭만큼이라도 남으로부터 모욕
을 받았다고 생각이 들면, 시장바닥에서 매를 맞는 것처럼 생각했다.
헐렁한 베옷을 입은 천민으로부터 수모를 당하지도 않았고, 또 만승지
국의 천자로부터도 모욕 받기를 싫어했다. 만승의 나라를 다스리는
임금 죽이는 것을 천민이나 평민 죽이는 것같이 생각했다. 제후들도
그를 겁내고 두려워하지 않았다. 자기를 욕하고 미워하는 말을 들으면
반드시 되돌려 욕하고 미워했다.」

▶ 어구 설명

· 北宮黝(북궁유) : 제(齊)나라 사람, 성이 북궁(北宮), 이름이 유(黝). 혈기
　지용(血氣之勇)이 넘쳤다.

· 不膚撓(불부요) : <칼이나 창에 찔려도> 피부나 살이 오므라들지 않는다.

· 目逃(목도) : 눈을 찌르자, 눈동자를 굴리고 피한다는 뜻.

· 挫(좌) : 욕(辱)과 같다.

· 褐寬博(갈관박) :「갈(褐)은 갈포(葛布)나 털가죽의 뜻.」「관박(寬博)은
　헐렁헐렁한 천민의 옷.」

---

孟施舍之所養勇也 曰 視不勝猶勝也 量敵而後進
慮勝而後會 是畏三軍者也 舍豈能爲必勝哉 能無懼
而已矣.

---

맹시사지소양용야(는) 왈 시불승(호대) 유승야(로니) 양적이후진(하며) 여승
이후회(하면) 시(는) 외삼군자야(이니) 사(이) 기능위필승재(리오) 능무구이
이의(라하니라)

「맹시사가 용기를 돋우고 나타내는 태도를 말하겠다. 그는 다음같이
말했다. 『적을 보고 이기지 못할 것을 알면서도, 마치 이길 수 있는
것처럼 용감히 싸워야 한다. 적의 수나 세력을 헤아리고 <겁을 내고>

후퇴하거나, 이길 거라고 생각한 후에 적과 마주하고 싸우는 <그런
자는> 곧 삼군 앞에서는 겁을 먹는 옹졸한 자다. 난들 어찌 반드시
이길 수 있겠느냐. 다만 겁을 먹지 않고 싸울 뿐이다.』

▶ 어구 설명

· 孟施舍(맹시사) : 자세히 알 수 없다. 조기(趙岐)는 「맹(孟)은 성, 사(舍)는
  이름, 시(施)는 발어사(發語詞)」라고 했다. 기타 설이 많다. 이 책에서는
  「맹시사」라고 풀었다.
· 會(회) : 「맞붙어 싸우다[合戰]」의 뜻.
· 三軍(삼군) : 제후(諸侯)의 군대.
· 舍豈能爲必勝哉(사기능위필승재) : 난들 어찌 반드시 이길 수 있느냐. 앞
  의 「사(舍)」는 자기의 이름이다.
· 能無懼而已矣(능무구이이의) : 겁을 먹지 않고 싸울 뿐이다.

[集註 選譯] (1) 舍自言 其戰雖不勝 亦無所懼 若量敵 慮勝而後進戰 則
是無勇 而畏三軍矣. : 「맹시사(孟施舍)가 말했다. 『싸워서 비록 이기지
못해도 두려워하지 않는다. 만약에 적을 헤아리고 승리를 생각하고 나서
싸움에 나가는 것은 곧 용기가 없는 것으로, 대군을 겁내는 태도다.』

(2) 舍盡力戰之士 以無懼爲主 而不動心者也. : 「나는 전력을 다하여 힘
껏 싸우는 용사다. 그러므로 두려워하지 않는 것을 주체로 삼는다. 바로
그것이 나의 부동심(不動心)이다.」

孟施舍似曾子 北宮黝似子夏 夫二子之勇 未知其孰
賢 然而孟施舍守約也 昔者曾子謂子襄曰 子好勇乎
吾嘗聞大勇於夫子矣 自反而不縮 雖褐寬博 吾不惴
焉 自反而縮 雖千萬人 吾往矣 孟施舍之守氣 又不
如曾子之守約也.

맹시사(는) 사증자(하고) 북궁유(는) 사자하(하니) 부이자지용(이) 미지기숙
현(이어니와) 연이맹시사(는) 수(이) 약야(이니라) 석자(에) 증자(이) 위자양
왈 자(이) 호용호(아) 오상문대용어부자의(로니) 자반이불축(이면) 수갈관박
(이라도) 오불췌언(이어니와) 자반이축(이면) 수천만인(이라도) 오왕의(라하
시다) 맹시사지수(는) 기(라) 우불여증자지수(이) 약야(이니라)

「맹시사는 증자를 닮았다. 북궁유는 자하를 닮았다. 그들 두 사람의
용기는, 어느 쪽이 더 현명한지 아닌지를 알 수 없다. 그러나, 맹시사는
자기를 지키고[守], 단속[約]했다. 옛날에 증자가 <자기의 제자> 자
양(子襄)에게 말했다.『자네는 용맹을 좋아하는군. <그러니 내가 용맹
에 대해서 말하겠네> 나는 전에 공자 선생님으로부터 대용(大勇)에
대한 말씀을 들은 바 있네. <선생님께서 말씀하셨네.> '스스로 돌이켜
보고 바르고 곧지 못하면, 비록 헐렁한 베옷을 걸친 천민(賤民)에게도,
내가 어찌 두려워하지 않을 수 있겠느냐. 스스로 돌이켜 보고 바르고
옳다면, 비록 천만 인이라도 <용감히> 앞으로 나가서 싸워야 한다'고
하셨네.』맹시사가 한결같이 용기를 간직하고 지켰다고 해도, 역시 증
자가 <하늘의 도리를 따르고> 한결같이 자신을 단속하고 <선생님의
가르침을> 지킨 것만 못하다.」

▶ 어구 설명
· 子襄(자양) : 증자의 제자.
· 夫子(부자) : 공자.
· 縮(축) : 「바르고 곧다[直]」의 뜻으로 푼다.
· 惴(췌) : 공구(恐懼)의 뜻.

[集註 選譯] (1) 黝務敵人 舍專守己 子夏篤信聖人 曾子反求諸己. : 「북
궁유(北宮黝)는 모든 사람을 적으로 삼는다.」「맹시사(孟施舍)는 오직
자신을 지킨다.」「자하(子夏)는 성인을 돈독히 믿었다.」「증자(曾子)는
자신을 반성해 모든 것을 자신에게서 구했다.」

(2) 故二子之與 曾子子夏 雖非等倫 然論其氣象 則各有所似 賢猶勝也

約要也. :「그러므로 북궁유와 맹시사는 그 인격에 있어, 증자와 자하와 다르다.」「그러나 그 기상에 있어서는 저마다 유사한 점이 있다.」「현(賢)은 승(勝)과 같은 뜻이다.」「약(約)은 단속한다[要]는 뜻이다.」

(3) 言論二子之勇 則未知誰勝 論其所守 則舍比於黝 爲得其要也. : 맹자의 말뜻은 다음과 같다.「북궁유와 맹시사의 용기를 논하면, 어느 쪽이 더 낫다고 말할 수 없다.」「다만 자신을 단속하는 면에서는 맹시사가 북궁유보다『자신을 잘 단속할 수 있다』고 말하겠다.」

(4) 言 孟施舍 雖似曾子 然其所守 乃一身之氣 又不如曾子之反身循理 所守尤得其要也. : 이는 다음 같은 뜻을 말한 것이다.「맹시사가 비록 증자같이 지켰다고 해도, 그가 지킨 것은 자기 한 몸의 혈기(血氣)다.」「그러므로 증자가 자기 몸을 되돌아보고 천리를 따르고 특히 지킨 바, 자신을 단속했던 것과는 같지 않다.」

(5) 孟子之不動心 其原 蓋出於此. :「맹자가 말하는 부동심(不動心)은 근원이 이와 같이 천리(天理)에서 나온 것이다.」

---

**曰 敢問 夫子之不動心 與告子之不動心 可得聞與 告子曰 不得於言 勿求於心 不得於心 勿求於氣 不得於心 勿求於氣 可 不得於言 勿求於心 不可 夫志氣之帥也 氣 體之充也 夫志至焉 氣次焉 故曰 持其志 無暴其氣.**

---

왈 감문 부자지부동심(과) 여고자지부동심(을) 가득문여(이까) 고자왈 부득어언(이어든) 물구어심(하며) 부득어심(이어든) 물구어기(라하니) 부득어심(이어든) 물구어기(는) 가(커니와) 부득어언(이어든) 물구어심(은) 불가(하니) 부지(는) 기지수야(오) 기(는) 체지충야(이니) 부 지(이) 지언(이요) 기(이) 차언

(이니) 고(로) 왈 지기지(오도) 무포기기(라하니라)

공손추가 말했다. 「감히 묻겠습니다. 선생님이 말씀하시는 부동심(不
動心)과 고자(告子)가 말하는 부동심에 대해서 말씀해 주실 수 있습니
까.」 <맹자가 먼저 고자를 말했다.> 「고자가 다음같이 말했다. 『남의
말을 듣고 내가 납득할 수 없으면, <그 말을 제쳐두고 억지로> 마음속
으로 생각하면서 이해하려고 애를 쓰지 마라. 또 내 마음에 납득되지
않는 <남의 말을> 내가 혈기(血氣)로 나타내려고 하지 마라.』 '부득어
심 물구어기(不得於心 勿求於氣)'는 <그런대로> 괜찮다. 그러나 '부득
어언 물구어심(不得於言 勿求於心)'이라고 한 말은 안 된다. 무릇 지
(志)는 기(氣)의 통솔자다. 기(氣)는 신체(身體)에 충만해 있는 <생명
과 활동의 근원이다> 원칙적으로 먼저 지(志)가 가면, 다음에 기(氣)가
따른다. 고로 말한다. 자신의 지(志)를 바르고 굳게 지니고, 기(氣)를
포악하게 나타내지 말아야 한다.」

[集註 選譯] (1) 孟子旣誦其言而斷之 曰彼謂不得於心 而勿求諸氣者 急
於本而緩其末 猶之可也. : 「맹자가 먼저 고자의 말을 인용하고 다음에
단호하게 비판해서 말했다.」 「그가 말한 『마음에 납득되지 않는 것을
기로 구하지 말라고 말한 것』은 근본뿌리가 되는 마음[心]을 중하게
여기고, 말단의 가지가 되는 기(氣)를 뒤로 돌린 것이며, 그런 대로 괜찮
다.」

(2) 謂不得於言 而不求諸心 則旣失於外 遂潰其內 其不可也必矣. : 『남
의 말 중에 납득되지 않는 것을 마음으로 구하지 말라』고 한 <고자의
말은> 「곧 밖으로 나타난 말에 도리가 없다고 해서, 안에 있는 마음마저
무너지게 한 것이니, 그 잘못은 필수적이다.」

(3) 然凡曰可者 亦僅可 而有所未盡之辭耳. : 「그러나 가(可)라고 한 것
도 『약간 가하다는 뜻이며, 미진한 점이 있다』는 말투라 하겠다.」

(4) 若論其極 則志固心之所之 而爲氣之將帥. : <다음은 주자의 설이다.> 「만약에 핵심을 논한다면 다음같이 말해야 한다. 지(志)는 마음이 뻗어나가는 바이며, 기(氣)의 장수(將帥)이다.」

(5) 然氣亦人之所以充滿於身 而爲志之卒徒者也. : 「그러나 기(氣)는 사람의 몸에 충만하고 있는 것이지만 그래도 지(志)의 졸도(卒徒)이다.」

(6) 故志固爲至極 而氣卽次之 人固當敬守其志 然亦不可不致養其氣. : 「그러므로 지(志)가 지극한 것이고, 기(氣)는 부차적인 것이다.」「사람은 마땅히 자기의 지(志)를 높이고 지켜야 한다. 그러나 역시 자기의 기(氣)도 잘 배양하지 않으면 안 된다.」

(7) 蓋其內外本末 交相培養 此則孟子之心 所以未嘗必其不動 而自然不動之大略也. : 「무릇 <지(志)와 기(氣)는> 내외본말(內外本末)이 되며, 서로 엇갈리며 배양되는 것이다.」「이것이 바로 맹자가 마음을 반드시 움직이지 않으려고 하지 않으면서, 자연히 움직이지 않게 하는 주장의 대략이다.」

> 旣曰 志至焉 氣次焉 又曰 持其志 無暴其氣者 何也
> 曰 志壹則動氣 氣壹則動志也 今夫蹶者趨者 是氣
> 也 而反動其心.

기왈 지(이) 지언(이오) 기(이) 차언(이라하시고) 우왈 지기지(오도) 무포기기자(는) 하야(이꼬) 왈 지일즉동기(하고) 기일즉동지야(이니) 금부궐자추자 시기야 이반동기심(이니라)

공손추가 맹자에게 물었다. 「선생님께서 먼저는 『뜻이 가면 기가 따른다』고 말씀하셨으나, 또 다시 『뜻을 굳게 지니고 기를 함부로 나타내지 말라』고 하셨으니, 『기를 함부로 나타내지 말라』고 하신 말씀은 무슨

뜻입니까.」맹자가 말했다.「뜻을 한결같이 지녀야 기도 <바르고 곧
게> 동하고 나타난다. <그것이 원칙이다. 그러나 특수한 경우에는>
기가 한쪽으로 쏠리면 <이에 따라> 뜻도 동하고 따른다. 만약에 당장
넘어질 듯한 순간에 몇 발짝 앞으로 뛰어 달리는 경우가 있다. 그것이
바로 <순간적인> 기의 발동이며, 이에 따라서 <주체가 될> 마음이
도리어 <기를 따라> 움직이는 예이다.」

▶ 어구 설명
· 壹(일) : 한결같이. 전일(專一).
· 蹶者趨者(궐자추자) :「궐(蹶)은 전지(顚躓), 즉 넘어진다는 뜻.」「추(趨)
는 <넘어지는 순간 몇 발짝을> 앞으로 내닫는다는 뜻.」

[集註 選譯] (1) 然氣之所在 專一則志亦反爲之動. :「기가 <한 곳으로
모이고> 나타나면 도리어 <주체가 될 뜻이> 반대로 <기를 따라서> 움직
일 수도 있다.」

(2) 如人顚躓趨走 則氣專在是 而反動其心焉 所以旣持其志 而又必無暴
其氣也. :「예를 들면 사람이 넘어지려 할 때, 앞으로 몇 발짝 나간다.」
「그것은 곧 전적으로 기의 작동이다.」<그때에는 주체가 될 마음이>
반대로 <기를 따라> 동하게 마련이다.」「그러므로 <맹자가>『먼저 자기
의 뜻을 바르고 곧게 지니되, 역시 반드시 기도 난폭하게 나타내지 말라』
고 말한 것이다.」

(3) 程子曰 志動氣者什九 氣動志者什一. : 정자(程子)는 말했다.「뜻
이 기를 움직이는 경우가 10 중 9이고, 기가 뜻을 움직이는 경우는
10 중 1이다.」

敢問 夫子惡乎長 曰 我知言 我善養吾浩然之氣.

감문 부자(는) 오호장(이시니이꼬) 왈 아(는) 지언(하며) 아(는) 선양 오(의)
호연지기(하도다)

공손추 : 「감히 묻겠습니다. 선생님께서는 어떠한 점에 뛰어나셨습니까.」
맹자가 말했다. 「나는 남의 말을 듣고 <그 속에 있는 심성(心性)이나
도리(道理)를> 판단하고 안다. 나는 나의 『호연지기(浩然之氣)』를 잘
키울 수 있다.」

▶ 어구 설명
· 知言(지언) : 추상적으로 「천도천리(天道天理)를 안다」로 풀이할 수 있다.
· 浩然之氣(호연지기) : 우주에 충만하고 있는 기(氣)로, 자연 만물을 생육
(生育)하는 생명의 근원이 되는 우주적 원동력.

[集註 選譯] (1) 浩然 盛大流行之貌 氣卽體之充者 本自浩然 失養故餒
惟孟子爲善養之 以復其初也. : 「호연(浩然)」은 「크게 넘치고 사방에 흘
러 나간다는 품」을 말한 것이다. 「기(氣)」는 즉 「모든 물체에 충만해
있는 <생명력>이다.」 기(氣)는 본래 「스스로 크게 넘치고 사방으로 흘
러 퍼지는 <생명력>이다.」 <그 생명력을> 키우지 못하면 굶주리고 시들
어 죽게 된다. 오직 맹자만이 <우주에 넘치는 기, 즉 생명력을> 키우고
본연의 처음 상태로 돌아갈 수 있다.」 <* 몸을 구성하고 있는 세포와,
그 속에 살아있는 생명력을 우주의 생명력과 하나되게 하는 것이 호연지
기다.>

(2) 蓋有知言 則有以明夫道義 而於天下之事 無所疑. : 무릇 「지언(知
言)」하면 곧 도의를 밝힘으로써, 천하 만사에 의심할 바가 없게 된다.

(3) 養氣 則有以配夫道義 而於天下之事 無所懼 此其所以當大任 而不動
心也. : 「기를 키우면 도의에 부합되어 천하 만사에 두려울 바가 없게
된다.」 「그러므로 큰 책임을 담당해도 마음을 움직이지 않게 된다.」

(4) 告子之學 與此正相反 其不動心 殆亦冥然無覺 悍然不顧而已爾. :

그러나 고자의 학문은 맹자와는 정반대가 된다.「그가 말하는 부동심은 흐릿하고 깨닫지 못하고 사납기만 할 뿐 <천도 천리를> 돌아보는 바가 없다.」

## 敢問 何謂浩然之氣 曰 難言也.

감문 하위호연지기(이꼬) 왈 난언야(이니라)

공손추 :「감히 묻겠습니다. 무엇을 『호연지기』라고 합니까.」맹자가 말했다.「말로 설명하기 어렵다.」

[集註 選譯] (1) 孟子 先言知言 而丑先問養氣者 承上文方論志氣而言也. :「맹자가 먼저 지언(知言)이라고 말했다.」「그런데 공손추가 먼저 양기(養氣)에 대해서 물은 것은 앞에서 지기(志氣)를 논한 것을 이어받고 한 말이다.」

(2) 難言者 蓋其心所獨得 而無形聲之驗 有未易以言語 形容者. :「말로 설명하기 어렵다(難言者)」는 것은「무릇 마음으로 홀로 터득하는 것이며, 형체나 소리로 나타내게 할 수 없으므로 쉽사리 말로 형용할 수 없다」는 뜻이다.

(3) 故程子曰 觀此一言 則孟子之實有是氣 可知矣. : 고로 정자(程子)는 말했다.「이 한마디를 보아도 맹자가 사실로 양기했음을 알 수 있다.」

## 其爲氣也 至大至剛 以直養而無害 則塞於天地之間.

기위기야(는) 지대지강(하니) 이직양 이무해 즉색어천지지간(이니라)

「그 <호연지기는> 지극히 크고 지극히 억세다. 곧게 함양(涵養)하고 해치지 않으면 천지간에 차고 넘친다.」

▶ 어구 설명
·直(직) : 천도 천리를 곧게 지키고 따른다는 뜻.

[集註 選譯] (1) 程子曰 天人一也 更不分別 浩然之氣 乃吾氣也 養而無害 則塞于天地 一爲私意所蔽 則欿然而餒 知其小也. : 정자(程子)가 말했다. 「하늘과 사람은 하나로(天人合一) 분별이 없다. 그러므로 호연지기는 바로 나의 기(氣)다. 곧게 키우고 해치지 않으면 천지간에 가득한다. 그러나 일단 사사로운 욕심에 덮이게 되면, 구멍이 나고 시들어 작아짐을 알게 된다.」

(2) 謝氏曰 浩然之氣 須於心 得其正時識取 又曰 浩然是無虧欠時. : 사씨(謝氏)가 말했다. 「호연지기는 모름지기 마음이 바르게 되었을 때를 기다려 인식하고 취해 가져야 한다.」 또 말했다. 「호연(浩然)이란 곧 <나의 기가 우주에 충만하고> 비거나 부족할 때가 없음을 말한다.」

---

## 其爲氣也 配義與道 無是餒也.

기위기야(이) 배의여도(하니) 무시(면) 뇌야(이니라)

「그 호연지기는 의(義)와 도(道)와 짝하고 어울려야 한다. 안 그러면 시든다.」

[集註 選譯] (1) 配者合而有助之意 義者人心之裁制. : 「배(配)는 합치고 도와준다는 뜻이다.」 「의(義)는 사람이 마음으로 <천도를> 판단하고 따른다는 뜻이다.」

(2) 道者天理之自然 餒氣乏而氣不充體也. : 「도(道)는 천리(天理)의 자

연이다.」「뇌(餒)는 기(氣)가 결핍하고 몸에 가득 차지 않는다는 뜻이다.」

(3) 言人能養成此氣 則其氣合乎道義而爲之助 使其行之勇決 無所疑憚 : 즉 다음 같은 말이다. 「사람이 능히 기를 키울 수 있어야 기가 도의(道義)에 맞고 도움을 주며 〈또〉 그 기를 과감하게 부려씀에도 의심이나 꺼릴 바가 없게 된다.」

(4) 若無此氣 則其一時所爲 雖未必不出於道義 然其體 有所不充 則亦不免於疑懼 而不足以有爲矣. : 「만약 그와 같은 기가 없으면 혹 일시적인 행위가 비록 도의(道義)에서 벗어나지 않는다 해도 몸 전체에 충만하지 못하므로 의구(疑懼)을 면할 수 없게 되며 잘 쓰기에 부족하다.」

---

**是集義所生者 非義襲而取之也 行有不慊於心 則餒矣 我 故曰 告子未嘗知義 以其外之也.**

---

시집의소생자(이라) 비의(이) 습이취지야(이니) 행유불겸어심 즉뇌의(니) 아(이) 고(로) 왈 고자(이) 미상지의(라하노니) 이기외지야(일새니라)

「그것 〈즉 호연지기는〉 의(義)가 모이면 스스로 나타나는 것이다. 의(義)를 덮어씌우고 얻게 하는 것이 아니다. 자기 행동이 자기 마음에 만족하지 않으면 호연지기는 이내 굶주리고 시든다. 그래서 나는 『고자는 의(義)의 참뜻을 처음부터 모르는 자』라고 말한 것이다. 그 이유는 고자는 〈도의에 의해서 함양되는 기(氣)를〉 외형적 용력(勇力)이라고 〈잘못 알고 있기〉 때문이다.」

▶ 어구 설명

· 集義(집의) : 적선(積善)과 같은 뜻. 「무릇 모든 일이 의(義)에 맞기를 바란다」는 뜻.
· 襲(습) : 「엄습하여 취한다」는 뜻.

·慊(겸) : 「만족하다, 유쾌하다」는 뜻.

[集註 選譯] (1) 言旣雖可以配乎道義 而其養之之始 乃由事皆合義 自反常直 是以無所愧怍 而此氣 自然發生於中. : 다음 같은 뜻을 말한 것이다. 「비록 도의에 배합할 수 있어도, 호연지기(浩然之氣)를 함양하는 첫 단계에서는 스스로 반성하고 항상 곧게 해야 한다.」「그래서 부끄럽고 창피하지 않음으로써 그 기가 자연히 속에서 발생하는 것이다.」

(2) 非由只行一事 偶合於義 便可掩襲於外 而得之也. : 「한 가지 일을 행한 것이 어쩌다가 의에 맞는다고 외면적으로 강제로 취해서 얻을 수 있는 그런 것이 아니다.」

(3) 慊快也足也 言所行 一有不合於義 而自反不直 則不足於心 而其體有所不充矣 然則義豈在外哉. : 「겸(慊)」은 「유쾌하다, 만족하다」는 뜻이다. 즉 「행한 바가 하나라도 의에 맞지 않으면 스스로 돌이켜 보아도 바르고 곧지 않을 것이니 마음에도 만족하지 않고, 또 몸에도 충족되지 못한다. 그러니 어찌 의가 밖에 있겠느냐.」

(4) 告子不知此理 乃曰仁內義外 而不復以義爲事 則必不能集義 以生浩然之氣矣. : 「고자는 이러한 도리를 모르고 『인(仁)은 안에 있고, 의(義)는 밖에 있다』고 말했다. 그래서 고자는 또 의를 섬기지도 못했다.」「곧 반드시 집의(集義)해서, 호연지기를 살게 하지도 못했던 것이다.」

(5) 上文 不得於言 勿求於心 卽外義之意 詳見告子上篇. : 앞에서 〈고자가 말한〉「부득어언 물구어심(不得於言 勿求於心)」이 곧 의를 밖에 있는 것으로 본 예다. 자세한 것은 「고자 상(告子上)」에 나온다.

必有事焉 而勿正 心勿忘 勿助長也 無若宋人然 宋
人有閔其苗之不長 而揠之者 芒芒然歸 謂其人曰
今日病矣 予助苗長矣 其子趨而往視之 苗則槁矣
天下之不助苗長者 寡矣 以爲無益而舍之者 不耘苗
者也 助之長者 揠苗者也 非徒無益 而又害之.

필유사언 이물정(하야) 심물망(하며) 물조장야(하야) 무약송인연(이어이다)
송인(이) 유민기묘지부장 이알지자(이러니) 망망연귀(하야) 위기인왈 금일
(에) 병의(라) 여(이) 조묘장의(와라하야날) 기자(이) 추이왕시지(하니) 묘즉
고의(러라) 천하지부조묘장자(이) 과의(니) 이위무익 이사지자(는) 불운묘자
야(이오) 조지장자(는) 알묘자야(이니) 비도무익(이라) 이우해지(니라)

「<호연지기를 함양하려면> 반드시 <도의에 맞는> 좋은 일을 해야
한다. 그에 대한 보답을 기대하지 마라. 또 <함양하겠다는 생각을>
항상 마음속에 품고 잊지 말아야 한다. 또 무리하게 부추기고 자라게
하면 안 된다. 예를 들면 송나라 사람이 한 것과 같은 <어리석은 짓을>
하면 안 된다. <맹자는 다음같이 알묘조장(揠苗助長)의 우화를 들었
다.> 어느 송나라 사람이 자기 논밭의 모가 <빨리> 자라지 않는 것을
민망히 여기고, 밭에 심어진 모를 <하나하나 손으로 잡아 뽑아> 올렸
다. <그리고 피곤하여> 맥빠지고 늘어진 모습으로 돌아와서 자기 집
안 사람에게 말했다.『오늘 혼이 났다. 내가 모를 잘 자라게 거들었다.』
아들이 뛰어가서 밭의 모를 보니, 모가 다 뽑혀진 채 시들었더라. 천하
에서 알묘조장을 안하는 사람이 적다. 한편 양기(養氣)를 무익하다고
생각하고 포기하는 사람들은 <비유하면> 모를 심고도 김을 매지 않는
사람이라 하겠다. 또 <기를 함양하는 데 있어 성급하고 어리석게>
조장(助長)하는 사람은 <비유하면> 모를 뽑아 죽게 하는 사람이라
하겠다. 그 모두는 비단 무익할 뿐만 아니라 도리어 해가 된다.」

▶ **어구 설명**

· 而勿正(이물정) : 「보답을 기대하지 마라.」 주자(朱子)의 풀이다. 조기(趙
  岐)는 「정(正)」을 「지(止)」의 뜻으로 풀었다. 이 책은 주자의 설을 따랐다.
· 勿助長也(물조장야) : 무리하게 부추기고 자라게 하면 안 된다.
· 閔(민) : 「민(憫)」과 같다.
· 揠(알) : 「揠(뽑을 알)」
· 芒芒(망망) : 멍청한 모양.
· 其人(기인) : 집안사람.
· 病(병) : 피권(疲倦).

[集註 選譯] (1) 舍之而不耘者 忘其所有事. : 「내버려두고 김을 매지
않는 자는 곧 자기가 할 일을 망각한 사람이다.」

(2) 揠而助之長者 正之不得 而妄有作爲者也. : 「모를 뽑아 올린 자는
바르게 얻지 못하고 엉터리로 수작을 부린 사람이다.」

(3) 然不耘則失養而已 揠則反以害之 無是二者 則氣得其養 而無所害
矣. : 「그러나 김을 안 매면 키우지 못하게 될 뿐이다. 모를 뽑으면 도리
어 해가 된다. 이 두 가지를 하지 말아야 기(氣)를 키울 수 있고, 또
해가 되지도 않는다.」

(4) 如告子 不能集義 而欲彊制其心 則必不能免於正助之病. : 「고자(告
子)같이 집의(集義)할 줄 모르고 강제로 자기 마음을 몰아대면 바로
조장(助長)의 병폐를 면치 못할 뿐이다.」

(5) 其於所謂浩然者 蓋不惟不善養 而又害之矣. : 「이른바, 호연(浩然)
하게 배양하지 못할 뿐 아니라, 도리어 해를 끼치게 된다.」

> 何謂知言 曰 詖辭知其所蔽 淫辭知其所陷 邪辭知
> 其所離 遁辭知其所窮 生於其心 害於其政 發於其
> 政 害於其事 聖人復起 必從吾言矣.

하위지언(이니이꼬) 왈 피사(에) 지기소폐(하며) 음사(에) 지기소함(하며) 사사
(에) 지기소리(하며) 둔사(에) 지기소궁(이니) 생어기심(하야) 해어기정(하며)
발어기정(하야) 해어기사(하노니) 성인(이) 부기(샤도) 필종오언의(이시라)

공손추 : 「무엇을 지언(知言)이라 합니까」 맹자가 말했다. 「한쪽으로
치우친 말을 들으면 <그 사람의 마음이 욕심에> 가리고 덮여져 있음
을 안다. 도에 넘치는 난잡한 말을 들으면 <그 사람의 마음이> 무엇에
빠져 있는지를 안다. 사악한 말을 들으면 <그 사람의 마음이 바른 도리
에서> 이탈되었음을 안다. 발뺌을 하거나 회피하려는 말을 들으면
<그 사람이 빠져 있는> 궁지나 곤궁한 사정을 알 수 있다. 이들은
다 그 마음속에서 태어나는 것이다. <근원은 속마음이다. 그러므로
결국은> 그들의 정치에 해를 끼치고, 또 정치에 나타나 해를 끼친다.
<마음이 말로 나타나고 정치에 나쁜 영향을 준다.> 성인(聖人) 공자께
서 다시 나타나셔도 반드시 나의 말에 찬동하실 것이다.」

▶ 어구 설명
· 詖辭(피사) : 치우친 말. 「詖(치우칠 피)」
· 淫(음) : 「음란하다, 혹은 도리에 어긋나다」의 뜻.
· 邪(사) : 사악하고 치우치다는 뜻.
· 遁(둔) : 도망가고 피한다는 뜻.

[集註 選譯] (1) 卽其言之病而知其心之失 又知其害於政事之決然 而不
可易者. : 「말 속의 병폐를 가지고, 그 사람의 마음을 알고, 또 그 병폐가
정사(政事)에 결정적으로 해를 끼치고 돌이킬 수 없음도 안다.」

(2) 如此 非心通於道 而無疑於天下之理 其孰能之. : 「이러한 일은 마음이 도에 통하고 천하의 도리에 의심되는 바 없지 않고서는 어찌 가능하겠는가.」

(3) 彼告子者 不得於言 而不肯求之於心 至爲義外之說. : 「고자(告子)는 남의 말을 듣고도 그 속의 도리를 알지 못하고, 또 마음으로 바른 도리를 구하려고도 하지 않고, 또 의(義)가 밖에 있는 것이라고 한다.」

(4) 則自不免於四者之病 豈何以知天下之言 而無所疑哉. : 「그러므로 그는 네 가지 병폐에서 면할 수 없다. 어찌 천하의 말을 듣고 〈바르게〉 알고, 또 의심하지 않을 수 있겠느냐.」

(5) 程子曰 心通於道 然後能免是非 如持權衡以較輕重. : 정자(程子)가 말했다. 「마음이 천도(天道)에 통한 다음에 시비에서 벗어날 수 있다.」 「마치 저울대를 잡고 경중을 가리는 것과 같다.」

(6) 孟子所謂知言 是也. : 맹자가 말한 지언(知言)은 바로 이런 뜻을 말한 것이다.

(7) 又曰 孟子知言 正如人在堂上 方能辨堂下之人曲直 若猶未免雜於堂下衆人之中 則不能辨決矣. : 또 〈정자가〉 말했다. 「맹자의 지언은 사람이 당 위에 올라가 〈내려다보아야 당 아래에 있는〉 사람들의 곡직(曲直)을 분별할 수 있는 것과 같다.」 「만약에 당 아래의 잡인들과 섞여 있는 처지를 면치 못한다면, 〈속인들의 시비나 곡직을〉 분별할 수 없다.」

---

宰我子貢善爲說辭 冉牛閔子顏淵善言德行 孔子兼之 曰 我於辭命 則不能也 然則夫子旣聖矣乎.

---

재아자공(은) 선위설사(하고) 염우민자안연(은) 선언덕행(이러니) 공자(이)

겸지(하신대) 왈 아(이) 어사명 즉불능야(로라 하시니) 연즉부자(는) 기성의호
(이신저)

공손추 : 「공자님의 제자 재아(宰我)나 자공(子貢)은 말을 잘했고, 또
염우(冉牛)·민자(閔子)·안연(顔淵)은 덕행에 뛰어났으며, 공자님은
둘을 겸했습니다. <그런데 공자님이>『나는 사명(辭命)에는 능하지
못하다.』고 말했습니다. 그러므로 곧 선생님은 이미 성인의 경지에 드
셨습니다.」<즉 맹자가 지언(知言)하고, 또 양기(養氣)를 했으므로 성
인이라고 말한 것이다.>

▶ 어구 설명

· 宰我(재아) : 공자의 제자, 공문십철(孔門十哲)의 한 사람.
· 子貢(자공) : 공자의 제자, 십철의 한 사람.
· 說辭(설사) : 언어라는 뜻.
· 冉牛(염우) : 공자의 제자, 십철의 한 사람.
· 閔子(민자) : 민자건(閔子騫). 공자의 제자, 십철의 한 사람.
· 顔淵(안연) : 안회(顔回). 공자가 가장 아끼던 수제자, 십철의 한 사람.
· 善言德行(선언덕행) : <직역하면> 「말도 잘하고 덕행에 뛰어났다.」 그러
  나 여기서는 논어(論語)에 따라 「덕행에 뛰어났다」로 풀이한다.
· 辭命(사명) : 원래는 「말과 명령」, 여기서는 「일반적으로 말을 잘한다」는
  뜻이다.

[集註 選譯] (1) 程子曰 孔子自謂不能於辭命者 欲使學者 務本而已. :
정자(程子)가 말했다. 「공자가 스스로 사명(辭命)을 못한다고 말한 것
은 학자로 하여금 근본에 힘을 쓰게 하기 위해서다.」

日 惡 是何言也 昔者子貢問於孔子曰 夫子聖矣乎
孔子曰 聖則吾不能 我學不厭 而敎不倦也 子貢曰
學不厭智也 敎不倦仁也 仁且智 夫子旣聖矣 夫聖
孔子不居 是何言也.

왈 오(이라) 시하언야(요) 석자(에) 자공(이) 문어공자왈 부자(는) 성의호(이신져) 공자(이) 왈 성즉오불능(이러니와) 아(는) 학불염 이교불권야(이로다) 자공(이) 왈 학불염(은) 지야(이오) 교불권(은) 인야(이니) 인차지(하시니) 부자(는) 기성의(신져하니) 부성(은) 공자(도) 불거(하시니) 시하언야(오)

맹자가 말했다. 「아니, 그게 무슨 소리인가. <그리고 논어에 있는 예를 인용했다.> 옛날에 자공이 공자에게 『선생님은 성인이십니다.』하자, 공자가 말했다. 『성인의 경지에는 나는 들 수 없다. 나는 다만 배움에 물리지 않고, 또 가르치는 데 게으르지 않을 뿐이다.』 그러자 자공이 말했다. 『배우는 데 물리지 않는 것이 지(智)이고, 가르치는 데 게으르지 않는 것이 인(仁)입니다. 인(仁)과 지(智)를 겸하셨으니, 선생님은 이미 성인이십니다.』 성인이나 성인의 경지를 공자 선생 자신이 <해당된다고> 인정하지 않았거늘, <자네가 나를 보고 성인이라고 함은> 그 무슨 말인가.」

▶ 어구 설명
• 惡(오) : 오호(嗚乎), 놀라고 한탄하는 소리.
• 學不厭(학불염) : 지혜가 스스로 밝아지는 바탕이다.
• 敎不倦(교불권) : 인덕(仁德)을 남에게 미치는 바탕이다.

> 昔者 竊聞之 子夏 子游 子張 皆有聖人之一體 冉牛
> 閔子 顏淵 則具體而微 敢問所安 曰姑舍是.

석자(에) 절문지(하니) 자하 자유 자장(은) 개유성인지일체(하고) 염우 민자 안연(은) 즉구체이미(라하니) 감문소안(하노이다) 왈 고사시(하라)

공손추 : 「전에 제가 들은 바 있습니다. 자하·자유·자장 등 세 사람은 공자의 덕의 일부를 체득했으며, 염우·민자·안연 등은 공자의 덕을 갖추었으나 넓지 못하다고 들었습니다. 감히 묻겠습니다. <선생님은> 어느 쪽에 해당하십니까.」 맹자 : 「그런 것은 거론하지 말라.」

▶ 어구 설명
· 一體(일체) : 「일부(一部)」의 뜻.
· 安(안) : 「처(處)」의 뜻.

> 曰 伯夷伊尹何如 曰 不同道 非其君不事 非其民不
> 使 治則進 亂則退 伯夷也 何事非君 何使非民 治亦
> 進 亂亦進 伊尹也 可以仕則仕 可以止則止 可以久
> 則久 可以速則速 孔子也 皆古聖人也 吾未能有行
> 焉 乃所願 則學孔子也.

왈 백이이윤(은) 하여(하니이꼬) 왈 부동도(하니) 비기군불사(하며) 비기민불사(하야) 치즉진(하고) 난즉퇴(는) 백이야(이오) 하사비군(이오) 하사비민(이리오하야) 치역진(하며) 난역진(은) 이윤야(이오) 가이사즉사(하며) 가이지즉지(하며) 가이구즉구(하며) 가이속즉속(은) 공자야(이시니) 개고성인야(이라) 오미능유행언(이어니와) 내소원 즉학공자야(이로다)

공손추가 물었다. 「백이와 이윤은 어떠한 사람입니까.」 맹자가 대답했다. 「<그들은 저마다> 도가 같지 않다. 임금다운 임금이 아니면 섬기지 않는다. 백성다운 백성이 아니면 부려쓰지 않는다. 도에 맞게 잘 다스려지면 나가서 벼슬을 하지만 어지럽고 흐트러지면 물러난다. <그러한 주장과 도리를 내세우는 사람이> 곧 백이다. 어찌 내가 잘 섬기는데 임금이 아니겠는가. <즉 내가 잘 섬기면 누구라도 임금이 된다.> 어찌 내가 잘 부리면 백성이 아니겠는가. <즉 내가 잘 부리면 누구라도 백성이 된다.> 잘 다스려지는 나라에도 나가서 벼슬하고, 흐트러진 나라에도 나가서 벼슬하는 사람이 바로 이윤이다. 나가서 일을 할 만하면 출사(出仕)하고, 그만두어야 할 만하면 그만두고 물러난다. 오래 있을 만하면 오래 있고, 빨리 털고 물러나는 게 좋으면 빨리 물러난다. <이와 같은 태도를 취하는 분이> 바로 공자이시다. 이들은 다 옛날의 성인이다. 나는 아직 그들같이 행하지 못한다. 내가 소원하는 바는 공자같이 되고자 한다.」

▶ **어구 설명**

• 伯夷伊尹(백이이윤) : 백이(伯夷)는 고죽국(孤竹國) 임금의 장자이다. 동생은 숙제(叔齊)로 형제가 임금자리를 서로 양보하고 주(紂)를 피해 숨어 살았다. 그리고 문왕(文王)의 덕을 따라, 주(周)로 갔다. 무왕(武王)이 무력으로 주(紂)를 치자 주(周)나라에 살지 않겠다고 결심하고 수양산(首陽山)에 들어가 고사리를 먹다가 굶어죽었다. 이윤(伊尹)은 유신국(有莘國)의 처사로 탕왕(湯王)의 초빙을 받고 와서 등용되었다. 탕왕의 명을 받고 걸(桀)에게 갔으나, 걸이 그를 쓰지 않았으므로, 다시 탕왕에게 돌아갔다. 이렇게 다섯 번이나 오가다가 마침내 탕왕을 도와서 걸을 토벌했다.

伯夷伊尹於孔子 若是班乎 曰 否 自有生民而來 未有孔子也.

백이이윤(이) 어공자(에) 약시반호(이까) 왈 부(이라) 자유생민이래(로) 미유
공자야(이시니라)

공손추 :「백이와 이윤이 공자에게 그다지도 비등합니까.」맹자가 대답했
다.「아니다. 사람이 태어난 이래로 공자 같은 <성인은> 아무도 없다.」

---

曰 然則有同與 曰有 得百里之地而君之 皆能以朝
諸侯 有天下 行一不義 殺一不辜 而得天下 皆不爲
也 是則同.

---

왈 연즉유동여(이까) 왈 유(하니) 득백리지지 이군지(면) 개능이조제후 유천하
(이어니와) 행일불의(하며) 살일불고 이득천하(는) 개불위야(이리니) 시즉동
(하니라)

<공손추가> 물었다.「<그들이 다 성인이라면> 즉 <그들 사이에>
공통점이 있습니까.」맹자가「있다.」고 말하고 <다음같이 설명했다.>
「사방 백 리 넓이 되는 땅을 얻고 임금이 되면 <그들 세 사람은 다
덕으로써> 제후들을 순복(順服)시키고 천하를 지니고 잘 다스리게 될
것이다. <그러나 만약에> 하나의 불의(不義)를 행하거나, 한 사람이라
도 무고한 사람을 죽이고서 천하를 얻는다 해도 그들 세 사람은 다
그런 짓을 하지 않을 것이다. 이런 점이 바로 그들의 공통점이다.」

---

曰 敢問其所以異 曰 宰我子貢有若 智足以知聖人
汙不至阿其所好.

---

왈 감문기소이이(하노이다) 왈 재아자공유약(은) 지족이지성인(이니) 오부지
아기소호(이니라)

공손추가 물었다. 「감히 묻겠습니다. 다른 점은 무엇입니까.」 <즉 백이나 이윤과 다르게 공자만의 탁월한 점을 알고자 한 것이다.> 맹자가 말했다. 「재아·자공·유약 세 사람의 제자는 지혜가 충분하여, 성인 공자의 인품을 잘 알 만하다. <비록 그들 세 사람의 품격은> 낮으나 <그렇다고> 존경하는 스승 공자에게 아첨을 하는 그런 사람들은 아니다.」 <그러므로 그들이 한 말을 인용해서 공자의 탁월한 점을 밝히겠다.>

## 宰我曰 以予觀於夫子 賢於堯舜遠矣.

재아(이) 왈 이여관어부자(컨댄) 현어요순(이) 원의(하시다)

「재아가 말했다. 『내가 선생님을 관찰한 바, 현명하신 덕(德)이 요임금이나 순임금보다 훨씬 더 높으시다.』」

## 子貢曰 見其禮而知其政 聞其樂而知其德 由百世之後 等百世之王 莫之能違也 自生民以來 未有夫子也.

자공(이) 왈 견기례 이지기정(하며) 문기악 이지기덕(이니) 유백세지후(하야) 등백세지왕(컨대) 막지능위야(이니) 자생민이래(로) 미유부자야(이시니라)

「자공이 말했다. 『공자 선생님이 정한 예(禮)를 보면, 그분의 인정(仁政)이 <얼마나 높은 것인지를> 알게 된다. 그분의 음악을 들으면, 그분의 인덕(仁德)을 알 수 있다. <지금으로부터> 백세 후가 되고, 백대의 왕이 나타나기를 기다려 보아도 <나의 말이> 어긋나지 않을 것이다. 이 세상에 사람이 태어난 이래로, 공자 선생님 같은 분은 없다.』」

[集註 選譯] (1) 言大凡見人之禮則可以知其政 聞人之樂則可以知其
德 : 이는 곧 다음 같은 뜻을 말한 것이다. 「원칙적으로 사람들이 <따르
고 행하는> 예절을 보면 <그 당시의> 정치가 어떠한 것인지를 알 수
있다. 또 사람들이 <좋아하는> 음악을 보면 <그 당시의> 도덕이 어떠한
것인지를 알 수 있다.」

(2) 是以我從百世之後 差等百世之王 無有能遁其情者 而見其皆莫若夫
子之盛也. : 「백년 후세에 나타날 여러 등급의 임금들 모두가 <내가 지
적한 원칙적> 실정(實情)에서 벗어날 수 없을 것이다. <그때에> 보더라
도 공자 같은 위대한 분은 없을 것이다.」

有若曰 豈惟民哉 麒麟之於走獸 鳳凰之於飛鳥 太山
之於邱垤 河海之於行潦 類也 聖人之於民 亦類也
出於其類 拔乎其萃 自生民以來 未有盛於孔子也.

　유약(이) 왈 기유민재(리오) 기린지어주수(와) 봉황지어비조(와) 태산지어구
질(과) 하해지어행료(에) 유야(이며) 성인지어민(에) 역류야(이시니) 출어기
류(하며) 발호기췌(나) 자생민이래(로) 미유성어공자야(이시니라)

「유약(有若)이 말했다. 『어찌 사람에게만 등급이 있겠는가. <만물에도
저마다 등급이 있다.> 영특한 기린은 일반 동물과 다르고, 영특한 봉황
은 다른 날새와 다르고, 신령한 태산은 보통 산과 다르고, 큰 강이나
바다는 길에 고인 물웅덩이와 다르다. <이 모든 것들은> 같은 종류이
면서 품격(品格)이 다른 것이다. 성인이신 공자 선생을 일반인에게 비
교해도 역시 같은 사람이지만 그 품격이 크게 다르다. 공자 선생은
<그 인덕(仁德)이> 훨씬 뛰어나셨고 높이 돋아나셨다. 세상에 사람이
태어난 후, 공자보다 더 성대한 인덕을 지닌 분은 없다.』」

▶ 어구 설명

· 麒麟(기린) : 기린은 모충(毛蟲)의 장이다.
· 鳳凰(봉황) : 봉황은 우충(羽蟲)의 장이다.
· 太山之於邱垤(태산지어구질) : 태산(太山)은 태산(泰山). 「邱(언덕 구), 垤
  (개밋둑 질)」
· 潦(요) : 「潦(고인 물 료)」
· 拔乎其萃(발호기췌) : 「발(拔)은 홀로 섰다는 뜻이다.」 「拔(뺄 발)」, 「췌(萃)
  는 무리〔聚〕와 같다.」

[集註 選譯] (1) 程子曰 孟子此章 擴前聖所未發 學者所宜潛心而玩索
也. : 정자(程子)가 말했다. 「맹자의 이 장은 전에 성인<즉 공자>도 발
명하지 않은 바를 밝힌 것이다. 학자는 마음속에 품고 뜻을 음미해야
한다.」

孟子曰 以力假仁者覇 覇必有大國 以德行仁者王
王不待大 湯以七十里 文王以百里 以力服人者 非
心服也 力不贍也 以德服人者 中心悅 而誠服也 如
七十子之服孔子也 詩云 自西自東 自南自北 無思
不服 此之謂也.

맹자(이) 왈 이력가인자(는) 패(니) 패필유대국(이오) 이덕행인자(는) 왕(이나)
왕부대대(라) 탕(이) 이칠십리(하시고) 문왕(이) 이백리(하시니라) 이력복인
자(는) 비심복야(라) 역불섬야(이오) 이덕복인자(는) 중심(이) 열이성복야
(이니) 여칠십자지복공자야(이라) 시운 자서자동(하며) 자남자북(이) 무사불
복(이라하니) 차지위야(니라)

맹자가 말했다. 「무력을 쓰면서 인(仁)을 가장하는 자가 패자(覇者)이
다. 패자는 반드시 나라가 커야 한다. 덕(德)으로써 인정(仁政)을 펴는

임금을 왕자(王者)라 한다. 왕자는 강대(强大)하기를 기다리지 않는다. 은(殷)의 탕왕(湯王)은 사방 70리 넓이의 작은 나라였고, 주(周)의 문왕(文王)은 사방 백 리 넓이의 나라였다. <그렇게 작은 나라에서 왕도덕치(王道德治)를 폈다.> 힘에 눌려 굴복하는 것은 심복(心服)이 아니다. 힘이 모자라서이다. 덕으로써 남에게 복종하는 것은 속마음으로 즐거워서 참으로 복종하는 것이다. 예를 들면 공자의 제자 70명이 순복(順服)하는 것과 같다. 시경 대아(大雅) 문왕유성(文王有聲)편에 있다. 『서쪽, 동쪽, 남쪽, 북쪽에서 <아무도> 순복하지 않으려고 생각한 사람이 없다.』 이것이 바로 왕도덕치의 경지라 하겠다.」

▶ 어구 설명

· 假仁(가인) : 「본래 마음속에 인(仁)이 없으면서, 겉으로만 인을 가장한다. <그리고 무력적 지배를> 공적으로 생각하는 자들이다.」

· 力(역) : 넓은 땅과 갑병(甲兵) 같은 무력을 말한다.

· 王(왕) : 왕도덕치를 행하는 임금.

· 如七十子之服孔子也(여칠십자지복공자야) : 사기(史記) 공자세가(孔子世家)에 「육예(六藝)에 통달한 제자가 72명이다」라고 했다.

[集註 選譯] (1) 鄒氏曰 以力服人者 有意於服人 而人不敢不服. : 추씨(鄒氏)가 말했다. 「힘으로 남을 굴복시키는 패자(覇者)는 의식적으로 남을 굴복케 한다. 따라서 굴복하지 않을 수 없다.」

(2) 以德服人者 無意於服人 而人不能不服. : 「덕으로써 남을 복종케 하는 왕자(王者)는 무의식적이다. <그러나 사람들은> 복종하지 않을 수 없다.」

(3) 從古以來 論王覇者多矣 未有若此章之深切而著明者也. : 「옛날부터 왕도와 패도를 논한 사람이 많다. 이 장만큼 깊고 절실하고 분명하게 말한 것이 없다.」

孟子曰 仁則榮 不仁則辱 今惡辱而居不仁 是猶惡濕
而居下也 如惡之 莫如貴德而尊士 賢者在位 能者在
職 國家閒暇 及是時 明其政刑 雖大國 必畏之矣.

맹자(이) 왈 인즉영(하고) 불인즉욕(하나니) 금(에) 오욕이거불인(이) 시유오
습 이거하야(이니라) 여오지(인댄) 막여귀덕이존사(이니) 현자(이) 재위(하며)
능자(이) 재직(하야) 국가(이) 한가(이어든) 급시시(하야) 명기정형(이면) 수
대국(이라도) 필외지의(리라)

맹자가 말했다. 「인정(仁政)을 펴면 나라가 번영한다. 인정을 펴지 못
하면 <백성과 나라를 잃고> 욕을 보게 될 것이다. 만약에 욕보기를
싫어하면서 인정을 펴지 않는다면, 이는 곧 축축한 물기를 싫어하면서
낮은 습지에 처하고 있는 것과 같으니라. 만약에 <임금이 나라를 잃
고> 욕보는 것을 싫어한다면 무엇보다도 학덕(學德) 있는 사람을 귀하
게 여기고 선비를 존중해야 한다. 현명하고 선량한 사람을 자리에 앉히
고 능력과 재주 있는 사람에게 직분을 맡기면, 국가가 잘 다스려져
한가하게 된다. 그렇게 된 다음에 정치와 법률을 밝게 다스려 <백성을
선도하고 교화하면> 다른 큰 나라도 반드시 두렵게 여길 것이다.」

▶ 어구 설명
· 貴德(귀덕) : 상덕(尙德)과 같다.
· 閒暇(한가) : 내우외환(內憂外患)이 없고 태평하다는 뜻.
· 及是時(급시시) : 그때에.

[集註 選譯] (1) 好榮惡辱 人之常情 然徒惡之 而不去其得之之道 不能
免也.「번영을 좋아하고 욕을 싫어함은 인지상정(人之常情)이다.」
「그런데 다만 싫어하기만 하고, 욕을 보게 하는 <나쁜 도리를> 제거하지
않으면, <욕을> 면할 수 없다.」

(2) 此 因其惡辱之情 而進之以彊仁之事也. :「이는 욕보기를 싫어하는 심정을 바탕으로, 나아가서 인(仁)을 강화하는 일에 힘쓰라는 뜻을 말한 것이다.」

(3) 貴德猶尙德也 士則指其人以言之 賢有德者 使之在位 則足以正君 而善俗. :「귀덕(貴德)은 상덕(尙德)과 같다.」「사(士)는 <그와 같은 현명한> 선비를 지적한 것이다.」「현명하고 덕 있는 사람을 자리에 앉히면 족히 임금을 바르게 보좌하고 국민의 풍속을 선량하게 교화한다.」

(4) 能有才者 使之在職 則足以修政而立事. :「능력과 재주 있는 사람에게 직책을 맡게 하면, 족히 정사를 잘 다스리고 일을 바르게 서게 한다.」

(5) 國家閑暇 可以有爲之時也. :「국가한가(國家閑暇)」는「비로소 인정(仁政)을 펼 수 있는 때」라는 뜻이다.

(6) 詳味及字 則惟日不足之意 可見矣. :「급(及)」의 뜻을 깊이 음미하면 <서경 태서(泰誓)에 있는>「<선을 행하려니> 참으로 날이 모자란다는 뜻을 알게 될 것이다.」

---

詩云 迨天之未陰雨 徹彼桑土 綢繆牖戶 今此下民
或敢侮予 孔子曰 爲此詩者 其知道乎 能治其國家
誰敢侮之.

시운 태천지미음우(하야) 철피상두(하야) 주모유호(이면) 금차하민(이) 혹감
모여(아하야날) 공자(이) 왈 위차시자(이) 기지도호(인져) 능치기국가(이면)
수감모지(리오하시니라)

「시경 빈풍(豳風) 치효편(鴟鴞篇)에 있다.『하늘이 미처 어둡고 비를 내리기 전에, <서둘러> 뽕나무 뿌리의 껍질을 따서 창문이나 문을

엮고 대비하노라. 그러니 나무 밑의 사냥꾼이 어찌 감히 나를 모욕할 수 있느냐.』공자가 말했다.『이 시를 지은 사람은 도리를 아는 사람이다. 능히 국가를 잘 다스릴 수 있으면 누가 감히 욕을 보이겠느냐.』」

▶ 어구 설명

· 迨(태) : 「迨(미칠 태)」

· 徹彼桑土(철피상두) : 「철(徹)은 따고 취하다.」「두(土)는 두(杜)로 뿌리의 겉껍질」.

· 綢繆牖戶(주모유호) : 「주모(綢繆)」는 「얽어 묶고 보수한다는 뜻이다.」「유호(牖戶)」는 「새집의 통기와 출입하는 곳이다.」「繆(모)=謀(모), 牖(창 유)」

[集註 選譯] (1) 言 我之備詳密如此 今此在下之人 或敢有侮予者乎. : 다음 같은 뜻을 말한 것이다. 「내가 방비를 그와 같이 세밀하게 했으니, 아래 있는 사람이 <어찌> 혹시라도 나를 모욕할 수 있겠느냐.」

(2) 周公 以鳥之爲巢如此 比君之爲國 亦當思患而預防之. : 「주공은 새가 새집을 그와 같이 예비함을 임금이 나라를 다스림에 있어, 마땅히 환난을 미리 생각하고 예방함에 비유했다.」

(3) 孔子讀而贊之 以爲知道也. : 「공자는 그 시를 읽고 주공이 도리를 아는 사람이라고 칭찬했다.」

今國家閒暇 及是時 般樂怠敖 是自求禍也 禍福 無
不自己求之者.

금국가(이) 한가(이어든) 급시시(하야) 반락태오(하나니) 시(는) 자구화야(이니라) 화복(이) 무부자기구지자(니라)

「만약에 지금, 국가에 <내우외환이 없어> 한가한 그런 때에 <위정자가> 멋대로 향락하고 게으름피우고 또 오만을 떤다면, 이는 곧 스스로 화를 자초하는 것이니라. 화나 복은 모두 자기가 스스로 구하지 않는 것이 없다.」

▶ 어구 설명

· 般樂(반락) : 「반락(盤樂)」과 같다. 「크게 벌이고 놀고 향락한다」는 뜻.

---

詩云 永言配命 自求多福 太甲曰 天作孽 猶可違 自
作孽 不可活 此之謂也.

---

시운 영언배명(이) 자구다복(이라하며) 태갑(에) 왈 천작얼(은) 유가위(어니
와) 자작얼(은) 불가활(이라하니) 차지위야(이니라)

「시경 대아(大雅) 문왕편(文王篇)에는 『<주(周)나라는> 오래오래 하늘의 명과 짝했으므로 스스로 많은 덕을 얻었다』라 했고, 또 서경 상서 태갑편(太甲篇)에는 『하늘이 내려주는 재화는 피할 수 있으나, 스스로 만든 죄로부터 도망가 살아남을 수 없다』고 했다. 바로 이를 말한 것이다.」

▶ 어구 설명

· 永言配命(영언배명) : 「언(言)」을 어조사로 본다. 주자(朱子)는 「생각하다 〔念〕」로 풀었다. 「명(命)」은 「천명(天命)」이다.
· 孽(얼) : 재화(災禍).
· 不可活(불가활) : 「활(活)」을 「도피」로 풀기도 한다.

---

孟子曰 尊賢使能 俊傑在位 則天下之士皆悅 而願
立於其朝矣 市廛而不征 法而不廛 則天下之商皆悅
而願藏於其市矣 關譏而不征 則天下之旅皆悅 而願

出於其路矣 耕者助而不稅 則天下之農皆悅 而願耕
於其野矣 廛無夫里之布 則天下之民皆悅 而願爲之
氓矣.

맹자(이) 왈 존현사능(하야) 준걸(이) 재위 즉천하지사(이) 개열 이원립어기조
의(리라) 시(에) 전이부정(하며) 법이부전 즉천하지상(이) 개열 이원장어기시
의(리라) 관(에) 기이부정 즉천하지려(이) 개열 이원출어기로의(리라) 경자
(는) 조이불세 즉천하지농(이) 개열 이원경어기야의(리라) 전 무부리지포 즉천
하지민(이) 개열 이원위지맹의(리라)

맹자가 말했다. 「현인을 존중하고 능력 있는 사람을 쓰고, 또 재주와
덕행이 뛰어난 사람을 자리에 앉히면 이내 천하의 선비들이 즐거운
마음으로 임금의 조정에 나서서 일하기를 원할 것이다. 나라에서는
시장을 설치하고 <시장터에> 점포를 내고 장사를 하게 하되 세금은
징수하지 않고, 또 법을 정해서 <질서를 유지하되> 점포나 물품에
대한 별도의 세금을 징수하지 않는다. 그러면 곧 천하의 모든 상인들이
즐거이 <자진해서> 그 나라 시장에 물건을 옮겨 쌓고 장사를 할 것이
다. 관문에서는 오가는 사람이나 물품을 검사만 할 뿐, 세금을 징수하
지 않으면, 천하의 여행하는 사람들이 모두 좋아하고 그 나라의 길을
지나 여행하기를 원할 것이다. 농민들에게는 조(助)만 거두고 별도의
세금을 부과하지 않는다. 그러면 천하의 농민들이 다 좋아하고 그 나라
밭에서 농사짓기를 원할 것이다. 거주민에 대해서도, 부포(夫布)나 이
포(里布) 같은 벌금이나 부가세를 부가하지 않으면 천하의 모든 사람
들이 좋아하고 그 나라에 와서 살고자 원할 것이다.」

▶ 어구 설명
·賢(현) : 학덕을 겸비한 참다운 군자를 뜻한다.
·俊傑(준걸) : 주자(朱子)는 「재주와 덕이 일반 사람과 다른 사람」이라고

풀었다.
· 廛(전) : 점포.
· 關(관) : 관문(關門).
· 出(출) : 「그 나라의 길로 나오다」의 뜻.
· 助(조) : 정전법(井田法)은 농부 8명이 한가운데 있는 공전(公田)을 공동
으로 경작해서 나라에 바친다. 이것을 조(助)라고 한다.
· 廛(전) : 여기서는 「주거, 혹은 거주자」의 뜻이다.
· 無夫里之布(무부리지포) : 「부포(夫布)」 또는 「이포(里布)」를 부과하지
않는다. 부포는 공적 부역(賦役)을 하지 않고 대신 내는 일종의 배상금이
나 세금이다. 이포는 농지를 경작하지 않거나 토지를 활용하지 않는 경우
에 부과하는 벌금이다.
· 氓(맹) : 이주해 온 주민.

信能行此五者 則鄰國之民 仰之若父母矣 率其子弟
攻其父母 自生民以來 未有能濟者也 如此則無敵於
天下 無敵於天下者 天吏也 然而不王者 未之有也.

신능행차오자 즉린국지민 앙지약부모의(리니) 솔기자제(하야) 공기부모(는)
자생민이래 미유능제자야(로) 여차 즉무적어천하(하리니) 무적어천하자(는)
천리야(이니) 연이불왕자(이) 미지유야(니라)

「참으로 이상의 다섯 가지를 행할 수 있으면, 즉 이웃나라 백성들도
그를 부모와 같이 우러러 높일 것이다. <그와 같이 잘하지 않고, 반대
로> 자기 나라의 자제들을 이끌고, 남의 나라 부모를 공격하는 악한
일을 한 임금은 <세상에> 사람이 태어난 이래, 한번도 성공한 예가
없었다. 이와 같이 <다섯 가지를 행하고> 잘하면, 바로 천하에 상대할
자가 없게 된다. 천하에 상대할 자가 없는 그런 사람은 곧 천명(天命)으
로 임명된 하늘의 관리[天吏]다. 그리고도 천하의 왕자가 되지 않은

예는 아직 없었다.」

[集註 選譯] (1) 呂氏曰 奉行天命 謂之天吏 興廢存亡 惟天所命 不敢不
從 若湯武 是也. : 여씨(呂氏)가 말했다. 「천명을 봉행(奉行)하는 사람
을 천리(天吏)라 한다. 나라의 흥폐(興廢)나 존망은 오직 하늘이 명한
다. 그러므로 감히 복종하지 않을 수 없다. 은(殷)의 탕왕(湯王)이나
주(周)의 무왕(武王)이 그렇다.」

(2) 此章 言能行王政 則寇戎 爲父子 不行王政 則赤子 爲仇讎. : 이 장은
다음 같은 뜻을 말한 것이다. 「능히 왕정(王政)을 행하면, 도적이나 오
랑캐도 아버지를 모시는 아들이 된다. 왕정을 행하지 않으면 적자(赤子)
도 원수가 된다.」

> **孟子曰 人皆有不忍人之心 先王有不忍人之心 斯有
> 不忍人之政矣 以不忍人之心 行不忍人之政 治天下
> 可運於掌上.**

맹자(이) 왈 인개유불인인지심(하니라) 선왕(이) 유불인인지심(하샤) 사유불
인인지정의(시니) 이불인인지심(으로) 행불인인지정(이면) 치천하(는) 가운
어장상(이니라)

맹자가 말했다. 「모든 사람에게는 불인인지심(不忍人之心)이 있다. 옛
날의 성왕(聖王)들은 불인인지심을 가지고 있었으며, 그래서 불인인지
정(不忍人之政)을 폈던 것이다. 불인인지심을 가지고 불인인지정을 펴
면 천하 다스리기를 손바닥 위에 놓고 굴리듯 할 수 있다.」

[集註 選譯] (1) 天地以生物爲心 而所生之物 因各得夫天地生物之心 以
爲心 所以人皆有不忍人之心也. : 「하늘과 땅은 만물을 낳고 살게 하는
것을 마음으로 삼고 있다.」「그러므로 태어나 살고 있는 만물도 저마다

『천지생물지심(天地生物之心)』을 마음으로 삼고 있다.」「그러므로 모든 사람에게는 『불인인지심(不忍人之心)』이 있다.」

(2) 言 衆人雖有不忍人之心 然物欲害之 存焉者寡 : 이 구절은 다음 같은 뜻을 말한다.「모든 사람도 불인인지심(不忍人之心)이 있다. 그러나 물욕이 해치므로 온전하게 지닌 자가 적다.」

(3) 故不能察識 而推之政事之間 惟聖人全體此心 隨感而應. :「고로 〈보통사람은 자신에게 있는 불인인지심을〉 제대로 살피고 알고, 또 정사(政事)에 미루어 활용하지 못한다.」「성인만이 완전하게 그 마음을 체득하고 수시로 감응하고 활용한다.」

(4) 故其所行 無非不忍人之政也. :「고로 성인의 행하는 바는『불인인지정(不忍人之政)』이 아닌 게 없다.」

**所以謂 人皆有不忍人之心者 今人乍見 孺子將入於井 皆有怵惕惻隱之心 非所以內交於孺子之父母也 非所以要譽於鄉黨朋友也 非惡其聲而然也.**

소이위 인개유불인인지심자(는) 금인(이) 사견유자(이) 장입어정(하고) 개유 출척측은지심(하나니) 비소이내교어유자지부모야(이며) 비소이요예어향당 붕우야(이며) 비오기성이연야(이니라)

「사람에게 다『불인인지심(不忍人之心)』이 있다는 이유를 〈다음같이 말하겠다.〉 만약에 누구나 갑자기 어린아이가 우물에 떨어질 듯한 것을 보면, 후딱 놀라고 겁을 내고, 측은하게 여긴다. 〈그것은〉 내심으로 어린아이의 부모와 깊이 사귀겠다는 〈계산이 있어 그러는 것이 아니다.〉 또 마을 사람들이나 붕우에게 칭찬을 받겠다는 〈욕심으로 그렇게 하는 것도 아니다.〉 또 〈모른 척하면〉 남들이 욕할까 두려워서 그렇게 하는 것도 아니다.」

▶ 어구 설명

· 乍(사) : 홀(忽)과 같다.
· 皆有怵惕惻隱之心(개유출척측은지심) : 「출척(怵惕)은 놀라고 겁을 낸다.」
 「측은(惻隱)은 불쌍하게 여긴다, 가슴 아프게 여긴다.」
· 非所以(비소이) : 때문이 아니다.
· 鄕黨(향당) : 마을 사람들.
· 惡(오) : 두려워하다.

[集註 選譯] (1) 謝氏曰 人須是識其眞心 方乍見孺子入井之時 其心怵
惕 乃眞心也 非思而得 非勉而中 天理之自然也. : 사씨(謝氏)가 말했다.
「사람은 모름지기 그 진심을 식별해야 한다. 어린아이가 우물에 떨어지
려고 하는 것을 보면, 놀라고 측은하게 여기는 마음이 진심이다. 생각하
지 않고 <측은함을> 느끼고, 또 애쓰지 않고 속에서 움트는 마음이며
천리(天理)의 자연이다.」

(2) 內交 要譽 惡其聲而然 即人欲之私矣. : 「부모와 사귀거나 명예를
얻거나 비난을 면하려고 하는 속생각은 다 사사로운 인욕(人欲)이다.」

---

**由是觀之 無惻隱之心 非人也 無羞惡之心 非人也
無辭讓之心 非人也 無是非之心 非人也.**

유시관지(컨댄) 무측은지심(이면) 비인야(이며) 무수오지심(이면) 비인야(이
며) 무사양지심(이면) 비인야(이며) 무시비지심(이면) 비인야(이니라)

「이렇게 볼 때, 측은하게 여기는 마음이 없으면 사람이 아니고, 자기의
잘못을 창피하게 여기고 남의 잘못을 미워하는 마음이 없으면 사람이
아니고, 사양하는 마음이 없으면 사람이 아니고, 시비를 가리는 마음이

없으면 사람이 아니다.」

[集註 選譯] (1) 人之所以爲心 不外乎是四者 故因論惻隱而悉數之. :
「사람이 마음으로 삼는 것은『네 가지(四者)』밖에 없다.」「고로 <네
가지를 대표하는> 측은(惻隱)을 논함으로써, <나머지 셋도> 다 헤아린
것이다.」

(2) 言人若無此 則不得謂之人 所以明其心有也. : 곧 다음 같은 뜻이다.
「사람이면서 만약에 이들 넷을 갖추지 않으면 사람이라 할 수 없다.」
「사람의 마음에는 넷이 갖추어져 있음을 밝히고자 한 것이다.」

> 惻隱之心 仁之端也 羞惡之心 義之端也 辭讓之心
> 禮之端也 是非之心 智之端也.

측은지심(은) 인지단야(이오) 수오지심(은) 의지단야(이오) 사양지심(은) 예
지단야(이오) 시비지심(은) 지지단야(이니라)

「측은하게 여기는 마음이 인(仁)의 근본이자 단서이다. 창피를 알고
악을 미워하는 마음이 곧 의(義)의 근본이자 단서이다. 사양하는 마음
이 예(禮)의 근본이자 단서이다. 시비를 가리는 마음이 곧 지(智)의
근본이자 단서이다.」

▶ 어구 설명

·端(단) :「시발점, 단서, 근본, 뿌리」등의 뜻을 다 포함한다.

[集註 選譯] (1) 惻隱 羞惡 辭讓 是非 情也 仁義禮智 性也. :「측은(惻
隱) 수오(羞惡) 사양(辭讓) 시비(是非)는 정(情)이다.」「인(仁) 의
(義) 예(禮) 지(智)는 성(性)이다.」

(2) 心統性情者也. :「마음은 성(性)과 정(情)을 통합한다.」

(3) 端緒也 因其情之發 而性之本然 可得而見 猶有物在中 而緒見於外 也. : 「단(端)은 단서(端緒)이다.」「정이 발함으로써 성의 본연을 가히 알 수 있다. 흡사 속에 들어 있는 물체의 단서가 밖으로 나타나 보이는 것과 같다.」

---

**人之有是四端也 猶其有四體也 有是四端 而自謂不 能者 自賊者也 謂其君不能者 賊其君者也.**

---

인지유시사단야(이) 유기유사체야(이니) 유시사단 이자위불능자(는) 자적자 야(이오) 위기군불능자(는) 적기군자야(이니라)

「모든 사람에게 사단(四端)이 있는 것은 마치 모든 사람에게 사지(四 肢)가 있는 것과 같다. 이와 같이 사단을 지니고 있으면서, 스스로『나 는 행할 수 없다』고 말하는 자는 스스로 자기를 해치고 망치는 자다. 자기 임금에게『행할 수 없다』고 말하는 신하는 자기 임금을 해치고 망치는 신하다.」

▶ 어구 설명
· 四體(사체) : 이때의 「체(體)」는 「손이나 발」의 뜻.

[集註 選譯] (1) 四體 四肢 人之所必有者也. : 「사체(四體)」는 사지(四 肢)로 모든 사람이 반드시 지니고 있는 바다.

(2) 自謂不能者 物欲蔽之耳. : 「스스로 할 수 없다고 말하는 자는 물욕 (物欲)에 의해 가려져 있기 때문이다.」

---

**凡有四端於我者 知皆擴而充之矣 若火之始然 泉之 始達 苟能充之 足以保四海 苟不充之 不足以事父母.**

범유사단어아자(를) 지개확이충지의(면) 약화지시연(하며) 천지시달(이니)
구능충지(면) 족이보사해(오) 구불충지(면) 부족이사부모(이니라)

「무릇 사단(四端)은 <선천적으로> 나에게 있는 것이며, 또 그것을 확
대하면 알차게 됨도 알 수 있다. 흡사 불이 처음에는 작지만 차차 크게
타오르거나, 샘물이 처음에는 작지만 나중에는 멀리 뻗어 흐르는 것과
같다. 만약 능히 확대하고 알차게 하면 족히 사해(四海)를 간직하고
다스릴 수 있으나, 만약에 확충하지 못하면 자기 부모도 제대로 섬기지
못할 것이다.」

▶ 어구 설명
·然(연) : 「연(燃)」과 같다.
·充(충) : 채운다는 뜻.

[集註 選譯] (1) 此章所論 人之性情 身之體用 本然全具 而各有條理如
此. : 이 장에서 논한 바는 다음 같은 뜻을 말한 것이다.「사람의 성(性)
이나 정(情) 및 신체의 체(體)와 용(用)」은 본연적으로 다 갖추어져
있고, 또 저마다 조리가 있다.

(2) 學者於此反求 黙識而擴充之 則天之所以與我者 可以無不盡矣. :
「학자가 이 점을 바탕으로 반성하고 구하고, 또 말없이 깨닫고 확충하면
하늘이 나에게 준 <본성의 도덕을> 남김없이 발휘할 수 있다.」

(3) 程子曰 人皆有是心 惟君子爲能擴而充之. : 정자(程子)는 말했다.
「사람에게 모두 그와 같은 마음이 있어도, 오직 군자만이 능히 확충할
수 있다.」

(4) 不能然者 皆自棄也 然其充與不充 亦在我而已矣. :「확충하지 못하
는 자는 자신을 버리는 자다.」「그러나, 확충하고 못하고도 역시 자신에
게 달려 있다.」

(5) 又曰 四端 不言信者 旣有誠心爲四端 則信在其中矣. : 또 말했다.

「사단(四端)에서는 신(信)은 언급하지 않았다.」「원래 성심(誠心)을 사단으로 삼았으므로 신은 그 속에 포함되어 있다.」

> 孟子曰 矢人豈不仁於函人哉 矢人惟恐不傷人 函人
> 惟恐傷人 巫匠亦然 故術不可不愼也.

맹자(이) 왈 시인(이) 기불인어함인재(리오마는) 시인(은) 유공불상인(하고)
함인(은) 유공상인(하나니) 무장(도) 역연(하니) 고(로) 술불가불신야(이니라)

맹자가 말했다. 「화살을 만드는 사람이 어찌 갑옷을 만드는 사람보다 더 어질지 못하겠느냐. <그러나 직업상> 화살 만드는 사람은 <자기가 만든 화살이 부실해서> 사람을 해치지 못하면 <어쩌나 하고> 걱정하고, <한편> 갑옷을 만드는 사람은 <자기가 만든 갑옷이 부실해서 혹시나> 사람을 다치게 하면 <어쩌나 하고> 걱정한다. 무당(巫堂)이나 관장(棺匠) 역시 같다. <병을 고치려는 무당과 시신을 처리하려는 관장이의 입장도 서로 대조적이다.> 그러므로 직업이나 기술을 신중하게 택하지 않으면 안 된다.」

▶ 어구 설명
· 矢人(시인) : 화살을 만드는 사람.
· 函人(함인) : 갑옷을 만드는 사람.

[集註 選譯] (1) 惻隱之心 人皆有之 是矢人之心 本非不如函人之仁也. : 「측은지심은 모든 사람이 <본성적으로> 지니고 있다.」「그러므로 화살을 만드는 사람도 본성적으로 갑옷을 만드는 사람만큼 어질지 못한 것이 아니다.」

(2) 巫者爲人祈祝 利人之生 匠者 作爲棺槨 利人之死. : 「무당은 남을 위해 기도 축원하고 살게 하는 데 도움이 된다.」「장인은 관곽을 만든다.

〈고로〉 남의 죽음을 이(利)로 여긴다.」

---

**孔子曰 里仁爲美 擇不處仁 焉得智 夫仁 天之尊爵也 人之安宅也 莫之禦 而不仁 是不智也.**

---

공자(이) 왈 이인(이) 위미(하니) 택불처인(이면) 언득지(리오하시니) 부인(은) 천지존작야(이면) 인지안택야(이어늘) 막지어 이불인(하니) 시부지야(이니라)

「공자가 말했다. 『인(仁)에 살아야 아름답고 좋다. 스스로 택해서 인에 처하지 않으면, 어찌 지혜롭다 하겠느냐.』 본래 인(仁)은 하늘이 준 가장 존귀한 작위(爵位)이다. 모든 사람이 편안하고 안락하게 살 수 있는 집이다. 〈인덕에 깃들어 사는 것을〉 아무도 막지 않거늘 내가 스스로 어질지 않게 하니, 이는 참으로 슬기롭지 못한 것이다.」

▶ 어구 설명

· 孔子曰(공자왈) : 논어(論語) 이인편(里仁篇)에 있다.
· 里仁爲美(이인위미) : 논어는 「인덕(仁德)이 돈후(敦厚)한 곳에서 사는 게 좋다」는 뜻으로 푼다. 그러나 여기서는 「인에 처해 사는 것이 좋다」로 푼다. 「이(里)」는 「속에 살다, 처(處)한다」의 뜻이다. 「미(美)」는 「참되고 좋고 아름답다」는 뜻이다.
· 天之尊爵也(천지존작야) : 하늘이 준 가장 존귀한 작위(爵位 : 벼슬자리). 주자(朱子)는 「인의예지(仁義禮智) 중에서도 첫 번째 인(仁)이 가장 존귀하다」고 풀었다. 조기(趙岐)는 「인정(仁政)을 베풀면 천하에서 으뜸가는 왕 노릇을 한다」는 뜻으로 해석했다. 여기서는 「인(仁)이 최고의 가치다. 하늘이 내려준 최고의 벼슬자리, 즉 천작(天爵)」으로 풀이했다.
· 人之安宅也(인지안택야) : 모든 사람이 편안하고 안락할 수 있는 보금자리. 인(仁)은 곧 안택(安宅)이다.

[集註 選譯] (1) 里有仁厚之俗者 猶以爲美. : 「이(里)에 어질고 돈후한

습속이 있는 것을 아름답고 좋게 여긴다.」

(2) 人擇所以自處 而不於仁 安得爲智乎. :「사람이 처할 바를 택하면
서, 인(仁)이 아니라면, 어찌 슬기롭다고 하겠느냐.」

(3) 此孔子之言也 仁義禮智 皆天所與之良貴. :「이는 공자의 말이다.」
「인의예지(仁義禮智)는 다 하늘이 내려준 착하고, 또 귀한 본성(本性)
이다.」

(4) 而仁者 天地生物之心 得之最先 而統四者. :「인(仁)은 천지가 만물
을 낳고 살게 하려는 마음이다. <그러므로> 인(仁)을 가장 먼저 터득하
고 나머지 넷도 통합해야 한다.」

(5) 所謂元者 善之長也 故曰尊爵. :「이른바 원자(元者)는 선(善)의 으
뜸이다. 그러므로 <하늘이 내려준> 존귀한 작위(爵位)라 한다.」

(6) 在人則爲本心全體之德 有天理自然之安 無人欲陷溺之危. :「사람에
게 있어서는 본심 속에 있는 생의(生意)로 몸을 온전하게 하는 덕(德)이
며, 천리 자연의 편안함이며, 인욕(人欲)에 빠질 위험이 없는 것이다.」

(7) 人當常在其中 而不可須臾離者 故曰安宅. :「그러므로 사람은 마땅
히 항상 인(仁) 속에 살고 순간도 이탈하면 안 된다. 그래서 안택(安宅)
이라고 한다.」

(8) 此又孟子 釋孔子之意 以爲仁道之大如此 而自不爲之 豈非不智之甚
乎. :「이 글도 맹자가 공자의 말을 해석한 것으로 인도(仁道)의 위대함
이 이와 같으니, 스스로 인(仁)을 행하지 않는다면, 어찌 심한 무지(無
智)라 하지 않겠는가.」 <* 「所謂元者 善之長也」 ⇒ 역경(易經) 건괘(乾
卦) 문언전(文言傳)>

不仁不智 無禮無義 人役也 人役而恥爲役 由弓人
而恥爲弓 矢人而恥爲矢也 如恥之 莫如爲仁.

불인부지(라) 무례무의(면) 인역야(이니) 인역이치위역(함은) 유궁인이치위
궁(하며) 시인이치위시야(이니라) 여치지(이면) 막여위인(이니라)

「어질지 않고 지혜롭지 않으면, 예(禮)도 없고 의(義)도 없게 되며,
<결국> 남에게 부림을 받게 된다. <즉 남의 종이나 일꾼이 된다.>
남의 종이 되어 남에게 부림을 받는 것을 창피하게 여기는 것은 흡사
활 만드는 사람이 활 만들기를 부끄럽게 여기는 것이나, 또는 화살
만드는 사람이 화살 만들기를 부끄럽게 여기는 것과 같다. <그와 같이
남의 밑에서 천한 일 하는 것을> 부끄럽게 여긴다면 <술책을 쓰지
말고 도덕의 근본인> 인(仁)을 행함이 가장 좋다.」

▶ 어구 설명

· 由(유) : 「유(猶)」와 같다.
· 如恥之(여치지) : 부끄럽게 여긴다면.
· 莫如爲仁(막여위인) : 인(仁)을 행하는 것이 가장 좋다.

[集註 選譯] (1) 以不仁故不智 不智故不知禮義之所在. : 어질지 않음으로
써 지혜롭지 않고, 지혜롭지 않으니깐 예(禮)와 의(義)의 소재를 모른다.

(2) 此亦因人愧恥之心 而引之 使志於仁也. <경문 「여치지 막여위인
(如恥之 莫如爲仁)」도> 역시 「사람이 <남의 밑에 있는 것을> 부끄럽고
창피하게 여기는 마음을 인용해서 인(仁)을 지향하게 한 것이다.」

(3) 不言智禮義者 仁該全體 能爲仁則三者在其中矣. : 「지예의(智禮義)
를 별도로 말하지 않은 것은, 인(仁)이 전체를 포괄하므로 능히 인을
행하면 삼자도 그 속에 포함되기 때문이다.」

> ## 仁者如射 射者正己而後發 發而不中 不怨勝己者 反求諸己而已矣.

인자(는) 여사(하니) 사자(는) 정기이후(에) 발(하야) 발이부중(이라도) 불원
승기자(이오) 반구제기이이의(니라)

「인자(仁者)의 태도는 활을 쏘는 사람과 같아야 한다. 활 쏘는 사람은
먼저 자기의 자세를 바르게 취하고, 그 다음에 활을 쏜다. 활을 쏘고
화살이 과녁에 명중하지 않아도, 자기보다 더 잘 쏜 사람을 원망하지
않으며, <자기가 과녁을 맞추지 못한 원인이나 잘못을> 반성하고 자
신에게서 찾아야 한다.」

[集註 選譯] (1) 爲仁由己 而由人乎哉. : 인(仁)을 행함은 자신에게 달
렸다. 어찌 남에게 달렸겠는가.

<* 중용 제14장에 있다. 「子曰 射有似乎君子 失諸正鵠 反求諸其身」
논어 안연편(顔淵篇) 제1장에 있다. 「顔淵問仁 子曰 克己復禮爲仁 一日
克己復禮 天下歸仁焉 爲仁由己 而由人乎哉」>

> ## 孟子曰 子路人告之以有過 則喜 禹聞善言 則拜 大舜有大焉 善與人同 捨己從人 樂取於人以爲善 自耕稼陶漁 以至爲帝 無非取於人者 取諸人以爲善 是與人爲善者也 故君子莫大乎與人爲善.

맹자(이) 왈 자로(는) 인(이) 고지이유과즉희(하니라) 우(는) 문선언 즉배(러시
다) 대순(은) 유대언(하시니) 선여인동(하샤) 사기종인(하시며) 낙취어인(하
야) 이위선(이러시다) 자경가도어(로) 이지위제(이) 무비취어인자(이러시다)
취제인이위선(이) 시(이) 여인위선자야(이니) 고(로) 군자(는) 막대호여인위

선(이니라)

맹자가 말했다. 「공자의 제자 자로는 남이 자신의 과실이나 잘못을 지적하고 말해주면 좋아했다. 우는 착한 말을 들으면 즉시 절을 하고 고마워했다. 위대한 순임금은 <그 덕이> 더욱 컸으며 선(善)을 남과 함께 같이했다. 자신을 버리고 남의 선에 따랐으며, 남의 선을 취해서 선한 일 하기를 즐겼다. 순(舜)은 경작하고 추수하고, 도자기를 만들고 고기를 잡을 때부터, 임금이 되어 천하를 다스리게 된 뒤에도 남의 선을 취하지 않은 것이 없다. <천하 만민의 선한 장점과 능력을 다 취하고 활용해서 덕정(德政)을 폈다는 뜻이다.> 모든 사람으로부터 장점을 취해서 좋은 일을 했으니, 그것이 곧 남들과 더불어 선을 한 것이다. 그러므로 임금으로서 남과 함께 선을 행하는 것보다 더 위대한 것이 없다.」

▶ 어구 설명

· 子路(자로) : 공자의 제자, 자는 중유(仲由). 솔직하고 용감했다.
· 禹聞善言 則拜(우문선언 즉배) : 서경 대우모편(大禹謨篇)에 「우(禹)는 창언(昌言)에 절했다.」라는 말이 있다. 창언은 선언(善言)과 같다.
· 自耕稼陶漁(자경가도어) : 순은 젊어서 미천했다. 그래서 역산(歷山)에서 밭을 갈고, 강가에서 도자기를 만들고, 뇌택(雷澤)에서 고기를 잡았다. 서경 순전(舜典) 서문에 「우순측미(虞舜側微)」라고 있다.

[集註 選譯] (1) 言舜之所爲 又有大於禹與子路者. : 이는 곧 「순(舜)임금의 경지는 우(禹)나 자로(子路)보다 더 크다」는 뜻을 말한 것이다.

(2) 善與人同 公天下之善而不爲私也. : 「선(善)을 남과 같이 함」은 「천하의 선을 공(公)으로 삼고, 사(私)로 삼지 않는다는 뜻이다.」

(3) 己未善則無所係吝 而舍以從人. : 「자신이 선하지 못한 경우에는 <자기에게> 매이거나 인색하지 않고, 자기를 버리고 <남의 선을> 좇았다.」

(4) 人有善 則不待勉强 而取之於己 此善與人同之目也. : 「남에게 선이

있으면, 힘들이지 않고 자연스럽게 자기의 〈선으로〉 취했다.」「이렇게 하는 것이 선을 남과 같이 한다는 뜻이다.」

(5) 與猶許也助也 取彼之善 而爲之於我. :「여(與)」는 「허(許)나 조(助)와 같은 뜻이다.」「남의 선을 취해서, 나에게 쓴다.」 〈즉 그의 선을 활용한다.〉

(6) 則彼益勸於爲善矣 是我助其爲善也. :「그러면 그 사람이 더욱 권장되어 선을 행한다.」「이렇게 하는 것이 곧 내가 그 사람이 선을 행하게 돕는 것이다.」

(7) 能使天下之人 皆勸於爲善 君子之善 孰大於此. :「천하 모든 사람으로 하여금 선을 행하게 권장하니, 군자의 선으로 그보다 더 큰 것이 무엇이겠나.」

(8) 此章言 聖賢樂善之誠 初無彼此之間. : 이 장은 다음 같은 뜻을 말한 것이다. 「성현의 선을 즐거워하는 성실함에는 처음부터 피차의 간격이 없다.」

(9) 故其在人者 有以裕於己 在己者 有以及於人. :「고로 남이 하는 선도 너그럽게 받아들이고, 내가 하는 선도 남에게 미치게 한다.」

孟子曰 伯夷 非其君不事 非其友不友 不立於惡人
之朝 不與惡人言 立於惡人之朝 與惡人言 如以朝
衣朝冠坐於塗炭 推惡惡之心 思與鄕人立 其冠不正
望望然去之 若將浼焉 是故諸侯 雖有善其辭命而至
者不受也 不受也者是亦不屑就已.

맹자(이) 왈 백이(는) 비기군불사(하며) 비기우불우(하며) 불립어악인지조(하

야) 불여악인언(하더니) 입어악인지조(하야) 여악인언(호대) 여이조의조관
(으로) 좌어도탄(하며) 추오악지심(하야) 사여향인립(에) 기관부정(이어든)
망망연거지(하야) 약장매언(하니) 시고(로) 제후(이) 수유선기사명이지자(이
라도) 불수야(하니) 불수야자(는) 시역불설취이(니라)

맹자가 말했다. 「백이(伯夷)는 도(道)를 따르는 좋은 임금이 아니면
섬기지 않고, 좋은 벗이 아니면 벗하지 않고, 나쁜 사람의 조정에서는
벼슬하지 않고, 나쁜 사람하고는 말도 하지 않았다. 그는 나쁜 사람의
조정에 나가 벼슬하는 것이나, 나쁜 사람과 말하는 것을, 마치 관복(官
服)이나 관모(冠帽)를 차려입고, 검은 흙탕 속에 앉은 듯이 기피했다.
백이가 악(惡)을 미워하는 마음을 미루어 생각하건대, 그는 마을 사람
들과 함께 어울리려고 하다가 <그 중, 한 사람이라도> 관(冠)을
바르게 쓰지 않았으면, 멀리서 민망하게 바라보고 그냥 멀리 떠나갔으
며, <그들과 어울리면> 마치 자기가 더럽혀질 듯이 <생각하고 피하고
떠나갔을 것이다. 백이는 이렇게 지나치게 결백했다.> 고로 여러 나라
의 제후들이, 비록 좋은 말을 하고 사람을 보내어 <벼슬을 주려고 해
도> 그는 벼슬을 받지 않았다. <주는 벼슬을> 받지 않은 백이는 역시
제후들을 만나러 가는 것조차 좋게 생각하지 않았다.」

▶ 어구 설명

· 伯夷(백이) : 동생 숙제(叔齊)와 더불어, 주무왕(周武王)의 무력혁명(武力
  革命)을 「이폭역폭(以暴易暴)」이라 비난하고, 수양산(首陽山)에 들어가
  아사(餓死)한 고결한 의사(義士)다.

· 塗(도) : 진흙[泥].

· 望望(망망) : 멀리 가고 돌아보지 않는다는 뜻.

· 浼(매) : 「더러울 오(汙)」와 같다.

柳下惠 不羞汙君 不卑小官 進不隱賢 必以其道 遺
佚而不怨 阨窮而不憫 故曰 爾爲爾 我爲我 雖袒裼
裸裎於我側 爾焉能浼我哉 故由由然與之偕 而不自
失焉 援而止之而止 援而止之而止者 是亦不屑去已.

유하혜(는) 불수오군(하며) 불비소관(하야) 진불은현(하야) 필이기도(하며)
유일이불원(하며) 액궁이불민(하더니) 고(로) 왈 이위이(오) 아위아(이니) 수
단석라정어아측(이나) 이언능매아재(리오하니) 고(로) 유유연여지해 이부자
실언(하야) 원이지지이지(하니) 원이지지이지자(는) 시역불설거이(니라)

「노(魯)나라 대부(大夫) 유하혜(柳下惠)는 더러운 임금 밑에서 벼슬하
는 것을 부끄럽게 여기지 않았고, 낮은 벼슬도 천하게 여기지 않았고,
나가서 벼슬을 하는 이상은 자기의 현재(賢才)를 숨김없이 다 발휘하
고, 반드시 자기의 도리를 다했다. 버림을 받고 등용되지 못해도 원망
하지 않았고, 길이 막히고 곤궁해도 걱정하지 않았다. 그리고 말했다.
『너는 너고, 나는 나다. 비록 그대가 내 곁에서 윗도리를 벗고 알몸이
되어도 어찌 나를 더럽힐 수 있느냐.』그래서 그는 유연(悠然)한 자세
로 그 곁에 함께 있으면서 자신을 잃지 않았다. 한편 남이 만류하고
그대로 있게 하면, 그대로 멈추어 있었다. <허기는> 남이 당기고 멈추
었다고 그대로 멈추어 있는 것은 역시 결백하게 떠나고 싶지 않았기
때문이니라.」

▶ 어구 설명
• 柳下惠(유하혜) : 정현(鄭玄)의 논어주(論語注)에 「노(魯)나라 대부 전금
(展禽)이다. 식채(食采)가 유하(柳下)였으며, 시호(諡號)가 혜(惠)다」라고
했다.
• 阨(액) : 막힌다〔困〕는 뜻.
• 袒裼裸裎(단석라정) : 「袒(웃통 벗을 단), 裼(웃통 벗을 석), 裸(벌거벗을

라), 裎(벌거숭이 정)」
· 由由(유유) : 자득(自得)하는 모양.
· 援(원) : 「남이 당기고 도와준다」는 뜻.

## 孟子曰 伯夷隘 柳下惠不恭 隘與不恭 君子不由也.

맹자(이) 왈 백이(는) 애(하고) 유하혜(는) 불공(하니) 애여불공(은) 군자(이)
불유야(이니라)

맹자가 말했다. 「백이는 도량이 좁고 편협하고, 유하혜는 <하늘의 도
리를> 엄숙하게 지키지 못하고 경솔했다. 지나치게 협소한 것도, 반대
로 지나치게 경솔한 것도 군자는 다 따르지 않는다.」

▶ 어구 설명
· 隘(애) : 좁고 편협하다.
· 不恭(불공) : 「도리를 엄숙하게 받들지 못한다」는 뜻이다. 곧 「경솔하다」
  는 뜻.
· 君子不由也(군자불유야) : 군자는 다 따르지 않는다.

# 공손추장구 하(公孫丑章句 下)의 명언 명구

## 孟子曰 天時不如地利 地利不如人和.

맹자(이) 왈 천시(이) 불여지리(오) 지리(이) 불여인화(이니라)

맹자가 말했다. 「천시(天時)는 지리(地利)만 못하고, 지리는 인화(人和)만 못하다.」

▶ 어구 설명

· 天時不如地利(천시불여지리) : 「천시」는 「천문, 기상, 계절, 시간」 등 하늘의 현상을 다 포괄한다. 천운(天運)이나 시운(時運)이라고도 한다. 「지리」는 지리적으로 유리한 지세(地勢)나 이점(利點). 즉 험난한 산악이나 계곡 등은 방비에 유리하다.

· 人和(인화) : 「임금과 백성, 싸우는 군인과 후방을 지키는 평민」 등이 한마음이 되어 화합단결(和合團結)함을 말한다.

## 三里之城 七里之郭 環而攻之 而不勝 夫環而攻之 必有得天時者矣 然而不勝者 是天時不如地利也.

삼리지성(에) 칠리지곽(을) 환이공지 이불승(하나니) 부환이공지(에) 필유득천시자의(언마는) 연이불승자(는) 시(이) 천시불여지리야(이니라)

「내성(內城)이 3리밖에 안 되고, 외성(外城)이 7리밖에 안 되는 작은 성을 포위하고 공격하고도 이기지 못했다. 허기는 포위하고 공격을 한 것은 반드시 천시(天時)를 얻었을 것이다. 그런데 이기지 못한 것은 곧 천시가 지리(地利)만 못하기 때문이다.」

▶ 어구 설명

・環(환) : 「포위(包圍)」의 뜻.

---

## 城非不高也 池非不深也 兵革非不堅利也 米粟非不多也 委而去之 是地利不如人和也.

　　성비불고야(이며) 지비불심야(이며) 병혁비불견리야(이며) 미속(이) 비부다야(이로대) 위이거지(하나니) 시(이) 지리(이) 불여인화야(이니라)

「성이 높지 않은 것이 아니다. 성 밖에 판 방비용 호수(湖水)나 해자〔濠〕가 깊지 않은 것이 아니다. 공격 무기나 방비용 갑옷이 견고하고 예리하지 않은 것이 아니다. 군량미가 많지 않은 것이 아니다. <그런데도> 성을 적에게 넘기고 도망을 가는 <경우가 있다.> 그것은 지리(地利)가 인화(人和)만 못하기 때문이다.」 <지리는 있어도 인화가 없으면, 성을 지키지 못하고 망한다.>

▶ 어구 설명

・革(혁) : 갑옷.

・委(위) : 포기한다는 뜻.

・是地利不如人和也(시지리불여인화야) : 지리(地利)가 있어도 <수비하는 쪽의> 인화(人和)가 없으면 성을 지키지 못한다.

[集註 選譯] (1) 言不得民心 不爲守也. :「민심을 얻지 못하면 성을 지킬 수 없음을 말한 것이다.」

故曰 域民不以封疆之界 固國不以山谿之險 威天下
不以兵革之利 得道者多助 失道者寡助 寡助之至
親戚畔之 多助之至 天下順之.

고(로) 왈 역민(호대) 불이봉강지계(하며) 고국(호대) 불이산계지험(하면) 위
천하(호대) 불이병혁지리(니) 득도자(는) 다조(하고) 실도자(는) 과조(이라)
과조지지(에는) 친척(이) 반지(하고) 다조지지(에는) 천하(이) 순지(니라)

「고로 말한다. 백성을 영역 내에서 이탈하지 않게 단속하되, 국경이나
경계(境界)를 봉쇄하는 <강압적 방법으로> 하지 않고, 도덕 인정(道
德仁政)으로 한다. 나라를 굳게 지키되 산이나 계곡의 험난한 지세에만
의존하지 않고 도덕 인정으로 한다. 천하에 위세를 떨치되 무력적 예리
함에만 의존하지 않고 도덕 인정으로 한다. 도(道)를 얻은 사람에게는
도움이 많지만, 도를 잃은 사람에게는 도움이 적어진다. 도움이 적게
된 끝에 가서는 친척들도 배반한다. 도움이 많게 되면 결국 천하 모든
사람이 귀순한다.」

▶ 어구 설명
· 域民(역민) : 영역 내에서 백성을 살게 하는 것을.

以天下之所順 攻親戚之所畔 故君子有不戰 戰必勝
矣.

이천하지소순(으로) 공친척지소반(이라) 고(로) 군자유부전(이언정) 전필승
의(이니라)

「천하 만민을 귀순케 한 <인덕(仁德)으로>, 친척들조차 배반하고 <이
탈하는 악덕한 자를> 공격하면 <반드시 이긴다.> 고로 <도를 행하

는> 임금은 전쟁을 하지 않는다. 허나 불가피하게 싸워도 반드시 승리한다.」

[集註 選譯] (1) 言不戰則已 戰則必勝. : 즉 다음 같은 뜻을 말한 것이다.「원칙적으로 무력전쟁을 하지 않는다. 그러나 <부득이하게> 싸우게 된다 해도, 반드시 승리한다.」

(2) 尹氏曰 言得天下者 凡以得民心而已. : 윤씨(尹氏)가 말했다.「득천하자(得天下者)는 곧 <천하 만민의> 민심(民心)을 얻음이다.」

不得已而之景丑氏 宿焉 景子曰 内則父子 外則君臣 人之大倫也 父子主恩 君臣主敬 丑見王之敬子也 未見所以敬王也 曰 惡 是何言也 齊人無以仁義與王言者 豈以仁義爲不美也 其心曰 是何足與言仁義也 云爾則不敬莫大乎是 我非堯舜之道 不敢以陳於王前 故齊人莫如我敬王也.

부득이이지경추씨(하야) 숙언(이러시니) 경자(이) 왈 내즉부자(이오) 외즉군신(이) 인지대륜야(이니) 부자(는) 주은(하고) 군신(은) 주경(하니) 추(이) 견왕지경자야(이오) 미견소이경왕야(케이다) 왈 오(이라) 시하언야(오) 제인(이) 무이인의여왕언자(는) 기이인의(로) 위불미야(이리호) 기심(에) 왈 시하족여언인의야 운이 즉불경막대호시(하니) 아비요순지도(이어든) 불감이진어왕전(하노니) 고(로) 제인(이) 막여아경왕야(이니라)

맹자가 별수 없이 <자기 집으로 돌아가지 못하고 제(齊)나라 대부(大夫)> 경추씨(景丑氏)의 집에 가서 묵었다. 그러자 경추씨가 <맹자를 보고> 말했다.「집안에서는 아버지와 자식, 밖에서는 임금과 신하가 인간 윤리의 큰 것입니다. 부자간에는 은애(恩愛)를 주로 하고, 군신간에는 공경을 주로 합니다. <그런데> 내가 보기에는 임금님은 그대를 공경했거늘 그대는 임금님을 공경하지 않은 것 같습니다.」 그러자 맹자가 말했다. 「아니, 그게 무슨 말씀이오. <당신들> 제나라 사람들은 인의(仁義)로써 왕에게 진언(進言)하는 자가 없소이다. 어찌 <당신들 제나라 신하들이> 인의가 좋지 않다고 생각해서 <왕에게 말하지 않았겠소.> 마음속으로『이 임금하고 어찌 함께 인의를 논할 수 있으랴<즉 논하기에는 부족하다>고 생각해서 인의를 진언하지 않은 것이오.』그렇다면 결국 <당신들 제나라 신하의> 임금에 대한 불경(不敬)은 더없이 큽니다. 나는 본래 요순지도(堯舜之道)가 아니면, 감히 왕 앞에 나타나 진언하지 않소. <그래서 임금을 안 만난 것이오. 그러므로 결국 당신들, 즉 속으로 임금을 무시하는> 제나라 사람들은 나만큼 임금을 공경하지 않는 것이라 하겠소.」

▶ 어구 설명
· 景子(경자) : 경추씨(景丑氏).
· 惡(오) : 아니, 감탄사.

> **景子曰 否 非此之謂也 禮曰 父召無諾 君命召不俟 駕 固將朝也 聞王命而遂不果 宜與夫禮若不相似然.**

경자(이) 왈 부(라) 비차지위야(이라) 예(에) 왈 부(이) 소(이어시든) 무낙(하며) 군(이) 명소(이어시든) 불사가(이라하니) 고장조야(이라가) 문왕명 이수불과(하시니) 의여부례(로) 약불상사연(하이다)

경자가 말했다. 「아닙니다. 제가 말한 것은 그런 뜻이 아닙니다. 예기(禮記)에『부친이 부르면 예하고 대답할 사이도 없이 즉시 달려가고, 임금의 명을 받으면, 수레에 말을 맬 사이를 기다리지 않고 즉시 나간다.』고 했습니다. 그러므로 당연히 조정에 가서 임금을 뵈어야 합니다. 그런데 <선생은> 왕명을 듣고도 끝내 알현하지 않았으니, 의당히 예에 맞지 않음과 같습니다.」

▶ 어구 설명

· 禮曰(예왈) : 예기 곡례편(曲禮篇)에 있다.
· 君命召不俟駕(군명소불사가) : 예기 옥조편(玉藻篇)에 약간 글자 표현이 다르게 있다.
· 固將朝也(고장조야) : 당연히 조정에 가서 임금을 뵈어야 합니다.
· 宜與夫禮若不相似然(의여부례약불상사연) : 의당히 예와 맞지 않는다고 해야 할 것입니다.

[集註 選譯] (1) 禮曰 父命呼 唯而不諾 又曰君命召 在官不俟屨 在外不俟車. :「예기에는 부친이 부르시면 짧게 대답하고 즉시 달려가고, 길게 대답하고 지체하지 않는다고 했다. 또 임금이 명을 내려 부르시면 관청에 있을 때는 신을 걸칠 사이도 없이 즉시 달려가고, 밖에 있을 때는 수레를 준비할 사이를 지체하지 않고 즉시 달려간다.」

(2) 言孟子 本欲朝王 而聞命中止 似與此禮之意 不同也. :<경추의 말은>「본래 맹자가 조정에 들어가 임금을 알현하려고 했으면서, 도리어 임금의 명을 받고 중지한 것은 예의 뜻과 같지 않다.」고 말한 것이다.

曰 豈謂是與 曾子曰 晉楚之富 不可及也 彼以其富 我以吾仁 彼以其爵 我以吾義 吾何慊乎哉 夫豈不義而曾子言之 是或一道也 天下有達尊三 爵一 齒一 德一 朝廷莫如爵 鄕黨莫如齒 輔世長民莫如德 惡得有其一 以慢其二哉.

왈 기위시여(이리오) 증자(이) 왈 진초지부(는) 불가급야(이나) 피이기부(이어
든) 아이오인(이오) 피이기작(이어든) 아이오의(니) 오하겸호재(리오하시니)
부기불의(를) 이증자언지(시리오) 시혹일도야(이니라) 천하(에) 유달존(이)
삼(이니) 작일 치일 덕일(이니) 조정(엔) 막여작(이오) 향당(엔) 막여치(오)
보세장민(엔) 막여덕(이니) 오득유기일(하야) 이만기이재(리오)

맹자가 말했다. 「당신은 어찌 형식적인 예절을 말하십니까. <그리고
맹자는 화제의 중심을 다른 데로 돌려서 증자(曾子)의 말을 인용했
다.> 증자가 다음같이 말했습니다. 『진(晉)나라나 초(楚)나라는 재물
이 풍족하여, <재물면에서는> 나는 따를 수 없다. 그들 나라는 경제적
부를 누리고 있으나, 나는 인덕(仁德)을 지니고 행하고 있다. 그들은
작위(爵位)를 가지고 <사람을> 부려쓰지만, 나는 도의(道義)를 따르
고 있다. 그러니 나에게 무슨 부족함이 있겠는가.』 허기는 <현명한>
증자가 어찌 도의에 어긋나는 소리를 하겠습니까. 증자가 말하는 주장
도 역시 하나의 도리입니다. 천하에는 존귀한 경지에 통달하는 요소가
세 가지 있습니다. 하나는 벼슬의 작위이고, 다른 하나는 연치, 즉 연령
이고, 다른 하나는 인덕(仁德)입니다. 그런데 조정에서는 작위보다 더
한 것이 없습니다. 향당에서는 연령을 제일로 치고, 세상을 바로잡고
백성들을 잘살게 하는 데는 인덕(仁德)이 제일입니다. <그러니> 어찌
작위만 중하게 여기고, 다른 둘, 즉 연령이나 인덕을 소홀히 할 수 있겠
습니까.」

## ▶ 어구 설명

· 慊(겸) : 「한스럽다, 부족하다」의 뜻.
· 天下有達尊三(천하유달존삼) : 천하에는 존귀한 경지에 통달하는 요소가
  세 가지 있다.
· 爵一(작일) : 하나는 벼슬의 작위다.
· 齒一(치일) : 다른 하나는 연치, 즉 연령이다.
· 德一(덕일) : 다른 하나는 인덕(仁德)이다.

[集註 選譯] (1) 孟子言 我之意 非如景子之所言者. : 맹자의 말은 곧 다음 같은 뜻이다. 「나의 뜻은 경추가 말한 것과 같지 않다.」

(2) 因引曾子之言而云 夫此豈是不義 而曾子 肯以爲言 是或別有一種道理也 達通也. : 「그래서 증자의 말을 인용하고, <증자의 말이> 어찌 도의에 맞지 않으랴 하고 덧붙이고, 증자의 말이 별도로 하나의 도리가 있음을 긍정했다.」「달(達)은 통(通)한다는 뜻이다.」

(3) 蓋通天下之所尊 有此三者 曾子之說 蓋以德言之也 今齊王但有爵耳 安得以此 慢於齒德乎 : 「무릇 천하에서 존귀하게 높이는 바가 세 가지 있다.」「증자의 주장은 대체로 인덕(仁德)을 강조했다.」<맹자는>「설사 제나라 임금이 작위를 높인다 한들, 어찌 연령과 인덕을 소홀히 할 수 있느냐」하고 풍자한 것이다.

---

**故將大有爲之君 必有所不召之臣 欲有謀焉 則就之
其尊德樂道 不如是 不足與有爲也.**

---

고(로) 장대유위지군(은) 필유소불소지신(이라) 욕유모언 즉취지(하나니) 기
존덕락도(이) 불여시(면) 부족여유위야(이니라)

「고로 장차 큰 일을 할 임금에게는 반드시 불러서는 오지 않을 만한 <참으로 현명하고 덕이 높은> 신하가 있게 마련이다. 그러므로 <임금이> 도모하고자 하면 몸소 그 사람을 찾아가야 한다. 임금이 덕을 존중하고 도를 좋아하는 태도가, 그와 같지 않으면 더불어 함께 일할 수 없느니라.」

[集註 選譯] (1) 大有爲之君 大有作爲 非常之君也. : 「크게 일을 할 임금은 그 태도도 크다. 평범한 임금이 아니다.」

(2) 程子曰 古之人 所以必待人君 致敬盡禮而後 往者 非欲自爲尊大也 爲是故耳. : 정자(程子)가 말했다. 「옛날의 군자는 반드시 <자기를 알아주는> 임금이 공경과 예를 다하고 부른 다음에 나갔던 것이다.」「그것은 자신을 존대하려는 것이 아니고, <임금이 존덕락도(尊德樂道)하는가를> 알고자 해서이다.」

> 故湯之於伊尹 學焉而後臣之 故不勞而王 桓公之於 管仲 學焉而後臣之 故不勞而霸.

고(로) 탕지어이윤(에) 학언이후(에) 신지 고(로) 불로이왕(하시고) 환공지어 관중(에) 학언이후(에) 신지 고(로) 불로이패(하니라)

「고로 <은나라의> 탕왕(湯王)과 <그를 보필한 명상> 이윤(伊尹)의 관계에 있어서도, 탕왕이 먼저 이윤에게 배웠으며, 그 다음에 그를 신하로 등용했던 것이다. 그러므로 탕왕은 힘들이지 않고 <참다운> 왕이 되었다. 제(齊)나라의 환공(桓公)과 <그를 보필한 명상> 관중(管仲)과의 관계에 있어서도, 환공이 먼저 관중에게 배웠으며, 그 다음에 그를 등용하고 신하로 삼았다. 고로 환공은 힘들이지 않고 첫 번째 패자(霸者)가 될 수 있었던 것이다.」

[集註 選譯] (1) 先從受學 師之也 後以爲臣 任之也. : 임금은 먼저 성현을 따라 배운다. 그러므로 스승이다. 그 다음에 신하로 삼고 임명해 쓴다.

> 今天下地醜德齊 莫能相尙 無他 好臣其所敎 而不 好臣其所受敎.

금천하(이) 지추덕제(하야) 막능상상(은) 무타(이라) 호신기소교 이불호신기

소수교(이니라)

「지금 천하 여러 나라들은 국토의 넓이가 비슷하고 임금의 덕도 비등하다. <그래서 서로 엇비슷하고> 남보다 잘난 점이 없다. <그 이유는> 다른 것이 아니다. <모든 나라 임금들이> 신하에게 시키기를 좋아하고, 반대로 신하로부터 가르침 받기를 좋아하지 않기 때문이다.」

▶ 어구 설명

· 醜(추) : 「유(類)」로 풀이한다.
· 尙(상) : 지나치다[過]는 뜻.
· 無他(무타) : <그 이유는> 다른 것이 아니다.
· 所敎(소교) : 임금의 말을 잘 듣고 따르고 부리기 좋은 사람을 말한다.
· 所受敎(소수교) : 임금이 따라서 배울 만한 사람을 말한다.

---

## 湯之於伊尹 桓公之於管仲 則不敢召 管仲且猶不可召 而況不爲管仲者乎.

탕지어이윤(과) 환공지어관중(에) 즉불감소(하니) 관중차유불가소(이은) 이 황불위관중자호(아)

「탕왕은 이윤에 대해서, 환공은 관중에 대해서 함부로 부르지 않았다. 관중조차 역시 함부로 부르지 않았거늘, 하물며 관중을 대단하게 여기지 않는 사람을 함부로 부르겠느냐.」

[集註 選譯] (1) 此章 見賓師 不爲趨走 承順爲恭 而以責難陳善爲敬. : 「이 장은 빈사(賓師)는 <임금의 명을 받고> 뛰어 달려가고, 순순히 굽실거리지 않고, 또 듣기 좋은 말만 하고 굽실거리는 것을 비난한 <맹자의 행동을> 보여준 것이다.」

(2) 人君不爲崇高富貴爲重 而以貴德尊士爲賢 則上下交而德業成矣. :

「임금은 숭고한 사람이나 부귀를 중하게 여기지 않고, 도리어 덕을 귀하게 여기고 선비를 존중함을 현명하게 여겨야 한다.」「그러면 위와 아래가 서로 어울려 덕업(德業)을 성취할 수 있다.」

---

陳臻問曰 前日於齊 王餽兼金一百 而不受 於宋 餽
七十鎰而受 於薛 餽五十鎰而受 前日之不受是 則
今日之受非也 今日之受是 則前日之不受非也 夫子
必居一於此矣 孟子曰 皆是也.

---

진진(이) 문왈 전일어제(에) 왕(이) 궤겸금일백 이불수(하시고) 어송(에) 궤칠
십일이수(하시고) 어설(에) 궤오십이수(하시니) 전일지불수(이) 시 즉금일
지수(이) 비야(이오) 금일지수(이) 시 즉전일지불수(이) 비야(이니) 부자(이)
필거일어차의(시리이다) 맹자(이) 왈 개시야(이니라)

맹자의 제자 진진(陳臻)이 물었다. 「전에는 제(齊)나라에서 임금이 상품(上品)의 금 백일(百鎰)을 선물로 주셨으나 선생님께서는 안 받으셨습니다. 한편 송(宋)나라에서는 <송나라 임금이> 보통 금 70일을 선물로 주시는 것을 받으셨고, 또 설(薛)에서는 성주(城主) 전영(田嬰)이 주는 50일의 금을 받으셨습니다. 전일 <제나라 왕이 선사한 금을> 안 받으신 것을 옳다고 하면, 이번에 받으신 것이 잘못이고, 이번에 받으신 것을 옳다고 하면, 전에 안 받으신 것이 잘못이니, 선생님께서는 <선물을 받고 안 받음에 있어> 어느 한 쪽을 취하셨어야 <할 것이라 생각합니다.>」 맹자가 말했다. 「양쪽이 다 옳았다.」

▶ **어구 설명**

· 王餽兼金一百而不受(왕궤겸금일백이불수) : 겸금(兼金)은 좋은 금이다. 그 값이 보통 것의 두 배가 된다. 일백(一百)은 백일(百鎰)이다. 「일(鎰)은 20량(兩).」

· 薛(설) : 작은 나라로, 맹자 시대에는 제(齊)나라 전영(田嬰)의 봉읍(封邑)
이었다.

---

## 若於齊 則未有處也 無處而餽之 是貨之也 焉有君子而可以貨取乎.

약어제 즉미유처야(호니) 무처이궤지(는) 시(이) 화지야(이니) 언유군자이가
이화취호(이리오)

「제(齊)나라 같은 경우에는, 즉 <돈을 받을> 일이나 처지가 전연 없었
다. 일이나 처지가 없는데 돈을 보내준 것은, 바로 재물로 매수하려는
것이다. 어찌 군자가 <매수하려는> 돈을 받을 수 있겠느냐.」

[集註 選譯] (1) 無遠行戒心之事 是未有所處也 取猶致也. : 「멀리 가거
나 마음으로 경계할 일이 없음은 바로 그러한 처지가 없다고 한 것이다.」
「취(取)는 치(致)와 같다.」

(2) 尹氏曰 言君子之辭受取予 唯當於理而已. : 윤씨(尹氏)가 말했다.
「군자가 사퇴하거나, 받고 취하고, 또 주는 일 등은 마땅히 도리에 맞게
해야 한다.」

---

## 孟子謂蚳鼃曰 子之辭靈丘 而請士師 似也 爲其可以言也 今旣數月矣 未可以言與.

맹자(이) 위지와왈 자지사령구 이청사사(이) 사야(는) 위기가이언야(이니) 금
기수월의(로대) 미가이언여(아)

맹자가 지와(蚳鼃)에게 말했다. 「그대가 영구(靈丘)의 읍장(邑長)을 사
임하고 사사(士師)가 되기를 자청한 일은 도리에 맞는 것 같소이다.

<그 자리에 있으면> 임금에게 간언을 할 수 있기 때문이지요. <그런데> 지금 여러 달이 지났거늘 <그대는> 아직까지 임금에게 간언을 올리지 못했소이다.」

▶ 어구 설명

· 蚳蠅(지와) : 제나라의 대부.
· 靈丘(영구) : 제나라 변경의 읍 이름.
· 士師(사사) : 재판관(裁判官), 혹은 사법관(司法官)에 해당한다.
· 似也(사야) : 도리에 맞는 것 같다.

---

**日 吾聞之也 有官守者 不得其職則去 有言責者 不得其言則去 我無官守 我無言責也 則吾進退 豈不綽綽然有餘裕哉.**

---

왈 오(이) 문지야(호니) 유관수자(이) 부득기직즉거(하고) 유언책자(이) 부득기언즉거(이라 하니) 아무관수(하며) 아무언책야 즉오진퇴(이) 기부작작연유여유재(리오)

맹자가 말했다. 「나는 들은 바 있다. 관직을 지니고 직책을 이행해야 할 사람은 직책을 다하지 못하면 자리에서 물러나고, <임금에게> 간언을 올릴 책임이 있는 사람이 <도에 맞는> 간언을 할 수 없으면 자리를 떠나야 한다. <허나> 나는 지킬 벼슬도 없고 간언할 책임도 없으니, 진퇴에 구속이 없고 마냥 자유롭고, 또 여유가 있지 않으냐.」

▶ 어구 설명

· 官守(관수) : 관직을 지니고 직책을 이행해야 할 사람.
· 言責(언책) : 간언을 올릴 책임이 있는 사람.
· 綽綽(작작) : 한가한 모양.

[集註 選譯] (1) 孟子 居賓師之位 未嘗受祿 故其進退之際 寬裕如此 :

「맹자는 빈사(賓師)의 신분으로 녹을 받지 않았다. 그러므로 그의 진퇴는 자유롭고 여유가 있었다.」

(2) 尹氏曰 進退久速 當於理而已. : 윤씨가 말했다. 「벼슬에 나가거나 물러나거나, 또 오래 있거나 빨리 물러나는 것 등은 오직 이(理)에 합당하게 해야 한다.」

---

**曰 古者棺槨無度 中古棺七寸 槨稱之 自天子達於庶人 非直爲觀美也 然後盡於人心.**

왈 고자(에) 관곽(이) 무도(하더니) 중고(에) 관(이) 칠촌(이오) 곽(을) 칭지(하야) 자천자달어서인(하니) 비직위관미야(이라) 연후(에) 진어인심(이니라)

맹자가 말했다. 「옛날에는 내관(內棺)이나 외곽(外槨)에, 정해진 법도가 없었다. <주공(周公)이 예법을 제정했을 때> 관의 두께를 7촌(寸)으로 정했으며, 곽의 두께도 그에 어울리고 맞게 했다. 그래서 천자로부터 서민에 이르기까지 다 <그 법도를 따랐으니 관을 두껍게 한 것은> 비단 보기 좋게 하기 위해서만이 아니고, 그렇게 해야 비로소 자식된 자의 마음이나 효성이 채워지기 때문이다.」

▶ 어구 설명

· 度(도) : 관에 쓰는 목재의 두께와 길이[厚薄尺寸]에 관한 법도.
· 中古(중고) : 주자(朱子)는 「주공(周公)이 예법을 제정했을 때」라고 말했다.
· 槨稱之(곽칭지) : 곽의 두께도 그에 어울리게 했다.

---

**不得 不可以爲悅 無財 不可以爲悅 得之爲有財 古之人皆用之 吾何爲獨不然.**

부득(이면) 불가이위열(이며) 무재(면) 불가이위열(이니) 득지위유재(하야는) 고지인(이) 개용지(이니) 오하위독불연(이리오)

「법으로 허락되지 않아 <부득이하게 관을 얇게 쓴다면 효자의 마음이> 즐거울 수가 없다. 재력이 부족하여 <부득이하게 관을 얇게 쓴다면 효자의 마음이> 즐거울 수가 없다. 그러나 법으로도 허락되고 재력도 허락되면, 옛사람들은 다 관을 두껍게 쓰고 모셨다. 어찌 나 혼자만 그렇게 하지 않겠는가.」

## 吾聞之也 君子 不以天下 儉其親.

오(는) 문지야(호니) 군자(는) 불이천하검기친(이니라)

「나는 들어서 알고 있다. 군자는 지상의 <물질을 위해서> 자기 부모의 장례를 검소하게 하지 않는다.」

[集註 選譯] (1) 送終之禮 所當得爲 而不自盡 是爲天下 愛惜此物 而薄於吾親也. : 마지막으로 부모를 모시는 장례(葬禮)에 있어, 마땅히 해야 할 정성을 다하지 못하는 것은, 곧 천하에 살고 있는 <자식이> 물질을 아끼느라고 돌아가신 부모를 박대하는 것이다.

【참고 보충】「군자불이천하검기친(君子不以天下儉其親)」

「불이천하 검기친(不以天下 儉其親)」을 여러 가지로 풀이할 수 있다. 하나는 「천하의 토지나 재물은 천하를 다스리는 천자나 임금의 것이다. 그렇다고 해서 군자가 자기 부모의 장례를 소홀하게 모시면 안 된다」는 뜻으로 푼다. 이를 주자(朱子)는 「시위천하 애석차물 이박어오친야(是爲天下 愛惜此物 而薄於吾親也)」라고 풀었다. 즉 「효도 효심으로 재물을 아끼지 않고 장례를 후하게 지낸다. 혹은 형이하의 육체적・물질적 생활만을 존중하고, 형이상의 정신적・영적 생활을 모르기 때문에 부모의 장례를 소홀히 한다」로 해석할 수 있다.

沈同以其私問曰 燕可伐與 孟子曰 可 子噲不得與
人燕 子之不得受燕於子噲 有仕於此 而子悅之 不
告於王 而私與之吾子之祿爵 夫士也 亦無王命 而
私受之於子 則可乎 何以異於是.

심동(이) 이기사문왈 연가벌여(이까) 맹자(이) 왈 가(하니라) 자쾌(도) 부득여
인연(이며) 자지(도) 부득수연어자쾌(니) 유사어차(이어든) 이자(이) 열지(하
야) 불고어왕 이사여지오자지록작(이어든) 부사야(이) 역무왕명 이사수지어
자 즉가호(아) 하이이어시(리오)

심동(沈同)이 사적(私的)으로 <맹자에게> 물었다. 「연(燕)나라를 쳐
도 됩니까.」 이에 맹자가 「쳐도 좋다.」고 말하고 <이어 그 이유를 다음
같이 말했다.> 「임금 자쾌도 연나라를 함부로 남에게 줄 수 없고, 재상
자지도 연나라를 자쾌로부터 받을 수 없다. <가령> 여기 벼슬을 사는
사람이 있다고 치자. 그리고 그대가 그 사람을 좋아한다고 임금에게
고하지 않고 사사로이 그대의 녹(祿)이나 작(爵)을 주었다면, <어떻게
되나.> 한편 벼슬을 사는 사람이 왕명에 의하지 않고, 사사로이 그대로
부터 <녹이나 작을> 받는다면 되겠는가. <자쾌가 사사로이 자지에게
나라를 준 것이> 이런 경우와 무엇이 다르겠는가.」

▶ 어구 설명
· 沈同(심동) : 제(齊)나라 선왕(宣王)의 신하.
· 子噲(자쾌) : 자쾌(子噲)와 자지(子之)에 관한 일은 양혜왕 하(梁惠王 下)
에 보인다.
· 士(사) : 벼슬을 사는 사람.

曰 未也 沈同問燕可伐與 吾應之曰 可 彼然而伐之
也 彼如曰 孰可以伐之 則將應之曰 爲天吏 則可以
伐之 今有殺人者 或問之曰 人可殺與 則將應之曰
可 彼如曰 孰可以殺之 則將應之曰 爲士師則可以
殺之 今以燕伐燕 何爲勸之哉.

왈 미야(이라) 심동(이) 문연가벌여(아하야늘) 오응지왈 가(이라호니) 피연이
벌지야(이로다) 피여왈 숙가이벌지(오하면) 즉장응지왈 위천리 즉가이벌지
(라호이다) 금유살인자(이어든) 혹(이) 문지왈 인가살여(아하면) 즉장응지왈
가(라호니) 피여왈 숙가이살지(오하면) 즉장응지왈 위사사 즉가이살지(라
호리다) 금(에) 이연벌연(이러니) 하위권지재(리오)

맹자가 「아니다.」라고 말했다. <그리고 계속해서 경위를 설명했다.>
「심동이 『연나라를 쳐야 하는가』라고 묻기에, 나는 『쳐야 한다』고 대답
했다. 심동은 그렇게 생각하고 <연나라를> 쳤을 것이다. 그가 만약
『어떤 사람이 쳐야 하나』고 물었더라면 나는 응당 대답했을 것이다.
『천리(天吏)가 될 사람이 칠 수 있다』고 <대답했을 것이다. 예를 들
어> 지금 살인자가 있다고 하자. 어떤 사람이 『그 살인자를 죽여 마땅
하냐』고 묻는다면 <나는> 『마땅히 죽여야 한다』고 대답할 것이다.
만약 그가 『누가 그를 죽일 수 있느냐』고 묻는다면, 즉 나는 대답할
것이다. 『사법관이 비로소 사형에 처할 수 있다』 그러나 이번 경우에는
연나라와 같은 제(齊)나라가 연나라를 쳤다. 내가 어찌 그런 것을 권했
겠느냐.」

[集註 選譯] (1) 楊氏曰 燕固可伐矣 故孟子曰可. : 양씨(楊氏)가 말했
다. 「연나라는 물론 쳐도 된다. 그러므로 맹자가 '가하다'고 말했다.」

(2) 使齊王能誅其君 弔其民 何不可之有. : 「만약에 제왕이 <연나라의>

나쁜 왕만을 주살(誅殺)하고, 연나라 백성들을 위로했더라면 〈제나라 가 연나라를 친 일 자체는〉 불가할 것이 없었을 것이다.」

(3) 乃殺其父兄 虜其子弟 而後燕人畔之 乃以是 歸咎孟子之言 則誤 矣. : 「〈그런데 사실은 제나라가〉 연나라의 나이 많은 부형들을 살해하 고 젊은 자제들을 포로로 잡았던 것이다. 그래서 나중에는 연나라 백성 들이 〈제나라에〉 등을 돌렸던 것이다. 고로 혹자는 잘못을 맹자에게 돌리지만, 그것은 잘못이다.」

【참고 보충】「자쾌(子噲)와 자지(子之)」

자쾌(子噲)는 연(燕)나라의 제후였으며, 자지(子之)는 그 밑에 있는 재상(宰相)이었다. 자지는 권력을 독점하려고 했다. 그래서 간교한 녹 모수(鹿毛壽)라는 부하를 시켜 연왕 자쾌에게 말했다. 「옛날의 요제(堯 帝)는 자리를 허유(許由)에게 물려주려고 했으므로 성왕(聖王)의 명성 을 얻었습니다. 그러니 대왕께서도 전권을 재상 자지에게 넘기시면 성왕의 명성을 얻습니다.」 우매한 임금 자쾌는 그들의 계략에 넘어가 자리와 권력을 자지에게 넘겨주었다. 그 결과 연나라는 혼란에 빠지고 쇠약해졌다.

## 燕人畔 王曰 吾甚慙於孟子.

연인(이) 반(이어늘) 왕왈 오(이) 심참어맹자(하노라)

〈제(齊) 선왕(宣王)이 연(燕)나라를 치자〉 연나라 사람들이 반항했다. 그러자 왕이 말했다. 「나는 참으로 맹자에게 부끄럽다.」

▶ 어구 설명

· 燕人畔(연인반) : 연(燕)나라 사람들이 반항했다. 「畔=叛(배반할 반)」
· 吾甚慙於孟子(오심참어맹자) : 나는 참으로 맹자에게 부끄럽다.

[集註 選譯] (1) 齊破燕 後二年 燕人共立太子平爲王. : 제나라가 연나라를 쳤다. 2년 뒤에, 연나라 사람들이 힘을 합쳐, 태자 평(平)을 왕으로 내세웠다.

<* 제나라 선왕(宣王)이 무력으로 연나라를 치면서 맹자에게 묻자, 맹자가 대답했다. 「무력으로 치는 것을 그 나라 백성들이 기뻐하면, 치십시오.(取之 而燕民悅 取之) 그러나 백성들이 기뻐하지 않으면, 치지 마십시오.(取之 而燕民不悅 則勿取)」 선왕은 정복욕에 넘쳐 연나라를 쳤다. 그러나 2년 후에, 연나라 사람들에게 쫓겨났다. ⇒ 양혜왕 하(梁惠王 下) 제10장>

> 陳賈曰 王無患焉 王自以爲與周公孰仁且智 王曰
> 惡是何言也 曰 周公使管叔監殷 管叔以殷畔 知而
> 使之 是不仁也 不知而使之 是不智也 仁智 周公未
> 之盡也 而況於王乎 賈請見而解之.

진가(이) 왈 왕무환언(하쇼셔) 왕(이) 자이위여주공숙인차지(이꼬) 왕왈 오(이라) 시하언야(오) 왈 주공(이) 사관숙감은(이어시늘) 관숙(이) 이은반(하니) 지이사지(면) 시(이) 불인야(이오) 부지이사지(면) 시(이) 부지야(이니) 인지(는) 주공(도) 미지진야(이시니) 이황어왕호(이이까) 가(이) 청견이해지(호리이다)

제(齊)나라의 대부 진가(陳賈)가 <임금 선왕(宣王)에게> 말했다. 「임금님, 걱정하지 마십시오. 임금님 스스로 생각하시기에, 주공(周公)과 비교해서 누가 더 어질고 슬기롭다고 <생각하십니까.>」 선왕이 말했다. 「아니, 그게 무슨 소리인가.」 진가가 말했다. 「주공이 관숙(管叔)으로 하여금 은(殷)나라 유왕(遺王) 무경(武庚)을 감시하게 했습니다.

그러자 관숙이 도리어 은나라와 한패가 되어 주공에게 반기를 들고 반항했습니다. 주공이 <그럴 줄 미리 알고 관숙을 감시하게 했다면> 이는 주공이 어질지 못한 것입니다. <그럴 줄 미리 알지 못하고 관숙을 감시하게 했다면> 이는 주공이 슬기롭지 못한 것입니다. 인(仁)과 지(智)에 있어, 주공도 완전하지 못했습니다. 하물며 임금님이 어찌 완전하시겠습니까. 저, 진가가 직접 맹자를 보고 해명하겠습니다.」

▶ 어구 설명

· 陳賈(진가) : 제나라의 대부.
· 王無患焉(왕무환언) : 임금님, 걱정하지 마십시오.
· 王自以爲(왕자이위) : 임금님 스스로 생각하시기에.
· 管叔(관숙) : 이름은 선(鮮)이며, 주무왕(周武王)의 동생으로, 주공의 형이다.
· 監殷(감은) : 은(殷)나라의 유왕(遺王) 무경(武庚)을 감시하게 했다.
· 管叔以殷畔(관숙이은반) : 그러나 관숙이 도리어 은나라와 한패가 되어, 주공에게 반항했다.
· 而況於王乎(이황어왕호) : 하물며 임금님께서 어찌 완전하시겠습니까.
· 賈請見而解之(가청견이해지) : 저, 진가가 직접 맹자를 보고 해명하겠습니다.

[集註 選譯] (1) 武王勝商殺紂 立紂子武庚 而使管叔 與弟蔡叔 霍叔 監其國.：「무왕이 은(殷)나라를 치고, 주(紂)를 죽이고, <그들의 유민을 다스리고 선조에 제사를 지내게 하기 위해서> 주(紂)의 아들 무경(武庚)을 세웠다. 그리고 <주나라 무왕의> 동생 관숙(管叔), 채숙(蔡叔) 및 곽숙(霍叔)으로 하여금 <은나라를> 감시하게 했다.」

(2) 武王崩 成王幼 周公攝政 管叔與武庚畔 周公討而誅之.：「무왕이 죽자 어린 성왕(成王)이 뒤를 이었으며, 주공이 섭정(攝政)으로 그를 도왔다.」「관숙이 무경과 어울려 반란했다.」「이에 주공은 토벌하고 처형했다.」

見孟子 問曰 周公何人也 曰古聖人也 曰使管叔監
殷 管叔以殷畔也 有諸 曰然 曰周公知其將畔而使
之與 曰不知也 然則聖人且有過與 曰周公弟也 管
叔兄也 周公之過 不亦宜乎.

견맹자 문왈 주공(은) 하인야(이꼬) 왈 고성인야(이시니라) 왈 사관숙감은(이
어시늘) 관숙이은반야(이라하니) 유제(이까) 왈 연(하다) 왈 주공(이) 지기장
반이사지여(이까) 왈 부지야(이시니라) 연즉성인(도) 차유과여(이까) 왈 주공
(은) 제야(이오) 관숙(은) 형야(이니) 주공지과(이) 불역의호(아)

<진가(陳賈)가> 맹자를 보고, 「주공(周公)은 어떤 분입니까.」하고
묻자 맹자가 「옛날의 성인입니다.」라고 대답했다. <그러자 진가가 맹
자에게 말했다.> 「주공이 관숙으로 하여금 은(殷)나라를 감시하게 했
으며, 한편 관숙은 은나라와 같이 반란을 했다고 하는데, 사실입니까.」
맹자가 대답했다. 「그렇소.」 <그러자 진가가> 「주공이 그가 장차 반
란할 것을 알고도 그로 하여금 감시케 했을까요.」하고 묻자, 맹자는
대답했다. 「주공은 몰랐소.」 <그러자 진가가 대들듯이 말했다.> 「그
렇다면, 성인도 역시 잘못이 있군요.」 <이에 맹자가 진가를 꾸짖듯
이> 말했다. 「주공은 동생이고, 관숙은 형이오. <형제간에 어찌 서로
의심을 품고 경계를 하느냐.> 주공의 잘못은 <형을 섬기는 마음에서
나온 것으로> 그럴 만도 한 것이오.」

▶ 어구 설명
· 見孟子(견맹자) : 진가(陳賈)가 맹자를 보고.
· 有諸(유제) : 사실 그런 일이 있었나요.

[集註 選譯] (1) 或曰 周公之處管叔 不如舜之處象 何也. : 어떤 사람이
<유씨(游氏)에게> 물었다. 「주공(周公)의 관숙(管叔)에 대한 태도가
순(舜)이 동생 상(象)에 대한 태도와 같지 않은 것은 어째서입니까.」

(2) 游氏曰 象之惡已著 而其志不過富貴而已 故舜得以是而全之 : 유씨(游氏)가 말했다. 「순(舜)의 동생 상(象)의 악행은 잘 나타났고, 또 그의 욕심은 부귀를 탐하는 것에 불과했다. 그러므로 순은 〈동생 상에게〉 부귀를 얻게 함으로써 온전하게 할 수 있었다.」

(3) 若管叔之惡則未著 而其志其才 皆非象比也 周公詎忍逆探其兄之惡 而棄之邪. : 「그러나 관숙의 악덕은 나타나지 않았고, 또 그의 야심이나 재주는 상과는 비교가 되지 않았다.」 「그러므로 주공은 미리 형의 악덕을 탐지하고 그를 버리게 하는 일을 어찌 할 수 있었겠느냐.」

(4) 周公愛兄 宜無不盡者 管叔之事 聖人之不幸也. : 「주공은 형을 사랑함에 있어 다하지 못한 것이 없다.」 「〈그러므로〉 관숙의 일은 성인의 불행이라 하겠다.」

(5) 舜誠信而喜象 周公誠信而任管叔 此天理人倫之至 其用心一也. : 「순이 성신(誠信)으로 상을 좋아한 것이나, 주공이 성신(誠信)으로 관숙을 믿고 임명한 것이나, 다 천리(天理)와 인륜(人倫)의 극치로, 형제를 사랑하는 마음은 같은 것이다.」

> 且古之君子 過則改之 今之君子 過則順之 古之君
> 子 其過也 如日月之食 民皆見之 及其更也 民皆仰
> 之 今之君子 豈徒順之 又從而爲之辭.

차고지군자(는) 과즉개지(러니) 금지군자(는) 과즉순지(로다) 고지군자(는) 기과야(이) 여일월지식(이라) 민개견지(하고) 급기갱야(하야는) 민개앙지(러니) 금지군자(는) 기도순지(리오) 우종이위지사(이로다)

「또 옛날의 임금은 잘못하면 즉시 고쳤다. 오늘의 임금은 잘못을 그대로 따르고 행한다. 옛날 임금의 경우에는 그가 잘못하면 흡사 해나

달에 일식(日蝕)이나 월식(月蝕)이 들 듯이 백성들이 다 쳐다본다. 그
리고 임금이 잘못을 고치게 되어도 백성들이 그것을 다 쳐다본다. 지금
의 임금들은 <잘못을> 비단 따르고 행할 뿐만이 아니다. 잘못한 것을
궤변(詭辯)으로 호도(糊塗)한다.」

▶ 어구 설명

· 辭(사) : 궤변(詭辯)으로 호도(糊塗)하다.

[集註 選譯] (1) 林氏曰 齊王慙於孟子 蓋羞惡之心 有不能自已者 使其
君有能因是心而將順之 則義不可勝用矣. : 임씨(林氏)가 말했다. 「제왕
(齊王)이 맹자에게 부끄럽다고 말한 것은 스스로 수오지심(羞惡之心)
을 막을 수 없음을 밝힌 것이다. <그러므로 진가(陳賈)는> 임금으로
하여금 그런 착한 마음을 바탕으로 덕을 밝히게 했더라면, 의(義)가
수없이 많았을 것이다.」

(2) 而陳賈鄙夫 方且爲之曲爲辭說 而沮其遷善改過之心 長其飾非拒諫
之惡 故孟子深責之 : 「그러나 진가는 비천한 인간이다. 도리어 <창피를
느끼는> 임금에게 잘못된 궤변을 늘어놓고 <임금이> 개과천선하려는
마음을 저해했다.」 「아울러 잘못을 가식하고 간언을 막는 악덕을 조장
했다.」 「그래서 맹자가 그를 깊이 책망한 것이다.」

---

孟子致爲臣而歸 王就見孟子曰 前日願見而不可得
得侍同朝甚喜 今又棄寡人而歸 不識可以繼此而得
見乎 對曰 不敢請耳 固所願也.

---

맹자(이) 치위신이귀(하실새) 왕(이) 취견맹자 왈 전일(에) 원견이불가득(이라
가) 득시(하야는) 동조심희(러니) 금우기과인이귀(하시니) 불식(케이다) 가이
계차이득견호(이까) 대왈 불감청이(언정) 고소원야(이니이다)

맹자가 신하되기를 사퇴하고 돌아가려고 하자, 왕이 찾아와서 맹자를 보고 말했다. 「전에는 선생을 보고자 했으나 못했습니다. 그러다가 객경(客卿)으로 모시고 조정에 있을 때는 매우 기뻤습니다. 그런데 지금 다시 과인을 버리고 돌아가시니, <앞으로도> 계속 만나볼 수 있을지 모르겠습니다.」 맹자가 대답해서 말했다. 「제가 감히 청할 수는 없습니다. 저는 물론 다시 뵙기를 소원합니다.」

▶ 어구 설명

· 不敢請耳 固所願也(불감청이 고소원야) : 제가 감히 청할 수는 없습니다만, 물론 다시 뵙기를 소원합니다.

[集註 選譯] (1) 孟子 久於齊 而道不行 故去也. : 맹자는 오래 제(齊)나라에 있었다. 그러나 도가 행해지지 않으므로 <객경(客卿)을 사퇴하고> 귀환했다.

> 他日 王謂時子曰 我欲中國而授孟子室 養弟子以萬
> 鍾 使諸大夫國人皆有所矜式 子盍爲我言之 時子因
> 陳子而以告孟子 陳子 以時子之言 告孟子 孟子曰
> 然夫時子惡知其不可也 如使予欲富 辭十萬而受萬
> 是爲欲富乎.

타일(에) 왕(이) 위시자왈 아욕중국이수맹자실(하고) 양제자이만종(하야) 사제대부국인(으로) 개유소긍식(하노니) 자합위아언지(리오) 시자(이) 인진자이이고맹자(이어늘) 진자(이) 이시자지언(으로) 고맹자(하다) 맹자(이) 왈 연(하다) 부시자(이) 오지기불가야(이리오) 여사여욕부(인져) 사십만이수만(이) 시위욕부호(아)

그후, 왕이 시자(時子)라는 신하에게 말했다. 「나는 국도(國都), 즉 임치(臨淄)에 맹자를 위해 큰 집<즉 학교>을 지어주고 젊은이들을 교육하고 배양케 하고 <그 대가로> 맹자에게 만종(萬鍾)의 녹을 주고자 한다. 또 모든 대부나 나라 사람들로 하여금 맹자를 존중하고 본받게 하고자 한다. 그대가 대신 <맹자에게> 말해주지 않겠는가.」시자가 <맹자의 제자> 진자(陳子), 즉 진진(陳臻)을 통해 맹자에게 고하려 했다. <이에> 진자는 시자의 말을 맹자에게 고했다. <그러자> 맹자가 말했다. 「시자 같은 자가 어찌 <내가 제나라에 머물러> 그런 일을 할 수 없다는 것을 알겠느냐. 만약에 내가 재물을 욕심냈다면, 10만의 녹을 받는 경(卿) 자리를 사퇴하고, 만의 녹을 받는 선생으로 남아 있겠느냐. 그런 것이 부를 탐하는 일이 되겠는가.」

▶ 어구 설명
· 中國(중국) : 국도(國都), 즉 임치(臨淄).
· 萬鍾(만종) : 만종은 약 64만 두(斗), 1만 4천 석(石)에 해당한다.
· 矜式(긍식) : 「긍(矜)은 존경한다, 식(式)은 본받는다」는 뜻.
· 盍(합) : 하불(何不).
· 陳子(진자) : 맹자의 제자 진진(陳臻).

[集註 選譯] (1) 孟子旣以道不行而去 則其義不可以復留 而時子不知 則又有難顯言者. :「맹자는 원래 도가 행해지지 않기 때문에 <높은 경(卿) 자리를 반환하고> 제(齊)나라를 떠난 것이다.」「그러므로 <설사 국도 임치(臨淄)에 큰 학교를 지어주고, 만일(萬鎰)의 녹을 주고, 또 그를 존경한다고 해도> 도의적으로 그를 묶어 둘 수는 없었던 것이다.」「그러나 시자(時子)는 그런 깊은 뜻을 알지 못했다. 그러므로 <맹자도 그에게> 밝게 말해서 알아듣게 하기 어려운 바가 있었다.」

(2) 故但言 設使我欲富 則我前日爲卿 嘗辭十萬之祿 今乃受此萬鍾之饋 是我雖欲富 亦不爲此也. : 고로 다만 다음같이 말했다. 「설사 내가 부귀를 욕심낸다면 전날에 경이었거늘, 그 10만의 녹을 사퇴하고, 지금 <말

하는> 만일(萬鎰)의 녹을 수락하겠느냐. 내가 비록 재물만을 탐낸다
해도 그런 일을 안한다.」

> 季孫曰 異哉子叔疑 使己爲政 不用 則亦已矣 又使
> 其子弟爲卿 人亦孰不欲富貴 而獨於富貴之中 有私
> 龍斷焉.

계손(이) 왈 이재(라) 자숙의(여) 사기위정(호대) 불용 즉역이의(어늘) 우사기
자제위경(하니) 인역숙불욕부귀(리오마는) 이독어부귀지중(에) 유사룡단언
(이라하니라)

「계손(季孫)이 말했다. 『자숙의(子叔疑)는 이상하다. 자신이 정치를 하
다가 임금에게 받아들여지거나 등용되지 못하면 그것으로 그만두어야
한다. <그러나 그는> 또 다시 자기의 자제를 경(卿)으로 만들었다.
사람은 누구나 부귀를 탐내지 않겠느냐. <다들 부귀를 탐낸다.> 그러
나 자숙의는 부귀의 중심을 독차지하고 혼자서 용단(龍斷)하고 있다.』

▶ 어구 설명
· 異哉子叔疑(이재자숙의) : 자숙의(子叔疑)는 이상하다. 「계손과 자숙의」
  를 주자(朱子)는 「잘 알지 못한다(不知何許人)」고 했다. 조기(趙岐)는 「둘
  다 맹자의 제자」라고 했으나, 잘못이다. 혹은 「계손」을 노(魯)나라 대부로
  보는 설도 있다. 여기서는 주자의 설을 따른다.
· 龍斷(용단) : 농단(壟斷)과 같다. 「높은 고지나 이득을 독차지한다」는 뜻.

> 古之爲市也 以其所有 易其所無者 有司者治之耳
> 有賤丈夫焉 必求龍斷而登之 以左右望 而罔市利
> 人皆以爲賤 故從而征之 征商自此賤丈夫始矣.

고지위시야(이) 이기소유(로) 역기소무자(이어든) 유사자(이) 치지이(러니) 유천장부언(하니) 필구룡단이등지(하야) 이좌우망 이망시리(어늘) 인개이위천 고(로) 종이정지(하니) 정상(이) 자차천장부시의(니라)

<맹자가 농단을 설명한 말> 「옛날에는 시장에서 장사를 할 때는, 자기가 있는 물품으로 자기에게 없는 물품을 교환했으며, 시장을 다스리는 사람도 질서나 쟁의만을 단속했다. <그런데> 어떤 천박한 사나이가 나타나, 반드시 언덕 마루턱을 찾아 <그곳을> 독점하고 남을 차단하고 혼자 높이 올라가서, 좌우를 관망하고, 시장의 모든 이득을 일망타진(一網打盡)하는 식으로 다 거두어 혼자 차지했다. 이에 모든 사람들이 그를 천하게 여기고, 따라서 그로부터 세금을 징수했다. 상업에서 세금을 징수하는 것은 이 천한 자로부터 시작된 것이다.」

▶ 어구 설명
· 罔(망) : 망라(網羅)의 뜻.

[集註 選譯] (1) 程子曰 齊王所以處孟子者 未爲不可 孟子亦非不肯爲國人矜式者 但齊王實非欲尊孟子 乃欲以利誘之 故孟子拒而不受. : 정자(程子)가 말했다. 「제나라 임금의 맹자에 대한 태도는 모두 나쁜 것도 아니다. 맹자 역시 사람들이 자기를 존경하고, 또 자기를 법도로 삼는 것을 긍정하지 않은 것도 아니다. 그러나 제왕(齊王)은 진실로 맹자를 존경한 것이 아니고 이(利)로써 유혹했다. 그래서 맹자가 거절하고 수락하지 않은 것이다.」

客不悅曰 弟子齊宿而後敢言 夫子臥而不聽 請勿復敢見矣 曰 坐我明語子 昔者魯繆公 無人乎子思之側 則不能安子思 泄柳申詳無人乎繆公之側 則不能安其身.

객(이) 불열왈 제자(이) 제숙이후감언(이어늘) 부자(이) 와이불청(하시니) 청
물부감견의(로리이다) 왈 좌(하라) 아(이) 명어자(호리라) 석자(에) 노목공(이)
무인호자사지측 즉불능안자사(하고) 설류신상(이) 무인호목공지측 즉불능안
기신(이리이다)

객이 불쾌하여 말했다. 「저, 제자는 목욕재계하고 하룻밤을 <경건하
게> 지내고, 그런 다음에 와서, 감히 <선생님을 뵙고> 말씀드린 것입
니다. <그러나> 선생님께서는 누워서 들은 척도 안하십니다. <외람되
오나> 다시는 찾아뵙지 않겠습니다.」 그러자 맹자가 말했다. 「앉으시
오. 내가 그대에게 말하리다. 옛날 노(魯)나라의 목공(繆公)은 현인 자
사(子思) 곁에 <자기의 뜻을 전하고, 또 시중을 들> 사람이 없으면,
자사를 안심시킬 수 없었다고 했으며, 또 설류(泄柳)·신상(申詳)도
<현명한 사람이> 목공 곁에서 <일을 바르게 잡아주지 않으면> 자신
들의 몸도 편할 수가 없었다고 했소.」 <이와 같이, 옛날의 임금은 측근
으로 하여금 현인을 받들고 존중했으며, 또 착한 신하는 임금 곁에
현명한 사람이 있기를 바랐다는 뜻을 말한 것이다.>

▶ 어구 설명
·齊宿(제숙) : 목욕재계하고 하룻밤을 지내고.
·泄柳(설류)·申詳(신상) : 두 사람 다 노나라의 현인이라고 전한다.

---

## 子爲長者慮 而不及子思 子絶長者乎 長者絶子乎.

자(이) 위장자려 이불급자사(하니) 자절장자호(아) 장자절자호(아)

「그대가 나를 위해서 걱정을 하지만, 그러나 자사(子思)에도 미치지
못했소. <근본적으로는 목공(繆公)이 자사를 높인 것에 미치지 못했
다. 그래서 내가 떠난 것이다. 그러니, 결국> 그대가 나를 거절했다고
할까? 장자(長者)인 내가 그대를 거절했다고 할까?」 <이때의 자(子)

속에는 은근히 임금의 뜻이 숨어 있다.〉

▶ 어구 설명
·長者(장자) :「선배 어른격인 나, 즉 맹자」의 뜻으로 풀었다.

[集註 選譯] (1)言齊王不使者來 而子自欲爲王留我 是所以爲我謀者. :
즉 다음과 같은 뜻을 말한 것이다.「제왕(齊王)이 정식으로 사자를 보낸
것이 아니고, 그대가 스스로 임금을 위해 내가 머물기를 바랐다. 이것은
나를 위하여 도모하기 위한 것이다.」

(2) 不及繆公留子思之事 而先絶我也 我之臥而不應 豈爲先絶子乎. :
「〈임금의 나를 위한 생각이〉 목공(繆公)이 자사(子思)를 머물게 한 것
만 못했다.」「〈그러니 결국〉 임금이 먼저 나를 거절한 것이다.」「내가
누워서 불응한 태도를, 어찌 내가 먼저 그대를 거절한 것이라 하겠느냐.」

---

孟子去齊 尹士語人曰 不識王之不可以爲湯武 則是
不明也 識其不可 然且至 則是干澤也 千里而見王
不遇故去 三宿而後出晝 是何濡滯也 士則玆不悅.

---

맹자(이) 거제(하실세) 윤사(이) 어인왈 불식왕지불가이위탕무 즉시(이) 불명
야(이오) 식기불가(이오) 연차지 즉시간택야(이니) 천리이견왕(하야) 불우 고
(로) 거(호대) 삼숙이후출주(하니) 시하유체야(오) 사즉자불열(하노라)

맹자가 제(齊)나라를 떠나자, 〈제나라 사람〉 윤사(尹士)가 남에게
〈맹자를 비난하여〉 말했다.「〈맹자가 처음부터 우리나라의〉 왕이
탕왕(湯王)이나 무왕(武王) 같을 수 없다는 것을 몰랐다면 그것은 〈맹
자가〉 총명하지 않은 것이다. 〈맹자가 왕이 왕도를〉 펼 수 없음을
미리 알면서도 왔다면 그것은 〈맹자가〉 혜택을 받고자 온 것이다.
〈맹자가 일단〉 불원천리하고 와서 임금을 만났으면서 맞지 않는다고

물러났으면 <훌훌 떠날 것이지> 사흘이나 묵고 <지체하다가> 주(晝)를 떠났으니, 그 태도가 얼마나 미련 있고 지지부진한 것이냐. 선비는 그런 태도를 좋게 여기지 않는다.」

▶ 어구 설명

· 澤(택) : 혜택.

· 濡滯(유체) : 우유부단하고 꾸물댄다는 뜻.

---

高子以告 曰 夫尹士 惡知予哉 千里而見王 是予所欲也 不遇故去 豈予所欲哉 予不得已也.

---

고자(이) 이고(하대) 왈 부윤사(이) 오지여재(리오) 천리이견왕(은) 시여소욕야(이니) 불우고(로) 거(이) 기여소욕재(리오) 여부득이야(로라)

고자(高子)가 <윤사(尹士)의 말을 맹자에게> 고해 올렸다. <그러자 맹자가> 말했다. 「그 윤사가 어찌 나의 깊은 뜻을 알겠느냐. 내가 천리 길을 와서 임금을 만난 것은 내가 원해서 한 일이다. <즉 왕을 설득해서 왕도덕치(王道德治)를 펴게 하기 위해서였다. 그러나> 임금이 나의 뜻을 따르지 않기 때문에 제나라를 떠났으니 어찌 그것이 내가 원하던 바냐. <임금이 나와 맞지 않기 때문에 떠난 것이며, 따라서 내가 바라던 바가 아니다.> 나로서는 마지못해서 제나라를 떠난 것이다.」

▶ 어구 설명

· 高子(고자) : 제나라 사람으로 맹자의 제자.

[集註 選譯] (1) 見王欲以行道也 今道不行 故不得已而去 非本欲如此也. :「임금을 만난 것은 도를 행하기 위해서였다. 그런데 지금 도가 행해지지 않으므로 부득이 제나라를 떠난 것이다. 본래 그렇게 되기를 바란 것이 아니다.」

予三宿而出晝 於予心 猶以爲速 王庶幾改之 王如
改諸 則必反予.

여(이) 삼숙이출주(한대) 어여심(에) 유이위속(하노니) 왕서기개지(니) 왕여
개제(시면) 즉필반여(이시리라)

「나는 3일을 주(晝)에서 묵으며 <지체하다가> 출국했으나 <그래도>
내 마음에는 빠른 것처럼 느껴졌다. 나는 왕이 고치기를 바랐으며, 만약
왕이 고치면 즉시 나는 제(齊)나라로 돌아가려고 생각했기 때문이다.」

▶ 어구 설명
· 王如改諸(왕여개제) : 만약 왕이 고치면.
· 則必反予(즉필반여) : 즉시 나는 제(齊)나라로 돌아가려고 생각했던 것이다.

夫出晝 而王不予追也 予然後 浩然有歸志 予雖然
豈舍王哉 王由足用爲善 王如用予 則豈徒齊民安
天下之民擧安 王庶幾改之 予日望之.

부출주 이왕불여추야(하실새) 여연후 호연유귀지(호니) 여수연(이나) 기사왕
재(리오) 왕유족용위선(하시리니) 왕여용여(이시면) 즉기도제민안(이리오)
천하지민거안(하리니) 왕서기개지(를) 여일망지(하노라)

「내가 주(晝)를 떠날 때까지 왕은 나를 뒤쫓지 않았으므로 나는 그런
다음에 후련한 마음으로 돌아올 뜻을 가졌던 것이다. 비록 그렇기는
해도 내가 어찌 왕을 버리겠는가. <왕이 도를 행하기를 바라는 마음은
여전하다. 허기는 앞으로> 제(齊)나라 왕은 역시 나의 말을 채용하고
선정(善政)을 할 수 있을 것이므로, 왕이 만약에 나를 등용해서 쓰고
<도를 행한다면> 즉 어찌 다만 제나라 백성들만이 안락하겠는가. 천

하 모든 백성들도 안락할 것이다. <지금도 나는> 왕이 고쳐지기를
매일같이 바라고 있노라.」

▶ 어구 설명

· 浩然(호연) : 물같이 흘러 멈출 수 없다는 뜻.

· 予日望之(여일망지) : 나는 매일같이 바라노라.

[集註 選譯] (1) 楊氏曰 齊王 天資朴實 如好勇好貨好色好世俗之樂 皆
以直告 而不隱於孟子. : 양씨(楊氏)가 말했다. 「제왕(齊王)은 타고난
자질이 소박하고 성실하다. 그러므로 호용(好勇), 호화(好貨), 호색(好
色), 호세속(好世俗)하는 모든 즐거움을 솔직하게 맹자에게 말하고 숨
기지 않았다.」

(2) 故足以爲善 若乃其心不然 而謬爲大言以欺人 是人終不可與入堯舜
之道矣 何善之能爲. : 「고로 충분히 선하게 될 수 있다.」「만약에, 속마
음이 그렇게 소박하고 성실하지 않고 거짓으로 큰소리나 하고, 남을
속이는 그런 사람이라면, 죽을 때까지 함께 요순(堯舜)의 도에 들어갈
수가 없으니, 어찌 선(善)을 행하겠는가.」

---

**予豈若是小丈夫然哉 諫於其君而不受 則怒 悻悻然
見於其面 去則窮日之力 而後宿哉.**

---

여기약시소장부연재(아) 간어기군이불수 즉노(하야) 행행연 현어기면(하야)
거 즉궁일지력 이후(에) 숙재(리오)

「내가 어찌 졸장부같이 행동하겠느냐. 임금에게 간언했다가 들어주지
않는다고 즉시 화를 내고, 발끈 화난 기색을 내보이고 후딱 떠나고
하루 종일 힘을 다해서 <멀리 가서> 묵고 자는 그런 짓을 하겠느냐.」

▶ 어구 설명

·悻悻(행행) : 화난 기색.

·去(거) : 후딱 떠나고.

·窮(궁) : 다해서.

---

**孟子去齊 充虞路問曰 夫子若有不豫色然 前日虞聞 諸夫子曰 君子不怨天 不尤人.**

맹자(이) 거제(하실새) 충우(이) 노문왈 부자(이) 약유불예색연(하시이다) 전일(에) 우(이) 문제부자왈(호니) 군자(는) 불원천(하며) 불우인(이라호이다)

맹자가 제(齊)나라를 떠나자 맹자의 제자 충우(充虞)가 길에서 물었다.「선생님께서 불유쾌하신 듯이 보입니다. 전에 저, 충우는 선생님의 말씀을 들은 바 있습니다.『군자는 하늘을 원망하지 않고, 남을 탓하지 않는다』고 가르치셨습니다.」

▶ 어구 설명

·豫(예) : 열(悅)과 같다.

·君子不怨天 不尤人(군자불원천 불우인) : 군자는 하늘을 원망하지 않고 남을 탓하지 않는다. 논어 헌문편(憲問篇)에 있는 말이다.

---

**夫天 未欲平治天下也 如欲平治天下 當今之世 舍 我其誰也 吾何爲不豫哉.**

부천(이) 미욕평치천하야(이시니) 여욕평치천하(인댄) 당금지세(하야) 사아(이오) 기수야(이리오) 오하위불예재(리오)

「허기는 하늘이 아직도 천하가 평화롭게 되기를 원치 않는구나. <그래

서 성왕이 나타나지 않고, 또 나도 성왕을 만나지 못하는 것이다.〉만약에 천하가 평화롭기를 바란다면 오늘 이 세상에서 나를 놔두고 그 누구를 〈내세우겠느냐. 그런데 때가 왔는데도 하늘이 평화를 바라지 않으니〉 내가 어찌 불안하지 않겠느냐.」

[集註 選譯] (1) 言 當此之時 而使我不遇於齊 是天未欲平治天下也. : 다음 같은 뜻을 말한 것이다. 「이러한 때에, 나로 하여금 제나라에서 바른 임금을 못 만나게 한 것은 곧 하늘이 아직 천하를 평화롭게 다스려지기를 원치 않는 것이다.」

(2) 然天意未可知 而其其又在我 我何爲不豫哉. : 「그러나 하늘의 뜻은 아직 모른다 해도, 그 도리는 역시 내가 갖추고 있으니, 내가 왜 불안하고 불쾌하게 걱정만 하겠느냐.」〈인간의 차원에서는 불안하고 걱정이 된다.〉

(3) 然則 孟子雖若有不豫然者 而實未嘗不豫也. : 「〈그러나 하늘의 차원에서는 하늘의 뜻을 따라야 한다.〉 그러므로 맹자는 흡사 걱정스럽게 보이면서도, 실은 전연 걱정하거나 불쾌하게 여기지 않은 것이다.」

(4) 蓋聖人憂世之志 樂天之誠 有竝行而不悖者 於此見矣. : 「무릇 성인의 우세지지(憂世之志)와 낙천지성(樂天之誠)은 병행하고 서로 어긋나지 않는 법이다. 그것이 여기에 나타났다.」

---

### 孟子去齊 居休 公孫丑問曰 仕而不受祿 古之道乎.

맹자(이) 거제거휴(이러시니) 공손추(이) 문왈 사이불수록(이) 고지도호(이이까)

맹자가 제나라를 떠나, 휴(休)라는 곳에 머물렀다. 그러자 제자 공손추가 물었다. 「벼슬을 살면서 녹(祿)을 받지 않는 것이, 옛날의 도리입니까.」

▶ 어구 설명

· 休(휴) : 산동성(山東省) 등현(滕縣) 북쪽에 있는 성읍(城邑).

---

曰非也 於崇吾得見王 退而有去志 不欲變 故不受
也 繼而有師命 不可以請 久於齊 非我志也.

---

왈 비야(이라) 어숭(에) 오득견왕(하고) 퇴이유거지(하니) 불욕변 고(로) 불수
야(호라) 계이유사명(이라) 불가이청(이언정) 구어제(는) 비아지야(이니라)

맹자가 말했다. 「아니다. 숭(崇)에서 나는 임금을 만나보았다. 그리고
<임금 앞에서> 물러난 다음에 즉시 <제나라를> 떠나려는 생각을 했
다. <임금이 왕도(王道)를 따르려 하지 않아서, 맹자가 물러나려고 했
다. 그리고 나의 물러나려는> 마음이 변하기를 원치 않았기 때문에,
고로 <녹을> 받지 않은 것이다. <그후에> 계속해서 <임금이> 무력
전쟁을 했으므로 내가 감히 청할 수가 없어서, <즉 하직하고 돌아가겠
다는 말을 할 수가 없어서> 오래 제나라에 지체했으나, 그것은 나의
뜻이 아니었다.」

▶ 어구 설명

· 崇(숭) : 제나라의 지명. 맹자가 이곳에서 처음으로 임금을 만났다.
· 有師命(유사명) : 「군대를 동원하라는 명을 내리다」, 즉 「전쟁을 했다」는 뜻.
· 不可以請(불가이청) : <전쟁에 시달리는 임금에게> 내가 감히 청할 수가
  없었다. <즉 하직하고 돌아가겠다는 말을 할 수가 없었다.>

[集註 選譯] (1) 孔氏曰 仕而受祿禮也 不受齊祿義也. : 공씨가 말했다.
「벼슬을 살면서 녹을 받는 것은 <원칙적인> 예다. <맹자가> 제나라의
녹을 안 받은 것은 의를 지킨 것이다.」

(2) 義之所在 禮有時而變. : 「의를 지키기 위해서는 예를 때에 맞추어

변통성 있게 지켜야 한다.」

(3) 公孫丑 欲以一端裁之 不亦誤乎. :「공손추가 하나만을 기준으로 삼
으려고 한 것은 역시 잘못이다.」

## 등문공장구 상(滕文公章句 上)의 명언 명구

> 滕文公 爲世子 將之楚 過宋 而見孟子 孟子道性善
> 言必稱堯舜 世子自楚反 復見孟子 孟子曰 世子疑
> 吾言乎 夫道一而已矣.

등문공(이) 위세자(에) 장지초(할새) 과송 이견맹자(하신대) 맹자(이) 도성선
(하샤대) 언필칭요순(이러시다) 세자(이) 자초반(하야) 부견맹자(하신대) 맹
자(이) 왈 세자(는) 의오언호(이까) 부도(는) 일이이의(니이다)

등나라 문공이 세자였을 때, 초나라로 가는 길에 <맹자가 송나라에
있다는 말을 듣고> 송나라에 들러 맹자를 만났다. 맹자는 「사람의 본
성은 착하다」는 성선설(性善說)을 말했으며, 말할 때마다 반드시 요순
(堯舜)을 <내세우고> 칭송했다. 세자가 초나라에서 돌아오는 길에 다
시 맹자를 만나자, 맹자가 말했다. 「세자는 내가 지난번에 한 말이 의아
스럽습니까. 허나 도는 하나입니다.」

▶ 어구 설명
·滕(등) : 나라 이름. 현 산동성 등현(滕縣) 부근에 있던 작은 나라. 본래
  주문왕(周文王)의 아들 조숙수(錯叔繡)를 봉했던 나라.
·文公爲世子(문공위세자) : 문공이 세자로 있을 때의 일이다. 부왕(父王)
  정공(定公)이 서거하자, 자리에 올라 문공이라 했다. 문공은 맹자를 존중

하고 자주 만났다. 「양혜왕 상, 하」 및 「공손추 하」에도 두 사람의 대화가 나온다.

· 宋(송) : 하남성(河南省) 상구현(商丘縣) 일대에 있었다. 당시 맹자는 나이 60세를 넘은 고령이었다. 제(齊)에서 돌아와 고향인 추(鄒)에 있다가, 송나라의 임금 언(偃)이 인정(仁政)을 펴겠다고 하여 송나라에 와 있었다. 그때 등나라의 세자가 맹자를 보려고 송나라에 들른 것이다.

· 孟子道性善(맹자도성선) : 맹자가 「성선설(性善說)」을 말했다.

[集註 選譯] (1) 程子曰 性卽理也. : 정자(程子)는 말했다. 「성(性)은 즉 이(理)이다.」

(2) 天下之理 原其所自 未有不善 喜怒哀樂未發 何嘗不善. : 「천하 만물의 도리는 원래 하늘에서 나온 것이므로, 선하지 않은 것이 없다.」「희노애락(喜怒哀樂)도 나타나지 않으면 선하지 않은 것이 없다.」

(3) 發而中節 卽無往而不善 發不中節 然後爲不善. : 「나타나도 절도에 맞으면 어떠한 경우에도 선하지 않음이 없다.」「절도에 맞지 않게 나타난 다음에, 선하지 않게 되는 것이다.」

(4) 故凡言善惡 皆先善而後惡 言吉凶 皆先吉而後凶 言是非 皆先是而後非. : 「그러므로 선악을 논할 때, 먼저 선을 내세우고, 악을 뒤로 돌린다.」「길흉을 논할 때, 먼저 길을 내세우고, 흉을 뒤로 돌린다.」「시비를 논할 때, 먼저 시를 내세우고, 비를 뒤로 돌린다.」<* 기준을 하늘의 도리에 둔다. 하늘의 도리에 맞으면 선(善), 길(吉), 시(是)하게 마련이다.>

(5) 時人不知 性之本善 而以聖賢 爲不可企及. : 「당시의 사람들은 사람의 본성이 착하다는 것을 알지 못했으며, <감히> 성현같이 높은 경지에 이르리라고 생각하지 못했다.」

(6) 故世子於孟子之言 不能無疑 而復來求見 蓋恐別有 卑近易行之說 也. : 「그래서 세자도 맹자의 말을 의심하지 않을 수 없었으며, 다시 와

서 보려고 한 것이다.」「<세자는> 아마도 <맹자로부터> 전과 다른 말, 비근하고 행하기 쉬운 말을 듣고자 바랐을 것이다.」

(7) 孟子知之 故但告之如此 以明古今聖愚 本同一性 前言已盡 無復有他 說也. : 「맹자는 <세자의 생각을> 알고 있었다. 그래서 이와 같이 말하고 『예나 지금이나, 성인이나 우매한 사람이나 본래의 성(性)은 같다. 전에 할 말을 다했으며, 다시 더 할 말이 없다』는 <생각이나 입장을> 분명하게 밝힌 것이다.」

---

成覵謂齊景公曰　彼丈夫也　我丈夫也　吾何畏彼哉
顏淵曰　舜何人也　予何人也　有爲者亦若是　公明儀
曰　文王　我師也　周公豈欺我哉.

---

성간(이) 위제경공왈 피장부야(이며) 아장부야(이니) 오하외피재(이오하며) 안연(이) 왈 순하인야(이며) 여하인야(오) 유위자(이) 역약시(라하며) 공명의 (이) 왈 문왕(은) 아사야(이라하시니) 주공(이) 기기아재(시리오하니이다)

「제나라의 용사 성간이 제나라 경공에게 다음같이 말했습니다. 『그 사람이나 저나 다 같은 대장부입니다. 제가 어찌 그를 두려워하겠습니까.』또 공자의 제자 안연이 말했습니다. 『순임금이나 나나 다 같은 사람이다. 노력하고 착하게 하면 역시 그와 같이 된다.』또 노나라의 현인 공명의가 말했습니다. 『주공이 문왕은 나의 부친이시고 동시에 나의 스승이시다라고 했거늘, 어찌 주공이 거짓말을 하겠습니까.』」
<* 맹자가 세자를 설득하기 위하여 세 사람의 말을 인용했다.>

▶ 어구 설명

• 成覵(성간) : 제나라의 신하로, 용감하고 대담했다.
• 公明儀(공명의) : 노나라의 현인으로 성이 공명(公明), 이름이 의(儀)다.
• 文王我師也(문왕아사야) : 「문왕은 나의 부친이자 동시에 나의 스승이다.」

주자(朱子)는 이 말을 주공(周公)의 말이라 했다.

[集註 選譯] (1) 言人能有爲 則皆如舜也. : 「사람은 누구나 노력하면, 순(舜) 같이 된다」는 뜻을 말한 것이다.

(2) 公明儀 亦以文王 爲必可師 故誦周公之言 而歎其不我欺也. : 「공명의도 역시 문왕을 스승으로 삼아야 한다고 생각했으므로 주공의 말을 되풀이하고, 주공의 말이 거짓이 아니라고 감탄한 것이다.」

(3) 孟子旣告世子 以道無二致 而復引此三言 以明之 欲世子 篤信力行 以師聖賢 不當復求他說也. : 「맹자는 세자에게 도(道)는 오직 하나임을 말하고 거듭 세 사람의 말을 인용하고, 세자가 독신역행(篤信力行)하고 성현을 스승으로 삼고 부당하게 다른 말을 구하려 하지 않기를 바란다는 〈자기의 뜻을〉 밝힌 것이다.」

---

今滕 絶長補短 將五十里也 猶可以爲善國 書曰 若藥不瞑眩 厥疾不瘳.

---

금등(을) 절장보단(이면) 장오십리야(이나) 유가이위선국(이니) 서(에) 왈 약약(이) 불명현(이면) 궐질(이) 불추(이라하니이다)

「지금 등나라에서 긴 데를 자르고, 짧은 곳에 보태는 식으로 〈영토의 평균치를 내면〉 사방 50리가 될 것이며, 그만하면 좋은 나라가 될 수 있습니다. 상서(商書) 열명편(說命篇)에 『만약에 약을 〈마셔도〉 눈앞이 캄캄해지고 어지럽지 않다면 〈그런 약은〉 병을 고치지 못한다』라고 했습니다.」

▶ 어구 설명
・書(서) : 상서(商書). 주자(朱子)는 열명편(說命篇)의 글이라고 했다. 그러나 조기(趙岐)는 일편(逸篇)이라고 했다.

·瞑眩(명현) : 어지럽고 혼란스럽다는 뜻.

[集註 選譯] (1) 言滕國雖小 猶足爲治 但恐安於卑近 不能自克 則不足
以去惡 而爲善也. : 〈다음 같은 뜻을 말한 것이다.〉「등나라는 작아도
인정(仁政)을 하기에는 족하다.」「그러나 〈세자가〉 비근하고 저속한
경지에 만족하고, 자신을 극복하지 못하면, 악을 제거하고 선한 인정을
하지 못할 것이다.」

(2) 愚按 孟子之言性善 始見於此 而詳具於告子之篇 然黙識而旁通之 則
七篇之中 無非此理. : 나는 생각한다. 「맹자가 주장한 성선(性善)이란
말은 여기 처음 나타났다. 그리고 자세한 주장의 말은 고자편(告子篇)
에 있다. 그러나 〈맹자를 공부하는 학자가〉 맹자의 글을 깊이 터득하고
넓게 통달하면 〈맹자〉 7편의 글 속에 〈성선설의〉 이론이 없는 곳이
없음을 알 것이다.」

(3) 其所以擴前聖之未發 而有功於聖人之門 程子之言信矣. : 「맹자의
성선설은 『곧 전대의 성인이 미처 발명하지 않은 바를 넓힌 것이며,
성인의 문(聖人之門)에 공을 세운 것이다』라고 말한 정자(程子)의 말
이 참으로 옳다.」

> 然友之鄒 問於孟子 孟子曰 不亦善乎 親喪固所自
> 盡也 曾子曰 生事之以禮 死葬之以禮 祭之以禮 可
> 謂孝矣 諸侯之禮 吾未之學也 雖然 吾嘗聞之矣 三
> 年之喪 齊疏之服 飦粥之食 自天子達於庶人 三代
> 共之.

연우(이) 지추(하야) 문어맹자(한대) 맹자(이) 왈 불역선호(아) 친상(은) 고소
자진야(이니) 증자(이) 왈 생사지이례(하며) 사장지이례(하며) 제지이례(면)

가위효의(이라하시니) 제후지례(는) 오미지학야(어니와) 수연(이나) 오상문
지의(로니) 삼년지상(에) 자소지복(과) 전죽지식(은) 자천자달어서인(하야)
삼대(이) 공지(하니라)

연우가 추(鄒)에 가서 맹자에게 <상례에 대하여> 묻자, 맹자가 말했다.
「참으로 잘하시는 일입니다. 부모의 상례는 마땅히 자신의 효성(孝誠)
을 다해서 치러야 합니다. 옛날에 증자가 말하셨습니다.『살아계실 때는
예를 다해서 섬기고, 돌아가시면 예를 다해서 장사를 지내고, 제사를
모실 때도 예를 다해야 한다. 그래야 비로소 효라고 할 수 있다.』제후들
이 따르고 행할 예에 대해서, 나는 배우지 않았으며, 잘 알지 못합니다.
그러나 내가 들은 바 3년 동안 거상(居喪)하고, 베옷을 입고, 죽을 들어
야 합니다. <이와 같은 3년상은> 천자로부터 서민에 이르기까지 '하
(夏)·은(殷)·주(周)' 3대가 공통으로 따르고 지켰던 예법입니다.」

▶ 어구 설명
· 然友(연우) : 문공(文公)의 선생.
· 曾子曰(증자왈) : 논어 위정편(爲政篇)에는 공자가 제자 번지(樊遲)에게
  한 말로 되어 있다. 이 말을 증자가 자기 제자에게 가르쳤을 것이다.
· 雖然(수연) : 그러나.
· 三年之喪(삼년지상) : 부모의 상을 3년 간 모신다. 즉 자식이 베옷을 입고
  죽을 먹으며 부모의 무덤 곁에 움막을 짓고 25개월 지킨다.
· 齊疏之服(자소지복) : 거친 베로 만든 상복을 입는다. 「자(齊)」는 상복.
  아랫단을 꿰맨 상복을 「자소(齊疏)」 또는 「재최(齊衰)」라고 한다. 꿰매지
  않은 상복을 「참최(斬衰)」라고 한다.

謂然友曰 吾他日 未嘗學問 好馳馬試劍 今也 父兄
百官 不我足也 恐其不能盡於大事 子爲我問孟子 然
友復之鄒 問孟子 孟子曰 然不可以他求者也 孔子曰

君薨 聽於冢宰 歠粥 面深墨 卽位而哭 百官有司 莫
敢不哀 先之也 上有好者 下必有甚焉者矣 君子之德
風也 小人之德 草也 草尙之風 必偃 是在世子.

위연우왈 오(이) 타일(에) 미상학문(이오) 호치마시검(하더니) 금야(에) 부형
백관(이) 불아족야(하니) 공기불능진어대사(하노니) 자(이) 위아문맹자(하라)
연우(이) 부지추(하야) 문맹자(한대) 맹자(이) 왈 연(하다) 불가이타구자야(이
라) 공자(이) 왈 군훙(커시든) 청어총재(하나니) 철죽(하고) 면심묵(하야) 즉위
이곡(이어든) 백관유사(이) 막감불애(는) 선지야(이라) 상유호자(이면) 하필
유심언자의(니) 군자지덕(은) 풍야(이오) 소인지덕(은) 초야(이니) 초상지풍
(이면) 필언(이라하시니) 시재세자(하니라)

문공이 연우에게 말했다. 「나는 전에 학문을 배우지 않고 오직 말타기
와 검술 연습만을 좋아했습니다. 그래서 지금 부형들이나 백관들이
나를 부족한 사람이라 여기고 나에게 반대하는 것입니다. 이러다가는
뜻한 대로 대상(大喪)을 치르지 못할까 두렵습니다. 그러니 선생님께
서 저를 위해서 다시 맹자에게 가서 <어떻게 하면 좋은지> 물어주십
시오.」 연우가 다시 추(鄒)에 가서 맹자에게 물었다. 그러자 맹자가
말했다. 「그래도 <아들이 부친상을 모시는 일에 있어> 다른 사람의
말을 들으면 안 됩니다. <어디까지나 효성을 다해야 합니다.> 공자가
말했습니다. 『임금이 돌아가시면 총재에게 재가를 받게 한다.』 <그러
므로 임금은> 죽을 마시고, 비탄에 넘쳐, 안색이 검게 되도록 상주(喪
主)의 자리를 지키고 통곡을 해야 합니다. 그러면 백관들이나 유사들도
애통해하지 않는 자가 없게 됩니다. <남들이 반대해도> 솔선했기 때
문입니다. <옛말에도 있습니다.> 『윗사람이 좋아하면, 아랫사람들은
한층 더 심하게 좋아한다. 군자의 덕은 바람과 같고, 소인의 덕은 풀과
같다. 풀에 바람이 불면 반드시 나부낀다.』 그러므로 <대상을 정성으
로 치르는 일은> 오직 세자 자신에게 달려 있습니다.」

▶ 어구 설명

· 孔子曰(공자왈) : 논어 헌문편(憲問篇)에 있다. 「임금이 죽으면 백관들은 자기의 직책을 총괄해서 총재에게 재가 받기를 3년 간 했다.(君薨 百官總己 以聽於冢宰 三年)」

· 冢宰(총재) : 육경(六卿)의 장(長).

· 面深墨(면심묵) : <비탄에 넘쳐> 안색이 몹시 검게 된다.

· 卽(즉) : 취(就)와 같다.

· 歠粥(철죽) : 죽을 마신다. 「歠(마실 철), 粥(죽 죽)」

· 上有好者 下必有甚焉者矣(상유호자 하필유심언자의) : 윗사람이 좋아하면, 아랫사람들은 반드시 더욱 심하게 좋아한다. 논어 자로편(子路篇)에 있다. 「위가 예를 좋아하면, 백성들은 감히 경건하지 않을 수 없다.(上好禮則民莫敢不敬)」 예기(禮記) 치의편(淄衣篇)에 있다. 「위가 좋아하면, 아래는 더 심하게 좋아한다.(上好是物 下必有甚者焉)」

· 君子之德 風也 小人之德 草也 草尙之風 必偃(군자지덕 풍야 소인지덕 초야 초상지풍 필언) : 군자의 덕은 바람과 같고, 소인의 덕은 풀과 같다. 풀에 바람이 불면 반드시 나부낀다. 논어 안연편(顔淵篇)에 같은 구절이 있다. 「상(尙)」은 가(加)의 뜻. 논어에는 상(上)으로 썼다. 옛날에는 두 글자가 통했다. 「언(偃)」은 복(伏)의 뜻.

[集註 選譯] (1) 當時諸侯 莫能行古喪禮 而文公獨能以此爲問 故孟子善之 : 「당시, 즉 전국시대의 제후는 능히 옛날의 상례를 행할 수 없었다. 그런데 유독 문공이 능히 그와 같은 질문을 할 수 있었으므로 맹자가 좋다고 칭찬한 것이다.」

(2) 又言父母之喪 固人子之心 所以自盡者. : 「그리고 또 말했다. 부모의 상을 당하면 당연히, 자식이 마음을 다하게 마련이다.」

(3) 蓋悲哀之情 痛疾之意 非自外至 宜乎文公於此 有所不能自已也. : 「무릇 비애의 정이나 애통해하는 뜻은 밖에서 오는 것이 아니다. <본성에서 나오는 바> 문공도 <부친의 상을 당해서> 자신의 마음을 다하지

않을 수 없었던 것이다.」

(4) 但所引曾子之言 本孔子告樊遲者 豈曾子嘗誦之 以告其門人歟. :
「단 증자의 말이라고 인용한 것은 본래 공자가 제자 번지에게 한 말이다.
아마 증자가 그 말을 자기 제자에게 했을 것이다.」

(5) 三年之喪者 子生三年然後 免於父母之懷 故父母之喪 必以三年
也. : 「부모의 3년상을 지내는 것은 자식이 출생하고 3년이 지나야 부모
의 품에서 벗어난다. 고로 부모의 상례를 반드시 3년을 지내는 것이다.」

---

滕文公問爲國 孟子曰 民事不可緩也 詩云 晝爾于
茅 宵爾索綯 亟其乘屋 其始播百穀.

---

등문공(이) 문위국(하신대) 맹자(이) 왈 민사(는) 불가완야(이니) 시운 주이우
모(이오) 소이삭도(하야) 극기승옥(이오사) 기시파백곡(이라하니이다)

등나라 문공이 <맹자에게> 치국(治國)에 대해서 물었다. 맹자가 말했
다. 「백성들의 농사를 소홀히 하면 안 됩니다. 시경(詩經) 빈풍(豳風)
칠월편(七月篇)에 있습니다. 『그대여, 낮에는 띠풀을 베어 오고, 밤에
는 새끼를 꼬아, 서둘러 지붕에 올라가 고쳐라. 바야흐로 <봄이 되니>
백곡을 심을 <농사가 바쁘니라.>』」

▶ 어구 설명
· 民事不可緩也(민사불가완야) : 민사(民事)는 백성을 잘 먹여 살게 하는
  일, 즉 농사(農事)다. 「완(緩)은 늦추다, 소홀히 하다.」
· 于(우) : 가서 취한다는 뜻.
· 綯(도) : 새끼를 꼰다는 뜻.
· 亟其乘屋(극기승옥) : 극(亟)은 급(急)이다. 승(乘)은 승(升 : 올라가다)의 뜻.
· 其始播百穀(기시파백곡) : 이제부터 백곡을 뿌려야 한다. 즉 춘경(春耕)이

시작된다. 「기(其)」를 「장(將)」의 뜻으로 푼다. 「파(播)」는 「포(布 : 뿌리다)」의 뜻.

[集註 選譯] (1) 言農事至重 人君不可以爲緩而忽之. : 「농사가 지극히 중대하므로 임금이 가볍게 여기거나 소홀히 하면 안 된다」는 뜻을 말한 것이다.

(2) 故引詩 言治屋之急如此者 蓋以來春 將復始播百穀 而不暇爲此 也. : 「고로 시경의 시를 인용했다.」「지붕을 그와 같이 다급히 수리하라 고 말한 것은 봄이 오면 다시 백곡을 심고 농사를 지어야 하며, <농번기 에는 지붕을 고칠> 틈이 없기 때문이다.」

---

民之爲道也 有恒産者 有恒心 無恒産者 無恒心 苟
無恒心 放辟邪侈 無不爲已 及陷乎罪 然後從而刑
之 是罔民也 焉有仁人 在位罔民 而可爲也 是故 賢
君必恭儉禮下 取於民有制.

---

민지위도야(이) 유항산자(는) 유항심(이오) 무항산자(는) 무항심(이니) 구무
항심(이면) 방벽사치(를) 무불위이(니) 급함호죄 연후(에) 종이형지(면) 시(는)
망민야(이니) 언유인인(이) 재위(하야) 망민(을) 이가위야(이리오) 시고(로)
현군(이) 필공검(하야) 예하(하며) 취어민유제(니이다)

「백성들이 <따르는> 삶의 원칙이나 도리가 있습니다. 일정하고 안정 된 생산이나 재산이 있으면, 한결같은 마음을 지니게 됩니다. <즉 변치 않는 도덕심이나 윤리의식을 지닌다.> 그러나 일정하고 안정된 생산 이나 재산이 없으면, 한결같은 마음도 없게 됩니다. 만약에 한결같은 마음이 없게 되면 <그때에는> 방종(放縱)이나 방탕(放蕩), 편벽(偏僻) 이나 괴벽(怪癖), 사악(邪惡)이나 간사(奸邪), 사치(奢侈)나 음란(淫

亂) 등을 거침없이 저지르게 됩니다. 백성들이 죄악에 빠지게 된 다음에 뒤따라, 그들에게 형벌을 내리는 것은 바로 백성을 법망에 걸리게하는 일과 같습니다. 어찌 인자한 사람이 자리에 있으면서 백성을 법망에 걸려들게 하겠습니까. <미리 교육하고 감화해서 법에 걸리지 않게해야 합니다.> 그러므로 현명한 임금은 반드시 공경하고, 검소하고, 아랫사람에게 예양(禮讓)하며, 백성들로부터 세금을 거둘 때에도 절제해야 합니다.」

▶ 어구 설명

· 放辟邪侈(방벽사치) : 방종, 방탕, 편벽(偏僻), 괴벽(怪癖), 사악, 간사, 사치, 음란 등.

· 罔(망) : 법망(法網).

· 恭儉(공검) : 공(恭)은 예로써 아랫사람을 대한다는 뜻. 검(儉)은 곧 백성으로부터 취할 때, 제약한다는 뜻.

---

## 陽虎曰 爲富 不仁也 爲仁 不富矣.

양호(이) 왈 위부(이면) 불인야(요) 위인(이면) 불부의(라하니이다)

「양호가 말했습니다.『부자가 되려면 불인해야 하고, 인자하면 부자가못 된다.』」

▶ 어구 설명

· 陽虎(양호) : 양화(陽貨). 노(魯)나라의 대부 계손씨(季孫氏)의 가신(家臣).

[集註 選譯] (1) 天理人欲 不容竝立. : 천리(天理)와 인욕(人欲)은 병행할 수 없다.

(2) 虎之言此 恐爲仁之害於富也. : 「양호는 이 말을 인자하면 부자가

되는 데 해가 될 것이다」라는 뜻으로 말했다.

(3) 孟子引之 恐爲富之害於仁也 君子小人 每相反而已矣. : 「맹자는 이 말을 부(富)는 인(仁)을 해친다는 뜻으로 인용했을 것이다.」「군자와 소인은 매사에 서로 반대가 된다.」

龍子曰 治地 莫善於助 莫不善於貢 貢者 校數歲之中以爲常 樂歲 粒米狼戾 多取之而不爲虐 則寡取之 凶年 糞其田而不足 則必取盈焉 爲民父母 使民盻盻然 將終歲勤動 不得以養其父母 又稱貸而益之 使老稚轉乎溝壑 惡在其爲民父母也.

용자(이) 왈 치지(는) 막선어조(이오) 막불선어공(이니) 공자(는) 교수세지중(하야) 이위상(하나니) 낙세(에) 입미랑려(하야) 다취지이불위학(이라도) 즉과취지(하고) 흉년(에) 분기전이부족(이어늘) 즉필취영언(하나니) 위민부모(이라) 사민(으로) 혜혜연 장종세근동(하야) 부득이양기부모(하고) 우칭대이익지(하야) 사로치(로) 전호구학(이면) 오재기위민부모야(라하나이다)

「옛날의 현인 용자(龍子)가 말했습니다.『토지 정책으로는 조법(助法)이 가장 좋고, 공법(貢法)이 가장 좋지 않다. 공법은 수년 간의 생산의 중간치를 헤아려 <매년 같은> 세금을 바치게 하는 제도이며, 풍년에는 입쌀, 즉 곡물이 낭자(狼藉)하게 넘쳐, 세금을 과다하게 거두어도 가혹하다고 치지 않거늘 세금을 적게 취한다. <반면> 흉년에는 농민이 비료를 밭에 뿌리고 애를 써도 수확이 부족하거늘 세금을 정한 액수대로 거두어들인다. 백성의 부모된 임금이 백성들로 하여금 원망스러운 눈초리를 짓게 하고, 1년 내내 부지런히 일하고 농사를 지어도, 자기 부모조차 공양하지 못하게 한다. 뿐만 아니라 다시 고리(高利)로 대여(貸與)해주고 <국가의 재물을> 더욱 불린다. <그래서> 노인이나 어린아이들이 굶주려 시궁창에 굴러 떨어지게 만든다. <그런 짓을> 어찌 백성의 부모된 임금이 하겠느냐.』」<여기까지 용자의 말로 본다.>

▶ 어구 설명

- 龍子(용자) : 옛날의 현명한 사람.
- 治地莫善於助(치지막선어조) : 토지 정책으로는 조법(助法)이 가장 좋다.
- 莫不善於貢(막불선어공) : 공법(貢法)이 가장 좋지 않다.
- 樂歲(낙세) : 풍년에는.
- 狼戾(낭려) : 낭자(狼藉)와 같다. 많다는 뜻.
- 糞(분) : 옹(壅 : 북돋음)의 뜻.
- 盈(영) : 액수를 채우다〔滿〕의 뜻.
- 盻(혜) : 「한스럽게 본다」는 뜻.
- 勤動(근동) : 노고(勞苦)의 뜻.
- 稱貸而益之(칭대이익지) : 「칭(稱)은 거(擧)의 뜻.」「대(貸)는 곧 차(借)다. 남의 재물을 얻어 쓰고 이자를 붙여 상환하게 하는 제도다.」「익지(益之)」는 「징수할 액수를 채운다」는 뜻.
- 稚(치) : 어린아이.

> 設爲庠序學校 以敎之 庠者養也 校者敎也 序者射也 夏曰校 殷曰序 周曰庠 學則三代共之 皆所以明人倫也 人倫明於上 小民親於下.

설위상서학교(하야) 이교지(하니) 상자(는) 양야(이오) 교자(는) 교야(이오) 서자(는) 사야(이라) 하왈교(이오) 은왈서(이오) 주왈상(이오) 학즉삼대공지(하니) 개소이명인륜야(이라) 인륜명어상(이면) 소민친어하(이니라)

「상(庠)·서(序)·학(學)·교(校) 등의 교육기관을 세워 백성들을 교육해야 합니다. 상(庠)은 양육한다〔養〕는 뜻이고, 교(校)는 가르치고 교도(敎導)한다는 뜻이고, 서(序)는 사례(射禮)를 가르친다는 뜻입니다. <교육기관을> 하(夏)나라에서는 교(校)라 했고, 은(殷)나라에서는 서(序)라 했고, 주(周)나라에서는 상(庠)이라 했습니다. 학(學)<즉 왕도(王都)에 있는 국학(國學)>이란 이름은 하(夏)·은(殷)·주(周) 3대가 다 같았습니다. <이들 국학에서는> 모두 인륜(人倫)을 밝히는 바탕을 가르쳤습니다. 위에 있는 지도층이 먼저 인륜을 밝히면, 아래에 있는 일반 백성들도 서로 친목하게 됩니다.」

▶ **어구 설명**

· 設爲庠序學校(설위상서학교) : 「상(庠)·서(序)·학(學)·교(校)」 등의 교육기관을 세운다. 상(庠)은 양육한다[養]는 뜻이다. 「상(庠)은 노인을 부양하는 것을 기본의(基本義)로 삼고, 교(校)는 백성을 가르치는 것을 기본으로 삼고, 서(序)는 사례(射禮)를 익히는 것을 기본으로 삼았다.」「이들은 다 향학(鄕學)이다.」「학(學)은 국도(國都)에 있는 태학(太學)이며, 3대가 같고 이름이 다르지 않았다.」

· 倫(윤) : 위계(位階) 서열 등 질서의 뜻. 즉 「부자는 서로 친애한다(父子有親), 군신은 서로 의를 지킨다(君臣有義), 부부는 서로 분별한다(夫婦有別), 연장자와 연하자는 서로 서열을 지킨다(長幼有序), 붕우는 서로 신의를 지킨다(朋友有信)」는 다섯 가지 기본 윤리.

---

**有王者起 必來取法 是爲王者師也 詩云 周雖舊邦 其命維新 文王之謂也 子力行之 亦以新子之國.**

유왕자(이) 기(면) 필래취법(하리니) 시위왕자사야(이니이다) 시운 주수구방(이나) 기명유신(이라하니) 문왕지위야(이니) 자력행지(하시면) 역이신자지국(하시리이다)

「장차 <인정을 펴려고 하는> 참다운 임금이 나타나면, <그는> 반드시 <등에 와서> 보고 배우고 법도를 취할 것입니다. 그러므로 임금님은 곧 왕자의 스승이 되십니다. 시경 대아(大雅) 문왕편(文王篇)에 『주나라는 비록 오래된 나라이지만 문왕의 덕으로 천명을 새로 내려 받았다.』라고 했습니다. 이는 문왕을 말한 것입니다. 임금님도 힘들여 노력하시고, 등나라를 새롭게 하십시오.」

[集註 選譯] (1) 滕國偏小 雖行仁政 未必能興王業. :「등나라는 작은 나라다. 비록 인정을 펴도, 반드시 〈천하를 지배하고〉 왕업(王業)을 흥성케 한다고 말할 수 없다.」

(2) 然爲王者師 雖不有天下 而其澤 亦足以及天下矣. :「그러나 왕자의 스승이 되면, 천하를 소유하지 못해도 은택이 천하에 미칠 것이다.」

(3) 聖賢至公無我之心 於此可見. :「성현의 지공무아(至公無我)한 마음은 그런 식으로 나타난다.」

---

使畢戰問井地 孟子曰 子之君將行仁政 選擇而使子 子必勉之 夫仁政 必自經界始 經界不正 井地不均 穀祿不平 是故暴君汙吏 必慢其經界 經界旣正 分田制祿 可坐而定也.

---

사필전(으로) 문정지(하신대) 맹자(이) 왈 자치군(이) 장행인정(하야) 선택이 사자(하시니) 자필면지(어다) 부인정(은) 필자경계시(니) 경계(이) 부정(이면) 정지(이) 불균(하며) 곡록(이) 불평(하리니) 시고(로) 폭군오리(는) 필만기경계(하나니) 경계(이) 기정(이면) 분전제록(은) 가좌이정야(이니라)

〈등나라 문공이〉 신하 필전(畢戰)을 시켜서 정전법(井田法)을 물었다. 그러자 맹자가 말했다. 「그대의 임금 문공이 장차 인정을 행하려고 그대를 선택해서 〈나에게〉 와서 묻게 했군요. 그대는 열심히 노력하시오. 무릇 인정은 반드시 토지의 경계를 바르게 하는 데서 시작됩니다. 경계가 정확하지 않으면 <9등분하는> 정전(井田)이 균등하지 않고, 따라서 곡식이나 세록(世祿)이 공평하지 않게 됩니다. 고로 폭군이나 오리들은 경계를 소홀히 합니다. 경계를 정확하게 하면 경작자에 대한 토지 분배나 세록의 제도를 앉아서 바르게 할 수 있습니다.」

▶ 어구 설명

· 畢戰(필전) : 등(滕)나라 신하.
· 井地(정지) : 토지를 정(井)자로 9등분함이다.

[集註 選譯] (1) 此法不修 則田無定分 而豪强得以兼幷. :「정전법을 잘 다스리지 않으면, 농지가 바르게 분배되지 않고, 결국 토호나 강자들이 약자들의 토지를 겸병하게 된다.」

(2) 故井地有不均 賦無定法 而貪暴得以多取 故穀祿有不平. :「그러므로 정지(井地)가 고르지 못하고, 세금 부과에 일정한 법이 없게 되고, 탐욕하고 포악한 자들이 많이 취한다. 고로 곡물수확이나 녹이 공평하지 못하게 된다.」

(3) 此欲行仁政者之所以必從此始 而暴君汚吏 則必欲慢 而廢之也 有以正之 則分田制祿 可不勞而定矣. :「고로 인정(仁政)을 하기 위해서는 반드시 토지 분배에서부터 시작해야 한다.」「그러나 폭군과 오리는 경계를 바로잡는 일을 소홀히 하거나 폐지한다.」「경계를 바르게 하면 분전이나 녹은 힘들이지 않고 바르게 정해진다.」

夫滕 壤地褊小 將爲君子焉 將爲野人焉 無君子 莫治野人 無野人 莫養君子.

부등(이) 양지(이) 편소(하나) 장위군자언(이며) 장위야인언(이니) 무군자(이면) 막치야인(이오) 무야인(이면) 막양군자(이니라)

「원래 등나라는 토지가 협소하지만 당연히 다스리는 군자가 있어야 하고, 또 당연히 농사를 짓는 야인들도 있어야 합니다. 군자가 없으면 야인을 다스리지 못하고, 야인이 없으면 군자를 부양하지 못합니다.」

▶ 어구 설명

· 將(장) : 마땅히[當]로 푼다.

[集註 選譯] (1) 言滕地雖小 然其間 亦必有爲君子而仕者 亦必有爲野人而耕者 是以 分田制祿之法 不可偏廢也. : 다음 같은 뜻을 말한 것이다. 「등나라는 토지가 협소하지만 나라에는 반드시 군자로서 벼슬하는 사람이 있어야 하고, 또 야인으로서 농사를 짓는 사람이 있어야 한다. 그러므로 농지 분배와 세록의 법 중, 어느 하나도 폐할 수 없다.」

陳相見許行 而大悅 盡棄其學 而學焉 陳相見孟子
道許行之言曰 滕君則誠賢君也 雖然未聞道也 賢者
與民 並耕而食 饔飧而治 今也滕有 倉廩府庫 則是
厲民 而以自養也 惡得賢.

진상(이) 견허행 이대열(하야) 진기기학 이학언(이러니) 진상(이) 견맹자(하야) 도허행지언 왈 등군즉성현군야(이어니와) 수연(이나) 미문도야(이로다) 현자(는) 여민 병경이식(하며) 옹손이치(하나니) 금야(에) 등유 창름부고(하니) 즉시려민 이이자양야(이니) 오득현(이리오)

진상이 허행(許行)을 만나보고 크게 기뻐했으며 <자기가 배운> 유학(儒學)을 다 버리고, <허행의 농가학설(農家學說)을> 배웠다. 그후에 진상이 맹자를 만나자 허행의 주장을 전하면서 <다음같이> 말했다. 「등나라 문공은 참으로 현명하기는 합니다. 그러나 아직도 도를 터득하지는 못했습니다. <이유를 다음같이 말했다.> 현군(賢君)도 백성과 같이 함께 농사를 지어서 먹어야 합니다. 아침이나 저녁밥을 <손수 지어> 먹으면서 백성을 다스려야 합니다. 그런데 지금 등나라 창름(倉 廩)에는 곡식이 쌓였고, 또 부고(府庫)에는 재물이 가득합니다. 이는 곧 임금이 백성들로부터 심하게 거두어들여서 자기만 편하게 양생(養 生)하자는 것입니다. 그러니 어찌 현명하다고 하겠습니까.」

▶ 어구 설명
·饔飧(옹손) : 숙식(熟食)의 뜻. 「饔(아침밥 옹), 飧(저녁밥 손)」.
·厲(여) : 병들게 한다, 괴롭힌다는 뜻.

然則治天下 獨可耕且爲與 有大人之事 有小人之事
且一人之身 而百工之所爲備 如必自爲而後用之 是
率天下而路也 故曰 或勞心 或勞力 勞心者治人 勞
力者治於人 治於人者食人 治人者食於人 天下之通
義也.

연즉치천하(는) 독가경차위여(아) 유대인지사(하며) 유소인지사(하니) 차일
인지신 이백공지소위(이) 비(하니) 여필자위이후(에) 용지(면) 시(는) 솔천하
이로야(이니라) 고(로) 왈 혹로심(하며) 혹로력(이니) 노심자(는) 치인(하고)
노력자(는) 치어인(이라하니) 치어인자(는) 사인(하고) 치인자(는) 사어인(이)
천하지통의야(이니라)

「그러하거늘 천하를 다스리는 사람은 혼자서 농사도 짓고, 또 다스리기 도 해야 하는가. <세상일에는> 대인이 할 일이 있고, 소인이 할 일이 있는 법이다. 게다가 한 사람이 몸으로 살기 위해서는 모든 기술자가 만든 기물들을 다 갖추어야 한다. 그런데 만약에 <그 모든 것들을> 반드시 손수 만들어 써야 한다면 천하의 모든 사람들을 지쳐 버리게 할 것이다. 그러므로 옛날에 말한 바가 있다. 어떤 사람은 마음, 즉

정신을 부려쓰고, 어떤 사람은 힘, 즉 노동력을 부려쓴다. 마음, 즉 정신을 쓰는 사람은 남을 다스리고, 힘, 즉 노동력을 쓰는 사람은 남에게 다스림을 받는다. 다스림을 받는 농민이 선비를 먹게 하고, 남을 다스리는 선비는 남, 즉 농민에게 부양되는 것이, 천하의 공통된 바른 이치이다.」

▶ **어구 설명**

· 小人(소인) : 농공상(農工商)에 종사하는 사람.

· 路(노) : 「이(羸 : 여윌 리)」로 풀이한다. 주자는 「쉴새없이 길을 뛰어다니다」의 뜻으로 풀었다.

· 治於人者食人(치어인자사인) : 「치어인(治於人)」은 「남에게 다스림을 받는다」는 뜻. 「사인(食人)」은 「부역이나 세금을 내서 공무를 보는 윗사람에게 급여한다」는 뜻.

· 食於人(사어인) : 「남에게 급식을 받는다」는 뜻.

[集註 選譯] (1) 君子無小人則飢 小人無君子則亂 以此相易 正猶農夫陶冶 以粟與械器相易. : 「군자는 소인이 없으면 굶고, 소인은 군자가 없으면 혼란하게 된다.」 「서로 주고받는 것이 마치 농부와 도공이나 야공이 서로 곡식과 기물을 교역하는 것과 같다.」

(2) 乃所以相濟 而非所以相病也. : 「즉 서로가 도움을 주는 것이며 서로 상대를 괴롭히는 것이 아니다.」

(3) 治天下者 豈必耕自爲哉. : 「그러니 천하를 다스리는 <임금이> 어찌 반드시 손수 경작을 해야 하는가.」

當堯之時 天下猶未平 洪水橫流 氾濫於天下 草木
暢茂 禽獸繁殖 五穀不登 禽獸偪人 獸蹄鳥跡之道
交於中國 堯獨憂之 擧舜而敷治焉 舜使益掌火 益
烈山澤而焚之 禽獸逃匿 禹疏九河 瀹濟漯而注諸海
決汝漢 排淮泗而注之江 然後中國可得而食也 當是
時也 禹八年於外 三過其門而不入 雖欲耕 得乎.

당요지시(에) 천하(이) 유미평(하야) 홍수(이) 횡류(하야) 범람어천하(하야)
초목창무(하며) 금수번식(이라) 오곡부등(하며) 금수핍인(하야) 수제조적지
도(이) 교어중국(이어늘) 요독우지(하샤) 거순이부치언(이시어늘) 순(이) 사
익장화(하신대) 익(이) 열산택이분지(하니) 금수(이) 도닉(이어늘) 우(이) 소
구하(하며) 약제탑이주제해(하시며) 결여한(하며) 배회사이주지강(하시니)
연후(에) 중국(이) 가득이식야(하니) 당시시야(하야) 우팔년어외(에) 삼과기
문이불입(하시니) 수욕경(이나) 득호(아)

「요임금 때만 해도 천하가 미처 평온하지 못했다. 홍수가 넘쳐흐르고
강물이 천하에 범람했으며, 사방에 초목이 자라 엉키고, 금수가 번식
하여 득실거렸으며 <전답에> 오곡을 심지도 못했다. <그때에는 사방
에서> 금수가 사람에 접근해 위협했으며, 동물이나 새 발자국이 난
길이 나라 중심, 즉 국도(國都) 안에도 교차했다. <이와 같은 미개한
상태를> 요임금이 걱정하고 순을 등용하여 다스리게 하였다. 순은
백익(伯益)을 시켜 불을 다루게 했으며, 백익은 산이나 늪에 심한 불을
놓아 모조리 타게 했다. 이에 금수들이 도망가 숨었다. 한편 우는 구하
(九河)를 소통했으며, 제수(濟水)나 탑수(漯水)를 바다에 흘러들게 했
다. 또 여수(汝水)와 한수(漢水)의 막힌 물줄기를 트고, 또 회수(淮水)
와 사수(泗水)를 터서 장강(長江)에 흐르게 했다. 그런 다음에 비로소
중국에서 사람들이 농사를 지어 곡식을 거두어 먹고 살 수 있게 되었

던 것이다. 그와 같은 개척 시기에 우는 8년 간을 외지에서 <일했으며> 세 번이나 자기 집 앞을 지나고도 들어가 가족을 만나보지 못했다. <그렇게 치수에 전념했으니> 비록 손수 경작을 하고 싶어도 될 수 있었겠는가.」

▶ 어구 설명

· 當堯之時(당요지시) : 요임금 때.

· 洪水橫流(홍수횡류) : 「홍(洪)은 대(大)의 뜻.」「횡류(橫流)는 강물이 물줄기를 타지 않고 넘치고 마구 흐른다는 뜻.」

· 氾濫(범람) : 횡류하는 모양을 말한 것이다.

· 暢茂(창무) : 수목이 자라 무성하다는 뜻.

· 繁殖(번식) : 중다(衆多)의 뜻.

· 登(등) : 곡물이 자라고 익는다는 뜻.

· 獸蹄鳥跡之道 交於中國 : (수제조적지도 교어중국) : 「금수가 많다」는 뜻을 말한 것이다.

· 敷(부) : 포(布)의 뜻.

· 益(익) : 순(舜)의 신하 이름. 백익(伯益).

· 烈(열) : 세차게 불로 태운다는 뜻.

· 疏九河(소구하) : 소(疏)는 「강물을 나누어 통하게 한다」는 뜻. 「구하」는 「모든 강」으로 풀기도 한다. 집주에는 아홉 개의 강 이름이 있다. 즉 다음과 같다. 「도해(徒駭), 태사(太史), 마협(馬頰), 복부(覆釜), 호소(胡蘇), 간(簡), 결(潔), 구반(鉤盤), 격진(鬲津)」.

· 瀹濟漯(약제탑) : 「약(瀹)」은 소통하다, 잘 흐르게 하다. 「제(濟)」와 「탑(漯)」은 강 이름으로, 황하(黃河)의 지류이다.

· 排(배) : 「장애물을 밀어내다」의 뜻으로 「결(決)」과 같다.

· 汝(여), 漢(한), 淮(회), 泗(사) : 강물 이름.

后稷 敎民稼穡 樹藝五穀 五穀熟而民人育 人之有
道也 飽食煖衣 逸居而無敎 則近於禽獸 聖人有憂
之 使契爲司徒 敎以人倫 父子有親 君臣有義 夫婦
有別 長幼有序 朋友有信 放勳曰 勞之來之 匡之直
之 輔之翼之 使自得之 又從而振德之 聖人之憂民
如此 而暇耕乎.

후직(이) 교민가색(하야) 수예오곡(한대) 오곡(이) 숙이민인(이) 육(하니) 인
지유도야(에) 포식난의(하야) 일거이무교(이면) 즉근어금수(일새) 성인(이)
유우지(하샤) 사설위사도(하야) 교이인륜(하시니) 부자유친(이며) 군신유의
(며) 부부유별(이며) 장유유서(이며) 붕우유신(이니라) 방훈(이) 왈 노지래지
(하며) 광지직지(하며) 보지익지(하야) 사자득지(하고) 우종이진덕지(라하시
니) 성인지우민(이) 여차(하시니) 이가경호(아)

「순임금의 명을 받고 농업을 관장하는 후직(后稷)은 백성에게 농사와,
또 오곡을 심고 가꾸는 법을 가르쳐 주었다. 그래서 오곡이 익어서
만민들이 잘 먹고 건강하게 자랐다. <허나> 사람에게는 <따르고 지켜
야 할> 바른 길과 도리가 있는 법이다. <그러므로> 배부르게 먹고
따뜻하게 옷을 입고 안락하게 살되, 바르게 <도덕과 윤리를> 교육하
지 않으면 곧 금수와 비슷한 존재가 된다. <그래서> 성인, 즉 순임금이
걱정하시고 설(契)을 사도(司徒)로 삼고 오륜(五倫)을 가르치게 했다.
즉 부모와 자식간에는 육친애가 있어야 한다. 군신간에는 도의(道義)
가 있어야 한다. 부부간에는 분별이 있어야 한다. 형과 동생 사이에는
질서와 순차가 있어야 한다. 붕우 사이에는 서로 신의를 지키고 행해야
한다. <한편> 방훈, 즉 요(堯)임금은 다음같이 말했다. 『천하의 모든
백성들이 와서 부지런히 일하게 해야 한다. 또 그들을 곧고 바르게
잡아주어야 한다. 약하고 힘없는 사람을 돕고 보호해서 저마다 스스로

<도를 터득하고 따라서> 잘살게 해주어야 한다. 그리고 더 나아가서
는 저마다 덕을 세우게 해야 한다.』순임금 같은 성인이 이와 같이
백성을 걱정하고 애를 쓰고 지도를 했으니, 손수 농사를 지을 시간이
있겠는가.」

▶ **어구 설명**

· 后稷(후직) : 관명(官名)으로 「농업을 관장하는 장관, 혹은 임금」의 뜻.
「후직」은 주(周)나라의 시조(始祖)다. 어머니 강원(姜嫄)이 거인(巨人)의
발자국을 밟고 잉태하여 아들을 낳았다. 불길하게 생각하고 여러 차례
내다 버렸으나 기적이 일어났으므로, 강원이 다시 데리고 와서 키웠다.
그래서 이름을 기(棄)라고 했다. 기는 농경에 탁월한 재주가 있었다. 그래
서 순임금이 그를 농업장관 「후직」에 임명했던 것이다.

· 稼穡(가색) : 「稼(심을 가), 穡(거둘 색)」

· 樹藝(수예) : 「수(樹)」는 「심다」, 「예(藝)」는 「가꾸다」의 뜻.

· 使契爲司徒(사설위사도) : 설(契)을 사도(司徒 : 백성을 지도하는 교육
장관)로 삼고. 설은 순임금의 신하.

· 朋友(붕우) : 「붕(朋)」은 「학문이나 학파를 같이하는 벗」, 「우(友)」는 「도
(道)나 뜻을 같이하는 벗」의 뜻으로 세분할 수도 있다.

· 放勳(방훈) : 요임금의 호(號). 순임금의 호는 「중화(重華)」. 우임금의 호
는 「문명(文命)」이다.

[集註 選譯] (1) 人之有道 言其皆有秉彝之性也 然無敎 則亦放逸怠惰而
失之. : 「인지유도(人之有道)」는 곧 「모든 사람에게는 변치 않는 도리
를 꼭 잡고 지키는 도덕성(道德性)이 있다」는 뜻을 말한 것이다. 「그러
나 교육하지 않으면 역시 마음이 흩어지고 안일에 빠지고 태만하게 되어
<도덕심을> 상실하게 된다.」

(2) 故聖人設官 而敎以人倫 亦因其固有者而道之耳. : 「고로 성인, 즉
순임금이 관직을 만들어 인륜을 가르치게 한 것이다.」「역시 본래에
주어진 본성을 바탕으로 바르게 도를 따라가게 교도한 것이다.」

(3) 書曰 天叙有典 勅我五典五惇哉 此之謂也. : 「서경(書經) 고요모(皐陶謨)에 있다.」 『하늘이 전법(典法)을 펴서, 오륜(五倫)을 지키라고 명하셨으니, 다섯 가지를 돈독히 행해야 한다.』 〈서경의 말이〉 바로 이를 말한 것이다.

(4) 放勳 本史臣贊堯之辭 孟子因以爲堯號也. : 「방훈(放勳)은 원래 사신(史臣)이 요를 칭찬해서 부른 칭호다.」 「맹자가 그것을 요의 호로 삼은 것이다.」

(5) 德猶惠也 堯言勞者勞之 來者來之 邪者正 枉者直 輔以立之 翼以行之 使自得其性矣 又從而提 撕警覺 以加惠焉 不使其放逸怠惰而或失之 蓋命契之辭也. : 「덕(德)은 혜(惠)와 같은 뜻이다」. 「요임금이 말했다. 『노고(勞苦)하는 사람을 위로하고, 오겠다는 사람은 오게 하라. 사악한 사람은 바로잡아 주고, 구부러진 사람은 곧게 해주어라. 힘없는 사람을 도와서 서게 해주고, 걷지 못하는 사람을 부축해서 걸어가게 해주어라. 그리고 저마다 모든 사람이 본성의 덕을 세우게 해주어라. 아울러 손을 잡아끌고 지도하고 경각심을 높여 남에게 혜택을 주게 해라. 방탕(放蕩) 안일(安逸)에 빠져 태만해지거나 혹은 본심의 착한 본성을 잃지 않게 해라.』 이 말은 아마 요임금이 설(契)에게 명한 말일 것이다.」

堯以不得舜 爲己憂 舜以不得禹皐陶 爲己憂 夫以百畝之不易 爲己憂者 農夫也.

요(이) 이부득순(으로) 위기우(하시고) 순이부득우고요(로) 위기우(하시니) 부이백무지불이(로) 위기우자(는) 농부야(이니라)

「요임금은 순 같은 현인을 얻지 못하는 것을 자기의 걱정으로 여기고, 순임금은 우나 고요 같은 사람을 얻지 못하는 것을 자기의 걱정으로

여겼다. 백 무의 땅을 가지고 농사짓기가 쉽지 않다고 걱정하는 사람이
바로 농부이다.」

▶ 어구 설명
· 皐陶(고요) : 순(舜)임금 때의 현명한 신하.
· 易(이) : 「다스린다」는 뜻.

---

**分人以財 謂之惠 教人以善 謂之忠 爲天下得人者
謂之仁 是故 以天下與人易 爲天下得人難.**

---

분인이재(를) 위지혜(요) 교인이선(을) 위지충(이오) 위천하득인자(를) 위지
인(이니) 시고(로) 이천하여인(은) 이(하고) 위천하득인(은) 난(하니라)

「남에게 재물을 나누어 주는 것을 은혜라 하고, 남에게 선도(善道)를
가르쳐 주는 것을 충실(忠實)이라 하고, 천하 만민을 위하여 훌륭한 인재
를 얻어 다스림을 맡기는 것을 인정(仁政)이라 한다. 그러므로 천하를
남에게 주기는 쉬워도, 천하를 위해서 훌륭한 사람을 얻기는 어렵다.」

[集註 選譯] (1) 分人以財 小惠而已 教人以善 雖有愛民之實 然其所及
亦有限而難久. :「<임금이 직접> 사람에게 재물을 나누어 주는 것은
작은 은혜이다.」「<임금이 직접> 사람을 선하게 가르치는 것은 비록
백성 사랑의 실질이다.」「그러나 미치는 범위가 한정되고, 또 오래
가기 어렵다.」

(2) 惟若堯之得舜 舜之得禹皐陶 乃所謂爲天下得人者 而其恩惠廣大 敎
化無窮矣 此所以爲仁也. :「요임금이 순을 얻은 것이나 순임금이 우나
고요를 얻은 것은, 이른바 천하를 위해 훌륭한 인재를 얻었다고 말하는
것이며, 그 은혜가 광대하게 미치고, 또 교화가 무궁하게 된다.」「<그러
므로 훌륭한 사람을 얻는 것> 그것이 인정(仁政)의 바탕이다.」

昔者 孔子沒 三年之外 門人治任將歸 入揖於子貢
相嚮而哭 皆失聲 然後歸 子貢反 築室於場 獨居三
年 然後歸 他日 子夏 子張 子游 以有若似聖人 欲以
所事孔子事之 彊曾子 曾子曰 不可 江漢以濯之 秋
陽以暴之 皜皜乎不可尙已.

석자(에) 공자(이) 몰(커시늘) 삼년지외(에) 문인(이) 치임장귀(할새) 입읍어
자공(하고) 상향이곡(하야) 개실성 연후(에) 귀(어늘) 자공(은) 반 축실어장(하
야) 독거삼년 연후(에) 귀(하니라) 타일(에) 자하 자장 자유(이) 이유약사성인
(이라하야) 욕이소사공자(로) 사지(하야) 강증자(호대) 증자(이) 왈 불가(하니)
강한이탁지(며) 추양이폭지(라) 호호호 불가상이(라하시니라)

<맹자가 진상에게 한 말>「옛날에 공자님이 돌아가시자 <제자들이>
3년 간의 심상(心喪)을 마치고 나서, 문인들이 각자 짐을 꾸리고 돌아
가기에 앞서 <대표자격인> 자공(子貢)의 거실에 들어가 읍례(揖禮)하
고, 서로 마주보고 통곡했다. 허나 모든 제자들은 말을 잃고 <묵묵히
헤어져> 돌아갔다. 그러자 자공은 <혼자 무덤으로> 되돌아와서 무덤
곁에 여막(廬幕)을 짓고 혼자 다시 3년 간 거상(居喪)하고 집에 돌아갔
다. 그후에 자하(子夏)·자장(子張)·자유(子游) 등 세 제자들이『유약
(有若)이 흡사 공자를 닮았으니 <형식적이나마> 공자를 섬기던 예로
써 <유약을> 섬기자』고 제안하고, 증자(曾子)에게 동의하기를 강요했
다. 그러나 증자는 말했다.『안 된다. <돌아가신 공자님의 학문과 덕
은> 장강(長江)이나 한수(漢水)의 물로 맑게 세탁하고, 맑은 가을 햇볕
에 말린 것처럼 고결(高潔)하고 빛나며 그 이상 더 보탤 수 없다.』
<그러하거늘 어찌 형식적이라 한들, 남을 내세워 추모할 수 있느냐.>」

▶ 어구 설명

·以有若似聖人(이유약사성인) : 유약(有若)이라는 제자가 공자를 닮았다고

하여, 유약이 성인을 닮았다고 함은 아마도 그의 언행이나 기상이 비슷한 데가 있었을 것이다. 예기(禮記) 단궁편(檀弓篇)에 『자유(子游)가 유자(有子)의 말하는 품이 선생님을 닮았다』고 한 기록이 있다. 즉 공자 선생을 닮았다는 유(類)이다.

· 所事孔子(소사공자) : 「선생님을 섬긴 예로써」의 뜻.
· 江漢(강한) : 장강(長江)과 한수(漢水).
· 皜皜乎不可尚已(호호호불가상이) : 「호호(皜皜)」는 결백(潔白)한 품. 「상(尙)」은 「가(加)」의 뜻.

---

吾聞 出於幽谷 遷于喬木者 未聞 下喬木而入於幽谷者.

---

오문 출어유곡(하야) 천우교목자(이오) 미문 하교목이입어유곡자(케라)

「나는 <새가> 깊고 어두운 계곡에서 나와 높은 나무로 옮아간다는 말은 들어도, 높은 나무에서 내려와 깊고 어두운 계곡으로 들어간다는 말은 들은 바 없다.」

▶ 어구 설명
· 出於幽谷 遷于喬木者(출어유곡 천우교목자) : 시경(詩經) 소아(小雅) 벌목편(伐木篇)의 시구. 『나무 베는 소리가 쩡쩡 울리자[伐木丁丁], 새가 앵앵 울면서[鳥鳴嚶嚶], 골짜기에서 나와[出自幽谷], 큰 나무로 옮겨가네.[遷于喬木]』

---

曰 夫物之不齊 物之情也 或相倍蓰 或相什百 或相千萬 子比而同之 是亂天下也 巨屨小屨同賈 人豈爲之哉 從許子之道 相率而爲僞者也 惡能治國家.

왈 부물지부제(는) 물지정야(이니) 혹상배사(하며) 혹상십백(하며) 혹상천만
(이어늘) 자비이동지(하니) 시란천하야(이로다) 거구소구(이) 동가(이면) 인
기위지재(리오) 종허자지도(이면) 상솔이위위자야(이니) 오능치국가(이리오)

맹자가 반박하며 말했다. 「본래 모든 물품은 똑같지 않으며, 그것이
곧 물품의 실정이다. 어떤 것은 <그 값이나 가치가> 두 배, 혹은 다섯
배 되고, 또 어떤 것은 10배, 혹은 백 배 되는 것도 있다. 또 어떤 것은
천 배, 혹은 만 배 나가는 것도 있다. <그런데 허행이나 그대는 모든
물품을> 늘어놓고 다 같다고 하니, 그런 주장은 곧 천하를 혼란하게
만드는 소리다. 큰 신이나 작은 신이나 값이 같다면 어느 사람이 <큰
신을> 만들겠느냐. 허행의 생각이나 도리를 따르면 모든 사람이 서로
속이고 기만할 것이니 어떻게 나라를 바르게 다스릴 수 있겠느냐.」

▶ 어구 설명
· 倍蓰(배사) : 「배(倍)」는 「배」의 뜻. 「사(蓰)」는 「다섯 배」의 뜻.
· 什百(십백) : 10배, 백 배 .
· 千萬(천만) : 천 배, 만 배. 「십백천만(什百千萬)」은 다 배수(倍數)다.
· 比(비) : 옆에 늘어놓다는 뜻.

[集註 選譯] (1) 孟子言物之不齊 乃其自然之理 其有精粗 猶其有大小也
若大屨小屨同價 則人豈肯爲大者哉. : 맹자는 다음 같은 뜻을 말한 것이
다. 「물품이 서로 같지 않은 것이 바로 자연의 도리다. 물품에는 정밀한
것도 있고, 조잡한 것도 있고, 흡사 큰 것도 있고, 작은 것도 있는 것과
같다. 만약 큰 신과 작은 신의 가격을 같게 한다면, 누가 큰 것을 만들려
고 하겠느냐.」

(2) 今不論精粗 使之同價 是使天下之人 皆不肯爲其精者 而競爲濫惡之
物 以相欺耳. : 「만약 정밀한 것과 조잡한 것을 논하지 않고 값을 같게
한다면, 천하 모든 사람으로 하여금 정밀한 것을 만들지 않고, 서로 다투
어 조잡한 것을 만들고, 서로 속이게 할 것이다.」

他日 又求見孟子 孟子曰 吾今則可以見矣 不直則
道不見 我且直之 吾聞夷子墨者 墨之治喪也 以薄
爲其道也 夷子思以易天下 豈以爲非是而不貴也 然
而夷子葬其親厚 則是以所賤事親也.

타일(에) 우구견맹자(한대) 맹자(이) 왈 오(이) 금즉가이견의(어니와) 부직즉
도불견(하니) 아차직지(호리다) 오문이자(는) 묵자(이라호니) 묵지치상야(는)
이박위기도야(이라) 이자(이) 사이역천하(하나니) 기이위비시이불귀야(이리
오) 연이이자(이) 장기친(이) 후(하니) 즉시이소천사친야(이로다)

다른 날, 이지(夷之)가 거듭 맹자를 만나고자 하자, 맹자가 <제자 서벽
에게> 말했다. 「지금은 내가 그를 만나 볼 수 있다. <그러나 그에게
는> 곧바로 직설적으로 말하지 않으면 바른 도리를 알게 할 수 없을
것이다. 나는 그에게 직설적으로 말을 하겠다. 내가 들은 바, 이지는
묵자(墨子)의 사상이나 주장을 따르고 행한다고 하더라. 묵자는 상례
(喪禮)를 치를 때에 간소하고 천박하게 하는 것을 도로 삼고 있다. 한편
이지는 <묵자의 도를 가지고> 천하를 개혁하고자 생각하고 있다. <그
러므로> 이지가 어찌 <상례를 간소하게 치르라는 묵자의 주장을>
잘못이라고 생각할 것이며, 또 <묵자의 도를> 귀하게 여기지 않겠느
냐. 그런데 <전에 실지로> 이지는 자기 부모의 장례를 정중하게 지냈
으니, 곧 자기들이 천하게 여기는 바 <유교 방식으로> 자기 부모를
섬긴 것이 된다.」

▶ 어구 설명
• 夷子(이자) : 이지(夷之). 이(夷)는 성, 지(之)는 이름. 「묵자 학파」의 사람
  이다. 「자(子)」를 붙인 것은 이지를 대접한 것이다.
• 墨之治喪也(묵지치상야) : 묵자(墨子)는 상례(喪禮)를 치를 때에.
• 易天下(역천하) : 천하를 개혁하고자 한다.

[集註 選譯] (1) 又求見則其意已誠矣 故因徐辟 以質之如此 直盡言以相正也. : 「이지가 또 만나기를 요청한 것은 곧 그의 뜻이 성실함을 나타낸 것이다.」 「고로 맹자는 서벽을 통해서 그처럼 다짐한 것이다.」 「직(直)」은 「직설적으로 말을 해서 바로잡는다는 뜻이다.」

(2) 莊子曰 墨子生不歌 死無服 桐棺三寸而無槨 是墨之治喪 以薄爲道也. : 장자는 말했다. 「묵자는 사람이 출생해도 노래하지 않고, 사람이 죽어도 상복을 입지 않는다. 오동나무 관의 두께를 3촌으로 하고, 외곽은 쓰지 않았다. 이렇게 간소하게 하는 것이 묵자의 상례 방식이며, 소박하게 하는 것을 원칙으로 삼았다.」

(3) 夷子學於墨氏 而不從其敎 其心必有所不安者 故孟子因其詰之. : 「이자(夷子)는 묵자에게 배웠으나 <자기 부모 장사 때에는> 따르지 않았으니, 반드시 양심적으로 불안하게 여기는 바가 있었을 것이다. 그래서 맹자는 그의 양심을 바탕으로 하고 힐난했던 것이다.」

徐子以告夷子 夷子曰 儒者之道 古之人 若保赤子 此言何謂也 之則以爲愛無差等 施由親始 徐子以告 孟子 孟子曰 夫夷子信 以爲人之親其兄之子 爲若親 其隣之赤子乎 彼有取爾也 赤子 匍匐將入井 非赤子 之罪也 且天之生物也 使之一本 而夷子二本故也.

서자(이) 이고이자(호대) 이자(이) 왈 유자지도(에) 고지인(이) 약보적자(이라 하니) 차언(은) 하위야(요) 지즉이위애무차등(이오) 시유친시(라하노라) 서자(이) 이고맹자(한대) 맹자(이) 왈 부이자(는) 신이위인지친기형지자(이) 위약친기린지적자호(아) 피유취이야(이니) 적자포복장입정(이) 비적자지죄야(이라) 차천지생물야(이) 사지일본(이어늘) 이이자(는) 이본고야(로다)

<맹자의 제자> 서벽(徐辟)이 <맹자가 한 말을> 이지(夷之)에게 고했다. 그러자 이지가 <다음같이> 반문했다. 「<서경(書經)을 보면> 유가의 도리로서 『옛날의 성인은 백성 사랑하기를 마치 어린아이 보양하듯이 한다』고 했으니, 그 말이 무슨 뜻입니까. 그것이 곧 사랑에는 차등이 없다는 뜻이거늘 다만 사랑을 베풀 때는 부모로부터 시작하라는 것이지요.」 <이지의 말을> 서벽이 맹자에게 고하자, 맹자가 말했다. 「도대체, 이지는 사람이 자기 형의 아들을 사랑하는 것을, 이웃집의 어린아이를 사랑하는 것과 같다고 믿는 것이냐. 서경의 말은 <그런 뜻이 아니고> 다른 뜻을 적은 것이다. 즉 어린아이가 엉금엉금 기어서 우물에 떨어지려고 하면, 그것은 <위험을 모르기 때문이다> 그러므로 어린아이의 죄라고 탓할 수 없다. <도리어 어린아이를 사랑하고 보호해야 한다. 그와 마찬가지로 몰라서 죄를 짓는 백성을 사랑하고 보육하라는 뜻이다.> 또한 하늘은 만물의 출생을 한 뿌리에서 태어나게 했다. <그것이 하늘의 도리다.> 그러나 이지는 두 뿌리에서 나온다고 잘못 알고 있기 때문에. <자기 부모와 남의 부모를 똑같이 사랑하라고 하는 것이다.>」

▶ 어구 설명

· 徐子(서자) : 맹자의 제자 서벽(徐辟).
· 古之人(고지인) : 옛날의 성인.
· 若保赤子(약보적자) : 백성 사랑하기를 마치 어린아이 보양하듯이 한다. 서경(書經) 주서(周書) 강고편(康誥篇)의 글.
· 親(친) : 「사랑하다, 친애하다」의 뜻.
· 彼有取爾也(피유취이야) : 서경의 말은 다른 뜻을 적은 것이다. 「피(彼)」는 「서경」, 「유취(有取)」는 「다른 뜻을 취한 것이다.」 「이(爾)」는 「이이(而已)」와 같다.

[集註 選譯] (1) 孟子言 人之愛其兄子 與隣之子 本有差等 書之取譬 本

爲小民無知而犯法 如赤子無知而入井耳. : 맹자는 다음같이 말했다. 「사람이 자기 형의 아들을 사랑할 때의 사랑과, 이웃집 아이를 사랑할 때의 사랑에는 근본적으로 차등이 있는 법이다.」「또 서경의 글은 비유로 취해야 한다.」「즉 본래 소민(小民)들이 무지해서 범법을 한 것이며, 흡사 어린아이가 알지 못하고 우물에 빠지려고 한 것과 같다는 뜻을 비유한 것이다.」

(2) 且人物之生 必各本於父母而無二 乃自然之理 若天使之然也 故其愛由此立 而推以及人 自有差等. : 「또 사람이나 자연 만물이 출생하는 것은 저마다의 〈한줄기의〉 뿌리에서 나오는 것이지, 두 뿌리가 아니다.」「그것이 곧 자연의 도리이며, 하늘이 그렇게 만든 것이다.」「고로 사랑도 〈한 뿌리〉 천리(天理)를 바탕으로 세워지는 것이다.」「그러므로 사랑을 남에게 미칠 때에도 자연히 차등이 있게 마련이다.」

(3) 今如夷子之言 則是視其父母 本無異於路人 但其施之之序 姑自此始耳 非二本而何哉. : 「만약 이지의 말처럼 한다면, 자기 부모를 길 가는 타인과 똑같이 보아야 하며, 다만 사랑을 베풀 때만, 그 순서를 잠시 먼저 해야 할 것이니, 〈그의 말은 만물의 출생이나 사랑의 근본을〉 두 뿌리에 둔 것이 아니고 무엇이겠느냐.」

(4) 然於先後之間 猶知所擇 則又本心之明 有終不得而息者 此所以卒能受命 而自覺其非也. : 〈다음은 주자의 말로 본다.〉「그러면서 〈이지가〉 선후에 있어서는 역시 선택해야 함을 아는 듯하니, 역시 그의 본심 속에 명덕(明德)이 끝내 소멸되지 못하는 것이니라. 그러므로 이지는 결국은 〈하늘이 내려준 명덕을 바탕으로〉 하늘의 명을 받고, 따라서 자기의 잘못을 자각하게 되었던 것이다.」

蓋上世 嘗有不葬其親者 其親死 則擧而委之於壑 他
日過之 狐狸食之 蠅蚋姑嘬之 其顙有泚 睨而不視
夫泚也 非爲人泚 中心達於面目 蓋歸反虆梩而掩之
掩之誠是也 則孝子仁人之掩其親 亦必有道矣.

개상세(에) 상유부장기친자(이러니) 기친(이) 사(커늘) 즉거이위지어학(하고)
타일과지(할새) 호리(이) 식지(하며) 승예(이) 고최지(어늘) 기상유차(하야)
예이불시(하니) 부차야(는) 비위인차(이라) 중심(이) 달어면목(이니) 개귀(하
야) 반라리이엄지(하니) 엄지(이) 성시야(이면) 즉효자인인지엄기친(이) 역필
유도의(니라)

「아마, 아득한 옛날에는 <장례 제도가 없으므로> 자기 부모를 매장하
지 않았고, 자기 부모가 죽으면, 즉시 시체를 들어다가 골짜기에 버리는
자가 있었을 것이다. 그리고 후일, 지나가다 보니 여우와 너구리가 <자
기 부모의 시체를> 뜯어먹고, 파리와 모기 혹은 땅강아지가 <시체에
붙어> 빨아먹고 있더라. 그래서 그 사람은 이마에 식은땀을 흘리며,
똑바로 보지 못하고 고개를 돌려 곁눈으로 바라보았을 것이다. 그의
식은땀은 남을 의식해서 흘리는 것이 아니라, 마음속의 애통함이 얼굴
에 나타난 것이다. 아마 그는 집에 돌아가서 삼태기와 가래를 들고
와서 시체를 흙으로 덮고 묻었을 것이다. 그가 시체를 흙으로 덮고
매장한 것은 참으로 잘한 일이다. <그러므로 후세에> 효자나 어진
사람이 자기 부모를 정중히 매장하는 것도 다 반드시 도리가 있는 것이
다. <즉 유교에서 장례를 정중하게 거행하는 것은 다 깊은 도리가 있다
는 말이다.>」

▶ 어구 설명
· 上世(상세) : 태고(太古).
· 委之於壑(위지어학) : 「위(委)」는 「버린다」는 뜻. 「학(壑)」은 산의 물이

모여 흐르는 골짜기.
- 蠅蚋姑嘬之(승예고최지) : 파리와 모기가 <시체에 붙어> 빨아먹고 있더라. 「蠅(파리 승), 蚋(모기 예), 」「고(姑)」는 어조사. 혹은 「누고(螻蛄 : 땅강아지)」로 풀기도 한다. 「嘬(먹을 최)」
- 其顙有泚(기상유차) : 이마에 식은땀이 나고. 「顙(이마 상), 泚(땀날 차)」
- 睨(예) : 「睨(흘겨볼 예)」
- 反蘽梩(반나리) : 「반(反)」은 복(覆)의 뜻이다. 「蘽(삼태기 라), 梩(가래 리)」

[集註 選譯] (1) 所謂一本者 於此見之 尤爲親切. : <맹자가 말한 바> 「<진정한 사랑은> 한 뿌리를 바탕으로 한다」고 한 도리가 이와 같은 예로 나타나니, 더욱 절실하게 느껴진다.

(2) 蓋惟至親 故如此 在他人 則雖有不忍之心 而其哀痛切迫 不至若此之甚矣. : 「허기는 죽은 사람이 친부모이기 때문에 그와 같이 되는 것이다.」 「만약에 남 같으면, 불쌍하다는 마음은 들어도, 그 애통함이 절박하지 못하며, <친부모에 대한 것과 같이> 심하지 않다.」

(3) 於是歸而掩覆其親之尸 此葬埋之禮 所由起也 此掩其親者 若所當然. : <참사랑이 있으므로> 다시 와서 자기 부모의 시체를 흙으로 덮고 묻는 것이며, 이것이 장사와 매장의 예가 나타난 바탕이며, 또 이와 같이 자기 부모의 시체를 덮고 가리는 것을 당연하게 여기게 마련이다.」

(4) 則孝子仁人 所以掩其親者 必有其道 而不以薄爲貴矣. : 「그러므로 효자나 어진 사람이 부모를 정중히 매장하는 것은 필연적 도리가 있는 법이다.」 「그러므로 <묵자의 설같이 장례를> 소홀하게 하는 것을 귀하게 여기지 않는다.」

## 등문공장구 하(滕文公章句 下)의 명언 명구

陳代曰 不見諸侯 宜若小然 今一見之 大則以王 小
則以霸 且志曰 枉尺而直尋 宜若可爲也.

진대왈 불견제후(이) 의약소연(하이다) 금일견지(하시면) 대즉이왕(이오) 소
즉이패(니) 차지(에) 왈 왕척이직심(이라하니) 의약가위야(이로소이다)

진대(陳代)가 말했다. 「선생님께서 제후들을 찾아보지 않으시는 것은
아마도 지나치게 소절(小節)에 매이신 것 같습니다. 만약 지금이라도
한바탕 나서서 제후들을 만나보시고, <도와주시면> 크게 잘되면, 즉
그를 참다운 임금이 되게 하시고, 혹 작아도 그를 패자(霸者)가 되게
하실 것입니다. 또 기록에 적혀 있습니다. 『한 자를 굽히고 여덟 자를
곧게 한다.』 그러니 제후들을 만나보심이 좋을 것 같습니다.」

▶ 어구 설명
· 陳代(진대) : 맹자의 제자.
· 宜若小然(의약소연) : 「의(宜)」를 「거의, 아마도」, 「약소연(若小然)」을
「지나치게 소절(小節)에 매인 듯하다」로 풀이한다. 소(小)는 소절.
· 枉尺而直尋(왕척이직심) : 한 자를 굽히고 여덟 자를 곧게 한다. 「왕(枉)은
굴(屈).」 「직(直)은 신(伸).」 심(尋)은 한 길, 즉 여덟 자.

> 孟子曰 昔齊景公田 招虞人以旌 不至 將殺之 志士
> 不忘在溝壑 勇士不忘喪其元 孔子奚取焉 取非其招
> 不往也 如不待其招而往 何哉.

맹자(이) 왈 석(에) 제경공(이) 전(할새) 초우인이정(한대) 부지(어늘) 장살지
(러니) 지사(는) 불망재구학(이오) 용사(는) 불망상기원(이라하시니) 공자(는)
해취언(고) 취비기초불왕야(이시니) 여부대기초이왕(엔) 하재(오)

맹자가 말했다. 「옛날 제나라의 경공이 수렵을 할 때에, 정기(旌旗)를
들고 우인(虞人)을 불렀으나, 그가 오지 않자, 임금이 그를 죽이려고
했다. <그러자 공자가> 『지사는 구학(溝壑)에 버려질 수도 있다는
생각을 해야 한다. 용사는 자기 목을 잃을 것을 각오해야 한다.』고 <그
를 칭찬했다.> 공자가 어떤 점을 취하고 그를 칭찬했을까? 그가 임금
의 부름이 정당하지 않기 때문에, 그가 가지 않은 점을 취한 것이다.
만약에 내가 제후가 예를 갖추어 부르기를 기다리지 않고, <경솔하게>
찾아간다면, 나의 체면이나 꼴이 어찌 되겠느냐.」

▶ 어구 설명

· 田(전) : 「사냥한다」는 뜻.
· 招虞人以旌(초우인이정) : 「정(旌)」은 대 끝에 새깃을 단 장군의 기다.
「우인(虞人)」은 원유(苑囿)나 사냥터를 지키는 사람. 대부(大夫)는 정(旌)
으로 부르고, 우인은 피관(皮冠)으로 부른다.
· 元(원) : 수(首)의 뜻.

[集註 選譯] (1) 志士困窮 常念死無棺槨 棄溝壑而不恨. :「지사(志士)
는 곤궁하며, 죽어 관곽(棺槨) 없이 구학에 버려져도 원망하지 않도록
항상 생각해야 한다.」

(2) 勇士輕生 常念戰鬪而死 喪其首而不顧也. :「용사(勇士)는 생명을

가볍게 여기고 항상 싸우다가 죽고, 자기의 목을 잃어도 후회하지 않도록 각오해야 한다.」

(3) 此二句 乃孔子歎美虞人之言. : 「이 두 구절은 공자가 우인에게 감탄하고 칭찬한 말이다.」

(4) 夫虞人招之不以其物 尚守死而不往. : 「우인도 법에 맞지 않는 물건으로 부르면 죽음을 각오하고 가지 않았다.」

(5) 況君子豈可不待其招 而自往見之邪 此以上 告之以不可往見之意. : 「하물며 군자가 어찌 임금의 예빙(禮聘)을 기다리지 않고 스스로 가서 보겠는가.」「이상은 맹자가 자진해서 임금을 만나지 않는 뜻을 <진대에게> 고한 것이다.」

---

**且夫枉尺而直尋者 以利言也 如以利 則枉尋直尺而利 亦可爲與.**

---

차부왕척 이직심자(는) 이리언야(이니) 여이리 즉왕심직척 이리(라도) 역가위 여(아)

「또한 한 자를 굽혀서 여덟 자를 뻗게 한다고 말한 것은 이가 되기 때문에 <그렇게 하라고> 말한 것이다. 만약에 이가 되면, 즉 여덟 자를 굽히고 한 자를 뻗는 일이 되어도 역시 하는 것이 좋단 말이냐. <해야 하느냐?>」

▶ 어구 설명

· 則枉尋直尺(즉왕심직척) : 즉 여덟 자를 굽히고 한 자를 뻗는 일, 즉 군자의 체통을 잃고 작은 것을 얻는 일.

[集註 選譯] (1) 此以下 正其所稱 枉尺直尋之非. : 이 다음은 이른바

「왕척직심(枉尺直尋)」의 잘못을 바로잡고자 한 말이다.

(2) 夫所謂枉小而所伸者大 則爲之者 計其利耳. : 「이른바, 작은 것을 굽히고 큰 것을 뻗는다고 함은 곧 그렇게 하는 자가 이득만을 헤아린 것이다.」

(3) 一有計利之心 則雖枉多伸少 而有利 亦將爲之邪 甚言其不可也. : 「이를 헤아리는 마음이 있으면, 많은 것을 굽히고 적은 것을 뻗게 해도, 이득이 되기만 하면 <도리를 어기고라도> 그렇게 하겠는가?」「심하게 안 된다고 말한 것이다.」

---

昔者 趙簡子 使王良與嬖奚乘 終日而不獲一禽 嬖
奚反命曰 天下之賤工也 或以告王良 良曰 請復之
彊而後可 一朝而獲十禽 嬖奚反命曰 天下之良工也
簡子曰 我使掌與女乘 謂王良 良不可 曰 吾爲之範
我馳驅 終日不獲一 爲之詭遇 一朝而獲十 詩云 不
失其馳 舍矢如破 我不貫與小人乘 請辭.

---

석자(에) 조간자(이) 사왕량(으로) 여폐해승(한대) 종일이불획일금(하고) 폐해(이) 반명왈 천하지천공야(이러이다) 혹(이) 이고왕량(한대) 양(이) 왈 청부지(호리라) 강이후가(이라하야늘) 일조이획십금(하고) 폐해(이) 반명왈 천하지량공야(이러이다) 간자(이) 왈 아(이) 사장여여승(호리라하고) 위왕량(한대) 양(이) 불가 왈 오(이) 위지범아치구(호니) 종일불획일(하고) 위지궤우(호니) 일조이획십(하니) 시운 불실기치(어늘) 사시여파(이라하니) 아(는) 불관여소인승(호니) 청사(라하니라)

「옛날에 진(晉)나라의 대부 조앙(趙鞅)이 어자(御者) 왕량으로 하여금 자기의 사랑하는 신하, 해(奚)를 위해서 수레를 몰게 했다. 해는 종일 달려도, 새 한 마리도 잡지 못했다. 그러자 총신 해는 돌아와서

<조간자에게> 복명(復命)하며 말했다.『왕량은 세상에서 가장 못난 마부입니다.』어떤 사람이 <그 말을> 왕량에게 일러주었다. 그러자, 왕량이『다시 해를 수레에 태우고 사냥을 하게 허락해 주시오.』하고 청했다. <그러나 해가 거절하므로 왕량은> 애써 힘들게 허락을 얻어냈다. <그리고 다시 사냥에 나가, 이번에는> 조반 전에 열 마리의 새를 잡아왔다. 해가 <조간자에게> 복명하며 말했다.『왕량은 천하에서 으뜸가는 수레몰이입니다.』조간자가 <총신 해에게> 말했다.『내가 <앞으로는 수레를> 그대 마음대로 타게 하겠다.』<그리고 조간자가 그 뜻을> 왕량에게 말하자, 왕량이『안 됩니다.』하고 거절했다. <왕량은 다음같이 그 이유를> 말했다.『제가 그분을 모시고 법도대로 수레를 몰고 달리면, 그분은 종일토록 새 한 마리도 못 잡았습니다. <그러나> 수레를 비정상적으로 몰고 억지로 사냥감과 만나게 하자, 아침나절에 새를 열 마리나 잡았습니다. 시경(詩經) 소아(小雅) 차공편(車攻篇)에 이런 말이 있습니다.『법도를 잃지 않고 수레를 몰고 달리자, 화살을 쏘아 새를 맞히니, 화살을 맞고 새가 터지더라.』<그러나 해는 그렇지 못합니다. 그래서 그분을 태울 수 없습니다.> 저는 그와 같은 소인과 같이 수레를 타는 데 익숙하지 않습니다. 그래서 거절하겠습니다.』』

▶ **어구 설명**

· 趙簡子(조간자) : 진(晉)나라의 대부 조앙(趙鞅).「간(簡)」은 시호(諡號).
· 使王良(사왕량) : 왕량(王良)으로 하여금. 왕량은 조간자의 어자(御者).
· 嬖(폐) :「총애한다」는 뜻.
· 賤工(천공) :「못난 마부, 기술자」라는 뜻.
· 復之(부지) :「다시 타다」의 뜻.
· 一朝(일조) : 새벽부터 조반 때까지를 말한다.
· 掌(장) :「마음대로」의 뜻으로 푼다.
· 範(범) : 법도.

· 詭遇(궤우) : 「정당하지 않게 새를 만나게 하다」의 뜻.
· 貫(관) : 습관의 뜻.

---

**御者且羞與射者比 比而得禽獸 雖若丘陵 弗爲也 如枉道而從彼 何也 且子過矣 枉己者 未有能直人 者也.**

---

어자(이) 차수여사자비(하야) 비이득금수(이) 수약구릉(이라도) 불위야(하니) 여왕도이종피(에) 하야(오) 차자(이) 과의(로다) 왕기자(이) 미유능직인자야 (이니라)

「수레를 모는 어자(御者)도 활 쏘는 사람에게 아첨하기를 수치로 여기고, 또 한패가 되고 <사냥하여> 금수를 산더미같이 잡는다 해도, 그런 짓을 하지 않거늘, 만약 내가 예(禮)의 도리를 굽히고 그들 <무식한 제후를> 만나고 따른다면, 그 꼴이 무엇이 되겠느냐. 더욱 그대의 말이나 생각은 잘못이다. 자기를 굽히는 자는 절대로 다른 사람을 곧고 바르게 할 수 없는 법이다.」

▶ 어구 설명
· 比(비) : 「아첨하고, 한패가 된다」는 뜻.
· 若丘陵(약구릉) : 「산같이 많다」는 뜻.

[集註 選譯] (1) 或曰 居今之世 出處去就 不必一一中節 欲其一一中節 則道不得行矣. : 어떤 사람이 말했다. 「지금 같은 세상에 살면, 출처 거취를 일일이 예절에 맞게 할 수 없다. 일일이 예절에 맞게 하려고 하면, 자기의 주장이나 바라는 도리를 행할 수 없다.」

(2) 楊氏曰 何其不自重也 枉己 其能直人乎. : 양씨가 말했다. 「<이런 말은> 참으로 자중하지 않는 자의 말이다. 자기를 굽히고 어찌 남을

곧게 할 수 있느냐.」

(3) 古之人 寧道之不行 而不輕其去就 : 「옛사람은 저속한 벼슬길을 포
기하고라도, 자신의 거취를 경솔하게 하지 않았다.」

(4) 是以孔孟 雖在春秋戰國之時 而進必以正 以至終不得行而死也 使
不恤其去就 而可以行道 孔孟當先爲之矣 孔孟豈不欲道之行哉. : 「그러
므로 공자나 맹자는 비록 험난한 춘추나 전국시대라 해도, 반드시 정도
(正道)를 가지고 나가서 벼슬을 하려고 했다.」「그래서 결국은 <벼슬길
에 오르지 못하고> 죽은 것이다.」「죽어도 거취에 대한 미련이 없어야
비로소 정도(正道)를 지키고 행할 수 있다.」「공자와 맹자가 마땅히
정도를 앞세운 성현(聖賢)이다.」「어찌 공자나 맹자가 정도가 행해지
기를 바라지 않았겠느냐. <즉 벼슬자리에 올라 천하를 바르게 다스리
려는 뜻이 없었겠느냐. 다만 아무렇게나 벼슬자리에 오르려고 하지
않았던 것이다.>」

景春曰 公孫衍 張儀 豈不誠大丈夫哉 一怒而諸侯
懼 安居而天下熄.

경춘(이) 왈 공손연 장의(는) 기불성대장부재(리오) 일노이제후(이) 구(하고)
안거이천하(이) 식(하니라)

경춘이 <맹자에게> 말했다. 「공손연과 장의는 참으로 대장부가 아닙
니까? 그들이 한번 노하면 천하의 제후들이 겁을 먹었고, 반대로 조용
히 있으면, 천하의 전란이 멈추었습니다.」

▶ 어구 설명
· 景春(경춘) : 전국시대의 종횡가(縱橫家). 한서(漢書) 예문지(藝文志)에
「경자(景子) 13편」이 보인다.

· 公孫衍(공손연) : 위(魏)나라 사람. 장의(張儀)가 죽은 다음에 진(秦)나라의 재상이 되어 연횡술(連橫術)로 다른 나라를 격파했다.
· 張儀(장의) : 위(魏)나라 사람. 소진(蘇秦)과 함께 귀곡자(鬼谷子)에게 종횡술(縱橫術)을 배웠다. 진(秦)나라 혜왕(惠王) 밑에서 재상이 되어, 연횡책으로 소진의 합종책(合縱策)을 격파했다.
· 豈不誠大丈夫哉(기불성대장부재) : 참으로 대장부가 아니냐?

---

**孟子曰 是焉得爲大丈夫乎 子未學禮乎 丈夫之冠也 父命之 女子之嫁也 母命之 往送之門 戒之曰 往之 女家 必敬必戒 無違夫子 以順爲正者 妾婦之道也.**

---

맹자(이) 왈 시언득위대장부호(이리오) 자미학례호(아) 장부지관야(에) 부(이) 명지(하고) 여자지가야(에) 모(이) 명지(하나니) 왕(에) 송지문(할새) 계지왈 왕지여가(하야) 필경필계(하야) 무위부자(이라하니) 이순위정자(는) 첩부지도야(이니라)

맹자가 말했다. 「그런 것을 어찌 대장부라고 말할 수 있겠소. 그대는 예법도 배우지 않았소? 남자가 관례를 올릴 때에는 아버지가 자식에게 <사람의 도리를> 일러주고, 또 딸이 출가할 때에는 어머니가 타이르되, 대문까지 전송해 가서 딸에게『너 시집가면 반드시 어른을 공경하고, 몸가짐을 삼가야 한다. 남편에게 거역하지 말라』고 훈계하지요. 이와 같이 남에게 순종하는 것을 바른 도리로 삼는 것은 곧 아낙네들이나 지킬 도리이지요.」<* 공손연이나 장의 같은 책사(策士)는 전쟁을 좋아하는 나쁜 임금의 비위를 맞추고, 그들의 정복욕을 채워주고, 그 덕으로 권세나 부귀를 누리는 자들이다. 어찌 그들을 대장부라 하느냐.>

▶ 어구 설명

· 冠(관) : 남자는 20세가 되면 머리에 관을 쓴다. 이것을 관례(冠禮)라고 한다.
· 女家(여가) : 남편의 집.
· 夫子(부자) : 남편.

---

居天下之廣居　立天下之正位　行天下之大道　得志
與民由之　不得志　獨行其道　富貴不能淫　貧賤不能
移　威武不能屈　此之謂大丈夫.

---

거천하지광거(하며) 입천하지정위(하며) 행천하지대도(하야) 득지(하얀) 여민유지(하고) 부득지(하얀) 독행기도(하야) 부귀(이) 불능음(하며) 빈천(이) 불능이(하며) 위무(이) 불능굴(이) 차지위대장부(이니라)

「천하의 넓은 집에 살고, 천하의 바른 자리에 서고, 또 천하의 대도를 따르고 행한다. <즉 인(仁)에 살고, 예(禮)를 세우고, 의(義)를 행한다.> 뜻을 얻으면 도를 백성들과 함께하고, 뜻을 얻지 못하면 홀로 도를 따르고 산다. 부귀에도 마음을 흩뜨리지 않고, 빈천에도 지조나 절개를 변하지 않고, 위협이나 무력에도 굴하지 않는다. 이런 사람을 대장부라고 한다.」

▶ 어구 설명

· 廣居(광거) : 천하의 모든 사람이 살 수 있는 넓은 집, 즉 인(仁)이다. 맹자는 「인은 모든 사람이 깃들어 살 수 있는 보금자리다.(仁 人之安宅也)」 라고 했다.
· 正位(정위) : 건양(建陽)이 바르게 서는 자리, 즉 예(禮)다. 천리(天理)를 바르게 따르고 행하는 것을 예라고 한다.
· 大道(대도) : 곧 천도(天道)다. 주자는 「대도」를 「의(義)」라고 풀었다. 맹

자는 「의는 사람의 바른 길이다.(義 人之正路也)」라고 했다.

· 得志 與民由之(득지 여민유지) : 뜻을 얻으면, 백성들과 함께 나간다. 즉 좋은 임금 밑에서 벼슬을 하고 천하에 도를 펴고 행할 수 있으면, 백성들과 함께 왕도 덕치의 꽃을 피운다. 맹자는 「달즉겸선천하(達則兼善天下)」라고 했다.

· 不得志 獨行其道(부득지 독행기도) : 뜻을 얻지 못하면, 자기 혼자만이라도 도를 따르고 행한다. <즉 난세를 만나, 천하를 바로잡을 수 없는 경우에는, 자기 혼자만이라도 도를 지킨다.> 맹자는 「궁즉독선기신(窮則獨善其身)」이라고 말했다.

· 淫(음) : 자기 마음을 흩뜨리게 한다는 뜻.

· 移(이) : 절의(節義)가 변한다는 뜻.

· 屈(굴) : 의지가 좌절된다는 뜻.

[集註 選譯] (1) 何叔景曰 戰國之時 聖賢道否 天下不復見其德業之盛 但見姦巧之徒 得志橫行 氣焰可畏 遂以爲大丈夫. : 하숙경(何叔景)은 말했다. 「전국시대에는 성현의 길이나 도리가 꽉 막히고 천하에서 다시 성현의 성대한 덕을 볼 수 없었다. 오직 간교한 무리들이 뜻을 얻고 횡행했으며, 그들의 기염이 겁날 지경이었다. 그래서 <일반 사람들은> 마침내 그들을 대장부라고 쳤다.」

(2) 不知由君子觀之 是乃妾婦之道矣 何足道哉. : <일반 사람들은> 군자를 기준으로 하고 보면 『그들 책사(策士)들은 첩부(妾婦)의 도를 따른 <천한 존재로> 말한 만한 가치가 없음』을 알지 못했던 것이다.

【참고 보충】 「악덕한 책략가(策略家)」

전국시대(戰國時代)에는 정의도 신의도 없었다. 수단 방법을 가리지 않고 오직 이기는 것만이 목적이고 또 자랑이었다. 그러므로 무사(武士)와 책사(策士)가 날뛰고 기승을 부렸다. 경춘(景春)이 대장부라고 치켜세우는 장의(張儀)나 공손연(公孫衍)은 「전술적(戰術的) 책략가」

의 대표자였다. 그들의 권모술수(權謀術數)에 따라 무참한 전쟁이 일어나기도 하고, 반대로 전화(戰火)가 종식(終熄)되기도 했다. 그래서 경춘은 그들을 「진짜 사내 대장부」라고 추켜세웠던 것이다.

그러나 맹자는 달랐다. 그들은 악덕한 임금의 정복욕에 아첨하고, 권세나 부귀를 누리는 소인배에 불과하다, 말하자면 무조건 남자에게 맹종하는 첩부(妾婦)와 같은 존재라고 혹독하게 매도했다. 그리고 맹자는 참다운 대장부를 다음과 같이 말했다.

> 周霄問曰 古之君子仕乎 孟子曰 仕 傳曰 孔子三月
> 無君 則皇皇如也 出彊必載質 公明儀曰 古之人三
> 月無君 則弔.

주소(이) 문왈 고지군자(이) 사호(이까) 맹자(이) 왈 사(이니라) 전(에) 왈 공자(이) 삼월무군 즉황황여야(하샤) 출강(에) 필재지(라하고) 공명의(이) 왈 고지인(이) 삼월무군 즉조(이라하니라)

주소가 맹자에게 물었다. 「옛날의 군자는 출사했습니까.」 맹자가 대답했다. 「출사했습니다. 전하는 바,『공자는 석 달 이상, 섬길 임금이 없으면 불안하게 여겼다고 합니다. <그리고> 그 나라 영토를 떠날 때는 반드시 예물을 수레에 싣고 갔다』고 합니다. 한편 노(魯)나라 현인 공명의는『옛사람들은 석 달 간, 임금을 섬기지 못하면 다른 사람이 가서 그를 위로해 주었다』고 했습니다.」

▶ **어구 설명**

- 周霄(주소) : 위(魏)나라 사람.
- 三月無君(삼월무군) : 석 달 간, 임금을 섬기지 못하면. 즉 벼슬하지 못하면.
- 皇皇(황황) : 당황하다.
- 出彊(출강) : 자리를 잃고 그 나라를 떠난다는 뜻.

- 質(지) : 「지(質)」는 「지(贄 : 임금에게 바치는 예물)」. 제후는 피백(皮帛), 경(卿)은 고(羔 : 새끼양), 대부는 안(鴈 : 기러기), 서인은 목(鶩 : 오리)을 바쳤다.
- 公明儀(공명의) : 춘추시대 노(魯)나라의 현인(賢人).

三月無君則弔 不以急乎 曰 士之失位也 猶諸侯之
失國家也 禮曰 諸侯耕助以供粢盛 夫人蠶繰 以爲
衣服 犧牲不成 粢盛不潔 衣服不備 不敢以祭 惟士
無田 則亦不祭 牲殺器皿衣服不備 不敢以祭 則不
敢以宴 亦不足弔乎.

삼월무군즉조(이) 불이급호(이까) 왈 사지실위야(이) 유제후지실국가야(이
니) 예(에) 왈 제후(이) 경조(하야) 이공자성(하고) 부인(이) 잠소(하야) 이위의
복(이라하니) 희생(이) 불성(하며) 자성(이) 불결(하며) 의복(이) 불비(하면)
불감이제(하고) 유사(이) 무전 즉역부제(하나니) 생살기명의복(이) 불비(하야)
불감이제 즉불감이연(이니) 역부족조호(아)

<주소>「석 달 간 <벼슬하지 못하고> 임금을 못 섬겼다고 <가서 그를> 조문하는 것은 너무 조급한 일이 아닙니까.」맹자가 말했다. 「선비가 관직을 잃는 것은, 마치 제후가 나라를 잃는 것과 같습니다. 예서(禮書)에도 있습니다.『제후가 공전(公田)을 경작하고 <공전에서 수확한 곡식을 가지고> 제사에 바친다. 제후의 부인은 양잠하고 실을 뽑아서, 의복을 만든다. 희생으로 바칠 동물이 잘 자라지 않거나, 제물로 바칠 곡식이 정결하지 못하거나, 의복이 구비되지 못하면 감히 제사를 올리지 못한다.』<또 예서에 있습니다.>『선비도 규전(圭田)이 없으면 역시 제사를 올리지 못한다. <제사에 바칠> 희생이나, 제기 기물이나, 의복을 제대로 갖추지 못하면, 감히 제사를 올리지 못하고, 따라

서 <일가 친척이나 마을 사람들에게 베푸는> 잔치도 하지 못하게 된다.』 <그러니 벼슬을 잃은 사람에게> 조문할 만하지 않습니까.」

▶ **어구 설명**

· 助(조) : 정전법(井田法)에서 말하는 중앙의 공전. 임금이 직접 경작하지 않고, 농민들이 경작한다. 임금은 공전에서 수확한 곡물을 제사에도 바치고 먹기도 한다.

· 粢盛(자성) : 「자(粢)」는 「서(黍 : 기장)」, 혹은 「직(稷 : 기장)」으로 오곡(五穀)의 뜻이다. 「성(盛)」은 제기(祭器)에 고인다. 그러므로 「자성」을 제물이라고 풀이할 수 있다.

· 繅(소) : 「繅(고치 켤 소)」

· 牲殺器皿(생살기명) : 「생살(牲殺)」은 희생(犧牲)을 특별히 잡는다는 뜻이다. 「명(皿)」은 제기를 덮는 것이다.

[集註 選譯] (1) 禮曰 諸侯爲藉百畝 冕而靑紘 躬秉耒以耕 而庶人助以終畝 收而藏之御廩 以供宗廟之粢盛. : 예기(禮記) 제의편(祭儀篇)에 있다. 「제후가 자전(藉田) 백 무를 <시범적으로> 경작한다.」 「면류관을 쓰고 푸른 끈을 매고, 몸소 쟁기 자루를 잡고 밭을 갈면, 서민들이 도와서 농사를 마친다.」 「수확하여 국고에 보관하고, 또 종묘 제사의 자성(粢盛)으로 바쳐 올린다.」

(2) 使世婦 蠶于公桑蠶室 奉繭以示于君 遂獻于夫人. : 「세부(世婦 : 황후 다음가는 비, 빈)로 하여금 공상잠실(公桑蠶室)에서 누에를 치게 하고, 고치를 들고, 임금에게 보이고, 마지막으로 황후에게 올린다.」

(3) 夫人副褘受之 繅三盆手 遂布于三宮世婦 使繅以爲黼黻文章 而服以祀先王先公. : 「황후는 의식에 맞는 복식(服飾)을 갖추고 고치를 받아, 세 동이에 담아 손수 실을 켜서, 3궁 세부에게 배포하고, 그것으로써 보불문장(黼黻文章)을 만들게 한다.」 「그리고 그것으로 장식한 예복을 입고 선왕 선공에게 제사를 드린다.」

(4) 又曰 士有田則祭 無田則薦 : 또 예기 왕제편(王制篇)에 있다. 「선비가 규전(圭田)이 있으면 제사하고, 규전이 없으면 제수만 올린다.」

出疆必載質 何也 曰 士之仕也 猶農夫之耕也 農夫
豈爲出疆 舍其耒耜哉.

출강(에) 필재지(는) 하야(이꼬) 왈 사지사야(이) 유농부지경야(이니) 농부기
위출강(하야) 사기뢰사재(리오)

<주소가 물었다> 「그 나라 지경을 떠날 때에, 반드시 <수레에> 예물을 싣는 것은 무슨 까닭입니까.」 맹자가 말했다. 「선비가 나라에 출사하는 것은 흡사 농부가 밭을 경작하는 것과 같습니다. 농부가 <자기가 살던> 나라를 떠날 때에 <농사짓는> 쟁기나 보습을 버리고 가겠습니까.」

曰 晉國亦仕國也 未嘗聞仕如此其急 仕如此其急也
君子之難仕 何也 曰 丈夫生而願爲之有室 女子生
而願爲之有家 父母之心 人皆有之 不待父母之命
媒妁之言 鑽穴隙相窺 踰牆相從 則父母國人皆賤之
古之人 未嘗不欲仕也 又惡不由其道 不由其道而往
者 與鑽穴隙之類也.

왈 진국(이) 역사국야(로대) 미상문사(이) 여차기급(호니) 사여차기급야(인댄)
군자지난사(는) 하야(이꼬) 왈 장부(이) 생이원위지유실(하며) 여자(이) 생이
원위지유가(는) 부모지심(이라) 인개유지(언마는) 부대부모지명(과) 매작지
언(하고) 찬혈극상규(하며) 유장상종(하면) 즉부모국인(이) 개천지(하나니)

고지인(이) 미상불욕사야(언마는) 우오불유기도(하니) 불유기도이왕자(는)
여찬혈극지류야(니라)

주소가 말했다. 「우리 진(晉 : 즉 魏)나라도 <많은 선비들이> 벼슬하
고 있는 나라입니다. 그러나 <저는> 아직 버슬하는 것을 그와 같이
조급하게 여긴다는 말을 듣지 못했습니다. 벼슬하는 것을 그와 같이
긴급하게 여기면서, <선생님 같은> 군자께서 왜 벼슬하시기를 그렇게
어렵게 여기십니까.」 맹자가 말했다. 「남자가 태어나면 <그 아들에게게
좋은 아내를 얻어> 가정을 갖게 하고, 여자가 태어나면 <그 딸이 좋은
남편을 만나> 시집가서 잘 살기를 바라는 것은 모든 부모의 마음입니
다. 그런 마음은 모든 사람이 같습니다. <그러나 아들이나 딸이> 부모
의 명을 기다리지 않거나, 중매의 말을 기다리지 않고 <저희들끼리
멋대로> 담에 구멍을 뚫고 엿보거나, 담을 넘어가서 서로 어울린다면,
<그런 것을> 부모나 나라 사람들은 천시(賤視)할 것입니다. 옛날 선비
도 벼슬을 원치 않은 것이 아닙니다. <나가서 벼슬하기를 간절히 원했
습니다.> 그러나, 동시에 정도(正道)를 따르지 않는 것을 싫어했습니
다. 정도를 따르지 않고 <함부로> 나가는 사람은 담에 구멍을 뚫고
서로 엿보고 어울리는 따위의 인간들입니다.」

▶ 어구 설명
· 仕國(사국) : 군자가 유세하고 벼슬하는 나라를 말한다.
· 妁(작) : 중매.
· 踰牆相從(유장상종) : 담을 넘어 서로 어울린다. 「踰(넘을 유), 牆(담 장)」
· 又惡不由其道(우오불유기도) : 정도(正道)를 따르지 않는 것을 싫어했다.

[集註 選譯] (1) 言爲父母者 非不願其男女之有室家 而亦惡其不由道 蓋
君子 雖不潔身以亂倫 而亦不殉利而忘義也. : 즉 다음 같은 뜻을 말한
것이다. 「부모된 사람은 그의 아들과 딸이 가정을 꾸미고 시집살이하기
를 원하지 않는 것이 아니다. 그러나 또한 바른 도리를 따르지 않는

것을 싫어하는 것이다.」「대개 군자는 비록 <출사를 못하고 가난하게 살아도> 몸을 더럽히지 않고, 또 인륜을 어지럽히지 않는다.」「동시에 또한 이익을 얻으려고 도의를 잃는 일도 없다.」<* 「수불결신이란륜(雖 不潔身以亂倫)」을 의역했다.>

### 【참고 보충】 군자의 출사(出仕)

전국시대에는 여러 사람들이 천하게 여러 나라를 유력(游歷)하고, 임금들에게 감언이설(甘言利說)로 유세하고, 벼슬을 얻으려고 광분했다. 그러나 맹자는 임금이 예빙(禮聘)하기를 기다릴 뿐 몸을 굽히고 찾아가지 않았다. 그래서 주소(周霄)가 「옛날 군자는 출사했나요.」하고 물어본 것이다. 이에 대해 맹자는 말했다. 「출사하는 것이 원칙이다. 옛날 선비들도 출사를 갈망했다. 다만 정도(正道)를 따르고 지켰다. 그래서 함부로 벼슬하지 않은 것이다.」

彭更問曰 後車數十乘 從者數百人 以傳食於諸侯 不以泰乎 孟子曰 非其道 則一簞食不可受於人 如 其道 則舜受堯之天下 不以爲泰 子以爲泰乎.

팽경(이) 문왈 후거수십승(과) 종자수백인(으로) 이전식어제후(이) 불이태호 (이까) 맹자(이) 왈 비기도 즉일단사(라도) 불가수어인(이어니와) 여기도 즉순 수요지천하(하샤대) 불이위태(하시니) 자이위태호(아)

팽경(彭更)이 물었다. 「뒤에 수레를 수십 대 거느리고, 또 추종하는 제자 수백 명을 따르게 하고, 제후들을 찾아다니며 <그들로부터> 객사(客舍)와 식록(食祿)을 제공받는 것은 너무 과분한 일이 아닙니까?」 맹자가 말했다. 「도리에 맞지 않는다면 남으로부터 한 도시락의 밥도 받아서는 안 될 것이다. 그러나 도리에 맞는다면 순임금이 요임금으로부터 천하를 물려받는 일도 과분하다고 치지 않을 것이다. 그런데 자네는 <나의 경우를> 과분하다고 생각하는가.」

▶ 어구 설명

· 彭更(팽경) : 맹자의 제자. 성이 팽(彭), 이름이 경(更).
· 以傳食於諸侯(이전식어제후) : 제후로부터 숙식을 제공받다. 「이(以)」는 「받아 쓴다」, 「전(傳)」은 「객사(客舍)」, 「식(食)」은 「식록(食祿)」의 뜻으로 푼다. 「전식(傳食)」을 「차례로 찾아다니며 녹을 받아먹다」로 풀기도 한다.
· 泰(태) : 「과분하다, 지나치다」의 뜻.

> 曰 子不通功易事 以羨補不足 則農有餘粟 女有餘
> 布 子如通之 則梓匠輪輿皆得食於子 於此有人焉
> 入則孝 出則悌 守先王之道 以待後之學者 而不得
> 食於子 子何尊梓匠輪輿而輕爲仁義者哉.

왈 자(이) 불통공역사(하야) 이선보부족(이면) 즉농유여속(하며) 여유여포(어니와) 자여통지(면) 즉재장륜여개득식어자(하리니) 어차유인언(하니) 입즉효(하고) 출즉제(하며) 수선왕지도(하여) 이대후지학자(호되) 이부득식어자(하나니) 자하존재장륜여 이경위인의자재(오)

맹자가 말했다. 「<만약에 그대가 백성을 다스릴 때에> 사람들이 자기가 생산한 성과를 서로 유통하고, 사물을 교역하고 남는 물품을 가지고 부족한 것을 보충하는 그런 일을 못하게 한다면 <어떻게 되겠는가.> 농민에게는 곡식이 남아 돌아가고, 여인에게는 베가 남아 넘칠 것이다. 그대가 그것을 유통하게 하면 목공이나 수레를 만드는 사람도 다 밥을 먹을 수 있을 것이다. 또 여기 <윤리 도덕을 가르치는> 사람, 즉 군자나 학자가 있다고 하자. <그의 덕택으로 모든 사람들이 교육을 받고

감화되어> 집안에서는 어버이에게 효도하고, 밖에 나가서는 어른에게 공손하게 한다. 한편 <임금도 그의 가르침을 따라서> 선왕의 도리를 지킬 것이다. <뿐만 아니라> 후세에 더 좋은 학자가 나타나기를 기다릴 것이다. <그런데 만약에 자기가 손수 생산하지 않으면 먹지 말라는 자네의 주장대로 한다면 그런 학자나 선생도> 밥을 얻어먹지 못할 것이다. 그대는 어찌하여 목공이나 수레 만드는 사람은 높이면서 인의를 행하려는 선생을 경시하는가.」

▶ 어구 설명
· 羨(선) : 남는 물건.
· 梓匠輪輿(재장륜여) : 목공(木工)이나 차륜(車輪)을 만드는 기술자.
· 以待後之學者(이대후지학자) : 또 후세에도 훌륭한 학자가 나오기를 기다린다. 즉 「계왕성 개래학(繼往聖 開來學)이다.」 <* 맹자 자신이다. 왕도 덕치(王道德治)를 선양하는 훌륭한 학자를 기다려야 한다.>

曰 梓匠輪輿 其志將以求食也 君子之爲道也 其志亦將以求食與 曰 子何以其志爲哉 其有功於子 可食而食之矣 且子食志乎 食功乎 曰 食志.

왈 재장륜여(는) 기지(이) 장이구식야(이어니와) 군자지위도야(도) 기지(이) 역장이구식여(이까) 왈 자(이) 하이기지위재(오) 기유공어자(에) 가식이식지의(니) 차자(는) 식지호(아) 식공호(아) 왈 식지(니이다)

팽경이 말했다. 「목수나 공인은 그 목적하는 바 뜻이 먹을 것을 구하고 일하는 것입니다. 그런데 군자가 인의(仁義)의 도를 행하는 것도 역시 그 뜻이 먹을 것을 구하기 위해서입니까.」 맹자가 말했다. 「자네는 어찌하여 목적하는 바 뜻을 문제로 삼는가. <일하는 사람이> 공이 있어 밥을 먹일 만하면 밥을 먹이는 것이다. 또 그대는 목적하는 바 뜻을 위주로 하고 녹을 준다고 생각하는가. 공을 위주로 하고 녹을 준다고 생각하는가?」<팽경이> 말했다. 「목적하는 바 뜻을 위주로 하고 녹을 받아먹습니다.」

## 【참고 보충】 팽경의 질문에 대한 맹자의 답

맹자는 부국강병(富國强兵)이나 권모술책(權謀術策)보다 인의(仁義)의 도덕정치를 구현하여 평천하(平天下)하기를 염원했다. 그래서 천하를 주유(周遊)했다. 행차할 때도 「많은 수레와 사람들을 따르게 했던 것이다.」 맹자의 제자 팽경(彭更)이 이런 깊은 뜻과 도리를 알지 못했다. 그래서 「과분하지 않으냐」고 말한 것이다. 또 팽경은 생각했다. 「선비는 무위도식(無爲徒食)하는 사람이다.」<이와 같은 저속한 생각을 대표하는 인물로 팽경이란 제자를 고의로 내세웠을 것이다.> 맹자는 비근한 예를 들고 말했다. 「하늘의 도리를 따라 덕을 세우도록, 임금이나 백성들을 가르치고 깨우치는 사람이 군자이고 학자다. 하늘 앞에 세우는 공으로 말해도, 최고의 공을 세우는 사람이다. 그러므로 하늘이 내려주는 벼슬이나 작위도 최고라야 한다.」 도덕을 높여야 위기를 극복한다.

> 湯始征 自葛載 十一征 而無敵於天下 東面而征 西
> 夷怨 南面而征 北狄怨 曰 奚爲後我 民之望之 若大
> 旱之望雨也 歸市者弗止 芸者不變 誅其君 弔其民
> 如時雨降 民大悅 書曰 徯我后 后來其無罰.

탕(이) 시정(을) 자갈(로) 재(하샤) 십일정 이무적어천하(하니) 동면이정(에) 서이(이) 원(하며) 남면이정(에) 북적(이) 원(하야) 왈 해위후아(오하야) 민지망지(이) 약대한지망우야(하야) 귀시자(이) 불지(하며) 운자(이) 불변(이어늘) 주기군 조기민(하신대) 여시우강(이라) 민(이) 대열(하니) 서(에) 왈 혜아후(하노소니) 후래(하시면) 기무벌(아하니라)

「탕왕의 정벌은 갈(葛)나라부터 시작했으며, 모두 11차의 정벌을 했다. 그래서 천하에 대적할 <악한 나라가> 없게 되었다. 탕왕이 <먼저> 동쪽을 향해 정벌을 나가면 서쪽 오랑캐들이 원망했고, 탕왕이 <먼저> 남쪽을 향해 정벌을 나가면 북쪽 오랑캐들이 원망하며,『왜 우리를 뒤로 돌리느냐.』하고 말했다. 백성들이 <탕왕이 와서 자기들을 해방시켜 주기를> 바라기를 흡사 큰 가뭄에, 비 오기를 바라듯 했다. 그래서 시장 가는 사람도 걸음을 멈추지 않고, 김매는 사람들도 변하지 않고 일했다. <탕왕이> 그들의 악한 임금을 처단하고, 그들 백성을 <구제하고> 위로하는 것이 마치 <하늘이> 때맞추어 비를 내리듯이 했으므로, 백성들이 크게 기뻐했던 것이다. 서경(書經) 상서(商書) 태갑편(太甲篇)에 있다. 『우리는 임금님을 기다린다. 임금님이 와서 <악을 치시니> 우리도 무고한 벌을 받지 않게 된다.』」

▶ 어구 설명

· 載(재) : 시(始)의 뜻.
· 十一征(십일정) : 정벌한 나라가 11개국이라는 뜻.

---

## 不行王政云爾 苟行王政 四海之內 皆擧首而望之 欲以爲君 齊楚雖大 何畏焉.

불행왕정운이(언정) 구행왕정(이면) 사해지내(이) 개거수이망지(하야) 욕이위군(하리니) 제초(이) 수대(나) 하외언(이리오)

「왕정을 펴지 않으니깐 그렇게 말하는 것이다. 일단 왕정을 행하면 사해 안에 있는 모든 나라 사람들 모두가 머리를 높이 치켜들고 바라보고 <송나라 임금이> 천하의 임금이 되기를 원할 것이다. 제(齊)와 초(楚)가 비록 크다고 해도 무엇이 두렵겠는가.」

[集註 選譯] (1) 宋 實不能行王政 後果爲齊所滅 王偃 走死 :「송나라는 사실 왕정을 행하지 못했다.」「그 결과 제나라에게 멸망되고, <마지막 왕> 언(偃)이 쫓겨 죽었다.」

(2) 尹氏曰 爲國者 能自治而得民心 則天下 皆將歸往之 恨其征伐之不早 也 尙何彊國之足畏哉 苟不自治 而以彊弱之勢 言之 是可畏而已矣. : 윤씨가 말했다. 「나라를 다스리는 자는 능히 스스로 다스려 민심을 얻어야 한다.」「그러면 천하의 인심이 모두 그에게 돌아온다.」「<나쁜 나라들을> 일찍 치지 못할까 한스럽게 여기게 될 것이다.」「어찌 강한 나라를 두려워하겠는가.」「만약 스스로 다스리지 못하고 강약의 형세만을 논한다면 강한 나라가 두렵다고 말할 것이다.」

> 孟子謂戴不勝曰 子欲子之王之善與 我明告子 有楚
> 大夫於此 欲其子之齊語也 則使齊人傳諸 使楚人傳
> 諸 曰 使齊人傳之 曰 一齊人傳之 衆楚人咻之 雖日
> 撻而求其齊也 不可得矣 引而置之 莊嶽之間數年
> 雖日撻而求其楚 亦不可得矣.

맹자(이) 위대불승왈 자욕자지왕지선여(아) 아(이) 명고자(호리라) 유초대부어차(하니) 욕기자지제어야 즉사제인부제(이야) 사초인부제(이야) 왈 사제인부지(니리) 왈 일제인(이) 부지(어든) 중초인(이) 휴지(면) 수일달이구기제야(이라도) 불가득의(어니와) 인이치지 장악지간수년(이면) 수일달이구기초(이라도) 역불가득의(리라)

맹자가 <송나라의 신하> 대불승에게 말했다. 「당신은 당신 나라의 임금이 좋게 되기를 바라겠지요. <그에 관해> 내가 잘 알게 말하겠소. 가령 여기 초나라의 대부가 있다고 가정하고, 그가 자기 아들이 제나라 말 잘하기를 바란다고 했을 때, 제나라 사람으로 하여금 아들을 가르치게 하겠습니까, 아니면 초나라 사람으로 하여금 가르치게 하겠습니까.」 대불승이 대답했다. 「제나라 사람으로 하여금 가르치게 해야 합니다.」 맹자가 다시 말했다. 「제나라 사람 한 사람이 그에게 말을 가르친다고 해도 많은 초나라 사람과 <어울려 하루 종일> 초나라 말을 시끄럽게 떠든다면 <어떻게 되겠소.> 비록 매일 그에게 매질을 하고 제나라 말 잘하기를 구해도 안 될 것입니다. <그러므로 차라리> 그를 제나라의 장(莊)이나 악(嶽) 같은 번화한 도시에 데리고 가서, 수년 간 살게 해야 합니다. <그러면> 비록 날로 매질을 하고 초나라 말 잘하기를 구해도 역시 안 될 것입니다. <제나라 말을 잘하고 초나라 말을 잊고 잘 못할 것이다.>」

▶ 어구 설명

· 戴不勝(대불승) : 송(宋)나라의 신하. 당시 송나라 강왕(康王 : 偃)은 포학 무도했다.
· 我明告子(아명고자) : 내가 분명하게 말해주리다.
· 傅(부) : 스승으로 삼다, 가르치다.
· 咻之(휴지) : 말하고 떠든다는 뜻.
· 置之(치지) : 「제나라에 살게 한다」는 뜻.
· 莊嶽之間數年(장악지간수년) : 「장(莊)」이나 「악(嶽)」 같은 번화한 도시에 수년 간 살면.
· 楚(초) : 초나라 말.

子謂薛居州善士也 使之居於王所 在於王所者 長幼卑尊皆薛居州也 王誰與爲不善 在王所者 長幼卑尊皆非薛居州也 王誰與爲善 一薛居州 獨如宋王何.

자(이) 위설거주(를) 선사야(이라하야) 사지거어왕소(하나니) 재어왕소자(이)
장유비존(이) 개설거주야(이면) 왕수여위불선(이며) 재왕소자 장유비존(이)
개비설거주야(면) 왕수여위선(이리오) 일설거주(이) 독여송왕하(이리오)

「그대는 설거주가 착한 선비라 생각하고 왕의 곁에 있게 했소이다.
임금 곁에 있는 사람들, 장유비존(長幼卑尊) <모든 사람이> 다 설거주
같이 착한 사람들이면, 임금이 누구와 어울려 나쁜 일을 하겠소. <한
편> 임금 곁에 있는 사람들, 장유비존 <모든 사람이> 다 설거주같이
착한 사람이 아니면, 왕이 누구와 어울려 착한 일을 하겠소. 한 사람,
설거주만으로는 송왕(宋王)을 어떻게 하겠는가. <혼자만으로는 왕을
착하게 할 수 없다는 뜻을 암시한 것이다.>」

▶ 어구 설명

· 子謂(자위) : 그대가 생각하다, 말하다.

· 薛居州(설거주) : 송(宋)나라의 착한 신하.

· 王誰與爲善(왕수여위선) : 왕이 누구와 어울려 착한 일을 하겠는가.

[集註 選譯] (1) 言小人衆 而君子獨 無以成正君之功. 「즉 소인이 많은
데, 군자가 하나만 있어도, 임금을 바르게 할 공을 세울 수 없다」는 뜻을
말한 것이다.

---

**公孫丑問曰 不見諸侯何義 孟子曰 古者不爲臣不
見.**

공손추(이) 문왈 불견제후(이) 하의(이꼬) 맹자(이) 왈 고자(에) 불위신(하야)
불견(하더니라)

공손추가 물었다. 「선생님은 제후를 찾아보지 않으시는데 무슨 뜻이
있습니까.」 맹자가 말했다. 「옛날에는 신하가 아니면 찾아가 보지 않
았다.」

[集註 選譯] (1) 不爲臣 謂未仕於其國者也 此不見諸侯之義也. : 「불위신(不爲臣)」은 「그 나라에 출사하지 않는다는 뜻이다.」 「이는 제후, 곧 임금을 찾아가서 보지 않는다는 뜻이다.」

陽貨 欲見孔子 而惡無禮 大夫有賜於士 不得受於其家 則往拜其門 陽貨矙孔子之亡也 而饋孔子蒸豚 孔子亦矙其亡也 而往拜之 當是時 陽貨先 豈得不見.

양화(이) 욕견공자이오무례(하야) 대부(이) 유사어사(이어든) 부득수어기가(이면) 즉왕배기문(일새) 양화(이) 감공자지무야 이궤공자증돈(한대) 공자(이) 역감기무야 이왕배지(하시니) 당시시(하야) 양화(이) 선(이면) 기득불견(이시리오)

「노(魯)나라의 대부 양화가 공자로 하여금 찾아오게 하려고 했다. 그러나 무례하다고 <비난받을 것이> 두려워서 <다음과 같은 예법을 이용했다. 즉 고대의 예법은> 대부가 사(士)에게 예물을 하사하는 경우, 사가 자기 집에서 직접 받지 못한 때에는 사가 나중에라도 <예물을 보내준> 대부의 문전에 가서 <인사를 하는 법도가 있었다.> 양화는 공자가 집에 없을 때를 엿보았다가 공자에게 삶은 돼지를 보내주었다. <그러면 공자가 찾아올 거라고 생각했던 것이다.> 공자도 역시 양화가 없을 때를 엿보아서 <답례로> 양화의 문전에 가서 인사를 차렸다. 당시는 양화가 먼저 수를 썼으니, 공자도 어찌 <형식적 예를> 차리지 않을 수 있었겠느냐.」

▶ 어구 설명

· 惡無禮(오무례) : 남이 자기를 무례하다고 여기는 것을 두려워한 것이다.
· 受於其家(수어기가) : 「심부름 온 사람에게, 집에서 절하고 받는다는 뜻」을 말한 것이다.

· 其門(기문) : 대부의 문전.
· 矙(감) : 「규(窺 : 엿볼 규)」와 같은 뜻.
· 陽貨先(양화선) : 양화가 먼저 형식적인 예를 수단으로 썼음을 말한다.
이 내용은 논어 양화편(陽貨篇)에 있다.

---

曾子曰 脅肩諂笑 病于夏畦 子路曰 未同而言 觀其
色赧赧然 非由之所知也 由是觀之 則君子之所養
可知已矣.

---

증자(이) 왈 협견첨소(이) 병우하휴(이라하며) 자로(이) 왈 미동이언(을) 관기
색(컨댄) 난난연(이라) 비유지소지야(이라하니) 유시관지 즉군자지소양(을)
가지이의(니라)

「증자가 말했다. 『양쪽 어깨를 추켜올리고 아첨하는 웃음을 짓기는
여름에 밭 갈기보다 더 고통스럽다.』 자로도 말했다. 『생각이 같지 않
으면서, '네'하는 자의 얼굴을 보면 부끄러워 붉어지더라. 나는 그렇게
할 수 없다.』 이상으로 군자가 어떻게 수양해야 할지 알만하다.」

▶ 어구 설명
· 脅肩諂笑(협견첨소) : 「협견(脅肩)」은 「몸을 움츠리고 송구한 체 한다」는
뜻이다. 「첨소(諂笑)」는 「억지로 웃는 품」이다.
· 病于夏畦(병우하휴) : 여름에 밭에서 일하는 것보다 더 고통스럽다. 「아첨
하는 자의 고생이 여름에 밭을 가는 사람보다 더 고생스럽다」는 뜻을 말한
것이다.
· 未同而言(미동이언) : 생각이 같지 않으면서 겉으로 '네'하는 사람.
· 赧赧(난난) : 부끄러워 얼굴이 붉어지는 모양.
· 由(유) : 자로의 이름.

[集註 選譯] (1) 孟子言 由此二言觀之 則二子之所養 可知 必不肯不俟

其禮之至 而輕往見之也. : 맹자가 다음 같은 뜻을 말한 것이다. 「이 같은 두 사람의 말을 가지고 보면, 두 사람의 수양한 바를 알 수 있다.」 「그러니 <그들은> 반드시 예가 지극하기를 기다리지 않고서는 경솔하게 즉시 가서 보지 않을 것이다.」

(2) 此章 言聖人 禮義之中正 過之者 傷於迫切而不洪 不及者 淪於汙賤 而可恥. : 이 장은 곧 다음 같은 뜻을 말한 것이다. 「성인은 예의의 중정(中正)을 지킨다. 지나치면 촉박하고 넓지 못한 흠이 있다.」 「한편 못 미치면, 더럽고 천한 데 빠져, 부끄럽게 된다.」

---

孟子曰 今有人 日攘其鄰之雞者 或告之曰 是非君子之道 曰 請損之 月攘一雞 以待來年 然後已 如知其非義 斯速已矣 何待來年.

---

맹자(이) 왈 금유인(이) 일양기린지계자(이어든) 혹(이) 고지왈 시비군자지도(이라한대) 왈 청손지(하야) 월양일계(하야) 이대래년 연후(에) 이(로다) 여지기비의(인댄) 사속이의(니) 하대래년(이리오)

맹자가 <비유를 들어> 말했다. 「지금 어떤 사람이 매일 <한 마리씩> 이웃집의 닭을 훔쳤다. <그래서> 다른 사람이 그에게 말했다. 『그런 짓은 군자의 도리로 <할 일이> 아닙니다.』 <그러자 닭을 훔친 사람이> 『<죄송합니다. 앞으로는 훔치는 양을> 줄이겠습니다. 매월 한 마리만 훔치겠습니다. 그리고 내년이 되면 <완전히> 그만두겠습니다.』라고 했다고 하오. 만약 옳지 않다는 것을 알았으면, 그 즉시 그만두어야 한다. 왜 내년까지 기다리오.」

▶ 어구 설명
·攘(양) : 「스스로 와서 잡는다」는 뜻이다.

·損(손) : 「수량을 감소한다」는 뜻이다.

[集註 選譯] (1) 知義理之不可 而不能速改 與月攘一雞 何以異哉. : 「의리에 있어 불가함을 알면서도, 속히 고치지 못하는 것은, 매월 닭 한 마리를 훔치겠다는 말과 무엇이 다르겠는가.」

---

**公都子曰 外人皆稱夫子好辯 敢問何也 孟子曰 予 豈好辯哉 予不得已也 天下之生久矣 一治一亂.**

---

공도자(이) 왈 외인(이) 개칭부자호변(하니) 감문하야(이꼬) 맹자(이) 왈 여기호변재(리오) 여부득이야(이로다) 천하지생(이) 구의(라) 일치일란(이니라)

맹자의 제자 공도자가 말했다. 「밖의 모든 사람들은 선생께서 변론하기를 좋아하신다고 말합니다. 왜 그러한지 묻고자 합니다.」 맹자가 말했다. 「내가 어찌 변론이나 논쟁하기를 좋아하겠느냐. 나는 어쩔 수 없이 말하는 것이다. 천하가 생긴 지 오래되었거늘, 그 사이에 치(治)와 난(亂)이 교체했다.」

【참고 보충】「기화성쇠(氣化盛衰) 인사득실(人事得失)」

자연만물이나 인간세계의 「흥망(興亡)·성쇠(盛衰)·치란(治亂)」은 「천지인(天地人)」 삼자(三者)의 조화로 이루어진다. 「기화성쇠(氣化盛衰)」는 「천지의 기(氣)에 의해서 성하기도 하고, 쇠하기도 한다」는 뜻이다. 봄에는 생기가 돋아나고, 가을에는 시든다. 그 속에 천리(天理)가 있다. 그러므로 사람은 천리를 따라 일을 처리해야 한다. 천리를 따르면 득(得)하고, 천리를 따르지 않으면 실(失)한다. 이것을 「인사득실(人事得失)」이라고 한 것이다. 득(得)은 곧 「덕(德)」이다. 천도(天道)를 따라 지덕(地德)을 세워야 한다. 인사(人事) 중에서 가장 중대한 것이 「나라의 흥망과 치란」이다. 천도를 따르면 나라가 흥(興)하고 치

(治)한다. 따르지 않으면 망(亡)하고 난(亂)한다.

世衰道微 邪說暴行有作 臣弑其君者有之 子弑其父
者有之 孔子懼 作春秋 春秋天子之事也 是故 孔子
曰 知我者其惟春秋乎 罪我者其惟春秋乎.

세쇠도미(하야) 사설폭행(이) 유작(하야) 신시기군자(이) 유지(하며) 자시기
부자(이) 유지(하니라) 공자(이) 구(하샤) 작춘추(하시니) 춘추(는) 천자지사
야(이라) 시고(로) 공자(이) 왈 지아자(는) 기유춘추호(이며) 죄아자(는) 기유
춘추호(인저하시니라)

「<주나라의 세력이 약해지고 위세가 시들었으며> 이에 따라 천하의
기풍과 도덕 윤리가 쇠미하게 되었다. <그러자> 사악한 사상을 주장
하는 자, 혹은 포악한 무력이나 간교한 술책을 행하는 자들이 나타났다.
신하로서 자기 임금을 죽이는 자가 있는가 하면, 또 자식이면서 자기
아버지를 죽이는 자도 있었다. 공자가 이러한 사태를 두려워하고 춘추
를 지었다. 춘추의 필법(筆法)은 <천명을 받고 천하를 다스리는> 천자
만이 쓸 수 있는 기술방법이었다. 그러므로 공자가 말했다.『나를 알고
칭찬할 사람도 춘추를 바탕으로 할 것이다. 나를 배척하고 죄 줄 사람
도 춘추를 바탕으로 할 것이다.』」

▶ 어구 설명
· 春秋(춘추) : 원래 노(魯)나라의 역사를 적은 연대기(年代記)이다. 재래의
  학설은 「공자가 대의명분을 밝히려고 가필했다」고 했다. 그러나 맹자는
  「공자가 춘추를 자술했다」고 말했다.
· 春秋天子之事也(춘추천자지사야) : 춘추의 필법(筆法)은 <천명을 받고 천
  하를 다스리는> 천자의 위치에서 한 역사 기술법이다. 하늘의 위치에서
  대의명분을 밝히는 글을 쓰는 것을 춘추필법(春秋筆法)이라고 한다.

[集註 選譯] (1) 此周室東遷之後 又一亂也. : 이는 곧 주 왕실이 동쪽으로 옮겨간 뒤의 일이다. 세상이 다시 한 번 흐트러졌다.

(2) 胡氏曰 仲尼作春秋 以寓王法 厚典庸禮 命德討罪 其大要 皆天子之事也. : 호씨(胡氏)가 말했다. 「중니(仲尼), 즉 공자가 춘추를 저술한 의도는 왕법(王法)을 기준으로 하고, <제후에게> 전법(典法)을 높이고, 의례(儀禮)를 준수하고자 함이었다. 또 덕 있는 자에게는 명을 내리고, 죄 지은 자를 토벌한다는 뜻을 밝히고자 한 것이다.」「춘추의 대요는 모두 천자가 할 일을 <공자가> 적은 것이다. <왕법(王法)은 왕도덕치의 법.>」

(3) 知孔子者 謂此書之作 遏人欲於橫流 存天理於旣滅 爲後世 慮至深遠也. : <호씨의 말> 「공자를 안다(知孔子者)」고 한 것은 <다음 같은 공자의 깊은 뜻을 아는 사람이라는 뜻이다.> 곧 「<춘추를 저술한 공자의 의도가 사람으로 하여금> 넘치는 인욕(人欲)을 억제하고 <마음속에서> 이미 사라진 천리(天理)를 되살려서 후세를 바로잡게 하자는 깊고 원대한 생각이다.」<이러한 뜻을 아는 사람이 「지공자자(知孔子者)」다.>

(4) 罪孔子者 以謂無其位 而託二百四十二年南面之權 使亂臣賊子 禁其欲而不得肆則戚矣. : <호씨의 말> 「공자를 벌한다(罪孔子者)」고 한 말은 곧 다음 같은 뜻을 말한 것이다. 「<공자가 천자의 자리에 오른 것도 아닌데> 춘추시대 242년 동안 마치 남면하고 천하를 다스린 듯한 처지에서, 천자의 권위를 가탁(假託)하고 난신적자(亂臣賊子)로 하여금, 나쁜 욕심을 금하고, 멋대로 악을 행하지 못하게 하고, 겁을 먹게 했다는 뜻이다.」

(5) 愚謂孔子作春秋 以討亂賊 則致治之法 垂於萬世 是亦一治也. : 나는 생각한다. 「공자가 춘추를 저술한 것은, 난신적자를 토벌하고, 도덕

정치의 법도를 만들어 만세에 내려주고자 한 것이다. 이것 역시 한 시대의 치(治)이다.」

**【참고 보충】「춘추 전국시대(春秋 戰國時代)」**

주(周)나라 평왕(平王)이 도읍을 호경(鎬京)에서 동쪽 낙읍(洛邑)으로 옮겼다. 그래서 동주(東周)라고 했다. 동주시대를 다시 춘추시대(春秋時代 : 약 B.C. 770~B.C. 440)와 전국시대(戰國時代 : 약 B.C. 440~B.C. 220)로 나눈다. 공자는 춘추시대에 속하고, 맹자는 전국시대에 속한다.

---

聖王不作 諸侯放恣 處士橫議 楊朱墨翟之言 盈天下 天下之言 不歸楊則歸墨 楊氏爲我 是無君也 墨氏兼愛 是無父也 無父無君 是禽獸也 公明儀曰 庖有肥肉 廐有肥馬 民有飢色 野有餓莩 此率獸而食人也 楊墨之道不息 孔子之道不著 是邪說誣民 充塞仁義也 仁義充塞 則率獸食人 人將相食.

---

성왕(이) 부작(하야) 제후(이) 방자(하며) 처사(이) 횡의(하야) 양주묵적지언(이) 영천하(하야) 천하지언(이) 불귀양 즉귀묵(하니) 양씨(는) 위아(하니) 시(는) 무군야(이오) 묵씨(는) 겸애(하니) 시(는) 무부야(이니) 무부무군(은) 시(이) 금수야(이니라) 공명의(이) 왈 포유비육(하며) 구유비마(이어든) 민유기색(하며) 야유아표(이면) 차(는) 솔수이사인야(이라하니) 양묵지도(이) 불식(하면) 공자지도(이) 부저(하리니) 시(는) 사설(이) 무민(하야) 충색인의야(이니) 인의충색 즉솔수사인(하다가) 인장상식(하리라)

「<공자 이후에도> 성왕이 나타나지 않고, 성왕의 도가 진작되지 않자, 제후들이 저마다 방자하게 되었다. 또 포의(布衣) 처사(處士)들이 제멋대로 사악한 주장을 내세웠다. <그래서> 양주와 묵자의 사설(邪說)이

천하에 넘쳤다. 천하의 사상은 양주에 기울지 않으면, 묵자에 귀속했던 것이다. 양주는 나만을 위주로 했으니 이는 임금을 부정하는 사상이다. 묵자의 겸애 사상은 부친의 존재를 부정하는 사상이다. 부친도 무시하고, 임금도 무시하는 사상은 바로 금수의 사상이다. 노나라의 현인 공명의(公明儀)가 말했다.『임금이나 통치자들의 푸주간에는 기름진 고기가 가득 쌓여 있고, 임금이나 귀족들의 마구간에는 살찐 말들이 있다. <반대로> 백성들 얼굴에는 굶주리고 허기진 기색이 떠돌고, 들판에는 굶어죽은 사람의 시체가 버려져 있다. 이러한 현상은 <임금이나 위정자가 백성을 돌보지 않고> 짐승을 끌어다가 사람을 먹게 한 짓이라 하겠다.』양주나 묵자가 주장하는 금수의 도리가 종식되지 않으면, 공자의 주장이나 도리가 나타나지 못하고, <따라서> 사설(邪說)이 백성들을 무망(誣罔)하고 인의(仁義)의 길을 저해하고 가로막는다. 인의의 길과 도리가 막히면, 즉 <임금이나 위정자들이 인의의 정치를 행하지 못하고> 짐승들을 끌어다가 사람을 먹게 하게 된다. <뿐만이 아니다.> 장차는 사람이 서로 사람을 잡아먹게 될 것이다.」

▶ 어구 설명

· 處士橫議(처사횡의) : 처사(處士)는 벼슬하지 않고 야에 있는 선비. 포의(布衣)의 학자나 사상가. 전국시대에는 제자백가(諸子百家)가 서로 자기 주장을 내세우고, 논쟁(論爭)했다.

· 楊朱(양주) : 전국시대 위(衛)나라 사람. 극단적인 개인주의와 이기주의를 주장했다. 맹자는 그를 비판했다.「머리털 하나를 뽑아 천하를 이롭게 해도, 하지 않았다.(拔一毛而利天下 不爲也)」

· 墨翟(묵적) : 묵자. 노(魯)나라 사람으로 송(宋)나라에서 대부를 지내기도 했다. 그의 사상의 특색은「겸애(兼愛)·비공(非攻)·상검(尙儉)」이다.「겸애」는「무차별적 박애사상」이다.「비공」은「철저한 반전(反戰) 평화사상」이다.「상검」은「검소 절약주의」다. 특히 유교의 예교(禮敎)를 지나친 형식주의적 낭비라고 심하게 반대했다.

- 莩(표) : 「굶어죽을 표(殍)」와 같다.
- 充塞仁義也(충색인의야) : 「사설(邪說)이 세상에 넘치고, 인의에 방해가 된다」는 뜻을 말한 것이다.

[集註 選譯] (1) 孟子引儀之言 以明楊墨道行 則人皆無父無君 以陷於禽獸 而大亂將起 是亦率獸食人 而人又相食也 此又一亂也. : 맹자가 공명 의의 말을 인용한 것은 다음 같은 뜻을 밝히고자 해서다. 「양주(楊朱)나 묵자(墨子)의 도리가 퍼지면, 사람들이 아비도 몰라보고, 임금도 몰라 보는 금수 같은 존재로 전락한다. 따라서 큰 변란이 일어날 것이다. 이러 한 사태 역시 짐승을 몰아다가 사람을 먹게 하고, 또 사람들로 하여금 서로 잡아먹게 하는 짓이 되는 것이다.」 <이러한 뜻을 밝히고자 맹자가 공명의의 말을 인용한 것이다.> 이 구절은 또 한 차례의 <사상적> 난 (亂)을 말한 것이다.

吾爲此懼 閑先聖之道 距楊墨 放淫辭 邪說者 不得 作 作於其心 害於其事 作於其事 害於其政 聖人復 起 不易吾言矣.

오(이) 위차구(하여) 한선성지도(하야) 거양묵(하며) 방음사(하여) 사설자(이) 부득작(케하노니) 작어기심(하야) 해어기사(하며) 작어기사(하여) 해어기정 (하나니) 성인(이) 부기(하샤도) 불역오언의(시리라)

「나는 이러한 사태를 두려워하므로 선성(先聖)들의 도를 지키고, 양주 나 묵자를 막고, 기타의 허무맹랑한 사설을 추방하고, 이단사설이 다시 는 나타나지 못하게 하고자 한다. 사설이 마음속에 일어나면 일을 해치 게 된다. 모든 일에 사설이 작용하면 마지막에는 정치를 해치게 된다. <앞으로 다른> 성인이 나타난다 해도 <나의 생각이나 주장을> 고치 지 않고 옳다고 인정해 줄 것이다.」

## ▶ 어구 설명

· 閑(한) : 「지키다[衛]」로 풀이한다.

· 放(방) : 「멀리 쫓아내다」의 뜻.

· 作(직) : 「일어나다」의 뜻.

· 政(정) : 행하는 일 중에 가장 큰 몸통이다.

[集註 選譯] (1) 孟子雖不得志於時 然楊墨之害 自是滅息 而君臣父子之道 賴以不墜 是亦一治也. : 맹자는 비록 당시에 뜻을 이루지는 못했다. <즉 왕도인정(王道仁政)을 구현하지 못했다.> 그러나 양주나 묵자 사상의 해독을 소멸케 하고 <인륜대도인> 군신과 부자의 도를 잃지 않게 했다. 이와 같은 <맹자의 공적> 역시 한 시대의 치(治)이다.

(2) 程子曰 楊墨之害 甚於申韓 佛氏之害 甚於楊墨. : 정자(程子)가 말했다. 「양주와 묵자의 해는 신불해(申不害)나 한비자(韓非子)보다도 심하다.」 「그리고 불교의 해독은 양주나 묵자보다 더 심하다.」

(3) 蓋楊氏 爲我 疑於義 墨氏 兼愛 疑於仁. : 「양주의 이기주의(利己主義)는 도의(道義) 면에서 의심하게 만들고, 묵자의 겸애사상(兼愛思想)은 인애(仁愛) 면에서 의심하게 만든다.」

(4) 申韓則淺陋易見 故孟子止闢楊墨 爲其惑世之甚也. : 「무릇 신불해나 한비자의 사상이 천박하고 누추하다는 것은 누구나 쉽게 알 수 있다. 그러므로 맹자는 양주와 묵자를 <가장 극렬하게> 배척하고 막았던 것이다.」 「<그 이유는> 그들이 가장 심하게 혹세무민(惑世誣民)하기 때문이다.」

(5) 佛氏之言近理 又非楊墨之比 所以爲害尤甚. : 「불교의 말은 도리에 가깝다. <그래서 사람들이 빠지기 쉽다.> 그래서 해가 더욱 심하다.」

> 昔者 禹抑洪水 而天下平 周公兼夷狄 驅猛獸 而百
> 姓寧 孔子成春秋 而亂臣賊子懼.

석자(에) 우(이) 억홍수 이천하(이) 평(하고) 주공(이) 겸이적 구맹수 이백성
(이) 영(하고) 공자(이) 성춘추 이란신적자(이) 구(하니라)

<맹자의 말>「옛날 우왕(禹王)이 홍수를 다스리고 <국토를 개발하
여> 천하가 평탄하게 되고, 만민이 편하게 살게 되었다. 주공(周公)
단(旦)이 오랑캐와 아울러 맹수들을 쫓아냈다. 그래서 백성들이 편안
하게 살게 되었다. 공자가 <천명을 받은 천자의 위치에서> 춘추(春秋)
를 저술하고 대의명분(大義名分)을 밝혔다. 그래서 난신적자(亂臣賊
子)들이 겁을 먹고 떨었던 것이다.」

> 我亦欲正人心 息邪說 距詖行 放淫辭 以承三聖者
> 豈好辯哉 予不得已也.

아(이) 역욕정인심(하야) 식사설(하며) 거피행(하며) 방음사(하야) 이승삼성
자(이로니) 기호변재(리오) 여(이) 부득이야(이니라)

「나도 역시 사람들의 마음을 바르게 잡아주고, 이단사설을 종식하고,
그릇되고 빗나간 행동을 막고, 방자하고 망발된 말을 추방하고, 앞의
세 성인들의 뒤를 이으려고 원한다. 내가 어찌 변론하기를 좋아하겠느
냐. <내가 말을 많이 하는 것은> 어쩔 수 없이 말을 하는 것이다.」

▶ 어구 설명
· 辭(사) : 상세히 말한다는 뜻.
· 三聖(삼성) : 세 성인. 우(禹)·주공(周公) 및 공자(孔子).

# 能言距楊墨者 聖人之徒也.

능언거양묵자(는) 성인지도야(이니라)

「양주나 묵자를 막고 물리칠 사람은 성인의 학도이다.」라고 말할 수 있다.

[集註 選譯] (1) 蓋邪說害正 人人得而攻之 不必聖賢 如春秋之法 亂臣賊子 人人得而誅之 不必士師也 聖人救世立法之意 其切如此 若以此意推之 則不能攻討 而又唱爲不必攻討之說者 其爲邪詖之徒 亂賊之黨 可知矣.：「대개 사설은 정도를 해치는 것이라 모든 사람이 공격할 수 있으며 반드시 성현을 필요로 하지 않는다.」「춘추필법으로 밝혀진 난신적자 같은 자는 모든 사람이 토벌할 수 있으며, 반드시 옥리(獄吏)가 아니라도 된다.」「성인의 구세(救世)와 입법(立法)의 뜻이 이렇게 절실했다.」「이와 같은 뜻을 미루어 보면 <이단사설을> 공격하고 타도하지 못하거나, 또는 공격하고 타도할 필요가 없다고 말하는 자들도 역시 사악하고 편파적 무리, 혹은 난적의 일당이 됨을 알 수 있다.」

(2) 尹氏曰 學者於是非之原 毫釐有差 則害流於生民 禍及於後世 故孟子辨邪說 如是之嚴 而自以爲承三聖之功也 當是時 方且以好辯目之 是以常人之心 而度聖賢之心也.：윤씨가 말했다.「학자는 시비의 근원에 있어, <만약에> 털끝만큼이라도 차질이 있으면, 그 폐해가 모든 사람에게 퍼지고, 또 화가 후세에까지 미친다.」「그러므로 맹자는 사설을 이와 같이 엄격하게 분별했으며 자신의 공이 삼성(三聖)에 이어진다고 생각했던 것이다.」「당시 맹자가 변론을 좋아한다고 지목한 것은 평범한 사람들의 마음으로 성현(聖賢)의 마음을 헤아린 것이니라.」

【참고 보충】「치란(治亂)과 오늘의 세계」

공자의 춘추시대(春秋時代)에는 오패(五覇)가 무력을 바탕으로 패권을 자랑했다. 그러나, 패자(覇者)는 입으로나마 존왕양이(尊王攘夷)를 주장했으며, 미처 노골적으로 주왕실(周王室) 타도를 외치지는 않았다. 그 속에서 공자가 학문과 덕행을 겸비한 군자를 양성하고, 인정덕치(仁政德治)를 회복하고, 평천하(平天下)를 실현하고자 진력했던 것이다. 그러나 공자의 염원은 달성되지 않고, 시대와 더불어 세상은 더욱 타락하고 혼란에 빠졌다.

그리하여 마침내 전국시대(戰國時代)에 돌입하게 되었다. 전국시대는 중국 역사상 가장 악덕한 난세(亂世)였다. 그때에 맹자가 나타나, 중국의 도통(道統)을 계승한 공자의 사상을 선양하고 천하를 바로잡으려고 고군분투했던 것이다. 맹자는 역사의 치(治)와 난(亂)을 다음과 같이 추렸다.

① 요순(堯舜)의 치세(治世).

② 홍수(洪水)와 한발(旱魃) 및 금수에 시달리는 난세.

③ 우(禹)의 치수(治水)와 국토개발은 치세(治世).

④ 하(夏)나라·은(殷)나라의 포학무도한 폭군에 시달린 악덕정치 시대는 극심한 난세(亂世).

⑤ 주(周)나라 문왕(文王)·무왕(武王)·주공(周公)의 서주(西周)시대는 치세(治世).

⑥ 동주(東周)에 접어들면서 난세(亂世).

⑦ 공자가 나타나 춘추(春秋)를 저술하고 난신적자(亂臣賊子)를 심판한 것은 치세(治世)의 상징이다. 즉 정신적·도덕적으로 인류를 바로잡고자 한 것이다.

⑧ 전국칠국(戰國七國)이 무력으로 침략병탄(侵略倂呑)만을 일삼고, 종횡가(縱橫家)가 권모술책을 농하고, 또 양주(楊朱)와 묵자(墨子)가 사설(邪說)을 가지고 만민을 미혹한 것은 무력적으로나 정신적으로나

난세(亂世) 중의 난세였다.

그래서 맹자가 부득이하게 사상과 변론을 통해서 바로잡으려고 했던 것이다.

무력적 난세 : 전국시대는 무력전쟁과 침략병탄이 노골화했다. 그래서 서주시대의 백여 개나 되었던 제후국(諸侯國)들이 강대국에게 멸망당하거나 병탄되고, 마침내 일곱 나라가 남았다. 「진(秦)·초(楚)·제(齊)·연(燕)·위(魏)·조(趙)·한(韓)」 등 일곱 개의 강대국이다. 그러나 결국에는 이리나 호랑이 같은 진(秦)나라에 의해서 무력적으로 통일되었다.

사상적 혼란 : 제자백가(諸子百家) 속에는 전략병가(戰略兵家), 형명법가(刑名法家), 책략종횡가(策略縱橫家) 등도 있었다. 그러나, 양주(楊朱)의 철저한 개인주의와 묵가(墨家)의 겸애(兼愛), 비공(非攻), 상검(尙儉) 사상과 아울러 노장(老莊)의 도가(道家) 사상이 사람의 마음을 혼란케 했다.

유교 사상의 바탕 : 유교 사상은 이상적인 평천하(平天下) 사상이다. 그러나 유교 사상이 꽃을 피우기 위해서는 그 전제 조건이 너무나 많고, 또 고차원적이다. 우선 정치지도자가 동물적 차원에서 정신적 차원으로 높아져야 한다. 그러나 이것이 어디 용이한 일인가.

오늘의 인류세계를 냉철하게 반성해 보자. 오늘의 강대국의 지도자들은 유교사상을 거들떠보지 않고, 무력으로 동물적·이기적 욕심을 채우는 것을 당연시한다. 그래서 위기극복이 어려운 것이다. 평민도 돈만 알고 먹고 노는 것만을 안다.

孟子曰 於齊國之士 吾必以仲子爲巨擘焉 雖然 仲子惡能廉 充仲子之操 則蚓而後可者也.

맹자(이) 왈 어제국지사(에) 오필이중자(로) 위거벽언(이어니와) 수연(이나) 중자(는) 오능렴(이리오) 충중자지조(이면) 즉인이후가자야(니라)

맹자가 말했다. 「제나라 선비로서는 진중자를 나도 반드시 거물급으로 치겠다. 그러나, 진중자의 태도를 어찌 <정상적인 의미로> 청렴하다고 말할 수 있겠느냐. 진중자와 같은 태도를 취하려면, 곧 지렁이같이 살아야 가능할 것이다.」

▶ 어구 설명

· 仲子(중자) : 진중자(陳仲子). 제나라 사람.
· 巨擘(거벽) : 엄지손가락, 거물급 인물.
· 充仲子之操(충중자지조) : 「충(充)」은 「충족한다, 행한다.」 「조(操)」는 「지조, 절조」. 여기서는 「그와 같은 태도」의 뜻이다.
· 蚓(인) : 지렁이.

[集註 選譯] (1) 言仲子未得爲廉也. 必若滿其所守之志 則惟丘蚓之無求於世 然後可以爲廉耳. : 다음 같은 뜻을 말한 것이다. 「진중자의 태도는 청렴이라 할 수 없다. 만약 반드시 그가 뜻하는 바 <생활태도를> 채우려면, 오직 지렁이처럼 <인간 세상에서 살기를> 구하지 않아야 비로소 <그와 같은> 청렴을 지키게 될 것이다.」

夫蚓 上食槁壤 下飮黃泉 仲子所居之室 伯夷之所築與 抑亦盜跖之所築與 所食之粟 伯夷之所樹與 抑亦盜跖之所樹與 是未可知也.

부인(은) 상식고양(하고) 하음황천(하나니) 중자소거지실(은) 백이지소축여(아) 억역도척지소축여(아) 소식지속(은) 백이지소수여(아) 억역도척지소수여(아) 시미가지야(라)

「원래 지렁이는 땅 위에서는 마른 흙을 먹고, 땅 밑에서는 흙탕물을

마시고 산다. <진중자는 사람이니, 사람답게 살아야 한다.> 진중자가
살고 있는 집이 과연 백이(伯夷) 같은 의로운 사람이 지은 집인지, 혹은
도척(盜跖) 같은 악인이 지은 집인지, 또 그가 먹는 곡식이 백이 같은
의로운 사람이 심고 키운 것이지, 혹은 도척 같은 악인이 심고 키운
것인지 엄밀하게 알지 못하고. <살고, 또 먹고 있지 않느냐. 진중자가
결백하다면, 그런 것까지 철저히 밝혀야 하지 않겠느냐.>」

▶ 어구 설명
· 槁壤(고양) : 마른 흙.
· 黃泉(황천) : 흙탕물.
· 抑(억) : 발어사(發語辭).

[集註 選譯] (1) 言蚓 無求於人而自足 而仲子 未免居室食粟 若所從來
或有非義 則是未能如蚓之廉也. : 즉 다음 같은 뜻을 말한 것이다. 「미물
인 지렁이는 인간세상에서 구하는 바 없이, <땅에 살아도> 자족한다.
그러나 진중자는 <사람답게> 집에서 살고, 또 곡식을 먹는 일을 면할
수 없다. 만약에 그가 따르는 <도리가> 인간의 도의가 아니라면 <그의
청렴은> 곧 지렁이의 결백만도 못한 것이다.」

以母則不食 以妻則食之 以兄之室則弗居 以於陵則
居之 是尙爲能充其類也乎 若仲子者 蚓而後 充其
操者也.

이모즉불식(하고) 이처즉식지(하며) 이형지실즉불거(하고) 이오릉즉거지(하
니) 시상위능충기류야호(아) 약중자자(는) 인이후 충기조자야(니라)

「<진중자는> 자기 어머니가 만든 음식은 먹지 않고, 자기 처의 것은
먹었다. 형의 집에는 살지 않고, 오릉에는 살았으니 <그런 태도로>

자기가 생각하는 <괴벽한> 종류의 청렴을 능히 채울 수 있겠는가.
진중자가 지키는 청렴 같은 <괴벽한 짓은 사람이 아니고 오직> 지렁
이라야 지키고 채울 수 있는 것이다.」

[集註 選譯] (1) 言 仲子以母之食 兄之室 爲不義 而不食不居 其操守如
此 至於妻所易之粟 於陵所居之室 旣未必伯夷之所爲 則亦不義之類
耳. : 즉 다음 같은 뜻을 말한 것이다. 「진중자는 어머니가 주는 음식과
형의 집을 의롭지 않다고 생각하고, 먹지도 않고 살지도 않았다. 그와
같이 괴벽한 고집을 부린다면, 아내가 교역한 곡식과 오릉의 사는 집도
반드시 백이가 <만든 곡식이나 집이> 아닐 것이니, 역시 의롭지 못한
것들이다.

(2) 今仲子於此則不食不居 於彼則食之居之 豈爲能充滿其操守之類者
乎 必其無求自足 如丘蚓然 乃爲能滿其志而得爲廉耳 然豈人之所可爲
哉. : 그런데 진중자가 지금 여기 <즉 자기 집에서는> 먹지도 않고 살지
도 않으면서, 저기 <즉 오릉에서는> 먹고 또 살고 있으니, 어찌 능히
자기의 괴벽한 고집 따위를 채운다고 할 수 있겠는가? <그렇게> 반드시
인간세상에서 구하지 않고 자족(自足)만을 고집한다면, <그런 태도는>
지렁이와 같은 생태(生態)이다. 그래 가지고 자기 생각을 채우고, 또
청렴하다고 한다면, 그것이 어찌 인간이 할 일이라 하겠는가.」

(3) 范氏曰 天之所生 地之所養 惟人爲大 人之所以爲大者 以其有人倫也
仲子避兄離母 無親戚君臣上下 是無人倫也 豈有無人倫 而可以爲廉
哉. : 범씨가 말했다. 「하늘이 낳고, 땅이 기르는 만물 중에서 오직 인간
만이 위대하다. 인간이 위대한 까닭은 바로 인류 도덕이 있기 때문이다.
진중자는 형을 피하고 어머니를 떠났으며, 또 일가친척과 상하 군신도
없으니 그는 곧 인류이 없는 것이다. 어찌 인류이 없으면서 청렴할 수
있겠는가.」

## 【참고 보충】 청렴과 윤리도덕

맹자의 제자 광장(匡章)이 진중자(陳仲子)를 청렴결백(淸廉潔白)한 사람의 대표자라고 칭찬하자 맹자가 그를 반박했다.

진중자의 집안은 세가(世家)로 형이 만종(萬鍾)의 녹을 받고 있었다. 그런데 진중자는 무조건 형의 집이나 녹을 불의(不義)의 집이며 불의의 재물이라 배척하고, 또 어머니하고도 떨어져 살았다. 말하자면, 진중자는 청렴결백에 대한 잘못된 생각으로 가정윤리를 파괴하고, 육친들마저 버리고 홀로 가난하게 살면서, 굶주렸던 것이다.

그래서 맹자는 말했다. 「가족을 멀리하고 혼자 살며, 무조건 가난하게 사는 것은 청렴결백이 아니다. 그런 짓은 지렁이의 생태(生態)다.」

## 이루장구 상(離婁章句 上)의 명언 명구

孟子曰 離婁之明 公輸子之巧 不以規矩 不能成方
員 師曠之聰 不以六律 不能正五音 堯舜之道 不以
仁政 不能平治天下 今有仁心仁聞 而民不被其澤
不可法於後世者 不行先王之道也 故曰 徒善不足以
爲政 徒法不能以自行.

맹자왈 이루지명(과) 공수자지교(로도) 불이규구(이면) 불능성방원(이요) 사
광지총(으로도) 불이륙률(이면) 불능정오음(이요) 요순지도(로도) 불이인정
(이면) 불능평치천하(이니라) 금유인심인문 이민불피기택(하야) 불가법어후
세자(는) 불행선왕지도야(일새니라) 고(로) 왈 도선(이) 부족이위정(이오) 도
법(이) 불능이자행(이라하니라)

맹자가 말했다. 「이루(離婁)같이 눈이 밝고, 공수자(公輸子)같이 기술
이 뛰어나도 그림쇠나 곡척을 쓰지 않으면 사각형과 원형을 만들 수
없다. 또 사광(師曠)같이 귀가 밝아도 육률(六律)을 쓰지 않으면 오음
(五音)을 바로잡지 못한다. 그와 마찬가지로 아무리 요(堯)임금과 순
(舜)임금의 도를 높인다 해도 실제로 인정(仁政)을 펴지 않으면 천하를
화평하게 다스릴 수 없다. 오늘의 임금들 중에는 인심(仁心)이 있으며,
또 어질다는 소문이 난 사람도 있다. 그러나 백성들이 실제로 혜택을

받지 못하고, 또 그들 임금을 후세의 법도로 삼을 수 없으니, <그 이유
는 다름이 아니다.> 그들이 선왕의 왕도 덕치(王道德治)를 실천하지
않기 때문이다. 그러므로 오직 착한 마음만으로는 인정을 하기에 부족
하고, 좋은 법도만으로는 인정을 할 수 없다고 하는 것이다.」

▶ 어구 설명

· 離婁(이루) : 황제(黃帝) 때의 사람. 백 보 밖에서도 추호(秋毫)의 끝을
  볼 수 있었다고 한다. 장자(莊子) 천지편(天地篇)에는 황제가 곤륜산(崑崙
  山)에서 잃어버린 현주(玄珠)를 이주(離朱=이루)가 찾았다고 한다.
· 公輸子(공수자) :「공수반(公輸般 [班])」이라고도 한다. 노(魯)나라의 기
  술자로 운제(雲梯)라는 성(城)을 공격하는 무기를 만들기도 했다.
· 規矩(규구) : 원규(圓規 : 컴퍼스)와 곡척(曲尺).
· 師曠(사광) : 진(晉)나라의 태사(太師 : 악공의 장), 이름이 광(曠).
· 六律(육률) : 황제 때의 영륜(伶倫)이 죽관(竹管)으로 만들었다고 전한다.
  음양(陰陽) 각각 여섯 개로, 오음(五音)의 높낮이를 조절하는 기구다.
  「황종(黃鍾)·태주(太簇)·고선(姑洗)·유빈(蕤賓)·이칙(夷則)·무역
  (無射)」은 「양(陽)」이 되고, 「대려(大呂)·협종(夾鍾)·중려(仲呂)·임종
  (林鍾)·남려(南呂)·응종(應鍾)」은 「음(陰)」이 된다. 육률은 양(陽), 육
  려(六呂)는 음(陰)이다. 「육률육려」를 합해서 「12률」이라고 한다.
· 五音(오음) :「궁(宮)·상(商)·각(角)·치(徵)·우(羽)」를 오음이라
  한다.

[集註 選譯] (1) 仁心 愛人之心也 仁聞者 有愛人之聲 聞於人也 先王之
道 仁政是也. :「인심(仁心)」은 「사람을 사랑하는 마음」이다. 「인문(仁
聞)」은 「사람을 사랑한다는 명성이 사람에게 들린다」는 뜻이다. 「선왕
지도(先王之道)」는 「바로 인정(仁政)」이다.

(2) 范氏曰 齊宣王 不忍一牛之死 以羊易之 可謂有仁心 梁武帝 終日一
食蔬素 宗廟以麪爲犧牲 斷死刑必爲之涕泣 天下知其慈仁 可謂有仁
聞. : 범씨(范氏)가 말했다. 「제선왕(齊宣王)은 소 한 마리 죽는 것을

끔찍하게 여기고 양으로 바꾸라고 했으니, 어질다고 말할 수 있다.」「양무제(梁武帝)는 하루 한 번 소식(素食)을 먹었고, 종묘에는 국수를 희생으로 바쳤으며, 사형을 내릴 적에는 반드시 눈물을 흘리고 울었다.」「그래서 천하 만민이 그의 인자함을 알았으니, 가히 인문(仁聞)이라고 할 만하다.」

(3) 然而宣王之時 齊國不治 武帝之末 江南大亂 其故何哉 有仁心仁聞 而不行先王之道 故也. : 「그러나 제선왕 때에 제나라가 다스려지지 못하였고, 양무제 말기에는 강남이 크게 혼란하였다.」「그 이유가 무엇인가. 겉으로만 인심(仁心)이 있다, 혹은 어질다고 소문이 났을 뿐, 실제로 선왕의 왕도를 행하지 않았기 때문이다.」

(4) 徒猶空也 有其心 無其政 是謂徒善 有其政 無其心 是爲徒法. : 「도(徒)는 공(空)과 같은 뜻이다.」「<어진> 마음만 있고 <어진> 정치가 없는 것」을 「도선(徒善)」이라 한다. 「정치의 법도만 있고 어진 마음이 없는 것」을 「도법(徒法)」이라 한다.

(5) 程子嘗言 爲政 須要有綱紀文章 謹權審量 讀法平價 皆不可闕. : 정자(程子)가 전에 말했다. 「정치를 하기 위해서는 모름지기 <다음 같은 것을 갖추어야 한다.> 기강을 바르게 세워야 한다. 문물 제도를 빛나게 꾸며야 한다. 신중하게 저울질하고 무게를 살펴야 한다. 법 해석을 바르게 하고 가치를 공평하게 평가해야 한다. 이들은 다 빼놓을 수 없는 일들이다.」

(6) 而又曰 必有關雎麟趾之意 然後可以行周官之法度 正謂此也. : 또 말했다. 「반드시 시경 주남(周南)에 나오는 관저(關雎)와 인지(麟趾)의 숭고한 뜻을 바탕으로 하고, 그 다음에 주(周)나라의 관제(官制)와 법도를 따르고 행해야 한다는 뜻을 말한 것이다.」

詩云 不愆不忘 率由舊章 遵先王之法 而過者 未之
有也.

시운 불건불망(은) 솔유구장(이라하니) 준선왕지법 이과자(는) 미지유야(이
니라)

「시경 대아(大雅) 가락편(假樂篇)에 있다. 『잘못하지 않고 잊지도 않는
것은, 오직 옛날의 법도를 따르기 때문이니라.』 선왕의 법도를 준수하
면 잘못하는 예가 아직 없었다.」

▶ 어구 설명

· 愆(건) : 허물, 잘못.
· 率由舊章(솔유구장) : 「솔(率)」은 「따른다」는 뜻. 「장(章)은 전법(典法).」
· 遵(준) : 성심으로 준수한다.

聖人旣竭目力焉 繼之以規矩準繩 以爲方員平直 不
可勝用也 旣竭耳力焉 繼之以六律 正五音 不可勝用
也 旣竭心思焉 繼之以不忍人之政 而仁覆天下矣.

성인(이) 기갈목력언(하시고) 계지이규구준승(하시니) 이위방원평직(에) 불
가승용야(이며) 기갈이력언(하시고) 계지이륙률(하시니) 정오음(에) 불가승
용야(이며) 기갈심사언(하시고) 계지이불인인지정(하시니) 이인복천하의(시
니라)

「성인들이 과거에 밝은 시력을 발휘하여, <사물을 바르게 보았고>
또 계속해서 원규(圓規)나 곡척(曲尺)이나 수평이나 목줄을 사용해서
사각형이나 원형, 또는 평면이나 직선을 <바르게> 잡으셨으므로 <오
늘 우리는> 다 쓸 수 없을 만큼 덕을 보고 있다. 성인들이 과거에

밝은 청력을 발휘하여, <소리를 바로잡았으며> 또 계속해서 육률(六
律)을 가지고, 오음(五音)을 바로잡았으므로 <오늘 우리는> 다 쓸 수
없을 만큼 덕을 보고 있다. 성인들이 과거에 마음과 생각을 다하고,
또 불인인지정(不忍人之政)을 펴고 온 천하를 인(仁)으로 덮으셨다.」

▶ 어구 설명

·繼之以規矩準繩(계지이규구준승) : 이어 「규(規 : 컴퍼스), 구(矩 : 곡척),
 준(準 : 수평을 바르게 잡는 도구), 승(繩 : 직선을 바르게 잡는 도구, 먹줄)」
 같은 도구를 써서.

·以爲方員平直(이위방원평직) : 「방(方 : 사각형), 원(員=圓 : 원형), 평(平
 : 평면), 직(直 : 직선)」 등을 바르게 정해 주었다.

·不忍人之政(불인인지정) : 남을 처참하게 만드는 것을 참을 수 없는 <사랑
 의> 정치. 즉 인정(仁政)이다.

·覆(복) : 「온통 덮는다」는 뜻.

[集註 選譯] (1) 此言古之聖人 旣竭耳目心思之力 然猶以爲未足以徧天
下及後世 故制爲法度 以繼續之 則其用不窮 而仁之所被者廣矣. : 이 구
절은 <다음 같은 뜻을 말한 것이다.> 「옛날의 성인이 이미 귀와 눈 및
마음과 생각하는 힘을 다하여 세상을 바르게 했다. 그러나 천하에 두루
퍼지고 후세에 미치기에는 아직도 부족하다. 그러므로 법도를 제정하여
뒤를 이어야 한다. 곧 <성인이 남겨준 문화의> 이용가치가 무궁하고,
따라서 인덕을 입는 사람들의 범위도 넓어질 것이다.」

---

故曰 爲高必因丘陵 爲下必因川澤 爲政 不因先王
之道 可謂智乎.

---

고(로) 왈 위고(하되) 필인구릉(하며) 위하(하되) 필인천택(이라하니) 위정(하
되) 불인선왕지도(면) 가위지호(아)

「고로 옛날에 말했다. 『높이 오르려면 산이나 언덕을 따라가야 하고, 낮은 데로 가려면 개천이나 못을 따라가야 한다.』정치를 하되 선왕의 도를 따르지 않는 것을 지혜롭다 하겠는가.」

是以惟仁者 宜在高位 不仁而在高位 是播其惡於衆
也 上無道揆也 下無法守也 朝不信道 工不信度 君
子犯義 小人犯刑 國之所存者幸也.

시이유인자(이아) 의재고위(니) 불인이재고위(면) 시(는) 파기악어중야(이니라) 상무도규야(하며) 하무법수야(하야) 조불신도(하며) 공불신도(하야) 군자(이) 범의(하고) 소인(이) 범형(이면) 국지소존자(이) 행야(이니라)

「그러므로 오직 인자(仁者)만이 의당히 높은 자리에 있어야 하고, 어질지 않은 사람이 높은 자리에 있으면 백성에게 악을 전파하게 된다. 위의 임금이 도로써 모든 일을 헤아리지 않으면, 아래에 있는 신하가 법도를 지키지 않을 것이다. 또 조정의 백관(百官)이 도를 지키지 않으면, 아래의 백공(百工)들이 법도를 안 지킬 것이다. 위에 있는 군자가 도의를 어기면, 아래의 소인들이 형법에 저촉되는 범죄를 할 것이다. 그러고도 나라가 존속한다면, 그것은 요행이다.」

▶ 어구 설명
· 播惡於衆(파악어중) : 「아래에 있는 백성에게 화환(禍患)을 퍼지게 한다」는 뜻이다.
· 道(도) : 의리의 뜻.
· 揆(규) : 헤아린다는 뜻. 도규(道揆)는 의리로써 사물을 도량하고 바르게 제도한다는 뜻이다.
· 法守(법수) : 법도를 스스로 지킨다는 뜻.
· 工(공) : 관원(官員)의 뜻.

· 度(도) : 법.

· 君子(군자)· 小人(소인) : 둘 다 지위로써 말한 것이다.

[集註 選譯] (1) 仁者 有仁心仁聞 而能擴而充之 以行先王之道者也. : 「인자(仁者)」는 「인심(仁心)도 있고 어질다는 소문도 나고, 또 능히 〈인애를〉 충실하게 넓혀, 선왕의 도를 행할 수 있는 임금이다.」

(2) 此言 不仁而在高位之禍也. : 이 구절은 어질지 않은 사람이 위에 있을 때의 화(禍)를 말한 것이다.

(3) 由上無道揆 故下無法守 無道揆 則朝不信道 而君子犯義 無法守 則 工不信度 而小人犯刑 有此六者 其國必亡 其不亡者 僥倖而已. : 「위가 도로써 헤아리지 않으므로 고로 아래가 법을 안 지킨다.」 「도로써 헤아리지 않으면, 즉 조정에서 도를 신봉하지 않게 되고, 군자들도 의를 어기고 법을 안 지키게 되고, 백공이나 관원들도 법도를 믿지 않게 되고, 소인들은 형법을 어기고 죄를 짓게 된다.」 「이 여섯 가지 폐단이 있으면 그 나라는 반드시 망한다. 혹 망하지 않는다면 그것은 요행이다.」

故曰 城郭不完 兵甲不多 非國之災也 田野不辟 貨財 不聚 非國之害也 上無禮 下無學 賊民興 喪無日矣.

고(로) 왈 성곽불완(하며) 병갑부다(이) 비국지재야(이며) 전야불벽(하며) 화재불취(이) 비국지해야(이라) 상무례(하며) 하무학(이면) 적민(이) 흥(하여) 상무일의(이라하니라)

「그러므로 말한다. 성곽이 완전하지 못한 것이나, 무기나 갑주(甲冑)가 많지 않은 것은 나라의 재화가 아니다. 전답을 개간하지 않아서 재물이 많이 쌓이지 않은 것도 국가의 해가 아니다. 위가 무례하고 아래가 배우지 못하여 〈바르지 못하면〉 백성을 해치는 도둑들이 흥성하니

나라가 망할 날이 가까운 것이다.」

[集註 選譯] (1) 上不知禮 則無以敎民 下不知學 則易與爲亂. :「윗사람이 예를 모르면 백성을 교화할 수 없고, 아랫사람이 도를 배우고 행하지 않으면 쉽사리 난동에 가담하게 된다.」

詩曰 天之方蹶 無然泄泄 泄泄 猶沓沓也 事君無義
進退無禮 言則非先王之道者 猶沓沓也 故曰 責難
於君 謂之恭 陳善閉邪 謂之敬 吾君不能 謂之賊.

시왈 천지방궐(시니) 무연예예(라하니) 예예(는) 유답답야(니라) 사군무의(하며) 진퇴무례(하고) 언즉비선왕지도자(이) 유답답야(이니라) 고(로) 왈 책난어군(을) 위지공(이요) 진선폐사(를) 위지경(이요) 오군불능(을) 위지적(이라하니라)

「시경 대아(大雅) 판편(板篇)에 있다. 『하늘이 바야흐로 <주(周)나라를> 뒤엎으려고 하니 <그대들 군신들은> 그렇게 '예예'하고 <맹목적으로> 좋아하고 따르지 마라.』'예예'는 '답답(沓沓)'과 같다. 오늘의 선비들은 임금을 섬기는 데도 의(義)가 없고, 진퇴(進退)에도 예(禮)가 없다. <입을 열고> 말하면 바로 선왕의 도를 비난한다. <이러한 모양이> '답답'과 같은 것이다. 그러므로 나는 다음같이 말하겠다. <신하가 되어 임금에게 선왕의 도와 인정(仁政) 같은> 어려운 일을 하라고 강요하는 것이 공손(恭遜)이다. <신하가 임금에게> 선(善)을 진술하고 악(惡)을 막는 것이 공경(恭敬)이다. <신하가 충간을 올리지 않고> 우리 임금은 인정을 할 수 없다고 <포기하는 자를> 역적(逆賊)이라 하겠다.」

▶ 어구 설명

· 蹶(궐) : 전복(顚覆)하려고 한다.

· 泄泄(예예) : 느리고 태만하고 좋아서 따르기만 하는 모습.

[集註 選譯] (1) 范氏曰 人臣 以難事責於君 使其君爲堯舜之君者 尊君之大也 開陳善道 以禁閉君之邪心 惟恐其君或陷於有過之地者 敬君之至也 謂其君不能行善道 而不以告者 賊害其君之甚也. : 범씨(范氏)가 말했다. 「신하는 인정(仁政) 같은 어려운 일을 하라고 임금을 독촉하여, 그로 하여금 요순(堯舜) 같은 임금을 만들어야 한다. 그것이 임금을 크게 존경하는 일이다. 선도(善道)를 개진하고 임금의 사악한 마음을 닫게 하고, 오직 임금이 혹 잘못된 경지에 빠지면 어쩌나 하고 걱정하는 것이 곧 임금에 대한 지극한 공경이다. 반대로 우리 임금은 착한 도리를 행할 수 없다고 포기하고 충간을 올리지 않는 신하가 바로 지극히 심하게 임금을 해치고 망하게 하는 자이다.」

(2) 鄒氏曰 自詩云 天之方蹶 至此 所以責其臣. : 추씨(鄒氏)가 말했다. 「시운 천지방궐(詩云 天之方蹶)부터 여기까지는 잘못한 신하를 책망한 것이다.」

(3) 鄒氏曰 此章 言爲治者 當有仁心仁聞 以行先王之政 而君臣 又當各任其責也. : 추씨가 말했다. 「이 장은 다음 같은 뜻을 말한 것이다. 즉 나라를 다스리는 자는 마땅히 인심(仁心)을 지니고, 또 인을 행한다는 명성(名聲)을 높이고, 선왕의 도를 따르는 인정을 행해야 한다. 아울러 임금이나 신하가 저마다 자기의 직책을 다해야 한다.」

> 孟子曰 規矩方員之至也 聖人人倫之至也 欲爲君
> 盡君道 欲爲臣 盡臣道 二者皆法堯舜而已矣 不以
> 舜之所以事堯 事君 不敬其君者也 不以堯之所以治
> 民 治民 賊其民者也 孔子曰 道二 仁與不仁而已矣.

맹자(이) 왈 규구(는) 방원지지야(이요) 성인(은) 인륜지지야(이니라) 욕위군

(인댄) 진군도(이요) 욕위신(인댄) 진신도(이니) 이자(를) 개법요순이이의(니)
불이순지소이사요(로) 사군(이면) 불경기군자야(이요) 불이요지소이치민(으
로) 치민(이면) 적기민자야(이니라) 공자(이) 왈 도(이) 이(니) 인여불인이이의
(라하시니라)

맹자가 말했다. 「원규(圓規)와 곡척(曲尺)은 사각형과 원형을 만드는
지극한 기준이 되는 도구이고, 성인은 인륜 도덕을 가르치고 깨우치는
최고의 인물이다. 임금이 되고자 하면 임금의 도리를 다해야 한다. 신하
가 되고자 하면 신하의 도리를 다해야 한다. <임금이나 신하나> 둘
다 요순(堯舜)을 법도로 삼으면 된다. 순(舜)이 요(堯)를 섬긴 <신하의
도리가 아닌> 다른 도리로써 임금을 섬기면 그것은 자기 임금을 불경
(不敬)하는 짓이다. 요(堯)가 백성을 다스리던 <성왕의 도리가 아닌>
다른 도리로써 백성을 다스리면 그것은 백성을 해치는 짓이다. 공자가
말했다. 『도는 둘이다. 즉 인(仁), 혹은 불인(不仁)이 있을 뿐이다.』」

▶ 어구 설명
· 規矩(규구) : 「규(規)」는 원규(圓規), 즉 컴퍼스. 「구(矩)」는 곡척(曲尺).
· 方員之至也(방원지지야) : 사각형과 원형을 그리는 최고의 기준이 되는
  도구이다. 지(至)는 극(極)이다.

[集註 選譯] (1) 法堯舜 以盡君臣之道 猶用規矩 以盡方員之極 此孟子
所以道性善 而稱堯舜也. : 「요순(堯舜)을 법도로 삼고 군신의 도리를
다함이다.」 이는 마치 「규구」를 가지고 방원(方圓)의 극치를 이루는
것과 같다.」 「이런 까닭으로 맹자가 성선(性善)을 말할 때 요순을 내세
워 칭찬했던 것이다.」

(2) 法堯舜 則盡君臣之道而仁矣 不法堯舜 則慢君賊民而不仁矣 二端之
外 更無他道 出乎此 則入乎彼矣 可不謹哉. : 「요순을 법도로 삼으면, 곧
군신지도(君臣之道)를 다하므로 인(仁)이다.」 「요순을 법도로 삼지 않
으면 임금이 태만해지고, 따라서 백성을 해치므로 불인(不仁)이다. 이

둘 외에 다른 길은 없다. ﹤인이 아니면 불인하게 된다.﹥「여기를 벗어나면 저기로 들어가니 「진정 삼가지 않을 수 없다.」

---

暴其民甚 則身弑國亡 不甚則身危國削 名之曰 幽厲 雖孝子慈孫 百世不能改也 詩云 殷鑒不遠 在夏后之世 此之謂也.

---

포기민(이) 심 즉신시국망(하고) 불심즉신위국삭(하나니) 명지왈 유려(이면) 수효자자손(이라도) 백세(에) 불능개야(이니라) 시운 은감불원(이라) 재하후지세(라하니) 차지위야(이니라)

「﹤인(仁)을 베풀지 않고﹥ 백성을 포악하게 다스리고, 그 정도가 심하면 몸도 죽고 나라도 망하게 된다. 심하지 않으면 몸이 위태롭게 되고, 나라가 약하고 위태롭게 된다. 그리고 ﹤죽은 다음에﹥ 유(幽) 혹은 여(厲) 같은 나쁜 시호(諡號)가 붙는다. ﹤그렇게 되면﹥ 비록 효성하고 자비로운 자손이 있어도 ﹤그 악명을﹥ 백세를 두고도 고칠 수 없게 된다. 시경 대아(大雅) 탕편(蕩篇)에 있다. 『은(殷)의 거울이 멀지 않다. 바로 하(夏)의 걸(桀) 때에 있었다.』 이것이 바로 ﹤후세의 임금이 전세의 폭군을 경계하라는 뜻을﹥ 말한 것이다.」

▶ 어구 설명

· 幽厲(유려) : 서주(西周) 말기의 유왕(幽王)이나 여왕(厲王). 「유(幽)」는 「어둡다는 뜻.」 「여(厲)」는 「포학하다는 뜻.」 모두 나쁜 시호이다.

[集註 選譯] (1) 言商紂之所當鑒者 近在夏桀之世 而孟子引之 又欲後人以幽厲爲鑒也. :「은(殷)나라 주(紂)가 마땅히 거울로 삼아야 할 자가, 바로 가까이 있는 하(夏)나라 걸(桀)의 세상이다」라는 뜻을 말한 것이다. 「아울러 맹자가 인용하고 다시 후인들이 유왕과 여왕을 거울로 삼기를 바랐던 것이다.」

> 孟子曰 三代之得天下也 以仁 其失天下也 以不仁
> 國之所以廢興存亡者 亦然 天子不仁 不保四海 諸
> 侯不仁 不保社稷 卿大夫不仁 不保宗廟 士庶人不
> 仁 不保四體 今 惡死亡 而樂不仁 是猶惡醉而强酒.

맹자(이) 왈 삼대지득천하야(는) 이인(이요) 기실천하야(는) 이불인(이니라)
국지소이폐흥존망자(이) 역연(하니라) 천자(이) 불인(이면) 불보사해(하고)
제후(이) 불인(이면) 불보사직(하고) 경대부(이) 불인(이면) 불보종묘(하고)
사서인(이) 불인(이면) 불보사체(니라) 금(에) 오사망 이락불인(하나니) 시유
오취이강주(이니라)

맹자가 말했다. 「하(夏)·은(殷)·주(周) 세 왕조가 천하를 얻은 것은
인정(仁政)을 폈기 때문이다. <반대로 걸왕(桀王)·주왕(紂王)·유왕
(幽王)·여왕(厲王)이> 나라를 잃은 것은 불인(不仁)했기 때문이다.
나라가 흥망성쇠(興亡盛衰)하는 이유도 역시 그와 같다. <인과 불인이
다.> 천자가 어질지 못하면 사해를 보전하지 못하고, 제후가 어질지
못하면 사직을 보전하지 못하고, 경이나 대부가 어질지 못하면 종묘를
보전하지 못하고, 사나 서민이 어질지 못하면 자기의 몸도 보전하지
못한다. 지금 <사람들은> 죽고 망하는 것을 싫어한다. 그러면서 불인
한 짓을 즐겨 하고 있으니, 이는 흡사 술 취하는 것을 싫어하면서, 억지
로 술을 마시게 하는 것과 같다.」

▶ **어구 설명**

· 社稷(사직) : 국가라는 뜻. 「사(社)는 토지신(土地神)」, 「직(稷)은 곡신(穀
  神)」이다.
· 宗廟(종묘) : 역대의 선조를 모신 사당. 「불보종묘(不保宗廟)」는 「경(卿)
  이나 대부가 탈관삭직(奪官削職)되고 패가망신(敗家亡身)한다」는 뜻.
· 四體(사체) : 자기 한 몸. 사지(四肢)와 생명.

- 惡死亡(오사망) : 죽거나 망하는 것을 싫어한다.
- 而樂不仁(이락불인) : 그러면서 <죽고 망하는 바탕이 되는> 불인을 즐기고 행한다.
- 惡醉而强酒(오취이강주) : 취하고 주정하는 것을 싫어하면서, 강제로 술을 마시게 하는 것과 같다.

孟子曰 愛人不親 反其仁 治人不治 反其智 禮人不答 反其敬 行有不得者 皆反求諸己 其身正 而天下歸之 詩云 永言配命 自求多福.

맹자(이) 왈 애인불친(이어든) 반기인(하고) 치인불치(어든) 반기지(하고) 예인부답(이어든) 반기경(이니라) 행유부득자(이어든) 개반구제기(니) 기신(이) 정 이천하(이) 귀지(니라) 시운 영언배명(이) 자구다복(이라하니라)

맹자가 말했다. 「내가 남을 사랑하는데도 남이 나를 친애하지 않으면, 나의 사랑이 <부족하지 않았나> 스스로 반성해 보아야 한다. 내가 남을 다스렸는데도 잘 다스려지지 않으면, 나의 지혜가 <부족하지 않았나> 스스로 반성해 보아야 한다. 내가 남에게 예의를 다했는데도 남이 나에게 예의로써 답하지 않으면, 나의 공경이 <부족하지 않았나> 반성해 보아야 한다. 일을 행하고 좋은 성과를 얻지 못했을 때, <모든 이유나 원인 등> 모든 것을 자신에게서 찾아야 한다. 자신이 바르면, 천하도 바르게 돌아간다. 시경 대아(大雅) 문왕편(文王篇)에 있다. 『언제나 천명에 맞게 하는 것이, 스스로 복을 구함이다.』」

▶ 어구 설명
- 皆反求諸己(개반구제기) : <덕을 세우지 못한 이유나 원인을> 자신에게서 찾아야 한다.

・正(정) : 「정(正)」의 뜻은 깊다. 「하나[一]에 가서 멈춤[止]」이다. 즉 「하늘이나 천도(天道)와 하나가 되는 것이 정(正)」이다.

[集註 選譯] (1) 我愛人 而人不親我 則反求諸己 恐我之仁未至也 智敬放此. : 「내가 남을 사랑했는데, 남이 나를 친애하지 않으면, 스스로 자기 반성을 해야 한다. 나의 사랑이 지극하지 못했는지 걱정해야 한다. 지혜나 공경의 경우도 같다.」

(2) 不得 謂不得其所欲 如不親不治不答是也 反求諸己 謂反其仁 反其智 反其敬也 如此 則其自治益詳 而身無不正矣 天下歸之 極言其效也. : 「부득(不得)」은 「자기가 기대한 바를 얻지 못했다」는 뜻이다. 즉 상대방의 「불친(不親), 불치(不治), 부답(不答)」과 같은 태도다. 「반구제기(反求諸己)」는 「자기의 인(仁)을 반성한다, 자기의 지혜를 반성한다, 자기의 공경을 반성한다」는 뜻이다. 이렇게 하면 자기를 더욱 잘 다스려, 자기 몸가짐에 바르지 않음이 없게 되고, 따라서 천하도 바르게 돌아온다. 즉 그 효험의 지극함을 말한 것이다.

### 【참고 보충】 「반구제기(反求諸己)」

옛날이나 오늘이나 사람들은 자기 반성을 안하고 남을 탓하고 남을 욕하기 바쁘다. 그러니까 서로 다투고 싸우게 된다. 오늘의 세계도 같다. 강대국은 약소국을 인자한 마음으로 도와주려 하지 않고, 각박하게 몰아붙이고 말살하려고 한다. 그래서 더욱 국제 정세가 험악하게 된다. 2천 년 전의 맹자는 다음같이 말했다. 「내가 남을 사랑했는데도 남이 나를 친애하지 않으면, 나의 사랑이 부족하지 않았나 스스로 반성해 보아야 한다.」 「내가 바르게 하면 천하도 바르게 된다.」 허기는 오늘의 악덕한 정치인은 맹자의 말을 바보소리라고 할 것이다.

## 孟子曰 人有恒言 皆曰 天下國家 天下之本在國 國 之本在家 家之本在身.

맹자(이) 왈 인유항언(호대) 개왈 천하국가(라하나니) 천하지본(은) 재국(하고) 국지본(은) 재가(하고) 가지본(은) 재신(하니라)

맹자가 말했다. 「사람들이 항상 말한다. 모든 사람이 천하 국가를 논하고 말한다. <그러나> 천하의 근본은 나라에 있고, 나라의 근본은 집안에 있고, 집안의 근본은 <개개인의> 몸가짐에 있다.」

[集註 選譯] (1) 恆常也 雖常言之 而未必知其言之有序也 故推言之 而又以家本乎身也. : 「항(恒)은 항상의 뜻이다. 사람들은 비록 항상 천하 국가에 대한 말을 하면서도 순서가 있음을 모른다. 그러므로 그 단계를 추려 말한 것이다. 아울러 집안의 근본이 개개인의 몸가짐에 있다는 것도 말했다.」

(2) 大學所謂自天子至於庶人 壹是皆以修身爲本 爲是故也. : 대학(大學)에서 이른바 『천자로부터 서민에 이르기까지 한결같이 수신을 근본으로 삼는다』고 한 것도 이 때문이다. <* 대학에서 말한 수신(修身), 제가(齊家), 치국(治國), 평천하(平天下)를 맹자가 말한 것이다.>

## 孟子曰 爲政不難 不得罪於巨室 巨室之所慕 一國 慕之 一國之所慕 天下慕之 故沛然德敎 溢乎四海.

맹자(이) 왈 위정(이) 불난(하니) 부득죄어거실(이니) 거실지소모(를) 일국모지(하고) 일국지소모(를) 천하모지(하나니) 고(로) 패연덕교(가) 일호사해(하나니라)

맹자가 말했다. 「나라 다스리기는 어렵지 않다. 대대로 벼슬을 지낸

세신대가(世臣大家)를 거슬리지 않으면 된다. 그들 세신대가가 경모(敬慕)하면, 온 나라가 경모하고, 온 나라가 경모하면 천하가 경모하게 된다. 그렇게 되면 도덕 교화가 넓게 퍼져 사해(四海)에 넘치게 될 것이다.」

▶ 어구 설명

· 巨室(거실) : 세신(世臣)의 큰 집안.
· 一國(일국) : 온 나라, 국민 전부.
· 慕(모) : 마음이 향한다는 뜻.
· 沛然(패연) : 세차고 넓게. 주자(朱子)는 「성대하게 퍼진다」로 풀었다.
· 德敎(덕교) : 도덕 교화.
· 溢乎四海(일호사해) : 「일(溢)은 차고 넘친다는 뜻.」. 「사해」는 중심이 되는 문화 국가는 물론, 주변의 미개 야만국도 포함한다.

[集註 選譯] (1) 蓋巨室之心 難以力服 而國人素所取信 今旣悅服 則國人皆服 而吾德敎之所施 可以無遠而不至矣. : 「원래 세신대가(世臣大家)의 마음은 힘으로 복종케 하기 어렵다. 한편 국민들은 평소 세신대가를 믿고 따른다. 그런데 지금 그들이 먼저 기뻐하고 복종한다면 국민도 모두 복종한다. 그러므로 임금이 펴는 도덕교화가 멀리 이르지 않을 곳이 없게 될 것이다.」

(2) 蓋君子不患人心之不服 而患吾身之不修 吾身旣修 則人心之難服者 先服 而無一人之不服矣. : 「군자는 남이 마음으로 복종하지 않는 것을 걱정하지 않고, 나 자신을 수양하지 못한 것을 걱정한다. 나의 몸이 수양되면, 심복하기 어려웠던 사람이 먼저 귀순한다. 따라서 복종하지 않는 사람이 하나도 없게 된다.」

(3) 林氏曰 戰國之世 諸侯失德 巨室擅權 爲患甚矣. : 임씨(林氏)가 말했다. 「전국시대에는 제후가 덕을 잃고, 세신대가들이 권력을 멋대로 휘둘러 백성의 환난이 심했다.」

(4) 然或者不修其本 而遽欲勝之 則未必能勝 而適以取禍. : 「그러나 임금들이 근본은 닦지 않고, 당장 힘으로 그들을 제압하려고 해도 되지 않고, 도리어 찬탈되고 살해되는 화를 초래했던 것이다.」

(5) 故孟子推本而言 惟務修德以服其心 彼旣悅服 則吾之德敎無所留礙 可以及乎天下矣. : 「그래서 맹자가 근본부터 미루어 나가야 한다고 다음과 같이 말한 것이다.」 「오직 덕을 닦고 그들을 마음으로 따르게 애를 써라. 그들이 좋아서 심복하면 임금의 덕화(德化)가 막히지 않고 퍼져 천하에 미칠 것이다.」

(6) 裴度所謂 韓弘輿疾討賊 承宗斂手削地 非朝廷之力 能制其死命 特以處置得宜 能服其心故爾 正此類也. : 배도(裴度)가 말한바 「한홍(韓弘)은 아픈 몸으로 수레를 타고 나가 적을 토벌하였고, 왕승종(王承宗)이 대적하려는 마음을 버리고 반란에서 손을 거두고 땅을 삭제 당했다. 그것은 조정의 무력으로 그들의 사명(死命)을 능히 제압한 것이 아니고 다만 처리를 잘했기 때문에 그들의 마음을 따르게 할 수 있었다」고 한 예와 같은 것이다.

【참고 보충】「맥구읍인(麥丘邑人)」

유향(劉向)의 신서(新序) 잡사편(雜事篇)에 보이는 고사다. 환공(桓公)이 맥구(麥丘)로 수렵을 나갔다가 여러 읍인(邑人)을 만났다. 그 중 한 사람으로 83세 된 노인이 환공을 위해 축원했다. 「임금님, 수(壽)를 누리세요. 금옥(金玉)을 천하게 여기고, 사람을 귀하게 여기세요.(使主君甚壽 金玉是賤 人爲寶) 임금님, 군신이나 백성에게 죄를 짓지 마세요.(使主君無得罪於群臣百姓)」 이에 환공이 화를 내고 반박했다. 「자식이 아버지에게 죄를 짓고, 신하가 임금에게 죄를 짓는다는 말은 들었어도, 임금이 신하나 백성에게 죄를 짓는다는 말은 듣지 못했다.」 그러자 고령의 맥구읍인이 말했다. 「옛날에 걸(桀)이나 주(紂)가 바로 신하나 백성에게 죄를 진 나쁜 임금입니다.」

> **孟子曰 天下有道 小德役大德 小賢役大賢 天下無道 小役大 弱役强 斯二者天也 順天者存 逆天者亡.**

맹자(이) 왈 천하(이) 유도(엔) 소덕(이) 역대덕(하며) 소현(이) 역대현(하고) 천하(이) 무도(엔) 소역대(하며) 약역강(하나니) 사이자(는) 천야(이니) 순천자(는) 존(하고) 역천자(는) 망(하나니라)

맹자가 말했다. 「천하에 도가 있으면 <도덕을 기준으로 하므로> 덕이 적은 사람이 덕이 많은 사람을 받들고 섬기고, 지능이 적은 사람이 지능이 많은 사람을 받들고 섬긴다. 천하에 도가 없으면 <무력을 위주로 하므로> 작은 나라는 큰 나라에 예속되고, <힘이> 약한 사람은 강한 사람에게 예속되게 마련이다. 이 두 가지는 하늘의 당연한 이치이다. <옛말에 있다.> 『천도를 따르고 행하는 자는 살아 흥성하고, 하늘의 도리를 어기는 자는 죽고 망한다.』」

[集註 選譯] (1) 有道之世 人皆修德 而位必稱其德之大小 天下無道 人不修德 則但以力相役而已 天者 理勢之當然也. : 「도가 행해지는 세상에서는 모든 사람이 덕을 닦고, 지위도 반드시 덕(德)의 대소에 어울리게 한다.」 「천하에 도가 없으면 사람들이 덕을 닦지 않고, 오직 힘을 바탕으로 남을 부리고 쓴다.」 「천(天)은 당연한 도리와 추세라는 뜻이다.」

> **今也 小國師大國 而恥受命焉 是猶弟子 而恥受命於先師也.**

금야(에) 소국(이) 사대국 이치수명언(하나니) 시유제자 이치수명어선사야(이니라)

「지금 약소국은 강대국을 본받고 있다. 그러면서 강대국의 명령받기를 창피하게 여기고 있다. 이는 마치 제자가 선생의 명령받기를 창피하게 여기는 것과 같은 것이다.」

[集註 選譯] (1) 言小國 不修德以自强 其般樂怠敖 皆若效大國之所爲者 而獨恥受其敎命 不可得也. : 이 구절은 다음 같은 뜻을 말한 것이다. 「약 소국가의 임금이 인덕(仁德)을 닦아서 자강(自强)하지 않고 반대로 항상 연락(宴樂)하면서 정치를 태만히 하고 백성에게 거만을 떨기만 한다.」 「이와 같이 강대국을 본받고 흉내낸다. 그러면서 강대국의 명령 받기를 창피하게 여겨도 안 된다.」

詩云 商之孫子 其麗不億 上帝旣命 侯于周服 侯服 于周 天命靡常 殷士膚敏 祼將于京 孔子曰 仁不可 爲衆也 夫國君好仁 天下無敵.

시운 상지손자(이) 기려불억(이언마는) 상제기명(이라) 후우주복(이로다) 후 복우주(하니) 천명미상(이라) 은사부민(이) 관장우경(이라하야늘) 공자(이) 왈 인불가위중야(이나) 부국군(이) 호인(이면) 천하무적(이라하니라)

「시경 대아(大雅) 문왕편(文王篇)에 있다. 『은나라의 자손은 그 수가 10만뿐만이 아니라 그 이상으로 많았다. <그러나> 상제(上帝)가 이미 천명을 <주(周)나라에> 내리셨으므로 주나라를 받들고 복종했도다. <이와 같이 은나라 자손이> 주나라를 받들고 복종한 까닭은, 천명이 한결같지 않고 <덕 있는 임금에게 옮아갔기 때문이다. 그래서> 은나라 선비들이 아름다운 예복을 입고, 민첩하게 주나라 왕경(王京)에 와서 관주(灌酒)하고, 주나라 제사를 받들었도다.』 또 공자가 말했다. 『인자(仁者)에게 모든 사람이 어쩔 수 없이 <따르게 마련이다.> 그러므로

나라를 다스리는 임금이 인(仁)을 좋아하면 천하에 맞설 자가 없게
된다.』」

▶ 어구 설명

· 商(상) : 은(殷)나라. 초기에는 「상(商)」이라 했다.
· 其麗不億(기려불억) : 「여(麗)」는 「수(數)」, 「억(億)」은 「10만(萬)」이다.
  은나라 자손 <일가 친척 및 그 밑의 신하들까지 다 포함한> 수가 10만
  이상이나 되고 매우 많았다.
· 祼(관) : 종묘 제사에서 울창주(鬱鬯酒)를 땅에 뿌리고 신을 내리게 하는
  의식.
· 天下無敵(천하무적) : 천하의 그 누구도 대적할 자가 없게 된다.

[集註 選譯] (1) 言商之孫子衆多 其數不但十萬而已 上帝旣命周以天下
則凡此商之孫子 皆臣服于周矣 所以然者 以天命不常 歸于有德故也. :
즉 다음 같은 뜻을 말한 것이다. 「은(殷)나라의 자손이 많고, 그 수가
10만뿐만이 아니라, 그 이상이지만 상제(上帝)가 이미 주(周)나라에
천명을 내려 천하를 다스리게 했으므로 모든 은나라의 자손들이 주나라
에 신하로서 복종했다.」 「그 까닭은 천명무상(天命無常), 즉 천명은 항
상 유덕자(有德者)에게 돌아가기 때문이다.」

(2) 是以 商士之膚大而敏達者 皆執祼獻之禮 助王祭事于周之京師也. :
「그래서 은나라의 선비들이 아름답고 거창하게 예복을 차려 입고, 또
민첩하게 사리를 깨닫고, 술을 땅에 쏟고 강신례(降神禮)를 올리고, 주
나라 왕이 주나라 경사(京師)에서 거행하는 제사를 거든다.」

(3) 孔子因讀此詩而言 有仁者則雖有十萬之衆 不能當之 故國君好仁 則
必無敵於天下也 不可爲衆 猶所謂難爲兄 難爲弟云爾. : 공자는 시를 읽
고 말했다. 「주문왕(周文王) 같은 인자(仁者)에게는 비록 은나라의 자
손이 10만 이상이라 해도 당할 수 없다. 그러므로 나라 임금이 인정(仁
政)을 좋아하면 반드시 천하에 대적할 자가 없게 된다.」 「불가위중(不

可爲衆)」은 이른바 「형이 되기도 어렵고, 동생이 되기도 어렵다」는 말과 같은 뜻이다. 즉 형제는 될 수 없고, 오직 신하로서 복종해야 한다.

---

**今也 欲無敵於天下 而不以仁 是猶執熱 而不以濯也 詩云 誰能執熱 逝不以濯.**

---

금야(에) 욕무적어천하 이불이인(하니) 시유집열 이불이탁야(이니) 시운 수능 집열(하야) 서불이탁(이리오하니라)

「지금 천하에 대적할 자가 없기를 바라면서 인정(仁政)을 행하지 않으니, 이는 뜨거운 물건을 잡으려고 하면서 미리 손을 찬물에 담그지 않는 것과 같다. 시경 대아(大雅) 상유편(桑柔篇)에 있다. 『누가 능히 뜨거운 것을 잡고자 하면, 우선 찬물에 손을 담그지 않겠는가.』」

▶ 어구 설명

· 今也(금야) : 오늘의 모든 임금들은.
· 逝(서) : 어조사.

[集註 選譯] (1) 恥受命於大國 是欲無敵於天下也 乃師大國而不師文王 是不以仁也. : 「무력이 강한 나라의 명령을 받는 것을 부끄럽게 여기는 것이 곧 '천하무적(天下無敵)'하겠다는 생각이다.」「그러면서 큰 나라를 본으로 삼고, 문왕(文王)을 본으로 삼지 않는다.」「이는 바로 인(仁)을 바탕으로 하지 않는 것이다.」

(2) 言誰能執持熱物 而不以水自濯其手乎. : 시 구절은 「누가 뜨거운 물건을 잡으려고 하면서, 먼저 찬물에 손을 담그지 않을 수 있는가」라는 뜻을 말한 것이다.

(3) 此章言不能自强 則聽天所命修德行仁 則天命在我. : 이 장은 곧 다음 같은 뜻이다. 「스스로 강해지지 못하면, 하늘이 명하는 바를 듣고

덕을 닦고 인을 행해야 한다. 그러면 천명이 나에게 있게 된다.」

【참고 보충】「천명미상(天命靡常)과 천하무적(天下無敵)」

맹자가 말했다. 「도가 있으면 덕이 적은 사람이 덕이 많은 사람을 받들고, 지능이 적은 사람이 지능이 많은 사람을 받들고 섬긴다. 반대로 도가 없으면 <무력을 위주로 하므로> 작은 나라는 큰 나라에 예속되고 <힘이> 약한 사람은 강한 사람에게 예속되게 마련이다.(天下有道 小德役大德 小賢役大賢 天下無道 小役大 弱役强)」 그리고 맹자는 다음 같은 옛말을 인용했다. 「순천자존 역천자망(順天者存 逆天者亡)」

「천(天)」의 뜻을 바르게 파악해야 한다. 무도(無道)한 경우에는 타락하고, 악덕한 세계에서는 강대국이 약소국을 유린하고 지배한다. <오늘의 인류세계가 그러하다.> 유도(有道)의 경우는 절대선(絶對善)인 천도를 따라 왕도인정(王道仁政)을 펴는 사람이 천명(天命)을 받고 천하를 다스리게 마련이다. 그래서 주(周)나라 문왕(文王)과 무왕(武王)이 천명을 받고, 악덕한 은(殷)나라를 멸하고 만민을 구제했던 것이다.

「임금이 인(仁)을 좋아하고 인정(仁政)을 베풀면 천하에 누구도 대적할 자가 없게 된다.(夫國君好仁 天下無敵)」 이는 곧 「천명미상(天命靡常)」이다. 절대적인 천명은 항상 인덕(仁德)을 따라 내린다. 실덕(失德)하면 천명도 떠난다.

---

孟子曰 不仁者 可與言哉 安其危而利其菑 樂其所
以亡者 不仁而可與言 則何亡國敗家之有.

맹자(이) 왈 불인자(는) 가여언재(아) 안기위이리기치(하야) 낙기소이망자(하나니) 불인이가여언(이면) 즉하망국패가지유(리오)

맹자가 말했다. 「인도(仁道)를 따르지 않는 사람과는 함께 논할 수 없

다. 그들은 위험을 안정이라 하고, 재난을 이(利)라고 한다. 그들은 멸
망의 바탕이 되는 <패도(覇道)를> 즐겁게 따르고 있다. <그러나>
불인자(不仁者)라도 함께 말하고 <설득하면> 어찌 나라와 집안이 패
망하겠느냐.」

[集註 選譯] (1) 安其危 利其菑者 不知其爲危菑 而反以爲安利也 所以
亡者 謂荒淫暴虐 所以致亡之道也.:「위험을 안전이라 생각하고, 또 재
난을 이득이라고 생각하는 자는」 곧 불인(不仁)의 패도(覇道)가 「위험
하고 재난이 되는 것을 모르고 도리어 안전하고 이롭다고 생각한다.」
「망하는 바탕」이란 「황음포학(荒淫暴虐)」을 말하며, 그것이 바로 멸망
의 길이 된다.

(2) 不仁之人 私欲固蔽 失其本心 故其顚倒錯亂 至於如此 所以不可告以
忠言 而卒至於敗亡也.:「불인(不仁)한 자」는 「사욕에 굳게 덮이고 본
심(本心)을 상실했다.」「그러므로 전도착란(顚倒錯亂)하여 그와 같이
착각하게 된다.」「그래서 충언을 해서 알게 할 수 없고, 결국은 패망에
이르는 것이다.」

---

有孺子歌曰 滄浪之水淸兮 可以濯我纓 滄浪之水濁
兮 可以濯我足 孔子曰 小子聽之 淸斯濯纓 濁斯濯
足矣 自取之也.

유유자(이) 가왈 창랑지수(이) 청혜(어든) 가이탁아영(이요) 창랑지수(이) 탁
혜(어든) 가이탁아족(이라하야늘) 공자(이) 왈 소자(아) 청지(하라) 청사탁영
(이오) 탁사탁족의(로소니) 자취지야(라하시니라)

「옛날 아이가 부른 노래가 있다. 『창랑(滄浪)의 물이 맑으면 나의 갓끈
을 씻고, 창랑의 물이 탁하면 나의 발을 씻으리라.』 공자께서 말하셨다.

『그대들아, 잘 들어라. 물이 맑으면 갓끈을 씻고, 탁하면 발을 씻는다고
했으니, 결국 자신이 취하는 것이다.』〈나 자신이 맑으면 갓끈을 씻게
하고, 나 자신이 탁하면 발을 씻게 한다.〉

▶ 어구 설명

· 歌(가) : 이 노래는 「유자가(孺子歌), 혹은 창랑가(滄浪歌)」라고도 한다. 원
　래는 형초(荊楚)의 민요로, 굴원(屈原)의 어부사(漁父辭)에도 인용되었다.
· 滄浪(창랑) : 한수(漢水) 하류에 있는 강물 이름. 호북성(湖北省)에 있다.
· 纓(영) : 갓끈.

[集註 選譯] (1) 聖人 聲入心通 無非至理 此類可見. :「성인(聖人)은
천도(天道)의 소리가 잘 들어가고 마음으로 통달하므로, 만사가 지극한
도리에 맞지 않는 것이 없게 된다.」「이러하듯이 성인은 모든 사물의
도리를 밝게 보고, 또 알 수 있다.」

---

夫人必自侮 然後人侮之 家必自毀 而後人毀之 國
必自伐 而後人伐之 太甲曰 天作孽 猶可違 自作孽
不可活 此之謂也.

부인필자모 연후(에) 인(이) 모지(하며) 가필자훼 이후(에) 인(이) 훼지(하며)
국필자벌 이후(에) 인(이) 벌지(하나니라) 태갑(에) 왈 천작얼(은) 유가위(어니
와) 자작얼(은) 불가활(이라하니) 차지위야(이니라)

「무릇 사람의 경우, 반드시 나 자신이 나를 업신여긴 후에, 남들도 나를
업신여기게 된다. 집안의 경우도 반드시 나 자신이 내 집안을 훼손한
후에 남들이 내 집안을 훼손한다. 나라의 경우도 반드시 나 자신이
내 나라를 파괴한 후에 남들이 내 나라를 파괴하게 마련이다. 서경
상서(商書) 태갑편(太甲篇)에 있다.『하늘이 내리는 재화는 혹 피할
수 있다. 그러나 나 스스로 만든 재화로부터는 살아남을 수 없다.』이

말이 바로 이것을 말한 것이다.」

[集註 選譯] (1) 所謂自取之者. : 이 구절은 곧 「자신이 취한다」는 뜻을 말한 것이다.

(2) 此章 言心存 則有以審夫得失之幾 不存則無以辨於存亡之著 禍福之來 皆其自取. :「이 장은 본심이 있으면 득실의 기미를 살필 수 있고, 본심이 없으면 존망(存亡)의 나타남이나 화복의 도래를 분별하지 못하며, 그 모두가 자신이 취한다는 뜻을 말한 것이다.」

> 孟子曰 桀紂之失天下也 失其民也 失其民者 失其心也 得天下有道 得其民 斯得天下矣 得其民有道 得其心 斯得民矣 得其心有道 所欲與之聚之 所惡勿施爾也.

맹자(이) 왈 걸주지실천하야(는) 실기민야(이니) 실기민자(는) 실기심야(이라) 득천하(이) 유도(하니) 득기민(이면) 사득천하의(리라) 득기민(이) 유도(하니) 득기심(이면) 사득민의(리라) 득기심(이) 유도(하니) 소욕(을) 여지취지(오) 소오(를) 물시이야(니라)

맹자가 말했다. 「하(夏)나라의 걸왕(桀王)이나, 은(殷)나라의 주왕(紂王)이 천하를 잃은 까닭은, 그들이 백성을 잃었기 때문이다. 그들이 백성을 잃었다 함은 곧 백성의 마음을 잃은 것이다. 천하를 얻는 데 도(道)가 있으니, 백성을 얻으면 천하를 얻게 된다. 백성을 얻는 데 도가 있으니, 그들 백성의 마음을 얻으면 백성을 얻게 된다. 백성의 마음을 얻는 데 도가 있으니, 그들이 원하는 바를 <모두 다> 모아 주고 <반대로> 원하지 않는 바를 행하거나 강요하지 않아야 한다.」

[集註 選譯] (1) 民之所欲 皆爲致之 如聚斂然 民之所惡 則勿施於民. :

「백성들이 원하는 바를 모두 이루어 주는 것을 흡사 위정자가 재물을 거두어들이듯이 적극적으로 해야 한다. 한편 백성들이 싫어하는 바는 시행하거나 강요하지 말아야 한다.」

(2) 鼂錯所謂 人情莫不欲壽 三王生之而不傷 人情莫不欲富 三王厚之而 不困 人情莫不欲安 三王 扶之而不危 人情莫不欲逸 三王節其力而不盡 此類之謂也. :「한(漢)나라의 조착(鼂錯)이 말한 바 있다.」「인정은 수를 바라지 않음이 없다.」「세 임금은 백성들을 잘살게 하고, 상하지 않게 했다.」「인정은 부를 바라지 않음이 없다.」「그래서 세 임금은 백성들을 후하게 해주고, 궁핍하지 않게 해주었다.」「인정은 안정을 바라지 않음이 없다.」「그래서 세 임금은 백성을 도와주고 위태하지 않게 해주었다.」「인정은 안일하기를 바라지 않음이 없다.」「그래서 세 임금은 백성의 부역을 조절하고, 백성들이 지치지 않게 해주었다.」「이와 같은 일들을 말한 것이다.」

【참고 보충】「조착(鼂錯)의 건의」

「조착」은 영천(潁川) 사람이다. 한(漢)나라 경제(景帝)에게 위와 같은 건의를 했으며, 제후의 봉지와 재물을 강제로 거두어들여, 백성에게 베풀게 했다. 그러나 오초칠국(吳楚七國)이 반란하자, 경제는 원앙(袁盎)의 책을 채택하고, 조착을 사형에 처했다.

民之歸仁也 猶水之就下 獸之走壙也 故爲淵敺魚者 獺也 爲叢敺爵者鸇也 爲湯武敺民者桀與紂也 今天 下之君 有好仁者 則諸侯皆爲之敺矣 雖欲無王 不 可得已.

민지귀인야(이) 유수지취하(이며) 수지주광야(이니라) 고(로) 위연구어자(는)

달야(이오) 위총구작자(는) 전야(이오) 위탕무구민자(는) 걸여주야(이니라)
금천하지군(이) 유호인자(이면) 즉제후(이) 개위지구의(리니) 수욕무왕(이나)
불가득이(니라)

「백성들이 인정(仁政)을 펴는 임금에게 귀순(歸順)하는 것은 흡사 물이 아래로 흘러 내려가고, 동물이 넓은 들판으로 달려가는 것과 같다. 고로, 물고기를 깊은 못으로 쫓겨가게 하는 것이 수달이고, 새들을 숲으로 몰아 쫓는 것이 새매다. <그렇듯이> 백성들을 탕왕(湯王)이나 무왕(武王)에게로 몰고 가게 한 자가, 바로 걸(桀)과 주(紂) 같은 나쁜 임금이었다. 지금 천하의 임금으로 인정(仁政)을 좋아하는 임금이 나타난다면 <백성들이 어질지 못한 임금을 버리고 어진 임금에게 향해 올 것이니> 결국 제후들이 모두 백성들을 어진 임금에게 몰아다 준 것이 된다. 그러므로 비록 임금이 되고자 하지 않아도 어쩔 수 없이 되게 마련이다.」

▶ 어구 설명

· 壙(광) : 들판.
· 爲淵敺魚者 獺也(위연구어자 달야) : 깊은 못으로 물고기를 몰아 쫓는 것이 수달이다. 「구(敺)」는 「몰 구(驅)」와 같다. 「달(獺)은 수달」
· 爲叢敺爵者 鸇也(위총구작자 전야) : 「총(叢)은 숲, 산림.」 「구(敺)」는 「몰 구(驅)」와 같다. 「작(爵)은 참새 작(雀)과 같다.」 「전(鸇)은 새매」

[集註 選譯] (1) 言民之所以去此 以其所欲在彼 而所畏在此也. : 이 구절은 곧 「백성들이 포학한 이곳을 떠나는 까닭은 자기들이 바라는 바가 저쪽, 즉 인정(仁政)에 있고, 두려워하는 바가 여기 있기 때문임」을 말한 것이다.

今之欲王者 猶七年之病 求三年之艾也 苟爲不畜
終身不得 苟不志於仁 終身憂辱 以陷於死亡 詩云
其何能淑 載胥及溺 此之謂也.

금지욕왕자(는) 유칠년지병(에) 구삼년지애야(이니) 구위불축(이면) 종신부
득(하리니) 구부지어인(이면) 종신우욕(하야) 이함어사망(하리라) 시운 기하
능숙(이리오) 재서급닉(이라하니) 차지위야(이니라)

「오늘 왕이 되고자 하는 사람은 흡사 7년 간 병을 앓은 사람이, 3년
동안 <바싹 말린> 쑥을 구해서 <뜸을 뜨고> 병을 고치려고 하는
사람과 같으니라. <즉 평소에 인정(仁政)을 행하지 않고, 불인(不仁)한
짓을 한 자가, 영약(靈藥)을 얻어먹고, 하루아침에 왕이 되려고 하는
것과 같다.> 임금이면서 만약에 <인덕(仁德)을> 쌓지 않는다면, 평생
토록 왕이 될 수 없다. 또 만약 인에 뜻을 두지 않으면, 평생토록 걱정스
럽고 욕을 볼 것이며, 마침내는 사망 속에 빠지고 말 것이다. 시경 대아
(大雅) 상유편(桑柔篇)에 있다. 『그들이 어찌 잘 될 수가 있겠나. 다
같이 환난에 빠지리라.』 이 시가 바로 이와 같은 뜻을 말한 것이다.」

▶ 어구 설명

· 艾(애) : 풀이름.

· 淑(숙) : 「선(善)」의 뜻.

· 載胥及溺(재서급닉) : 그들이 다 함께 재난에 빠져들 것이다. 「재(載)」는
「즉(則)」과 같다. 「서(胥)」는 「모두, 다 함께」의 뜻이다.

[集註 選譯] (1) 言今之所爲 其何能善 則相引以陷於亂亡而已. : 이는
곧 다음 같은 뜻을 말한 것이다. 「그들의 지금 하는 일들이 어찌 선할
수 있겠는가. 참으로 나쁘다. 그러므로 모두 다, 함께 혼란과 멸망에
빠질 뿐이다.」

孟子曰 自暴者 不可與有言也 自棄者 不可與有爲
也 言非禮義 謂之自暴也 吾身不能居仁由義 謂之
自棄也 仁人之安宅也 義人之正路也 曠安宅而弗居
舍正路而不由 哀哉.

맹자(이) 왈 자포자(는) 불가여유언야(이오) 자기자(는) 불가여유위야(이니)
언비례의(를) 위지자포야(이오) 오신불능거인유의(를) 위지자기야(이니라)
인(은) 인지안택야(이오) 의(는) 인지정로야(이라) 광안택이불거(하며) 사정
로이불유(하나니) 애재(라)

맹자가 말했다. 「스스로 자신을 해치는 사람과는 함께 <인의 도덕을>
말할 수 없다. 스스로 자신을 포기하는 사람과는 함께 <왕도 인정을>
행할 수 없다. 예의를 비난하고 부정하는 것을 자포(自暴)라 한다. 자신
이 인도(仁道)에 깃들지 않고, 또 도의(道義)를 따르지 않는 자를 자기
(自棄)라 한다. 인(仁)은 모든 사람이 편하게 살 수 있는 집이고, 의(義)
는 모든 사람이 따라가야 할 바른 길이다. 편안하고 안락한 집을 비워
놓고 살지 않으며, 바른 길을 버리고 따라가지 않으니, <참으로> 슬프
고 딱한 노릇이다.」

▶ 어구 설명
· 義(의) : 「의(義)」의 기본적인 뜻은 「옳고[宜], 바르다[正]」는 뜻이다.
  삶을 살거나, 사물을 처리하거나, 옳고 바른 길과 도리를 따라야 한다.
  「옳고, 바르다」는 뜻은 곧 천도(天道)를 따라 광명정대(光明正大)하다는
  뜻이다. 그래서 「의(義)를 바른 길[正路]」이라고 한다.
· 曠(광) : 「비워놓다」의 뜻.
· 由(유) : 「따라가다」의 뜻.

[集註 選譯] (1) 暴猶害也 非猶毀也 自害其身者 不知禮義之爲美而非毀
之 雖與之言 必不見信也 自棄其身者 猶知仁義之爲美 但溺於怠惰 自謂

必不能行 與之有爲 必不能勉也. :「포(暴)」는「해친다는 뜻」과 같다. 「비(非)」는「훼손한다는 뜻」과 같다.「스스로 자신을 해치는 사람(自害其身者)」은 곧「예의가 좋고 아름다운 줄 모르고 예의를 훼손하는 사람」이다. 그러므로 비록 이런 사람과 함께 예의를 논하고 말을 해도 그자는 반드시 실천하지 않을 것이다.「스스로 자신의 인심(仁心)을 버리고 인덕을 훼손하는 사람」은「인의가 좋고 아름다운 줄은 알지만, 태만하고 타락한 습성에 빠져 자신은 행할 수 없다고 말하는 자이다. 그러므로 그런 자와 함께 일을 해도 그는 반드시 애를 쓰고 노력하지 않을 것이다.」

(2) 程子曰 人苟以善自治 則無不可移者 雖昏愚之至 皆可漸磨而進也 惟自暴者 拒之以不信 自棄者 絶之以不爲 雖聖人與居 不能化而入也 此所謂下愚之不移也. : 정자(程子)가 말했다.「사람은 적어도 선본성(善本性)을 바탕으로 하고, 자신을 다스린다면, 반드시 선(善) 쪽으로 옮아가게 된다.」「비록 지극히 우매한 사람이라도 다 점차로 닦아지고 앞으로 나아갈 수 있다.」「그러나 자포자(自暴者)는 인의도덕을 거부하고 믿으려 하지 않고, 또 자기자(自棄者)는 단절하고 행하지 않는다.」「성인(聖人)이 함께 있어도, 감화를 속에 들어가게 할 수 없다.」「이를 이른바 '밑바닥 어리석은 자는 고칠 수 없다'고 하는 것이다.」〈일부 의역했음〉

(3) 仁宅已見前篇 義者宜也 乃天理之當行 無人欲之邪曲 故曰正路. :「인택(仁宅)」은 이미 전편, 즉「공손추 상」에 나왔다.「의(義)」는「의(宜)」와 같은 뜻이다. 즉 천리(天理)를 따라 정당하게 행하고, 인간적 욕심을 바탕으로 한 사악(邪惡)이나 굴곡(屈曲)이 없다. 그래서「바른 길[正路]」이라고 말한다.

(4) 此章言道本固有而人自絶之 是可哀也 此聖賢之深戒 學者所當猛省也. : 이 장의 글은「사람이 따라가야 할 길이나 도리는 본래부터 확고하게 정해져 있거늘, 사람이 제멋대로 단절하려고 하니, 참으로 슬프고

딱한 노릇이다.」라는 뜻을 말한 것이다. 이는 곧 성현이 내리는 심각한 경계의 말이므로, 학자는 마땅히 맹성(猛省)해야 한다.

---

**孟子曰 道在爾 而求諸遠 事在易 而求之難 人人 親 其親 長其長 而天下平.**

---

맹자(이) 왈 도재이 이구제원(하며) 사재이 이구지난(하나니) 인인(이) 친기친 (하며) 장기장(이면) 이천하평(하리라)

맹자가 말했다. 「인(仁)의 길은 가까이 있거늘, 먼 데서 찾으려고 한다. 의(義)를 따라 일을 바르게 하기는 용이하거늘, 어렵게 구하려고 한다. 모든 사람이 저마다 부모를 친애하고, 형이나 연장자를 공경하면 천하 가 태평하게 된다.」

[集註 選譯] (1) 親長在人爲甚爾 親之之在人爲甚易 而道初不外是也 舍 此 而他求則遠且難 而反失之 但人人 各親其親 各長其長 則天下自平 矣. : 「부모와 연장자는 사람에게 있어 매우 가까운 것이다.」 「부모를 친애하고 연장자를 공경하는 일도 사람이 하는 일이며, 쉬운 일이다.」 「인(仁)의 도는 처음부터 나 밖에 있는 것이 아니다.」 「〈그런데〉 나 자신을 제쳐놓고 다른 데서 구하려고 한다. 〈고로 인이〉 멀리 있고, 행하기 어렵다고 생각하고 따라서 도리어 인을 잃게 된다.」 「오직 모든 사람이 저마다 부모를 친애하고, 연장자를 공경하면, 곧 천하가 스스로 태평하게 될 것이다.」

孟子曰 居下位 而不獲於上 民不可得而治也 獲於
上有道 不信於友 弗獲於上矣 信於友有道 事親弗
悅 弗信於友矣 悅親有道 反身不誠 不悅於親矣 誠
身有道 不明乎善 不誠其身矣.

맹자(이) 왈 거하위 이불획어상(이면) 민불가득 이치야(이리라) 획어상(이)
유도(하니) 불신어우(이면) 불획어상의(리라) 신어우(이) 유도(하니) 사친불
열(이면) 불신어우의(리라) 열친(이) 유도(하니) 반신불성(이면) 불열어친의
(리라) 성신(이) 유도(하니) 불명호선(이면) 불성기신의(리라)

맹자가 말했다. 「아랫자리에 있는 사람이 윗사람에게 신임을 얻지 못하
면, 백성을 다스릴 수 없다. 윗사람에게 신임을 얻는 도리가 있다. 친구
나 동료에게 신임을 받지 못하면, 윗사람에게 신임을 얻지 못한다. 친
구나 동료에게 신임을 받는 도리가 있다. 자기 부모에게 효도하고 기쁘
게 해드리지 못하면, 친구나 동료에게 신임을 못 받는다. 부모를 기쁘
게 해드리는 도리가 있다. 자신을 반성해보고 성실하지 못하면, 부모를
기쁘게 해드리지 못한다. 자신을 성실하게 하는 데 도리가 있다. 선(善)
을 밝혀내지 못하면, 자신에게 성실하지 못한 것이다.」

▶ 어구 설명
• 善(선) : 하늘이 사람에게 내려준 「선본성(善本性), 명덕(明德), 천도(天
道) 및 인(仁)」.

[集註 選譯] (1) 游氏曰 欲誠其意 先致其知 不明乎善 不誠乎身矣 學至
於誠身 則安往 而不致其極哉. : 유씨(游氏)가 말했다. 「뜻을 성실하게
하려면, 먼저 바르게 알아야 한다. 선을 밝게 나타내지 못한 것이 곧
자신에게 성실하지 못한 것이다. 학문이 자신을 성실하게 하는 지경에
이르면, 어디에 간들 무슨 일을 한들 지극하게 하지 않겠는가.」

(2) 以內則順乎親 以外則信乎友 以上則可以得君 以下則可以得民矣. : 「그렇게 되면 집안에서는 부모에게 효순(孝順)하고, 밖에서는 친구에게 신임을 받고, 위로는 임금의 신임을 얻고, 아래로는 백성들의 민심을 얻게 된다.」

> **是故 誠者 天之道也 思誠者 人之道也 至誠 而不動 者 未之有也 不誠 未有能動者也.**

시고(로) 성자(는) 천지도야(이오) 사성자(는) 인지도야(이니라) 지성 이부동자(이) 미지유야(이니) 불성(이면) 미유능동자야(이니라)

「그러므로 성(誠)은 하늘의 도리이다. 성실하게 하고자 생각하는 것이 사람의 도리이다. 지극한 정성에 감동하지 않는 사람은 아직까지 없다. <반대로> 성실하지 않으면 <아무도> 감동케 하지 못한다.」

[集註 選譯] (1) 誠者 理之在我者 皆實而無僞 天道之本然也. : 「성자(誠者)」는 「인간의 본성 속에 있는 천리(天理)로 천지 만물을 낳고 양육하는 본체로 진실하고 거짓이 없는 것이다. 이는 곧 천도(天道)의 본연이다.」

(2) 思誠者 欲此理之在我者 皆實而無僞 人道之當然也. : 「사성자(思誠者)」는 「나의 본성 속에 있는 천리를 알차게 사실로 거짓되지 않게 나타내려고 하는 생각이다.」 이와 같은 생각이나 욕구, 즉 「사성(思誠)」은 「사람이면 당연히 따르고 지켜야 할 도리이다.」

(3) 至極也 楊氏曰 動便是驗處 若獲乎上 信乎友 悅於親之類是也. : 「지(至)」는 「지극하다」는 뜻이다. 양씨(楊氏)가 말했다. 「동(動 : 감동)」이 바로 효험이 나타난 상대를 말한 것이다. 예를 들면, 「윗사람에게 신임을 얻는다, 벗에게 신임을 얻는다, 부모를 기쁘게 해드린다」는 것이다.

(4) 此章 述中庸孔子之言 見思誠爲修身之本 而明善又爲思誠之本 乃子思所聞於曾子 而孟子所受乎子思者 亦與大學相表裏 學者宜潛心焉.：「이 장은 중용(中庸)에 있는 공자의 말을 기술한 것이다.」 이 장은 다음 같은 뜻을 나타낸 것이다.「사성(思誠)은 수신(修身)의 근본이고, 또 명선(明善)도 역시 사성의 근본이다.」「이는 곧 자사(子思)가 증자(曾子)에게 한 말이며, 또 맹자가 자사에게서 전수받은 바이다.」「역시 대학(大學)과 더불어 서로 표리가 된다. 학자는 마땅히 마음을 깊이 해야 한다.」

【참고 보충】「중용(中庸)의 성(誠)」

일반적으로는「성(誠)을 마음으로만 성실하다는 뜻으로 푼다.」그러나 중용에 나타난 사상은 깊다. 즉 하늘이 자연 만물을 실질적으로 생육(生育)하는 것을 성(誠)이라 한 것이다. 그러므로 이 구절도 다음같이 풀어야 한다.「성실하게 천지 만물을 낳고 자라게 하는 것이 하늘의 도리이다.(誠者 天之道也)」「그와 같은 하늘의 도리를 따라 천하 만민이나 만물을 인애(仁愛)하고 생육 번성케 하는 것이 사람의 도리이다.(誠之者 人之道也)」

二老者 天下之大老也 而歸之 是天下之父 歸之也 天下之父 歸之 其子焉往 諸侯有行文王之政者 七年之內 必爲政於天下矣.

이로자(는) 천하지대로야 이귀지(하니) 시(는) 천하지부(이) 귀지야(이라) 천하지부(이) 귀지(어니) 기자언왕(이리오) 제후(이) 유행문왕지정자(이면) 칠년지내(에) 필위정어천하의(리라)

「두 노인, 즉 백이와 강태공은 천하에서 가장 위대하다고 높이는 노인

이다. 그런데 그들이 문왕에게 귀순했으니, 이는 곧 천하의 모든 부로
(父老)들이 귀순한 것이다. 천하의 부로가 다 <문왕에게> 귀순했으니
그들의 자제들은 어디로 가겠는가. 제후 중에, 문왕과 같은 인정을 행
하는 자가 있다면, 그는 7년 안에 반드시 천하를 얻어 바르게 다스리게
될 것이다.」

[集註 選譯] (1) 二老 伯夷太公也 大老 言非常人之老者 天下之父 言齒
德皆尊 如衆父然 旣得其心 則天下之心 不能外矣. : 「이로(二老)」는 「백
이(伯夷)와 태공(太公)」이다. 「대로(大老)」는 「평범한 노인이 아니다」
라는 뜻이다. 「천하지부(天下之父)」는 「연령과 덕망이 높아서, 대중의
아버지와 같은 사람」을 말한다. 「이미 그들의 마음을 얻었으므로 천하
모든 사람들의 마음도 밖으로 가지 않을 것이다.」

(2) 蕭何所謂養民致賢 以圖天下者 其意暗與此合 但其意則有公私之辨
學者又不可以不察也. : 한(漢) 고조(高祖)의 세 대신(大臣), 즉 한신(韓
信)·소하(蕭何) 및 장량(張良) 중의 한 사람인 소하가 말한바 「백성을
잘 양육하고, 현인을 초빙하여 천하를 도모한다」는 말과 암암리에 부합한
다. 단 뜻에 있어 공과 사의 구별이 있으니 학자는 살피지 않으면 안 된다.

(3) 七年以小國 而言也 大國五年 在其中矣. : 「7년은 작은 나라의 경우
를 말한다. 대국의 5년도 그 속에 있다.」

【참고 보충】「부귀지 기자언왕(父歸之 其子焉往)」

「천하의 부로가 다 <문왕에게> 귀순했으니, 그들의 자제들은 어디로
가겠는가.(天下之父歸之 其子焉往)」백이(伯夷)와 태공(太公)은 대로
(大老)다. 즉 평범한 노인이 아니고, 연령과 덕망이 높은 대중의 아버지
다. 문왕이 인정으로 그들의 마음을 얻었으므로 천하 모든 사람들의
마음도 귀순했던 것이다. 천하 만민의 마음을 덕으로 얻는 것이 왕도인
정(王道仁政)이다.

> **孟子曰 求也爲季氏宰 無能改於其德 而賦粟倍他日**
> **孔子曰 求非我徒也 小子鳴鼓而攻之可也.**

맹자(이) 왈 구야(이) 위계씨재(하야) 무능개어기덕(이오) 이부속(이) 배타일 (한대) 공자(이) 왈 구(는) 비아도야(로소니) 소자(아) 명고이공지(이) 가야(이 라하시니라)

맹자가 말했다. 「공자의 제자 염구(冉求)가 노(魯)나라의 대부(大夫) 계강자(季康子)의 가신(家臣)이 되었다. 그런데 염구는 계강자의 덕 (德)을 고쳐주지 않고, <도리어 백성으로부터 징수하는> 곡물세를 전 보다 배로 늘렸다. 이에 공자가 말했다. 『염구는 우리 학파의 문도가 아니다. 그대들은 진격의 북을 울리고 그를 공격해서 치거라.』」

▶ **어구 설명**

· 求(구) : 공자의 제자 염구(冉求).
· 季氏宰(계씨재) : 계씨(季氏)는 노(魯)나라의 대부(大夫) 계강자(季康子). 계강자는 임금을 무시하고 전횡(專橫)하여 나라를 문란케 했다. 「재(宰)」 는 「가신(家臣)」.
· 而賦粟倍他日(이부속배타일) : 백성으로부터 징수하는 곡물세를 전보다 배로 늘렸다. 「부(賦)」는 「부과한다, 세금으로 징수한다」, 「속(粟)」은 「곡 물」의 뜻으로 푼다.
· 求非我徒也(구비아도야) : 염구는 우리 <유학의> 문도(門徒)가 아니다.
· 小子(소자) : 「제자(弟子)」의 뜻.
· 鳴鼓而攻之(명고이공지) : 그의 죄를 성토하고 그를 책하라는 뜻.

由此觀之 君不行仁政而富之 皆棄於孔子者也 況於
爲之强戰 爭地以戰 殺人盈野 爭城以戰 殺人盈城
此所謂率土地而食人肉 罪不容於死 故善戰者服上
刑 連諸侯者次之 辟草萊任土地者次之.

유차관지(컨대) 군불행인정 이부지(면) 개기어공자자야(이니) 황어위지강전
(하야) 쟁지이전(에) 살인영야(하며) 쟁성이전(에) 살인영성(이라) 차(이) 소
위솔토지 이식인육(이라) 죄불용어사(이니라) 고(로) 선전자(는) 복상형(하고)
연제후자(이) 차지(하고) 벽초래임토지자(이) 차지(니라)

「이렇게 볼 때, 임금이 인정(仁政)을 행하지 않고, 자기 혼자 부강(富强)하게 되려고 하는 <그런 자는> 다 공자로부터 버림을 받았던 것이다. 하물며, 부강(富强)을 위해 억지로 전쟁을 하거나, 토지를 쟁탈하기 위해 전쟁을 하고, 들판 가득히 사람을 죽게 하거나, 또 <남의> 도성(都城)을 탈취하기 위해서 전쟁을 하고, 도성 가득히 사람을 죽게 하는 그런 <악덕한> 짓은 이른바 토지를 <탈취하기> 위해서, 사람을 <죽이고> 그 살을 먹는 짓이라 하겠으니, 그 죄는 죽어도 용서받지 못할 것이다. 고로 전쟁을 좋아하는 자는 상형, 즉 사형에 처한다. 제후를 연결해서 서로 싸우게 한 자는 다음가는 형벌에 처한다. 풀밭이나 황무지를 개간케 하고 백성들에게 토지를 경작하게 하고, <무거운 세금으로 곡물을 탈취하는 자는> 그 다음가는 형벌에 처한다.」

▶ 어구 설명

· 君不行仁政而富之(군불행인정이부지) : 임금이 인정(仁政)을 행하지 않고, 자기 혼자 부강(富强)하게 되려고 하는. <그런 자는.>
· 皆棄於孔子者也(개기어공자자야) : 다 공자로부터 버림을 받았다.
· 況於爲之强戰(황어위지강전) : 하물며 부강을 위해 억지로 전쟁을 한다.
· 爭地以戰(쟁지이전) : 토지를 쟁탈하기 위해 전쟁을 해서.

· 殺人盈野(살인영야) : 들판 가득히 사람을 죽게 한다.

· 爭城以戰 殺人盈城(쟁성이전 살인영성) : 도성(都城)을 탈취하기 위해서 전쟁을 하고, 도성 가득히 사람을 죽게 한다.

· 此所謂率土地而食人肉(차소위솔토지이식인육) : 이와 같은 짓은 이른바 토지를 <탈취하기> 위해서, 사람을 <죽이고> 그 살을 먹는 짓이다. 「솔(率)」을 여기서는 「위(爲)」로 푼다.

· 罪不容於死(죄불용어사) : 그 죄는 죽어도 용서받지 못한다.

· 善戰者(선전자) : 전쟁을 좋아하는 자. 「손빈(孫臏)이나 오기(吳起)」 같은 무리다.

· 上刑(상형) : 사형(死刑).

· 連諸侯者(연제후자) : 「소진(蘇秦)이나 장의(張儀)」 같은 종횡가(縱橫家) 무리다.

· 辟草萊(벽초래) : 풀밭이나 황무지를 개간케 하다. 「벽(辟)」은 「벽(闢)」, 개간하다. 「내(萊)」는 「황무지(荒蕪地)」의 뜻.

· 任土地者(임토지자) : 땅을 나누어 백성들에게 주고, 경작하고 농사짓는 책임을 지게 하는 것. 이회(李悝)는 지력을 다하여 생산성을 높이고, 상앙(商鞅)은 천맥(阡陌)을 개간했다.

[集註 選譯] (1) 林氏曰 富其君者 奪民之財耳 而夫子猶惡之 況爲土地 之故而殺人 使其肝腦塗地 則是率土地而食人之肉 其罪之大 雖至於死 猶不足以容之也. : 임씨(林氏)가 말했다. 「자기 군주를 부하게 만드는 것은 곧 백성들의 재물을 탈취하는 것이다. 그래서 공자가 증오했던 것이다. 하물며 토지를 탈취하기 위하여 사람을 죽게 하고, 사람의 간과 뇌를 흙에 더럽히게 한다. 이는 곧 토지를 탈취하기 위해서, 사람의 고기를 먹는 것이라 하겠으며, 그 죄의 큼은 비록 죽어도, 족히 용서받지 못할 것이다.」

> 孟子曰 存乎人者 莫良於眸子 眸子不能掩其惡 胸
> 中正 則眸子瞭焉 胸中不正 則眸子眊焉 聽其言也
> 觀其眸子 人焉廋哉.

맹자(이) 왈 존호인자(이) 막량어모자(라하니) 모자불능엄기악(하나니) 흉중
(이) 정 즉모자(이) 요언(하고) 흉중(이) 부정 즉모자(이) 모언(이니라) 청기언
야(이오) 관기모자(이면) 인언수재(리오)

맹자가 말했다. 「사람의 <속마음을> 살펴 볼 수 있는 것으로는 눈동자
보다 더 좋은 것이 없다. 눈동자는 <속에 품은> 악(惡)을 감추지 못한
다. 가슴속의 <생각이나 마음이> 바르면, 눈동자도 바르고 밝게 빛이
난다. 가슴속의 <생각이나 마음이> 바르지 않으면, 눈동자도 흐리고
어둡게 보인다. 그의 말을 듣고, 또 그의 눈동자를 살펴보면 <속마음이
나 생각을 알 수 있다. 그러니> 사람이 어찌 <속에 품은 부정한 마음
을> 숨길 수 있겠느냐.」

▶ 어구 설명
· 存乎人者(존호인자) : 직역하면 「사람에게 있는 것」이다. 그러나 다음같이
  「사람의 <속마음을> 살펴 볼 수 있는 것」으로 풀이해야 한다. 「존(存)」을
  「찰(察)」로 푼다.
· 眸子(모자) : 눈동자.
· 眊(모) : 「흐리고 어둡다」는 뜻.
· 廋(수) : 「숨긴다」는 뜻.

[集註 選譯] (1) 蓋人與物接之時 其神在目 故胸中正則神精而明 不正則
神散而昏. : 「원칙적으로 사람이 사물에 대했을 때에는 정신이 눈에 집
중된다. 그러므로 가슴속이 바르면 정신이 밝게 빛난다. 반대로 바르지
못하면 정신이 흩어지고 어둡게 된다.」

(2)言亦心之所發 故幷此以觀 則人之邪正 不可匿矣 然言猶可以僞爲 眸

子則有不容僞者. :「말도 역시 마음을 바탕으로 하고 나오는 것이다. 그러므로 말까지 함께 살펴보면, 사람의 마음속에 품은 사(邪)와 정(正)을 숨길 수가 없다. 그러나 말은 역시 거짓으로 할 수 있다. 그러나 눈동자는 거짓을 용납하지 않는다.」

孟子曰 恭者不侮人 儉者不奪人 侮奪人之君 惟恐不順焉 惡得爲恭儉 恭儉豈可以聲音笑貌爲哉.

맹자(이) 왈 공자(는) 불모인(하고) 검자(는) 불탈인(하나니) 모탈인지군(은) 유공불순언(이어니) 오득위공검(이리오) 공검(을) 기가이성음소모위재(리오)

맹자가 말했다. 「공손한 임금은 남을 업신여기거나 모욕하지 않는다. 절검(節儉)하는 임금은 백성의 재물을 탈취하지 않는다. 백성이나 남을 모욕하고 재물을 탈취하려는 임금은 항상 <백성이나 남이> 순종하지 않을 것을 겁낸다. 그러니 어찌 공손하고 절검할 수 있겠는가. <포학무도하게 마련이다.> 공손이나 절검을 어찌 말이나 웃는 얼굴로 행할 수 있겠느냐. <인정(仁政)을 펴서 실지로 공손하고 절검해야 한다.>」

淳于髡曰 男女授受 不親禮與 孟子曰 禮也 曰嫂溺則援之以手乎 曰嫂溺不援 是豺狼也 男女授受 不親禮也 嫂溺 援之以手者權也.

순우곤(이) 왈 남녀(이) 수수불친(이) 예여(이까) 맹자(이) 왈 예야(이니라) 왈 수닉 즉원지이수호(이까) 왈 수닉불원(이면) 시(는) 시랑야(이니) 남녀수수불친(은) 예야(이오) 수닉(이어든) 원지이수자(는) 권야(이니라)

순우곤이 물었다. 「남자와 여자가 직접 <손으로> 물건을 주고받지 않는 것이 예(禮)입니까.」 맹자가 대답했다. 「그것이 예다.」 <그러자> 순우곤이 또 물었다. 「형수가 물에 빠졌을 때는 즉시 손으로 구원해야 합니까.」 맹자가 말했다. 「형수가 물에 빠졌는데도 구원하지 않으면 <사람이 아니라> 승냥이[豺]나 이리[狼]라 하겠다. 남녀가 서로 손으로 물건을 주고받지 않는 것은 예다. <그러나> 형수가 물에 빠졌을 때, 손으로 구원하는 것은 응변의 조치이다.」

▶ 어구 설명

· 淳于髡(순우곤) : 성이 순우(淳于), 이름이 곤(髡). 제(齊)나라 사람으로, 말을 잘했다.

· 男女授受 不親禮與(남녀수수 불친예여) : 남자와 여자가 직접 물건을 주고 받지 않는 것이 예(禮)입니까. 예기(禮記) 곡례편(曲禮篇)에 「남녀가 직접 손으로 물건을 주고받지 않는다(男女不親授)」라는 말이 있다.

· 權(권) : 원래 「저울의 추」를 말한다. 여기서는 「임시응변(臨時應變)으로 취하는 조치」의 뜻이다. 이를 「권도(權道)」라고 말한다.

> # 日 今天下溺矣 夫子之不援 何也 日 天下溺 援之以
> # 道 嫂溺 援之以手 子欲手援天下乎.

왈 금천하(이) 익의(어늘) 부자지불원(은) 하야(이꼬) 왈 천하(이) 익(이어든) 원지이도(이오) 수닉(이어든) 원지이수(이니) 자욕수원천하호(아)

순우곤이 물었다. 「오늘날 천하가 물에 빠져 있는데, 선생님께서 구원하지 않으심은 어째서입니까.」 맹자가 말했다. 「천하가 물에 빠지면 도로써 구원해 주고, 형수가 물에 빠지면 손으로 구원해 준다. 그대는 천하를 손으로 구원하고자 하는가.」

[集註 選譯] (1) 言今天下大亂 民遭陷溺 亦當從權以援之 不可守先王之 正道也. : 이는 곧 다음 같은 뜻을 말한 것이다. 「지금 천하가 크게 흐트

러지고 백성들이 난세를 만나 도탄에 깊이 빠져 있으니, 역시 마땅히 권도(權道)로 구원해 주어야 할 것이다. 고집스럽게 선왕의 도를 지키고 있기만 해서는 안 된다.」

(2) 言 天下溺 惟道可以拯之 非若嫂溺可手援也. : 곧 다음 같은 뜻을 말한 것이다.「천하가 도탄에 빠졌을 때에는 오직 도(道)로써 구제할 수 있다. 형수가 물에 빠졌을 때는 손으로 구제할 수 있는 것과 다르다.」

(3) 今子欲援天下 乃欲使我枉道求合 則先失其所以援之之具矣 是欲使我以手援天下乎. : 그런데 지금 그대는 천하를 구제하고자 하면서, 나로 하여금 도를 굽혀, 무도한 임금에게 영합하라고 하니, 이는 곧 천하를 구원하는 도를 먼저 잃게 하는 짓이다. 그래서 나로 하여금 손으로 천하를 구제하기를 바라는 것이리라.

(4) 此章言 直己守道 所以濟時 枉道殉人 徒爲失己. : 이 장은「자신을 곧게 하고 도를 지키는 것이 세상을 구제하는 것이며, 도를 굽히고 남을 따르는 것이 공연히 자기를 상실하는 것이다」라는 뜻을 말한 것이다.

> 公孫丑曰 君子之不敎子何也 孟子曰 勢不行也 敎
> 者必以正 以正不行 繼之以怒 繼之以怒 則反夷矣
> 夫子敎我以正 夫子未出於正也 則是父子相夷也 父
> 子相夷 則惡矣 古者易子 而敎之 父子之間 不責善
> 責善 則離 離則不祥莫大焉.

공손추(이) 왈 군자지불교자(는) 하야(이꼬) 맹자(이) 왈 세불행야(이니라) 교자(는) 필이정(이니) 이정불행(이어든) 계지이노(하고) 계지이노 즉반이(니) 부자(이) 교아이정(하시되) 부자(도) 미출어정야(이라하면) 즉시부자상이야(이니) 부자상이 즉악의(니라) 고자(에) 역자 이교지(하니라) 부자지간(은) 불

책선(이니) 책선 즉리(하나니) 이즉불상(이) 막대언(이니라)

맹자의 제자 공손추가 물었다. 「군자가 자기의 친자식을 직접 가르치지 않는 이유가 무엇입니까.」 맹자가 대답해서 말했다. 「<정리(情理)상의> 추세로 <아버지가 자기 자식을 직접> 가르치지 않는다. 가르치는 사람은 반드시 바른 도리를 <가르쳐 준다. 그런데 가르침을 받은 자식이> 바르게 행하지 않으면 <아버지가> 뒤에 화를 낸다. <가르치고> 나서 화를 내는 것은 도리어 <부자간의 정리를> 상하게 한다. <한편 아들도 속으로 생각한다.> 『선생이신 아버지는 나에게 바르게 하라고 가르치시면서, <아버지 자신은> 바르게 행하지 못하는구나』<그러므로> 즉 부자간에 서로 정리를 상하게 된다. 부자가 서로 정리를 상하면 <좋지 않고> 나쁘다. <그래서> 옛날에는 자식을 바꾸어서 가르쳤던 것이다. 부자간에는 선(善)에 대한 책망을 하지 않는다. 선을 놓고 서로 책망하면, 부자의 정(情)이 멀어진다. 부자의 정이 멀어지면 곧 그보다 더 큰 불행이 없다.」

▶ 어구 설명

· 夷(이) : 「상(傷)」의 뜻.
· 出(출) : 「행동으로 나타낸다」는 뜻.
· 父子之間 不責善(부자지간 불책선) : 부자 사이에서는 선(善)에 대한 책망을 하지 않는다. 책선(責善)은 붕우의 도리이다.
· 不祥(불상) : 불행(不幸).

[集註 選譯] (1) 父旣傷其子 子之心 又責其父 曰 子敎我以正道 而夫子之身 未必自行正道 則是子又傷其父也. : 「아버지가 먼저 자식의 마음을 상하게 하자, 자식도 마음으로 아버지를 책망하게 된다.」「즉 선생이신 부친은 나에게는 바른 도리를 가르쳐 주시면서, 부친 자신은 반드시 바른 도리를 행하지 못하신다.」「그래서 곧 자식이 또 아버지 마음을 상하게 하는 것이다.」

(2) 易子而教 所以全父子之恩 而亦不失其爲教. : 「자식을 바꾸어 가르쳤으므로, 부자간의 은혜도 온전하게 유지하고, 또 가르치는 목적도 잃지 않았던 것이다.」

(3) 王氏曰 父有爭子 何也 所謂爭者 非責善也 當不義 則爭之而已矣 父之於子也 如何 曰 當不義 則亦戒之而已矣. : 왕씨(王氏)가 말했다. 「아버지에게는 간쟁(諫爭)하는 자식이 있어야 한다고 한 말은 무슨 뜻인가. 이른바 간쟁이라는 말은 선을 놓고 책망하는 것이 아니고, 아버지의 불의에 대해서 자식이 간쟁하는 것이다. 아버지는 자식에 대하여 어떻게 하는가. 자식이 불의하면 역시 훈계해야 한다.」

---

孟子曰 事孰爲大 事親爲大 守孰爲大 守身爲大 不失其身 而能事其親者 吾聞之矣 失其身 而能事其親者 吾未之聞也 孰不爲事 事親事之本也 孰不爲守 守身守之本也.

---

맹자(이) 왈 사숙위대(오) 사친(이) 위대(하니라) 수숙위대(오) 수신(이) 위대(하니라) 불실기신 이능사기친자(를) 오문지의(오) 실기신 이능사기친자(를) 오미지문야(이로라) 숙불위사(리오) 사친(이) 사지본야(이오) 숙불위수(리오) 수신(이) 수지본야(이니라)

맹자가 말했다. 「누구를 섬기는 것이 가장 중대한가. 친부모를 섬기는 일이 가장 중대하다. 무엇을 지키는 것이 가장 중대한가. 자신을 바르게 지키는 것이 가장 중대하다. 자기가 지킬 도리를 잃지 않고, 자기 부모를 잘 섬긴다는 말을 나는 들었다. <그러나> 자기의 도리를 잃고서 자기 부모를 잘 섬겼다는 말을 나는 듣지 못했다. 위의 사람 치고 누군들 잘 섬기지 않을 수 있겠는가. 친부모를 잘 섬기고 <효도하는

것이> 섬기는 일의 근본이다. 무엇인들 잘 지키지 않겠나. 나 자신을 <도리에 맞게> 잘 지키는 것이 지킴의 근본이다.」

[集註 選譯] (1) 守身持守其身 使不陷於不義也 一失其身 則虧體辱親 雖日用三牲之養 亦不足以爲孝矣. : 「수신(守身)」은 「자식된 도리와 인간의 절조(節操)를 잘 지키고, 불의에 빠지지 않게 한다는 뜻이다. 일단 도리와 절조를 잃으면 자신의 몸가짐을 훼손하고 부모를 욕되게 한다. 비록 매일 소[牛], 양(羊), 돼지[豚] 등 삼생(三牲)으로 봉양해도 효를 다하기에는 부족할 것이다.」

(2) 事親孝 則忠可移於君 順可移於長 身正 則家齊國治而天下平. : 「부모에게 효도하면 곧 그 효를 옮겨 임금에게 충성할 수 있다. 순종을 어른에게 옮겨 잘 받들 수 있고, 몸을 바르게 간직하면, 제가(齊家), 치국(治國), 평천하(平天下)하게 된다.」

曾子養曾晳 必有酒肉 將徹必請所與 問有餘 必曰 有 曾晳死 曾元養曾子 必有酒肉 將徹 不請所與 問 有餘曰 亡矣 將以復進也 此所謂養口體者也 若曾 子 則可謂養志也 事親 若曾子者 可也.

증자(이) 양증석(호대) 필유주육(이러시니) 장철(할새) 필청소여(하시며) 문유여(이어든) 필왈 유(이라하시다) 증석(이) 사(커늘) 증원(이) 양증자(호대) 필유주육(하더니) 장철(할새) 불청소여(하며) 문유여왈(이어시든) 무의(라하니) 장이부진야(이라) 차소위양구체자야(이니) 약증자 즉가위양지야(이니라) 사친(을) 약증자자(이) 가야(이니라)

「옛날에 증자(曾子)가 자기 아버지 증석(曾晳)을 봉양할 때에는 <다음 같이 했다.> 상에는 언제나 술과 고기 반찬을 바쳐 올렸다. 상을 물릴 때에는 반드시 『나머지 음식을 누구에게 줄까요』하고 물었다. 부친이

<입에 맞는 음식을 지적하고>『더 있느냐』고 물으면 아들 증자는 반드시『더 있습니다』하고 대답했다. 증석이 죽고 증자를 증원(曾元)이 봉양하게 되었다. <그때에도> 상에는 반드시 술과 고기 반찬이 올랐다. <그러나> 상을 물릴 때에『나머지 음식을 누구에게 줄까요』하고 묻지 않았다. 또 <증자가>『이 반찬이 더 있느냐』하고 물으면 <아들 증원은>『없습니다』라고 대답하고 나중에 <아버지 입에 맞는 음식을> 다시 만들어 올렸다. 이러한 태도는 이른바 외형적으로 공양하는 효도이다. 증자가 아버지 증석을 봉양하는 것같이 해야 비로소 뜻을 받드는 효도라 할 수 있다. 부모 섬김은 증자같이 해야 가하니라.」

▶ 어구 설명
· 曾晳(증석) : 이름이 점(點), 증자(曾子)의 아버지.
· 曾元(증원) : 증자의 아들.

[集註 選譯] (1) 曾子養其父 每食必有酒肉 食畢將徹去 必請於父曰 此餘者與誰 或父問此物 尙有餘否 必曰有 恐親意更欲與人也. : 증자는 자기 아버지를 봉양할 때, 상을 올릴 때마다 술과 고기 반찬을 올렸다. 그리고 식사가 끝나고 상을 물릴 때에는 반드시 부친에게 물었다. 「나머지 음식을 누구에게 주시렵니까?」 또 혹 부친이 「이 반찬이 더 있느냐?」고 물으면 반드시 「있습니다」하고 대답했다. 부친의 뜻이 그 반찬을 남에게 주려 하는구나 생각하고 어렵게 여겼던 것이다.

(2) 曾元不請所與 雖有言無 其意將以復進於親 不欲其與人也 此但能養父母之口體而已 曾子則能承順父母之志 而不忍傷之也. : 증원은 「나머지 음식을 누구에게 줄까요?」하고 묻지도 않고, 또 음식이 있어도 「없다」고 대답했다. 「증원의 생각은 다시 부친에게 올리고자 하고 남에게 주기를 원치 않았기 때문이다. 이러한 태도는 부모의 입이나 몸만을 봉양하는 효도일 뿐이다. 그러나 증자는 부모의 뜻과 마음을 잘 받들고 따랐으며, 거역하거나 다치지 않게 했던 것이다.」

(3) 言 當如曾子之養志 不可如曾元但養口體. : 이는 곧 다음 같은 뜻을 말한 것이다. 「마땅히 부모의 뜻을 봉양하는 증자(曾子)같이 해야한다. 구체(口體)만을 봉양하는 증원(曾元)같이 하면 안 된다.」

(4) 程子曰 子之身 所能爲者 皆所當爲 無過分之事也 故事親若曾子 可謂至矣 而孟子止曰可也 豈以曾子之孝爲有餘哉. : 정자(程子)가 말했다. 「자식된 몸으로 할 수 있는 모든 일을 다 당연히 해야 한다. 아무리 해도 과분하게 섬기는 일이 없다. 고로 부모 섬김을 증자같이 하는 것은 지극하다고 말할 수 있다. 그런데 맹자는 다만 가(可)하다고 했다. 그렇다고 증자의 효도에 더 할 일이 있겠는가.」

> 孟子曰 人不足與適也 政不足間也 惟大人 爲能格君心之非 君仁 莫不仁 君義 莫不義 君正 莫不正一正君 而國定矣.

맹자(이) 왈 인부족여적야(이며) 정부족간야(이라) 유대인(이야) 위능격군심지비(니) 군인(이면) 막불인(이요) 군의(면) 막불의(오) 군정(이면) 막부정(이니) 일정군 이국(이) 정의(니라)

맹자가 말했다. 「<임금이 아닌> 신하나 다른 사람을 견책하고 탓할 필요가 없다. 정사(政事)에 대해서도 비난할 필요가 없다. 오직 대인(大人)이라야 임금의 마음이나 생각의 잘못을 바로잡을 수 있다. 임금이 어질면 <밑에 있는> 신하도 어질지 않을 수 없다. 임금이 의로우면 <밑에 있는> 신하도 의롭지 않을 수 없다. 임금이 바르면 <밑에 있는> 신하도 바르지 않을 수 없다. 오직 임금을 바르게 <보필해야 한다. 그러면> 나라가 안정된다.」

▶ **어구 설명**

· 人不足與適也(인부족여적야) : <임금이 아닌> 신하나 다른 사람을 탓하고 견책할 필요가 없다. 「인(人)」은 「신하」, 「부족(不足)」은 「불용(不用)」, 「여(與)」는 「이(以)」, 「적(適)」은 「적(謫)」으로 푼다.

· 格(격) : 「사물을 바르게 잡는다」는 뜻이다. 서경 주서(周書) 경명편(冏命篇)에 있다. 「나쁜 마음을 바로잡는다.(格其非心)」

[集註 選譯] (1) 言人君用人之非 不足過謫 行政之失 不足非間 惟有大人之德 則能格其君心之不正 以歸於正 而國無不治矣. : 이 구절은 다음 같은 뜻을 말한 것이다. 「임금이 사람을 잘못 쓴 것이다. 그러므로 신하를 책망하거나, 또 행정의 실책을 비난할 필요가 없다. 실책의 근본은 임금에게 있다. 그러므로 오직 대인의 덕으로만 능히 임금의 바르지 못한 마음을 바로잡을 수 있고, 또 바르게 돌아가게 할 수 있다. 그러면 나라가 다스려지지 않음이 없을 것이다.」

(2) 大人者 大德之人 正己而物正者也. : 「대인은 대덕의 인물이다. 자기를 바르게 하고 아울러 남이나 만사를 바르게 만드는 사람이다.」

(3) 程子曰 天下之治亂 繫乎人君之仁與不仁耳 心之非 卽害於政 不待乎發之於外也. : 정자(程子)가 말했다. 「천하의 치란(治亂)은 임금의 인애(仁愛), 혹은 불인(不仁)에 매여 있다. 마음이 나쁘면 정사에 해가 된다. 밖으로 나타나기를 기다릴 필요가 없다.」

(4) 昔者 孟子三見齊王 而不言事 門人疑之 孟子曰 我先攻其邪心 心旣正而後 天下之事 可從而理也. : 전에 맹자가 세 번이나 제나라 임금을 만났으나, 정사를 말하지 않자, 문인들이 의아하게 여겼다. 그러나, 맹자가 말했다. 「나는 먼저 임금의 사악한 마음을 고쳐주려고 한다. 마음이 바르게 잡힌 다음에야, 비로소 천하의 일을 천리(天理)를 따라 다스릴 수 있게 된다.」

(5) 夫政事之失 用人之非 知者能更之 直者能諫之 然非心存焉 則事事而 更之 後復有其事 將不勝其更矣 人人而去之 後復用其人 將不勝其去矣 是以輔相之職 必在乎格君心之非 然後無所不正 而欲格君心之非者 非有 大人之德 則亦莫之能也. :「허기는 정치의 실책은 인물 등용의 잘못이 다. 그러므로 지혜로운 자는 임금으로 하여금 능히 고치게 하고, 충직한 자는 능히 충간(忠諫)한다.」「그러나 임금의 그릇된 마음이 그대로 있 으면, 여러 가지 일들을 고쳐도, 뒤에 다시 그런 일이 있게 되므로 일일 이 다 고칠 수 없게 될 것이다.」「또 사람들을 내보내도 또 다시 그와 같은 사람을 쓸 것이므로 역시 모든 나쁜 사람을 일일이 다 내쫓지 못하 게 될 것이다.」「그러므로 보필하는 재상의 직책은 반드시 임금의 그릇 된 마음을 바로잡는 데 두어야 한다.」「그렇게 하면 바르지 않은 바가 없게 된다. 그리고 임금의 바르지 않은 마음을 바로잡고자 하면 대인의 덕을 지니지 않고서는 역시 불가능하다.」

## 孟子曰 有不虞之譽 有求全之毁.

맹자(이) 왈 유불우지예(하며) 유구전지훼(하니라)

맹자가 말했다. 「뜻밖으로 예측하지 못했던 칭찬을 받는 수도 있고, <반 대로> 자기는 완전하기를 구했으나 남에게 욕을 먹는 경우도 있다.」

▶ 어구 설명

· 有不虞之譽(유불우지예) : 예측하지 않았던 칭찬을 받는 수도 있다. 「우(虞)」 는 「헤아리다, 예측하다.」

· 毁(훼) : 훼방을 받다, 비방의 말을 듣다.

[集註 選譯] (1) 言 毁譽之言 未必皆實 修己者不可以是 遽爲憂喜 觀人 者不可以是 輕爲進退. : 다음 같은 뜻을 말한 것이다. 「비방하거나 칭찬

하는 말은 반드시 실한 것이 아니다. 자신을 수양하는 사람은 남의 말에 근심하거나 기뻐하면 안 된다. 인물을 보는 사람은 그와 같은 것으로 가볍게 진퇴를 결정하면 안 된다.」

## 孟子曰 人之易其言也 無責耳矣.

맹자(이) 왈 인지이기언야(는) 무책이의(니라)

맹자가 말했다. 「사람이 말을 쉽게 하는 것은 책임이 없기 때문이다.」

[集註 選譯] (1) 人之所以輕易其言者 以其未遭失言之責故耳. : 「사람이 말을 경솔하게 하는 이유는 전에 실언에 대한 책망을 당해보지 않았기 때문이다.」

(2) 蓋常人之情 無所懲於前 則無所警於後 非以爲君子之學 必俟有責而後不敢易其言也 然此豈亦有爲而言之與. : 「보통사람의 정리(情理)는 전에 혼이 나지 않았으면, 뒤에도 경계하지 않는다.」 「군자가 되는 학문을 지니지 않은 사람은 반드시 책망을 받고 나서야 〈비로소〉 감히 말을 경솔하게 하지 않는다. 그러나 맹자의 이 말도 역시 내용이나 목적이 있어서 이렇게 말했을 것이리라.」

## 孟子曰 人之患 在好爲人師.

맹자(이) 왈 인지환(이) 재호위인사(이니라)

맹자가 말했다. 「사람의 걱정거리는 남의 스승 되기를 좋아함에 있다.」

[集註 選譯] (1) 王勉曰 學問有餘 人資於己 不得已而應之 可也 若好爲人師 則自足而不復有進矣 此人之大患也. : 왕면(王勉)이 말했다. 「자기

의 학문이 넘치면, 남이 자기를 바탕으로 배우려고 하는 경우에는 부득이 응하는 것은 가하고 좋다.」「그러나 자기의 학문이나 덕행을 헤아리지 않고 무작정 남의 스승 되기를 좋아한다면 스스로 만족하고 정진하지 못하므로 바로 그것이 모든 사람의 큰 걱정거리다.」

> ## 孟子謂樂正子曰 子之從於子敖來 徒餔啜也 我不意
> ## 子學古之道 而以餔啜也.

맹자(이) 위악정자 왈 자지종어자오래(는) 도포철야(로다) 아불의 자(이) 학고지도 이이포철야(호라)

맹자가 악정자에게 말했다. 「그대가 자오를 따라서 <제나라에> 온 것은 공연히 먹고 마시기 위해 온 꼴이 되었다. 나는 그대가 옛날의 도리를 배웠거늘, <공연히> 먹고 마시고 하기를 바라지 않는다.」

### ▶ 어구 설명

· 樂正子(악정자) : 노(魯)나라 사람으로 맹자의 제자. 성이 「악정(樂正)」, 이름은 「극(克)」이다. 「양혜왕 하(梁惠王 下)」에도 보인다.
· 子敖(자오) : 제(齊)나라의 권신(權臣) 왕환(王驩). 「공손추 하(公孫丑 下)」에도 나온다.
· 徒餔啜也(도포철야) : 공연히 먹고 마시기 위해 온 꼴이 되었다. 「餔(먹을 포), 啜(마실 철)」
· 我不意(아불의) : 나는 바라지 않는다.

[集註 選譯] (1) 言其不擇所從 但求食耳 此乃正其罪而切責之. : 이 구절은 다음 같은 뜻이다. 「악정자가 따라올 사람을 택하지 않고 제나라에 온 것은 결국 먹을 것을 얻고자 함이다」라고 책망한 것이다. 「이는 곧 그의 잘못을 바로잡고, 또 자르듯이 책망한 것이다.」

> ## 孟子曰 不孝有三 無後爲大 舜不告而娶 爲無後也 君子以爲猶告也.

맹자(이) 왈 불효유삼(하니) 무후위대(하니라) 순(이) 불고이취(는) 위무후야
(이시니) 군자(이) 이위유고야(이라하니라)

맹자가 말했다. 「불효에 셋이 있다. 그 중에도 뒤를 이을 자손이 없는
것이 가장 큰 불효다. 순이 <완고한 아버지 고수(瞽瞍)에게 말하지
않고, 요임금의 두 딸을> 아내로 취한 것은, 뒤를 이을 자손이 없을까
걱정해서이다. 그러므로 후세의 군자들은 고(告)한 것과 같다고 생각
했다.」

[集註 選譯] (1) 趙氏曰 於禮有不孝者三事 謂阿意曲從 陷親不義一也
家貧親老不爲祿仕二也 不娶無子絶先祖祀三也 三者之中無後爲大. : 조
기(趙岐)가 말했다. 「고례(古禮)에서는 불효(不孝)를 세 가지 들었다.
부친의 뜻에 아부하고, 잘못된 처사에 곡종(曲從)하여 결과적으로 부친
을 불의에 빠지게 하는 것이 첫 번째 불효다. 집안이 가난하고 어버이가
늙었는데도 벼슬하고 녹봉을 받지 않는 것이 두 번째 불효다. 장가를
들지 않고 자식이 없어서 선조의 제사를 끊기게 하는 것이 세 번째 불효
다. 세 가지 불효 중에서 뒤를 이을 자손이 없는 것이 가장 중대한 불효
다.」

(2) 舜告焉 則不得娶 而終於無後矣 告者禮也 不告者權也 猶告 言與告
同也 蓋權而得中 則不離於正矣. :「순임금이 부친에게 고하면 장가를
들지 못하고, 결국 뒤를 이을 자손이 없게 되었을 것이다.」「고하는 것은
예도(禮道)이고, 고하지 않음은 권도(權道)이다.」「유고(猶告)」는「고
함과 같다」는 뜻이다. 「대개 저울질하여 적중하면 즉 바름에서 이탈되
지 않는다.」

(3) 范氏曰 天下之道 有正有權 正者 萬世之常 權者 一時之用 常道 人皆可守 權非體道者 不能用也. : 범씨(范氏)가 말했다. 「천하의 도에는 정도(正道)와 권도(權道)가 있다. 정도는 만세 불변의 도리이고, 권도는 일시적으로 쓰는 도리이다.」 「상도(常道)는 모든 사람이 지켜야 한다. <그러나> 권도는 도(道)를 체득한 사람이 아니면 쓸 수 없다.」

(4) 蓋權 出於不得已者也 若父非瞽瞍 子非大舜 而欲不告而娶 則天下之罪人也. : 「무릇 권도는 부득이한 때에 나오는 것이다. 만약 아버지가 고수 같은 완고한 아버지가 아니고, 자식이 대순(大舜) 같은 <효자가> 아니면, 부친에게 고하지 않고 장가를 들려고 하면, 이는 곧 천하의 죄인이 된다.」

> **孟子曰 仁之實事親是也 義之實從兄是也 智之實知斯二者弗去是也 禮之實節文斯二者是也 樂之實樂斯二者 樂則生矣 生則惡可已也 惡可已 則不知 足之蹈之 手之舞之.**

맹자(이) 왈 인지실(은) 사친(이) 시야(이오) 의지실(은) 종형(이) 시야(이니라) 지지실(은) 지사이자(하야) 불거(이) 시야(이오) 예지실(은) 절문사이자(이) 시야(이오) 악지실(은) 낙사이자(이니) 낙즉생의(니) 생즉오가이야(이리오) 오가이(면) 즉부지 족지도지 수지무지(니라)

맹자가 말했다. 「인(仁)의 실천 사항은 바로 부모를 사랑으로 섬기는 일, 즉 효(孝)다. 의(義)의 실천 사항은 바로 형을 공경하고 따르는 일, 즉 제(悌)이다. 지(智)의 알찬 실천은 곧 이 두 가지, 즉 인과 의의 도리를 바르게 알고 행하고 이탈하지 않는 것이다. 예(禮)의 알찬 실천은 곧 인과 의 두 가지를 절도에 따르고, 또 문화적으로 실천하고 행하는 것이다. 음악의 알찬 실천은 곧 즐겁고 온화한 마음으로 인과 의를 실천하게 함이다. 즐거우면 <인의효제(仁義孝悌)를 실천하려는 마음이> 더욱 생생하게 살아난다. 생생하게 살아나니, 어찌 그만둘 수 있겠는가. 그만둘 수 없으니 자기도 모르게 손발을 놀리면서 춤을 추게 된다.」

▶ 어구 설명
· 實(실) : 실천하는 알맹이, 즉 핵심적 실천 사항.
· 節文(절문) : 「절도있게 행하고, 또 문화적으로 아름답게 행한다」는 뜻으로 푼다.
· 惡(오) : 「어찌」의 뜻.
· 已(이) : 그만두다.

[集註 選譯] (1) 仁主於愛 而愛莫切於事親 義主於敬 而敬莫先於從兄 故仁義之道 其用至廣 而其實 不越於事親從兄之間. : 인(仁)은 사랑을 주로 한다. 사랑은 어버이를 섬기는 것보다 더 절실한 것이 없다. 의(義)는 공경을 주로 한다. 공경은 형에게 순종하는 것보다 더 앞세울 것이 없다. 그러므로 인의의 도리는 그 실천 범위가 지극히 넓다. 그러나 알맹이, 즉 핵심적 실천 사항은, 사친(事親)과 종형(從兄)의 틀을 넘지 않는다.

(2) 蓋良心之發 最爲切近而精實者 有子 以孝弟爲仁之本 其意亦猶此也. : 무릇 양심의 발로는 가까울수록 더욱 절실하게 되고, 알찰수록 더욱 정밀하게 나타나는 법이다. 유자(有子)가 논어에서 말한 바 효제(孝悌)가 인을 이루는 근본이라고 말한 뜻이 역시 이와 같은 것이다.

(3) 此章 言事親從兄 良心眞切 天下之道 皆原於此 然必知之明而守之固 然後 節之密而樂之深也. : 이 장은 다음 같은 뜻을 말한 것이다. 「사친(事親)과 종형(從兄)을 양심적이고 참되고 간절하게 행한다. 천하의 도리가 바로 효제(孝弟)에 근원을 둔다. 그러나 반드시 알고, 밝게 나타

내고, 또 굳게 지켜야 한다. 그런 연후에 품절이 정밀하고 즐거움도 깊게 된다.」

---

孟子曰 天下大悅而將歸己 視天下悅而歸己 猶草芥
也 惟舜爲然 不得乎親 不可以爲人 不順乎親 不可
以爲子 舜盡事親之道 而瞽瞍底豫 瞽瞍底豫而天下
化 瞽瞍底豫而天下之爲父子者定 此之謂大孝.

---

맹자(이) 왈 천하(이) 대열이장귀기(어든) 시천하열이귀기(하되) 유초개야(는) 유순(이) 위연(하시니) 부득호친(이면) 불가이위인(이요) 불순호친(이면) 불가이위자(이러시다) 순(이) 진사친지도 이고수(이) 지예(하니) 고수(이) 지예이천하화(하며) 고수(이) 지예이천하지위부자자(이) 정(하니) 차지위대효(이니라)

맹자가 말했다. 「천하의 모든 사람들이 기뻐하면서 자기에게 귀순하려고 했다. <그러나 순임금은> 천하가 기뻐하면서 자기에게 귀순하는 것을 보고도 마치 초개(草芥)같이 <대수롭지 않게 여겼다. 그 이유는> 어버이에게 인정을 받지 못하면 사람이라 할 수 없고, 또 부모에게 효순(孝順)을 못했으니, 자식이라 할 수 없었기 때문이다. <온갖 핍박을 받고도> 순임금은 부모를 섬기는 도리를 <정성과 전력을 기울여> 다했다. <그래서 마침내 완고하던 아버지> 고수(瞽瞍)가 기뻐하게 되었다. 고수가 기뻐하자 천하가 더욱 감화되었으며, 고수가 기뻐하자, 또 천하의 모든 아버지와 아들이 저마다 <부자의 도리를 따라> 안정되었다. 그러므로 순임금을 천하의 대효(大孝)라고 말한다.」

▶ 어구 설명
· 瞽瞍底豫(고수지예) : 「고수(瞽瞍)」는 순임금의 아버지 이름. 「지(底)」는 「이르다, 치(致)」의 뜻. 「예(豫)」는 「기쁘다, 즐기다」의 뜻.

[集註 選譯] (1) 言 舜視天下之歸己 如草芥 而惟欲得其親而順之也 得者曲爲承順 以得其心之悅而已 順則有以諭之於道 心與之一而未始有違 尤人所難也 爲人 蓋泛言之 爲子則愈密矣. : 곧 다음 같은 뜻을 말한 것이다. 「순임금은 천하가 자기에게 돌아옴을 보고도 마치 초개같이 여겼다. <그 이유는> 오직 부모로부터 인정을 받고 순탄하게 효도하기를 바랐기 때문이다.」 「득(得)」은 「인정을 받겠다는 뜻이다.」 <그러나 순의 경우는 순탄하게 인정을 받지 못하고> 「곡절 많고 고생스럽게 순종하여 마침내 부모의 마음의 기쁨을 얻었던 것이다.」 「순탄하면 부모와 자식간의 도리로 서로를 알게 한다. <고로> 피차간의 마음이 <도리에서> 하나가 되므로 처음부터 어긋나지 않을 것이다. <이러한 경지는> 보통사람들이 어렵게 여기는 바이다.」 「위인(爲人)」은 일반적으로 한 말이고, 「위자(爲子)」는 더욱 친밀하게 한 말이다.

(2) 蓋舜至此 而有以順乎親矣 是以天下之爲子者 知天下無不可事之親 顧吾所以事之者未若舜耳 於是莫不勉而爲孝 至於其親亦底豫焉 則天下之爲父者 亦莫不慈 所謂化也. : 무릇 순임금은 그 때가 되어서 순리대로 부모에게 효도할 수 있었다. 그러므로 천하의 자식된 사람은 천하에는 섬기지 못할 부모가 없다는 것을 알아야 하며, 내가 아직도 순같이 부모를 섬기지 못함을 스스로 돌이켜 보아야 한다. 그러면 효도에 힘쓰지 않을 자식이 없고, 또 부모도 결국에는 기뻐하게 될 것이다. 즉 천하의 모든 아버지도 자애롭지 않을 수 없으니 이른바 <효도에 의한> 감화이니라.

(3) 子孝父慈 各止其所 而無不安其位之意 所謂定也 爲法於天下 可傳於後世 非止一身一家之孝而已 此所以爲大孝也. : 자식이 효도하고 아버지가 자애로워 저마다 바른 도리에 머물러 있으면, 저마다의 위치에서 불안함이 없게 된다. 이것이 이른바 「정(定)」의 뜻이다. <이와 같은 순의 효도는> 천하의 법도가 되고, 또 후세에 전해야 한다. 그러므로

비단 한 사람이나, 한 집안의 효도가 아니다. 그러므로 천하의 대효(大孝)가 되는 것이다.

(4) 李氏曰 舜之所以能使瞽瞍底豫者 盡事親之道 共爲子職 不見父母之非而已. : 이씨가 말했다. 「순임금이 능히 고수로 하여금 기쁨을 이루게 한 바탕은, <순임금이> 어버이 섬기는 도리를 다하고, 또 공손하게 자식의 직책을 다하고 <일체> 부모의 잘못을 들어내지 않았기 때문이다.」

(5) 昔羅仲素語此云 只爲天下無不是底父母 了翁聞而善之曰 惟如此而後 天下之爲父子者定 彼臣弑其君 子弑其父者 常始於見其有不是處耳. : 전에 나중소(羅仲素)는 이에 덧붙여 말했다. 「천하에는 <자식의 효성에 감동하고도> 기쁨에 이르지 않는 부모는 없는 법이다.」 요옹(了翁)은 이 말을 듣고 좋아하면서 말했다. 「오직 이렇게 되어야 천하의 아버지와 자식이 서로 안정될 수 있다. 신하가 자기 임금을 시해하고, 자식이 자기 아버지를 죽이는 자들은 항상 옳지 못한 것을 보는 데서 비롯되는 것이다.」

## 이루장구 하(離婁章句 下)의 명언 명구

孟子曰 舜生於諸馮 遷於負夏 卒於鳴條 東夷之人
也 文王 生於岐周 卒於畢郢 西夷之人也 地之相去
也 千有餘里 世之相後也 千有餘歲 得志行乎中國
若合符節 先聖後聖 其揆一也.

맹자(이) 왈 순(은) 생어제풍(하사) 천어부하(하사) 졸어명조(하시니) 동이지
인야(이시니라) 문왕(은) 생어기주(하사) 졸어필영(하시니) 서이지인야(이시
니라) 지지상거야(이) 천유여리(며) 세지상후야(이) 천유여세(로되) 득지행호
중국(하사) 약합부절(하니라) 선성후성(이) 기규일야(이니라)

맹자가 말했다. 「순(舜)임금은 제풍에서 출생하시고, 부하에 옮겨 사셨
고, 명조에서 생을 마치셨다. <그러므로> 동방의 미개지방 사람이시
다. 문왕(文王)은 기주에서 태어나시고, 필영에서 생을 마치셨다. <그
러므로> 서쪽 미개지방 사람이다. <순과 문왕, 두 분은 지리상으로
는> 그 거리가 천 리 이상이 된다. <한편> 세대적·시대적 차이가
천 년 이상이나 된다. <그러나 두 분이 다 같이> 뜻을 이루고 <도를
따라 인정(仁政)을> 중국에서 행했으니 이는 흡사 부절을 맞춘 듯하
다. 먼저 나온 성인(聖人) 순이나 뒤에 나온 성인 문왕이나 그들이 <좋
다고 생각하고 헤아린> 법도(法度)는 하나인 천도다.」

▶ **어구 설명**

· 諸馮(제풍) : 고대의 지명, 산동성(山東省) 제성현(諸城縣).

· 負夏(부하) : 「부하」도 역시 고대의 지명, 산동성 자양현(滋陽縣) 서쪽이라고 추측한다.

· 鳴條(명조) : 산동성 정도현(定陶縣) 부근이라고 추측한다. 탕왕(湯王)이 걸(桀)을 토벌한 「명조」와 다른 곳이다.

· 卒(졸) : 종(終)과 같다. 고대에는 죽음을 신분에 따라 다르게 불렀다. 「천자(天子)는 붕(崩), 제후(諸侯)는 훙(薨), 대부(大夫)는 졸(卒), 사(士)는 불록(不祿), 서민(庶民)은 사(死)」라고 했다. 순임금은 천자다. 그래서 여기서는 「졸(卒)」을 「사(死)」로 풀지 않고 「종(終)」으로 풀이했다.

· 東夷(동이) : 「동방의 미개지방」이라는 뜻.

· 岐周(기주) : 기산(岐山) 밑에 있는 주나라의 땅. 대략 섬서성(陝西省) 기산현(岐山縣) 동북쪽이다.

· 畢郢(필영) : 섬서성 장안현(長安縣)으로 문왕의 능묘가 있다. 이상의 여러 지명에 대해서는 후세 학자들의 설이 분분하다.

· 西夷(서이) : 서쪽 미개지방.

· 中國(중국) : 「천하의 중심이 되는 나라」라는 뜻.

· 符節(부절) : 「신표(信標)」. 옥(玉)이나 금속으로 만든 신표를 반으로 쪼개 한쪽씩 가지고 유사시에 맞추어본다.

· 揆(규) : 「좋다고 생각하고 헤아린 법도」로 풀이한다.

· 一(일) : 「유일무이(唯一無二)한 하늘, 절대선(絶對善)의 천도(天道)」.

**【참고 보충】 도통사상(道統思想)과 오늘의 세계**

도통사상을 다른 각도에서 말한 것이다. 천도(天道)는 유일무이(唯一無二)한 절대선(絶對善)의 도리다. 그러므로 성인(聖人)만이 순수무구(純粹無垢)하게 행할 수 있다. 지리적으로 동서남북을 가리지 않고, 또 시대적으로 과거와 미래를 일관하는 절대선의 도리다. 그러므로 천년 전의 동방의 순임금도 도를 따라 인정(仁政)을 폈고, 천년 후의 서방의 문왕도 도를 따라 인정을 폈던 것이다. 오늘의 인류가 진정한 평화와 행복을 누리기 위해서는 성인이 나타나야 한다.

세계에는 여러 민족이 살고 있으며, 태고 때부터 저마다 다른 종교를 믿고 있다. 그러나 시대의 흐름에 따라 인류의 문화나 종교는 점차로 화합하고 통합되는 방향으로 나아가고 있다. 자연 과학이나 물질문화는 빠르게 전파된다. 이에 비하면 정신문화나 종교문화는 속도가 느리지만 그래도 점차로 하나로 화합하는 추세로 나아가고 있다고 낙관할 수 있다. 단 사람들이 먼저 남을 정복하고, 남의 재물을 탈취해서 나 혼자 잘살려는 정복욕을 극복해야 한다.

子産 聽鄭國之政 以其乘輿 濟人於溱洧 孟子曰 惠而不知爲政 歲十一月徒杠成 十二月輿梁成 民未病涉也 君子平其政 行辟人可也 焉得人人而濟之 故爲政者每人而悅之 日亦不足矣.

자산(이) 청정국지정(할새) 이기승여(로) 제인어진유(한대) 맹자(이) 왈 혜이부지위정(이로다) 세십일월(에) 도강(이) 성(하며) 십이월(에) 여량(이) 성(하면) 민미병섭야(이니라) 군자(이) 평기정(이면) 행벽인(이) 가야(이니) 언득인인이제지(리오) 고(로) 위정자(이) 매인이열지(면) 일역부족의(리라)

자산(子産)이 정(鄭)나라의 정치를 맡아보았을 때, 자기의 수레에 사람을 태워 진수(溱水), 혹은 유수(洧水)를 건너게 해 준 일이 있었다. 맹자가 <자산을 평하여> 말했다. 「은혜를 베푸는 것이다. <그것은> 정치를 잘 모르는 처사이다. 매년 11월에 작은 다리를 만들고, 12월에는 큰 다리를 만들면 백성들이 강을 건너는 데 고생하지 않는다. 군자가 <공평무사한> 덕치를 행한다면, 행차할 때에 벽제(辟除)를 해도 좋다. 어찌 개개인을 수레에 태워 강을 건너게 하겠는가. 그러므로 위정자가 개개인을 다 즐겁게 해주려면 날이나 시간도 모자랄 것이다.」

▶ 어구 설명

· 子産(자산) : 춘추시대 정(鄭)나라의 재상(宰相) 공손교(公孫僑). 기원전
522년에 사망했다. 그를 칭찬한 공자의 글이 논어 공야장(公冶長)편에
보인다. 그러나 맹자는 다른 각도에서 그를 비판했다.

· 溱洧(진유) : 진수(溱水), 유수(洧水) 두 개의 강 이름.

· 杠(강) : 사람이 건너다닐 수 있는 작은 다리.

· 輿梁(여량) : 수레가 건널 수 있는 큰 다리. 「양(梁)」은 「교(橋)」의 뜻.

· 日亦不足矣(일역부족의) : 날이나 시간도 모자랄 것이다.

[集註 選譯] (1) 言每人 皆欲致私恩 以悅其意 則人多日少 亦不足於用
矣 諸葛武侯嘗言 治世以大德 不以小惠 得孟子之意矣. : 다음 같은 뜻을
말한 것이다. 「백성들 개개인에게 개별적으로 은혜를 베풀고, 또 각자의
마음을 기쁘게 하려고 해도 백성의 수가 많고, 날이나 시간이 적으므로
역시 그렇게 하기에 부족하다.」 제갈량(諸葛亮)이 전에 말했다. 「세상
은 큰 덕으로 다스린다. 작은 은혜로 다스리지 않는다.」 「맹자의 뜻을
터득한 말이다.」

---

孟子告齊宣王曰 君之視臣 如手足 則臣視君 如腹
心 君之視臣 如犬馬 則臣視君 如國人 君之視臣 如
土芥 則臣視君 如寇讎.

---

맹자(이) 고제선왕 왈 군지시신(이) 여수족 즉신시군(을) 여복심(하고) 군지시
신(이) 여견마 즉신시군(을) 여국인(하고) 군지시신(이) 여토개 즉신시군(을)
여구수(니이다)

맹자가 제(齊)나라 선왕(宣王)에게 말했다. 「임금이 신하 보기를 <자
기의> 손발같이 하고, <귀중하게 여기면> 즉 신하도 임금 보기를 <자

기의> 배나 마음같이 귀중하게 보고 존중합니다. 임금이 신하 보기를 개나 말같이 보고, <부려쓰기만 하면> 즉 신하도 임금 보기를 백성의 한 사람같이 봅니다. <남같이 보고 높이거나 존중하지 않는다.> 임금이 신하 보기를 흙이나 먼지같이 보고, <무시하면> 즉 신하도 임금 보기를 적이나 원수같이 여깁니다.」

▶ 어구 설명

· 手足(수족), 腹心(복심) : <임금과 신하가> 서로 한몸으로 대한다는 뜻이며, 은의(恩義)가 지극한 경지이다.
· 犬馬(견마) : 가볍게 여기고 천시한다는 뜻.

[集註 選譯] (1) 孔氏曰 宣王之遇臣下 恩禮衰薄 至於昔者所進 今日不知其亡 則其於群臣 可謂邈然無敬矣 故孟子告之以此: 공씨(孔氏)가 말했다. 「제나라 선왕은 신하에 대해서 은혜를 베풀거나 예양(禮讓)하는 일이 거의 없었다.」 「전에 등용해 썼던 신하가 지금 어디에 가 있는지도 알지 못했다.」 「즉 선왕이 신하에 대해서 무관심하고 공경하지 않는다고 말할 수 있다.」 「그러므로 맹자가 이렇게 말한 것이다.」

王曰 禮爲舊君有服 何如 斯可爲服矣 曰 諫行言聽 膏澤下於民 有故而去 則君使人導之出疆 又先於其所往 去三年不反 然後收其田里 此之謂三有禮焉 如此 則爲之服矣 今也爲臣 諫則不行 言則不聽 膏澤不下於民 有故而去 則君搏執之 又極之於其所往 去之日 遂收其田里 此之謂寇讎 寇讎何服之有.

왕(이) 왈 예(에) 위구군유복(하니) 하여(이라야) 사가위복의(니이꼬) 왈 간행언청(하야) 고택(이) 하어민(이오) 유고이거 즉군(이) 사인도지출강(하고) 우선어기소왕(하며) 거삼년불반 연후(에) 수기전리(하나니) 차지위삼유례언(이니) 여차 즉위지복의(니이다) 금야(엔) 위신(이라) 간즉불행(하며) 언즉불청(하여) 고택(이) 불하어민(이오) 유고이거 즉군(이) 박집지(하고) 우극지어기소왕(하며) 거지일(에) 수수기전리(하나니) 차지위구수(이니) 구수(에) 하복지유(리이꼬)

선왕이 맹자에게 물었다. 「옛날 예법에 신하가 옛 임금을 위해서 상복을 입는다고 했는데, 어떻게 하면 그렇게 할 수 있습니까.」 맹자가 말했다. 「임금이 충신의 간언(諫言)을 듣고 행해서 <덕치의> 기름진 은혜가 백성에게 미치게 해야 합니다. <충신이> 연고가 있어 <임금 곁을> 떠나 <다른 나라로> 가게 되면 임금은 사람을 시켜서 <충신을> 안내하고 국경 밖으로 잘 나가게 인도해 주고, 또 <그 충신이> 가려는 나라에 먼저 사람을 보내 <그를 칭찬해 주어야 합니다.> 그가 떠난 다음 3년이 되어도 되돌아오지 않으면, 그때에 <비로소 그에게 주었던> 영토나 집을 회수해야 합니다. 이렇게 하는 것을 '세 가지 예(禮)'를 베푼다고 합니다. <임금이 먼저> 이렇게 예양(禮讓)하면 <임금 사망 시에 그 충신이> 상복을 입을 것입니다. 오늘에는 신하가 되어 <임금에게> 간언을 올려도 <임금이> 행하지 않고, 말을 올려도 들어주지 않으므로 <따라서> 기름진 은혜가 백성에게 미치지 않습니다. 한편 <신하가> 인연이 있어서 다른 나라에 가려고 하면 임금이 그를 잡아 묶어놓거나, 그가 가려고 하는 나라에 <악선전을 하여> 궁지에 몰리게 합니다. 또 그가 나라를 떠나는 날, 즉시 그의 전답이나 집을 회수하니 이러한 임금은 바로 원수나 적이라 하겠습니다. 원수나 적을 <위해서> 어떻게 상복을 입겠습니까.」

▶ **어구 설명**

· 此之謂三有禮焉(차지위삼유례언) : 이렇게 하는 것을 「세 가지 예(禮)」를 베푼다고 한다. 즉 ① 충신의 간언을 듣고 행한다. ② 신하가 다른 나라로 가는 경우에는 그를 잘 보내주고, 또 그 나라 임금에게 그를 칭찬해준다.

③3년이 지나서 그에게 내렸던 영토나 집을 거두어들인다.

·極(극) : 「극악하게 선전하고 궁지에 몰리게 한다」는 뜻.

[集註 選譯] (1) 儀禮曰 以道去君 而未絶者 服齊衰三月 王疑孟子之言 太甚 故以此禮爲問. : 의례(儀禮) 상복전(喪服傳)에 있다. 「도를 지키기 위해 임금을 떠났으나, 절교하지 않은 경우에는, 임금이 죽었을 때, 석 달 간 재최(齊衰)를 입는다.」 선왕은 맹자의 말이 너무 심하다고 생각하고 이와 같이 물은 것이다.

(2) 導之出疆 防剽掠也 先於其所往 稱道其賢 欲其收用之也 三年而後 收其田祿里居 前此 猶望其歸也. : 인도해서 국경을 무사히 나가게 함은 곧 도적이나 약탈을 막아 주자는 것이다. 먼저 그가 가는 나라에 그의 현명함을 칭찬하는 이유는 <그 나라에서> 그를 등용해 쓰기를 바라기 때문이다. 3년이 지난 뒤에 그에게 내렸던 녹봉이나 토지 및 집을 회수하는 것은 그 전에 돌아오기를 바라기 때문이다.

(3) 楊氏曰 君臣以義合者也 故孟子爲齊王 深言報施之道 使知爲君者 不可不以禮遇其臣耳 若君子之自處 則豈處其薄乎 孟子曰 王庶幾改之 予日望之 君子之言 蓋如此. : 양씨(楊氏)가 말했다. 「임금과 신하는 도의(道義)를 바탕으로 합해야 한다. 그러므로 맹자는 제나라 선왕에게 <임금이 신하에게> 보답하고 은혜를 베푸는 도리를 깊이 말하고, 임금으로 하여금 반드시 신하를 예우(禮遇)하지 않으면 안 된다는 것을 알게 해주었다.」 「만약 군자가 스스로 일을 처리하는 경우에는 대우가 박하다고 어찌 일처리를 박하게 하겠는가. <신하는 충성을 다해야 한다.>」 맹자는 「임금님이 고치시기를 바라며, 저는 날마다 바랍니다」라고 말했다. 군자의 말은 대개 이와 같은 것이다.

## 孟子曰 無罪而殺士 則大夫可以去 無罪而戮民 則 士可以徙.

맹자(이) 왈 무죄이살사 즉대부가이거(이오) 무죄이륙민 즉사가이사(이니라)

맹자가 말했다. 「임금이 죄 없는 선비를 죽인다면, 곧 대부는 떠나야 한다. 임금이 죄 없는 백성을 죽게 한다면, 곧 선비는 그런 임금으로부터 떠나야 한다.」

[集註 選譯] (1) 言 君子當見幾而作 禍已迫 則不能去矣. : 이는 곧 「군자는 마땅히 기미(幾微)를 보고 <떠나가는> 행동을 취해야 한다. 재앙이 닥친 다음에는 떠나갈 수 없음」을 말한 것이다.

<* 군자는 기미를 살펴야 한다. 공자는 「위방불입 난방불거(危邦不入 亂邦不居)」라고 했다. ⇒ 논어 태백편(泰伯扁)>

## 孟子曰 君仁 莫不仁 君義 莫不義.

맹자(이) 왈 군인(이면) 막불인(이오) 군의(이면) 막불의(니라)

맹자가 말했다. 「임금이 어질면, 어질지 않은 것이 없게 된다. 임금이 의로우면, 의롭지 않은 것이 없게 된다.」

【참고 보충】「상행하효(上行下效)」

임금은 나라를 다스리는 중심적 존재이며, 동시에 최고의 통치자다. 그리하여 인의(仁義)를 행하면, 신하도 백성도 인의를 따르고, 모든 일이 바르게 되는 것이다. 공자는 한마디로 인(仁)이라 했다. 그 인 속에는 의(義)가 포함되어 있다.

그러나 전국시대(戰國時代)에는 무력전쟁(武力戰爭)이 격화했으므로 맹자는 특히 의를 내세웠던 것이다. 맹자는 「의자 인지정로(義者 人之正路)」라 했다.

> ## 孟子曰 非禮之禮 非義之義 大人弗爲.

맹자(이) 왈 비례지례(와) 비의지의(를) 대인(은) 불위(니라)

맹자가 말했다. 「예(禮)가 아닌 예와, 의(義)가 아닌 의를 대인은 행하지 않는다.」

▶ 어구 설명

· 非禮之禮(비례지례) : 예(禮)가 아닌 예. 「비례(非禮)」는 곧 천리(天理)나 도리에 맞지 않는 거짓되고, 또 형식적인 예의라는 뜻이다.
· 非義之義(비의지의) : 의(義)가 아닌 의. 「비의(非義)」는 곧 천리(天理)나 도리에 맞지 않는 거짓되고, 또 인위적(人爲的) 의리라는 뜻이다.
· 大人弗爲(대인불위) : 대인(大人)은 <거짓된 인의를> 자신도 행하지 않고, 또 남에게도 강요하지 않는다.

[集註 選譯] (1) 察理不精 故有二者之蔽 大人則隨事而順理 因時而處宜 豈爲是哉. : 천리(天理)를 정밀하게 살피지 못함으로써, 두 가지 폐단이 있게 된다. 대인(大人)은 모든 일을 천리에 따라 하고, 또 때에 맞게 처리한다. 그러니 어찌 「예에 맞지 않는 인의」를 행하겠느냐.

【참고 보충】「비례지인의(非禮之仁義)」

공자와 맹자가 높이는 「인의(仁義)」는 천도(天道)를 바탕으로 한 덕행이다. 천도는 광명정대하고, 공평무사(公平無私)하고, 영구불변하는 진리다. 「인(仁)」은 「서로 사랑하고 협동하여 함께 잘사는 공동체를 꾸미는 덕행」이다. 「의(義)」는 「도의와 정의를 굳게 지키고 실천하는

덕행」이다. 인의 바탕은 효(孝)이고, 의의 바탕은 제(悌)이다. 효는 종
적·역사적 사랑의 협동이고, 제(悌)는 횡적·사회적 사랑의 협동이다.
그러므로 「효제(孝悌) 인의」는 곧 「우주적 사랑의 협동」이다. 대인(大
人)은 천도와 하나가 된 사람이다. 그러므로 대인은 참다운 인의를 실
천한다. 한편 우매한 임금이나 소인은 천도를 모르고, 사리 사욕을 채
우려고 온갖 악덕을 자행(恣行)한다. 그러므로 「거짓되고 형식적인 효
도나 충성을 강요하는 것이다.」 이것을 맹자가 「비례지인(非禮之仁),
비례지의(非禮之義)」라고 말한 것이다.

---

孟子曰 中也 養不中 才也 養不才 故人樂有賢父兄
也 如中也 棄不中 才也 棄不才 則賢不肖之相去 其
間不能以寸.

---

맹자 왈 중야(이) 양부중(하며) 재야(이) 양부재(라) 고(로) 인락유현부형야(이
니) 여중야(이) 기부중(하며) 재야(이) 기부재(면) 즉현불초지상거 기간(이)
불능이촌(이니라)

맹자가 말했다. 「중정(中正)의 도(道)를 터득한 사람이 도를 터득하지
못한 사람을 교육하고 배양한다. 또 재능있는 사람이 재능없는 사람을
교육하고 배양한다. 고로 사람은 현명한 <지혜나 재능이 있는> 부형
에게 <배우기를> 좋아한다. 만약에 중정의 도를 터득한 사람이 도를
터득하지 못한 사람을 버리고, <교육하지 않거나> 재능있는 사람이
재능없는 사람을 버리고 교육하지 않는다면, 현인(賢人)과 불초(不肖)
의 거리나, 양자간의 거리가 한 치도 못될 것이다.」

▶ 어구 설명

·中(중) : 지나치지도 않고, 또 모자라지도 않게 <도에 맞게 하는 사람을>
중(中)이라 한다.

· 才(재) : 족히 일할 수 있는 능력을 재(才)라고 한다.
· 賢(현) : 「중정(中正)의 도를 행하고, 또 일을 할 재능이 있는 사람」의 뜻.

[集註 選譯] (1) 爲父兄者 若以子弟之不賢 遂遽絶之而不能敎 則吾亦過中而不才矣 其相去之閒 能幾何哉. : 「<그런데> 부형된 자가, 만약에 자제가 현명하지 못하다고 해서, 즉각 그를 물리치고 끝내 그를 교육하지 않는다면, <부형된> 나 자신이 중정(中正)의 도를 지나치고, 또 <남을 교화하는> 재능이 없는 <어리석은 사람이 된다. 그렇다면> 양자간의 차이가 얼마나 되겠는가.」 <* 현명한 사람은 어리석은 사람을 교육해서 현명한 사람이 되게 해야 한다.>

## 孟子曰 人有不爲也 而後可以有爲.

맹자(이) 왈 인유불위야 이후(에) 가이유위(니라)

맹자가 말했다. 「사람은 <인의(仁義)에 어긋나는 일을> 하지 않을 수 있어야 비로소 <인의에 맞는 일을> 할 수 있다.」

[集註 選譯] (1) 程子曰 有不爲 知所擇也 惟能有不爲 是以可以有爲無所不爲者 安能有所爲邪. : 정자(程子)가 말했다. 「하지 않는 바가 있음은 곧 택하는 바를 바르게 알기 때문이다. 오직 <악(惡)을> 하지 않을 수 있으므로 <선(善)을> 행할 수 있다. <이것저것> 악을 다 행하는 자가 어찌 선(善)을 할 수 있겠느냐.」

## 孟子曰 言人之不善 當如後患何.

맹자(이) 왈 언인지불선(하다가) 당여후환(에) 하(오)

맹자가 말했다. 「남의 잘못을 말하면, 후환을 어떻게 감당하겠느냐.」

## 孟子曰 仲尼 不爲已 甚者.

맹자(이) 왈 중니(는) 불위이 심자(이러시다)

맹자가 말했다. 「공자는 지나치게 심한 일, <즉 극단적인 일을> 하지 않으셨다.」

▶ 어구 설명
· 仲尼(중니) : 공자의 자(字).
· 已甚(이심) : 「몹시 심하다, 극단적인 일」의 뜻이다.

[集註 選譯] (1) 楊氏曰 言聖人所爲 本分之外 不加毫末 非孟子眞知孔子 不能以是稱之 : 양씨(楊氏)가 말했다. 「성인은 일을 할 때, 근본이 되는 도(道)만을 따랐고, 그 외의 말단은 털끝만큼도 가하지 않았다. <만약> 맹자가 참으로 공자를 알지 못했다면 이렇게 칭찬하지 못했을 것이다.」

## 孟子曰 大人者 言不必信 行不必果 惟義所在.

맹자(이) 왈 대인자(는) 언불필신(이며) 행불필과(요) 유의소재(니라)

맹자가 말했다. 「대인(大人)은 신실(信實)하지 않은 말을 안했고, 반드시 열매를 맺지 않는 행동은 하지 않았다. 어디까지나 의에 맞게 하였다.」

▶ 어구 설명
· 大人者(대인자) : 하늘과 하나가 된 큰 사람. <혹은 대인을 임금으로 푸는 설도 있다.>

·必(필) : 「기약」과 같은 뜻이다.

[集註 選譯] (1) 尹氏曰 主於義 則信果 在其中矣 主於信果 則未必合義 : 윤씨(尹氏)가 말했다. 「도의(道義)를 주로 하면, 믿을 만한 성과가 그 중에 있다. 믿을 만한 성과를 주로 하면, 도의에 맞지 않는 것이 없다.」

(2) 王勉曰 若不合於義 而不信不果 則妄人爾. : 왕면(王勉)이 말했다. 「만약에 〈언행이〉 도의에 맞지 않고, 또 신의와 성과가 없다면 〈그런 자는〉 곧 망령된 사람이다.」

## 孟子曰 大人者 不失其赤子之心者也.

맹자(이) 왈 대인자(는) 불실기적자지심자야(이니라)

맹자가 말했다. 「대인은 어린아이의 〈순수한〉 마음을 잃지 않은 사람이다.」

[集註 選譯] (1) 大人之心 通達萬變 赤子之心 則純一無僞而已. : 「대인의 마음은 만물의 도리와 변화에 통달한다.」 「어린아이의 마음은 순수하고 한결같고 거짓이 없다.」

(2) 然大人之所以爲大人 正以其不爲物誘 而有以全其純一 無僞之本然 是以擴而充之 則無所不知 無所不能 而極其大也. : 「그러나 대인이 대인이 될 수 있는 근본 바탕은 물욕에 미혹되지 않고, 순진무구(純眞無垢)한 본연의 선본성(善本性)을 온전하게 지니고 있음에 있다.」 「그 선본성을 넓히고 〈만사를〉 충실하게 한다. 〈따라서〉 무소부지(無所不知), 무소불능(無所不能)하며, 지극지대(至極至大)하게 된다.」

## 孟子曰 養生者不足以當大事 惟送死可以當大事.

맹자(이) 왈 양생자(는) 부족이당대사(이오) 유송사(라야) 가이당대사(이니라)

맹자가 말했다. 「부모님 <생존시에> 잘 봉양해 올리는 것을 중대하게 여기는 것만으로는 부족하다. 특히 <돌아가신> 부모님 장례를 잘 모시는 것을 중대사로 <여기고> 잘 감당해야 한다.」

[集註 選譯] (1) 事生 固當愛敬 然亦人道之常耳. : 「부모님 생존시에 마땅히 친애하고 공경해야 한다.」「그러나 그것은 역시 모든 사람이 따르고 실천해야 할 기본 도덕이다.」

(2) 至於送死 則人道之大變 孝子之事親 舍是 無以用其力矣. : 「부모님의 장례를 지내는 일은 사람의 도리로서는 큰 변고라 하겠다.」「효자가 부모를 섬김에 있어, 장례 말고 따로 온갖 힘을 바칠 일이 없는 것이다.」

(3) 故尤以爲大事 而必誠必信 不使少有後日之悔也. : 「고로 <상례를> 특히 중대사로 여기고, 반드시 정성으로 신실하게 모시고, 후일에 조금도 후회되는 바가 없게 해야 한다.」

孟子曰 君子深造之以道 欲其自得之也 自得之 則居之安 居之安 則資之深 資之深 則取之左右 逢其原 故君子欲其自得之也.

맹자(이) 왈 군자(이) 심조지이도(는) 욕기자득지야(이니) 자득지 즉거지안(하고) 거지안 즉자지심(하고) 자지심 즉취지좌우(에) 봉기원(이니) 고(로) 군자(는) 욕기자득지야(이니라)

맹자가 말했다. 「군자는 도로써 깊어져야 한다. 스스로 터득하기 위해서다. 스스로 도를 터득하면 편안하다. 편안하면 도를 깊이 활용할 수 있다. 도를 깊이 활용하면 좌우(左右)에서 <도를> 취하고 <나아가서는> 도의 근원을 만나게 된다. 고로 군자는 스스로 도를 터득하기를 바란다.」

▶ **어구 설명**

· 深造(심조) :「깊은 조예(造詣)」, 즉 「깊고 높은 경지에 도달한다」는 뜻.
· 自得(자득) :「자기가 마음속으로 하늘의 도리나 사물의 도리를 터득한다」
  는 뜻.
· 資(자) : 도를 바탕으로 하고 깊이 활용한다는 뜻.
· 逢其原(봉기원) :「봉(逢)」은 「치(値)」와 같은 뜻. 「원(原)」은 「본(本)」이
  다. 즉 「물이 솟아나오는 근원.」

[集註 選譯] (1) 言君子務於深造而必以其道者 欲其有所持循 以俟夫默
識心通 自然而得之於己也. : 다음 같은 뜻을 말한 것이다. 「군자는 반드
시 도를 바탕으로 조예를 깊이 하고자 노력해야 한다.」「도를 지키고
따라 장차는 말없이 알고 마음속으로 통달하고 자연스럽게 행하고자
해서이다.」

(2) 自得於己 則所以處之者 安固而不搖 處之安固 則所藉者 深遠而無
盡. :「스스로 터득하면 근거하는 바가 굳고 안정되고 흔들리지 않는다.」
「안정되고 굳으면 바탕으로 삼고 활용하는 바 <도나 도리가> 깊고 원대
하고, 또 무궁무진하게 된다.」

(3) 所藉者深 則日用之間取之至近 無所往而不值其所資之本也. :「바
탕으로 삼는 바가 깊으면 일용할 때에 지극히 가까운 <자기 마음속에
있는 도를> 취해 쓰고, 또 어디에 가도 근본이 되는 도에 맞지 않는
것이 없게 된다.」

(4) 程子曰 學不言而自得者 乃自得也. : 정자(程子)가 말했다. 「배움은
입으로 말하지 않고 스스로 터득하는 것이다. 그것이 곧 자득(自得)이다.」

(5) 有安排布置者 皆非自得也 然必潛心積慮 優游饜飫於其間 然後可以
有得 若急迫求之 則是私己而已 終不足以得之也. :「꾸미고 늘어놓는 것

은 다 자득이 아니다.」「그러므로 반드시 마음속 깊이 생각을 쌓아서
<모든 사물에> 여유있게 바르게 적용하고, 또 충분히 체험하고 활용해
야 한다.」「만약에 다급하게 구하면 곧 사사로운 이득이 되고, 끝내 도를
얻지 못하게 될 것이다.」

【참고 보충】「심조지이도(深造之以道)」

「군자는 도를 바탕으로 하고, 깊고 높은 경지에 도달해야 한다.(君子深
造之以道)」이때의 도(道)는 하늘과 사물의 도리를 다 포함한다. 천도
와 반대가 사리사욕(私利私慾)이다. 주자는 말했다.「박학(博學), 심문
(審問), 신사(愼思), 명변(明辨), 독행(篤行)」이 곧「조도의 방도(造道
之方)이다.」

> ## 孟子曰 博學 而詳說之 將以反說約也.

　　맹자(이) 왈 박학 이상설지(는) 장이반설약야(이니라)

맹자가 말했다.「군자가 넓게 많은 것을 배우고, 또 자세하게 논하는
것은, 장차 되돌려 요약해서 말하기 위해서다.」

[集註 選譯] (1) 言所以博學於文 而詳說其理者 非欲以誇多而鬪靡也 欲
其融會貫通 有以反而說到至約之地耳.：「글을 넓게, 많은 것을 배우고,
또 도리를 세밀하게 설명하는 까닭은 많은 지식을 자랑하고 화려함을
내보이고자 해서가 아니다.」<모든 사물을> 융합하고 도리를 관통해
서 반대로 지극히 축약된 <근본 도리를> 설명하는 경지에 도달하기
위해서다.」

(2) 蓋承上章之意 而言學非欲其徒博 而亦不可以徑約也.：「대개 앞장
의 뜻을 받고, 학문은 공연히 박학하기만을 바라지 말고, 또 지나치게
간결 요약해도 안됨을 말한 것이다.」

<* 군자는 넓게 배우되, 예로써 몸을 단속해야 한다(君子博學於文 約之以禮) : 論語 雍也篇, 顔淵篇>

## 孟子曰 以善服人者 未有能服人者也 以善養人 然後能服天下 天下不心服 而王者未之有也.

맹자(이) 왈 이선복인자(는) 미유능복인자야(이니) 이선양인연후(에) 능복천하(하나니) 천하(이) 불심복 이왕자(이) 미지유야(이니라)

맹자가 말했다. 「선만으로 사람을 따르게 하려고 해도 능히 사람을 따르게 할 수 없다. 선으로써 사람을 교육 감화해야 한다. 그래야 비로소 천하를 따르게 할 수 있다. 천하가 마음으로 복종하지 않는데 임금이 된 예가 없다.」

[集註 選譯] (1) 服人者 欲以取勝於人 養人者 欲其同歸於善 蓋心之公私小異 而人之嚮背頓殊 學者於此 不可以不審也. : 「복인자(服人者)」는 「다른 사람을 눌러 이기고자 한다」는 뜻이다. 「양인자(養人者)」는 「남과 더불어 함께 선도에 돌아간다」는 뜻이다. 무릇 공적(公的) 마음을 갖느냐, 사적(私的) 마음을 갖느냐에 따라, 사람의 향배(向背)가 크게 다르게 된다. 그러므로 학자는 이 점을 잘 살피지 않으면 안 된다.

## 孟子曰 言無實不祥 不祥之實 蔽賢者當之.

맹자(이) 왈 언무실불상(하니) 불상지실(은) 폐현자당지(니라)

맹자가 말했다. 「말에 진실성이 없는 것이 가장 상서롭지 않고 나쁘다. 상서롭지 않은 말의 실재적 해독은 현명한 사람을 덮고 가로막는 것이다.」

[集註 選譯] (1) 或曰 天下之言 無有實不祥者 惟蔽賢 爲不祥之實 或曰 言而無實者不祥 故蔽賢爲不祥之實 二說不同 未知孰是 疑或有闕文 焉. : 혹자는 말한다. <풀이한다.> 「천하의 말은 <많고 다양하다. 그 중 에서도> 진실성이 있으면서 상스럽지 않은 말은 없다. 다만 어진 사람을 가려 덮는 말이 상서롭지 않은 나쁜 말이다.」 혹자는 말한다. 「말에 진실 성이 없는 것이 상스럽지 않고 나쁘다. 고로 현자를 가려 덮는 것이 좋지 않은 열매이다.」 「두 가지 설이 같지 않으나, 어느 것이 옳은지 알지 못한다. 아마도 <앞뒤에> 빠진 글이 있을 것이다.」

徐子曰 仲尼亟稱於水 曰水哉水哉 何取於水也 孟 子曰 原泉混混 不舍晝夜 盈科而後進 放乎四海 有 本者如是 是之取爾 苟爲無本 七八月之間 雨集溝 澮皆盈 其涸也 可立而待也 故聲聞過情 君子恥之.

서자(이) 왈 중니(이) 기칭어수 왈 수재수재(여하시니) 하취어수야(이시니이 꼬) 맹자(이) 왈 원천(이) 곤곤(하야) 불사주야(하야) 영과이후(에) 진(하야) 방호사해(하나니) 유본자(이) 여시(라) 시지취이(시니라) 구위무본(이면) 칠 팔월지간(에) 우집(하야) 구회(이) 개영(이나) 기고야(는) 가립이대야(이니) 고(로) 성문과정(을) 군자(이) 치지(니라)

맹자의 제자 서자(徐子)가 물었다. 「공자께서 여러 차례 물을 칭찬하시 고『물이여! 물이여!』하고 감탄하셨는데, 물에서 어떤 점을 취하시고. <그렇게 칭찬을 했습니까.>」 맹자가 말했다. 「근본 뿌리가 깊은 샘물 이 세차게 솟아 흐르고 낮과 밤에도 쉬지 않고 계속해서 흐른다. <그 물은> 움푹 파진 곳을 채우고 다시 또 흐른다. <그리고> 사해로 퍼져 나간다. 뿌리가 있는 것은 이와 같다. <즉 뿌리 깊은 샘물이 웅덩이를

메우고 다시 흘러 바다에 들어가듯이, 하늘이나 하늘의 도리를 뿌리로 삼고 있는 성인(聖人)의 인덕(仁德)은 천하 사방에 퍼져 나간다.> 이와 같은 덕성(德性)을 취해서 칭찬을 한 것이다. 만약에 뿌리가 없으면, 7, 8월에 내리는 소나기 같게 된다. 비가 <일시에> 집중적으로 쏟아져 내리자, 금새 도랑이나 개천에 물이 넘친다. 그러나 쏟아져 내린 빗물이 마르는 것도 서서 기다릴 수 있다. <즉 즉시 물이 마른다.> 고로 허망하게 사실 이상으로 난 명성을 군자는 부끄럽게 여긴다.」

▶ 어구 설명

·亟(기) : 수차(數次)의 뜻.
·混混(곤곤) : 「곤곤(滾滾)」과 같다. 「곤(滾)」은 「물이 세차게 솟아 흐르는 모양.」
·溝澮皆盈(구회개영) : 「溝(작은 도랑 구), 澮(큰 도랑 회), 盈(찰 영)」
·涸(고) : 「마른다」는 뜻. 「학」으로도 읽는다.
·聲聞過情(성문과정) : 「성문(聲聞)」은 「명예」의 뜻. 「정(情)」은 사실, 실정.」

[集註 選譯] (1) 林氏曰 徐子之爲人 必有躐等干譽之病 故孟子以是答之 : 임씨(林氏)가 말했다. 「서자의 사람됨이 순서와 단계를 뛰어넘고, 명예를 얻으려고 하는 결함이 있었다. 그러므로 맹자가 이렇게 대답한 것이다.」

(2) 鄒氏曰 孔子之稱水 其旨微矣 孟子獨取此者 自徐子之所急者 言之也 孔子嘗以聞達 告子張矣 達者有本之謂也 聞則無本之謂也 然則學者其可以不務本乎 : 추씨(鄒氏)가 말했다. 「공자가 강물을 보고 감탄한 뜻은 미묘하다. 맹자는 오직 뿌리 깊은 샘물을 예로 들고, 서자의 조급한 결점을 탓했다. 공자가 전에 문달(聞達)에 대한 말을 자장(子張)에게 고한 일이 있다. 달(達)은 뿌리가 있는 것이 자라서 도달한다는 뜻이다. 문(聞)은 뿌리 없는 소문이 퍼진다는 뜻이다. 그러니 학자는 뿌리에 힘을 쓰지 않을 수 있겠는가.」

---

## 孟子曰 人之所以異於禽於獸者 幾希 庶民去之 君子 存之 舜明於庶物 察於人倫 由仁義行 非行仁義也.

맹자(이) 왈 인지소이 이어금어수자(이) 기희(하니) 서민(은) 거지(하고) 군자
(는) 존지(니라) 순(은) 명어서물(하시며) 찰어인륜(하시니) 유인의행(이라)
비행인의야(니라)

맹자가 말했다. 「사람과 금수가 다른 점은 지극히 미소하다. <그 미소
한 점을> 일반 서민은 버리고 따르지 않는다. 군자만이 간직하고 행한
다. 옛날의 성제(聖帝) 순(舜)은 모든 사물의 도리를 밝게 알고, 또
도리에 맞게 처리했으며, 또 인간의 윤리를 잘 살피고 <모든 사람으로
하여금> 지키게 했다. 순임금은 인의(仁義)의 도리를 바탕으로 행한
것이지, 인의를 행한 것이 아니다.」

▶ 어구 설명

·幾希(기희) : 극히 적다. 아주 미소하다.

[集註 選譯] (1) 雖曰少異 然人物之所以分 實在於此 衆人不知此而去之
則名雖爲人 而實無以異於禽獸 君子知此而存之 是以 戰兢惕厲 而卒能
有以全其所受之理也. : 「비록 조금 다르다고 하나, 사람과 동물의 차이
점이 바로 이 점에 있다.」 「이를 일반 대중들은 모르고 내버려두고 행하
지 않는다.」 「그러므로 이름은 비록 사람이면서 실상은 금수와 다를
바가 없다.」 「군자는 이를 알고 잘 간직한다. <즉 천명으로 주어진 본성
속의 천리를 잘 간직한다.>」 「그러므로 <삶을 살고 행동을 함에 있어>
전전긍긍 두려워하며 따라서 <하늘로부터> 내려받은 바 천리(天理)를
온전하게 행할 수 있다.」

(2) 物事物也 明則有以識其理也 人倫說見前篇 察則有以盡其理之詳也
物理固非度外 而人倫尤切於身 故其知之有詳略之異. : 「물(物)」은 「사

물(事物)」이다. 「명(明)」은 「즉 사물의 도리를 안다」는 뜻이다. 「인륜
(人倫)에 대한 설명」은 앞에 있다. 「찰(察)」은 곧 「사물의 도리를 상세
하게 알고 충분히 나타낸다」는 뜻이다. 모든 사물의 도리는 당연히 하늘
의 법도 밖에 있는 것이 아니며, 그 중에도 인륜은 처신(處身)에 있어
가장 중요하고 절실한 것이다. 고로 도리와 인륜을 알고 행함에 있어
자상함과 간략함의 차이가 나게 마련이다.

(3) 在舜則皆生而知之也 由仁義行 非行仁義 則仁義已根於心 而所行皆
從此出 非以仁義爲美而後 勉强行之 所謂安而行之也 此則聖人之事 不
待存之 而無不存矣. : 순임금의 경우는 모두가 「생이지지(生而知之)」
이다. 「유인의행 비행인의(由仁義行 非行仁義)」는 곧 「인의가 마음의
뿌리이고, 따라서 행하는 바가 다 마음에서 나오며, 인의가 미덕이기
때문에 억지로 행한다는 뜻이 아니다. 이른바 자연스럽게 행한다는 뜻
이다. 이러한 경지는 곧 성인의 일이다. 의식적으로 지니지 않고도 스스
로 지니지 않는 바가 없게 되는 것이다.」

(4) 尹氏曰 存之者 君子也 存者聖人也 君子所存 存天理也 由仁義行 存
者能之. : 윤씨(尹氏)가 말했다. 「의식적으로 간직하는 것은 군자가 할
일이다. 스스로 간직하는 경지가 성인이다. 군자가 간직하려는 것은 천
리이다. 인의를 따르고 실천해야 능히 천리를 간직할 수 있다.」

## 【참고 보충】「인간과 동물의 차이」

인간도 동물도 다 하늘에 의해서 태어나 살고 있다. 인간의 본성이나
형상도 하늘이 내려준 것이다. 동물의 본성이나 형상도 하늘이 내려준
것이다. 그러므로 기본적으로는 인간이나 동물은 다 같다. 그러나 인간
은 하늘과 하늘의 도리를 인식한다. 그러나 동물은 인식하지 못한다.
같은 인간이라도 극소수의 군자는 인식하지만 대부분의 서민은 인식하
지 못한다. 그래서 맹자는 인간과 동물의 차이가 극히 적다고 말한

것이다.

인간이 천리를 터득하고 윤리를 실천하는 바탕은 하늘이 인간에게 내려준 숭고한 정신과 영특한 마음이다. 그러나 많은 사람들은 형기(形氣)를 바탕으로 한 동물적 삶만을 알고, 숭고한 정신적 삶이나 가치를 모른다. 지식인도 동물적 본능과 이기적 욕심에 빠져 인의도덕을 외면하는 경우가 많다. 그래서 맹자는 인간과 동물의 차이가 극히 적다고 말한 것이다.

주자(朱子)는 말했다. 「사람과 동물은 다 같이 천리를 따른다. 그러나 사람에게는 천리를 터득하는 마음이 있는 점이 다르다.(人物之所同者理也 所不同者心也)」 「사람이 만약에 사리사욕에 온통 덮이면, 보이지 않으나 영특하게 작용하는 마음이 금수의 본능으로 변한다. 사람과 금수의 차이는 오직 이 점에 있다. 그러므로 차이가 적다고 하는 것이다.(人若以私欲蔽了 這箇虛靈便是禽獸 人與禽獸只爭這些子 所以謂幾希)」 <大全註疏>

사람이나 금수가 다 같이 하늘의 소생이며, 동물이라는 점에서 같다. 그러나 천리를 인식하고 윤리와 인의(仁義) 도덕을 행하는 면에서는 크게 다르다. 맹자가 「차이가 극히 적다」고 말한 것은 「만약에 인의 도덕을 모르고 행하지 않는다면 인간과 금수의 차이가 극히 적다」는 뜻이다.

【참고 보충】「하늘과 하나된 순임금」

맹자는 동물과 차원이 다른 인간의 전범으로 순(舜)임금을 내세웠다. 순임금은 곧 하늘과 하나된 경지의 성제(聖帝)다. 순임금은 천리를 터득하고 모든 사물을 천리에 맞게 다스렸으며, 사람들로 하여금 윤리 도덕을 따르고 실천케 했다. 순임금은 「생이지지(生而知之)」한 성제다. 그러므로 모든 군자들은 순임금을 본으로 삼고 배우고 노력해야 한다.

「장씨가 말했다. 만물의 도리를 밝게 알고 다스리는 것이나 인륜을
살피고 모든 사람으로 하여금 따르고 행하게 하는 것이 곧 궁리이다.
(張氏曰 明庶物 察人倫 皆窮理也)」「서산 진씨가 말했다. 간직하려고
하는 자는 노력을 필요로 한다. 순임금은 처신이 곧 도리이고, 도리가
곧 처신이다. 혼연일체이기 때문에 힘을 쓸 필요가 없다.(西山眞氏曰
存之者 有待於用力也 舜則身卽理 理卽身 渾然無間 而不待於用力矣)」
「운봉 호씨가 말했다. 서민은 <도덕성을> 간직하지 못한다. 그래서
금수와 다를 바가 없다. 군자는 알고 노력해서 간직한다. 그래서 서민
과 다르다. 애를 쓰고 간직하는 사람은 군자이고, 스스로 지니는 사람
은 성인이다. 이 점이 또 성인이 군자와 다른 점이다.(雲峯胡氏曰 庶民
不能存 無以自異於禽獸 君子知此而存之 所以自異於庶民 存之者君子
存者聖人 此又聖人所以異於君子也)」<大全註疏>

---

孟子曰 禹惡旨酒 而好善言 湯執中 立賢無方 文王
視民如傷 望道而未之見 武王不泄邇 不忘遠 周公
思兼三王 以施四事 其有不合者 仰而思之 夜以繼
日 幸而得之 坐以待旦.

맹자(이) 왈 우(는) 오지주 이호선언(이러시다) 탕(은) 집중(하시되) 입현무방
(이러시다) 문왕(은) 시민여상(하시며) 망도이미지견(이러시다) 무왕(은) 불
설이(하시며) 불망원(이러시다) 주공(은) 사겸삼왕(하샤) 이시사사(하샤되)
기유불합자(이어든) 앙이사지(하샤) 야이계일(하샤) 행이득지(어시든) 좌이
대단(이러시다)

맹자가 말했다. 「하(夏)나라의 우왕(禹王)은 술을 싫어했으며 좋은 말을
좋아했다. 은(殷)나라의 탕왕(湯王)은 중정(中正)의 도(道)를 굳게 지켰
으며, 또 현명한 사람을 등용하고 <신분상의> 차별을 하지 않았다. 주

(周)나라의 문왕(文王)은 백성 돌보기를 다친 사람 돌보듯 했다. 또 <실지로 인도(仁道)를 따르고 행하면서도> 멀리 앞을 바라보면서 아직도 인도를 보지 못한 것처럼 <더욱> 노력했다. 주나라 무왕(武王)은 친근한 신하나 제후들에게도 무례하게 하지 않았으며, 또 먼 나라의 제후들도 잊지 않고 돌보았다. 주공단(周公旦)은 생각이나 사상이 세 임금을 겸했다. <즉 하 우왕, 은 탕왕, 주 문왕과 무왕, 3대의 임금의 덕을 겸했다.> 그리고 또 네 임금의 좋은 사업을 계승해서 행했다. 혹 <주공 자신이 한 일이 선왕들의 덕업(德業)에> 맞지 않으면 하늘을 우러러 반성하고, 밤을 낮에 이어, <생각하고> 요행히 좋은 생각이나 좋은 방도를 터득하면 <잠을 안 자고> 앉아서 새벽이 되기를 기다렸다.」

▶ 어구 설명

· 禹惡旨酒(우오지주) : 「지(旨)」는 맛있다. 전국책(戰國策)에 있다. 「의적(儀狄)이 만든 술을 우왕이 마시니 감미로웠다. 이에 우왕이 말했다. 『후세에 반드시 술 때문에 나라를 망치는 자가 있을 것이다.』 마침내 의적을 멀리하고 맛있는 술을 안 마셨다.」 즉 모든 사람이 좋다고 하는 술을 우왕은 배척했다.

· 而好善言(이호선언) : 그러나 착하고 바른 말을 하거나 듣기를 좋아했다. 「서경(書經) 대우모(大禹謨)에 있다. 『우는 좋은 말을 들으면 절을 했다. (禹拜昌焉)』」

· 中(중) : 「지나치지도 않고 모자라지도 않게 한다」는 뜻이다.

[集註 選譯] (1) 民已安矣 而視之 猶若有傷 道已至矣 而望之 猶若未見 聖人之愛民深 而求道切 如此 不自滿足 終日乾乾之心也. : 「백성들이 이미 안락하게 되었거늘, 문왕은 그들 보살피기를 다친 사람 돌보듯이 했다.」 「인도(仁道)를 이미 행하고 있거늘 아직도 <인도를> 발현하지 못한 것처럼, 더욱 앞을 보고 나갔다.」 「성인의 백성 사랑의 깊음과 구도(求道)의 절실함이 이와 같이 스스로 만족하지 않고 항상 강건한 마음으로 세차게 나갔던 것이다.」

(2) 泄狎也 邇者人所易狎而不泄 遠者人所易忘而不忘 德之盛 仁之至也 : 「설(泄)은 압(狎)이다. 가까이 있는 사람은 무례하게 하기 쉽다. 그러나 <무왕은> 그들을 이탈되게 하지 않았다.」「한편 거리가 먼 사람은 망각하기 쉽다. 그래도 <무왕은> 잊지 않았다.」「이는 곧 덕이 성대하고 인(仁)이 지극하기 때문이다.」<* 압(狎)은 친숙하지만 무례해서 결국은 소원하게 된다는 뜻.>

(3) 此承上章 言舜 因歷敍群聖 以繼之 而各擧其一事 以見其憂勤惕厲之意 : 「이 장은 앞장에 이어 순임금의 <성스러운 경지를> 말한 것이다.」「즉 역대 여러 성왕(聖王)들이 <순의 덕을> 계승하고 저마다 한 가지씩 거행하는데 마음과 뜻을 심히 『우근척려(憂勤惕厲)』했음을 말한 것이다.」

(4) 蓋天理之所以常存 而心之所以不死也. : 「<이와 같이 함으로써> 천하에 천리가 상존(常存)하고, 또 인심(仁心)이 항상 살아있게 마련이다.」

(5) 程子曰 孟子所稱 各因其一事而言 非謂武王不能執中立賢 湯卻泄邇忘遠也 人謂各擧其盛亦非也 聖人亦無不盛. : 정자가 말했다. 「맹자는 <성왕들의 경우> 저마다 한 가지만을 칭찬한 것이다.」「무왕(武王)이 중정(中正)을 지키지 않고, 또 현명한 사람을 내세우지 못한 것이 아니다.」「탕왕(湯王)이 친근한 사람에게 무례하게 하고, 사이가 먼 사람을 소홀히 한 것이 아니다.」「혹 어떤 사람은 맹자가 성왕(聖王)의 가장 높은 덕을 한 가지만 내세웠다고 말하지만 <그러한 비판은> 잘못이다.」「성인에게는 높지 않은 덕이 없다.」

<* 우근척려(憂勤惕厲)는 「<도리를 따르고 실천하려고> 항상 근심 걱정하고 부지런히 애쓰고 노력한다」는 뜻이다. 「인심(人心)은 곧 인심(仁心)이다.」>

孟子曰 王者之迹熄 而詩亡 詩亡然後 春秋作 晉之
乘 楚之檮杌 魯之春秋 一也 其事則齊桓晉文 其文
則史 孔子曰 其義 則丘竊取之矣.

맹자(이) 왈 왕자지적(이) 식 이시망(하니) 시망연후(에) 춘추(이) 작(하니라)
진지승(과) 초지도올(과) 노지춘추(이) 일야(이니라) 기사 즉제환진문(이오)
기문 즉사(이니) 공자(이) 왈 기의 즉구(이) 절취지의(로라하시니라)

맹자가 말했다. 「<평왕(平王)의 동천(東遷)으로 서주(西周)가 끝났으
며> 아울러 주(周)나라의 참다운 임금의 업적도 종식되었다. 따라서
시교(詩敎)도 없어졌다. 시교가 자취를 감추고 <천하가 문란해지자>
공자가 춘추에 붓을 대고 대의명분을 바로잡고자 했다. 진(晉)나라에
서는 승(乘)이라 했고, 초(楚)나라에서는 도올(檮杌)이라 했고, 노(魯)
나라에서는 춘추(春秋)라 했다. 그러나 다 같은 역사기록이다. <춘추
시대의 여러 나라 역사기록의 중요한> 내용은 곧 제(齊)나라 환공(桓
公), 진(晉)나라 문공(文公) 같은 패자(覇者)에 관한 일들이다. 그 기록
은 주로 사관들이 쓴 것이다. 공자가 말했다. 『<여러 나라의 사관들이
쓴 역사기록을 놓고> 도의(道義)와 명분(名分)을 밝힌 것은 바로 공자
가 외람되게 한 것이다.』<즉 공자가 하늘을 기준으로 한 것이다.>」

▶ 어구 설명

· 詩亡(시망) : 서리편(黍離篇)이 밑으로 내려가 국풍(國風)이 되고, 또 아
(雅)가 없어짐을 말한다.
· 春秋(춘추) : 노(魯)나라 은공(隱公)이 자리에 오른 원년(元年)부터 기록이
시작되었다. 실은 주나라 평왕 49년이다.
· 楚之檮杌(초지도올) : 초(楚)나라에서는 역사기록을 「도올」이라고 일컬었
다. 도올은 나쁜 동물의 이름이다. 흉악한 사람을 도올이라 호칭하고 그들
의 악덕을 기록하고 경계하게 한다는 뜻으로 역사기록을 도올이라 했을

것이다.

[集註 選譯] (1) 春秋之時 五霸迭興 而桓文爲盛 史史官也 竊取者 謙辭
也 公羊傳 作其辭則丘有罪焉爾 意亦如此 蓋言斷之在己 所謂筆則筆 削
則削 游夏不能贊一辭者也. :「춘추시대에는 다섯 명의 패자가 바뀌어
일어났으며, 그 중에도 제나라 환공, 진나라 문공이 가장 강성했다.」
「사(史)는 사관이란 뜻이다.」「절취자(竊取者)는 겸사(謙辭)다.」「공
양전(公羊傳)에서 <대의명분을 밝힌> 말은 곧 나 자신에게 죄가 있다고
한 뜻과 같다.」「즉 <역사기록에 대한> 단죄를 자기가 했다는 뜻이다.」
「이른바 가필할 것은 가필하고, 삭제할 것은 삭제하였으며, 공자의 제
자 자유(子游)와 자하(子夏)가 한 글자도 도울 수 없었다고 한 것을
말한다.」

(2) 尹氏曰 言孔子作春秋 亦以史之文 載當時之事也 而其義 則定天下之
邪正 爲百王之大法 此又承上章歷敍群聖 因以孔子之事 繼之而孔子之事
莫大於春秋 故特言之. :윤씨(尹氏)가 말했다.「공자가 춘추를 고쳐 쓸
때에도 역시 사관의 글을 바탕으로 하고 당시의 일들을 적었다.」「그러
나 공자는 의(義)를 밝혔으니, 곧 천하의 모든 일의 사(邪)와 정(正)을
바르게 잡고, 모든 임금들의 대법(大法)이 되게 하기 위해서다.」「이
장도 역시 앞장에서 여러 성인들의 역사적 일을 서술한 것을 이어받은
것이다.」「아울러 공자가 한 일을 뒤에 붙여 말했다.」「그리고 공자의
일 중에 춘추를 지은 것보다 더 중대한 일이 없으므로 특히 말한 것이다.」

【참고 보충】「왕자지적식(王者之迹熄)」

직역하면「왕자의 자취가 멈추다, 사라지다」이다. 그러나 그 내용에
대한 설이 여러 가지 있다.

서주(西周)의 마지막 임금 유왕(幽王)이 견융(犬戎)에게 피살되었다.
그러자 뒤를 이은 평왕(平王)은 국도 풍호(豊鎬)를 견융에게 내주고

동쪽 낙양(洛陽)으로 옮겼다. 이때가 기원전 72년이며, 그후를 동주(東周)라고 했다. 동주시대의 전반부는 춘추시대(春秋時代), 후반부는 전국시대(戰國時代)다. 따라서 서주와 더불어 「성왕(聖王)의 인정(仁政)의 기풍이 종식되었다.」

「왕자지적(王者之迹)」을 「주나라 초기에 있었던 순수관시(巡狩觀詩)의 기풍(氣風)이 없어졌다」는 뜻으로 푼다. 임금이 직접 천하를 돌면서 민정을 살폈다. 한편 패관(稗官)이나 주인(遒人)이 목탁(木鐸)을 두드리면서 각지로 가서 민간의 시(詩)를 수집하고 민간의 기풍을 살폈다. 아울러 위에서는 백성들의 기풍을 시를 통해 교화했다. 이와 같은 시교(詩敎)가 사라졌다는 뜻이다.

「성왕의 덕을 칭송한 주남(周南), 소남(召南), 대아(大雅), 소아(小雅) 및 주나라 선조를 칭송한 송(頌) 같은 훌륭한 시가 자취를 감추었다」는 뜻이다. <* 서주의 이상적인 덕치(德治)가 끝나자, 시교도 사라졌다. 그리고 공자가 노(魯)나라의 역사기록인 춘추(春秋)를 산정(刪定)하여 대의명분을 밝히고자 한 것이다.>

> ## 孟子曰 君子之澤 五世而斬 小人之澤 五世而斬 予未得爲孔子徒也 予私淑諸人也.

맹자(이) 왈 군자지택(도) 오세이참(이오) 소인지택(도) 오세이참(이니라) 여(이) 미득위공자도야(이나) 여(는) 사숙제인야(이로라)

맹자가 말했다. 「군자의 은택(恩澤)이나 유풍(遺風)도 5세면 단절된다. 소인, 즉 평민의 영향이나 유풍도 5세면 단절된다. 나는 <시대가 달라서> 공자의 제자가 되지 못했다. 그래서 나는 사숙(私淑)했다. <즉 여러 사람을 통해서 스스로 잘 배우고 따를 수 있었다.>」

▶ 어구 설명

· 澤(택) : 유풍(流風)이나 여운(餘韻)과 같은 뜻이다.
· 五世(오세) : 「세(世)」는 세대(世代), 대(代), 약 30년. 「5세」는 약 150년이다.
· 斬(참) : 끊어진다는 뜻.
· 私淑(사숙) : 「스스로 잘 배우고 공자의 가르침을 잘 받들고 따른다」
　는 뜻.

[集註 選譯] (1) 自孔子卒 至孟子游梁時 方百四十餘年 而孟子已老 然
則孟子之生 去孔子未百年也. : 「공자가 서거한 후, 맹자가 양(梁)에 갔
을 때까지, 약 140여년이 되었다.」 「〈그때〉 맹자는 이미 늙었으니, 〈아
마도〉 맹자의 출생은 공자로부터 미처 백년이 못 된 때일 것이다.」

(2) 故孟子言 予雖未得親受業於孔子之門 然聖人之澤 尙存 猶有能傳其
學者 故我得聞孔子之道於人 而私竊以善其身. : 「그러므로 맹자가 〈다
음같이〉 말한 것이다.」 「내가 비록 전에 직접 공자의 문하에서 친히
수업할 수 없었지만, 그러나 성인의 은택이 여전히 남아있으므로 능히
공자의 학문을 전수하는 사람이 있었다.」 「그러므로 나는 사람을 통해
공자의 도를 듣고 배웠으며, 외람되게 스스로 몸을 수양할 수 있었다.」

(3) 蓋推尊孔子 而自謙之辭也. : 「〈이 말은 맹자가〉 공자를 높이고 존
경하는 겸사(謙辭)다.」

(4) 此又承上三章 歷敍舜禹 至於周孔 而以是終之 其辭雖謙 然其所以自
任之重 亦有不得而辭者矣. : 「이 장도 앞의 3장을 이어받는 것이다. 즉
차례로 순임금과 우왕을 서술하고, 또 주공과 공자를 말하고 이 장으로
써 종결을 지었다.」 「맹자의 말은 비록 겸사이나, 자신이 지고 있는 책임
이 막중한 까닭으로 역시 부득이하게 말한 것이다.」

> **孟子曰 可以取 可以無取 取傷廉 可以與 可以無與**
> **與傷惠 可以死 可以無死 死傷勇.**

맹자(이) 왈 가이취(이며) 가이무취(에) 취(면) 상렴(이오) 가이여(이며) 가이무여(에) 여(이면) 상혜(이오) 가이사(이며) 가이무사(에) 사(이면) 상용(이니라)

맹자가 말했다. 「취해도 좋고, 안 취해도 좋은 경우에 무턱대고 취하면 청렴(淸廉)과 결백(潔白)의 미덕(美德)을 해치게 된다. <내가 남에게> 줘도 되고, 안 줘도 되는 경우에 <무턱대고> 주면 은혜를 베푼다는 미덕을 해치게 된다. 내가 죽을 수도 있고, 안 죽을 수도 있는 경우에 <무턱대고> 죽으면 용맹을 해치게 된다.」

[集註 選譯] (1) 先言可以者 略見而自許之辭也 後言可以無者 深察而自疑之辭也. : 「앞에서 할 수 있다고 한 말」은 「대략 보고 스스로 허락한다는 말의 뜻」이고, 「뒤에서 할 수 없다고 한 말」은 「깊이 통찰하고 스스로 의아하게 여겼다는 말」이다.

(2) 過取固害於廉 然過與亦反害其惠 過死亦反害其勇 蓋過猶不及之意也. : 「지나치게 취하는 것은 청렴을 해친다. 그러나 지나치게 주는 것도 역시 베푸는 덕에 해가 된다.」「잘못되게 죽는 것도 역시 용기를 해친다.」「지나침도 곧 못 미침과 같다는 뜻이다.」

(3) 林氏曰 公西華受五秉之粟 是傷廉也 冉子與之 是傷惠也 子路之死於衛 是傷勇也. : 임씨가 말했다. 「논어에 있듯이 공서화가 5병의 곡식을 받은 것은 청렴을 손상한 짓이고, 염자가 준 것은 은혜를 손상한 짓이고, 또 자로가 위나라에서 죽은 것은 참다운 용기를 손상한 짓이다」

> 逢蒙學射於羿 盡羿之道 思天下 惟羿爲愈己 於是
> 殺羿 孟子曰 是亦羿有罪焉 公明儀曰 宜若無罪焉
> 曰 薄乎云爾 惡得無罪.

방몽(이) 학사어예(하야) 진예지도(하고) 사천하(에) 유예위유기(라하야) 어
시(에) 살예(한대) 맹자(이) 왈 시역예(이) 유죄언(이니라) 공명의왈 의약무죄
언(이라하나) 왈 박호운이(언정) 오득무죄(리오)

활을 잘 쏘는 방몽(逢蒙)은 후예(后羿)에게 활 쏘는 기술을 배웠다.
방몽은 후예의 궁도(弓道)를 다 배운 다음에 생각했다.『천하에는 오직
후예만이 자기를 이길 수 있다.』그래서 방몽은 <자기의 스승인> 후예
를 죽였다. 이에 대해서 맹자가 말했다.「그와 같은 잘못에는 후예 역시
죄가 있다.」<그러나 노(魯)나라의> 공명의(公明儀)는「후예는 마땅
히 죄가 없다.」고 말했다. <맹자가> 말했다.「죄가 가볍다고 말할 수는
있어도 어찌 죄가 없겠는가.」

▶ 어구 설명
· 逢蒙(방몽) : 신화에 나오는 사람. 봉몽(逢蒙)이라고도 한다.
· 羿(예) : 후예(后羿). 활의 명수(名手)로 유궁국(有窮國)의 임금.
· 愈(유) : 승(勝)과 같은 뜻.

> 鄭人使子濯孺子侵衛 衛使庾公之斯追之 子濯孺子
> 曰今日我疾作 不可以執弓吾死矣夫 問其僕曰追我
> 者誰也 其僕曰 庾公之斯也 曰吾生矣 其僕曰 庾公
> 之斯衛之善射者也 夫子曰吾生何謂也 曰庾公之斯
> 學射於尹公之他 尹公之他學射於我 夫尹公之他端

人也 其取友必端矣 庾公之斯至曰 夫子何爲不執弓
曰今日我疾作 不可以執弓 曰小人學射於尹公之他
尹公之他 學射於夫子 我不忍以夫子之道 反害夫子
雖然今日之事 君事也 我不敢廢 抽矢扣輪 去其金
發乘矢而後反.

정인(이) 사자탁유자(로) 침위(어늘) 위사유공지사(로) 추지(러니) 자탁유자
(이) 왈 금일(에) 아질작(이라) 불가이집궁(이로소니) 오(이) 사의부(인저하고)
문기복 왈 추아자(는) 수야(이오) 기복(이) 왈 유공지사야(로소이다) 왈 오(이)
생의(로다) 기복(이) 왈 유공지사(는) 위지선사자야(이어늘) 부자(이) 왈 오생
(은) 하위야(이꼬) 왈 유공지사(는) 학사어윤공지타(하고) 윤공지타(는) 학사
어아(하니) 부윤공지타(는) 단인야(이라) 기취우필단의(리라) 유공지사(이)
지 왈 부자(는) 하위부집궁(고) 왈 금일(에) 아(이) 질작(이라) 불가이집궁(이
로다) 왈 소인(은) 학사어윤공지타(하고) 윤공지타(는) 학사어부자(하니) 아불
인 이부자지도(로) 반해부자(하노라) 수연(이나) 금일지사(는) 군사야(이라)
아(이) 불감폐(라하고) 추시구륜(하야) 거기금(하고) 발승시 이후반(하니라)

「정(鄭)나라 사람들이 자탁(子濯)으로 하여금 위(衛)나라를 침공케 했
다. <그러자> 위나라는 유공사(庾公斯)로 하여금 반격하고 쫓아내게
했다. 자탁이 말했다.『오늘 나는 질병이 발작해서 활을 잡고 싸울 수
없다. <잘못하다가는> 죽을지도 모른다.』<그리고> 부하 마부에게
물었다.『우리를 추격하는 <위나라의> 장군은 누구냐.』부하 마부가
『위나라의 유공사입니다.』하고 대답했다. <그러자 자탁이>『나는 살
겠구나.』하고 말했다. 부하 마부가 되묻고 말했다.『유공사는 위나라에
서 가장 활을 잘 쏘는 무장입니다. 장군님께서 어째서 '나는 산다'고
말하십니까.』<자탁이> 말했다.『유공사는 활 쏘는 것을 윤공타에게
배웠고, 윤공타는 활 쏘는 것을 나에게 배웠다. 본래 윤공타는 <인품
이> 단정한 사람이다. 그러므로 벗으로 취하고 짝한 사람도 반드시

단정한 사람일 것이다.』위나라의 유공사가 와서 <자탁에게> 물었다. 『선생님은 왜 활을 잡고 <싸우지> 않으십니까.』이에 자탁이 말했다. 『오늘 나의 질병이 발작해서 활을 잡지 못하오.』<그러자 유공사가> 말했다. 『소인은 윤공타에게 활 쏘는 것을 배웠으며, 윤공타는 선생님에게 배웠습니다. 저는 선생님의 궁도(弓道)를 가지고 도리어 선생님을 해치게 할 수 없습니다. 그러나 오늘의 싸움은 <우리나라> 임금의 명을 받고 하는 일이므로 제가 독단으로 감히 폐할 수 없습니다.』<이렇게 말하고> 화살을 뽑아 <전차의> 수레에 두들겨 화살촉을 뽑아 버리고, 네 개의 화살을 <사방으로> 쏘아 날렸다. 그리고 돌아갔다.」

▶ **어구 설명**

· 子濯孺子(자탁유자) : 정나라의 대부이자 무장(武將).「유자」는 자(字).
· 庾公之斯(유공지사) : 위나라의 대부.「유공사(庾公斯)」.
· 尹公之他(윤공지타) : 윤공타(尹公他). 위나라 사람.
· 金(금) : 화살촉.
· 乘(승) :「사방」의 뜻.

[集註 選譯] (1) 孟子 言使羿如子濯孺子得尹公他而敎之 則必無逢蒙之禍 然夷羿篡弑之賊 蒙乃逆儔 庾斯雖全私恩 亦廢公義 其事皆無足論者 孟子蓋特以取友而言耳. : 맹자는 다음 같은 뜻으로 말한 것이다.「가령 후예가 자탁이 윤공타같이 착한 사람을 얻어서 가르치듯이 했다면 절대로 방몽의 화(禍)를 당하지 않았을 것이다.」「그러나 예(羿)는 오랑캐이며, 군주를 시해하고 왕위를 찬탈한 역적이며 <그를 죽인> 방몽도 역적의 무리이다.」<한편> 유공사는 비록 사사로운 은혜를 입고 <생명을> 보전할 수는 있었으나, 역시 국가의 대의를 폐한 꼴이 되었다. <그러므로 두 나라가 싸우는 마당에서 사제간의 의리를 논하는> 그런 일은 논의의 대상이 될 수 없다.」「맹자는 아마도 <초점을> 벗을 취하는 점에 두고 이 말을 했을 것이다.」

> 孟子曰 西子蒙不潔 則人皆掩鼻而過之 雖有惡人
> 齊戒沐浴 則可以祀上帝.

맹자(이) 왈 서자(이) 몽불결(이면) 즉인개엄비 이과지(니라) 수유악인(이라
도) 제계목욕 즉가이사상제(니라)

맹자가 말했다. 「오(吳)나라의 절세미인 서시(西施)라도 몸에 불결한 오물을 뒤집어쓰고 나타나면, 즉 사람들이 코를 막고 지나가 버릴 것이다. 비록 <용모가> 못난 사람이라도 목욕재계하면, 즉 상제의 제사에 참여할 수 있다. <심신을 수양하고 아름답게 가꾸면 제사에 참여할 수 있다.>」

▶ 어구 설명
· 西子(서자) : 서시(西施).
· 蒙不潔(몽불결) : 「몽(蒙)은 모(冒)로, 덮어쓴다는 뜻.」 「불결(不潔)은 더러운 물건.」
· 惡人(악인) : 용모가 못난 사람.
· 齊戒(재계) : 「재계(齋戒)」와 같다.

[集註 選譯] (1) 尹氏曰 此章 戒人之喪善 而勉人以自新也. : 윤씨(尹氏)가 말했다. 「이 장은 사람에게 내면적 선(善)을 잃지 않게 훈계하고, 아울러 항상 자신(自新)하기를 권면한 말이다.」

> 孟子曰 天下之言性也 則故而已矣 故者以利爲本所
> 惡於智者爲其鑿也 如智者若禹之行水也 則無惡於
> 智矣 禹之行水也 行其所無事也 如智者亦行其所無
> 事 則智亦大矣 天之高也 星辰之遠也 苟求其故 千

## 歲之日至 可坐而致也.

맹자(이) 왈 천하지언성야(는) 칙고이이의(니) 고자(는) 이리위본(이니라) 소
오어지자(는) 위기착야(이니) 여지자(이) 약우지행수야(이면) 즉무오어지의
(니라) 우지행수야(는) 행기소무사야(이시니) 여지자(이) 역행기소무사(이면)
즉지역대의(리라) 천지고야(와) 성신지원야(이나) 구구기고(면) 천세지일지
(를) 가좌이치야(이니라)

맹자가 말했다. 「천하에서 말하는 성(性)이란, 칙고(則故)일 뿐이다.
고(故)는 이(利)를 근본으로 하고 있다. 사람들이 간교한 지략(智略)이
나 얕은꾀를 미워하는 이유는 <인간적 차원에서 얕은 지략으로> 지나
치게 천착하기 때문이다. 만약에 지혜를 쓰는 사람이 우(禹)가 물을
다스리듯이 물줄기를 따라 강물을 흐르게 치수했다면, 지혜를 미워하
지 않을 것이다. 우가 물을 다스린 치수 방법은 인간적인 꾀를 부리지
않고 <자연의 도리를 따라> 물을 다스렸다. 그와 같이 지혜를 쓰는
사람이 <인간적 차원의> 꾀를 부리지 않고 <자연의 도리를 따르면>
그 지혜가 크게 될 것이다. <즉 하늘의 도리와 하나가 될 것이다.>
하늘은 끝없이 높고 별들은 멀리까지 깔려 있다. 일단 도리와 현상을
궁구(窮究)하면, 천 년 후의 하지(夏至)나 동지(冬至)도 앉아서 알 수
있다.」

▶ 어구 설명

· 則故(칙고) : 「칙(則)」은 「따르다」의 뜻. 「고(故)」는 「본(本)」. 즉 「성(性)」을
칙고라고 한 것은 다음 같은 뜻을 말한 것이다.」 「만물이 지니고 있는 저마
다의 본성(本性)은 바로 하늘이 내려준 저마다의 뿌리가 되는 생존의 도리
를 따라서 생존하고 번식하는 저마다의 성품이다.」 식물에는 식물의 본성
이 있고, 동물에는 동물의 본성이 있고, 사람에게는 사람의 본성이 있다.

[集註 選譯] (1) 性者人物所得以生之理也 故者其已然之跡 若所謂天下

之故者也 利猶順也 語其自然之勢也. : 「성(性)은 사람이나 만물이 〈하늘로부터 받아 지니고 있는〉 삶의 도리이다.」 「고(故)는 현실적으로 나타난 자국이다. 역경(易經)에서 말하는 바 천하지고(天下之故)와 같은 것이다.」 「이(利)는 순(順)과 같은 뜻으로, 자연의 형세나 추세를 말한 것이다.」

(2) 言事物之理 雖若無形而難知 然其發見之已然 則必有跡而易見. : 다음 같은 뜻을 말한 것이다. 「사물의 도리는 형체가 없고 알기가 어렵다. 그러나 도리의 발현은 〈현실적 사물로〉 이미 나타나 있다. 즉 〈도리는〉 반드시 자국이 있으므로, 쉽게 알아볼 수 있다.」

(3) 故天下之言性者 但言其故 而理自明 猶所謂善言天者 必有驗於人也 然其所謂故者 又必本其自然之勢. : 「그러므로 천하에서 〈사람이나 만물의〉 본성을 말하는 자들은 오직 본성을 바탕으로 나타난 자국만을 말할 뿐이다. 그래가지고 〈본성 속의〉 도리를 밝히는 것이다. 이른바 『하늘이 선하다고 말하는 사람이 반드시 사람을 징험(徵驗)으로 내세우는 것』과 같다. 그러나 이른바 나타나 보이는 자국[故] 역시 반드시 자연의 현상과 추세에 뿌리를 두는 것이다.」

(4) 如人之善 水之下 非有所矯揉造作而然者也 若人之爲惡 水之在山 則非自然之故矣. : 「사람의 본성이 착한 것이나, 물이 아래로 흐르는 것은 억지로 조작해서 그렇게 한 것이 아니다. 사람이 악을 행하거나, 물이 거꾸로 산 위로 흐른다면, 그것이 곧 자연의 본성적 고(故)를 따르지 않는 것이다.」

(5) 天下之理 本皆利順 小智之人 務爲穿鑿 所以失之 禹之行水 則因其自然之勢 而導之 未嘗以私智穿鑿 而有所事是 以水得其潤下之性 而不爲害也. : 「천하 만물의 도리는 본래가 다 만물을 이롭게 하는 순리이다.」 「인간적 차원의 작은 꾀는 〈얕은 지식으로〉 천착하므로 〈하늘이 내려

주는 참다운〉 이득을 잃게 된다.」「우왕이 홍수를 다스린 방법은 곧 자연의 형세에 따라 강물을 잘 흐르게 길을 내준 것이다.」「전혀 인간적인 사사로운 지략으로 천착하거나 인위적인 조작을 한 것이 아니다.」「그러므로 물은 아래로 흘러가는 본성을 마냥 누렸고 〈따라서 물길이 막혀 넘쳐〉 해를 끼치지도 않았던 것이다.」

(6) 程子曰 此章專爲智而發 愚謂事物之理 莫非自然 順而循之 則爲大智 若用小智 而鑿以自私 則害於性 而反爲不智 程子之言 可謂深得此章之旨矣. : 정자(程子)가 말했다. 「이 장은 다만 꾀를 부리는 것을 비판한 것이다.」〈주자〉 나는 생각한다. 「사물의 이치는 자연이 아닌 것이 없다. 그러므로 순응하고 따르는 것이 큰 지혜가 된다. 만약에 작은 지혜나 꾀를 쓰고, 사리사욕을 채우려고 천착하면, 본성의 도리에 해가 되고, 도리어 지혜롭지 못하게 될 것이다. 정자의 말은 이 장의 요지를 깊이 터득한 것이라 하겠다.」

公行子 有子之喪 右師往弔 入門 有進而與右師言者 有就右師之位 而與右師言者 孟子不與右師言 右師不悅曰 諸君子皆與驩言 孟子獨不與驩言 是簡驩也 孟子聞之曰 禮朝廷不歷位 而相與言 不踰階 而相揖也 我欲行禮 子敖以我爲簡 不亦異乎.

공행자(이) 유자지상(이어늘) 우사(이) 왕조(할새) 입문(커늘) 유진 이여우사언자(하며) 유취우사지위 이여우사언자(이러니) 맹자(이) 불여우사언(하신대) 우사(이) 불열 왈 제군자(이) 개여환언(이어늘) 맹자(이) 독불여환언(하시니) 시(는) 간환야(이로다) 맹자(이) 문지(하시고) 왈 예(에) 조정(에) 불력위 이상여언(하며) 불유계 이상읍야(하나니) 아욕행례(어늘) 자오이아위간(하니) 불역이호(아)

공행자가 <죽은> 아들의 상례를 지냈다. 이에 <제나라의> 우사(右師)를 지냈던 왕환(王驩)이 가서 조문했다. 그가 대문에 들어서자 어떤 사람은 가서 우사 왕환에게 말을 걸었고, 또 어떤 사람은 우사 왕환의 자리로 가서 함께 말을 하는 자도 있었다. 맹자만은 우사 왕환에게 아무 말도 하지 않았다. 그러자 우사 왕환이 불쾌하게 여기고 말했다. 「다른 모든 군자들은 나 왕환에게 말을 나누었는데 오직 맹자만은 나 왕환과 말을 하지 않았으니, 이는 곧 나 왕환을 무시한 것이다.」 맹자가 그 말을 듣고 말했다. 「예법에 있다. 조정에서는 위계(位階)를 넘어서 서로 말하지 않고, 또 자리나 계단을 넘어가서 서로 읍례(揖禮)를 하지 않는 법이다. 나는 예절을 지키려 했거늘 왕환이 내가 자기를 무시했다고 하는 것은 또한 이상하지 않은가.」

▶ 어구 설명

· 公行子(공행자) : 전국시대 제(齊)나라의 대부.
· 有子之喪(유자지상) : 자기 아들의 상례를 지냈다.
· 右師(우사) : 관직명.
· 簡(간) : 무시하다.
· 歷(역) : 위치를 벗어나, 남의 자리로 건너간다는 뜻.
· 子敖(자오) : 왕환의 자(字).

孟子曰 君子所以異於人者 以其存心也 君子以仁存心 以禮存心 仁者愛人 有禮者敬人 愛人者 人恒愛之 敬人者 人恒敬之 有人於此 其待我以橫逆 則君子必自反也 我必不仁也 必無禮也 此物 奚宜至哉.

맹자(이) 왈 군자소이이어인자(는) 이기존심야(이니) 군자(는) 이인존심(하며) 이례존심(이니라) 인자(는) 애인(하고) 유례자(는) 경인(하나니) 애인자(는)

인항애지(하고) 경인자(는) 인항경지(니라) 유인어차(하니) 기대아이횡역(이어든) 즉군자(이) 필자반야(하야) 아필불인야(이며) 필무례야(이로다) 차물(이) 해의지재(오하나니라)

맹자가 말했다. 「군자가 보통사람과 다른 까닭은 그가 <도덕성을> 마음속에 지니고 있기 때문이다. 군자는 인(仁)을 마음속에 간직하고 있으며, 또 예(禮)를 마음속에 간직하고 있다. <인덕(仁德)을 간직하고 행하는> 인자(仁者)는 남을 사랑한다. 예를 지키고 행하는 사람은 남을 공경(恭敬)한다. 남을 사랑하는 인자는 항상 남으로부터 사랑을 받고, 또 예를 지키고 남을 공경하는 사람은 항상 남으로부터 공경을 받게 마련이다. 가령 여기 어떤 사람이 있는데, 그가 나에게 포악하고 무도한 태도로 대하면, 곧 군자는 반드시 스스로 반성해야 한다. 『내가 그에게 반드시 어질지 않게 했겠지, 혹은 내가 그에게 반드시 무례(無禮)하게 했겠지. <그렇지 않고서야> 이 자가 어찌 이와 같이 나에게 대할 수 있겠나.』」

▶ 어구 설명

· 橫逆(횡역) : 「강압적이고 포악하고 도리를 따르지 않는다」는 뜻

[集註 選譯] (1) 以仁禮存心 言以是存於心而不忘也. : 인(仁)과 예(禮)를 마음속에 간직하고 있다고 함은 곧 마음속에 <인과 예의 도덕성을> 간직하고 언제나 잊지 않고 <행한다는> 뜻을 말한다.

(2) 此仁禮之施. : 이렇게 하는 것이 인과 예를 실천함이다.

(3) 此仁禮之驗. : 이것이 바로 인과 예의 효험이다.

其自反而仁矣 自反而有禮矣 其橫逆由是也 君子必
自反也 我必不忠 自反而忠矣 其橫逆由是也 君子

> # 曰 此亦妄人也已矣 如此則與禽獸奚擇哉 於禽獸
> # 又何難焉.

기자반이인의(며) 자반이유례의(로되) 기횡역(이) 유시야(이어든) 군자(이) 필자반야(하야) 아필불충(이로다) 자반이충의(로되) 기횡역(이) 유시야(이어든) 군자(이) 왈 차역망인야이의(로다하나니) 여차 즉여금수해택재(리오) 어 금수(에) 우하난언(이리오)

「스스로 반성해보고, 자기는 어질게 했으며, 또 스스로 반성해보고, 자기는 예를 지켰는데도, 그 자가 여전히 포악무도하게 한다. <그래도> 군자는 <다시> 스스로를 반성해본다. 즉『<아마> 내가 충실하지 못했겠지』<하고 또 반성한다.> 스스로 반성해보고 나는 충실하게 했는데 그 자가 여전히 <나에게> 포악무도하게 대들면 군자는 말한다.『결국 이 자도 역시 허망한 자다. 이와 같은 자는 곧 금수와 다를 바가 없는 자로다. 그러니 금수에게 어찌 상관하겠느냐. <왜 어렵게 여기느냐.>」

▶ 어구 설명
· 忠(충) :「자기의 최선을 다한다」는 뜻.
· 奚擇(해택) :「무엇이 다르냐」의 뜻.

> # 是故君子有終身之憂 無一朝之患也 乃若所憂則有
> # 之 舜人也 我亦人也 舜爲法於天下 可傳於後世 我
> # 由未免爲鄕人也 是則可憂也 憂之如何 如舜而已矣
> # 若夫君子所患則亡矣 非仁無爲也 非禮無行也 如有
> # 一朝之患 則君子不患矣.

시고(로) 군자 유종신지우(이오) 무일조지환야(이니) 내약소우즉유지(하니)

순(도) 인야(이며) 아역인야(이로대) 순(은) 위법어천하(하샤) 가전어후세(어
시늘) 아(는) 유미면위향인야(하니) 시즉가우야(이라) 우지여하(오) 여순이이
의(니라) 약부군자소환즉무(니라) 비인무위야(이며) 비례무행야(이라) 여
유일조지환(이라도) 즉군자불환의(니라)

「그러므로 군자에게는 평생을 두고 걱정할 일은 있어도 하루아침에
닥쳐오는 환난 같은 것은 없다. <평생을 두고> 걱정해야 할 바 일들
중에는 다음 같은 것이 있다. 순임금도 사람이고, 나도 사람이다. 순임
금은 천하의 법도가 되어 후세에 이름을 전하거늘, 나는 아직도 촌사람
을 면하지 못했으니 그야말로 걱정할 만하다. 걱정하면, 어떻게 해야
하나. 스스로 <노력해서> 순 같은 훌륭한 사람이 되어야 한다. 만약에
그렇게 하면 군자로서 걱정할 바가 없어질 것이다. 인(仁)이 아닌 것은
행하지 말며, 예(禮)가 아닌 것은 행하지 말아야 한다. 만약에 일시적인
환난(患難)이 닥쳐와도, 즉 군자는 걱정하지 않는다.」

▶ 어구 설명
·鄕人(향인) : 향리에 묻혀 사는 평범한 사람.

[集註 選譯] (1) 君子存心不苟 故無後憂. :「군자는 마음속에 <도덕성
을> 간직하고 소홀하지 않는다. 그러므로 나중의 걱정이 없다.」

## 禹稷當平世 三過其門而不入 孔子賢之.

우직(이) 당평세(하야) 삼과기문 이불입(하신대) 공자(이) 현지(하시니라)

하(夏)나라의 시조 우왕(禹王)이나 주(周)나라의 시조 후직(后稷)은
저마다 태평성세(太平盛世)를 맞이했으면서도, <바쁘게 일하고> 자
기 집 대문을 세 번이나 지나면서도 집에 들어가지 않았다. 공자가
현명하다고 칭찬했다.

> ## 顔子當亂世 居於陋巷 一簞食 一瓢飮 人不堪其憂
> ## 顔子不改其樂 孔子賢之.

안자(이) 당란세(하야) 거어누항(하샤) 일단사(와) 일표음(을) 인불감기우(어
늘) 안자(이) 불개기락(하신대) 공자(이) 현지(하시니라)

안자는 난세를 만나서 <어렵게 살았으며> 누추한 마을에 살면서, 대
나무로 만든 도시락밥을 먹고, 표주박에 담은 물을 마시면서 <가난하
게 살았다.> 다른 사람들 같으면 그러한 고생을 감당하지 못하겠거늘,
안자는 <안빈낙도(安貧樂道)의> 즐거움을 변치 않고 <즐겁게 살았
다.> 공자는 <그 점을> 현명하게 여겼다.

▶ 어구 설명
·顔子(안자) : 안연(顔然). 안자는 안빈낙도(安貧樂道)의 즐거움을 변치 않
았다.

> ## 孟子曰 禹稷顔回同道 禹思天下 有溺者 由己溺之
> ## 也 稷思天下 有飢者 由己飢之也 是以 如是其急也
> ## 禹稷顔子 易地 則皆然.

맹자(이) 왈 우직안회(이) 동도(이러라) 우(는) 사천하유닉자(어든) 유기닉지
야(하시며) 직(은) 사천하유기자(어든) 유기기지야(하시니) 시이(로) 여시기
급야(시니라) 우직안자(이) 역지 즉개연(이리라)

맹자가 말했다. 「우왕이나 후직이나 안회가 취한 <태도는> 같은 도를
따르고 행한 것이다. 우왕은 천하에서 홍수에 빠져 허덕이는 사람이
있으면 마치 자기가 <그를> 물에 빠지게 한 것같이 생각했다. 한편
<농업에 탁월한> 후직은 천하에서 굶주리는 사람이 있으면 자기가

굶주리게 한 것같이 생각했다. 그래서, 그와 같이 다급하게 부지런히 했던 것이다. 우왕·후직·안자는 입장이나 처지가 바뀌면 다 같았을 것이다.」

[集註 選譯] (1) 聖賢之道 進則救民 退則修己 其心一而已矣.:「성현이 따르고 행한 도(道)는 국가에 나가서 다스리면 백성들을 구제해주고, <정치에서> 물러나면 자기 자신을 수양한다. 그 마음은 한결같이 도를 따르고 행하는 것이다.」

(2) 禹稷 身任其職 故以爲己責 而救之急也.:「우왕(禹王)과 후직(后稷)은 저마다 직책을 맡고 있었다. 그러므로 <백성 구제를> 자기의 직책으로 여겼으므로 다급하게 일했던 것이다.」

(3) 聖賢之心 無所偏倚 隨感而應 各盡其道 故使禹稷居顔子之地 則亦能樂顔子之樂 使顔子居禹稷之任 亦能憂禹稷之憂也.:「성현의 마음은 <하늘의 도리를 지키므로> 치우치고 기울지 않고, 어느 경우에도 저마다의 사물에 적절하게 대응하고, 저마다의 도리를 다한다.」「그러므로 만약 우왕이나 후직이, 안자의 처지에 있었다면 역시 안자같이 물러나서 안빈낙도했을 것이다. 만약 안자가 우왕과 후직 같은 직책을 맡았다면, 역시 능히 우왕과 후직같이 백성들을 걱정하고. <부지런히 일했을 것이다.>」

今有同室之人 鬪者救之 雖被髮纓冠 而救之可也 鄕鄰有鬪者 被髮纓冠 而往救之 則惑也 雖閉戶可也.

금유동실지인(이) 투자(이어든) 구지(호대) 수피발영관이구지(라도) 가야(이니라) 향린(에) 유투자(이어든) 피발영관 이왕구지 즉혹야(이니) 수폐호(이라도) 가야(이니라)

「만약에 한 방에서 같이 지내는 친구가 서로 싸우면, 그 싸움을 말려야
하며, <그때에는 다급하여> 비록 흐트러진 머리에 그냥 갓끈을 매고
가서 <싸움을> 말릴 수도 있을 것이다. 마을에 있는 이웃집에서 <남
들이> 싸우는데 <내가> 흐트러진 머리에 <갓을 올려 쓰고> 건성으
로 갓끈을 매고 달려가서 싸움을 말리는 것은, 즉 어리석고 잘못된
짓이다. <그런 경우에는> 비록 문을 닫고 <모른 척하고 상관하지
않는 편이> 더 좋다.」

▶ 어구 설명
· 救之(구지) : <싸움을> 말린다.
· 纓(영) : 「갓끈 영(纓)」

[集註 選譯] (1) 不暇束髮 而結纓往救 言急也 以喩禹稷. : 머리를 묶을
틈 없이, 갓끈만 매고 가서 싸움을 말린다는 것은 다급하다는 뜻을 말한
것이다. 즉 우왕이나 후직을 비유한 말이다.

(2) 喩顔子也 此章言 聖賢心無不同 事則所遭或異 然處之各當其理 是乃
所以爲同也. : 「안자(顔子)를 비유한 것이다.」 「이 장은 다음 같은 뜻을
말한 것이다.」 「성현은 마음속에 <도를 간직하고 있으므로> 같지 않은
것이 없다.」 「다만 사물들이 닥쳐올 때에 저마다 다르게 대하게 마련이
다.」 「그러나 <성현은> 모든 것을 처리할 때에 저마다 도리에 맞게 한다.」
「그러므로 바로 <도에 있어> 다 같게 된다.」

(3) 尹氏曰 當其可之謂時 前聖後聖 其心一也 故所遇皆盡善. : 윤씨(尹
氏)가 말했다. 「도리에 맞고 합당한 것을 '시(時)'라고 한다. 옛날의 성
인이나 후세의 성인이나 그 마음속에 <도를 간직하고 있으므로> 동일하
다. 고로 어떠한 경우에도 최선을 다하는 것이다.」 <* 시(時)는 중용에
서 말하는 「시중(時中)」의 뜻이다.>

> 公都子曰 匡章 通國皆稱不孝焉 夫子與之遊 又從
> 而禮貌之 敢問何也.

공도자(이) 왈 광장(을) 통국(이) 개칭불효언(이어늘) 부자(이) 여지유(하시고)
우종이례모지(하시니) 감문하야(이꼬)

공도자가 물었다. 「광장(匡章)은 전국의 사람들이 불효(不孝)라고 말
하는 사람입니다. 그런데 선생님은 그와 사귀시고, 또 교유하실 때에는
예의를 갖추시니 <어째서인지> 감히 묻고자 합니다.」

▶ 어구 설명
· 公都子(공도자) : 맹자의 제자.
· 匡章(광장) : 전국시대 제(齊)나라의 대부.
· 通國(통국) : 나라 사람 모두라는 뜻.
· 夫子與之遊(부자여지유) : 선생님은 그런 사람과 사귀시고.
· 禮貌(예모) : 예의를 갖춘 모양으로 공경한다는 뜻.

> 孟子曰 世俗所謂不孝者五 惰其四肢 不顧父母之養
> 一不孝也 博弈好飮酒 不顧父母之養 二不孝也 好
> 貨財 私妻子 不顧父母之養 三不孝也 從耳目之欲
> 以爲父母戮 四不孝也 好勇鬪狠 以危父母 五不孝
> 也 章子有一於是乎.

맹자(이) 왈 세속소위불효자(이) 오(이니) 타기사지(하야) 불고부모지양(이)
일불효야(이오) 박혁호음주(하야) 불고부모지양(이) 이불효야(이오) 호화재
(하며) 사처자(하야) 불고부모지양(이) 삼불효야(이오) 종이목지욕(하야) 이
위부모륙(이) 사불효야(이오) 호용투한(하야) 이위부모(이) 오불효야(이니)
장자(이) 유일어시호(아)

맹자가 말했다. 「세상에서 말하는 불효에 다섯 가지가 있다. 사지를 놀리고 일하는 데 게을러 부모에 대한 공양을 돌보지 않는 것이 첫째 불효이다. 노름을 하고 음주를 좋아해서 부모에 대한 공양을 돌보지 않는 것이 둘째 불효이다. 돈이나 재물을 지나치게 좋아하고 자기 처자만을 사랑하고, 부모에 대한 공양을 돌보지 않는 것이 셋째 불효이다. 귀나 눈의 욕구, 즉 관능적 쾌락을 마냥 누리고 향락만을 일삼고 부모를 욕되게 하는 것이 넷째 불효이다. 만용(蠻勇)을 좋아하고 싸움을 심하게 하여 부모를 위태롭게 하는 것이 다섯째 불효이다. 광장은 <그 다섯 가지 중> 어느 한 가지가 있느냐. <해당되는 것이 하나도 없다.>」

▶ 어구 설명

· 戮(육) : 「욕되게 하다」의 뜻으로 푼다.
· 狠(한) : 성을 내고 마구 대든다는 뜻.
· 章子(장자) : 광장(匡章).

夫章子 子父責善 而不相遇也 責善朋友之道也 父子責善 賊恩之大者 夫章子 豈不欲有夫妻子母之屬哉 爲得罪於父 不得近 出妻屛子 終身不養焉 其設心 以爲不若是 是則罪之大者 是則章子已矣.

부장자(는) 자부(이) 책선이불상우야(이니라) 책선(은) 붕우지도야(이니) 부자책선(이) 적은지대자(이니라) 부장자(는) 기불욕유부처자모지속재(리오마는) 위득죄어부(하야) 부득근(이라) 출처병자(하야) 종신불양언(하니) 기설심(에) 이위불약시(면) 시즉죄지대자(이라하니) 시즉장자이의(니라)

「허기는 광장(匡章)의 경우는 아버지와 자식 사이에서 지나치게 선하게 하라고 책하다가 <도리어> 서로 맞지 않은 것이다. 책선(責善)은 붕우 사이에서나 할 도리다. <즉 붕우는 서로 허물을 책망하고 잘하라

고 독려한다. 그러나> 부자 사이에서 각박하게 허물을 탓하고 지나치게 선하기를 강요하면 도리어 은애(恩愛)를 해치게 된다. 광장이 어찌 남편과 아내, 자식과 모친이 함께 어울려 <단란하게> 살기를 바라지 않았겠느냐. 그러나 부친의 노여움을 받고 <집에서 쫓겨났으므로 가족을> 가까이할 수가 없었다. <그래서 광장도> 처를 내보내고 자식을 멀리하고 <홀로 고생스럽게 살았으며> 그러므로 부친이 죽을 때까지, 아들로서 부친을 봉양하지 못하게 되었던 것이다. 광장은 <그와 같이 홀로 살지 않으면> 부친을 노엽게 한 죄가 더욱 크다고 생각했던 것이다. 이렇게 한 것이 곧 광장의 전부이다. <사람들이 그를 불효라고 말한 것이다.>」

[集註 選譯] (1) 言 章子非不欲 身有夫妻之配 子有子母之屬 但爲身不得近於父 故不敢受妻子之養 以自責罰 其心以爲不如此 則其罪益大也. : 이는 다음 같은 뜻을 말한 것이다. 「광장이 '자신도 부부가 함께 살고', 또 '자식으로서 어머니 밑에서 함께 살기'를 바라지 않은 것이 아니다. 그러나 자신이 부친 곁에 살 수 없게 되자, 자신도 처자를 곁에 두고 공양을 받지 않고 스스로 <부친의 노여움을 산> 죄의 책임을 진 것이다. 그는 마음으로 그렇게 하지 않으면 자기의 죄가 더욱 크다고 생각했던 것이다.」

(2) 此章之旨 於衆所惡而必察焉 可以見聖賢至公至仁之心矣. : 이 장의 요지는 다음과 같다. 「모든 사람이 미워하고 <욕하는> 일에 대해서도 <부화뇌동하지 말고> 반드시 잘 살펴보아야 한다. 성현의 지극히 공평하고 인자한 마음을 알 수 있을 것이다.」

(3) 楊氏曰 章子之行 孟子非取之也 特哀其志 而不與之絶耳. : 양씨(楊氏)가 말했다. 「광장의 행실을 맹자가 옳다고 한 것이 아니다. 다만 광장을 애처롭게 여기고 절교하지 않았을 뿐이다.」

**【참고 보충】「광장불효(匡章不孝)」**

전국책(戰國策) 제책(齊策)에 대략 다음과 같은 기사가 있다. 광장(匡章)의 모친이 잘못하자, 부친이 노하여 그녀를 살해하고 시체를 마잔(馬棧) 밑에 묻은 일이 있었다. 그후 광장의 부친이 죽은 다음에 위왕(威王)이 연민하고 광장에게「그대의 모친을 개장(改葬)하라.」고 권했다. 그러나 광장은「신이 마음대로 개장할 수 없습니다. 신의 모친이 부친에게 죄를 지어 죽음을 당하고 마잔 밑에 매장된 것입니다. 또 신의 부친은 신에게 개장하라고 말하지 않았습니다. 그러므로 만약에 신이 개장을 한다면 돌아가신 부친을 기만하는 꼴이 됩니다.」하였다. 한편 진(秦)나라의 군대가 제(齊)나라에 침략해 들어오자, 위왕(威王)이 광장을 장군으로 임명하고 나가서 싸우게 했다. 그러자 어떤 사람이 광장을 헐뜯고「광장은 제대로 싸우지 않고, 세 번이나 투항한 일이 있었다.」고 참언했다. 그러자 위왕이 말했다.「광장은 자기의 죽은 부친도 속이지 않거늘, 살아있는 임금을 속이겠느냐.」하고 참언을 물리쳤다. 그후 광장은 싸움에서 크게 이기고 돌아왔다. 그런데 제나라 사람들은 뜬소문으로 광장을 불효자라고 비난했다.

**【참고 보충】「부자책선(父子責善)」**

어려서는 부모가 자식을 엄하게 훈육하고 매질도 한다. 그러나 어른이 되고, 특히 장가를 가거나 사회에 나가 제 역할을 하게 된 다음에는, 부자간에 지나치게 허물을 탓하거나 각박하게 선하기를 요구하면 도리어 부자간의 정리(情理), 즉 육친애(肉親愛)를 바탕으로 한 정리에 금이 간다. 광장(匡章)의 경우는 부친이 지나치게 어머니에게 대했다. 그래서 자연히 부자 사이가 맞지 않게 되었을 것이며, 완고한 부친이 광장도 집에서 내쫓았을 것이다.

【참고 보충】「오불효(五不孝)」

맹자가 지적한 「다섯 가지 불효」는 다음과 같다.

① 게으르고 무능해서 부모를 봉양하지 못한다.(惰其四肢 不顧父母之養 一不孝也)

② 노름과 음주에 미쳐 부모를 봉양하지 못한다.(博弈好飮酒 不顧父母之養 二不孝也)

③ 돈과 처자식만을 알고 부모를 돌보지 않는다.(好貨財私妻子 不顧父母之養 三不孝也)

④ 유흥 향락에 빠져 부모를 돌보지 않는다.(從耳目之欲 以爲父母戮 四不孝也)

⑤ 범죄와 투쟁을 좋아하고 집안을 망친다.(好勇鬪很 以危父母 五不孝也) <* 맹자의 말은 오늘의 불효자를 두고 탓하는 말이라 하겠다.>

曾子 居武城 有越寇 或曰寇至盍去諸 曰無寓人於我室 毁傷其薪木 寇退 則曰修我牆屋 我將反 寇退 曾子反 左右曰 待先生 如此 其忠且敬也 寇至 則先去 以爲民望 寇退 則反 殆於不可 沈猶行 曰是非汝所知也 昔沈猶有負芻之禍 從先生者七十人 未有與焉.

증자(이) 거무성(하실새) 유월구(이러니) 혹왈 구지(하나니) 합거제(이리오) 왈 무우인어아실(하야) 훼상기신목(하라) 구퇴 즉왈 수아장옥(하라) 아장반(하리라) 구퇴(어늘) 증자(이) 반(하신대) 좌우(이) 왈 대선생(이) 여차기충차경야(이어늘) 구지 즉선거(하야) 이위민망(하시고) 구퇴 즉반(하시니) 태어불가(이로소이다) 심유행(이) 왈 시(는) 비여소지야(이라) 석(에) 심유(이) 유부추지화(이어늘) 종선생자칠십인(이) 미유여언(이라하니라)

증자(曾子)가 노(魯)나라 무성(武城)에 살았으며, 그때 월(越)나라의
군대가 침공해온 일이 있었다. 이에 어떤 사람이 <증자에게> 말했다.
「적군이 쳐들어오는데, 왜 피신하지 않으십니까?」 <그러자> 증자가
피신하면서 빈 집을 지킬 하인에게 말했다. 「<내가 피난간 동안> 아무
도 내 집이나 방에 들어가지 못하게 하라. 또 정원의 초목이나 나무들
을 훼상(毀傷)하지 못하게 하라.」 한편 침략군이 물러나자 곧 말했다.
「우리집의 담이나 방을 수리해라. 내가 돌아가 살겠다.」 그리고 침략군
이 퇴각하자, 증자가 다시 돌아와 살았다. 이에 좌우의 제자들이 <비판
하며> 말했다. 「<무성의 대부가> 그렇게나 충성과 공경으로 선생님
을 대우했거늘 적이 쳐들어오자 즉시 선생께서 남보다 먼저 피난을
가시고 백성들이 보게 하셨다. 한편 적군이 물러나자 즉시 되돌아오셨
으니 그야말로 옳지 못한 일이라 하겠다.」 그러자 증자의 제자 심유행
(沈猶行)이 말했다. 「그것은 그대들이 알지 못하고 하는 소리다. 옛날
<증자 선생님이 우리집> 심유가(沈猶家)에 계실 때 부추(負芻)라는
자가 반란하여 화난(禍難)을 입은 일이 있었다. <그때> 증자 선생을
따르는 제자 70명이 있었으나, <증자 선생의 지시를 따라 피신했으므
로> 아무도 화난에 휩쓸리고 피해를 보지 않았다.」

▶ 어구 설명
· 曾子居武城(증자거무성) : 증자는 공자의 제자, 이름은 삼(參), 노(魯)나라
  무성 사람이다. 무성은 성읍(城邑) 이름.
· 有越寇(유월구) : 월(越)나라의 군대가 침공해왔다. 당시 월나라의 임금
  구천(句踐)이 오(吳)나라를 격파하고 세력을 확장했으며, 국경을 넘어 노
  나라를 침공했다.
· 盍(합) : 하(何)와 불(不)을 합친 뜻.
· 沈猶行(심유행) : 증자의 제자. 성이 심유, 이름이 행.
· 負芻之禍(부추지화) : 부추(負芻)의 화난(禍難). 자세하게 알 수 없다. 부추
  라고 하는 자가 반란해서 화를 입은 일이 있었다.

> 子思居於衛 有齊寇 或曰 寇至盍去諸 子思曰 如伋
> 去 君誰與守 孟子曰 曾子子思同道 曾子師也 父兄
> 也 子思臣也 微也 曾子子思易地 則皆然.

자사(이) 거어위(하실새) 유제구(이러니) 혹왈 구지(하나니) 합거제(이리오)
자사(이) 왈 여급(이) 거(이면) 군수여수(이리오하시니라) 맹자(이) 왈 증자
자사(이) 동도(하니) 증자(는) 사야(이며) 부형야(이오) 자사(는) 신야(이며)
미야(이니) 증자 자사(이) 역지 즉개연(이리라)

자사(子思)가 위(衛)나라에서 벼슬을 한 일이 있었다. 그때 제(齊)나라
군대가 침공해오자 어떤 사람이 「적이 침공해 오는데, 왜 피신하지
않습니까.」하고 말했다. 그러자 자사가 말했다. 「만약에 <신하인> 급
(伋 : 자사의 이름)이 떠나면 임금이 누구와 함께 나라를 지키느냐.」
<이에 대해서> 맹자가 말했다. 「증자(曾子)와 자사가 지키고 행한 도
리는 같다. 증자는 스승이자 부형의 위치에서 도리를 지키고 행했으며,
자사는 신하이자 미천한 자리에서 도를 지키고 행한 것이다. <만약에>
증자와 자사가 서로 처지를 바꾼다면 곧 다 같은 도리를 지키고 행했을
것이다.」

▶ 어구 설명

· 子思居於衛(자사거어위) : 자사(子思)는 공자의 손자로 증자에게 배웠다.
  위(衛)나라에서 벼슬을 한 일이 있었다. 이름이 급(伋).

· 微(미) : 천(賤)과 같은 뜻.

[集註 選譯] (1) 尹氏曰 或遠害 或死難 其事不同者 所處之地不同也 君
子之心 不繫於利害 惟其是而已 故易地則皆能爲之 : 윤씨(尹氏)가 말
했다. 「혹은 위해(危害)를 멀리하거나, 혹은 국난(國難)에 몸을 바치고
죽기도 한다. 그 실천하는 일이 같지 않은 것은 처지가 같지 않기 때문이
다. 군자의 마음은 이해관계에 매이지 않고, 오직 그때마다 맞고 옳은

도리를 지킬 뿐이다. 그러므로 처지가 바뀌면 〈서로가 다 그 처지에 맞게〉 행할 수 있을 것이다.」

(2) 孔氏曰 古之聖賢 言行不同 事業亦異 而其道 未始不同也 學者知此 則因所遇而應之 若權衡之稱物 低昂屢變 而不害其爲同也. : 공씨(孔氏)가 말했다. 「옛날의 성현(聖賢)은 언행(言行)이 같지 않고, 또 일이나 업적 역시 달랐다. 〈그러나〉 지키고 행한 도리는 처음부터 같지 않은 것이 없다. 학자도 이 점을 알아야 한다. 곧 〈어떠한〉 경우에도 잘 대응해야 한다. 흡사 권형(權衡)으로 저울질하고 길이를 재는 것과 같이 〈저울추를〉 여러번 올렸다가 내리고, 변해도 〈기본 도리를〉 해치지 않고 항상 같아야 한다.」

> **儲子曰 王使人瞷夫子 果有以異於人乎 孟子曰 何 以異於人哉 堯舜與人同耳.**

저자(이) 왈 왕(이) 사인간부자(하시나니) 과유이이어인호(이까) 맹자(이) 왈 하이이어인재(리오) 요순(도) 여인동이(시니라)

저자(儲子)가 맹자에게 말했다. 「임금이 사람을 시켜 선생을 몰래 엿보게 하시니 〈선생께서는〉 과연 보통사람과 다른 점이 있습니까?」 맹자가 말했다. 「무엇이 다른 사람과 다르겠습니까. 요임금·순임금도 다른 사람과 〈다르지 않고〉 같습니다.」

▶ 어구 설명
· 儲子(저자) : 제(齊)나라의 대부. 선왕(宣王)과 민왕(湣王)을 섬겼다.
· 瞷(간) : 몰래 살펴본다는 뜻.

齊人 有一妻一妾 而處室者 其良人出 則必饜酒肉
而後反 其妻問所與飮食者 則盡富貴也 其妻告其妾
曰 良人出則必饜酒肉而後反 問其與飮食者 盡富貴
也 而未嘗有顯者來 吾將瞯良人之所之也 蚤起施從
良人之所之 徧國中 無與立談者 卒之東郭墦間之祭
者 乞其餘 不足 又顧而之他 此其爲饜足之道也 其
妻歸告其妾曰 良人者 所仰望而終身也 今若此 與
其妾 訕其良人 而相泣於中庭 而良人未之知也 施
施從外來 驕其妻妾 由君子觀之 則人之所以求富貴
利達者 其妻妾 不羞也 而不相泣者幾希矣.

제인(이) 유일처일첩 이처실자(이러니) 기량인(이) 출즉필염주육이후(에) 반
(이어늘) 기처(이) 문소여음식자(하니) 즉진부귀야(이러라) 기처(이) 고기첩
왈 양인(이) 출즉필염주육 이후반(할새) 문기여음식자(하니) 진부귀야(이로
되) 이미상유현자래(하니) 오장간량인지소지야(하리라하고) 조기(하야) 시종
량인지소지(하니) 편국중(하되) 무여립담자(이러니) 졸지동곽번간지제자(하
야) 걸기여(하고) 부족(이어든) 우고이지타(하니) 차기위염족지도야(이러라)
기처(이) 귀고기첩왈 양인자(는) 소앙망 이종신야(이어늘) 금약차(이라하고)
여기첩(으로) 산기량인 이상읍어중정(이어늘) 이량인(이) 미지지야(하야) 시
시종외래(하야) 교기처첩(하더라) 유군자관지(컨대) 즉인지소이구부귀리달
자(이) 기처첩(이) 불수야 이불상읍자 기희의(니라)

제(齊)나라 사람으로 본처와 첩 하나를 거느리고 한 방에서 가난하게
사는 사나이가 있었다. 그런데 남편인 그는 외출하면 반드시 술과 고기
를 배불리 먹고 돌아오는 것이었다. 그의 처가 함께 마시고 먹은 사람
이 누구냐고 물으면, 언제나 모두가 부귀(富貴)를 누리는 <세도가들이
라고 대답하는 것이었다. 그러자> 본처가 소실에게 말했다. 「우리집

영감은 외출하면 반드시 술과 고기를 마냥 들고 돌아오며, 함께 마시고 먹은 사람이 <누구냐고> 물으면 모두가 부귀를 누리는 사람들이라고 하더라. 그러나 아직까지 <우리집에> 고귀한 사람이 온 일이 없으니 <이상하오.> 내가 몰래 남편 가는 곳을 <뒤쫓아> 살펴보겠소.」 <다음날 본처가> 일찍 일어나 먼발치서 몰래 <남편 가는 곳을> 뒤쫓아 살펴보았다. 남편은 성안 거리를 두루 돌아다녔으나 아무하고도 서서 말하는 사람이 없었다. 결국은 동쪽 성곽 밖에 있는 <무덤 사이에서> 제사 지내는 사람에게 남은 찌꺼기를 구걸하여 <얻어먹고> 부족하면, 또 사방을 둘러보고 다른 곳으로 가서 얻어먹는 것이었다. 이것이 바로 그가 물리도록 <마시고 먹은> 방도였다. 본처가 돌아와서 소실에게 말했다. 「남편이란 평생을 두고 우러러보고 죽을 때까지 의지해야 할 사람이다. 그런데 지금 알고 보니 저런 꼴이구려.」 그리고 소실과 함께 남편을 욕하면서 마당에서 함께 울고 있었다. 그러나 남편은 그런 줄도 모르고 비틀비틀 밖에서 들어오면서 <전과 같이> 본처와 첩에게 큰소리를 치는 것이었다. 군자의 처지에서 볼 때, 즉 사람들이 부귀나 이득이나 영달을 구하는 태도가 <결국 여기에 나오는 남편과 같으며 따라서> 그들의 부인이나 첩들이 부끄럽게 여기지 않고, 또 울지 않을 사람이 거의 없을 것이다.」

▶ 어구 설명

· 饜(염) : 배불리 먹다. 포식(飽食)의 뜻.
· 良人(양인) : 남편.
· 瞯(간) : 살펴보겠다.
· 徧國中(편국중) : 도성(都城) 안 거리를 두루 돌아다녀도.
· 墦(번) : 무덤. 총(冢).
· 訕(산) : 헐뜯다, 욕하다.
· 施施(시시) : 기뻐하고 의기양양한 모양.

[集註 選譯] (1) 孟子言自君子而觀 今之求富貴者 皆若此人耳 使其妻妾

見之 不羞而泣者少矣 言可羞之甚也. : 맹자가 말했다. 「군자의 입장에서 본다면, 오늘 부귀를 구하는 자들은 모두 이 남편과 같으므로 만약 처나 첩이 그 뒤를 본다면 부끄러워 울지 않을 자가 적을 것이다.」「즉 매우 수치스럽다는 뜻을 말한 것이다.」

(2) 趙氏曰 言今之求富貴者 皆以枉曲之道 昏夜乞哀以求之 而以驕人於白日 與斯人何以異哉. : 조씨(趙氏)는 말했다. 「이는 다음 같은 뜻을 말한 것이다. 즉 오늘 부귀를 구하는 자들은 모두가 굽은 방법으로 어두운 밤에 애걸하여 얻은 것이며, 그것을 백일하에 내놓고 교만을 떨고 있으니, 이 남편과 무엇이 다르냐.」

## 만장장구 상(萬章章句 上)의 명언 명구

萬章問曰 舜往于田 號泣于旻天 何爲其號泣也 孟
子曰 怨慕也 萬章曰 父母愛之 喜而不忘 父母惡之
勞而不怨 然則舜怨乎 曰 長息問於公明高曰 舜往
于田 則吾旣得聞命矣 號泣于旻天于父母 則吾不知
也 公明高曰 是非爾所知也 夫公明高 以孝子之心
爲不若是恝 我竭力耕田 共爲子職而已矣 父母之不
我愛 於我何哉.

만장(이) 문왈 순(이) 왕우전(하샤) 호읍우민천(하시니) 하위기호읍야(이이꼬)
맹자(이) 왈 원모야(이니라) 만장(이) 왈 부모(이) 애지(어시든) 희이불망(하
고) 부모(이) 오지(어시든) 노이불원(이니) 연즉순원호(이이까) 왈 장식(이)
문어공명고왈 순(이) 왕우전(은) 즉오(이) 기득문명의(어니와) 호읍우민천(과)
우부모(는) 즉오부지야(로이다) 공명고(이) 왈 시(는) 비이소지야(이라하니)
부공명고(는) 이효자지심(이) 위불약시갈(이라) 아(는) 갈력경전(하야) 공위
자직이이의(니) 부모지불아애(는) 어아하재(오하니라)

맹자의 제자 만장이 물었다. 「순임금이 밭에 가서 <경작할 때> 하늘에
대고 울면서 호소했다고 하는데, 어째서 그렇게 호소하고 울었습니까?」
맹자가 대답했다. 「부모를 애달프게 그리워했기 때문이다.」 만장이 말

했다. 「부모가 <자식을> 사랑하면 <자식은> 기뻐하고 <고마움을> 잊지 않습니다. 혹 부모가 미워하셔도 <자식은 여전히 부모를 위해> 애를 쓸 뿐 원망하지 않는다고 알고 있습니다. 그런데, 즉 순임금은 <부모를> 원망했습니까?」 맹자가 말했다. 「이전에 장식(長息)이란 사람이 스승인 공명고(公明高)에게 『순임금이 밭에 나가 경작했다는 말은 들었습니다. <그런데 순임금이> 하늘에 대고 호소하며 울었다는 것은 잘 알 수가 없습니다.』하고 물었다. 공명고가 말했다. 『<그와 같은> 깊은 경지를 자네는 알지 못할 것이다.』 공명고가 <말한 깊은 뜻은 이런 것이다.> 즉 효자의 마음은 다음같이 냉담(冷淡)한 것이 아니다. 『힘들여 밭을 갈고 <부모님을> 공양(供養)하는 책임을 다하면 된다. 부모님이 나를 사랑해주지 않아도 나는 아무렇지 않다.』고 하는 식으로 냉정하지 않다는 뜻이다.」

▶ **어구 설명**

· 萬章(만장) : 제(齊)나라 사람으로, 맹자의 수제자이다.

· 號泣于旻天(호읍우민천) : 하늘에 대고 울면서 호소했다. 이 일은 서경 우서(虞書) 대우모편(大禹謨篇)에 보인다. 「민천(旻天)」은 「만물을 사랑하고 불쌍하게 여기는 하늘」의 뜻이다.

· 怨慕(원모) : 자기가 부모의 사랑을 받지 못하는 것을 애달프게 생각하고, 또 그리워한다는 뜻.

· 長息問於公明高曰(장식문어공명고왈) : 장식(長息)은 공명고(公明高)의 제자. 공명고는 증자(曾子)의 제자.

· 號泣于旻天 于父母(호읍우민천 우부모) : 역시 서경에 있는 글이다.

· 恝(갈) : 차갑고 무관심하다는 뜻.

· 於我何哉(어아하재) : 「자기에게 무슨 죄가 있나 하고 자책할 뿐, 부모를 원망한 것이 아니다」라는 뜻.

帝使其子九男二女 百官牛羊倉廩備 以事舜於畎畝
之中 天下之士多就之者 帝將胥天下而遷之焉 爲不
順於父母 如窮人無所歸.

제(이) 사기자구남이녀(로) 백관우양창름(을) 비(하야) 이사순어견무지중(하
시니) 천하지사(이) 다취지자(이어늘) 제(이) 장서천하 이천지언(이러시니) 위
불순어부모(이라) 여궁인무소귀(러시다)

「요임금이 자기의 아들 9명과 딸 2명으로 하여금 <순임금을 섬기게
했다.> 또 백관(百官)과 우양(牛羊) 및 창름(倉廩)을 다 구비하고, 논
밭에서 농사를 짓는 순임금을 섬기게 했다. 그러자 천하의 선비들 중
순임금을 따른 사람이 많았다. 이에 요임금은 장차 살펴보고 천하의
대권을 옮겨주려고 했다. 그러나 순임금은 <자기의 효성이> 부모에게
순탄하게 받아들여지지 않았기 때문에 마치 곤궁한 사람이 돌아갈 집
이 없는 것처럼 몸둘 바를 몰랐다. <천하를 얻는 것보다 부모의 사랑을
받는 것이 더 중요하다.>」

▶ 어구 설명
·帝(제) : 요(堯)임금.
·胥(서) : 살펴본다[相視]는 뜻.

天下之士悅之 人之所欲也 而不足以解憂 好色人之
所欲 妻帝之二女 而不足以解憂 富人之所欲 富有
天下 而不足以解憂 貴人之所欲 貴爲天子 而不足
以解憂 人悅之好色富貴 無足以解憂者 惟順於父母
可以解憂.

천하지사(이) 열지(는) 인지소욕야(이어늘) 이부족이해우(하시며) 호색(은)
인지소욕(이어늘) 처제지이녀(하샤대) 이부족이해우(하시며) 부(는) 인지소
욕(이어늘) 부유천하(하샤대) 이부족이해우(하시며) 귀(는) 인지소욕(이어늘)
귀위천자(하샤대) 이부족이해우(하시니) 인열지(와) 호색(과) 부귀(에) 무족
이해우자(이오) 유순어부모(이라야) 가이해우(러시다)

「천하의 모든 선비들이 자기를 좋아하고 따르기를 사람은 바란다. <순
임금은 그것으로는> 자신의 걱정을 풀기에 부족했다. <즉 부모의 사
랑을 받지 못하는 걱정이 해소되지 않았다.> 호색(好色)은 사람이 원
하는 바이다. 그러나 순임금은 요임금의 두 딸을 아내로 삼았으나, 그
래도 걱정을 해소하는 데 부족했다. 부(富)는 모든 사람이 욕심내는
바이다. 순임금은 부에 있어 천하를 소유했으나, 그래도 걱정을 해소하
는 데 부족했다. 귀(貴)는 모든 사람이 욕심내는 바이다. 순임금은 귀에
있어 천자가 되었으나, 그래도 걱정을 해소하는 데 부족했다. 모든 사
람이 좋아하는 것과, 아름다운 아내와, 부귀로는 순임금의 걱정을 해소
할 수 없고, 오직 부모와 순탄하게 사랑을 서로 주고받는 것만이 비로
소 <순임금의> 걱정을 해소할 수 있었던 것이다.」

[集註 選譯] (1) 孟子 推舜之心如此 以解上文之意 極天下之欲 不足以解
憂 而惟順於父母 可以解憂 孟子眞知舜之心哉. :「맹자는 순(舜)의 마음
을 이와 같이 추측하고 앞글의 뜻을 풀었다.」「<순임금은> 천하의 모든
사람이 바라는 바 <모든 것을> 최고로 얻었으나, 그래도 그의 걱정을
해소하는 데 부족했으며, 오직 부모와 순탄하게 되는 것으로써만 걱정을
해소할 수 있다고 했다. 맹자는 참으로 순임금의 마음을 알았던 것이다.」

人少則慕父母 知好色則慕少艾 有妻子則慕妻子 仕
則慕君 不得於君則熱中 大孝終身慕父母 五十而慕
者 予於大舜見之矣.

인(이) 소즉모부모(하다가) 지호색즉모소애(하고) 유처자즉모처자(하고) 사즉모군(하고) 부득어군즉열중(이니) 대효(는) 종신모부모(하나니) 오십이모자(를) 여어대순(에) 견지의(로라)

「사람은 어려서는 부모를 사랑하고 그리워한다. 여자와의 짝짓기를 알게 되면, 즉 어리고 예쁜 여자를 그리워한다. 장가를 들고 처자식을 갖게 되면 곧 자기 처자식을 사랑하고 그리워한다. 출사하면 임금을 사랑하고 그리워하며, 만약에 임금의 총애를 받지 못하면 속을 태우고 열을 낸다. 그러나 크게 효성스런 아들은 죽을 때까지 부모를 사랑하고 그리워한다. 나이 50이 되어도 부모를 진심으로 사랑하고 그리워하는 사람을 나는 대효(大孝) 순임금에게서 보았노라.」

▶ 어구 설명

· 艾(애) : 「아름답고 예쁘다」는 뜻. 초사(楚辭)와 전국책(戰國策)에 이른바, 유애(幼艾)라고 한 말과 뜻이 같다.

· 不得(부득) : 실의(失意)의 뜻.

· 熱中(열중) : 조급(躁急)하여 가슴속에 열이 난다는 뜻.

· 大孝(대효) : 크게 효성스런 아들. 순임금을 가리킨다.

[集註 選譯] (1) 此章 言 舜不以得衆人之所欲 爲己樂 而以不順乎親之心 爲己憂 非聖人之盡性 其孰能之 : 이 장은 다음 같은 뜻을 말한 것이다. 「순은 모든 사람이 바라는 바를 얻는 것을 자기의 즐거움으로 삼지 않고, 부모 마음에 순탄하게 받아들여지지 않는 것을 자기의 근심으로 삼았다. 성인이 본성을 다하는 것이 아니라면 그 누가 이렇게 할 수 있겠는가.」

【참고 보충】「순(舜)의 대효(大孝)」

대효(大孝) 순임금에 대한 말이다. 순임금이 밭에 나가 경작하면서 하늘을 보고 호읍(號泣)한 심정을 맹자가 깊이 해석한 것이다. 순임금은 절대로 부모를 원망하지 않았다. 반대로 자기의 효성과 정성이 부족하여 부모에게 순탄하게 통하지 않는 것을 스스로 반성하고, 애달프게 여기고, 호소하고 통탄했던 것이다. 순임금은 천하를 다스리고, 천하의 부를 누리고, 요제(堯帝)의 두 딸을 처로 삼았다. 즉 최고의 부귀를 누리면서도 부모에게 자기의 효성이 순탄하게 받아들여지지 않는 것을 걱정했던 것이다. 진정한 효도는 부모와 자식이 하나가 되는 것이다. 설사 부모가 자식을 알아주지 않아도 자식이 비상한 효도와 정성을 바치면, 마침내 부모와 자식이 하나가 된다. 그 실례를 순임금이 보여 준 것이다.

> 萬章問曰 詩云 娶妻如之何 必告父母 信斯言也 宜
> 莫如舜 舜之不告而娶何也 孟子曰 告則不得娶 男
> 女居室 人之大倫也 如告則廢人之大倫 以懟父母
> 是以不告也.

만장(이) 문왈 시운 취처여지하(오) 필고부모(이라하니) 신사언야(인댄) 의막여순(이어시니) 순지불고이취(는) 하야(이이꼬) 맹자(이) 왈 고즉부득취(하시리니) 남녀거실(은) 인지대륜야(이니) 여고즉폐인지대륜(하야) 이대부모(이라) 시이불고야(이시니라)

맹자의 제자 만장(萬章)이 물었다. 「시경 제풍(齊風) 남산편(南山篇)에 『아내를 취하려면 어떻게 하나. 반드시 부모에게 고해야 한다.』고 있습니다. 이 말을 믿고 따른다면, 의당히 순같이 해서는 안 될 것입니다. 그런데 순임금이 <자기 부모에게> 고하지 않고 아내를 취한 것은 어째서입니까.」 맹자가 말했다. 「고했다면 장가를 들지 못했을 것이다. 남녀가 결혼하여 부부가 되고, 자식을 낳고 키우는 것은 인간이 따라야 할 가장 중대한 윤리이다. 순이 만약에 <부모에게> 말했다면, 즉 인간의 대륜을 폐하게 되고, 또 부모를 원망하게 되었을 것이다. 그래서 부모에게 고하지 않고. <장가를 든 것이다.>」

▶ 어구 설명
· 信(신) : 참으로[誠]의 뜻.
· 懟(대) : 「원수로 여기고 원망한다」는 뜻.

萬章曰 父母使舜 完廩捐階 瞽瞍焚廩 使浚井出 從
而揜之 象曰 謨蓋都君 咸我績 牛羊父母 倉廩父母
干戈朕 琴朕 弤朕 二嫂使治朕棲 象往入舜宮 舜在
牀琴 象曰 鬱陶思君爾 忸怩 舜曰 惟茲臣庶 汝其于
予治 不識 舜不知象之將殺己與 曰奚而不知也 象
憂亦憂 象喜亦喜.

만장(이) 왈 부모(이) 사순(으로) 완름연계(하고) 고수(이) 분름(하며) 사준정
(하야) 출(커시늘) 종이엄지(하고) 상(이) 왈 모개도군(은) 함아적(이니) 우양
부모(이오) 창름부모(이오) 간과짐(이오) 금짐(이오) 저짐(이오) 이수(란) 사
치짐서(하리라하고) 상(이) 왕입순궁(한대) 순(이) 재상금(이어시늘) 상(이)
왈 울도사군이(라하고) 육니(한대) 순(이) 왈 유자신서(를) 여기우여치(라하시
니) 불식(케이다) 순(이) 부지상지장살기여(이까) 왈 해이부지야(시리오) 상우
역우(하시고) 상희역희(하시니라)

만장이 말했다. 「부모가 순으로 하여금 창고의 지붕을 수리하게 하고,
<순이 지붕에 올라간 다음에> 사다리를 치워 버렸으며, 고수가 창고
에 불을 질러, <순을 태워 죽이려 했습니다. 그러나 순이 공중을 날아
서 내려와 무사했습니다. 두 번째는 순으로 하여금> 우물을 준설(浚
渫)하게 했으며, <순이 우물에 들어가자, 위에서 흙을 쏟아붓고, 순을
생매장해서 죽이려 했습니다. 그러나 이번에도 순은 다른 길을 타고
우물에서> 빠져나왔습니다. <한편> 상(象)은 뒤따라 우물을 틀어막

고 <형 순임금이 틀림없이 죽은 줄 알고> 말했습니다.『계략을 꾸미고 우물에 뚜껑을 덮어 도군(都君)을 죽게 한 것은 모두가 다, 나의 공적이다. <그러므로 순임금의 재산을 처리함에 있어> 소나 양 같은 가축은 부모가 가지시오. 곡물 창고도 부모가 가지시오. 방패나 창 같은 무기는 내가 갖겠습니다. 거문고도 내가 갖고, 또 <요임금이 준> 붉은 칠을 한 활도 내가 갖겠습니다. 두 형수는 내가 잠자리 시중을 들게 하겠습니다. <즉 자기가 데리고 살겠다는 뜻이다.>』<순이 죽은 줄 굳게 믿고, 형의 집을 접수하려고> 상이 순의 대궐 같은 집으로 가서 안에 들어갔습니다. <그런데 죽은 줄 알았던> 순이 의연하게 침상에 앉아 거문고를 타고 있었습니다. <이에 교활한> 상이 말했습니다.『우울하고 답답하여 형님 생각이 나서 <이렇게 왔습니다.>』그리고 부끄럽고 겸연쩍어했습니다. <그러자> 순이 말했습니다.『이곳 도읍에 있는 모든 신하들을 네가 나와 함께 다스려라.』<다시 만장이 맹자에게 물었다.> 「저는 알 수가 없습니다. 순임금은 동생 상이 자기를 죽이려고 한 것을 몰랐습니까?」맹자가 말했다. 「왜 몰랐겠느냐. 다 알고 있었다. 순임금은 동생 상(象)이 걱정 될 일을 하면 자기도 걱정했으며, 동생 상이 <잠시라도 착한 마음으로> 즐겁게 대하면 역시 즐겁게 대해 주었던 것이다.」<성인은 끝없이 용서하고 인애(仁愛)를 베풀려고 한다. 만장은 성인의 높고 깊은 경지를 모르고, 세속적인 안목으로 물었으며, 맹자는 성인의 경지를 말해준 것이다.>

▶ **어구 설명**

· 完廩捐階(완름연계) :「완(完)은 치(治)」의 뜻.「연(捐)은 치워 버린다」는 뜻.
· 象(상) : 순의 배다른 동생.
· 都君(도군) : 순임금. 순이 거처하면, 3년에 도읍(都邑)이 형성되었다. 그래서 순을 도군이라 한 것이다.
· 琴(금) : 순이 연주하던 5현금.
· 弤(저) : 조각한 활.

- 棲(서) : 침상(寢床).
- 鬱陶(울도) : 몹시 생각해서 기(氣)를 펴지 못할 지경이라는 뜻.
- 忸怩(육니) : 부끄럽고 겸연쩍어했다. 「忸(부끄러워할 뉵), 怩(겸연쩍어할 니)」

[集註 選譯] (1) 孟子言舜非不知其將殺己 但見其憂則憂 見其喜則喜 兄弟之情 自有所不能已耳. : 맹자의 말은 다음 같은 뜻을 말한 것이다. 「순은 동생 상이 자기를 죽이려고 한 것을 모르지 않았다. <그러나 순은 이미 성인의 경지에 오른 사람이다.> 그래서 동생이 걱정하면 함께 걱정하고, 동생이 기뻐하면 함께 기뻐했던 것이다. <천성으로 주어진 순수한> 형제의 정이 어쩔 수 없이 나타난 것이다.」

(2) 萬章所言 其有無不可知 然舜之心 則孟子有以知之矣 他亦不足辨也. : 「만장(萬章)이 말한 바를 <살펴보면 만장은 어쩔 수 없는> 형제의 정이 있는지 없는지를 알지 못한다. 그러나 <성인의 경지에 든> 순의 순수한 마음을 맹자는 알고 있었다.」 「기타에 대해서는 말할 필요도 없다.」

(3) 程子曰 象憂亦憂 象喜亦喜 人情天理 於是爲至. : 정자(程子)가 말했다. 「상이 근심하면 순이 근심하고, 상이 기뻐하면 순 역시 기뻐한 것은 인정상으로나 천리면에서나 지극한 경지에 이른 것이다.」

曰然則舜僞喜者與 曰否 昔者有饋生魚於鄭子產 子產使校人畜之池 校人烹之 反命曰 始舍之圉圉焉 少則洋洋焉 攸然而逝 子產曰 得其所哉 得其所哉 校人出曰 孰謂子產智 予旣烹而食之 曰得其所哉 得其所哉 故君子可欺以其方 難罔以非其道 彼以愛

# 兄之道來 故誠信而喜之 奚僞焉.

왈 연즉순(은) 위희자여(이까) 왈 부(이라) 석자(에) 유궤생어어정자산(이어늘) 자산(이) 사교인(으로) 휵지지(한대) 교인(이) 팽지(하고) 반명왈 시사지(하니) 어어언(이러니) 소즉양양언(하야) 유연이서(하더이다) 자산(이) 왈 득기소재(인저) 득기소재(인저하여늘) 교인(이) 출 왈 숙위자산(을) 지(오) 여기 팽이식지(호니) 왈 득기소재(인져) 득기소재(인져코라하니) 고(로) 군자(는) 가기이기방(이어니와) 난망이비기도(이니) 피이애형지도(로) 내 고(로) 성신이희지(시니) 해위언(이시리오)

만장(萬章)이 말했다. 「그렇다면, 순임금이 거짓으로 기쁜 척 했습니까.」 맹자가 말했다. 「아니다. <그리고 다음 같은 예를 들었다.> 옛날 <춘추시대에> 한 사람이 정(鄭)나라의 재상 자산(子産)에게 산 물고기를 선사했다. 자산은 <그 물고기를> 교인(校人)으로 하여금 연못에 넣고 키우게 했다. <그러나> 교인은 <그 물고기를> 삶아먹었다. 그리고 돌아와서 자산에게 <거짓으로> 복명(復命)하며 말했다. 『처음에 <물고기를 연못에> 풀어놓자 어리둥절하고 <잘 가지를 못하더니> 잠시 있자니 넘실넘실 <헤엄을 치고> 유연하게 어디론가 가버렸습니다.』 자산이 말했다. 『제자리를 얻었다, 제자리를 얻었다.』 교인이 나와서 말했다. 『누가 자산을 현명하다고 하나? 내가 이미 물고기를 삶아먹었거늘 자산은 제자리를 얻었다, 제자리를 얻었다고 말하더라.』 그런 고로 <자산과 교인의 경우에서 알 수 있듯이> 군자는 도리에 맞는 방법으로 속일 수는 있다. 그러나 도리가 아닌 방법으로 <군자를 속이려 해도> 안 된다. <상(象)의 경우도> 그가 <거짓이나마> 형을 사랑한다고 말하며 왔으므로 순임금이 참으로 믿고 기뻐했던 것이다. 어찌 거짓으로 기쁜 척 했겠는가.」

▶ 어구 설명
· 校人(교인) : 연못을 관리하는 사람.

· 圉圉(어어) : 「갇힌 듯이 기를 펴지 못한다」는 뜻.
· 洋洋(양양) : 「풀리고 넘실넘실해진다」는 뜻.
· 難罔(난망) : 「할 수 없다」는 뜻. 망(罔)은 「덮어쓰고 가린다」는 뜻.

[集註 選譯] (1) 象以愛兄之道來 所謂欺之以其方也. 舜本不知其僞 故實喜之 何僞之有 此章又言舜遭人倫之變 而不失天理之常也. : 「상(象)이 형을 사랑하는 도리로써 왔으니, 이른바 도리에 맞는 방법으로 기만한 것이다.」「순(舜)은 본래 속이는 것을 알지 못했다. 그러므로 실제로 기뻐한 것이다. 어찌 허위가 있었겠는가.」「이 장은 순이 인륜의 변고를 만났으면서도 천리의 상도(常道)를 잃지 않음을 말한 것이다.」

> 萬章曰 舜流共工于幽州 放驩兜于崇山 殺三苗于三危 殛鯀于羽山 四罪 而天下咸服 誅不仁也 象至不仁 封之有庳 有庳之人 奚罪焉 仁人固如是乎 在他人則誅之 在弟則封之 曰 仁人之於弟也 不藏怒焉 不宿怨焉 親愛之而已矣 親之欲其貴也 愛之欲其富也 封之有庳 富貴之也 身爲天子 弟爲匹夫 可謂親愛之乎.

만장(이) 왈 순(이) 유공공우유주(하시고) 방환두우숭산(하시고) 살삼묘우삼위(하시고) 극곤우우산(하사) 사죄(하신대) 이천하(이) 함복(은) 주불인야(이니) 상(이) 지불인(이어늘) 봉지유비(하시니) 유비지인(은) 해죄언(고) 인인(도) 고여시호(이까) 재타인즉주지(하고) 재제즉봉지(온여) 왈 인인지어제야(에) 부장노언(하며) 불숙원언(이오) 친애지이이의(니) 친지(란) 욕기귀야(이오) 애지(란) 욕기부야(이니) 봉지유비(는) 부귀지야(이시니) 신위천자(이오) 제위필부(이면) 가위친애지호(아)

만장이 <항변하듯이> 말했다. 「순임금은 공공(共工)을 유주(幽州)에

유배하고, 환두(驩兜)를 숭산(崇山)으로 추방하고, 삼묘(三苗)를 삼위
(三危)에서 멸하고, <치수에 실패한> 곤(鯀)을 우산(羽山)에 가두었
습니다. <그와 같이> 네 가지의 죄를 벌하자 천하 모든 사람이 다
복종했습니다. 즉 불인(不仁)한 자들을 다 주멸(誅滅)한 것입니다. <허
기는> 상(象)은 지극히 불인했거늘 그를 유비(有庳)에 봉했으니, 유비
의 백성들이 무슨 죄가 있어 <상을 영주(領主)로 모셔야 합니까.>
인인(仁人)이란 본래 그렇게 하는 것입니까. 타인의 경우는 죽이고,
자기 동생의 경우는 봉합니까.」 맹자가 말했다. 「인인은 동생에 대하여
노여움을 묻어두지 않고, 원한을 속에 품지도 않으며, 오직 친애할 뿐이
다. 친근하게 생각하므로 그를 귀하게 높여주려고 원하고, 친애하니깐
그를 부(富)하게 해주려고 원하는 것이다. 순이 동생 상을 유비에 봉한
것은, 동생에게 부귀를 주고자 함이다. 자신은 천자가 되었는데 동생은
필부로 내버려두면 어찌 친애라 하겠느냐.」

▶ 어구 설명
· 共工(공공) : 신화에 나오는 악인.
· 放驩兜于崇山(방환두우숭산) : 환두를 숭산으로 추방했다.
· 三苗(삼묘) : 나라 이름.
· 殛(극) : 주살(誅殺)의 뜻.
· 鯀(곤) : 우(禹)의 아버지 이름. 왕명을 거역하고 부족을 해쳤으며, 치수에
  공을 세우지 못하였다.
· 藏怒(장노) : 노여움을 감춘다는 뜻.
· 宿怨(숙원) : 원한을 속에 묻어둔다는 뜻.

咸丘蒙問曰 語云 盛德之士 君不得而臣 父不得而
子 舜南面而立 堯帥諸侯 北面而朝之 瞽瞍亦北面
而朝之 舜見瞽瞍 其容有蹙 孔子曰 於斯時也 天下

## 殆哉 岌岌乎 不識此語誠然乎哉.

함구몽(이) 문왈 어(에) 운 성덕지사(는) 군부득이신(하며) 부부득이자(이라)
순(이) 남면이립(이어시늘) 요(이) 솔제후(하야) 북면이조지(하시고) 고수(이)
역북면이조지(어늘) 순(이) 견고수(하시고) 기용(이) 유축(이라하야날) 공자
(이) 왈 어사시야(에) 천하(이) 태재 읍읍호(인저하시니) 불식(케이다) 차어
(이) 성연호재(이까)

맹자의 제자 함구몽이 물었다. 「다음 같은 말이 있더군요 『덕이 높은
선비에 대해서는 임금도 그를 신하로 삼을 수 없고, 아버지도 그를
자식으로 취급할 수 없다. <그런데> 순임금이 남쪽을 바라보는 임금
자리에 높이 앉자, 요임금이 제후들을 거느리고 북쪽을 바라보며 조근
(朝覲)했으며, 또 고수 역시 북쪽을 바라보며 조근했다. <그때> 순임
금이 고수를 보고 송구스러운 표정을 지었다. <이에 대해서> 공자도
그때 '천하가 위태롭고, 불안하다'고 말했다.』 저는 잘 모르겠습니다.
이상의 말을 정말 그렇다고 해야 하겠습니까.」

▶ 어구 설명
· 咸丘蒙(함구몽) : 전국시대 제(齊)나라 사람으로 맹자의 제자. 성이 함구
 (咸丘), 이름이 몽(蒙).
· 語(어) : 옛날에 떠도는 말.
· 魘(축) : 「상을 찡그린다」는 뜻.
· 岌岌(읍읍) : 불안한 모양.

孟子曰 否 此非君子之言 齊東野人之語也 堯老而
舜攝也 堯典曰 二十有八載 放勳乃徂落 百姓如喪
考妣三年 四海遏密八音 孔子曰 天無二日 民無二

> ## 王 舜旣爲天子矣 又帥天下諸侯 以爲堯三年喪 是二天子矣.

맹자(이) 왈 부(라) 차비군자지언(이라) 제동야인지어야(이라) 요(이) 노이순(이) 섭야(이러시니) 요전(에) 왈 이십유팔재(에) 방훈(이) 내조락(커시늘) 백성(은) 여상고비삼년(하고) 사해(는) 알밀팔음(이라하며) 공자(이) 왈 천무이일(이오) 민무이왕(이라하시니) 순(이) 기위천자의(오) 우솔천하제후(하야) 이위요삼년상(이면) 시(는) 이천자의(니라)

맹자가 말했다. 「아니다. 그렇지 않다. 떠도는 그 말은 군자가 한 말이 아니고 제나라 동쪽에 사는 필부가 한 말이다. 요임금이 노쇠하자 순이 섭정(攝政)했다. 서경(書經) 우서(虞書) 요전(堯典)에 있다. 순이 섭정한 지 28년이 되자 요임금 방훈(放勳)이 돌아가셨다. 그러자 백성들이 자기 부모같이 3년 동안 복상(服喪)했으며, 사해 안의 모든 나라에서는 음악을 금하고 엄숙하게 지냈다. 공자도 『하늘에는 두 개의 태양이 없고, 백성에게는 두 임금이 없다.』고 말했다. <그후에> 순이 천자가 된 다음에 천하의 제후들을 통솔하고 요임금의 삼년상을 지냈다. <이를 두고> 『두 천자가 있다』고 말한 것이다.」

▶ **어구 설명**

· 放勳乃徂落(방훈내조락) : 「방훈(放勳)」은 요임금의 호, 혹은 이름이라고 한다. 「조(徂)」는 「승(昇)」, 「낙(落)」은 「강(降)」이다. 사람이 죽으면 혼(魂)은 위로 올라가고, 백(魄)은 아래로 내려간다. 그러므로 옛날에는 죽음을 조락이라 했다.

· 遏密八音(알밀팔음) : 「알(遏)」은 「음악을 멈추다[止]」, 「밀(密)」은 조용하다[靜]」는 뜻. 팔음(八音)은 「금(金), 석(石), 사(絲), 죽(竹), 포(匏), 토(土), 혁(革), 목(木)으로 만든 악기의 소리.」

· 天無二日 民無二王(천무이일 민무이왕) : 「하늘에는 두 개의 태양이 없고, 백성에게는 두 임금이 없다.」<예기(禮記) 증자문편(曾子問篇)을 위시하

여 다른 기록에도 보인다.>

[集註 選譯] (1) 孟子言 堯但老不治事 而舜攝天子之事耳 堯在時 舜未嘗卽天子位 堯何由北面而朝乎 又引書及孔子之言以明之 : 맹자는 다음 같은 뜻을 말한 것이다. 「요임금이 노쇠하여 다스리지 못하게 되자 순이 천자의 일을 대신 맡아 다스렸을 뿐, 요임금이 살아있을 때는 순이 천자 자리에 오르지 않았다. 그러니 요임금이 어찌 북면하고 조근(朝覲)하겠느냐.」 또 서경과 공자의 말을 인용하고 그 뜻을 밝힌 것이다.

(2) 堯典虞書篇名 今此文 乃見於舜典 蓋古書 二篇 或合爲一耳. : 「요전(堯典)은 서경(書經) 우서(虞書)의 편명(篇名)이다. 지금 이 글은 순전(舜典)에 있다. 아마 옛날 서경 책에는 <요전과 순전> 두 편이 혹 하나로 합쳤을 것이다.」

咸丘蒙曰 舜之不臣堯 則吾旣得聞命矣 詩云 普天之下 莫非王土 率土之濱 莫非王臣 而舜旣爲天子矣 敢問瞽瞍之非臣 如何.

함구몽(이) 왈 순지불신요(는) 즉오기득문명의(어니와) 시운 보천지하(이) 막비왕토(이며) 솔토지빈(이) 막비왕신(이라하니) 이순(이) 기위천자의(시니) 감문고수지비신(은) 여하(이이꼬)

함구몽이 말했다. 「순임금이 요임금을 신하로 다루지 않았다는 것은 선생님의 말씀을 듣고 알게 되었습니다. 그러나 시경(詩經) 소아(小雅) 북산편(北山篇)에 『넓은 하늘 아래가 임금님의 땅 아닌 것이 없고, 바다 안의 땅에 살고 있는 모든 사람이 임금의 신하가 아닌 게 없다.』고 했거늘, 그런데 순임금이 천자가 되자 부친 고수를 신하가 아니라고 한 말은, 어찌된 까닭입니까.」 <함구몽이 맹자에게 물었다. 이에 대해서 맹자가 다음같이 알려주었다.>

▶ 어구 설명

· 普天之下 莫非王土(보천지하 막비왕토) : 넓은 하늘 아래가 임금님의 땅 아닌 것이 없다. 「보(普)」는 「두루 다」의 뜻.
· 率土之濱 莫非王臣(솔토지빈 막비왕신) : 바다 안의 땅에 살고 있는 모든 사람은 임금의 신하가 아닌 게 없다. 「솔토지빈(率土之濱)은 사해지내(四海之內)와 같은 뜻이다.」 「솔(率)」은 「따라서」의 뜻.
· 瞽瞍之非臣如何(고수지비신여하) : 「고수는 신하가 아니라고 한 말은, 어찌된 영문입니까.」

> 日是詩也 非是之謂也 勞於王事而不得養父母也 日
> 此莫非王事 我獨賢勞也 故說詩者不以文害辭 不以
> 辭害志 以意逆志 是爲得之 如以辭而已矣 雲漢之
> 詩日 周餘黎民 靡有孑遺 信斯言也 是周無遺民也.

왈 시시야(는) 비시지위야(이라) 노어왕사 이부득양부모야(하야) 왈 차막비왕사(이어늘) 아독현로야(이라하니) 고(로) 설시자(이) 불이문해사(하며) 불이사해지(오) 이의역지(라야) 시위득지(니) 여이사이이의(인댄) 운한지시(에) 왈 주여려민(이) 미유혈유(이라하니) 신사언야(인댄) 시(는) 주무유민야(이니라)

맹자가 말했다. 「그 시는 그런 뜻을 말한 것이 아니다. <대부가> 임금의 일에 힘을 쏟아, 자기 부모를 공양하지 못함을 불평한 것이다. 즉 『이 모두가 임금을 위한 일이거늘, 왜 나 혼자만 슬기와 노력을 바쳐야 하느냐.』고로 시를 말하는 자는 문자에 매달려 어구의 뜻을 해치지 말아야 한다. 또 어구에 매달려 전체의 뜻을 해치지 말아야 하며, 또 전체의 뜻에 매달려 시를 지은 사람의 의도에 거슬리면 안 된다. 그렇게 해야 시의 뜻을 바르게 터득할 수 있다. 만약 어구에 매달리면 <전체의 뜻을 바르게 알지 못한다. 그 예를 들겠다.> 시경 대아(大雅)

운한편(雲漢篇)의 시에 <다음 같은 어구가 있다. 주(周)나라 여왕(厲王)의 난을 겪은 다음에>『주나라의 살아남은 백성은 한 사람도 없었다.』이런 시의 구절을 참말로 믿으면 사실로 주나라에는 유민이 하나도 없어야 할 것이다.」

▶ 어구 설명

· 文害辭(문해사) :「문(文)」은「자(字)」의 뜻이고,「사(辭)」는「어(語)」의 뜻이다.
· 逆(역) : 영합(迎合)의 뜻.
· 靡有孑遺(미유혈유) :「미(靡)」는「무(無)」,「혈(孑)」은「홀로, 한 사람」의 뜻.「유(遺)」는「탈(脫)」의 뜻.

[集註 選譯] (1) 言說詩之法 不可以一字 而害一句之義 不可以一句 而害設辭之志 當以己意 迎取作者之志 乃可得之 若但以其辭而已 則如雲漢所言 是周之民 眞無遺種矣 惟以意逆之 則知作詩者之志 在於憂旱 而非眞無遺民也. : <맹자가 다음 같은 뜻을 말한 것이다.> 「시를 논하는 방법은 한 글자에 매여 한 구절의 뜻을 해치지 말고, 또 한 구절에 매여 전체 시의 뜻을 해치지 말아야 한다.」「마땅히 자기의 뜻을 작자의 뜻에 영합되게 해야 <시의 뜻을> 바르게 터득할 수 있다.」「만약 어구만을 가지고 <해석한다면> 운한편에서 말한 바와 같이 주나라 백성은 참으로 살아남은 사람이 없어야 할 것이다.」「오직 자기의 뜻을 작자의 뜻에 영합한다면, 즉 이 시를 지은 작자의 뜻이 한발(旱魃)을 걱정한 것이고, 참으로 살아남은 백성이 없음을 걱정한 것이 아님을 알 수 있다.」

孝子之至 莫大乎尊親 尊親之至 莫大乎以天下養 爲天子父 尊之至也 以天下養 養之至也 詩曰 永言孝思 孝思維則 此之謂也 書曰 祗載見瞽瞍 夔夔齊栗 瞽瞍亦允若 是爲父不得而子也.

효자지지(는) 막대호존친(이오) 존친지지(는) 막대호이천하양(이니) 위천자
부(하니) 존지지야(이오) 이천하양(하시니) 양지지야(이라) 시왈 영언효사(이
라) 효사유칙(이라하니) 차지위야(이니라) 서(에) 왈 지재견고수(하샤대) 기기
제율(하신대) 고수역윤약(이라하니) 시위부부득이자야(이니라)

「효자의 극치는 부모를 존경하는 것보다 더 큰 것이 없고, 존친의 극치
는 천하의 부(富)로써 부모를 봉양하는 것보다 더 큰 것이 없다. <순임
금은 자기 부친을> 천자의 부친이 되게 했으니 존경의 극치니라. 또
<순임금이 자기 부친을> 천하의 부로써 봉양했으니 봉양의 극치니라.
시경 대아(大雅) 하무편(下武篇)에 있다.『영원히 효도하려고 생각하
니 그 효도 사상이 곧 <천하의> 법도니라.』<시경의 말이> 곧 순의
경우를 말한 것이다. 서경 대우모(大禹謨)에 있다.『<순임금이 부친>
고수를 지극히 존경하고 섬기는 태도로 모셨으며 조심하고, 또 단정
근엄하게 <부친에게> 대했다. 그러자 부친 고수도 역시 착하고 부드
럽게 대했다.』그러므로 아버지이면서 <천자가 된> 자식을 <예사롭
게> 대하지 못했던 것이다.」

▶ **어구 설명**

· 祗載見瞽瞍(지재견고수) : 고수를 지극히 존경하고 섬기는 태도로 모셨다.
「지(祗)」는 「공경하다」, 「재(載)」는 「섬기다」의 뜻.

· 夔夔齊栗(기기제율) : 조심하고, 또 단정하고 근엄하게. 「경근공구(敬謹恐
懼)」하는 모습.

· 允若(윤약) : 「윤(允)은 믿는다」는 뜻. 「약(若)은 순탄하게〔順〕」의 뜻.

[集註 選譯] (1) 言瞽瞍旣爲天子之父 則當享天下之養  此舜之所以 爲
尊親 養親之至也 豈有使之北面 而朝之理乎 詩大雅下武之篇 言人能長
言孝思而不忘 則可以爲天下法則也. : 다음 같은 뜻이다. 「고수가 천자
의 아버지가 되었으니 당연히 천하의 봉양을 받았다. 이는 곧 순이 존경
과 양친의 극을 이룬 것이다. 어찌 부친을 북면하고, 또 조근하게 했겠
느냐.」「시는 대아(大雅) 하무편(下武篇)이다.」「자식이 언제나 효도하

고 잊지 않으면, 곧 천하의 법도가 될 수 있음을 말한 것이다.」

(2) 孟子引此而言 瞽瞍不能以不善及其子 而反見化於其子 則是所謂父不得而子者 而非如咸丘蒙之說也. : 맹자는 이와 같이 서경의 말을 인용하고 말했다. 「고수도 자기 아들에게 착하게 하지 않을 수 없었으며, 자식에게 감화를 받았다. 곧 부친이면서 예사로운 아들로 대하지 못했다고 하는 것이다.」 「그러므로 함구몽의 말과 같지 않은 것이다.」

---

萬章曰 堯以天下與舜 有諸 孟子曰 否 天子不能以天下與人 然則舜有天下也 孰與之 曰 天與之 天與之者 諄諄然命之乎 曰否 天不言 以行與事 示之而已矣.

---

만장(이) 왈 요(이) 이천하여순(이라하니) 유제(이까) 맹자(이) 왈 부(이라) 천자(이) 불능이천하여인(이니라) 연즉순유천하야(는) 숙여지(이꼬) 왈 천(이) 여지(시니라) 천(이) 여지자(는) 순순연명지호(이이까) 왈 부(이라) 천(이) 불언(이라) 이행여사(로) 시지이이의(시니라)

맹자의 제자 만장이 물었다. 「요임금이 천하를 순임금에게 물려주었다고 하는데 사실로 그런 일이 있었습니까.」 맹자가 대답해서 말했다. 「아니다. 천자는 천하를 <자기 마음대로> 다른 사람에게 넘겨주지 못한다.」 만장 : 「그렇다면 순임금이 천하를 지니고 다스렸으니, 그것은 누가 준 것입니까.」 맹자 : 「하늘이 준 것이다.」 만장 : 「하늘이 <순에게 천하를> 줄 때에 차근차근 말로 명을 내렸습니까.」 맹자가 말했다. 「아니다. 하늘은 말을 하지 않는다. 오직 덕행이나 이룬 업적을 가지고 <그가 천자가 될 사람이라는 것을> 보여줄 뿐이다.」

▶ 어구 설명

· 諄諄然(순순연) : 「차근차근 알아듣게 말로 한다」는 뜻.
· 以行與事(이행여사) : 「몸소 행한 것」을 「행(行)」이라 하고, 「천하에 이룩
해 놓은 것」을 「사(事)」라고 한다.

日以行與事 示之者 如之何 曰天子能薦人於天 不
能使天與之天下 諸侯能薦人於天子 不能使天子與
之諸侯 大夫能薦人於諸侯 不能使諸侯與之大夫 昔
者堯薦舜於天而天受之 暴之於民而民受之 故曰 天
不言 以行與事 示之而已矣.

왈 이행여사(로) 시지자(는) 여지하(이이까) 왈 천자(이) 능천인어천(이언정)
불능사천(으로) 여지천하(이며) 제후(이) 능천인어천자(이언정) 불능사천자
(로) 여지제후(이며) 대부(이) 능천인어제후(이언정) 불능사제후(로) 여지대
부(이니) 석자(에) 요(이) 천순어천이천(이) 수지(하시고) 폭지어민이민(이)
수지(하니) 고(로) 왈 천(이) 불언(이라) 이행여사(로) 시지이이의(라하노라)

만장이 말했다. 「덕행과 업적을 바탕으로 내보인다고 함은 어떻게 하는
것입니까.」 맹자가 말했다. 「천자는 사람을 하늘에 천거할 수는 있어도,
하늘로 하여금 천하를 그 사람에게 주게 할 수는 없다. 제후도 훌륭한
사람을 천자에게 천거할 수는 있어도, 천자로 하여금 그를 제후가 되게
할 수는 없다. 대부도 훌륭한 사람을 제후에게 천거할 수는 있어도
제후로 하여금 그를 대부가 되게 할 수는 없다. 옛날에 요임금이 순을
하늘에 천거하자, 하늘이 받아들이고 그를 백성에게 나타나게 했으며,
백성이 그를 받아들였던 것이다. 고로 말한다. 『하늘은 말을 하지 않는
다. 오직 덕행과 업적을 가지고 나타내 보일 뿐이다.』」

## ▶ 어구 설명

· 暴(폭) : 「폭(曝)」으로 「현현(顯現)하다」는 뜻.

[集註 選譯] (1) 言下能薦人於上 不能令上必用之. : 「아랫사람이 윗사람에게 사람을 추천할 수는 있어도, 윗사람으로 하여금 반드시 그를 쓰게 할 수는 없다」는 뜻을 말한 것이다.

(2) 舜爲天人所受 是因舜之行與事 而示之以與之之意也. : 「순임금이 하늘과 사람에게 받아들여진 바가 되었다고 하는 것」이 곧 「순임금의 덕행과 공적으로 <하늘이> 그에게 천하를 주려는 뜻을 표시한 것이다.」

> 曰 敢問 薦之於天而天受之 暴之於民而民受之 如何 曰 使之主祭而百神享之 是天受之 使之主事而事治百姓安之 是民受之也 天與之 人與之.

왈 감문 천지어천이천(이) 수지(하시고) 폭지어민이민(이) 수지(는) 여하(이이꼬) 왈 사지주제이백신(이) 향지(하니) 시(는) 천(이) 수지(오) 사지주사이사치(하야) 백성(이) 안지(하니) 시(는) 민(이) 수지야(이라) 천(이) 여지(하며) 인(이) 여지(니라)

만장이 말했다. 「감히 묻겠습니다. 하늘에 천거하자 하늘이 받아들이고, 백성들 앞에 나타나게 하자, 백성들이 받아들였다고 <하는 말은> 무슨 뜻입니까.」 맹자가 말했다. 「그로 하여금 제사를 주관하게 하면 모든 신들이 <그가 지내는 제사를> 잘 받아주었다. 이것이 곧 하늘이 받아주었다는 뜻이다. 그로 하여금 일을 주관하게 하면, 모든 일이 잘 다스려져 백성이 편안하게 되었으니, 이것이 곧 백성이 받아들였다는 뜻이다. <그러니 결국> 하늘이 주고, 사람이 준 것이다.」

故曰 天子不能以天下與人 舜相堯二十有八載 非人
之所能爲也 天也 堯崩 三年之喪畢 舜避堯之子於
南河之南 天下諸侯朝覲者 不之堯之子 而之舜 訟
獄者 不之堯之子 而之舜 謳歌者 不謳歌堯之子 而
謳歌舜 故曰 天也 夫然後之中國 踐天子位焉 而居
堯之宮 逼堯之子 是簒也 非天與也.

고(로) 왈 천자(이) 불능이천하여인(이라하노라) 순(이) 상요이십유팔재(하시
니) 비인지소능위야(이라) 천야(이라) 요(이) 붕(커시늘) 삼년지상(을) 필(하
고) 순(이) 피요지자어남하지남(이어시늘) 천하제후조근자(이) 부지요지자 이
지순(하며) 송옥자(이) 부지요지자 이지순(하며) 구가자(이) 불구가요지자 이
구가순(하니) 고(로) 왈 천야(이라) 부연후(에) 지중국(하샤) 천천자위언(하시
니) 이거요지궁(하야) 핍요지자(이면) 시(는) 찬야(이라) 비천여야(이니라)

「고로『천자가 천하를 줄 수 없다』고 말한 것이다. 순임금이 <섭정(攝
政)하고> 요임금을 도운 지 28년이 되었으니, <그와 같은 일은> 인간
적 차원에서 할 수 있는 일이 아니고 하늘의 차원으로만 가능한 것이다.
요임금이 붕어하자, 삼년상을 마친 순임금은 요임금의 아들에게 <임금
자리를 물려주기 위해서> 남하(南河)의 남쪽으로 가서 몸을 피했다.
그러나, 천하의 제후들로서 조근(朝覲)하는 자는 요의 아들 단주(丹朱)
에게 가지 않고 순에게로 갔으며, 소송을 제기하는 사람도, 요의 아들에
게 가지 않고 순에게로 갔으며, 공덕을 노래하고 칭송하는 사람도, 요의
아들을 노래하고 칭송하지 않고, 순을 노래하고 칭송했다. 그러므로
「하늘이 시키는구나」하고 말하고, 다음에 국도(國都)에 가서, 천자의
자리에 올랐던 것이다. 만약에 <요임금이 죽자 즉시 순임금이> 요임
금의 궁전에 들어가 요임금의 아들 단주를 몰아냈다면 이는 찬탈이지,
하늘이 준 것이 아니다.」

▶ 어구 설명

· 南河之南(남하지남) : 남하(南河)는 기주(冀州)의 남쪽이다. 그 남쪽은 예주(豫州)다.

· 訟獄(송옥) : 「옥사를 판결하지 못하고, 소송을 올린다」는 뜻.

---

## 太誓曰 天視自我民視 天聽自我民聽 此之謂也.

태서(에) 왈 천시(이) 자아민시(며) 천청(이) 자아민청(이라하니) 차지위야(이 니라)

「서경 태서편(泰書篇)에 있다. 『하늘이 보는 것은 우리 백성을 통해서 보고, 하늘이 듣는 것은 우리 백성을 통해서 듣는다.』<태서의 말이> 곧 이 뜻을 말한 것이다.」

▶ 어구 설명

· 自(자) : 「따른다」는 뜻.

[集註 選譯] (1) 天無形 其視聽 皆從於民之視聽 民之歸舜 如此 則天與 之 可知矣. : 「하늘은 형체가 없다. 하늘의 보고 듣는 것은 모두 백성들 의 보고 들음에 따른다. 백성들이 그와 같이 순임금에게 귀의(歸依) 했 으므로 곧 하늘이 <천하를> 주었다는 뜻도 알 수 있다.」

---

## 萬章問曰 人有言 至於禹而德衰 不傳於賢 而傳於 子 有諸 孟子曰 否 不然也 天與賢 則與賢 天與子 則與子.

만장 문왈 인 유언(호대) 지어우이덕쇠(하야) 부전어현 이전어자(이라하니) 유제(이까) 맹자 왈 부(라) 불연야(이라) 천(이) 여현 즉여현(하고) 천(이) 여자

즉여자(이니라)

만장이 맹자에게 물었다. 「남이 말하더군요. 『우(禹)임금 때에 이르러, 덕(德)이 쇠하여, <대권과 자리를> 현인에게 선양(禪讓)하지 않고 아들에게 물려주었다.』 그 말이 사실입니까.」 맹자가 말했다. 「아니다. 그렇지 않다. 하늘이 현자에게 주고자 하면 현자에게 주고, 하늘이 아들에게 주고자 하면, 아들에게 주는 것이다.」

## 【참고 보충】 「선양(禪讓)과 세습(世襲), 사유(私有)」

이 장의 내용을 알기 위해서는 먼저 다음 같은 신화(神話) 고사(故事)를 알아야 한다. 요(堯)가 순(舜)에게 선양(禪讓)했다. 단 요가 죽은 다음 순은 즉시 자리에 오르지 않고, 요의 아들 단주(丹朱)를 위해 몸을 숨겼다. 그러나 모든 사람들이 단주를 따르지 않고 순을 따랐다. 그래서 순이 별수없이 자리에 올랐다. 이를 맹자는 하늘이 명한 것이라 한 것이다. 순도 만년에는 우(禹)에게 선양했다. 그러나 우도 처음에는 순의 아들 상균(商均)을 위해 몸을 피했다. 그러나 모든 사람들이 상균을 따르지 않고 우를 따랐다. 그래서 우가 자리에 오른 것이다. 그러나 우의 나라 하(夏)에서는 선양이 사라지고 임금자리를 세습(世襲)하고, 나라를 사유화(私有化)했다. 우도 원래는 현명하고 공(攻)이 있는 백익(伯益)에게 천하를 선양하려는 생각을 했다. 그러나 우의 아들 계(啓)와 제후들이 결탁하고 나라를 그대로 사유화했던 것이다. 이러한 사실을 놓고 만장(萬章)이 「우임금 때는 덕이 시들어 나라를 자식에게 전했다(德衰 傳于子)」고 말한 것이다. 이를 맹자가 「하늘이 자식에게 준 것이다(天予子)」라고 좋게 풀었다.

그러나 역사적 관점에서 보면 다르다. 요임금·순임금의 시대가 지나자 권세와 무력이 대두했다. 그래서 선양이 사라지고 세습과 사유화로 바뀐 것이다. 이상을 바탕으로 읽어야 한다.

丹朱之不肖 舜之子亦不肖 舜之相堯 禹之相舜也
歷年多 施澤於民久 啓賢能敬 承繼禹之道 益之相
禹也 歷年少 施澤於民未久 舜禹益相去 久遠 其子
之賢不肖 皆天也 非人之所能爲也 莫之爲 而爲者
天也 莫之致 而至者 命也.

단주지불초(에) 순지자(이) 역불초(하며) 순지상요(와) 우지상순야(는) 역년
(이) 다(하야) 시택어민(이) 구(하고) 계(는) 현(하야) 능경승계 우지도(하며)
익지상우야(는) 역년(이) 소(하야) 시택어민(이) 미구(하니) 순우익상거구원
(과) 기자지현불초(가) 개천야(라) 비인지소능위야(이니) 막지위 이위자 천야
(이오) 막지치 이지자 명야(이니라)

「요임금의 아들 단주(丹朱)는 불초(不肖)했다. 순임금의 아들 상균(商均)도 역시 불초했다. 순임금이 요임금을 도와준 것이나, 우(禹)임금이 순임금을 도와준 것이나, 그 햇수가 오래였고, 또 백성에게 베푼 은택(恩澤)도 오래였다. 또 <우임금의 아들> 계(啓)는 현명했고, 능히 우의 도를 공경하고 계승할 수 있었다. <그러나> 백익(伯益)이 우임금을 보필한 햇수는 적었으며, 백성에게 은혜를 베푼 햇수도 오래되지 않았다. <그러므로> 순과 우에 비해 백익은 <모든 면에서> 차이가 크게 나고, 또 햇수도 적었다. <한편> 임금의 아들들이 현명하거나 현명하지 못한 것은 다 하늘이 명으로 정해지는 것이지, 사람이 자기 마음대로 할 수 있는 바가 아니다. 인위적으로 하지 않는데, 스스로 되는 것을 천(天)이라 한다. 인위적으로 하지 않는데, 스스로 이루어지는 것을 천명(天命)이라 한다.」

▶ 어구 설명

· 不肖(불초) : 「닮지 않고, 현명하지 못하다」는 뜻.
· 啓(계) : 우임금의 아들.

·益(익) : 우임금의 신하 백익(伯益).

[集註 選譯] (1) 堯舜之子 皆不肖 而舜禹之爲相久 此堯舜之子 所以不有天下 而舜禹有天下也 禹之子賢 而益相不久 此啓所以有天下 而益不有天下也 然此皆非人力所爲 而自爲 非人力所致 而自至者 蓋以理言之 謂之天 自人言之 謂之命 其實則一而已. : 「요와 순의 아들은 모두 불초였다.」「순과 우가 보필한 세월이 길었다.」「그러므로 요와 순의 아들은 천하를 지니지 못했고, 순과 우는 천하를 다스렸던 것이다.」「우임금의 아들은 현명했다. 한편 백익(伯益)이 보필한 세월은 길지 않았다.」「그러므로 계(啓)는 천하를 계승하고 다스렸으나, 백익은 천하를 맡아 다스리지 못했다.」「그러나 이러한 모든 일은 사람의 힘으로 되는 일이 아니고 스스로 되는 것이며, 사람의 힘으로 이루게 하는 것이 아니고 스스로 그 경지에 이르는 것이다.」「무릇 이(理)로써 말하면 천(天)이라 하고, 인간의 입장에서 말하면 명(命)으로 받는다고 한다. 그러나 실은 하나로 같은 것이다.」

## 匹夫 而有天下者 德必若舜禹 而又有天子薦之者 故仲尼不有天下.

필부 이유천하자(는) 덕필약순우 이우유천자(이) 천지자(이라) 고(로) 중니(이) 불유천하(하시니라)

「필부로서 천하를 다스릴 사람은 인덕(仁德)이 반드시 순임금이나 우임금 같고, 천자가 그를 <하늘에> 천거해야 한다. <그러나 공자를 천거해 줄 천자가 없었다.> 고로 공자는 천하를 맡아 다스리지 못했던 것이다.」

[集註 選譯] (1) 孟子因禹益之事 歷擧此下兩條 以推明之 言仲尼之德 雖無愧於舜禹 而無天子薦之者 故不有天下. : 「맹자는 우(禹)임금과

<그의 신하> 백익(伯益)의 사례 및 다음의 두 조항을 들어서 <천하를 맡아 다스릴 수 있는 심오한 바탕을> 밝혔다.」 맹자는 말했다. 「공자의 인덕은 비록 순임금이나 우임금에 비해 손색이 없지만 추천해 줄 천자가 없었다. 고로 천하를 맡아 다스리지 못했다.」

---

## 繼世以有天下 天之所廢 必若桀紂者也 故益伊尹周公 不有天下.

계세이유천하(에) 천지소폐(는) 필약걸주자야(이니) 고(로) 익 이윤 주공(이) 불유천하(하시니라)

「선대(先代)를 계승하여 천하를 물려받고 다스리는 경우에도, 하늘에 의해서 폐기되는 예가 있다. <그 필연적인 예가> 바로 하(夏)의 걸왕 (桀王)이나 은(殷)의 주왕(紂王) 같은 폭군의 경우였다. <즉 포학무도 한 자는 하늘이 반드시 폐하고 망하게 한다.> 고로 백익(伯益), 이윤 (伊尹) 및 주공(周公) 같은 현인들은 <직접> 천하를 지니고 다스리지 않고. <성군을 보필했던 것이다.>」

[集註 選譯] (1) 繼世而有天下者 其先世皆有大功德於民 故必有大惡如 桀紂 則天乃廢之 如啓及太甲成王 雖不及益伊尹周公之賢聖 但能嗣守先 業 則天亦不廢之 故益伊尹周公 雖有舜禹之德 而亦不有天下. : 「선대를 계승하고 천하를 지니고 다스린 자손이 <임금이 된 이유는> 그들의 선조가 다 백성에게 대공(大功)과 은덕(恩德)을 베풀었기 때문이다.」 「그러므로 <후손이라도> 걸왕(桀王)이나 주왕(紂王)같이 크게 포학무 도한 자는 하늘이 반드시 그들을 버리고 망하게 한다.」 「우왕(禹王)의 아들 계(啓), 탕왕(湯王)의 손자 태갑(太甲) 및 무왕(武王)의 아들 성 왕(成王)은 비록 <임금을 보필한> 백익(伯益), 이윤(伊尹) 및 주공(周 公)에 비하면, 현명하지도 못하고, 또 성스럽지도 못했다.」 「<그러나

후손이기 때문에> 그들은 능히 선조의 공업을 계승하고 나라를 지킬
수 있었고, 또 하늘도 역시 그들을 폐하지 않았던 것이다.」「그러므로
백익, 이윤 및 주공은 비록 순임금, 우임금 같은 덕을 지니고 있으면서도
천하를 지니고 다스리지 못했던 것이다.」

---

**周公之不有天下 猶益之於夏 伊尹之於殷也 孔子曰
唐虞禪 夏后殷周繼 其義一也.**

---

주공지불유천하(는) 유익지어하(와) 이윤지어은야(이니라) 공자(이) 왈 당우
(는) 선(하고) 하후은주(는) 계(하니) 기의일야(이라하시니라)

「주공(周公)이 천하를 차지하지 않은 것은, 하나라에 대한 백익(伯益)
이나 은나라에 대한 이윤(伊尹)의 경우와 같다. 공자가 다음같이 말했
다.『도당씨(陶唐氏) 요(堯)임금이 유우씨(有虞氏) 순(舜)임금에게 선
양(禪讓)한 것이나, 하(夏)에서 임금을 <자식에게 계승하고>, 또 은
(殷)과 주(周)나라에서 임금을 자손에게 계승한 것은 그 뜻이 같고
옳다.』<즉 하나인 천명(天命)을 따른 것이다.>」

▶ 어구 설명

· 禪(선) :「수(受 : 받음)」이다.
· 其義一也(기의일야) : 그 뜻이 다 같고 옳다. 즉 하나인 천명(天命)을 따른
것이다.

[集註 選譯] (1) 尹氏曰 孔子曰 唐虞禪 夏后殷周 繼 其義一也 孟子曰
天與賢則與賢 天與子則與子 知前聖之心者 無如孔子 繼孔子者 孟子而
已矣. : 윤씨(尹氏)가 말했다.「공자는『요(堯)임금과 순(舜)임금이 선
양(禪讓)한 것이나, 하(夏)·은(殷)·주(周)가 계승한 것이 다 같이
옳다』고 했으며, 맹자는『하늘이 현자에게 주면 현자에게 주고, 하늘이

자식에게 주면 자식에게 준다』고 하였다. 옛날의 성인의 마음을 안 사람은 공자 같은 이가 없고, 공자를 계승한 사람은 오직 맹자일 뿐이다.」

<* 하늘은 현명하고 덕이 있는 사람에게 천하를 다스리게 한다. 또 천하를 선양하거나 계승하거나 다 천명을 따르는 것이다. 공자는 「기의일야(其義一也)」라 했고, 맹자는 「천여현 즉여현(天與賢 則與賢) 천여자 즉여자(天與子 則與子)」라고 했다.>

---

萬章問曰 人有言 伊尹以割烹要湯 有諸 孟子曰 否
不然 伊尹耕於有莘之野 而樂堯舜之道焉 非其義也
非其道也 祿之以天下 弗顧也 繫馬千駟 弗視也 非
其義也 非其道也 一介不以與人 一介不以取諸人.

---

만장(이) 문왈 인(이) 유언(호대) 이윤(이) 이할팽요탕(이라하니) 유제(이까) 맹자(이) 왈 부(이라) 불연(하니라) 이윤(이) 경어유신지야 이락요순지도언(하야) 비기의야(이며) 비기도야(이어든) 녹지이천하(이라도) 불고야(하며) 계마천사(이라도) 불시야(하고) 비기의야(이며) 비기도야(이어든) 일개(를) 불이여인(하며) 일개(를) 불이취제인(하니라)

맹자의 제자 만장이 물었다. 「사람이 말하더군요 『이윤이 요리 솜씨로써 탕왕의 신임을 얻었다.』 사실입니까?」 맹자가 말했다. 「아니다. 그렇지 않다. 이윤은 유신국(有莘國)의 들에서 경작하면서 요순(堯舜)의 도를 즐겼다. 그는 <자기가 믿는 바> 바른 의(義)나 도(道)가 아니면, 천하를 녹으로 준다고 해도 돌아보지 않았고, 4천 마리의 말을 묶어놓고 준다고 해도 보지도 않았다. 바른 의나 도가 아니면, 풀 한 포기도 남에게 주지도 않고, 또 남으로부터 취해 갖지도 않았다.」

▶ 어구 설명
·割烹(할팽) : 칼질하고 삶다, 즉 요리를 잘 만들다.

- 有諸(유제) : 그런 일이 있습니까. 사실입니까.
- 駟(사) : 말 네 필.
- 介(개) : 초개(草芥)의 개(芥)와 같다.

[集註 選譯] (1) 言其辭受取與 無大無細 一以道義而不苟也. : 즉 「사양, 수령, 취득, 부여함에 있어, 크고 작은 것을 막론하고 도의로써 하고, 구차하지 않았다」는 뜻을 말한다.

---

湯使人以幣聘之 囂囂然曰 我何以湯之聘幣爲哉 我 豈若處畎畝之中 由是以樂堯舜之道哉.

---

탕(이) 사인이폐빙지(하신대) 효효연왈 아하이탕지빙폐위재(리오) 아기약처 견무지중(하야) 유시이락요순지도재(리오)

「탕왕이 사람을 시켜 예물을 가지고 와서 <이윤을> 초빙했다. 덤덤하고 태연한 태도로 말했다. 『내가 어찌 탕왕의 예물 때문에 움직이겠느냐. 나는 차라리 논밭에서 경작하고, 그대로 요순(堯舜)의 도를 즐기고 살겠다.』」

▶ 어구 설명

- 囂囂(효효) : 욕심없이 자득한 모양.
- 我豈若處畎畝之中(아기약처견무지중) : 「견(畎)」은 밭도랑, 「무(畝)」는 밭이랑. 「기약⋯재(豈若⋯哉)」는 「어찌⋯만 하겠느냐. 차라리⋯하겠다」는 뜻.

---

湯三使往聘之 既而 幡然改曰 與我處畎畝之中 由 是以樂堯舜之道 吾豈若使是君 爲堯舜之君哉 吾豈 若使是民 爲堯舜之民哉 吾豈若於吾身 親見之哉.

탕(이) 삼사왕빙지(하신대) 기이(오) 번연개왈 여아(이) 처견무지중(하야) 유시이락요순지도(로는) 오기약사시군(으로) 위요순지군재(며) 오기약사시민(으로) 위요순지민재(며) 오기약어오신(에) 친견지재(리오)

「탕왕이 세 차례나 사신을 보내 이윤을 초빙했다. 그러자 <이윤이 생각을> 홀쩍 바꾸고 다음같이 말했다.『내가 논밭에 있으면서 그대로 요순(堯舜)의 도를 즐기는 것보다, 차라리 내가 탕왕을 <도와서> 요순같은 성군(聖君)이 되게 해주고, 또 내가 백성들을 요순의 백성같이 잘살게 해주고, 내가 몸소 <이 세상이> 요순의 세상같이 되는 것을 눈으로 보리라.』」

▶ 어구 설명
·幡然(번연) : 「번연(翻然)」과 같다.

天之生此民也 使先知覺後知 使先覺覺後覺也 予天民之先覺者也 予將以斯道覺斯民也 非予覺之而誰也 思天下之民 匹夫匹婦 有不被堯舜之澤者 若己推而內之溝中 其自任以天下之重 如此 故就湯而說之 以伐夏救民.

천지생차민야(는) 사선지(로) 각후지(하며) 사선각(으로) 각후각야(이시니) 여(는) 천민지선각자야(이로니) 여장이사도(로) 각사민야(이니) 비여(이) 각지(오) 이수야(이리오) 사천하지민(이) 필부필부(이) 유불피요순지택자(이어든) 약기(이) 추이내지구중(하니) 기자임이천하지중(이) 여차(이라) 고(로) 취탕이설지(하야) 이벌하구민(하니라)

「하늘이 모든 사람들을 낳고 살게 할 때에는 선지자(先知者)로 하여금 후지자(後知者)를 깨닫게 하고, 또 선각자(先覺者)로 하여금 후각자(後覺者)를 깨닫게 하게 마련이다. 내가 바로 천민(天民)의 선각자이다. 내가 장차 하늘의 바른 도리로써 이들 천민을 깨우쳐야 한다. 내가 그들을 깨우치지 않으면 다른 누가 하겠는가. 이윤은 천하의 백성이면서 필부필부들 중에 요순(堯舜) 때와 같이 인정(仁政)의 은택(恩澤)을 받지 못하는 사람이 있으면, 마치 자기가 그들을 구덩이나 도랑 속에 빠뜨리고 고생을 시키는 것같이 생각했다. 이윤이 천하에 대한 책임의 중대함을 이와 같이 스스로 지고자 했던 것이다. 고로 탕왕에게 가서 설득하고, 마침내 하(夏)나라의 걸왕(桀王)을 치고 백성들을 구해 주었던 것이다.」

▶ 어구 설명

・覺(각) : 모든 사물이 이루어지는 도리를 깨닫는다는 뜻

・天民(천민) : 「하늘의 도리를 따라 사는 문화 민족」이란 뜻.

[集註 選譯] (1) 程子曰 予天民之先覺 謂我乃天生此民中 盡得民道而先覺者也 旣爲先覺之民 豈可不覺其未覺者 及彼之覺 亦非分我所有以予之也 皆彼自有此理 我但能覺之而已. : 정자(程子)가 말했다. 「<이윤이> 나는 천민(天民)의 선각자라고 말한 것은 곧 내가 바로 하늘이 낳고 살게 한 백성 중에서 <내가> 바로 백성을 다스리는 도리를 다할 수 있는 선각자라는 뜻이다. <우리는> 이미 <옛날부터> 선각자가 다스려 온 백성이거늘 어찌 <내가 나서서> 깨닫지 못한 사람을 깨닫게 하지 않을 수 있겠느냐. <선각자가> 백성들을 깨닫게 한다는 뜻은 내가 알고 지니고 있는 바 <학문이나 지식을> 나눠 준다는 뜻이 아니다. 모든 사람은 저마다 스스로 천리(天理)를 깨닫고 행하는 본성이 있으므로 나는 다만 그들을 깨우치게 할 뿐이다.」

(2) 書曰 昔先正保衡 作我先王 曰予弗克俾厥后爲堯舜 其心愧恥 若撻于市 一夫不獲 則曰 時予之辜. : 서경(書經)에 다음같이 있다. 「옛날 선정(先正) 보형(保衡)이 우리의 선왕을 진작시키며 말했다. 『내가 능히 임금을 도와서 요순(堯舜)과 같이 만들지 못하면 마음으로 부끄러워했

으며, 흡사 <벌을 받고> 시장에서 종아리를 맞는 것과 같이 여겼다.』
또 한 사람이라도 은덕을 입지 못하면, 즉『이는 다 나의 잘못이다』라고
말했다.」

(3) 孟子之言 蓋取諸此 是時夏桀無道 暴虐其民 故欲使湯伐夏以救
之 : <여기서 한> 맹자의 말은 아마도 이 기록을 바탕으로 했을 것이다.
당시 하(夏)나라의 걸(桀)이 무도하여 백성에게 포학하게 했다. 그래서
<이윤이> 탕왕(湯王)으로 하여금 하나라를 치고 백성을 구했다.

(4) 徐氏曰 伊尹 樂堯舜之道 堯舜揖遜 而伊尹說湯 以伐夏者 時之不同
義則一也. : 서씨(徐氏)가 말했다. 「이윤은 요순의 도를 좋아했으며, 요
순은 예읍(禮揖)하고 겸손(謙遜)했으며, <무력으로 남을 치지 않았
다.> 그러나 이윤이 탕왕을 설득하여 하나라를 치게 했으니, <그것은>
시대가 같지 않아서 그런 것이며, 대의(大義)에 있어서는 같은 것이다.」

吾未聞 枉己而正人者也 況辱己以正天下者乎 聖人
之行 不同也 或遠或近 或去或不去 歸潔其身而已
矣 吾聞其以堯舜之道 要湯 未聞以割烹也 伊訓曰
天誅造攻 自牧宮 朕載自亳.

오(이) 미문왕기이정인자야(이로니) 황욕기이정천하자호(아) 성인지행(이)
부동야(이라) 혹원혹근(하며) 혹거혹불거(이나) 귀(는) 결기신이이의(니라)
오(는) 문 기이요순지도(로) 요탕(이오) 미문이할팽야(케라) 이훈(에) 왈 천주
조공(을) 자목궁(은) 짐재자박(이라하니라)

「나는 자신을 굽히는 자가, 남을 바르게 다스린다는 말을 듣지 못했다.
하물며 자신을 욕되게 하는 자가 <어찌> 천하를 바르게 다스리겠는가.
성인의 행동은 <때와 경우에 따라> 다르게 마련이다. 어떤 때는 <임

금으로부터> 멀리 물러나 은퇴하기도 하고, 어떤 때는 가까이 와서
정치에 참여하기도 한다. 어떤 때는 <벼슬을 내놓고> 떠나기도 하고,
또 어떤 때는 자리를 지키고 머물러 있기도 한다. 그러나 <성인은>
자신의 몸가짐을 결백하게 지킨다는 점에 귀일(歸一)한다. 내가 듣고
알기로 <이윤은> 요순의 도로써 탕왕에게 등용되기를 구한 것이지,
요리 솜씨로 구한 것이 아니다. 서경 이훈편(伊訓篇)에 있다. 『하늘이
하(夏)나라의 걸(桀)을 주멸(誅滅)하고 칠 때에, <걸의 궁전> 목궁(牧
宮)부터 쳐부수게 한 것은 애당초 내가 박(亳)에서부터 그렇게 하라는
하늘의 뜻이었다.』」

▶ 어구 설명

· 或遠或近(혹원혹근) : 「원(遠)은 멀리 숨는다」는 뜻이다. 「근(近)은 임금
  곁에서 출사한다」는 뜻이다.
· 伊訓(이훈) : 서경 상서(商書)의 편명.
· 載(재) : 시(始)의 뜻.

[集註 選譯] (1) 言聖人之行 雖不必同 然其要歸 在潔其身而已 伊尹豈
肯以割烹要湯哉 : 곧 다음 같은 뜻이다. 「성인의 행동은 비록 반드시
같지 않아도, 그의 요점과 귀결(歸結)은 자신의 몸가짐을 어디까지나
결백하게 함이다.」「그러니 이윤 같은 <성인이> 어찌 요리 솜씨로서
탕왕에게 <등용되기를> 바랐겠는가.」

(2) 林氏曰 以堯舜之道要湯者 非實以是要之也 道在此而湯之聘自來耳
猶子貢言夫子之求之 異乎人之求之也. : 임씨(林氏)가 말했다. 「요순의
도로써 탕왕에게 구했다는 것은 실제로 이윤이 탕왕에게 요순의 도를
말해가지고 구한 것이 아니다.」「이윤이 요순의 도를 즐거워했으므로
탕왕의 초빙이 스스로 온 것이다.」「이는 마치 논어에서 자공이 『공자
선생님의 구하심은 다른 사람과 다르시다』고 한 말과 같다.」

(3) 愚謂此語 亦猶前章所論 父不得而子之意. : <주자가 말했다.>「이

말도 역시 앞장 '만장 상(萬章 上)'에서 말한 바 성인은 부친도 자식으로 대할 수 없다고 한 말과 같은 뜻이라고 생각한다.」

萬章問日 或謂孔子 於衛主癰疽 於齊主侍人瘠環
有諸乎 孟子曰 否 不然也 好事者爲之也 於衛主顔
讎由 彌子之妻 與子路之妻 兄弟也 彌子謂子路曰
孔子主我 衛卿可得也 子路以告 孔子曰 有命 孔子
進以禮 退以義 得之不得 曰 有命 而主癰疽與侍人
瘠環 是無義無命也.

만장(이) 문왈 혹(이) 위공자(이) 어위(에) 주옹저(하시고) 어제(에) 주시인척 환(이라하니) 유제호(이까) 맹자(이) 왈 부(라) 불연야(이라) 호사자(이) 위지 야(이니라) 어위(에) 주안수유(이러시니) 미자지처(이) 여자로지처(로) 형제 야(이라) 미자(이) 위자로왈 공자(이) 주아(하시면) 위경(을) 가득야(이라하야 늘) 자로(이) 이고(한대) 공자(이) 왈 유명(이라하시니) 공자(이) 진이례(하시 며) 퇴이의(하샤) 득지부득(에) 왈 유명(이라하시니) 이주옹저여시인척환(이 시면) 시(는) 무의무명야(이니라)

만장이 물었다. 「어떤 사람이 공자 선생께서 위(衛)나라에 계실 때는 의사 옹저(癰疽)를 주인집으로 삼으셨고, 또 제(齊)나라에서는 내시 척 환(瘠環)의 집을 주인집으로 삼으셨다고 하던데 사실입니까.」 맹자가 말했다. 「아니다. 그렇지 않다. 호사자가 꾸며서 한 말이다. 위나라에 계실 때에는 <위나라의 현명한 대부> 안수유(顔讎由)를 주인집으로 정하고 유숙하셨다. <위나라의 총신> 미자하(彌子瑕)의 처와 <공자의 제자> 자로(子路)의 처가 자매간이었다. <그래서> 미자하가 자로에게 말했다. 『공자께서 우리집을 주인으로 삼고 유하시면 위나라의 상경(上 卿) 자리도 얻어 드릴 수 있다.』 자로가 <미자하의 말을> 공자에게 아뢰었다. 공자가 말했다. 『<모든 것이> 명(命)을 따라 이루어진다.』 공자께서는 예(禮)로써 나가시고, 의(義)로써 물러나셨으며 <자리나 벼슬을> 얻고 못 얻는 것을 명(命)이라고 말하셨다. <공자가 말한 명은 곧 예와 의라는 뜻이다.> 그러하거늘 만약에 <공자께서> 옹저나 척환을 주인집으로 삼으셨다면, 이는 곧 의도 아니고 명도 아닌 것이다.」

▶ **어구 설명**

· 癰疽(옹저) : 「종기를 고치는 의사」, 혹은 「영공(靈公)의 환관(宦官) 옹거(雍渠)」라고도 한다.

· 瘠環(척환) : 제나라의 시인(侍人 : 내시), 척(瘠)은 성, 환(環)이 이름.

· 好事者(호사자) : 터무니없는 말을 꾸며서 퍼뜨리기를 좋아하는 사람을 말한다.

· 顔讎由(안수유) : 위(衛)나라의 현명한 대부. 사기(史記)에는 안탁추(顔濁鄒)라고 했다.

· 彌子(미자) : 위(衛)나라 영공이 사랑하는 신하 미자하(彌子瑕).

[集註 選譯] (1) 徐氏曰 禮主於辭遜 故進以禮 義主於斷制 故退以義 難進而易退者也 在我者 有禮義而已 得之不得 則有命存焉. : 서씨(徐氏)가 말했다. 「예(禮)는 사양과 겸손을 주로 한다. 고로 예로써 나간다. 의(義)는 단호하게 제약한다. 고로 의로써 물러난다. 나가서 벼슬하기는 어렵고, 단호하게 자르고 물러나기는 용이하다. 오직 나는 예의만을 지킬 뿐이다. <자리나 벼슬을> 얻고 못 얻고는 명(命)에 달려 있다.」

孔子不悅於魯衛 遭宋桓司馬 將要而殺之 微服而過宋 是時孔子當阨 主司城貞子爲陳侯周臣 吾聞 觀近臣以其所爲主 觀遠臣以其所主 若孔子主癰疽與侍人瘠環 何以爲孔子.

공자(이) 불열어로위(하샤) 조송환사마(이) 장요이살지(하야) 미복이과송(하시니) 시시(에) 공자(이) 당액(하샤대) 주사성정자(이) 위진후주신(하시니라) 오문관근신(하되) 이기소위주(이오) 관원신(하되) 이기소주(라하니) 약공자(이) 주옹저여시인척환(이시면) 하이위공자(이시리오)

「공자는 노(魯)나라와 위(衛)나라에 있기를 좋아하지 않으시고 <송(宋)나라로 갔으며> 그곳에서 송나라의 사마(司馬) 환퇴(桓魋)라는 자가 <공자의 길을> 가로막고 살해하려는 변을 당하셨다. 그때, 공자는 미복으로 변장하고 무사히 송나라 국경을 넘으셨다. 당시 공자는 간난(艱難)을 당하셨기 때문에, <특히 유숙하실 곳을 잘 고르셨으며> 진(陳)나라의 대부로, 사성(司城) 벼슬을 가진 정자(貞子)를 주인으로 삼고 유숙하셨다. 그는 진(陳)나라 임금의 신하였다. 나는 듣고, 또 알고 있다. 근신(近臣)의 사람됨을 알기 위해서는 <그가 어떤 사람을> 주인으로 모시는가를 바탕으로 해야 한다. 원신(遠臣)의 사람됨을 알기 위해서는 <그가 어떤 사람을> 주인으로 모시는가를 바탕으로 해야 한다. 만약 공자가 의사 옹저나, 내시 척환을 주인집으로 삼았다면 어떻게 성현(聖賢) 공자라 하겠는가.」

▶ 어구 설명

· 遭宋桓司馬將要而殺之(조송환사마장요이살지) : 송나라의 사마(司馬) 환퇴(桓魋)라는 자가 <공자 일행의 길을> 가로막고 살해하려고 했다. 사마는 군사(軍事)를 다스리는 벼슬. 논어(論語) 술이편(述而篇)에 나온다.

· 司城貞子(사성정자) : 사성(司城) 벼슬을 가진 정자(貞子).

· 陳侯周(진후주) : 진나라 후(侯 : 임금)의 이름이 주(周).

· 近臣(근신) : 조정에 있는 신하.

· 遠臣(원신) : 먼 곳에서 와서 벼슬하는 사람.

[集註 選譯] (1) 按史記 孔子 爲魯司寇 齊人饋女樂以間之 孔子遂行 適衛月餘 去衛適宋 司馬魋欲殺孔子 孔子去至陳 主於司城貞子 孟子言孔子雖當阨難 然猶擇所主 況在齊衛無事之時 豈有主癰疽侍人之事乎. : 사

기(史記)에는 다음같이 있다. 「공자가 노나라 사구(司寇)가 되자, 제
(齊)나라 사람들이 여악(女樂)을 보내서 〈임금과 공자 사이를〉 틈나게
했다. 그래서 공자가 결국 노나라를 떠나 위나라로 가서 한달 남짓 있다
가 다시 위나라를 떠나 송나라로 갔다. 이때 사마 환퇴가 공자를 살해하
려고 했으며, 공자는 송나라를 떠나 진나라에 이르러, 사성정자를 주인
집으로 삼았던 것이다.」 맹자는 다음 같은 뜻을 말한 것이다. 「공자는
비록 곤란을 당해도 주인집을 선택했다. 그러니 하물며 제나라와 위나
라에서 무사할 때에 어찌 의사 옹저나 내시 척환 같은 자의 집을 주인집
으로 삼았겠느냐. 삼지 않았다.」

(2) 君子小人 各從其類 故觀其所爲主 與其所主者 而其人可知. : 「군자
와 소인은 저마다 같은 유를 따른다. 그러므로 그가 〈어떤 사람을〉 주인
집으로 삼는가를 보면, 그 주인과 아울러 그 사람의 인품도 알 수 있다.」

---

萬章問日 或日 百里奚自鬻於秦養牲者 五羊之皮
食牛 以要秦穆公 信乎 孟子日 否 不然 好事者爲之
也 百里奚虞人也 晉人以垂棘之璧 與屈産之乘 假
道於虞 以伐虢 宮之奇諫 百里奚不諫.

---

만장(이) 문왈 혹왈 백리해(이) 자육어진양생자(하야) 오양지피(로) 사우(하
야) 이요진목공(이라하니) 신호(이까) 맹자(이) 왈 부(라) 불연(하니라) 호사자
위지야(이니라) 백리해(는) 우인야(이니) 진인(이) 이수극지벽(과) 여굴산지
승(으로) 가도어우(하여) 이벌괵(이어늘) 궁지기(는) 간(하고) 백리해(는) 불
간(하니라)

만장이 물었다. 「어떤 사람이 백리해는 자신의 몸을 진(秦)나라 희생(犧
牲)을 양육하는 자에게 다섯 마리 양가죽을 받고 팔았으며, 소를 사육하
다가 진나라 목공(穆公)에게 등용되었다고 하는데, 사실입니까.」 맹자

가 말했다. 「아니다. 그렇지 않다. 호사자가 제멋대로 한 말이다. 백리해
는 원래 우(虞)나라 사람이다. 진(晉)나라 사람이 수극(垂棘)에서 산출
된 옥돌[璧]과 굴(屈)에서 산출한 명마(名馬)를 <우나라 임금에게 바치
고> 우나라의 길을 빌려 괵(虢)을 치려고 했다. 이를 궁지기(宮之奇)는
간하고 말렸으나, 백리해는 간하고 말리지도 않았다. <임금이 원래 우
둔하기 때문에 말려도 소용없다고 알았기 때문이다.>」

▶ 어구 설명

· 百里奚自鬻於秦養牲者(백리해자육어진양생자) : 백리해(百里奚)가 자신의
  몸을 진(秦)나라 희생양을 기르는 집에 팔고, 다섯 마리의 양가죽을 얻었다.
  백리해는 성이 백리(百里), 이름이 해(奚)이다. 원래는 우(虞)나라의 현인
  (賢人)이다. 후에 진 목공(穆公)의 재상이 되어, 진나라를 강대국으로 만들
  었다. 그를 오고대부(五羖大夫)라고도 한다. 「육(鬻)은 팔다」의 뜻.
· 以垂棘之璧 與屈産之乘(이수극지벽 여굴산지승) : 수극(垂棘)에서 산출된
  옥돌[璧]과 굴(屈)에서 산출한 명마(名馬)를.
· 宮之奇(궁지기) : 우(虞)나라의 현인(賢人).

[集註 選譯] (1) 晉欲伐虢 道經於虞 故以此物借道 其實欲幷取虞 宮之
奇 亦虞之賢臣 諫虞公令勿許 虞公不用 遂爲晉所滅 百里奚 知其不可諫
故不諫而去之秦. : 「진(晉)나라가 괵나라를 치기 위해서는 <군대가>
우나라의 길을 통과해야 했다. 그래서, 그와 같은 예물을 주고 길을 빌리
려고 했던 것이다.」「그러나 실은 <진나라가> 우나라도 함께 점령하려
고 했던 것이다.」「궁지기(宮之奇)도 역시 우나라의 현명한 신하다. 그
래서 우공(虞公)에게 허락하지 말라고 간언했다.」「그러나 우공은 <궁
지기의 말을> 듣지 않았으며, 결국 진나라에게 멸망당하고 말았다.」
「백리해는 미리 간하고 말릴 수 없음을 알았기 때문에, 간언도 올리지
않고, <우나라를> 뒤로하고 진(秦)나라로 갔던 것이다.」

> 知虞公之不可諫 而去之秦 年已七十矣 曾不知以食
> 牛干秦穆公之爲汚也 可謂智乎 不可諫而不諫 可謂
> 不智乎 知虞公之將亡 而先去之 不可謂不智也 時
> 擧於秦 知穆公之可與有行也 而相之 可謂不智乎相
> 秦而顯其君於天下 可傳於後世 不賢而能之乎 自鬻
> 以成其君 鄕黨自好者 不爲 而謂賢者爲之乎.

지우공지불가간 이거지진(하니) 연이칠십의(라) 증부지 이사우 간진목공지위
오야(이면) 가위지호(아) 불가간이불간(하니) 가위부지호(아) 지우공지장망 이
선거지(하니) 불가위부지야(이니라) 시거어진(하야) 지목공지가여유행야 이상
지(하니) 가위부지호(아) 상진 이현기군어천하(하야) 가전어후세(하니) 불현이
능지호(아) 자육이성기군(을) 향당자호자(도) 불위(온) 이위현자위지호(아)

「<백리해가> 우공(虞公)에게 간하고 말릴 수 없음을 알고 <우를>
뒤로하고 진(秦)나라로 갔던 것이며, 그때 나이 이미 70세였다. <백리
해가 만약> 전에 <노예가 되어> 소를 사육하면서 진 목공(穆公)에게
등용된 것을 욕으로 생각하지 않는 <그런 사람이라면 그를> 지혜롭다
고 하겠는가. <우공에게> 간할 수 없음을 알고 간하지 않았으니 지혜
롭지 않다고 말할 수 있는가. 우공이 장차 망할 줄 알고 미리 우나라를
떠났으니 지혜롭지 않다고 말할 수 없느니라. 때맞추어 진나라에 등용
되고 <백리해가> 진나라 목공을 함께 일할 만하다고 알고, 그를 도왔
으니 <즉 목공의 재상(宰相)이 되었으니> 지혜롭지 않다고 말할 수
있겠느냐. 진나라의 재상이 되어 자기 임금을 천하에 빛나게 하고, 후
세에도 이름을 전하게 했으니 현명하지 않고서는 그렇게 할 수 있겠느
냐. 자신을 노예로 팔고 자기 임금을 성공하게 하는 일은 시골 마을에
살면서 자기 자신을 아끼는 사람이라도 하지 않을 것이다. 그러하거늘
현명한 <백리해가> 그렇게 했겠느냐. 그는 하지 않았다.」

▶ 어구 설명

· 而相之(이상지) : 그리고 그를 도왔으니.

· 自好(자호) : 자신을 아끼는 사람이다.

[集註 選譯] (1) 孟子言百里奚之智如此 必知食牛以干主之爲汚 其賢又如此 必不肯自鬻以成其君也 然此事 當孟子時 已無所據 孟子直以事理反覆推之 而知其必不然耳. : 맹자는 다음 같은 뜻을 말한 것이다. 「백리해는 그와 같이 지혜로웠다. 그래서 반드시 소를 사육하는 신분으로서 임금에게 요구하는 것이 욕이 되는 줄 알았을 것이다. 또 그는 그와 같이 현명했으므로, 반드시 자신을 노예로 팔고서는 임금을 잘되게 할 것이라고 생각하지 않았을 것이다.」「허나 이러한 일은 맹자 때에도 근거할 바가 없었다.」「그래서 맹자는 오직 사리로써 뒤집어엎고 배척하고, 필연적으로 사실이 아님을 알게 했던 것이다.」

(2) 范氏曰 古之聖賢 未遇之時 鄙賤之事 不恥爲之 如百里奚爲人養牛 無足怪也 惟是人君 不致敬盡禮 則不可得而見 豈有先自汙辱 以要其君哉 莊周曰 百里奚 爵祿 不入於心 故飯牛而牛肥 使穆公 忘其賤而與之政 亦可謂知百里奚矣. : 범씨(范氏)가 말했다. 「옛날의 성현은 때를 못 만나면 비천한 일도 부끄러워하지 않았다.」「그러므로 백리해가 남의 소를 사육한 것도 괴이할 것이 없다. 허나 임금이 공경하고 예를 다하지 않으면, 임금을 만나 볼 수 없다. 그러니 어찌 먼저 자신을 더럽히고 욕되게 하면서 임금에게 요구를 했겠느냐. 장자(莊子)가 말했다. 백리해는 자리는 마음에 두지 않았다. 고로 소를 먹이고 소를 살찌게 했으며, 마침내 목공으로 하여금 천한 신분임을 잊게 하고, 그를 정치에 참여케 한 것이다. 역시 백리해를 안 것이라 할 수 있다.」

(3) 伊尹 百里奚之事 皆聖賢出處之大節 故孟子不得不辯. : 이윤(伊尹)이나 백리해(百里奚)의 일은 다 성현의 출처(出處)의 대절(大節)이다. 고로 맹자가 말하지 않을 수 없다.

(4) 尹氏曰 當時好事者之論 大率類此 蓋以其不正之心 度聖賢也. : 윤씨(尹氏)가 말했다. 「당시의 호사자의 말이 이와 같았다. 아마 바르지 못한 마음으로 성현을 헤아렸기 때문일 것이다.」

## 만장장구 하(萬章章句 下)의 명언 명구

孟子曰 伯夷目不視惡色 耳不聽惡聲 非其君不事
非其民不使 治則進 亂則退 橫政之所出 橫民之所
止 不忍居也 思與鄕人處 如以朝衣朝冠 坐於塗炭
也 當紂之時 居北海之濱 以待天下之淸也 故聞伯
夷之風者 頑夫廉 懦夫有立志.

맹자(이) 왈 백이(는) 목불시악색(하며) 이불청악성(하고) 비기군 불사(하며)
비기민 불사(하야) 치즉진(하고) 난즉퇴(하야) 횡정지소출(과) 횡민지소지(에)
불인거야(하며) 사여향인처(호대) 여이조의조관(으로) 좌어도탄야(이러니)
당주지시(에) 거북해지빈(하야) 이대천하지청야(니) 고 문백이지풍자 완부렴
(하며) 나부유립지(하니라)

맹자가 말했다. 「백이는 눈으로 악한 빛을 보지 않고, 귀로 악한 소리를
듣지 않았다. 임금다운 임금이 아니면 섬기지 않았고, 백성다운 백성이
아니면 부려쓰지 않았다. 잘 다스려지면 나가지만, 혼란하면 물러났다.
포악한 정치를 하는 나라나, 포악한 백성들이 사는 곳에서는 참고 살지
않았다. 촌사람과 함께 있는 것을 흡사 관복(官服)이나 관모(冠帽) 차
림으로 흙탕물 속에 앉아 있는 것처럼 <어색하게> 생각했다. 은(殷)나
라 주왕(紂王) 때에는 북해(北海) 해변에 숨어살면서 천하가 맑아지기

를 기다렸다. 고로 백이의 기풍을 들으면, <감화되어> 탐욕한 사람도 청렴하게 되고, 나약한 사람도 굳게 뜻을 세우게 되었다.」

▶ 어구 설명
· 橫(횡) : 법도를 따르지 않는다.
· 頑(완) : 지각(知覺)이 없다.
· 廉(염) : 분별이 있다.
· 懦(나) : 유약하다는 뜻.

---

伊尹曰 何事非君 何使非民 治亦進 亂亦進 曰 天之
生斯民也 使先知 覺後知 使先覺 覺後覺 予天民之
先覺者也 予將以此道 覺此民也 思天下之民 匹夫
匹婦 有不與被堯舜之澤者 若己推而內之溝中 其自
任以天下之重也.

---

이윤(이) 왈 하사비군(이며) 하사비민(이리오하야) 치역진(하며) 난역진(하야)
왈 천지생사민야(는) 사선지(로) 각후지(하며) 사선각(으로) 각후각(이시니)
여(는) 천민지선각자야(로니) 여장이차도(로) 각차민야(이라하며) 사천하지
민(이) 필부필부(이) 유불여피요순지택자(이어든) 약기(이) 추이내지구중(하
니) 기자임이천하지중야(이니라)

「이윤은 말했다.『왜 잘 섬기면 임금이 아니겠느냐. 왜 잘 부리면 백성
이 아니냐.』이윤은 다스려질 때에도 나가서 일하고, 혼란할 때에도
나가서 일했다. 그리고 또 <이윤은> 말했다.『하늘이 사람을 낳고 살
게 할 때에는 선지자로 하여금 후지자를 깨우치게 하고, 선각자로 하여
금 후각자를 깨우치게 한다. 나는 하늘이 낳은 백성 중의 선각자이다.
나는 하늘의 바른 도리로써 백성들을 깨우치려고 한다.』<또 이윤은>
천하의 백성으로 남자나 여자 중에, 요순 때와 같은 덕치의 은택을

받지 못하는 사람이 있으면, 자기가 그들을 구덩이 속에 빠뜨린 것같이 생각했다. <이렇게 이윤은> 천하에 대한 무거운 짐을 스스로 책임지려고 했던 것이다.」

▶ 어구 설명

· 何事非君(하사비군) : 누구인들 잘 섬기면 좋은 임금이 아니겠느냐.
· 何使非民(하사비민) : 누구인들 잘 부려쓰면 좋은 백성이 아니겠느냐.

---

柳下惠 不羞汙君 不辭小官 進不隱賢 必以其道 遺
佚而不怨 阨窮而不憫 與鄕人處 由由然 不忍去也
爾爲爾 我爲我 雖袒裼裸裎於我側 爾焉能浼我哉
故聞柳下惠之風者 鄙夫寬 薄夫敦.

---

유하혜(는) 불수오군(하며) 불사소관(하며) 진불은현(하야) 필이기도(하며)
유일이불원(하며) 액궁이불민(하며) 여향인처(호대) 유유연 불인거야(하야)
이위이(오) 아위아(이니) 수단석라정어아측(인들) 이언능매아재(리오하니)
고(로) 문류하혜지풍자(는) 비부(이) 관(하며) 박부(이) 돈(하나라)

「유하혜는 나쁜 임금 섬기는 것을 부끄럽게 여기지 않았고, 또 낮은 벼슬도 마다하지 않았다. 나가면 슬기로움을 숨기지 않았고, 반드시 신하의 도리를 다했다. 버림을 받아도 원망하지 않았고, 또 곤궁해도 비탄하지 않았다. 빈천한 촌사람과 함께 있어도 즐겁고 느긋하게 처했고, 몰인정하게 떠나려 하지 않았다. 『너는 너고, 나는 나다.』라는 식으로 <초연했으며, 설사> 곁에 있는 사람이 웃통을 벗거나 알몸이라 해도 『그대가 어찌 나를 더럽힐 수 있겠느냐.』<하는 태도로 태연했다.> 그러므로 유하혜의 풍도(風度)에 대한 말을 들으면, 비천한 사람도 관대하게 되고, 박정한 사람도 정이 두텁게 되었던 것이다.」

▶ 어구 설명
· 爾爲爾 我爲我(이위이 아위아) : 너는 너고, 나는 나다.
· 鄙夫寬 薄夫敦(비부관 박부돈) : 비천한 사람도 관대하게 되고, 박정(薄情)한 사람도 정이 두텁게 된다. 「비(鄙)는 좁고 누추하다」는 뜻. 「돈(敦)은 후(厚)」의 뜻.

> 孔子之去齊 接淅而行 去魯 曰遲遲吾行也 去父母
> 國之道也 可以速而速 可以久而久 可以處而處 可
> 以仕而仕 孔子也.

공자지거제(에) 접석이행(하시고) 거로 왈 지지(라) 오행야(라) 거부모국지도야(라) 가이속이속 가이구이구(하며) 가이처이처(하며) 가이사이사(는) 공자야(이시니라)

「공자가 제나라를 떠날 때에, 물에 담갔던 쌀을 건져 서둘러 떠났다. 그러나 노나라를 떠나실 때에는 『부모의 나라를 떠나는 길이다. 나는 천천히 가겠다.』라고 말하셨다. 빨리 할 때는 빨리 하고, 오래 있을 때는 오래 머물렀다. 살만하면 살고, 출사할 만하면 벼슬했다. <이와 같이 하신 분이> 공자이시다.」

▶ 어구 설명
· 接淅而行(접석이행) : 「접(接)은 승(承)과 같다.」 「석(淅)은 쌀을 물에 일다」는 뜻.

> 孟子曰 伯夷聖之清者也 伊尹聖之任者也 柳下惠聖
> 之和者也 孔子聖之時者也.

맹자(이) 왈 백이(는) 성지청자야(이오) 이윤(은) 성지임자야(이오) 유하혜(는)
성지화자야(이오) 공자(는) 성지시자야(이시니라)

맹자가 말했다. 「백이는 성인 중에서도 가장 맑은 분이다. 이윤은 성인
중에서도 가장 천하에 대한 중책을 책임진 분이다. 유하혜는 성인 중에
서도 가장 조화를 이룬 분이다. 공자는 성인 중에서도 가장 시중(時中)
한 분이시다.」

[集註 選譯] (1) 張子曰 無所雜者 淸之極 無所異者 和之極 勉而淸 非聖
人之淸 勉而和 非聖人之和 所謂聖者 不勉不思而至焉者也. : 장자(張
子)가 말했다. 「잡스럽게 엉키지 않는 것이 청(淸)의 극치이고, 유별나
게 다르지 않는 것이 화(和)의 극치이다. 억지로 맑게 하는 것은 성인의
맑음이 아니고, 억지로 어울리는 것은 성인의 어울림이 아니다. 이른바
성(聖)은 애쓰거나 의식하지 않고 자연스럽게 이르는 경지다.」

(2) 孔氏曰 任者以天下爲己責也. : 공씨(孔氏)가 말했다. 「임(任)은 천
하를 <바로잡는 것을> 자기 책임으로 여긴다는 뜻이다.」

(3) 愚謂孔子 仕止久速 各當其可 蓋兼三子之所以聖者而時出之 非如三
子之可以一德名也. : 나, 주자는 생각한다. 「공자만이 '사지구속(仕止久
速)'을 합당하게 했으며, 다른 세 사람의 성스러운 장점을 다 겸하고
때에 맞게 발휘했으니, 다른 세 사람이 한 가지 덕으로 이름을 낸 것과
같지 않다.」

(4) 或疑伊尹出處 合乎孔子 而不得爲聖之時 何也 程子曰 終是任底意思
在. : 혹자가 의아하게 여겼다. 「이윤의 출처(出處) 태도가 공자의 출처
태도와 맞는 것 같은데, 성인의 시중(時中)을 얻지 못한 까닭은 무엇일
까요.」 <이에 대해> 정자(程子)가 말했다. 「이윤은 끝내 책임감을 의식
하고 있었기 때문이다.」

> 孔子之謂集大成 集大成也者 金聲而玉振之也 金聲
> 也者 始條理也 玉振之也者 終條理也 始條理者 智
> 之事也 終條理者 聖之事也.

공자지위집대성(이니) 집대성야자(는) 금성이옥진지야(라) 금성야자 시조리
야(이오) 옥진지야자 종조리야(이니) 시조리자 지지사야(이오) 종조리자 성지
사야(이니라)

「공자는 <덕을> 집대성한 분이다. 집대성했다는 뜻은 곧 <음악으로
비유하면> 금성(金聲)과 옥진(玉振)을 다 갖추었다는 뜻이다. 금성,
즉 종소리를 내는 것은 음악의 맥락(脈絡)을 계발하는 것이고, 옥진,
즉 경(磬)을 울리는 것은 음악의 맥락을 종결하는 것이다. 맥락을 계발
한다는 것은 지혜에 속하는 일이고, 맥락을 종결한다는 것은 성덕(聖
德)에 속하는 일이다.」

▶ 어구 설명

· 集大成(집대성) : 성(成)은 음악연주를 한번 끝낸다는 뜻이다. 서경 익직편
(益稷篇)에서 말한 소소구성(簫韶九成)이 바로 이 뜻이다. 소소구성은 순
(舜)임금의 음악, 즉 소소를 모든 악기가 어울려 연주하면, 즉 구성(九成)
하면 하늘에서 봉황(鳳凰)이 내려와 참여한다.

· 金聲(금성) : 금(金)은 종(鐘) 같은 악기류다. 성(聲)은 말한다[宣]는 뜻.

· 玉振(옥진) : 옥(玉)은 경(磬). 진(振)은 수습한다는 뜻.

· 始條理者 (시조리자) : 시(始)는 음악을 시작하다. 조리(條理)는 사람의 신
체의 맥락(脈絡)과 같은 뜻이다.

· 終(종) : 음악을 끝낸다는 뜻.

[集註 選譯] (1) 蓋樂有八音 金石絲竹匏土革木 若獨奏一音 則其一音
自爲始終 而爲一小成 猶三子之所知偏於一 而其所就亦偏於一也 八音之
中 金石爲重 故特爲衆音之綱紀 又金始震而玉終詘然也 故並奏八音 則

於其未作 而先擊鑄鐘 以宣其聲 俟其旣闋而後 擊特磬 以收其韻 宣以始之 收以終之 : 「음악에는 팔음(八音)이 있다. 즉 『금(金)·석(石)·사(絲)·죽(竹)·포(匏)·토(土)·혁(革)·목(木)』이다. 만약에 하나의 악기만을 독주하면, 한 가지 소리만으로 처음과 끝을 연주하는 작은 음악이라 하겠다.」「마치 세 사람의 앎이 하나에 편중되고 성취 역시 하나에 편중됨과 같은 것이다.」「여덟 가지 음악소리 중에도 금(金)과 석(石)의 소리가 중대하므로, 특히 모든 소리의 기강이 된다. 또 금(金)은 처음에 울리고, 옥(玉)은 끝을 맺듯이 울린다.」「그러므로 팔음을 합주할 때에는 시작에 앞서 먼저 쇠북과 종을 쳐서 소리를 펼친다.」「<음악 연주가> 끝날 때는 경을 울려서 여운을 수습한다.」「선(宣)으로써 시작하고, 수(收)로써 끝난다.」

(2) 二者之間 脈絡通貫 無所不備 則合衆小成 而爲一大成 猶孔子之知無不盡 而德無不全也 金聲玉振 始終條理 疑古樂經之言 故兒寬云 惟天子建中和之極 兼總條貫 金聲而玉振之 亦此意也. : 「두 소리 사이에 맥락이 관통하고 불비(不備)한 것이 없어야 비로소 저마다의 음악소리를 모두 합쳐서 하나의 큰 음악 연주가 된다.」「이는 흡사 공자의 지(知)에 미진함이 없고, 덕(德)에 온전하지 않음이 없는 것과 같은 것이다.」「금성옥진(金聲玉振)과 시종조리(始終條理)」는 아마도 옛 악경(樂經)의 말인 듯하다. 그러므로 한(漢)나라의 예관(兒寬)이 말했다. 「오직 천자만이 중화(中和)의 극을 세우고, 조관(條貫)을 아울러 총괄하여 금(金)으로 소리를 펴뜨리고, 옥(玉)으로 거둔다고 하였다.」「그의 말도 역시 같은 뜻이리라.」

智譬則巧也 聖譬則力也 由射於百步之外也 其至爾力也 其中非爾力也.

지(를) 비즉교야(이오) 성(을) 비즉력야(이니) 유사어백보지외야(하니) 기지(는) 이력야(어니와) 기중(은) 비이력야(이니라)

「지혜는 비유하면 기교이고, 성덕(聖德)은 비유하면 기력(氣力)이다. 활을 백 보 밖에서 쏘아서 화살이 <표적에> 도달하는 것은 기력이고, 화살이 과녁에 명중하는 것은 기교에 의하는 것이다.」

[集註 選譯] (1) 此復以射之巧力 發明智聖二字之義 見孔子巧力俱全 而聖智兼備 三子則力有餘而巧不足 是以一節 雖至於聖 而智不足以及乎時中也. : 「이 구절도 역시 활쏘기의 기술과 힘을 예로 들고, 지(智)와 성(聖) 두 글자의 뜻을 설명한 것이다.」 즉 「공자는 기교와 기력을 다 온전하게 갖추어 성덕과 지혜를 겸비했으나, 세 사람은 기력은 넘치나 기교가 부족했다.」 「그래서 한 가지 면에서는 성에 이르렀으나, 지에 있어서는 시중하기에는 부족했음」을 말한 것이다.

(2) 此章 言三子之行 各極其一偏 孔子之道 兼全於衆理 所以偏者 由其蔽於始 是以缺於終 所以全者 由其知之至 是以行之盡 三子 猶春夏秋冬之各一其時 孔子則大和元氣之流行於四時也. : 이 장은 다음 같은 뜻을 말한 것이다. 「세 사람의 행동은 저마다 한쪽에 심하게 치우쳤으나, 공자의 도는 모든 도리를 다 온전하게 겸비했다. <그들이> 한쪽에 치우친 이유는 처음부터 덮었기 때문이며, 그래서 끝까지 결함이 있었던 것이다. <한편 공자가> 온전한 이유는 지(知)를 다했음이며, 그러므로 행실이 완전했던 것이다. 세 사람은 흡사 춘하추동 중 한 계절만 때에 맞한 것이다. 그러나 공자는 즉 근본이 되는 원기를 사계절의 유행에 크게 어울리게 했다.」

萬章問曰 敢問友 孟子曰 不挾長不挾貴 不挾兄弟而友 友也者友其德也 不可以有挾也 孟獻子百乘之家

> 也 有友五人焉 樂正裘 牧仲其三人 則予忘之矣 獻
> 子之與此五人者友也 無獻子之家者也 此五人者亦
> 有獻子之家 則不與之友矣.

만장(이) 문왈 감문우(하노이다) 맹자(이) 왈 불협장(하며) 불협귀(하며) 불협형제이우(이니) 우야자(는) 우기덕야(이니) 불가이유협야(이니라) 맹헌자(는) 백승지가야(이라) 유우오인언(하더니) 악정구(와) 목중(이오) 기삼인(은) 즉여(이) 망지의(로라) 헌자지여차오인자(로) 우야(에) 무헌자지가자야(이니) 차오인자(이) 역유헌자지가(이면) 즉불여지우의(리라)

만장이 「감히 묻겠습니다. 벗하는 도리에 대해서 <듣고자 합니다.>」 하였다. 맹자가 말했다. 「나이 많은 것을 끼거나, 신분이 높은 것을 끼거나, 형제의 권위를 끼지 말고, <순수하게> 벗과 사귀어야 한다. 벗하는 것은 <서로> 덕을 벗하는 것이다. 다른 것을 끼게 해서는 안된다. 노(魯)나라의 대부 맹헌자는 백승(百乘)의 집안이었으나, 그에게는 다섯 명의 벗이 있었다. 악정구(樂正裘)와 목중(牧仲), 그리고 세 사람의 이름은 내가 잊어버렸다. 맹헌자가 그들 다섯 명과 벗하고 사귈 때 자기 집안을 끼고 내세우지 않았다. 다섯 명의 벗들도 <만약 맹헌자가> 집안을 끼고 내세웠다면, 즉 <맹헌자와> 벗하지 않았을 것이다.」

▶ 어구 설명

· 友(우) : 벗을 사귀는 도리.

· 長(장) : 나이 많은 것.

· 挾(협) : 있다고 내세우고 자만한다는 뜻이다.

· 孟獻子(맹헌자) : 노(魯)나라의 현명한 대부 중손멸(仲孫蔑).

[集註 選譯] (1) 張子曰 獻子忘其勢 五人者忘人之勢 不資其勢 而利其有 然後 能忘人之勢 若五人者 有獻子之家 則反爲獻子之所賤矣.: 장자(張子)가 말했다. 「맹헌자는 자기 집안의 세도를 잊었고, 다섯 사람도

남의 세도를 잊었다. 세도를 바탕으로 하지 않고, 또 이용하지 않아야 비로소 남의 집의 세도를 잊을 수 있다. 만약에 다섯 사람이 맹헌자 집안의 세도를 의식했다면 도리어 맹헌자를 천하게 여겼을 것이다.」

非惟百乘之家爲然也 雖小國之君 亦有之 費惠公曰 吾於子思 則師之矣 吾於顏般 則友之矣 王順長息 則事我者也 非惟小國之君 爲然也 雖大國之君 亦 有之 晉平公之於亥唐也 入云則入 坐云則坐 食云 則食 雖疏食菜羹 未嘗不飽 蓋不敢不飽也 然終於 此而已矣 弗與共天位也 弗與治天職也 弗與食天祿 也 士之尊賢者也 非王公之尊賢也.

비유백승지가(이) 위연야(이라) 수소국지군(이라도) 역유지(하니) 비혜공(이) 왈 오(이) 어자사 즉사지의(오) 오(이) 어안반 즉우지의(오) 왕순장식 즉사아자 야(이라하니라) 비유소국지군(이) 위연야(이라) 수대국지군(이라도) 역유지 (하니) 진평공지어해당야(에) 입운즉입(하며) 좌운즉좌(하며) 식운즉식(하야) 수소식채갱(이라도) 미상불포(하니) 개불감불포야(이라) 연(이나) 종어차이 이의(오) 불여공천위야(하며) 불여치천직야(하며) 불여식천록야(하니) 사지 존현자야(이라) 비왕공지존현야(이니라)

「비단 백승의 가문에서만 그런 것이 아니다. 작은 나라의 임금도 역시 그와 같이 <벗의 도리를 지켰다.> 노나라 비읍(費邑)의 혜공(惠公)이 말했다. 『나는 자사를 스승으로 모시고, 안반을 벗으로 대하고, 왕순과 장식은 나를 섬기는 자로 대한다.』 비단 작은 나라의 임금만 그렇게 한 것이 아니다. 큰 나라의 임금도 역시 그렇게 했다. 진(晉)나라 평공 (平公)이 해당(亥唐)을 사귈 때에 그렇게 했다. <임금 평공이 해당의 집에 갔을 때 주인 해당이> 들어오라고 하면 들어가고, 앉으라고 하면

앉고, 먹으라고 하면 먹었다. 비록 잡곡밥과 채소국이었으나 언제나 배부르게 들었다. 허기는 감히 배부르게 들지 않을 수가 없었다. 그리고 끝내 그렇게 <순수한 벗의 도리로> 사귈 뿐이었다. <평공이 임금이라고 해서 해당에게> 나라의 벼슬자리를 주지 않았고, 함께 나라를 다스리지 않았고, 함께 나라의 녹을 나누어 주지도 않았다. <평공과 해당의 사귐은> 선비가 현인을 존경하는 태도로 한 것이다. 임금이 현인을 존경하는 태도로 한 것이 아니었다.」

▶ 어구 설명

· 惠公(혜공) : 비읍(費邑)의 군주.
· 事我者(사아자) : 내가 부리는 사람.
· 亥唐(해당) : 진나라의 현인(賢人). 그는 벼슬하지 않고 은거하고 있었다. 그러나 임금 평공은 그를 자주 찾아갔다.
· 疏食(소식) : 잡곡밥[糲飯].
· 不敢不飽(불감불포) : 현인의 명하는 바를 높이고 따랐다는 뜻이다. 허기는 <친구 집에서 음식이 나쁘다고> 감히 먹지 않을 수도 없었다.
· 然終於此而已矣(연종어차이이의) : <두 사람의 사귐은> 그것일 뿐이었다.
· 弗與共天位也(불여공천위야) : 하늘의 벼슬자리를 함께 갖는 것이 아니었다.

---

舜尙見帝 帝館甥于貳室 亦饗舜 迭爲賓主 是天子
而友匹夫也 用下敬上 謂之貴貴 用上敬下 謂之尊
賢 貴貴尊賢其義一也.

순(이) 상현제(어시늘) 제(이) 관생우이실(하시고) 역향순(하샤) 질위빈주(하시니) 시(는) 천자이우필부야(이니라) 용하경상(을) 위지귀귀(오) 용상경하(를) 위지존현(이니) 귀귀존현(이) 기의일야(이니라)

「순(舜)의 신분이 높아져 요제(堯帝)를 알현하자, 요제는 부마(駙馬)인

순을 별도의 객관에 머무르게 했다. 그리고 <객관에서> 순이 베푸는 잔치를 받았다. <이와 같이> 서로 손님과 주인의 자리를 바꾸었던 것이다. 이러한 것이 곧 천자와 필부가 사귀는 도리이다. 낮은 신분으로써 위를 공경하는 것을 귀귀(貴貴)라고 한다. 즉 귀인(貴人)을 존귀(尊貴)하게 대접한다는 뜻이다. 높은 신분으로써 아래를 존중하는 것을 존현(尊賢)이라고 한다. 즉 현인을 존귀하게 대접한다는 뜻이다. 귀귀나 존현이나 그 도의(道義)는 하나이다.」

### ▶ 어구 설명

· 舜尙見帝(순상현제) : 순(舜)이 요제(堯帝)의 두 공주를 맞아, 부마(駙馬)라는 높은 신분이 되었다. 그리고 요제를 알현했다.
· 館(관) : 「객관에 들어가 살다」의 뜻.
· 貳室(이실) : 부궁(副宮). 요제가 순을 부궁에 머물게 했다.

[集註 選譯] (1) 此言朋友人倫之一 所以輔仁 故以天子友匹夫而不爲詘 以匹夫友天子而不爲僭 此堯舜所以爲人倫之至 而孟子言必稱之也. : 이는 다음 같은 뜻을 말한 것이다. 「붕우의 도리도 인륜의 하나이며, 서로 보인(輔仁)의 바탕이다. 고로 천자가 필부를 벗으로 사귀어도 <필부인 나는> 굽히지 않는다. <한편> 필부인 내가 천자를 벗으로 사귀어도 참월(僭越)하지 않는다.」 「이렇게 한 것은 바로 요임금과 순임금이 인륜의 최고 경지에 도달한 것이다.」 「그러므로 맹자는 말할 때마다 반드시 그들을 칭찬했던 것이다.」

萬章問日 敢問交際何心也 孟子日 恭也 日卻之卻 之爲不恭何哉 日尊者賜之 日其所取之者 義乎不義 乎 而後受之 以是爲不恭 故弗卻也 日請無以辭卻

> 之 以心卻之 曰其取諸民之不義也 而以他辭無受不
> 可乎 曰其交也以道 其接也以禮 斯孔子受之矣.

만장(이) 문왈 감문 교제(는) 하심야(이꼬) 맹자(이) 왈 공야(이니라) 왈 각지각
지 위불공(은) 하재(이꼬) 왈 존자(이) 사지(어든) 왈 기소취지자 의호(아) 불의
호(아) 이후수지(면) 이시위불공(이라) 고(로) 불각야(이니라) 왈 청무이사각
지(요) 이심각지 왈 기취제민지불의야 이이타사무수(이) 불가호(이까) 왈 기교
야(이) 이도(이오) 기접야(이) 이례(면) 사(는) 공자(도) 수지의(시니라)

만장이 말했다. 「감히 묻겠습니다. <제후들과> 교제할 때는 어떠한
마음가짐으로 해야 합니까.」 맹자가 말했다. 「공경하는 마음을 가져야
한다.」 만장 : 「<제후의 예물을> 굳게 사양하고 물리치는 것을 불공이
라고 하는 까닭은 어째서입니까.」 맹자 : 「존귀한 사람이 <예물을>
내려주었는데 <이쪽에서 속으로> 그가 이 물건을 취한 경로가 옳았는
가 안 옳았는가를 헤아리고 <그리고> 나서 받으면 불공한 태도가 된
다. 그러므로 제후가 <예를 갖추고 예물을 내려주면> 물리치지 말고
받아야 한다.」 만장 : 「말을 하고 물리치지 말고, 마음속으로 생각만
하고 물리치면 어떻겠습니까. 즉 이 물건들은 백성으로부터 불의하게
탈취한 것이다. 그리고 다른 핑계를 말로 대고, <예물을> 받지 않으면
안 될까요.」 맹자 : 「그의 교제가 도리에 맞고, 그의 접근이 예에 맞으
면, 공자도 받으셨다.」

▶ 어구 설명

· 交際(교제) : 제(際)는 접(接)의 뜻. 교제는 제후가 예의와 폐백을 갖추었
  으므로 서로 사귀고 접한다는 뜻이다.
· 卻(각) : 받지 않고 돌려보낸다는 뜻.

[集註 選譯] (1)孟子言 尊者之賜 而心竊計其所以得此物者 未知合義與
否 必其合義 然後可受 不然則卻之矣 所以卻之爲不恭也. : 맹자가 말했

다. 「존귀한 사람이 예물을 내려주었는데, 내가 마음속으로 그가 이 물건을 취득한 방도나 경위가 의리에 맞는지 안 맞는지를 알 수 없다고 헤아려본다. 그리고 반드시 의리에 맞아야 받아들이고 맞지 않으면 물리친다. 그래서 물리치는 것을 불공이라고 한 것이다.」

(2) 萬章 以爲彼旣得之不義 則其餽 不可受 但無以言語間而卻之 直以心度其不義 而託於他辭以卻之 如此可否耶. : 「만장은 제후(諸侯)가 원래 의롭지 않게 물건을 취했으니, 그가 주는 것을 받을 수 없다고 생각했다.」「그러나 말하고 거절하지 않고 다만 마음으로 그 불의를 헤아리고 〈겉으로는〉 다른 말로 핑계를 대고 거절하면 어떻습니까 하고 물은 것이다.」

(3) 交以道 如餽賻 聞戒 周其飢餓之類 接以禮 謂辭命恭敬之節 孔子受之 如受陽貨烝豚之類也. : 「도로써 교제한다는 것」은 곧 「전별금(餞別金)을 주거나, 경계의 말을 해주거나, 굶주릴 때 도와주는 따위를 말한다.」「예로써 접촉한다는 것」은 「주고받는 언사를 공손하고 경건하게, 절도있게 한다는 뜻」이다. 「공자도 받았다는 것」은 「양화(陽貨)가 보낸 삶은 돼지를 받은 것과 같은 뜻이다.」

萬章日 今有禦人於國門之外者 其交也以道 其餽也以禮 斯可受禦與 日不可 康誥日 殺越人于貨 閔不畏死 凡民罔不譈 是不待敎而誅者也 殷受夏 周受殷 所不辭也 於今爲烈 如之何其受之.

만장(이) 왈 금유어인어국문지외자(이) 기교야(이) 이도(이오) 기궤야이례(이면) 사가수어여(이까) 왈 불가(하니) 강고(에) 왈 살월인우화(하야) 민불외사(를) 범민(이) 망부대(라하니) 시(는) 부대교이주자야(이니) 은수하(하고) 주수은은 소불사야(라) 어금위렬(이어늘) 여지하기수지(리오)

만장이 말했다. 「지금 나라의 대문 밖에서 <길을 막고 사람을 죽이고 재물을 탈취한> 살인 강도가 있는데, 그가 도를 따라 교제하고, 예에 따라 물건을 준다면, 그런 것도 받아야 합니까.」 맹자 : 「안 된다. 서경 주서(周書) 강고편(康誥篇)에 있다. 『사람을 죽이고 재물을 강탈하고 포악하고 죽음을 겁내지 않는 자를 모든 사람이 원망하고 미워한다.』 <살인 강도를> 주살(誅殺)하는 형벌은 하(夏)·은(殷)·주(周) 3대가 이어오며, 공통으로 지켜오고 폐지하지 않은 형벌이다. 오늘에는 더욱 밝히는 형벌이거늘 어찌 <그런 살인 강도를> 받아주겠느냐.」

▶ 어구 설명

· 禦人(어인) : <길을 막고 사람을 죽이고 재물을 강탈하는> 살인 강도.
· 國門之外(국문지외) : 사람이 없는 곳.
· 殺越人于貨(살월인우화) : 사람을 죽이고 재물을 강탈하다. 월(越)은 어(於), 혹은 어조사. 우(于)는 취(取)로 푼다.
· 閔(민) : 민(暋 : 굳세다)과 같다. 지금의 서경에는 민(閔)을 민(暋)으로 적었다.
· 凡民罔不譈(범민망부대) : 모든 사람이 원망하고 미워하지 않는 사람이 없다. 「대(譈 : 원망할 대)」
· 殷受夏 周受殷 所不辭也(은수하 주수은 소불사야) : <살인 강도를 주살(誅殺)하는 형벌은> 하(夏)·은(殷)·주(周) 3대가 이어오며, 공통으로 지켜오고 폐지하지 않은 형벌이다.

---

曰然則孔子之仕也 非事道與 曰事道也 事道奚獵較也 曰 孔子先簿正祭器 不以四方之食 供簿正 曰奚不去也 曰爲之兆也 兆足以行矣 而不行而後去 是以未嘗有所終三年淹也.

왈 연즉공자지사야(는) 비사도여(이까) 왈 사도야(이시니라) 사도(이어시니)
해렵교야(이이꼬) 왈 공자(이) 선부정제기(하샤) 불이사방지식(으로) 공 부정
(하시니라) 왈 해불거야(이시니이꼬) 왈 위지조야(이시니) 조(이) 족이행의
이불행이후(에) 거(하시니) 시이(로) 미상유소종삼년엄야(이시니라)

만장 : 「그렇다면 공자께서 출사하신 목적은 도(道)를 섬기고 실현하기
위한 것이 아니었습니까.」 맹자 : 「도를 실현하기 위해서다.」 <즉 왕도
덕치를 행하기 위해서다.> 만장 : 「도를 실현하기 위한다면서, 어째서
엽교(獵較)를 그냥 두고 따랐습니까.」 맹자 : 「공자는 먼저 <제사의
절차나 규범을 적은> 부책(簿冊)을 제정하시고, <그에 따라 제사를
지내는 절차나 혹은 바치는> 제물(祭物)이나 제기(祭器) 등을 바르게
하고, 또 제사에는 함부로 사방의 음식을 바치지 못하게 함으로써, 격식
을 바르게 잡으려고 하셨던 것이다.」 만장 : 「<노나라에서 도가 행해지
지 않았는데> 왜 공자께서 떠나지 않으셨습니까.」 맹자 : 「<왕도 덕치
의> 징조나 단서를 만들기 위해서다. <공자가 만들어 놓은 징조나
단서가> 충분하여 <왕도덕치를> 행할 수 있는데도 <임금이> 행하지
않으면, 그 다음에 <공자께서> 그 나라를 떠나셨다. 그러므로 <공자
께서는 어느 나라에서도> 3년이 끝날 때까지 그대로 머물러 계시지
않으셨던 것이다.」

▶ 어구 설명

· 獵較(엽교) : 조기(趙岐)는 「사냥을 한 다음, 잡은 것을 비교해보고, 많이
  잡은 사람이 적게 잡은 사람의 것을 취해 가지고 제사에 바치며 그것을
  길상(吉祥)으로 여겼다」라고 주를 달았다.

· 簿正(부정) : 제사에 대한 부책(簿冊), 즉 기록을 제정하다.

· 兆(조) : 복점(卜占)의 징조와 같은 뜻이며, 일의 시단(始端)이다.

[集註 選譯] (1) 孔子所以不去者 亦欲小試行道之端 以示於人 使知吾道
之果可行也 若其端旣可行 而人不能遂行之 然後不得已而必去之 蓋其去
雖不輕 而亦未嘗不決 是以未嘗終三年留於一國也. : 공자가 떠나지 않

은 까닭은, 작으나마 도를 행하는 단서를 시험해서 사람에게 보이고, 자기의 도가 결국은 행할 수 있음을 알게 하고자 해서이다. 그와 같이 단서를 행할 수 있는데도, 사람들이 끝내 행하지 못했다. 그래서 부득이 하게 반드시 떠났던 것이다. 원칙적으로 떠나는 것을 가볍게 여기지 않았다. 그러나 항상 결단을 내렸던 것이다. 그러므로 한 나라에서 3년 이상을 머물러 있지 않았던 것이다.

---

**孔子有見行可之仕 有際可之仕 有公養之仕 於季桓 子 見行可之仕也 於衛靈公 際可之仕也 於衛孝公 公養之仕也.**

---

공자(이) 유견행가지 사(하시며) 유제가지 사(하시며) 유공양지 사(하시니)
어계환자(엔) 견행가지사야(이오) 어위령공(엔) 제가지사야(이오) 어위효공
(엔) 공양지사야(이니라)

「공자는 도를 행할 수 있다고 보았을 때, 출사했다. 또 <임금이 예를 갖추어> 교제를 할 만하다고 생각되면, 출사했다. 또 <임금이> 성의 로써 현인을 공양할 때에는, 출사했다. 노나라 계환자의 경우는 도를 행할 수 있다고 보았을 때, 출사한 예다. 위 영공의 경우는 교제를 할 만하다고 해서, 출사한 예다. 위 효공의 경우는 성의로써 현인을 공양 했으므로 출사한 예이다.」

▶ 어구 설명

· 見行可(견행가) : 도를 행할 수 있음을 본다는 뜻.
· 仕(사) : 출사하다.
· 際可(제가) : 예로써 접하고 만난다는 뜻.
· 公養(공양) : 나라의 임금이 현인을 공양하는 예이다.
· 季桓子(계환자) : 노(魯)나라의 경(卿), 계손사(季孫斯).

· 衛靈公(위령공) : 위(衛)나라의 후(侯), 원(元).
· 孝公(효공) : 춘추(春秋)나 사기(史記)에도 없으며, 혹 출공(出公) 첩(輒)
  이 아닐까 의심된다.

[集註 選譯] (1) 尹氏曰 不聞孟子之義 則自好者爲於陵仲子而已 聖賢辭
受進退 惟義所在 愚按 此章文義多不可曉 不必强爲之說. : 윤씨(尹氏)
가 말했다. 「맹자의 의(義)를 듣지 못하고 스스로 옳다고 생각하는 사람
은 오릉중자(於陵仲子)같이 될 뿐이다.」 「성현의 사양하고, 받고, 나아
가고, 물러남은 어디까지나 의리에 맞는 바가 있다.」 나, 주자는 생각한
다. 「이 장의 글뜻에는 많은 곳을 잘 알 수 없다. 그러나 억지로 풀이할
필요가 없다.」

孟子曰 仕非爲貧也 而有時乎爲貧 娶妻非爲養也
而有時乎爲養 爲貧者 辭尊居卑 辭富居貧 辭尊居
卑 辭富居貧 惡乎宜乎 抱關擊柝 孔子 嘗爲委吏矣
曰 會計當而已矣 嘗爲乘田矣 曰 牛羊茁壯長而已
矣 位卑而言高 罪也 立乎人之本朝 而道不行恥也.

맹자(이) 왈 사(이) 비위빈야 이유시호위빈(하며) 취처(이) 비위양야 이유시호
위양(이니라) 위빈자(는) 사존거비(하며) 사부거빈(이니라) 사존거비(하며)
사부거빈(은) 오호의호(오) 포관격탁(이니라) 공자(이) 상위위리의(샤) 왈 회
계(를) 당이이의(라하시고) 상위승전의(샤) 왈 우양(을) 촬장장이이의(라하시
니라) 위비이언고(이) 죄야(이오) 입호인지본조 이도불행(이) 치야(이니라)

맹자가 말했다. 「군자가 벼슬하는 것은 가난을 <모면하기> 위해서가
아니다. 그러나 때로는 <불가피하게> 가난 때문에 벼슬하는 경우도
있다. 남자가 처를 얻는 것은 <부모나 가족을> 봉양하기 위해서만이
아니다. 그러나 때로는 불가피하게 가족을 양육하기 위해서 처를 얻는

수도 있다. 가난을 모면하기 위해서 벼슬하는 사람은 <스스로> 높은
자리를 사양하고 낮은 벼슬을 살아야 한다. 많은 녹봉을 사양하고 적은
녹봉을 받는 자리에 있어야 한다. 높은 자리를 사양하고 낮은 벼슬을
살고, 많은 녹봉을 사양하고 적은 녹봉을 받는 자리에 있기 위해서는
어떻게 하는 것이 옳겠느냐. 즉 관문을 지키는 문지기나 딱딱이를 치는
야경꾼이 되어야 한다. 공자께서 전에 창고를 지키는 위리(委吏)가 되시
자 말하셨다. 『회계만을 정당하게 할 뿐이다.』 또 공자께서 승전(乘田)
이 되시자 말하셨다. 『나는 오직 소나 양을 잘 사육했을 뿐이다.』 낮은
자리에 있으면서 <함부로 국가 대사를> 논하는 것은 죄가 된다. 남의
나라나 조정에서 벼슬하면서, 도를 행하지 않는 것은 창피한 노릇이다.』

▶ 어구 설명

· 仕非爲貧也(사비위빈야) : 「벼슬은 가난을 위해서 하는 것이 아니다.」 즉
  군자가 학덕을 겸비하고, 나가서 벼슬하는 기본목적은 왕도덕치와 경국제
  민(經國濟民)을 위해서다. 오늘의 말로 하면 정치 참여는 이름을 알리고
  돈을 벌기 위한 것이 아니고, 진정으로 애국애민(愛國愛民)하기 위해서다.
· 惡乎宜乎(오호의호) : 어떻게 하는 것이 옳으냐.
· 抱關擊柝(포관격탁) : 관문을 지키는 문지기나 밤에 딱딱이를 치는 야경꾼
  이 되는 것이 좋다.
· 委吏(위리) : 곡물 창고를 지키는 관리.
· 乘田(승전) : 원유(苑囿)에서 동물 사육을 담당하는 하급 관리.
· 茁(촬) : 비대한 모양.

[集註 選譯] (1) 以出位爲罪 則無行道之責 以廢道爲恥 則非竊祿之官
此 爲貧者之 所以必辭尊富 而寧處貧賤也. : 「자기의 지위를 벗어나는
것을 죄라고 함은, 도를 행할 직책이 없다는 뜻이다.」 「도가 폐하는 것을
창피하게 여기면 곧 녹을 도둑질하는 관리가 아니다.」 「이것이 곧 가난
을 모면하기 위해 벼슬하는 사람이 반드시 높은 자리와 많은 녹봉을
사양하고, 편안하게 빈천에 처하는 까닭이라 하겠다.」

(2) 尹氏曰 言爲貧者 不可以居尊 居尊者 必欲以行道. : 윤씨(尹氏)가 말했다. 「가난을 면하기 위하여 벼슬하는 자는 높은 자리에 있지 말아야 한다. 높은 자리에 있는 사람은 반드시 도가 행해지기를 원해야 한다.」

> 萬章曰 士之不託諸侯何也 孟子曰 不敢也 諸侯失
> 國 而後託於諸侯禮也 士之託於諸侯 非禮也.

만장(이) 왈 사지불탁제후(는) 하야(이꼬) 맹자(이) 왈 불감야(이니라) 제후
(이) 실국이후(에) 탁어제후(는) 예야(이오) 사지탁어제후(는) 비례야(이니라)

만장이 물었다. 「선비가 다른 나라 임금에게 의탁하면 안 되는 것은 어째서입니까.」 맹자가 말했다. 「감히 그렇게 할 수 없다. 임금의 경우는 자기 나라를 잃은 후에, 다른 나라 임금에게 의탁하는 것은 예로 허락된다. 그러나 선비가 다른 나라 임금에게 의지하는 것은 예나 도리에 어긋난다.」

[集註 選譯] (1) 託寄也 謂不仕而食其祿也 古者 諸侯出奔他國 食其廩餼 謂之寄公 士無爵士 不得比諸侯 不仕而食祿 則非禮也. : 「탁(託)은 기탁(寄託)의 뜻이다.」 즉 「<남의 나라> 일을 하지 않고, 녹을 먹는다는 뜻이다.」 「옛날에는 제후가 다른 나라로 망명하고, 그 나라 창고의 곡식을 먹는 것을 기공(寄公)이라 했다.」 「사는 작위나 영지가 없으며, 제후와 비교할 수 없다. <남의 나라에서> 일도 하지 않고, 녹을 받아먹는 것은 예가 아니다.」

萬章曰 君餽之粟 則受之乎 曰受之 受之 何義也 曰
君之於民也 固周之 曰周之則受 賜之則不受 何也
曰不敢也 曰敢問其不敢 何也 曰抱關擊柝者 皆有
常職 以食於上 無常職 而賜於上者 以爲不恭也.

만장(이) 왈 군(이) 궤지속 즉수지호(이까) 왈 수지(니라) 수지(는) 하의야(이 이꼬) 왈 군지어맹야(에) 고주지(니라) 왈 주지즉수(하고) 사지즉불수(는) 하 야(이이꼬) 왈 불감야(이니라) 왈 감문기불감(은) 하야(이이꼬) 왈 포관격탁자 (이) 개유상직(하야) 이식어상(하나니) 무상직 이사어상자(를) 이위불공야(이 니라)

만장 : 「일반 백성들은 임금이 주는 곡식을 받아먹어도 됩니까.」 맹자 : 「받아먹어도 좋다.」 만장 : 「받아먹어도 좋다는 말은 무슨 뜻입니까.」 맹자 : 「임금은 모든 백성을 마땅히 두루 구제해 주어야 하기 때문이다.」 만장 : 「구휼해 주는 것은 받고, 하사해 주는 것은 받지 못하는 이유가 무엇입니까.」 맹자 : 「감히 받을 수 없기 때문이다.」 만장 : 「감히 받을 수 없다는 말은 무슨 뜻입니까.」 맹자 : 「<관문을 지키는> 문지기나 <밤에 딱딱이를 치는> 야경꾼은 일정한 직업을 가졌으니, 위로부터 녹을 받을 수 있다. 그러나 일정한 직업이 없는데 윗사람의 녹을 받는 것은 예나 도리에 어긋난다.」

▶ 어구 설명

· 周(주) : 두루 다 구휼(救恤)한다는 뜻.
· 賜(사) : 내려주는 녹봉. 녹봉에는 정해진 양이 있다. 그것이 바로 임금이 신하를 대우하는 예이다.
· 不恭(불공) : 이때의 「불공」은 「예나 도리에 어긋난다」는 뜻.

曰 君餽之則受之 不識 可常繼乎 曰 繆公之於子思
也 亟問亟餽鼎肉 子思不悅 於卒也 摽使者 出諸大
門之外 北面稽首再拜 而不受 曰 今而後 知君之犬
馬畜伋 蓋自是 臺無餽也 悅賢不能擧 又不能養也
可謂悅賢乎.

왈 군(이) 궤지 즉수지(라하시니) 불식(케이다) 가상계호(이까) 왈 목공지어자
사야(에) 기문(하시며) 기궤정육(이어시늘) 자사(이) 불열(하사) 어졸야(에)
표사자(하야) 출제대문지외(하시고) 북면계수재배 이불수 왈 금이후(에) 지군
지견마휵급(이라하시니) 개자시(로) 대무궤야(하니) 열현불능거(이오) 우불
능양야(이면) 가위열현호(아)

만장 : 「임금이 주는 것은 받아도 좋다고 하셨으니, 늘 계속해서 받아도
좋은지 모르겠습니다.」 맹자 : 「노(魯)나라 목공(繆公)이 <사신을 보
내서> 자사(子思)에게 자주 문안을 했고, 또 자주 삶은 고기를 보냈다.
<그러나> 자사는 좋아하지 않았다. 마침내 사신을 손짓하여 대문 밖
에 나가게 하고, 자기는 북면하고 머리를 조아리고 두 번이나 절하고
<목공이 내린 고기를> 받지 않으면서 말했다.『이제야 비로소 임금님
이 나, 급(伋)을 개나 말 키우듯이 대하고 있음을 알았노라.』그때부터
대관(臺官)의 사령이 물건을 가지고 오지 않게 되었다. <한 나라의
임금으로서> 현인(賢人)을 좋아하기만 하고, 그를 등용하지 못하고,
또 녹을 주어 스스로를 봉양하게 하지 못한다면 <어찌> 현인을 좋아
한다고 말하겠는가.」

▶ 어구 설명
· 繆公(목공) : 노(魯)나라 임금. 목공(穆公)이라고도 쓴다.
· 亟(기) : 자주, 여러 차례.
· 摽(표) : 손짓하다.

·臺(대) : 대관(臺官). 사령(使令)을 주관하는 천직이다.

日 敢問 國君 欲養君子 如何 斯可謂養矣 日 以君命
將之 再拜稽首而受 其後 廩人繼粟 庖人繼肉 不以
君命將之 子思以爲鼎肉 使己僕僕爾亟拜也 非養君
子之道也.

왈 감문 국군(이) 욕양군자(인댄) 여하(이라야) 사가위양의(니이꼬) 왈 이군명
장지(어든) 재배계수이수(하나니) 기후(에) 늠인계속(하며) 포인계육(하야)
불이군명장지(니) 자사(이) 이위정육(이) 사기복복이 기배야(이라) 비양군자
지도야(이라하시니라)

만장 : 「감히 묻겠습니다. 임금이 군자를 봉양(奉養)할 때, 어떻게 해야
참된 봉양이라 할 수 있습니까.」 맹자 : 「처음에는 임금의 명으로 예물을
보내준다. <그러면 군자가> 재배하고 머리를 조아리고 받는다. <그러
나> 그 다음부터는 직접 창고지기가 곡물을 계속해서 보내주고, 푸주
관리인이 계속해서 고기를 대주게 하고, 다시는 임금의 명을 내세우고
<물건을> 보내지 않게 해야 한다. 자사는 솥에 삶은 고기를 보내준
것은 자기로 하여금 성가시게 자주 임금에게 절하게 하는 것이라 생각
했으니, 그런 방식은 참되게 군자를 봉양하는 도리가 아닌 것이다.」

▶ 어구 설명
·廩人(늠인) : 곡물 창고지기.
·僕僕(복복) : 겁먹은 태도를 짓는다는 뜻.

[集註 選譯] (1) 初以君命來餽 則當拜受 其後有司各以其職 繼續所無
不以君命來餽 不使賢者有亟拜之勞也. :「처음에는 임금의 명으로 물건
을 보내오면 당연히 절하고 받는다. 그러나 후에는 담당자가 각기 직책
에 따라 <군자에게> 부족한 것을 계속해서 보내준다. 임금의 명으로

보내주는 것이 아니므로 현인으로 하여금 자주 절하는 수고를 면하게
한다.」

---

堯之於舜也 使其子九男事之 二女女焉 百官牛羊倉
廩備 以養舜於畎畝之中 後擧而加諸上位 故曰 王
公之尊賢者也.

---

요지어순야(에) 사기자구남(으로) 사지(하며) 이녀(로) 여언(하시고) 백관우
양창름(을) 비(하야) 이양순어견무지중(이러시니) 후(에) 거이가제상위(하시
니) 고(로) 왈 왕공지존현자야(이니라)

「요제(堯帝)가 순(舜)을 돌봐줄 때에는, 자기의 아들 9명으로 하여금
순을 섬기게 했고, 또 두 딸을 순의 처로 주었으며, 또 백관(百官)·우
양(牛羊)·창름(倉廩)까지 다 갖추어 주고, 논밭에서 농사를 짓는 순이
잘살고 발전하게 했던 것이다. 그런 다음에 순을 등용해서 높은 자리에
서 <나라를 다스리게 했다.> 고로 말한다.『<요제의 공양 태도가>
바로 임금이 현인을 높이는 태도이다.』」

[集註 選譯] (1) 能養能擧悅賢之至也 惟堯舜爲能盡之 而後世之所當法
也.:「현명한 사람을 능히 봉양(奉養)하고, 능히 높이 등용할 수 있는
것이 즐거움의 극치이다. 이와 같은 일은 오직 요임금과 순임금만이 할
수 있었다. 그래서 후세에서도 마땅히 전범(典範)으로 삼아야 한다.」

---

萬章曰 敢問 不見諸侯 何義也 孟子曰 在國曰 市井
之臣 在野曰 草莽之臣 皆謂庶人 庶人不傳質爲臣
不敢見於諸侯禮也 萬章曰 庶人召之役 則往役 君

---

## 欲見之 召之 則不往見之 何也 曰 往役義也 往見不義也.

---

만장(이) 왈 감문 불견제후(는) 하의야(이꼬) 맹자(이) 왈 재국왈시정지신(이오) 재야왈초망지신(이라) 개위서인(이니) 서인(이) 부전질위신(하얀) 불감견어제후(이) 예야(이니라) 만장(이) 왈 서인(이) 소지역 즉왕역(하고) 군욕견지(하야) 소지 즉불왕견지(는) 하야(이이꼬) 왈 왕역(은) 의야(이오) 왕견(은) 불의야(이니라)

만장이 말했다. 「감히 묻겠습니다. 선생님께서 자진하여 제후를 만나지 않으시는 데는 어떠한 뜻이 있습니까.」 맹자 : 「<벼슬하지 않은 군자나 현인이> 도성 안에 있으면 시정(市井)의 신이라 하고, 농촌에 있으면 초망(草莽)의 신이라 하며, 모두 서민이다. 서민은 예를 갖추어 예물을 바치고, 정식으로 신하가 되지 않고서는 감히 제후를 만나보지 않는 것이 예(禮)이다.」 만장 : 「서민은 제후가 부르면 가서 부역을 하는데, <군자는> 임금이 보고자 하여 불러도 곧 가서 만나지 않는 것은 어째서입니까.」 맹자 : 「서민이 가서 부역하는 것은 의무이다. 그러나 군자가 가서 보는 것은 의무가 아니다.」

### ▶ 어구 설명

· 草莽之臣(초망지신) : 농촌에 묻혀 사는 신하.
· 傳質(전질) : 전(傳)은 통(通)의 뜻. 질(質)은 「지(贄)」로 폐백이나 예물의 뜻. 사(士)는 꿩[雉], 서인은 집오리[鶩]를 들고 가야 상견례(相見禮)하고, 스스로 통할 수 있다.

---

## 且君之欲見之也 何爲也哉 曰 爲其多聞也 爲其賢也 曰 爲其多聞也 則天子不召師 而况諸侯乎 爲其

賢也 則吾未聞欲見賢 而召之也 繆公亟見於子思
曰 古千乘之國 以友士 何如 子思不悅 曰 古之人
有言曰 事之云乎 豈曰 友之云乎 子思之不悅也 豈
不曰 以位則子君也 我臣也 何敢與君友也 以德則
子事我者也 奚可以與我友 千乘之君 求與之友 而
不可得也 而況可召與.

차군지욕견지야(는) 하위야재(오) 왈 위기다문야(이며) 위기현야(이니이다)
왈 위기다문야 즉천자(도) 불소사(이온) 이황제후호(아) 위기현야 즉오미문
욕견현 이소지야(케라) 목공(이) 기견어자사 왈 고(에) 천승지국(이) 이우사
(하니) 하여(하니이꼬) 자사(이) 불열 왈 고지인(이) 유언왈 사지운호(이언정)
기왈 우지운호(이리오하시니) 자사지불열야(는) 기불왈 이위즉자(는) 군야(이
오) 아(는) 신야(이니) 하감여군우야(이며) 이덕즉자(는) 사아자야(이니) 해가
이여아우(리오) 천승지군 구여지우 이불가득야 이황가소여(아)

맹자 : 「또 임금이 나를 보고자 함은 어째서일까.」 만장 : 「<선생님이>
다문박식(多聞博識)하시고, 또 현명하시기 때문이겠지요.」 맹자 : 「다
문박식하기 때문이라면 <의당 스승으로 높이고 대해야 한다.> 천자
(天子)도 스승을 오라고 부르지 않거늘, 하물며 제후가 <오라고> 부를
수 있겠느냐. 현명하기 때문이라면 <의당히 예를 갖추고 등용해야 한
다. 그렇게 하지 않고> 현인을 보고 싶다고 불러서 오라고 한다는 예를
<나는> 듣지 못했노라. <한 가지 예를 들겠다. 옛날 노나라의> 목공
(繆公)이 자주 자사(子思)를 만났으며 <다음같이> 말한 바 있다. 『옛
날에는 천승(千乘)의 임금이 선비를 벗으로 삼았다고 하던데, <그대도
나와 벗하면> 어떻겠소.』 그러자 자사는 불쾌한 듯이 임금에게 말했다.
『옛사람이 현인을 잘 섬겨야 한다고 말했거늘, 어찌 벗하자고 말하십니
까.』 자사가 불쾌하게 여긴 것은 다음 같은 생각이 아니겠느냐. 『지위

로 말하면 그대는 임금이고 나는 신하다. 어찌 감히 임금과 벗하겠는가. <한편> 현덕(賢德)으로 말하면, 그대가 즉 나를 섬겨야 하거늘 어찌 나와 벗할 수가 있겠느냐.』<자사의 경우> 천승의 임금도 벗할 수 없거늘, 하물며 제후가 나를 오라고 부를 수 있겠느냐.」

[集註 選譯] (1) 孟子引 子思之言 而釋之 以明不可召之意.：「맹자가 자사의 말을 인용해서 뜻풀이를 하고 <임금이 현명한 사람을> 불러 오라고 할 수 없음을 밝힌 것이다.」

齊景公田 招虞人以旌 不至將殺之 志士不忘在溝壑
勇士不忘喪其元 孔子奚取焉 取非其招不往也 曰 敢
問 招虞人何以 曰以皮冠 庶人 以旃 士以旂 大夫以
旌 以大夫之招 招虞人 虞人死不敢往 以士之招 招
庶人 庶人豈敢往哉 況乎以不賢人之招 招賢人乎.

제경공(이) 전(할새) 초우인이정 부지(어늘) 장살지(러니) 지사 불망재구학(이오) 용사(는) 불망상기원(이라하니) 공자(이) 해취언(이꼬) 취비기초불왕야(이시니라) 왈 감문 초우인하이(니이꼬) 왈 이피관(이니) 서인(은) 이전(이오) 사(는) 이기(오) 대부(는) 이정(이니라) 이대부지초(로) 초우인(이어늘) 우인(이) 사불감왕(하니) 이사지초(로) 초서인(이면) 서인(이) 기감왕재(리오) 황호이불현인지초(로) 초현인호(아)

「옛날 제(齊)나라 경공(景公)이 사냥할 때 정기(旌旗)를 흔들고 원유(苑囿)지기를 오라고 불렀으나, 그가 오지 않자, 경공이 그를 죽이려고 했다. <그러나 공자는 그를 칭찬하고 말했다.>『지사(志士)는 항상 의(義)를 위해 죽어 도랑에 떨어질 각오가 되어 있고, 또 용사는 언제라도 자기 목을 잃을 각오가 되어 있어야 한다.』공자께서 어떤 점을 취해서 칭찬을 했을까. 그가 정당한 방법으로 자기를 부르지 않았으므

로 <부름에도> 응하지 않은 점을 칭찬한 것이다.」 만장 : 「감히 묻겠습
니다. 원유지기는 무엇으로 불러야 합니까.」 맹자 : 「<원유지기는>
피관(皮冠)을 흔들고, 서인(庶人)은 전(旃)을 흔들고, 사(士)는 기(旂)
를 흔들고, 대부(大夫)는 정(旌)을 흔들고 불러야 한다. 대부를 부르는
격식으로 우인을 불러도 <그 격식이 잘못이므로> 우인이 죽음을 각오
하고 감히 가지 않은 것이다. 사를 부르는 격식으로 서인을 부르면,
서인이 감히 가겠는가. 하물며 현인(賢人)을 초빙하는 예를 갖추지 않
고, 현인을 부른다면. <내가 어찌 응하고 가겠는가.>」

▶ 어구 설명

· 田(전) : 사냥할 때.
· 虞人以旌(우인이정) : 「우인(虞人)」은 원유(苑囿)를 지키는 서리(胥吏).
  정(旌)은 기 끝에 새털이 달린 기.
· 元(원) : 「목, 수(首)」.
· 皮冠(피관) : 사냥 때 쓰는 털모자.
· 旃(전) : 자루가 굽은 기.
· 旂(기) : 용을 그리고 방울이 달린 기.

[集註 選譯] (1) 欲見而召之 是不賢人之招也 以士之招招庶人 則不敢往
以不賢人之招 招賢人 則不可往矣. : 「제후가 보고 싶다고 부르는 것은
현인(賢人)을 초빙하는 도리가 아니다.」 「벼슬하는 선비를 부르는 격식
으로 일반 서민을 부르면, 서민은 감히 응하고 가지 못하게 마련이다.」
「현인을 초빙하는 예나 도리를 갖추지 않고, 현인을 부르면 현인이나
군자는 갈 수가 없는 것이다.」

欲見賢人 而不以其道 猶欲其入 而閉之門也 夫義
路也 禮門也 惟君子能由是路 出入是門也 詩云 周
道如底 其直如矢 君子所履 小人所視.

욕견현인 이불이기도(이면) 유욕기입 이폐지문야(이니라) 부의(는) 노야(이오) 예(는) 문야(이니) 유군자능유시로(하며) 출입시문야(이니) 시운 주도여저 (하니) 기직여시(로다) 군자소리(요) 소인소시(라하니라)

「제후가 현인을 만나보고자 하면서 바른 도리를 갖추지 않는 것은 마치 사람이 들어오기를 바라면서 문을 닫는 것과 같다. 무릇 의(義)는 길이 고, 예(禮)는 문이다. 군자는 오직 바른 길을 따르고 바른 문으로만 출입할 수 있다. 시경에 있다. 『주(周)나라의 길은 숫돌같이 평탄하고, 곧기가 마치 화살 같다. 그 길을 군자가 밟고 다니자, 소인들이 모두 보고 따르니라.』」

▶ 어구 설명

· 詩(시) : 시경 소아(小雅) 대동편(大東篇).
· 底(저) : 지(砥)와 같으며, 숫돌이다. 평탄하다는 뜻.
· 矢(시) : 곧다는 뜻.

---

**萬章曰 孔子君命召 不俟駕而行 然則孔子非與 曰 孔子當仕有官職 而以其官召之也.**

---

만장(이) 왈 공자(는) 군(이) 명소(이어시든) 불사가이행(하시니) 연즉공자(이) 비여(이까) 왈 공자(는) 당사유관직 이이기관(으로) 소지야(이니라)

만장이 말했다. 「공자께서는 임금이 명을 내려 부르시면, <수레에> 말을 맬 틈을 기다리지 않고 즉시 가셨으니, 그렇다면 공자께서는 잘못 하신 것입니까.」 맹자 : 「공자께서는 당시 관직에 계셨으며, 임금도 관직으로써 부르신 것이다.」

[集註 選譯] (1) 徐氏曰 孔子 孟子 易地則皆然 : 서씨(徐氏)가 말했다. 「공자와 맹자는 처지가 바뀌어도 같았을 것이다.」

(2) 此章言不見諸侯之義 最爲詳悉 更合陳代 公孫丑所問者 而觀之 其說乃盡. : 「이 장은 맹자가 제후를 자진해서 만나지 않는 뜻을 잘 말한 것이며, 앞에서 진대(陳代)와 공손추(公孫丑)의 질문에 답한 말과 함께 보면 더욱 충분히 알 수 있을 것이다.」

孟子謂萬章曰 一鄕之善士 斯友一鄕之善士 一國之善士 斯友一國之善士 天下之善士 斯友天下之善士 以友天下之善士 爲未足 又尙論古之人 頌其詩 讀其書 不知其人 可乎 是以 論其世也 是尙友也.

맹자(이) 위만장왈 일향지선사(이아) 사우일향지선사(하고) 일국지선사(이아) 사우일국지선사(하고) 천하지선사(이아) 사우천하지선사(이니라) 이우천하지선사(로) 위미족(하야) 우상론고지인(하나니) 송기시(하며) 독기서(호대) 부지기인(이) 가호(아) 시이(로) 논기세야(이니) 시상우야(이니라)

맹자가 만장에게 말했다. 「한 고을에서 치는 착한 선비라야 비로소 그 고을의 착한 선비들과 벗할 수 있다. 한 나라에서 치는 착한 선비라야 비로소 그 나라의 착한 선비들과 벗할 수 있다. 천하에서 치는 착한 선비라야 비로소 천하의 착한 선비들과 벗할 수 있다. <오늘 살아있는> 천하의 착한 선비만을 <벗하고 사귀는 것만으로는> 아직 부족하다. <그래서> 또 다시 옛날의 <착하고 현명한> 성현(聖賢)을 높이고 벗하고 <제반사를> 논해야 한다. <그러나 옛날의 성현을 높이고 벗하고, 또 논하기 위해서> 오늘의 선비는 시경(詩經)이나 서경(書經) 같은 경서(經書)를 읽는다. <그러나 글만을 읽고 그들 성현의> 인품을 몰라서야 되겠는가. 고로, 그들 성현이 살고 처했던 세상을 <역사적으로> 구명(究明)하고 바르게 알아야 한다. <그렇게 하는 것이> 바로 상우(尙友)이다. 즉 성현을 벗으로 높이고 따르는 태도이다.」

▶ 어구 설명
· 斯(사) : 「그때에, 그래야, 비로소」의 뜻.
· 尙(상) : 주자(朱子)는 「상(上)」으로 풀었다.
· 頌(송) : 송독(誦讀)과 통한다.

[集註 選譯] (1) 言 己之善 蓋於一鄕 然後 能盡友一鄕之善士 推而至於一國天下 皆然 隨其高下 以爲廣狹也. : 곧 다음 같은 뜻을 말한 것이다. 「내가 착한 사람이라는 사실이 고을 전체에 알려져야 비로소 그 고을에 사는 모든 착한 사람들과 벗하고 사귈 수 있다. <이 원칙을> 국가적 차원으로 미루어 나가도 같다. <나의 현명한 지혜와 인덕(仁德)의> 고하(高下)에 따라 <나와 벗하는 선비들의 범위의> 광협(廣狹)이 정해진다.」

齊宣王 問卿 孟子曰 王 何卿之問也 王曰 卿不同乎
曰 不同 有貴戚之卿 有異姓之卿 王曰 請問貴戚之
卿 曰 君有大過則諫 反覆之而不聽 則易位.

제선왕(이) 문경(한대) 맹자(이) 왈 왕(은) 하경지문야(이시니이꼬) 왕왈 경(이) 부동호(이까) 왈 부동(하니) 유귀척지경(하며) 유이성지경(하니이다) 왕왈 청문귀척지경(하노이다) 왈 군(이) 유대과 즉간(하고) 반복지 이불청 즉역위(니이다)

제(齊)나라 선왕(宣王)이 경(卿)에 대해서 묻자, 맹자가 되물었다. 「임금님께서 물으시는 경은 어느 경이십니까.」 선왕 : 「경은 다 같지 않소?」 맹자 : 「같지 않습니다. 동성(同姓) 일가(一家)의 경도 있고, 이성(異姓) 타가(他家)의 경도 있습니다.」 선왕 : 「우선 동성 일가의 경에 대해서 알고 싶소.」 맹자 : 「임금이 크게 잘못하면, 간언을 올립니다. <그래도 임금이 잘못을> 반복하고 간언을 듣지 않으면, 그때에는 임금을 바꾸려고 할 것입니다.」

[集註 選譯] (1) 大過 謂足以亡其國者 易位 易君之位 更立親戚之賢者 蓋與君有親親之恩 無可去之義 以宗廟爲重 不忍坐視其亡 故不得已 而 至於此也. : 「대과(大過)」는 「그 나라를 망칠 만한 큰 잘못을 말한다.」 「역위(易位)」는 「임금자리를 바꾸고, 일가 친척 중에서 현명한 사람을 다시 내세운다」는 뜻이다. 허기는 〈일가 친척이 되는 경들은〉 임금과 〈같은 선조를 모시고〉 또 일가 친족의 사랑을 함께하고 있으며, 〈임금 이 잘못한다고〉 임금을 버리고 떠날 수 없으며, 선조를 모신 종묘를 중하게 여기고 받들어야 한다. 그러므로, 나라가 망하는 것을 좌시(坐 視)할 수 없다. 고로 부득이하게 〈잘못한 임금을 바꿔야〉 한다.

---

王勃然變乎色 曰 王勿異也 王問臣 臣不敢不以正 對 王 色定 然後 請問異姓之卿 曰 君有過則諫 反覆 之 而不聽 則去.

---

왕(이) 발연변호색(하신대) 왈 왕(은) 물이야(하소서) 왕(이) 문신(하실새) 신 (이) 불감불이정대(호이다) 왕(이) 색정 연후(에) 청문 이성지경(하신대) 왈 군(이) 유과즉간(하고) 반복지 이불청(이면) 즉거(이니이다)

선왕(宣王)이 발끈 화를 내고 안색이 변했다. 맹자 : 「임금님, 저를 탓하지 마십시오. 임금님께서 물으시므로 신은 감히 바르게 대답하지 않을 수 없었습니다.」 선왕이 안색을 바로잡은 다음에 물었다. 「다른 성의 경은 어떻게 합니까.」 맹자 : 「임금님이 잘못하시면 곧 간언을 올립니다. 〈그런데도〉 임금님이 〈간언을 안 들으시고〉 반복해서 잘 못하시면, 〈다른 성의 경은〉 즉시 〈임금님 곁을〉 떠나고 말 것입니 다.」

▶ 어구 설명

·勃然(발연) : 발끈 화를 내다.

·勿異(물이) : 「탓하지 말라」는 뜻으로 풀었다.

·不敢不以正對(불감불이정대) : 감히 바르게 대답하지 않을 수 없다.

[集註 選譯] (1) 此章 言大臣之義 親疏不同 守經行權 各有其分 貴戚之卿 小過 非不諫也 但必大過而不聽 乃可易位 異姓之卿 大過 非不諫也 雖小過而不聽 已可去矣. :「이 장은 대신(大臣)이 지킬 의리를 말한 것이다.」「<대신이라도> 친소(親疎)가 같지 않으므로 상법(常法)을 지키거나 권력을 행사할 때에도 저마다 분별이 있게 마련이다.」「귀척(貴戚)의 경(卿)이 임금의 작은 허물을 간하지 않는 것은 아니지만, 그러나 임금이 크게 잘못하고도 간언을 받아들이지 않으면 반드시 <자기네 선조가 세운 나라를 위해서 잘못한 임금을> 바꿀 수도 있다.」「<그러나> 이성(異姓)의 경(卿)이 <임금의> 큰 잘못에 대해서 간하지 않는 것은 아니지만, 비록 작은 허물이라도 <임금이 자기들의 간언을> 듣지 않으면, 훌쩍 떠날 수도 있다.」

(2) 然三仁 貴戚 不能行之於紂 而霍光異姓 乃能行之於昌邑 此又委任權力之不同 不可以執一論也. :「그러나 <은(殷)나라의 경우> 세 인자(仁者), 즉 비간(比干)·기자(箕子)·미자(微子)는 귀척(貴戚)이었으나, 포악한 주(紂)를 바꾸지 못했다.」「한편 전한(前漢)의 곽광(霍光)은 다른 성의 대신이었으나, 창읍(昌邑)의 음란무도한 임금 왕하(王賀)를 폐하고, 새로 선제(宣帝)를 자리에 올렸다.」「이와 같이 <역사적 사실에 있어> 권력의 위임이 같지 않다. 그러므로 한 가지 원칙만을 고집할 수도 없다.」

## 고자장구 상(告子章句 上)의 명언 명구

告子曰 性猶杞柳也 義猶桮棬也 以人性爲仁義 猶
以杞柳爲桮棬 孟子曰 子能順杞柳之性 而以爲桮棬
乎 將戕賊杞柳而後 以爲桮棬也 如將戕賊杞柳 而
以爲桮棬 則亦將戕賊人 以爲仁義與 率天下之人
而禍仁義者 必子之言夫.

고자(이) 왈 성(은) 유기류야(이오) 의(는) 유배권야(이니) 이인성위인의(이)
유이기류위배권(이니라) 맹자(이) 왈 자(이) 능순기류지성 이이위배권호(아)
장장적기류 이후(에) 이위배권야(이니) 여장장적기류 이이위배권(이면) 즉역
장장적인 이위인의여(아) 솔천하지인 이화인의자(는) 필자지언부(인저)

고자(告子)가 말했다. 「사람의 본성은 기류(杞柳) 같으며, 도의는 배권
(桮棬)과 같습니다. 본성을 인의의 도덕성이라고 말하는 것은 흡사 기
류를 배권이라고 말하는 것과 같습니다.」 맹자가 말했다. 「그대는 기류
의 본성을 따라서 배권을 만들 수 있다고 생각하는가. 아니면 기류의
본성을 죽이고 해쳐서 배권을 만든다고 생각하는가. 만약에 기류의
본성을 죽이고 해쳐야 배권을 만든다고 하면 사람도 본성을 죽이거나
해쳐야 <비로소> 인의 도덕을 행하게 될 것이란 말인가. <그대의
생각이나 말은 잘못이다.> 천하의 모든 사람들을 이끌고 인의 도덕을

해치게 하는 것은 <다른 것이 아니다.> 반드시 그대의 말이나 주장같이. <인의는 억지로 하는 것이라고 하는 말이나 생각 때문이다.>」

## ▶ 어구 설명

· 告子(고자) : 성이 고(告), 이름은 불해(不害)다. 한때는 맹자에게 배우기도 했다. 그러나 생각이나 이론이 같지 않았다. 그는 인의(仁義) 같은 도덕을 인위적으로 꾸며서 강요하는 것이라 생각했다.

· 杞柳(기류) : 갯버들이나 고리버들.

· 桮棬(배권) : 갯버들로 만든 술잔이나 나무그릇.

[集註 選譯] (1) 告子言 人性本無仁義 必待矯揉而後成 如荀子性惡之說也. : 고자(告子)가 말했다. 「사람의 성품에는 원래 인의의 도덕성이 없다. 억지로 뒤틀고 휘어잡아서 비로소 인의를 행한다.」 「흡사 순자(荀子)의 성악설(性惡說)과 같다.」

(2) 言如此 則天下之人 皆以仁義爲害性 而不肯爲 是因子之言 而爲仁義之禍也. : 곧 「천하의 사람은 인의를 본성을 해치는 것이라 생각하고 행하지 않는다. 그러므로 <맹자가>『그대의 말로 인해서 인의를 해친다』고 말한 것이다.」

## 【참고 보충】 맹자의 성선설(性善說)

유가의 정통은 맹자의 성선설(性善說)이다. 그러므로 「천도를 깨닫고 알고, 또 실천하는 지성(知性), 서로 사랑하는 인성(仁性), 도덕과 인의를 굳게 지키고, 또 행하는 용기를 갖추고 있다.」 중용(中庸)에 있다. 「하늘이 절대 명령으로 사람에게 내려준 것이, 곧 인간의 본성이다. 그 본성을 따르고 행하는 것이 사람이 따르고 행해야 할 바른 길이며 도리이다. 그 도리를 각자의 기질이나 능력에 맞춰, 잘 행할 수 있게 조절하는 것이 곧 교육이다.(天命之謂性 率性之謂道 修道之謂敎)」 고로 효제(孝弟), 충신(忠信), 인의 등 모든 윤리 도덕이 바로 착한 본성을

바탕으로 하는 것이다. 서산진씨(西山眞氏)가 다음같이 평했다. 「고자
가 『사람의 성품에는 본래 인의가 없으며, 무리하게 강요한 것이다.』고
말했으나, 그는 참으로 천리를 모르는 소리다.」

> **告子曰 性猶湍水也 決諸東方 則東流 決諸西方 則**
> **西流 人性之無分於善不善也 猶水之無分於東西也.**

> 고자(이) 왈 성(은) 유단수야(이라) 결제동방 즉동류(하고) 결제서방 즉서류
> (하나니) 인성지무분어선불선야(이) 유수지무분어동서야(이니라)

고자가 말했다. 「사람의 본성은 흐르는 물과 같습니다. 동쪽으로 터주
면 동쪽으로 흐르고, 서쪽으로 터주면 서쪽으로 흐릅니다. 사람의 본성
에 선(善)과 불선(不善)의 분별이 없는 것은 마치 물에 동과 서의 분별
이 없음과 같습니다.」

▶ 어구 설명

· 湍(단) : 소용돌이치며 흐름.
· 決諸東方 則東流(결제동방 즉동류) : 동쪽을 터주면 곧 동으로 흐르고.
· 決諸西方 則西流(결제서방 즉서류) : 서쪽을 터주면 곧 서로 흐른다.
· 人性之無分於善不善也(인성지무분어선불선야) : 사람의 본성을 선과 악
  으로  나눌 수 없음은.
· 猶水之無分於東西也(유수지무분어동서야) : 흡사 물의 흐름을 동서로 나
  눌 수 없음과 같다.

[集註 選譯] (1) 告子因前說而小變之 近於揚子善惡混之說. : 고자는 앞
의 말을 바탕으로 했다. 그러나 약간 다르게 말했으며, 양자(揚子 : 揚
雄)의 「선악혼합설(善惡混合說)」에 가깝다. <⇒ 양자 수신편 : 人之性
也 善惡混>

> 孟子曰 水信無分於東西 無分於上下乎 人性之善也
> 猶水之就下也 人無有不善 水無有不下 今夫水 搏
> 而躍之 可使過顙 激而行之 可使在山 是豈水之性
> 哉 其勢則然也 人之可使爲不善 其性亦猶是也.

맹자(이) 왈 수(이) 신무분어동서(이어니와) 무분어상하호(아) 인성지선야(이)
유수지취하야(이니) 인무유불선(하며) 수무유불하(이니라) 금부수(를) 박이
약지(면) 가사과상(이며) 격이행지(면) 가사재산(이어니와) 시기수지성재(리
오) 기세즉연야(이니) 인지가사위불선(이) 기성(이) 역유시야(이니라)

맹자가 말했다. 「물을 동서(東西)로 나눌 수 없다. <그러나> 상하(上
下)의 분별도 없겠느냐. 사람의 본성이 착한 것은 마치 물이 아래로
흐르는 것과 같다. 사람의 본성이 선하지 않음이 없는 것은 흡사 물이
아래로 흐르지 않는 것이 없는 것과 같다. 지금 만약에 물을 쳐서 튀어
오르게 하면, 이마를 지나게도 할 수 있다. 또 흐르는 물을 막았다가
확 터서 흐르게 하면 <물을> 산 위로도 흐르게 할 수 있다. <그러나>
그것이 어찌 물의 본성이겠느냐. 그때의 형세가, 그렇게 되게 하는 것
이다. <본성이 착한> 사람도 <때로는> 나쁜 짓을 하게 할 수 있다.
<그러나 나쁜 일을 할 때의> 그 사람의 성품도 역시 <형세가> 그와
같이 <나쁜 일을> 하게 만드는 것이다.」

▶ 어구 설명

· 搏而躍之 可使過顙(박이약지 가사과상) : 박(搏)은 친다는 뜻. 약(躍)은
튀어오른다는 뜻. 상(顙)은 이마.

[集註 選譯] (1) 水之過額在山 皆不就下也 然其本性 未嘗不就下 但爲
搏激所使 而逆其性耳 此章言 性本善 故順之而無不善 本無惡故反之 而
後爲惡 非本無定體 而可以無所不爲也. :「물이 이마를 넘거나 산 위로
흐르는 것은 다 아래로 흐르는 것이 아니다.」「그러나 물의 본성은 여전

히 아래로 흐른다.」「다만 치거나 과격하게 〈자극을 주어〉 역행하게
만든 것이다.」 다음 같은 뜻을 말한 것이다. 「사람의 본성은 본래 착하다.
고로 본성을 따르면 착하지 않음이 없게 된다. 〈또 사람의 본성은〉 본래
악함이 없다. 고로 〈본성을〉 어겨야 악을 행하게 된다.」「〈고자의 말같
이〉 사람의 본성에 정체가 없어서 〈좋으나 나쁘나〉 모든 일을 하는
것이 아니다.」

---

告子曰 生之謂性 孟子曰 生之謂性也 猶白之謂白
與 曰然 白羽之白也 猶白雪之白 白雪之白 猶白玉
之白與 曰然 然則犬之性 猶牛之性 牛之性 猶人之
性與.

---

고자(이) 왈 생지위성(이니라) 맹자(이) 왈 생지위성야(는) 유백지위백여(아)
왈 연(하다) 백우지백야(이) 유백설지백(이며) 백설지백(이) 유백옥지백여(아)
왈 연(하다) 연즉견지성(이) 유우지성(이며) 우지성(이) 유인지성여(아)

고자가 말했다. 「살려는 〈욕구나 본능을〉 본성이라 합니다.」 맹자가
되물었다. 「사는 것을 본성이라고 한 그대의 말은 바로 흰 것은 희다고
하는 것과 같으냐.」 고자 : 「그렇습니다.」 맹자 : 「하얀 깃의 흰 것을
백설(白雪)의 흰 것과 같다고 하고, 또 백설의 흰 것을 백옥(白玉)의
흰 것과 같다는 뜻이냐.」 고자 : 「그렇습니다.」 맹자 : 「그렇다면 곧
개의 본성이 소의 본성과 같고, 소의 본성이 사람의 본성과 같단 말이
냐.」 〈즉 사람의 삶과 동물의 삶을 혼동하면 안 된다.〉

▶ 어구 설명
· 生之謂性(생지위성) : 살려는 것이 본성이다. 〈고자는 동물적 생존욕구만
  을 생으로 보았다.〉
· 猶白之謂白與(유백지위백여) : 흰 것을 희다고 말하는 것과 같으냐. 〈즉

외면적 형상만을 보고 삶이라고 하느냐 하고 반문한 것이다.>

[集註 選譯] (1) 愚按 性者人之所得於天之理也 生者人之所得於天之氣也 性形而上者也 氣形而下者也 人物之生 莫不有是性 亦莫不有是氣 然以氣言之 則知覺運動 人與物 若不異也 以理言之 則仁義禮智之稟 豈物之所得而全哉 此人之性 所以無不善 而爲萬物之靈也. : 나는 생각한다. 「성(性)은 사람이 하늘에서 얻은 바의 이(理)이고, 생(生)은 사람이 하늘에서 얻은 바 기(氣)이다.」「성(性)은 형이상(形而上)이고, 기(氣)는 형이하(形而下)이다.」「인간이나 동물·식물이나 살아 있는 만물은 모두가 다 성(性)이 있고, 또 기(氣)를 가지고 있다.」「그러나 기를 중심하고 말하면, 지각하고 운동함에 있어 인간이나 동식물이 별로 다르지 않는 것 같다.」<그러나> 이를 중심하고 말하면 <사람만이> 인의예지(仁義禮智)의 도덕성을 지니고 있다.」「어찌 동식물의 도리를 전부라고 하겠는가.」「그러므로 사람의 본성은 착하지 않은 것이 없다.」「따라서 만물의 영장이라고 한다.」

(2) 告子不知性之爲理 而以所謂氣者當之 是以杞柳湍水之喩 食色無善無不善之說 縱橫繆戾 紛紜舛錯 而此章之誤 乃其本根 所以然者 蓋徒知知覺運動之蠢然者 人與物同 而不知 仁義禮智之粹然者 人與物異也 孟子以是折之 其義精矣. : 「고자는 성(性)이 곧 이(理)라는 깊은 뜻을 알지 못했다.」「그래서 이른바 기(氣)를 성(性)이라 한 것이다.」「또 <그는 앞에서와 같이 성을> 기류(杞柳)나 단수(湍水)로 비유했으며, 식색(食色)에는 선(善)도 불선(不善)도 없다는 말을 하고, 종횡으로 모순되고 엇갈리고, 또 복잡하게 엉키고 틀린 말을 한 것이다.」「그러므로 이 장에서 <고자가 말한 바 성에 대한> 오류는 바로 근본적인 <중대한> 것이다.」「고자가 그와 같이 오류를 범한 이유는 <다음 같은 데 기인한다.> 그는 원래 <인간과 동식물을> 오직 지각하고 운동하는 <생물적 존재로만 인식했다. 그래서 그는> 인간과 동식물을 같다고 잘못 알았으

며, 사람에게는 인의예지의 순수한 본연의 도덕성이 있고 〈따라서〉 인간과 동식물은 〈근본적으로〉 다르다는 〈존엄한 사실을〉 몰랐던 것이다. 〈그런 것을〉 맹자가 이와 같이 〈고자의 잘못된 생각과 주장을〉 꺾었으니, 그 뜻이나 이론이 참으로 정밀한 것이라 하겠다.」

告子曰 食色性也 仁內也 非外也 義外也 非內也 孟子曰 何以謂仁內義外也 曰 彼長而我長之 非有 長於我也 猶彼白而我白之 從其白於外也 故謂之外 也 曰 異於 白馬之白也 無以異於白人之白也 不識 長馬之長也 無以異於長人之長與 且謂長者義乎 長 之者義乎.

고자(이) 왈 식색(이) 성야(이니) 인(은) 내야(이라) 비외야(이오) 의(는) 외야(이라) 비내야(이니라) 맹자(이) 왈 하이위인내의외야(오) 왈 피장이아장지(라) 비유장어아야(이니) 유피백이아백지(라) 종기백어외야(이라) 고(로) 위지외야(이라하노라) 왈 이어 백마지백야(는) 무이이어백인지백야(이어니와) 불식(케라) 장마지장야(이) 무이이어장인지장여(아) 차위장자(이) 의호(아) 장지자(이) 의호(아)

고자가 말했다. 「음식을 먹고, 또 남녀가 짝짓기를 하는 것이 사람의 본성입니다. 인(仁)은 내적인 것이지, 외적인 것이 아닙니다. 의(義)는 외적인 것이지 내적인 것이 아닙니다.」 맹자가 말했다. 「어찌해서 인은 내적이고, 의는 외적이라고 하는가.」 고자 : 「상대방이 연장자인 경우, 내가 그를 연장자로 공경하는 것은 내 마음속에 공경하려는 마음이 있는 것이 아닙니다. 흡사 어떤 물건이 희기 때문에 내가 희다고 하는 것은 곧 외적으로 그것이 희기 때문에 내가 따라서 희다고 하는 것과 같습니다. 고로 외적이라고 하는 것입니다.」 맹자 : 「다르다. 백마(白

馬)의 흰빛은 백인(白人)의 흰빛과 다르지 않다. 그대는 알지도 못하고
<겉만 보고> 늙은 말을 늙었다고 생각하는 것과 나이 많은 사람을
공경하는 것을 다르지 않다고 말하는구나. 또 늙음을 의라고 생각하느
냐. 노인 공경을 의로 생각하느냐.」

[集註 選譯] (1) 告子 以人之知覺運動者爲性 故言人之甘食悅色者 卽其
性 故仁愛之心 生於內 而事物之宜 由乎外 學者 但當用力於仁 而不必求
合於義也. :「고자는 사람의 지각과 운동만으로 성(性)이라 했다. 고로
사람이 먹기 좋아하고, 또 색을 좋아하는 것을 본성이라 말했다.」「그러
므로 인애(仁愛)의 마음은 속에서 나오고, 사물을 잘 다루는 것은 외적
인 것이라 했다.」「고로 배움은 오직 인(仁)에만 힘을 쓰고, 외적으로
의(義)에 맞게 할 필요가 없다고 말한 것이다.」

(2) 我長之 我以彼爲長也 我白之 我以彼爲白也. :「아장지(我長之)」
는 「내가 상대를 연장자라고 인정한다는 뜻이다.」「아백지(我白之)」는
「내가 그것을 희다고 인정한다」는 뜻이다.

---

日吾弟則愛之 秦人之弟則不愛也 是以我爲悅者也
故謂之內 長楚人之長亦長吾之長 是以長爲悅者也
故謂之外也 日耆秦人之炙無以異於耆吾炙 夫物則
亦有然者也 然則耆炙亦有外與.

---

왈 오제즉애지(하고) 진인지제즉불애야(하나니) 시(는) 이아위열자야(이라)
고(로) 위지내(오) 장초인지장(하며) 역장오지장(하나니) 시(는) 이장위열자
야(이라) 고(로) 위지외야(이라하노라) 왈 기진인지자(이) 무이이어기오자(하
니) 부물(이) 즉역유연자야(이니) 연즉기자(도) 역유외여(아)

고자가 말했다. 「나의 동생은 사랑하지만, 진(秦)나라 사람의 동생은

사랑하지 않는 것은 나의 마음이 즐겁게 하기 때문입니다. 고로 인(仁)을 내적이라고 합니다. <한편> 초(楚)나라의 연장자도 공경하고, 또 자기 나라의 연장자도 공경하는 것은 바로 공경을 기쁘게 여기기 때문입니다. 고로 의(義)를 외적이라 하는 것입니다.」 맹자가 <반박하고> 말했다.「진나라 사람이 만든 불고기를 좋아하여 먹는 것이나, 내가 만든 불고기를 즐겨 먹는 것이나 다를 게 없다. <외적> 물건도 그와 같다. 그런데 불고기를 즐겨 먹는 <주관적> 기호(嗜好)마저 외적이라고 하느냐.」

▶ 어구 설명

· 長楚人之長(장초인지장) : 앞의 장(長)은「공경한다」는 뜻. 뒤의 장(長)은「노인」의 뜻.
· 耆秦人之炙(기진인지자) :「기(耆) = 嗜(즐길 기)」,「자(炙)」는「불고기」.

[集註 選譯] (1) 言愛主於我 故仁在內 敬主於長 故義在外. : 다음 같은 뜻이다.「사랑은 나를 주체로 하므로 인(仁)은 내적이다. 공경은 연장자를 주체로 하므로 의(義)는 외적이다.」

(2) 言長之耆之 皆出於心也. : 다음 같은 뜻이다.「<연장자를 공경하는 것과 불고기를 좋아하여 먹는 것이> 다 마음속에서 나온다.」

(3) 林氏曰 告子以食色爲性 故因其所明者 而通之. : 임씨(林氏)가 말했다.「고자는 식색을 성이라 생각했다. 그래서 고자가 안다고 생각하는 바를 바탕으로 하고 그를 통하게 한 것이다.」

(4) 自篇首 至此四章 告子之辯屢屈 而屢變其說以求勝 卒不聞 其能自反 而有所疑也. :「첫 장에서 4장까지, 고자는 자기의 변론을 자주 굴절하고, 또 그의 설명을 여러 차례 변경하면서, 억지로 이기려고 했다. 그래서 끝내 반성하지 못했으며, 또 의문에 대한 <해답을 맹자로부터> 바르게 듣지도 못했다.」

(5) 此正其所謂 不得於言 勿求於心者 所以卒於鹵莽 而不得其正也. :
이러한 태도가 곧 <고자가 말한 바> 「납득되지 않는 말을 마음에 두고
바른 도리를 찾지 말라.(不得於言勿求於心)」이다. <⇒ 공손추 상 제2
장>「그래서 고자는 결국 조잡한 생각이나 말만 하고 끝내 바른 도리를
터득하지 못했던 것이다.」

孟季子問 公都子曰 何以謂義內也 曰 行吾敬 故謂
之內也 鄉人長於伯兄一歲 則誰敬 曰敬兄 酌則誰
先 曰先酌鄉人 所敬在此 所長在彼 果在外 非由內
也 公都子 不能答 以告孟子 孟子曰 敬叔父乎 敬弟
乎 彼將曰 敬叔父 曰 弟爲尸 則誰敬 彼將曰 敬弟
子曰 惡在其敬叔父也 彼將曰 在位故也 子亦曰 在
位故也 庸敬在兄 斯須之敬 在鄉人 季子聞之 曰 敬
叔父則敬 敬弟則敬 果在外 非由內也 公都子曰 冬
日則飲湯 夏日則飲水 然則飲食 亦在外也.

맹계자(이) 문 공도자 왈 하이위의내야(이오) 왈 행오경 고(로) 위지내야(이니
라) 향인(이) 장어백형일세 즉수경(고) 왈 경형(이니라) 작즉수선(고) 왈 선작
향인(이니라) 소경(은) 재차(하고) 소장(은) 재피(하니) 과재외(라) 비유내야
(이로다) 공도자(이) 불능답(하야) 이고맹자(한대) 맹자(이) 왈 경숙부호(아)
경제호(아하면) 피장왈경숙부(이라하리라) 왈제위시즉수경(고하면) 피장왈
경제(라하리라) 자왈 오재기경숙부야(오하면) 피장왈재위고야(이라하리니)
자(이) 역왈재위고야(이라하며) 용경(은) 재형(하고) 사수지경(은) 재향인(하
니라) 계자문지(하고) 왈 경숙부즉경(하고) 경제즉경(하니) 과재외(라) 비유내
야(이로다) 공도자(이) 왈 동일즉음탕(하고) 하일즉음수(하나니) 연즉음식(도)
역재외야(이로다)

맹계자(孟季子)가 <맹자의 제자인> 공도자(公都子)에게 물었다. 「어째서 의(義)를 내적(內的)이라고 합니까.」 공도자가 대답했다. 「나의 마음속에 있는 <본성적인> 공경심을 행하므로 의를 내적이라고 합니다.」 맹계자 : 「만약에 마을 사람의 나이가 그대의 큰형보다 한 살 더 많다면, 그대는 누구를 더 공경하겠습니까.」 공도자 : 「제 형을 더 공경합니다.」 맹계자 : 「마을 사람과 함께 술을 마실 때는, 누구에게 술잔을 먼저 따라 올립니까.」 공도자 : 「나이 많은 사람에게 먼저 잔을 올립니다.」 맹계자 : 「마음속으로 공경하는 분은 그대의 형이지만, 연장자로서 높이는 분은 마을 사람이니, 결국 의는 외적인 것이고 내적인 것이 아니지 않습니까.」 공도자가 대답을 못하고 맹자에게 말하자, 맹자가 <다음같이 대응하는 방법을 가르쳐 주었다.> 「그대가 맹계자에게 『숙부를 공경하느냐, 동생을 공경하느냐』하고 물어라. 그러면 그는 반드시 『숙부를 공경한다』고 대답할 것이다. 그러면 다시 『만약에 동생을 시동(尸童)으로 삼으면, 그때는 누구를 공경하느냐』하고 물어라. 그는 반드시 『시동으로 앉은 동생을 공경한다』고 대답할 것이다. 그러면 그대는 『어째서 아까는 숙부를 공경한다고 말했느냐』고 반문해라. 그는 반드시 『시동으로 앉은 동생을 공경하는 것은 자리 때문이다』라고 말할 것이다. 그러면 그대는 다시 그에게 말해라. 『내가 향음례(鄕飮禮)에서 마을 어른에게 먼저 잔을 올린 것도 위치 때문이다. 평상시에는 형님을 공경하지만, <경우에 따라> 잠시 마을 어른을 공경한 것이다』라고 말하거라.」 <이상은 다 맹자가 공도자에게 대응하는 방법을 일러준 말이다.> 맹계자가 듣고 말했다. 「숙부를 공경할 때는 숙부를 공경하고, 동생을 공경할 때는 동생을 공경한다면, 결국 의는 밖에 있는 것이지, 안에서 나오는 것이 아니다.」 공도자가 반박했다. 「겨울에는 더운물을 마시고, 여름에는 찬물을 마신다고, 음식을 먹고 마시는 욕구나 본성을 밖에 있다고 하겠습니까.」

## ▶ 어구 설명

· 孟季子(맹계자) : 잘 알 수 없다. 조기(趙岐)는 계임(季任)이라 했고, 주자(朱子)는 「맹중자(孟仲子)의 동생일지 모른다」고 했다.

· 公都子(공도자) : 맹자의 제자로 제(齊)나라 사람이다.

· 尸(시) : 시동(尸童). 제사에서 모시는 신주로 신을 상징한다.

· 庸(용) : 평상시.

· 斯須(사수) : 잠시.

[集註 選譯] (1) 此亦上章嗜炙之義 范氏曰 二章問答 大指略同 皆反覆譬喩 以曉當世 使明仁義之在內 則知人之性善 而皆可以爲堯舜矣. : 이도 역시 앞의 「불고기를 좋아한다」는 뜻과 같다. <본성이 내적임을 말한 것이다.> 범씨(范氏)가 말했다. 「두 문답은 취지가 같다. 거듭 비유로써 당시의 사람들을 깨우쳐, 인의(仁義)가 속에 있는 것을 분명히 알게 하고, 또 사람의 본성이 착하므로 누구나 다 요순(堯舜) 같은 사람이 될 수 있음을 알게 한 것이다.」

公都子曰 告子曰 性無善無不善也 或曰 性可以爲善 可以爲不善 是故 文武興 則民好善 幽厲興 則民好暴.

공도자(이) 왈 고자(이) 왈 성(은) 무선 무불선야(이라하고) 혹왈 성(은) 가이위선(이며) 가이위불선(이니) 시고(로) 문무(이) 흥(하면) 즉민(이) 호선(하고) 유려(이) 흥(하면) 즉민(이) 호포(이라하고)

공도자가 말했다. 「고자는 『성은 선(善)도 없고, 불선(不善)도 없다』고 말합니다. 어떤 사람은 말합니다. 『사람의 본성은 선(善)해질 수도 있고, 불선(不善)해질 수도 있다. 그래서 문왕(文王)·무왕(武王)의 덕치(德治)가 흥성하면 백성들도 선(善)을 좋아하고, 반대로 여왕(厲王)이나 유왕(幽王)의 폭정(暴政)이 흥하면 백성들도 포악을 좋아했다.』」

▶ **어구 설명**

·幽厲(유려) : 유왕(幽王)이나 여왕(厲王). 시대적으로는 여왕이 앞이다. 여왕은 학정을 펴고 백성을 착취했다. 그래서 백성에게 쫓겨 체(彘)로 도망가 죽었다. 유왕은 요녀(妖女) 포사(褒姒)에게 미혹되어 황후와 태자를 폐위 추방하고 향락에 몰두했다. 특히 유왕은 포사를 웃게 하려고 거짓으로 봉화(烽火)를 올렸다. 그래서 모든 제후들이 등을 돌렸다. 마침내 쫓겨났던 정비(正妃)의 아버지 신후(申侯)가 견융(犬戎)과 함께 유왕과 포사를 여산(驪山)에서 살해했다.

---

> 或曰 有性善 有性不善 是故以堯爲君而有象 以瞽
> 瞍爲父而有舜 以紂爲兄之子 且以爲君 而有微子啓
> 王子比干.

---

혹왈 유성선(하며) 유성불선(하니) 시고(로) 이요위군 이유상(하며) 이고수위부 이유순(하며) 이주위형지자(이오) 차이위군 이유미자계 왕자비간(이라하나니)

공도자 : 「또 어떤 사람은 다음같이 말합니다. 『사람의 성품은 착할 수도 있고, 착하지 않을 수도 있다. 그러므로 요(堯)임금같이 <착한> 임금 밑에 <반대로> 상(象)같이 나쁜 사람이 있었다. 또 <우매하고 완고한> 아버지 고수(瞽瞍)에게 순(舜)같이 착한 아들이 있었다. 또 주(紂)가 형의 아들이라고 하여 임금이 되었으나, 미자(微子) 계(啓)나 왕자 비간(比干) 같은 착한 사람도 있었다.』」

▶ **어구 설명**

·瞽瞍(고수) : 순임금의 아버지.

·有微子啓 王子比干(유미자계 왕자비간) : 여기서는 주(紂)를 형의 아들이라 했으나, 미자(微子)는 서형(庶兄)이고, 비간(比干)은 숙부(叔父)다.

今日 性善 然則彼皆非與 孟子曰 乃若其情 則可以
爲善矣 乃所謂善也 若夫爲不善 非才之罪也.

금왈 성선(이라하시니) 연즉피개비여(이까) 맹자(이) 왈 내약기정 즉가이위선
의(니) 내소위선야(이니라) 약부 위불선(은) 비재지죄야(니라)

「지금 선생님께서 『성은 선하다』고 말하시니 그러면 그들의 설이 다
잘못된 것입니까.」 맹자가 말했다. 「허기는 성(性)을 따르면 선(善)할
수 있다. 그래서 내가 『본성은 선하다』고 말하는 것이다. 허나 어쩌다가
불선(不善)을 행하는 수도 있다. 그것은 재질의 죄가 아니다.」

▶ 어구 설명

· 乃若(내약) : 「바르게 따르면.」 주자(朱子)는 발어사(發語辭)로 보았다.
「허기는」의 뜻으로 풀어도 된다.

· 其情(기정) : 본성(本性) 자체. 이 「정(情)」을 「있는 그대로, 바탕[素], 혹은
실정(實情)」의 뜻으로 푼다. 여기서 맹자가 말한 「정(情)」은 후세의 성리
학(性理學)에서 말하는 「성정(性情)」의 정과 약간 다르다.

[集註 選譯] (1) 才猶材質 人之能也 人有是性 則有是才 性既善 則才亦
善 人之爲不善 乃物欲陷溺而然 非其才之罪也. : 「재(才)는 재질(材質)
이나 사람의 재능과 같은 뜻이다.」 「사람은 본성이 있다. 따라서 재질이
나 재능도 있으며, 본성이 착하므로 재질이나 재능도 역시 착하다.」 「사
람이 불선(不善)을 행하는 이유는 물욕(物慾)에 빠져서 그렇게 되는
것이다. 재질이나 재능 자체의 죄가 아니다.」

惻隱之心人皆有之 羞惡之心人皆有之 恭敬之心人
皆有之 是非之心人皆有之 惻隱之心仁也 羞惡之心

義也 恭敬之心禮也 是非之心智也 仁義禮智 非由
外鑠我也 我固有之也 弗思耳矣 故曰 求則得之 舍
則失之 或相倍蓰而無算者 不能盡其才者也.

측은지심(을) 인개유지(하며) 수오지심(을) 인개유지(하며) 공경지심(을) 인개
유지(하며) 시비지심(을) 인개유지(하니) 측은지심(은) 인야(이오) 수오지심
(은) 의야(이오) 공경지심(은) 예야(이오) 시비지심(은) 지야(이니) 인의례지
(는) 비유외삭아야(이라) 아고유지야(이언마는) 불사이의(니) 고(로) 왈 구즉득
지(하고) 사즉실지(라하니) 혹상배사 이무산자(는) 불능진기재자야(이니라)

「모든 사람에게는 측은하게 여기는 마음이 있다. 모든 사람에게는 창피
하게 여기는 마음이 있다. 모든 사람에게는 공경하는 마음이 있다. 모
든 사람에게는 시비를 가리는 마음이 있다. 측은하게 여기는 마음이
곧 인(仁)이다. 창피하게 여기는 마음이 곧 의(義)다. 공경하는 마음이
곧 예(禮)이다. 시비를 가리는 마음이 곧 지(智)이다. 인의예지(仁義禮
智)는 나를 외적으로 구속하고 장식한 덕이 아니다. <인의예지는>
나의 <본성 속에> 굳게 있는 덕(德)이다. <그것이 내재하고 있음을>
생각하지 못하고 <알지 못한다.> 그러므로, 스스로 생각하고 구하면
얻고, 반대로 생각하지 않고 내버려두면 잃고 만다. <얻은 사람과 잃은
사람의 차이는> 두 배, 혹은 다섯 배로 벌어지고 <더 심한 경우에는>
헤아릴 수 없을 만큼 크게 차등이 난다. <그와 같은 차이는> 결국
<본성적으로 주어진> 재질이나 재능을 <내가> 다 발휘하지 못했기
때문이다.」

▶ 어구 설명
· 鑠(삭) : 도금(鍍金)한 가식(假飾)이란 뜻.
· 我固有之也(아고유지야) : 내가 본성적으로 가지고 있는 것이다.
· 或相倍蓰(혹상배사) : 두 배, 혹은 다섯 배로 벌어지기도 한다.「蓰(다섯곱 사)」

· 算(산) : 헤아리다.

[集註 選譯] (1) 言四者之心 人所固有 但人自不思而求之耳 所以善惡相去之遠 由不思不求 而不能擴充以盡其才也. :「〈도덕의 기본이 되는〉 네 가지 마음은 모든 사람에게 〈본성적으로〉 있는 고유의 마음이다. 다만 스스로 생각하지 않고, 또 구하지 않을 뿐이다.」「선(善)과 악(惡)의 거리가 멀어지는 이유는 바로 생각하지 않고, 또 구하지 않음으로써 〈하늘로부터 받은 착한〉 재질과 재능을 충분히 뻗어내지 못하기 때문이다.」

(2) 前篇 言是四者爲仁義禮智之端 而此不言端者 彼欲其擴而充之 此直因用以著其本體 故言有不同耳. : 전편, 즉 「공손추 상」에서는 측은지심(惻隱之心), 수오지심(羞惡之心), 공경지심(恭敬之心), 시비지심(是非之心) 등 넷을 인의예지(仁義禮智)의 단(端)이라고 했다.」「그러나 여기서 단(端)이라고 말하지 않았다.」「앞에서는 네 가지 마음을 인의예지로 확대하려고 했으나, 여기서는 네 가지 마음이 인의예지의 본체임을 밝히려고 했을 뿐이다. 그래서 말이 같지 않다.」

---

詩曰 天生蒸民 有物有則 民之秉夷 好是懿德 孔子曰 爲此詩者 其知道乎 故有物必有則 民之秉夷也故好是懿德.

---

시왈 천생증민(하시니) 유물유칙(이로다) 민지병이(라) 호시의덕(이라하야늘) 공자(이) 왈 위차시자(이여) 기지도호(인져) 고(로) 유물(이면) 필유칙(이니) 민지병이야 고(로) 호시의덕(이라하시니라)

「시경 대아(大雅) 증민편(蒸民篇)에 있다. 『하늘이 백성을 낳으시고, 또 만물과 모든 법칙을 있게 하셨다. 이에 백성들은 하늘의 변치 않는 도를 따르고 지켰으며, 착하고 아름다운 덕을 좋아했노라.』 이 시를

공자께서『이 시를 지은 사람은 <참으로> 도를 아는 사람이다』라고
평하셨다. 그런 고로 모든 사물에는 반드시 법칙이 있고, 또 모든 사람
은 하늘의 변치 않는 도를 따르고 지키며 착하고 아름다운 덕을 좋아하
는 것이다.」

▶ 어구 설명

· 蒸(증) : 중(衆)과 같다.
· 民之秉夷(민지병이) : 병(秉)은 잡고 지킨다.「이(夷)」는 이(彝)로, 영원히
  변치 않는 천도의 뜻.
· 懿(의) : 훌륭하다는 뜻.

[集註 選譯] (1) 有物必有法 如有耳目 則有聰明之德 有父子 則有慈孝
之心 是民所秉執之常性也. :「사물이 있으면 반드시 법칙이 있다」는 말
은 곧 <다음 같은 뜻을 말한 것이다.>「사람에게 귀와 눈이 있으므로
곧 총명의 덕이 있다. 아버지와 자식이 있으므로 <아버지에게는> 자애
(慈愛)의 마음이 있고, <자식에게는> 효순(孝順)의 마음이 있다. 이것
이 바로 백성들이 따르고 지키는 불변의 도덕성이다.」

(2) 故人之情 無不好此懿德者 以此觀之 則人性之善 可見而公都子所問
之三說 皆不辯而自明矣. :「그러므로 사람의 바탕[情]이 이와 같은 착
하고 아름다운 덕을 좋아하지 않음이 없다.」이렇게 보면 즉 사람의
본성이 착하다는 것을 알 수 있으며, 공도자가 질문한 세 가지 의문에
대한 변론을 하지 않아도 스스로 알게 될 것이다.

(3) 程子曰 性卽理也 理則堯舜至於塗人一也 才禀於氣 氣有淸濁 禀其淸
者爲賢 禀其濁者爲愚 學而知之 則氣無淸濁 皆可至於善而復性之本 湯
武身之是也. : 정자(程子)가 말했다.「성즉리(性卽理)다.」「이(理)는
요순(堯舜)에서부터 길을 가는 사람에 이르기까지 다 같은 것이다.」
「재질이나 재능은 기(氣)를 바탕으로 한다. 기에는 청탁(淸濁)이 있다.
맑은 기를 받은 사람은 현명하고, 탁한 기를 받은 사람은 우둔하다.」

「배워서 깨닫고 알게 되면, 기의 청탁에 관계없이, 누구나 다 착하게
되고, 본연의 선본성(善本性)으로 복귀한다.」「탕왕(湯王)이나 무왕
(武王)이 몸으로 행한 경지이다.」

(4) 孔子所言 下愚不移者 則自暴自棄之人也. : 〈정자의 말〉「공자가 말
한 '하우불이자(下愚不移者)'는 곧 맹자가 말하는 '자포자기(自暴自棄)
하는 자'이다.」

(5) 又曰 論性不論氣 不備 論氣不論性 不明 二之則不是. : 또 정자가
말했다. 「성(性)을 논하면서 기(氣)를 논하지 않으면 완전하지 못하고,
기를 논하면서 성을 논하지 않으면 분명하지 않다. 〈그리고 이와 기를〉
둘로 나누는 것은 옳지 않다.」

(6) 張子曰 形而後 有氣質之性 善反之 則天地之性 存焉 故氣質之性 君
子有弗性者焉. : 장자(張子)는 말했다. 「형체가 있고 난 다음에 기질의
성이 있다. 그러므로 〈탁한 기질이라도〉 잘 수양해서 돌이킬 수 있으면,
즉 천지(天地)의 성(性)을 지니게 된다. 그러므로 기질의 성은 군자가
본성으로 치지 않는다.」

(7) 愚按 程子此說才字 與孟子本文小異 蓋孟子 專指其發於性者言之 故
以爲才無不善 程子 兼指其禀於氣者言之 則人之才 固有昏明强弱之不同
矣 張子所謂氣質之性 是也 二說雖殊 各有所當 然以事理考之 程子爲密
蓋氣質所禀 雖有不善 而不害性之本善 性雖本善 而不可以無省察矯揉之
功 學者所當深玩也. : 나 주자는 생각한다. 정자(程子)가 여기서 말한
「재(才)」는 맹자가 본문에서 말한 「재의 뜻」과 약간 다르다. 맹자는
오직 성(性)에서 나온 「재(才)」를 가리켜 말했다. 고로 재에 선하지
않은 것이 없다고 했다. 한편 정자는 기(氣)를 받은 재까지 포함해서
말했다. 그래서 곧 사람의 재에 명암(明暗)과 강약(强弱)이 같지 않은
것이니, 이는 곧 장자(張子)가 말한 바, 기질지성(氣質之性)이다. 두

설이 서로 다르기는 해도 저마다 해당하게 여기는 점도 있다. 그러나 사리로써 상고해 보면 정자의 말이 정밀하다. 대개 기질에서 받은 재가 비록 불선(不善)해도 본성의 본래 선함을 침해하지 못한다. 본성이 비록 선해도, 성찰하고 바로잡는 노력이 없으면 안 된다. 그러므로 학자는 당연히 깊이 생각하고 수양해야 한다.

孟子曰 富歲子弟多賴 凶歲子弟多暴 非天之降才爾殊也 其所以陷溺其心者然也 今夫麰麥 播種而耰之 其地同 樹之時又同 浡然而生 至於日至之時 皆熟矣 雖有不同 則地有肥磽 雨露之養 人事之不齊也 故凡同類者 擧相似也 何獨至於人而疑之 聖人與我同類者.

맹자(이) 왈 부세(엔) 자제(이) 다뢰(하고) 흉세(엔) 자제(이) 다포(하나니) 비천지강재(이) 이수야(이라) 기소이함닉기심자(이) 연야(이니라) 금부모맥(을) 파종이우지(호대) 기지(이) 동(하며) 수지시(이) 우동(하면) 발연이생(하야) 지어일지지시(하야) 개숙의(나니) 수유부동(이나) 즉지유비교(하며) 우로지양(과) 인사지부제야(이니라) 고(로) 범동류자(이) 거상사야(이니) 하독지어인이의지(리오) 성인(도) 여아동류자(이시니라)

맹자가 말했다. 「풍년에는 젊은이들이 대체로 착하지만, 흉년에는 젊은이들이 대체로 포악하게 된다. <그것은> 하늘이 내려준 재질이 그와 같이 다르기 때문이 아니다. 그렇게 되는 이유는 그들의 마음이 <흉년과 결핍에> 빠져들기 때문이다. 지금 보리를 예로 들고 말하겠다. 씨를 뿌리고 흙을 덮고 자라게 하면, 땅도 같고 심은 때도 같으므로, 보리가 불쑥불쑥 자라서 하지(夏至)가 될 무렵에는 다 익을 것이다. 그래도 수확량은 다 같지 않을 것이다. <그 이유는> 곧 밭의 비옥하거나 혹은

척박한 차이가 있고, 또 하늘에서 내리는 비나 이슬의 혜택이 다르고,
또는 사람의 보살핌이 같지 않기 때문이다. 그러므로 대략 같은 종류의
사물들은 거의가 서로 비슷하게 마련이다. 어찌 오직 사람만 그렇지
않다고 의심하겠느냐. 성인이나 나는 동류의 사람이다.」

▶ 어구 설명
· 富歲(부세) : 풍년.
· 賴(뇌) : 조기(趙岐)는 「선(善)」으로 풀었다.
· 麰(모) : 대맥(大麥). 「麰(보리 모)」
· 耰(우) : 「耰(흙 덮을 우)」
· 浡(발) : 「浡(일어날 발)」
· 日至之時(일지지시) : 하지(夏至)가 될 무렵.
· 磽(교) : 척박하다. 「磽(메마른 땅 교)」

[集註 選譯] (1) 聖人亦人耳 其性之善 無不同也. : 「성인도 역시 사람이
다. 그 본성의 선(善)이 같지 않음이 없다.」

故龍子曰 不知足而爲屨 我知其不爲蕢也 屨之相似
天下之足同也 口之於味 有同耆也 易牙先得我口之
所耆者也 如使口之於味也 其性與人殊 若犬馬之與
我不同類也 則天下何耆 皆從易牙之於味也 至於味
天下期於易牙 是天下之口相似也 惟耳亦然 至於聲
天下期於師曠 是天下之耳相似也.

고(로) 용자(이) 왈 부지족이위구(이라도) 아(이) 지기불위궤야(이라하니) 구
지상사(는) 천하지족(이) 동야(일새니라) 구지어미(에) 유동기야(하야) 역아
(는) 선득아구지소기자야(이라) 여사구지어미야(에) 기성(이) 여인수(이) 약
견마지여아부동류야(이면) 즉천하(이) 하기(로) 개종역아지어미야(이리오)

지어미(하야늘) 천하기어역아(하나니) 시(는) 천하지구(이) 상사야(일시니라)
유이(도) 역연(하니) 지어성(하야는) 천하(이) 기어사광(하나니) 시(는) 천하
지이(이) 상사야(일시니라)

「그러므로 용자(龍子)가 말했다.『미리 발의 크기를 알고 신을 만드는
것은 아니지만, 삼태기 같은 신을 만들지 않을 것을 나는 안다.』즉
신발이 서로 비슷한 것은 천하 모든 사람들의 발이 같기 때문이다.
입으로 맛을 가릴 때에도 사람들의 기호는 동일하다. <옛날의 뛰어난
조리사> 역아(易牙)는 일찍이 우리 사람들이 입으로 좋아하는 <공통
된> 기호를 터득한 사람이다. 만약에 입이 맛을 가리는 성향에 있어
사람마다 다른 정도가 개나 말과 우리 인간이 유(類)를 달리하듯이
<크게 차이가 난다면> 천하에서 어느 기호를 기준으로 하고 <음식을
만들어야> 역아의 맛있는 음식같이 <모든 사람을> 따르게 하겠는가.
맛에 있어 천하의 모든 사람들이 역아의 요리를 좋다고 인정하는 것도
<바로> 천하 모든 사람의 입맛이 서로 비슷하기 때문이다. 허기는
사람의 귀도 역시 같다. 음악에 있어 천하의 모든 사람이 사광(師曠)을
최고로 친다. 그것은 바로 천하 모든 사람의 귀가 같기 때문이다.」

▶ 어구 설명
· 龍子(용자) : 옛날의 현인. 초순(焦循)은 열자(列子)에 나오는 용숙(龍叔)
  일 거라고 추측했다.
· 屨(구) : 「屨(신 구)」
· 蕢(궤) : 삼태기.
· 易牙(역아) : 춘추시대 사람. 제(齊)나라 환공(桓公)의 신하로 요리를 잘
  만들었다.
· 師曠(사광) : 소리를 잘 살피는 사람.

惟目亦然 至於子都 天下莫不知其姣也 不知子都之
姣者 無目者也 故曰 口之於味也有同耆焉 耳之於
聲也有同聽焉 目之於色也有同美焉 至於心獨無所
同然乎 心之所同然者何也 謂理也義也 聖人先得我
心之所同然耳 故理義之悅我心 猶芻豢之悅我口.

유목(도) 역연(하니) 지어자도(하야는) 천하(이) 막부지기교야(하나니) 부지
자도지교자(는) 무목자야(이니라) 고(로) 왈 구지어미야(에) 유동기언(하며)
이지어성야(에) 유동청언(하며) 목지어색야(에) 유동미언(하니) 지어심(하야)
독무소동연호(아) 심지소동연자(는) 하야(오) 위리야의야(이니) 성인(은) 선
득아심지소동연이(시니) 고(로) 이의지열아심(이) 유추환지열아구(이니라)

「또 눈도 역시 같다. 옛날의 미인 자도(子都)를 대하면, 천하의 모든
사람들이 그녀의 아름다움을 알지 못하는 자가 없었다. 자도의 아름다
움을 모르면, 그는 눈이 없는 자라 하겠다. 그래서 말한다. <모든 사람
은> 입과 맛에 있어 <미각적> 기호가 같으며, 또 귀와 소리에 있어도
<청각적> 기호가 같으며, 또 눈과 미색에 있어도 <시각적> 기호가
같다. 그러하거늘 유독 마음에 있어서만 같은 바가 없겠는가. <모든
사람은 마음에 있어서도 그 기호나 성향이 같다.> 마음에 있어 같다고
함은 무엇을 말하는가. <마음으로 깨닫고 아는 바> 천리(天理)와 도의
(道義)를 말한다. 성인은 일찍이 우리 모든 사람 마음속에 한결같이
있는 <천리와 도의를> 터득한 사람이다. 그러므로 우리가 마음으로
천리와 도의를 좋아하는 것은, 마치 입으로 고기요리를 좋아함과 같으
니라.」

▶ 어구 설명
· 子都(자도) : 옛날의 미인(美人)이다. 자세한 것은 모른다.
· 姣(교) : 「姣(예쁠 교)」

· 芻豢(추환) : 추(芻)는 소나 양, 환(豢)은 개나 돼지. 「芻(꼴 추)」「豢(기를 환)」

[集註 選譯] (1) 程子曰 在物爲理 處物爲義 體用之謂也 孟子言 人心無不悅理義者 但聖人則先知先覺乎此耳 非有以異於人也. : 정자(程子)가 말했다. 「사물에 있는 도리를 이(理)라 하고, 사물을 바르게 처리하는 것을 의(義)라 한다. 체용(體用)을 말한 것이다. 맹자는 다음 같은 뜻을 말한 것이다. 『사람의 마음은 천리와 도의를 다 좋아한다. 단 성인은 먼저 알고 깨달았을 뿐이다. 사람과 특이한 점이 있는 것이 아니다.』」

(2) 程子又曰 理義之悅我心 猶芻豢之悅我口 此語親切有味 須實體察得理義之悅心 眞猶芻豢之悅口始得. : 정자가 또 말했다. 『『이와 의가 우리 마음에 즐거운 것은 고기요리가 우리 입에 즐거운 것과 같다』고 한 이 말은 참으로 절실하게 음미해야 한다. 그러므로 참으로 고기요리가 입에 좋은 것과 같이, 이와 의가 마음에 즐거운 바를 실제로 살피고 체득해야 한다.」

孟子曰 牛山之木嘗美矣 以其郊於大國也 斧斤伐之 可以爲美乎 是其日夜之所息 雨露之所潤 非無萌蘗 之生焉 牛羊又從而牧之 是以若彼濯濯也 人見其濯 濯也 以爲未嘗有材焉 此豈山之性也哉.

맹자(이) 왈 우산지목(이) 상미의(러니) 이기교어대국야(이라) 부근(이) 벌지(어니) 가이위미호(아) 시기일야지소식(과) 우로지소윤(에) 비무맹얼지생언(이언마는) 우양(이) 우종이목지(라) 시이(로) 약피탁탁야(하니) 인견기탁탁야(하고) 이위미상유재언(이라하나니) 차기산지성야재(리오)

맹자가 말했다. 「우산(牛山)의 수목은 원래 <울창하게 우거져> 아름다웠다. <그러나> 제(齊)나라의 큰 국도(國都) 교외에 있었기 때문에

도끼로 마구 벌목했다. 그러니 어찌 아름다울 수 있었겠느냐. 그러나
밤낮으로 숨을 쉬고, 또 비나 이슬이 적셔 주었으므로 새싹이 돋아나지
않은 것도 아니다. <그러나 다시> 소나 양들이 와서 뜯어먹었다. 그래
서 그와 같이 뻔질뻔질하게 된 것이다. 사람들은 그 뻔질뻔질하게 헐벗
은 모양만을 보고 전부터 재목이 없었다고 생각하지만, 어찌 그렇게
헐벗은 모양이 그 산의 본래 모습이겠느냐.」

## ▶ 어구 설명

· 牛山(우산) : 산동성(山東省) 임치현(臨淄縣) 남쪽에 있다.
· 郊(교) : 읍(邑) 밖을 가리킨다.
· 是(시) : 그러나, 하지만.
· 息(식) : 살아서 자란다.
· 萌蘖(맹얼) : 「萌(싹 맹), 蘖(그루터기 얼)」
· 濯濯(탁탁) : 빛나고 깨끗한 모양.
· 材(재) : 재목.

雖存乎人者 豈無仁義之心哉 其所以放其良心者 亦
猶斧斤之於木也 旦旦而伐之 可以爲美乎 其日夜之
所息 平旦之氣 其好惡與人相近也者 幾希 則其旦
晝之所爲 有梏亡之矣 梏之反覆 則其夜氣不足以存
夜氣不足以存 則其違禽獸不遠矣 人見其禽獸也 而
以爲未嘗有才焉者 是豈人之情也哉.

수존호인자(인들) 기무인의지심재(리오마는) 기소이방기량심자(이) 역유부
근지어목야(에) 단단이벌지(어니) 가이위미호(아) 기일야지소식(과) 평단지
기(에) 기호오(이) 여인상근야자(이) 기희(어늘) 즉기단주지소위(이) 유곡망
지의(나니) 곡지반복(이면) 즉기야기(이) 부족이존(이오) 야기(이) 부족이존

(이면) 즉기위금수(이) 불원의(니) 인(이) 견기금수야 이이위미상유재언자(이
라하나니) 시기인지정야재(리오)

「사람에게 있는 <본성에> 어찌 인의의 마음이 없겠는가. <본성 속에
인의의 마음이 다 있다.> 사람들이 <본성 속에 있는> 착한 마음을
내버리는 것은 마치 도끼로 나무를 잘라버리는 것과 같다. 매일 자르고
버리니 <어찌> 아름다울 수가 있겠느냐. 하지만 <사람의 착한 마음
도> 낮과 밤으로 더욱 자라나고자 하며, 새벽녘 청명한 기를 받고 새싹
이 돋아나게 마련이다. 그런데도 좋아하는 바와 싫어하는 바가 사람의
본성과 가까운 점이 거의 없으니, <그렇게 되는 까닭은> 즉 낮에 하는
<세속적인 일 때문에 밤에 자라나고, 또 새벽에 돋아난 새싹이> 구속
되고 스러지기 때문이다. <양심의 싹이> 구속되고 스러지는 일이 반
복되면, 결국에 가서는 <양심의 싹을 키워주는> 야기(夜氣)가 부족해
지고 <양심의 싹을> 살아나게 하지 못하게 된다. 야기가 부족하여
<양심의 싹이> 더 살아나지 못하게 되면, 즉 금수와의 거리가 멀지
않게 된다. <그와 같이 동물적 존재로 떨어진 다음에> 사람들은 그를
금수로만 보고 본래부터 <인간적인> 재질(才質)이 없었다고 생각하
겠지만 어찌 그것이 인간의 실상이라 하겠는가.」

▶ 어구 설명
· 良心(양심) : 본연의 착한 마음이며, 즉 이른바 인의(仁義)의 마음.
· 平旦之氣(평단지기) : 새벽에 미처 사물과 접하지 않았을 때의 청명한
  기(氣)를 말한다.
· 幾希(기희) : 거의 없다.
· 梏(곡) : 틀에 매인다는 뜻.

[集註 選譯] (1) 言人之良心雖已放失 然其日夜之間 亦必有所生長 故平
旦未與物接 其氣淸明之際 良心猶必有發見者 但其發見至微 而旦晝所爲
之不善 又已隨而梏亡之 如山木旣伐 猶有萌蘖 而牛羊又牧之也. : 이 구

절은 다음 같은 뜻을 말한 것이다. 「사람이 양심을 이미 놓치고 잃어도 낮과 밤 사이에 <우주의 기를 받아> 반드시 다시 살리고 자라게 한다.」 「그러므로 새벽에 아직 사물과 접하지 않고 청명할 때에 양심이 반드시 발현될 수 있다.」「그러나 양심의 발현이 지극히 미미하므로 낮에 행하는 바 불선(不善)에 따라 다시 양심이 구속을 받고 상실하게 된다.」 「마치 산림을 자른 다음에 다시 소나 양이 풀이나 싹을 뜯어먹는 것과 같다.」

(2) 晝之所爲 旣有以害其夜之所息 夜之所息 又不能勝其晝之所爲 是以 展轉相害 至於夜氣之生 日以寖薄 而不足以存其仁義之良心 則平旦之氣 亦不能淸 而所好惡遂與人遠矣. : 「낮의 세속적 행위가 야기(夜氣)로 살려준 양심을 해치고, 또 야기로 살려준 힘이 낮의 행한 바를 이기지 못할 수 있다.」「그래서 돌려가면서 서로 해치게 하고, 마침내는 야기의 새 힘이 날로 시들고 약해지고, 결국은 인의의 양심을 간직할 수 없게 되면 새벽녘의 기도 맑지 못하게 된다.」「그래서 선을 좋아하고 악을 미워하는 양심도 <마비되고> 본연의 착한 사람과 멀어지게 되는 것이다.」

---

**故苟得其養 無物不長 苟失其養 無物不消 孔子曰 操則存 舍則亡 出入無時 莫知其鄕 惟心之謂與.**

---

고(로) 구득기양(이면) 무물부장(이오) 구실기양(이면) 무물불소(이니라) 공자(이) 왈 조즉존(하고) 사즉무(하야) 출입무시(하며) 막지기향(은) 유심지위여(인저하시니라)

「그러므로 잘 맞게 배양하면 자라지 않는 사물이 없다. 만약에 배양하지 못하면 소멸하지 않는 것이 없다. 공자께서도 말하셨다. 『잡으면 있고, 버리면 없다. 들어오거나 나가거나 때가 없고, 그 향방을 알지 못하는 것이 바로 마음을 말하노라.』」

[集註 選譯] (1) 山木人心 其理一也. : 「산의 나무나 사람의 마음이나, 그 도리는 같다.」

(2) 孔子言心 操之則在此 舍之則失去 其出入 無定時 亦無定處如此 孟子引之 以明心之神明不測 得失之易 而保守之難 不可頃刻失其養. : 공자가 말했다. 「마음은 꽉 잡으면 있으나 방치하면 없어진다. 마음은 출입에 때가 없고, 또 정한 곳 없이 어디에나 있는 그러한 것이다.」 「맹자는 공자의 말을 인용하고 다음 같은 뜻을 밝혔다.」 「마음은 신명불측(神明不測)하다. 얻기도 쉽고 잃기도 쉬우나, 지니고 간직하기 어렵다. <그러므로> 잠시도 마음의 수양을 잊어서는 안 된다.」

(3) 學者 當無時而不用其力 使神淸氣定 常如平旦之時 則此心常存 無適而非仁義矣. : 「학자는 한시도 힘을 쓰지 않으면 안 된다.」 「항상 새벽녘과 같이 정신을 맑게 하고 심기를 안정되게 해야 한다. 그러면 곧 본연의 착한 마음이 항상 있으므로 어느 곳에서 <무슨 일을 해도> 인의(仁義)가 아닌 게 없게 된다.」

(4) 程子曰 心豈有出入 亦以操舍而言耳 操之之道 敬以直內而已. : 정자는 말했다. 「마음이 어찌 들어왔다 나갔다 하겠는가. 역시 잡고 안 잡고를 말한 것이다. <본연의 착한> 마음을 꽉 잡고 지키는 원칙이나 방법은 오직 <천리(天理)를> 공경하고 나의 속을 곧게 함에 있다.」

(5) 愚聞之 師曰 人理義之心 未嘗無 惟持守之 卽在爾 若於旦晝之間 不至梏亡 則夜氣愈淸 夜氣淸 則平旦未與物接之時 湛然虛明氣象 自可見矣 孟子發此夜氣之說 於學者 極有力 宜熟玩 而深省之也. : <주자의 말> 「나는 다음같이 듣고 있다. 스승은 말했다. 『모든 사람에게는 언제나 이(理)와 의(義)를 깨닫고 행하는 마음이 있다. 그러므로 스스로 간직하고 지키면 있게 된다.』 만약 낮에 <본연의 착한 마음이> 구속되고 시달려 완전히 죽지 않는다면, 바로 야기(夜氣)에 의해 맑게 되살아난다. 야기를

받고 청명해지면 새벽녘에 사물과 접하기 전에 허정하고 청명한 기상(氣象)이 스스로 나타난다.」「맹자가 발명한 야기설(夜氣說)은 학자에게는 지극히 힘이 된다. 충분히 익히고 깊이 생각해야 한다.」

> 孟子曰 無或乎 王之不智也 雖有天下易生之物也
> 一日暴之 十日寒之 未有能生者也 吾見亦罕矣 吾
> 退而寒之者至矣 吾如有萌焉何哉.

맹자(이) 왈 무혹호 왕지부지야(이로다) 수유천하이생지물야(이나) 일일폭지(오) 십일한지(면) 미유능생자야(이니) 오견(이) 역한의(오) 오퇴 이한지자(이) 지의(니) 오여유맹언(에) 하재(리오)

맹자가 말했다. 「제(齊)나라 임금의 지혜롭지 못함을 의아하게 여기지 마라. 비록 천하에서 가장 쉽게 잘 살고 자라는 식물일지라도, 하루만 햇볕을 쪼이고 열흘을 차게 얼린다면 절대로 살고 자랄 수 없다. <그와 마찬가지로> 내가 제나라 임금을 만나는 것은 극히 드물거늘, 내가 물러나면 임금을 차게 만드는 자들이 많이 달려든다. 그러니 설사 내가 <만나서 왕도 덕치의> 싹을 돋아나게 한들 무슨 소용이 있겠는가.」

▶ 어구 설명
· 無或乎(무혹호) : 「혹(或)」은 「혹(惑)」이다. 의아하게 여기다. 의심하다.
· 暴(폭) : 햇볕을 쪼이고 따뜻하게 한다는 뜻.

> 今夫弈之爲數 小數也 不專心致志 則不得也 弈秋
> 通國之善弈者也 使弈秋 誨二人弈 其一人專心致志
> 惟弈秋之爲聽 一人雖聽之 一心以爲有鴻鵠將至 思

> ## 援弓繳而射之 雖與之俱學 弗若之矣 爲是其智弗若
> ## 與 曰非然也.

금부 혁지위수(이) 소수야(이나) 부전심치지 즉부득야(이니) 혁추(는) 통국지
선혁자야(이라) 사혁추(로) 회이인혁(이어든) 기일인(은) 전심치지(하야) 유
혁추지위청(하고) 일인(은) 수청지(나) 일심(에) 이위유홍혹(이) 장지(어든)
사원궁격이사지(하면) 수여지구학(이라도) 불약지의(나니) 위시기지(이) 불
약여(아) 왈비연야(이니라)

「<예를 들어 말하겠다.> 바둑은 그 술수가 작은 것이다. 그러나 <그것
도> '전심치지(專心致志)'하고 배우지 않으면 터득할 수 없다. 혁추(弈
秋)는 전국에 알려진 바둑의 명수다. 혁추로 하여금 두 사람에게 바둑
을 가르치게 했다. 한 사람은 '전심치지'하고 오직 혁추의 말을 열심히
듣고 배웠다. 다른 한 사람은 듣기는 들었으나, 마음 한구석으로는 '홍
혹(鴻鵠)이 날아오면 활에 주살의 줄을 매어 잡아야지'하고 생각했다.
그러니 같이 배우기는 해도 <바둑의 수가> 같지 않았으니 그 이유는
지혜가 같지 않아서이겠는가. 나는 『아니라』고 말하리라.」

▶ **어구 설명**

- 弈之爲數(혁지위수) : 바둑을 두는 기술이나 술수(術數).
- 小數也(소수야) : 작은 술수. 수(數)는 기술, 술수(術數)의 뜻.
- 弈秋(혁추) : 옛사람으로 바둑을 잘 두는 사람, 이름이 추(秋). 자세한 것은
  알 수 없다.
- 鴻鵠(홍혹) : 큰기러기와 고니. 「鵠(혹, 또는 곡)」
- 繳(격) : 줄을 화살에 매어서 쏘는 것.

[集註 選譯] (1) 程子 爲講官 言於上曰 人主 一日之間 接賢士大夫之時
多 親宦官宮妾之時少 則可以涵養氣質 而薰陶德性 時不能用 識者恨
之 :「정자(程子)가 강관(講官)이 되었을 때, 임금에게 말했다. 『인주

(人主)가 하루에, 어진 사대부들을 접하는 시간이 많고, 환관이나 궁녀나 빈첩을 친근하게 하는 시간이 적어야, <임금님께서> 기질을 함양하시고 덕성을 훈도하실 수 있습니다.』그러나 당시의 임금이 그 말을 채용하지 못했으며, 식자들이 한스럽게 여겼다.」

(2) 范氏曰 人君之心 惟在所養 君子養之以善則智 小人養之以惡則愚 然賢人易疏 小人易親 是以寡不能勝衆 正不能勝邪 自古國家治日常少 而亂日常多 蓋以此也. : 범씨(范氏)가 말했다. 「인군도 마음을 배양해야 한다. <임금 주변에서> 군자들이 선으로써 배양하면 착하고 슬기롭게 된다. 반대로 소인들이 악으로써 배양하면 악하고 어리석게 된다. 그러나 현인은 소원해지기 쉽고, 소인은 친근해지기 쉽다. 그래서, 소수(少數)가 다수(多數)를 이기지 못하고, 정의가 사악(邪惡)을 이기지 못한다. 자고로 국가가 다스려지는 날이 적고, 혼란스러운 때가 언제나 많은 까닭도 대략 이와 같은 이유에서일 것이다.」

---

**孟子曰 魚我所欲也 熊掌亦我所欲也 二者不可得兼 舍魚而取熊掌者也 生亦我所欲也 義亦我所欲也 二者不可得兼 舍生而取義者也.**

---

맹자(이) 왈 어(도) 아소욕야(이며) 웅장(도) 역아소욕야(이언마는) 이자(를) 불가득겸(인댄) 사어이취웅장자야(이로리라) 생역아소욕야(이며) 의역아소욕야(이언마는) 이자(를) 불가득겸(인댄) 사생이취의자야(이로리라)

맹자가 말했다. 「물고기도 내가 원하는 바이고, 웅장(熊掌)도 내가 원하는 바이다. 그러나 둘을 다 얻을 수 없다면 물고기를 버리고, 웅장을 취하겠다. 생(生)도 내가 원하는 바이고, 의(義)도 내가 원하는 바이다. 그러나 둘을 다 겸할 수 없다면 생을 버리고 의를 취하겠다.」

▶ 어구 설명
· 舍(사) : 「捨(버릴 사)」와 같다.
· 取熊掌(취웅장) : 곰 발바닥 요리를 취하겠다.
· 舍生而取義者也(사생이취의자야) : 「사생취의」를 한마디로 「삶을 버리고 의를 취한다」로 풀 수 있다. 그러나 속에 포함된 뜻이 깊다. 공자의 「살신성인(殺身成仁)」과 대가 된다.

生亦我所欲 所欲有甚於生者 故不爲苟得也 死亦我
所惡 所惡有甚於死者 故患有所不辟也 如使人之所
欲 莫甚於生 則凡可以得生者 何不用也 使人之所
惡 莫甚於死者 則凡可以辟患者 何不爲也 由是則
生而有不用也 由是則可以辟患而有不爲也 是故 所
欲有甚於生者 所惡有甚於死者 非獨賢者 有是心也
人皆有之 賢者能勿喪耳.

생역아소욕(이언마는) 소욕(이) 유심어생자(라) 고(로) 불위구득야(하며) 사역아소오(이언마는) 소오(이) 유심어사자(이라) 고(로) 환유소불피야(이니라) 여사인지소욕(이) 막심어생(이면) 즉범가이득생자(를) 하불용야(이며) 사인지소오(이) 막심어사자(이면) 즉범가이피환자(를) 하불위야(이리오) 유시(라) 즉생이유불용야(하며) 유시(라) 즉가이피환이유불위야(니라) 시고(로) 소욕(이) 유심어생자(하며) 소오(이) 유심어사자(하니) 비독현자(이) 유시심야(이라) 인개유지(언마는) 현자(는) 능물상이(니라)

「삶도 내가 원하는 바이다. 그러나 원하는 바, 삶보다 더 심한 게 있다. <즉 의(義)다.> 그래서 <삶을> 구차하게 얻고자 하지 않는다. 죽음도 내가 싫어하는 바이다. 그러나 싫어하는 바, 죽음보다 더 심한 게 있다. <즉 불의다.> 고로 환난이 있어도 기피하지 않고 <의를 지키고 행한

다.> 만약 사람이 원하는 바가 삶보다 더 심한 것이 없다면, 곧 삶을 얻을 수 있는 어떠한 일인들 안하겠느냐. 만약 사람이 싫어하는 바가 죽음보다 더 심한 것이 없다면, 곧 죽음의 환난을 피할 수 있는 무슨 짓인들 안하겠느냐. <그러나 사람들은 실제로는> 이렇게 하면 산다고 해도, 그렇게 하지 않는 경우도 있다. 또 이렇게 하면 <죽음에 대한> 걱정을 피할 수 있다고 해도, 그렇게 하지 않는 경우도 있다. 그러므로 <다음같이 말할 수 있다.> 원하는 바가 생(生)보다 더 심한 것이 있고, 싫어하는 바가 사(死)보다 더 심한 것이 있다. 오직 현자(賢者)만이 그런 마음을 지니고 있는 것이 아니다. 모든 사람도 다 가지고 있다. 현자는 능히 <그 마음을> 잃지 않는 것이다.」

[集註 選譯] (1) 設使人無秉彝之良心 而但有利害之私情 則凡可以偸生免死者 皆將不顧禮義而爲之矣. : 만약에 사람에게 「도덕의리(道德義理)를 가리고 실천하려는 양심이 없고, 오직 개인적 이해(利害)만을 취하려는 이기심만이 있다면, 곧 <모든 사람이> 삶만을 탐하고 죽음을 모면하려고 할 것이며 <따라서 모든 사람이> 장차 예의를 돌보지 않고 행하지도 않게 될 것이다.」

(2) 由其必有秉彝之良心 是以其能舍生取義如此. : 반드시 변하지 않는 천도를 지키겠다는 양심을 따른다. 그래서 그와 같이 「사생취의(舍生取義)」할 수 있다.

(3) 羞惡之心 人皆有之 但衆人 汨於利欲而忘之 惟賢者 能存之而不喪耳. : 「수오지심(羞惡之心)은 사람이면 다 지니고 있다. 단 일반 대중들은 이욕(利慾)에 골몰하여 망각한다. 오직 현자만이 능히 간직하고 상실하지 않는다.」

---

一簞食 一豆羹 得之則生 弗得則死 嘑爾而與之 行
道之人弗受 蹴爾而與之 乞人不屑也.

---

일단사(와) 일두갱(을) 득지즉생(하고) 불득즉사(이라도) 호이이여지(면) 행
도지인(도) 불수(하며) 축이이여지(면) 걸인(도) 불설야(이니라)

「한 도시락의 밥과 한 그릇의 국을 얻어 먹으면 살고, 얻지 못하면 죽는다.
<그러나> ‘예라, 먹어라’하고 던져주면 길 가는 사람도 받아먹지 않을
것이다. <또> 발로 걷어차듯이 주면 걸인도 좋아하지 않을 것이다.」

▶ 어구 설명

· 豆(두) : 목기(木器).

· 嘑(호) : 꾸짖고 무시하는 투로 내는 소리.

· 蹴(축) : 발로 걷어찬다는 뜻.

· 不屑(불설) : 거들떠보지 않다.

[集註 選譯] (1) 言雖欲食之急 而猶惡無禮 有寧死而不食者 是其羞惡之
本心 欲惡有甚於生死者 人皆有之也. : 「다급하게 먹고 싶어도, 무례함을
싫어한다. <그래서> 차라리 죽을지언정, 먹지 않는다. 이것이 곧 ‘수오
(羞惡)하는 본심’이다. <이와 같이> ‘무례를 싫어하는 마음’은 생사(生
死)보다 더 심하다. 그런 마음을 모든 사람이 다 가지고 있다.」

---

萬鍾 則不辨禮義而受之 萬鍾於我何加焉 爲宮室之
美 妻妾之奉 所識窮乏者得我與 鄉爲身死而不受
今爲宮室之美爲之 鄉爲身死而不受 今爲妻妾之奉
爲之 鄉爲身死而不受 今爲所識窮乏者得我而爲之
是亦不可以已乎 此之謂失其本心.

만종 즉불변례의 이수지(하나니) 만종(이) 어아하가언(이리오) 위궁실지미
(와) 처첩지봉(과) 소식궁핍자득아여(인저) 향위신(엔) 사이불수(이라가) 금
위궁실지미(하야) 위지(하며) 향위신(엔) 사이불수(이라가) 금위처첩지봉(하
야) 위지(하며) 향위신(엔) 사이불수(이라가) 금위소식궁핍자득아이위지(하
니) 시역불가이이호(아) 차지위실기본심(이라)

「만종(萬鍾)의 녹이라면, 예의를 가리지 않고 <덮어놓고> 받는다. 만
종이 나에게 무슨 도움이 되겠는가. <고작해야> 집이나 방을 아름답
게 꾸미고, 아내나 첩들의 대접을 받고, 지식인으로서 궁핍한 사람들이
나에게 도움을 받는 정도일 것이다. 전에는 <비록> 몸이 죽어도 <양
심을 지키기 위해, 예의에 어긋나는 재물을> 받지 않았거늘, 지금은
집이나 방을 아름답게 꾸미기 위해 재물을 받았으며, 또 전에는 몸은
죽어도 받지 않았거늘 지금은 처첩(妻妾)을 거느리기 위해 재물을 받
았으며, 또 전에는 몸은 죽어도 받지 않았거늘 지금은 궁핍한 지식인에
게 베풀기 위해 재물을 받았으니, 그것이 불가피한 일인가. <아니다.
겉치레를 위한 일이다.> 이를 가리켜 '본심을 잃었다'고 말하는 것이다.」

▶ 어구 설명

· 萬鍾(만종) : 만종의 봉록(俸祿). 많은 봉록이다. 종(鍾)은 육곡사두(六斛
四斗).

· 鄕(향) : 「향(向)」의 뜻.

[集註 選譯] (1) 萬鍾於我何加 言於我身無所增益也 所識窮乏者得我 謂
所知識之窮乏者 感我之惠也 上言人皆有羞惡之心 此言衆人所以喪之 由
此三者 蓋理義之心 雖曰固有 而物欲之蔽 亦人所易昏也. :「만종이 나에
게 무슨 도움이 되겠느냐」고 한 말은 즉 나 자신의 <도덕성에> 보탬이
되는 것이 없다는 뜻이다.「소식궁핍자 득아(所識窮乏者 得我)」는「지
식이 있으면서 궁핍한 사람이 나의 혜택을 받고 감사한다는 뜻이다.」
「앞에서는 모든 사람에게 수오지심(羞惡之心)이 있다고 했으며, 여기
서는 많은 사람이 상실한다고 했다.」「이 세 가지 <욕심> 때문에 <예의

를> 상실하는 것이다.」「근본적으로 의리를 가리고 행하는 마음이 고유의 마음이라고 하지만, 물욕(物慾)에 덮이고 가리면 사람들은 쉽게 혼미하게 된다.」

(2) 言三者 身外之物 其得失 比生死爲甚輕 鄕爲身 死猶不肯受嘑蹴之食 今乃爲此三者 而受無禮義之萬鍾 是豈不可以止乎 本心謂羞惡之心 : 「세 가지 일은 자신 밖의 일이며, 그 득실이 <자신의> 생사에 비해 매우 가볍다.」「전에는 자신을 높였다. 그래서 죽어도, 남이 욕하거나 발로 차면서 주는 음식을 받지 않았다.」「그런데 지금은 이 세 가지를 위해서 예의에 어긋나는 만종(萬鍾)의 녹을 받으니, 어찌 그만두지 못하는가.」「본심은 수오지심(羞惡之心)을 말한다.」

(3) 此章 言羞惡之心 人所固有 或能決死生於危迫之際 而不免計豐約於宴安之時 是以 君子不可頃刻而不省察於斯焉. : 이 장은 다음 같은 뜻을 말한 것이다. 「수오지심은 모든 사람에게 굳게 있는 도덕심이다.」「그러나 생사가 걸린 다급하고 긴박한 경우에는, 어느 쪽이 풍성하고 편한지, 혹은 궁핍하고 고생스러운지를 헤아리지 않을 수 없다.」「그러므로 군자는 항상 <본심을> 깊이 성찰하지 않으면 안 된다.」

## 孟子曰 仁人心也 義人路也.

맹자(이) 왈 인(은) 인심야(이오) 의(는) 인로야(이니라)

맹자가 말했다. 「인(仁)은 사람의 마음이고, 의(義)는 사람의 길[路]이다.」

▶ 어구 설명

· 仁人心也(인인심야) : 인(仁)은 「사람의 마음[人心]」이다. 「인심(人心)은 곧 인심(仁心)」이다. 인심(仁心)은 반드시 인덕(仁德)으로 나타난다.

·義人路也(의인로야) : 의(義)는 「사람의 길[人路]」이다. 즉 사람이 따르고 행해야 할 「바른 길[正路]」이다. 정로(正路)는 곧 천도(天道)이다. 즉 절대선(絶對善)의 도리이다.

[集註 選譯] (1) 仁者心之德 程子所謂心如穀種 仁則其生之性 是也 然但謂之仁 則人不知其切於己 故反而名之曰人心 則可以見 其爲此身酬酢萬變之主 而不可須臾失矣 義者行事之宜 謂之人路 則可以見其爲出入往來必由之道 而不可須臾舍矣. : 「인(仁)은 마음의 덕이다.」<마음의 덕이란> 곧 정자(程子)가 말한 바 「마음은 곡식의 씨와 같고, 인은 <그 씨가 살아서 열매를 맺는> 씨의 성능이다」라고 한 것과 같다. 「그러나 인이라고만 말하면 사람들이 그것이 자기에게 절실한 것인지 모른다.」 「그래서 되돌려 사람의 마음이라고 일컬은 것이다.」 「곧 <마음속에 깃든> 인이 바로 내 몸을 이리저리 움직이고, 여러 가지로 변화케 하는 주체임을 알 수 있다.」 「따라서 잠시도 잃을 수 없는 것이다.」 「의(義)는 사물을 바르고 적절하게 처리함이다.」 「이를 사람의 길[人路]이라고 말했으니, 곧 출입 왕래할 때 반드시 경유하는 길이다. 따라서 잠시도 이탈하면 안 된다.」

【참고 보충】 「인심(人心), 인로(人路)」

인심(仁心)은 사람에게만 있다. 금수(禽獸)에게는 없다. 그러므로 「인심(人心) = 인심(仁心)」이라고 한다. 하늘은 사람에게만 인심(仁心)을 주었다. 인심은 곧 「서로 사랑하고 협동하여 함께 잘사는 마음이다.」 인심이 넘치면 반드시 행동으로 나타나고, 따라서 인덕(仁德)을 세우게 된다.

천지 만물은 하늘의 도리를 따라 생육화성(生育化成)한다. 사람도 하늘에 의해서 창조되었으며, 따라서 하늘의 도리를 따라 살아야 한다. 하늘의 도리는 곧 「자연과 인간이 하나가 되어 조화 속에 더욱 발전하는 절대선(絶對善)의 도리다. 그러므로 사람이 가야 할 정의의 길을 인로(人路)=정로(正路)라고 한다.」

---

**舍其路 而弗由 放其心 而不知求 哀哉 人有雞犬放
則知求之 有放心而不知求 學問之道 無他 求其放
心而已矣.**

---

사기로이불유(하며) 방기심이부지구(하나니) 애재(라) 인(이) 유계견(이) 방
(이면) 즉지구지(호되) 유방심이부지구(하나니) 학문지도(는) 무타(이라) 구
기방심이이의(니라)

「바른 길을 버리고 따라가지 않고, 본연의 마음을 놓치고 찾을 줄 모르
니, 참으로 딱하고 슬픈 노릇이다. 사람은 닭이나 개를 놓치고 잃으면
찾을 줄 안다. 그런데 <자기의 본연의> 착한 마음을 놓치고 잃어도
되찾을 줄 모른다. 학문의 길은 다른 것이 아니다. 놓치고 잃은 착한
마음을 되찾는 것일 뿐이다.」

[集註 選譯] (1) 學問之事 固非一端 然其道則在於求其放心而已 蓋能如
是 則志氣淸明 義理昭著 而可以上達 不然則昏昧放逸 雖曰從事於學 而
終不能有所發明矣. :「학문을 하는 일은 당연히 한 가지만이 아니다. 그
러나 학문의 기본 도리는 곧 자기의 방심(放心)을 되찾는 데 두어야
한다. 원칙적으로 그렇게 할 수 있으면, 지기(志氣)가 청명해지고, 의리
(義理)가 밝게 나타나고, 위에 통달할 수 있다.」「그렇지 못하면 혼돈하
고 방일해지고, 비록 학문을 한다고 해도 끝내 발명해내는 바가 없게
될 것이다.」

(2) 故程子曰 聖賢千言萬語 只是欲人將已放之心約之 使反復入身來 自
能尋向上去 下學而上達也 此乃孟子開示切要之言 程子又發明之 曲盡其
指 學者宜服膺而勿失也. : 고로 정자(程子)는 말했다.「성현이 천 마디,

만 마디 말로 〈가르친 뜻은〉 오직 사람들의 풀리고 흐트러진 마음을 다시 거두어 묶고, 몸에 되돌려 넣어 주고자 한 것이다. 각자가 〈잃었던 마음을〉 능히 되찾으면 스스로 향상하고, '하학이상달(下學而上達)'할 것이다.」〈＊「하학이상달」을 「눈에 보이는 현실세계에서 배우되, 형이상(形而上)의 천도를 깨닫고 행하게 된다」는 뜻으로 확대 해석할 수 있다.〉「이는 곧 맹자가 밝혀 보인 절실한 말이다.」「정자가 다시 발명하고 자세하게 잘 말해 주었다. 학자는 마땅히 그들의 가르침을 가슴 깊이 간직하고 따라야 한다.」

### 【참고 보충】「구기방심(求其放心)」

사람만이 인심(仁心)이 있고, 사람만이 절대선의 바른 도리를 따라 만물·만사를 옳고 바르게 처리한다. 그것이 인간 본연의 본성이다. 그런데 많은 사람들은 수심(獸心)을 바탕으로 사악한 길을 가고 있다. 오늘의 세계는 더욱 무력으로 약자를 능욕하는 것을 당연시하고 있다. 이와 같은 상태를 「인심(仁心)과 정로(正路)」를 상실하고도 되찾지 못한다고 한다. 수천 년 전에 이미 맹자는 말했다. 「학문의 목적은 인심을 되찾고, 정로를 되찾는 것이다.」「구기방심(求其放心)」은 곧 「인욕을 억제하고, 천리를 간직함이다.(遏人欲 而存天理)」

孟子曰 今有無名之指 屈而不信 非疾痛害事也 如有能信之者 則不遠秦楚之路 爲指之不若人也 指不若人 則知惡之 心不若人 則不知惡 此之謂不知類也.

맹자(이) 왈 금유무명지지(이) 굴이불신(이) 비질통해사야(이언마는) 여유능신지자(이면) 즉불원진초지로(하나니) 위지지불약인야(이니라) 지불약인 즉지오지(호대) 심불약인 즉부지오(하나니) 차지위부지류야(이니라)

맹자가 말했다. 「지금 만약에 무명지가 구부러진 채, 곧게 펴지지 않는다. 아프지도 않고, 일하는 데 지장이 있는 것도 아니다. 그러나 만약에 능히 펼 수 있다면, 진(秦)나라나 초(楚)나라같이 먼 길이라도, 멀다 하지 않고 갈 것이다. 즉 자기 손가락이 남과 같지 않기 때문이다. 손가락이 남 같지 않으면 곧 걱정할 줄 알면서, 마음이 남 같지 않아도, 걱정할 줄 모른다. 이를 유추(類推)할 줄 모른다고 말한다.」

▶ 어구 설명
· 今有(금유) : 지금 만약 …하면.
· 信(신) : 신(伸)과 같다.

---

孟子曰 拱把之桐梓 人苟欲生之 皆知所以養之者 至於身 而不知所以養之者 豈愛身 不若桐梓哉 弗思甚也.

맹자(이) 왈 공파지동재(를) 인구욕생지(인댄) 개지소이양지자(이로대) 지어신(하야는) 이부지소이양지자(하나니) 기애신(이) 불약동재재(리오) 불사(이) 심야(일새니라)

맹자가 말했다. 「두 손이나, 혹은 한 손으로 잡을 만한 크기의 오동나무나 가래나무를 심고 키우고자 할 때에는 누구나 나무 키우는 방법을 알게 마련이다. 그러나 자기의 몸에 대해서는 <바르게> 키우는 법을 모른다. 어찌 자신을 사랑함이 오동나무나 가래나무만 못하겠는가. <아닐 것이다. 자신을 나무보다 덜 사랑하는 것이 아니라> 생각하지 않기 때문이다.」

▶ 어구 설명
· 拱把(공파) : 「공(拱)은 두 손으로 마주 잡다」, 「파(把)는 쥐다」의 뜻.
· 桐梓(동재) : 「桐(오동나무 동), 梓(가래나무 재)」

孟子曰 人之於身也兼所愛 兼所愛則兼所養也 無尺寸之膚不愛焉 則無尺寸之膚不養也 所以考其善不善者 豈有他哉 於己取之而已矣.

맹자(이) 왈 인지어신야(에) 겸소애(니) 겸소애 즉겸소양야(이라) 무척촌지부(를) 불애언 즉무척촌지부(를) 불양야(이니) 소이고기선불선자(는) 기유타재(리오) 어기(에) 취지이이의(니라)

맹자가 말했다. 「사람은 자기 몸의 모든 부위를 다같이 아끼고 사랑한다. 다같이 아끼고 사랑하므로 몸 전체를 보양하게 된다. 어느 한 구석의 피부도 아끼고 사랑하지 않는 곳이 없으므로 온몸의 피부를 보양하지 않는 곳이 없게 마련이다. <그러므로 자기 몸을 보양함에 있어> 잘하느냐, 못하느냐를 고찰하는 기준이 어찌 다른 데 있겠느냐. 바로 나 자신을 가지고 보아야 한다.」

[集註 選譯] (1) 人於一身 固當兼養 然欲考其所養之善否者 惟在反之於身 以審其輕重而已矣. : 사람은 자기 한 몸을 고르게 다 보양해야 한다. 그러나 보양을 잘하느냐, 못하느냐의 기준은 오직 자신의 몸을 가지고, 경중(輕重)을 잘 살필 뿐이다.

體有貴賤 有小大 無以小害大 無以賤害貴 養其小者爲小人 養其大者爲大人 今有場師 舍其梧檟 養其樲棘 則爲賤場師焉 養其一指 而失其肩背 而不知也 則爲狼疾人也 飮食之人 則人賤之矣 爲其養小以失大也 飮食之人 無有失也 則口腹 豈適爲尺寸之膚哉.

체(이) 유귀천(하며) 유소대(하니) 무이소해대(하며) 무이천해귀(니) 양기소
자(이) 위소인(이오) 양기대자(이) 위대인(이니라) 금유장사(이) 사기오가(하
고) 양기이극(하면) 즉위천장사언(이니라) 양기일지(하고) 이실기견배 이부지
야(이면) 즉위랑질인야(이니라) 음식지인(을) 즉인천지의(하니) 위기양소이
실대야(이니라) 음식지인(이) 무유실야(이면) 즉구복(이) 기적위척촌지부재
(리오)

「사람의 몸에는 귀중한 부위와 천시해도 될 부위가 있다. 또 작은 것과
큰 것이 있다. 작은 것 때문에 큰 것을 해치면 안 된다. 또 천한 것
때문에 귀한 것을 해치면 안 된다. 작은 것을 키우는 자는 소인(小人)이
되고, 큰 것을 키우는 사람은 대인(大人)이 된다. 만약에 정원사가 오동
나무나 가래나무를 버리고 대추나무나 가시나무를 심고 키운다면, 그
를 천박한 정원사라고 여길 것이다. <만약에> 손가락 하나만을 키우
고 어깨나 등을 보양할 줄 모르면 <그런 자를> 이리같이 뒤돌아볼
줄 모르는 사람이라고 한다. 먹고 마시기만 하는 자를 모든 사람이
천하게 여긴다. 작은 것만을 양육하고 큰 것에 <대한 양육을> 잊기
때문이다. 먹고 마시는 사람이라도 큰 것을 잃지 않는다면, 즉 입과
배가 어찌 한 구석 피부만을 양육하겠느냐. <입과 배는 바로 정신과
인격 배양을 위해 있는 것이다.>」

## ▶ 어구 설명

· 場師舍其梧檟(장사사기오가) : 장사(場師)는 농장의 정원사.「梧(벽오동
  나무 오), 檟(개오동나무 가)=楸(가래나무 추)」
· 樲棘(이극) :「樲(대추나무 이), 棘(가시나무 극)」
· 狼疾(낭질) : 이리[狼]는 잘 돌아본다. 그러나 병이 나면 뒤돌아보지 못한
  다. 고로 어깨와 등을 돌보지 않는 사람을 비유했다.
· 飲食之人(음식지인) : <동물같이> 먹고 마시는 것만을 아는 인간.

[集註 選譯] (1) 此言 若使專養口腹 而能不失其大體 專口腹之養 軀命
所關 不但爲尺寸之膚而已 但養小之人 無不失其大者 故口腹 雖所當養

而終不可以小害大 賤害貴也. : 이는 곧 다음 같은 뜻을 말한 것이다. 「만약에 입과 배를 바탕으로 한 육체적 양육에 힘을 쓰되, 그러면서도 대체 (大體) <즉 심지(心志)의> 배양도 잊지 않을 수 있어야 한다. '구복지양 (口腹之養)'에 힘쓰는 것은 생명에 관계가 되며, 크고 작은 피부만을 위한 것이 아니다. 그러나 작은 것을 보양하더라도, 큰 것을 잊으면 안 된다. 그러므로 입과 배를 바탕으로 한 육체적 양육을 마땅히 하되, 끝까지 작은 것 때문에 큰 것을 해치거나, 천한 것 때문에 귀한 것을 해치면 안 된다.」

公都子 問曰 鈞是人也 或爲大人 或爲小人 何也 孟子曰 從其大體爲大人 從其小體爲小人 曰 鈞是人也 或從其大體 或從其小體何也 曰 耳目之官 不思而蔽於物 物交物 則引之而已矣 心之官則思 思則得之 不思則不得也 此天之所與我者 先立乎其大者則其小者不能奪也 此爲大人而已矣.

공도자(이) 문왈 균시인야(이로되) 혹위대인(하며) 혹위소인(은) 하야(이꼬) 맹자 왈 종기대체(이) 위대인(이오) 종기소체(이) 위소인(이라) 왈 균시인야 (이로대) 혹종기대체(하며) 혹종기소체 하야(이꼬) 왈 이목지관(은) 불사이폐 어물(하니) 물(이) 교물 즉인지이이의(오) 심지관 즉사(이라) 사 즉득지(하고) 불사 즉부득야(이니) 차(이) 천지소여아자(이라) 선립호기대자(이면) 즉기소 자(이) 불능탈야(니) 차(이) 위대인이이의(니라)

공도자가 물었다. 「다 같은 사람인데, 어떤 사람은 대인이 되고, 어떤 사람은 소인이 되는 이유가 무엇입니까.」 맹자가 말했다. 「큰 몸을 따르면 대인이 되고, 작은 몸을 따르면 소인이 된다.」 공도자 : 「다 같은 사람인데 어떤 사람은 대체를 따르고, 어떤 사람은 소체를 따른다는

것은 무슨 뜻입니까.」 맹자 : 「귀와 눈 같은 감각기관은 생각할 힘이
없고, 외부의 물질에 덮이게 마련이다. 그리고 물질과 물질이 서로 엉
키면 <귀와 눈 같은 감각기관이> 더욱 끌리고 엉키게 마련이다. <한
편> 마음이라는 기관은 생각하는 힘이 있다. 생각하면 바르게 터득하
지만, 생각하지 못하면 <도리를 바르게> 터득하지 못한다. <이와 같
은 마음은> 하늘이 우리 모든 사람에게 내려준 것이다. <그러므로>
그와 같이 큰 마음을 앞세우고 <도리를 터득하고 행하면> 작은 감각
기관은 자리를 빼앗지 못한다. 그러므로 대인이 될 수 있다.」

▶ **어구 설명**

· 鈞是人也(균시인야) : 사람은 같다. 「균(鈞)=균(均)」
· 大體(대체) : 본연의 착한 마음, 인의(仁義)의 도덕성.
· 小體(소체) : 육체적 감각기관.
· 官(관) : 맡아서 다스린다는 뜻.

[集註 選譯] (1) 心則能思 而以思爲職 凡事物之來 心得其職 則得其理
而物不能蔽 失其職 則不得其理 而物來蔽之. : 「마음은 생각하는 힘이
있다. 마음은 생각하는 것을 직능으로 삼고 있다. 모든 사물이 도래하면
마음이 생각하는 직능을 발휘하며, 바른 도리를 터득한다. 따라서 물건
이 마음을 덮고 가리지 못한다. <만약 마음이> 직능을 잃는다면 바른
도리를 터득하지 못한다. 따라서 물질이 오면, 가려지게 마련이다.」

(2) 此三者 皆天之所以與我者 而心爲大 若能有以立之 則事無不思 而耳
目之欲 不能奪之矣 此所以爲大人也. : 「<마음과 귀와 눈> 셋은 다 하늘
이 우리에게 부여한 것이며, 그 중에서도 마음이 가장 크다. 만약 능히
마음을 바르게 세울 수 있으면 모든 사물에 대하여 생각하지 못하는
일이 없을 것이다. 따라서 귀와 눈 같은 감각기관의 욕구가 <마음이나
바른 도리를> 뺏을 수 없다. 그러므로 대인(大人)이 되는 것이다.」

(3) 范浚心箴曰 茫茫堪輿 俯仰無垠 人於其間 眇然有身 是身之微 大倉

稊米 參爲三才 曰惟心耳 往古來今 孰無此心 心爲形役 乃獸乃禽 惟口耳
目 手足動靜 投間抵隙 爲厥心病 一心之微 衆欲攻之 其與存者 嗚呼幾希
君子存誠 克念克敬 天君泰然 百體從令.：「범준(范浚)의 심잠(心箴)」
에 다음 같은 시가 있다. 『망망한 천지는 굽어보고 우러러보아도 한이
없다. 사람은 천지간에 작은 몸으로 살고 있다. 몸의 미미함은 태창의
돌피 한 알에 불과한데, 천지인(天地人) 삼재에 참여하는 것은 오직
마음뿐이다. 옛날이나 오늘이나 누구인들 마음이 없는가. 그러나 마음
을 몸의 종으로 부리면, 바로 금수가 된다. 오직 입, 귀, 눈, 손, 발의
동정만을 알고, 마음을 소홀히 하고 비워 두면, 마음이 병든다. 하나의
작은 마음을 잡다한 욕심들이 공격하니 살아남기가 참으로 어렵구나.
군자는 성실하게 마음을 간직하고, 잘 생각하고, 존경해야 한다. 그래야
하늘의 임금도 편하고 몸 전체도 잘 따르리라.』

孟子曰 有天爵者 有人爵者 仁義忠信 樂善不倦 此
天爵也 公卿大夫 此人爵也 古之人 修其天爵 而人
爵從之 今之人 修其天爵 以要人爵 旣得人爵 而棄
其天爵 則惑之甚者也 終亦必亡而已矣.

맹자(이) 왈 유천작자(하며) 유인작자(하니) 인의충신 낙선불권(은) 차(이) 천
작야(이오) 공경대부(는) 차(이) 인작야(이니라) 고지인(은) 수기천작 이인작
종지(러니라) 금지인(은) 수기천작(하여) 이요인작(하고) 기득인작 이기기천
작(하나니) 즉혹지심자야(이라) 종역필망이이의(니라)

맹자가 말했다. 「하늘이 내려준 작위, 즉 천작(天爵)이 있고 <한편으로
는> 임금이 내려준 작위, 즉 인작(人爵)이 있다. 인의충신(仁義忠信)이
나 선(善)을 즐기고 물리지 않는 덕성(德性)이 곧 하늘이 내려준 작위
이고, 공경대부(公卿大夫) 같은 벼슬이 곧 임금이 내려준 작위이다.

옛사람은 먼저 천작, 즉 덕성(德性)을 아름답게 가꾸고 다음에 인작(人爵), 즉 벼슬을 뒤따르게 했다. 오늘의 사람들은 천작을 닦는 것이 곧 인작을 위해서다. 그리고 인작을 얻으면 천작을 버린다. 심히 미혹된 짓이다. 결국에는 다 잃고 망하게 된다.」

▶ 어구 설명

· 古之人(고지인) : 옛날의 성현 군자.

· 修其天爵(수기천작) : 하늘이 내려준 존귀한 덕성을 아름답게 가꾸다.

· 而人爵從之(이인작종지) : 억지로 구하지 않아도 자연히 인작(人爵)이 자신에게 온다는 뜻이다.

[集註 選譯] (1) 修天爵以要人爵 其心固已惑矣 得人爵 而棄天爵 則其惑又甚焉 終必幷其所得之人爵而亡之也. :「천작을 닦고, 인작을 얻고자 하는 사람은, 그 마음이 이미 미혹된 것이다. <더욱이> 인작을 얻은 다음에 천작을 버린다면, 그 미혹이 한층 더 심한 것이며, 따라서 결국은 반드시 얻은 바 인작도 잃고 말 것이다.」

---

## 孟子曰 欲貴者人之同心也 人人有貴於己者弗思耳 人之所貴者 非良貴也 趙孟之所貴 趙孟能賤之.

맹자(이) 왈 욕귀자(는) 인지동심야(이니) 인인(이) 유귀어기자(이언마는) 불사이(니라) 인지소귀자(는) 비량귀야(이니) 조맹지소귀(를) 조맹(이) 능천지(니라)

맹자가 말했다. 「존귀(尊貴)하게 되려고 하는 것은 모든 사람에게 있는 공통된 마음이다. <그러나> 사람마다 자신에게 존귀한 <천작(天爵)이 있다는 것을> 생각하지 않을 뿐이다. 사람인 임금이 내려주는 존귀는 참다운 존귀가 아니다. <예를 들어 진(晉)나라의 권신> 조맹(趙孟)이 주는 높은 자리는, 조맹이 <도로 거두어> 천하게 만들 수도 있다.」

▶ 어구 설명

· 人之所貴者(인지소귀자) : 남이 나에게 작위를 더해 줌으로써, 내가 귀하게 되었다는 뜻이다.

· 良(양) : 본연의 선을 말한다.

· 趙孟(조맹) : 진(晉)나라의 권신(權臣). 이름은 순(盾), 맹(孟)은 자다.

[集註 選譯] (1) 能以爵祿與人 而使之貴 則亦能奪之 而使之賤矣 若良貴 則人安得 而賤之哉. : 「능히 작록(爵祿)을 남에게 주어, 남을 귀하게 만들 수도 있고, <반대로> 능히 <작록을> 빼앗아 천하게 만들 수도 있다.」 「만약에 <내가 지닌 존귀한 것이> 본연의 귀한 것이라면, 남이 어찌 <빼앗고> 천하게 만들 수 있겠느냐.」

---

詩云 旣醉以酒 旣飽以德 言飽乎仁義也 所以不願人之膏粱之味也 令聞廣譽施於身 所以不願人之文繡也.

---

시운 기취이주(이오) 기포이덕(이라하니) 언포호인의야(이라) 소이불원인지고량지미야(이며) 영문광예(이) 시어신(이라) 소이불원인지문수야(이니라)

「시경에 『이미 술도 취했고, 또 은덕에 마냥 배도 불렀다.』는 말이 있다. <이것은 나에게는 천성으로 주어진> 인의(仁義)가 넘치도록 있으니, <남들이 만들어 주는> 기름지고 맛있는 요리를 원치 않는다. <또> 나에게는 <덕이 높다는> 소문과 명예가 넓게 퍼져 있으므로, 남이 꾸며 주는 수놓은 비단옷을 바라지 않는다는 뜻이다.」

▶ 어구 설명

· 詩云(시운) : 시경 대아(大雅) 기취편(旣醉篇)에 있다.

· 飽(포) : 충족(充足)하다는 뜻.

·膏粱(고량) : 고(膏)는 기름진 고기의 뜻. 양(粱)은 좋은 곡식.

·文繡(문수) : 수놓은 비단옷.

[集註 選譯] (1) 仁義充足 而聞譽彰著 皆所謂良貴. :「인의(仁義)가 충족하면 <자연히> 알려지고 명예가 높이 나타난다. 이것이 다 <본래 하늘에 의해서 주어진> 선량하고 존귀한 것이다.」

(2) 尹氏曰 言在我者重 則外物輕. : 윤씨(尹氏)가 말했다. 「나에게 있는 <본연의 착한 본성이나 천작(天爵)이> 중하고, 밖에서 주어지는 인작(人爵)은 가벼운 것이다.」

> 孟子曰 仁之勝不仁也 猶水勝火 今之爲仁者 猶以
> 一杯水 救一車薪之火也 不熄則謂之 水不勝火 此
> 又與於不仁之甚者也 亦終必亡而已矣.

맹자(이) 왈 인지승불인야(이) 유수승화(하니) 금지위인자(는) 유이일배수(로) 구일거신지화야(이라) 불식 즉위지 수불승화(이라하나니) 차(이) 우여어불인지심자야(이니라) 역종필망이이의(니라)

맹자가 말했다. 「인(仁)이 불인(不仁)을 이기는 것은, 흡사 물이 불을 이기는 것과 같다. 그러나 오늘 인도(仁道)를 행하는 사람은 한 잔의 물을 가지고 한 수레에 <가득 실은> 땔나무의 불을 끄려는 것과 같다. <그래서> 불을 끄지 못하면서, 물은 불을 끌 수 없다고 말한다. 그런 태도는 도리어 불인에 크게 편드는 자라 하겠다. 또 <그러다가는 작은 인도> 반드시 망하고 말 것이다.」

[集註 選譯] (1) 與猶助也 仁之能勝不仁 必然之理也 但爲之不力 則無以勝不仁 而人遂以爲眞不能勝 是我之所爲有以深助於不仁者也. :「여(與)는 편들고 도와준다는 뜻이다.」 「인(仁)이 불인(不仁)을 이기는

것은 필연의 도리다.」「단 인을 행하되 충분히 힘을 들이지 않으면, 불인을 이길 수 없다.」「그리고 사람들이 참으로 이길 수 없다고 생각한다.」「그와 같은 태도는 결국 불인을 크게 도와주는 꼴이 된다.」

(2) 言此人之心 亦且自怠於爲仁 終必幷與其所爲而亡之. : 이는 곧 다음 같은 뜻을 말한 것이다. 「그런 사람의 마음은 역시 스스로 인을 실천하는 데 태만하니, 결국은 <자기의 작은 인마저> 반드시 망하고 없어질 것이다.」

(3) 趙氏曰 言爲仁不至 而不反諸己也. : 조씨(趙氏)가 말했다. 「인을 지극하게 행하지 않으면서, 자기 자신을 돌아보고 반성하지 않음을 지적한 말이다.」

---

## 孟子曰 五穀者 種之美者也 苟爲不熟 不如荑稗 夫仁 亦在乎熟之而已矣.

맹자(이) 왈 오곡자(는) 종지미자야(이나) 구위불숙(이면) 불여이패(니) 부인 역재호숙지이이의(니라)

맹자가 말했다. 「오곡은 종자 중에서 가장 좋은 것이다. 그러나 여물지 않으면, 비름이나 피만도 못하다. 그렇듯이 인(仁)도 충분히 성숙되게 해야 한다.」

▶ 어구 설명
· 五穀(오곡): 「도(稻 : 벼), 서(黍 : 수수), 직(稷 : 기장), 맥(麥 : 보리), 두(豆 : 콩)」의 다섯 가지 곡식.
· 荑稗(이패): 「荑(어린싹 이), 稗(피 패)」

[集註 選譯] (1) 荑稗 草之似穀者 其實亦可食 然不能如五穀之美也 但五穀不熟 則反不如荑稗之熟 猶爲仁而不熟 則反不如爲他道之有成 是以

爲仁必貴乎熟 而不可徒恃其種之美 又不可以仁之難熟 而甘爲他道之有成也. : 「이패(荑稗)는 곡식을 닮은 풀이며, 그 열매도 먹을 수 있다.」 「그러나 오곡처럼 좋지 못하다.」 「허나 오곡도 익지 못하면 도리어 잘 익은 이패만 못하다.」 「인도(仁道)를 따르고 행하되 충분히 성숙되게 하지 못하면 도리어 다른 도리를 성공적으로 행하는 것만 못하다.」 「그러므로 인의 실천은 반드시 성숙되게 함을 귀하게 여겨야 한다.」 「공연히 씨가 좋다는 것만을 믿으면 안 된다.」 「또 인을 성숙하게 행하기 어렵다는 이유로, 다른 길을 택하고 성공하는 것을 좋게 여겨도 안 된다.」

(2) 尹氏曰 日新而不已則熟. : 윤씨(尹氏)가 말했다. 「날로 새롭게 멈추지 않고 수양하고 정진하면 성숙하게 된다.」

---

孟子曰 羿之敎人射 必志於彀 學者亦必志於彀 大匠誨人 必以規矩 學者亦必以規矩.

---

맹자(이) 왈 예지교인사(에) 필지어구(하나니) 학자(도) 역필지어구(이니라)
대장(이) 회인(에) 필이규구(하나니) 학자(도) 역필이규구(이니라)

맹자가 말했다. 「후예(后羿)가 남에게 활쏘기를 가르칠 때에는 반드시 활을 힘껏 당기고, 화살을 쏘는 순간에 뜻을 집중하라고 했다. 인도(仁道)를 배우는 사람도 반드시 뜻을 인(仁)에 집중하고 전력을 기울여 인을 행해야 한다. 큰목수는 남에게 목공일을 가르칠 때에 반드시 규구(規矩)에 맞게 한다. 학자도 역시 반드시 규율에 맞게 해야 한다.」

▶ 어구 설명
· 羿(예) : 후예(后羿), 활의 명수.
· 彀(구) : 뜻을 집중한다는 뜻. 「彀(당길 구)」
· 大匠(대장) : 큰목수. 목공이나 기술자의 스승이다.
· 規矩(규구) : 목수 일의 법도. 규격이나 법도의 뜻으로 풀어도 된다.

[集註 選譯] (1) 此章 言事必有法 然後可成 師舍是則無以敎 弟子舍是則無以學 曲藝且然 況聖人之道乎. : 이 장은 다음 같은 뜻을 말한 것이다. 「모든 일에는 반드시 법도가 있다. 그래야 모든 일을 성취할 수 있다. 스승이 법도를 버리면 가르칠 수 없고, 제자가 이것을 버리면 배울 수 없다.」「하찮은 기예도 그러하거늘 하물며 성인의 도에 있어서는. <더욱 법도가 없겠느냐.>」

## 고자장구 하(告子章句 下)의 명언 명구

任人有問屋廬子 曰禮與食孰重 曰禮重 色與禮 孰
重 曰禮重 曰以禮食則飢而死 不以禮食則得食 必
以禮乎 親迎則不得妻 不親迎則得妻 必親迎乎 屋
廬子不能對 明日之鄒 以告孟子 孟子曰 於答是也
何有.

임인(이) 유문옥려자왈 예여식(이) 숙중(고) 왈 예중(이니라) 색여례 숙중(고)
왈 예중(이니라) 왈 이례식 즉기이사(하고) 불이례식 즉득식(이라도) 필이례호
(아) 친영 즉부득처(하고) 불친영 즉득처(이라도) 필친영호(아) 옥려자(이) 불
능대(하야) 명일(에) 지추(하야) 이고맹자(한대) 맹자(이) 왈 어답시야(에) 하
유(리오)

임(任)나라의 어떤 사람이 <맹자의 제자인> 옥려자(屋廬子)에게 물었
다. 「예(禮)와 식(食)은 어느 것이 더 중합니까.」 옥려자가 말했다. 「예
가 더 중합니다.」 임나라 사람 : 「색(色)과 예는 어느 것이 더 중합니까.」
옥려자 : 「예가 더 중합니다.」 임나라 사람 : 「만약에 예를 지키면 굶어
죽고, 예를 안 지키면 음식을 먹을 수 있는 경우에도 반드시 예를 지켜
야 합니까. 또 만약에 친영(親迎)의 예를 지키면 처를 맞이할 수 없고,
예를 안 지키면 처를 얻을 수 있는 경우에도 반드시 예를 지켜야 합니

까.」옥려자가 답하지 못하고 이튿날 추(鄒)나라에 가서 맹자에게 고하자 맹자가 말했다. 「그런 말에 대답하는 것은 아무것도 아니다.」<그리고 다음같이 가르쳐 주었다.>

▶ 어구 설명

· 任(임) : 주(周)나라 말에 있었던 작은 나라로, 산동성(山東省) 임성(任城)에 있었다.

· 屋廬子(옥려자) : 맹자의 제자로 성이 옥려(屋廬), 이름은 연(連).

· 親迎(친영) : 신랑이 직접 가서 신부를 맞이하는 혼례 절차. 혼례에 있어서의 육례(六禮)는 다음과 같다. 「납채(納采)·문명(問名)·납길(納吉)·납징(納徵)·고기(告期)·친영」.

· 何有(하유) : 아무것도 아니다.

不揣其本 而齊其末 方寸之木 可使高於岑樓 金重於羽者 豈謂一鉤金 與一輿羽之謂哉 取食之重者 與禮之輕者而比之 奚翅食重 取色之重者 與禮之輕者而比之 奚翅色重.

불췌기본 이제기말(이면) 방촌지목(을) 가사고어잠루(이니라) 금중어우자(는) 기위일구금 여일여우지위재(리오) 취식지중자(와) 여례지경자이비지(면) 해시식중(이며) 취색지중자(와) 여례지경자 이비지(면) 해시색중(이리오)

「근본이나 원칙을 비교하거나 헤아리지 않고, 말단을 같은 위치에 놓고 비교한다면, 즉 한 치 크기의 토막나무를 높이 솟은 누각보다 더 높다고 말할 수 있다. 금이나 쇠가 새털보다 무겁다고 하는 것은, 어찌 한 고리에 달린 금이나 쇠의 무게가 한 수레 가득히 실은 새털의 무게보다 더 무겁다는 뜻을 말한 것이겠느냐. 음식을 취해야 산다는 귀중한 뜻을 예절의 가벼운 뜻과 비교한다면, 어찌 다만 식(食)이 중하기만 하겠느냐. <즉 생사에 관한 중대한 뜻이 있다.> 장가를 들고 아내를 얻는 중대한 뜻을 예절의 가벼운 뜻에 비교한다면, 어찌 다만 색(色)이 중하기만 하겠느냐. <즉 가문과 후손의 계승과 발전에 관한 중대한 뜻이 있다.>」

## ▶ 어구 설명

· 揣(췌) : 높이를 측량하고 헤아리다. 「揣(잴 췌)」
· 本(본), 末(말) : 본(本)은 아래를 말하고, 말(末)은 위를 말한다.
· 方寸之木(방촌지목) : 비천한 식색(食色)을 비유한 것이다.
· 岑樓(잠루) : 높이 솟은 큰 누각. 지극히 높은 예를 비유한 것이다.
· 鉤(구) : 낚시바늘. 「鉤(갈고랑이 구)」
· 奚翅(해시) : 「어찌 다만」이란 뜻이다. 시(翅)는 「啻(시 : 다만, 뿐)」와 같다.

[集註 選譯] (1) 禮食親迎 禮之輕者也 飢而死以滅其性 不得妻而廢人倫 食色之重者也. : 「예를 갖추어 음식을 먹거나, 장가를 드는 일은 예의 가벼운 뜻에 속한다.」 「굶어 죽음으로써 <하늘이 내려준 귀중한> 생명과 본질을 상실하거나, 처를 얻지 못하고 인륜(人倫)을 단절케 할 <우려 때문에> 식색(食色)을 기본이 되는 중대한 것으로 여기는 것이다.」

(2) 言其相去懸絶 不但有輕重之差而已. : 이 구절은 다음 같은 뜻을 강조한 것이다. 「<식색의 기본적 중대한 뜻과 예절의 형식적인 뜻이> 서로 현격하게 다르다. 비단 경중의 차만 있는 것이 아니다.」

往應之 曰 紾兄之臂 而奪之食 則得食 不紾 則不得 食 則將紾之乎 踰東家牆 而摟其處子 則得妻 不摟 則不得妻 則將摟之乎.

왕응지 왈 진형지비 이탈지식 즉득식(하고) 부진 즉부득식(이라도) 즉장진지
호(아) 유동가장 이루기처자 즉득처(하고) 불루 즉부득처(이라도) 즉장루지호
(아하라)

&lt;맹자가 옥려자에게 일러주고 끝으로 말했다.&gt; 「자네 가서 그자에게
말하거라. 『형의 팔을 비틀고 강제로 음식을 빼앗아야 먹을 수 있고,
비틀지 않으면 먹을 수 없는 경우에, 그대는 형의 팔을 비틀고 빼앗아
먹겠는가. 또 동쪽에 붙은 이웃집에 담을 넘어 들어가서 그 집 처자를
강제로 납치해야 장가를 들 수 있고, 그렇지 못하면 그 처자를 처로
삼을 수 없다면, 그대는 &lt;담을 넘어 들어가&gt; 강제로 납치하겠는가.」

▶ 어구 설명

· 紾(진) : 「紾(비틀 진)」
· 摟(누) : 강제로 데려온다는 뜻.

[集註 選譯] (1) 此章 言義理事物 其輕重 固有大分 然於其中 又各自有
輕重之別 聖賢於此 錯綜斟酌 毫髮不差 固不肯枉尺而直尋 亦未嘗膠柱
而調瑟 所以斷之 一視於理之當然而已矣. : 이 장은 다음 같은 뜻을 말한
것이다. 「의리나 사물에는 경중의 구분이 당연히 있다. 그러나 그 중에
도 또 저마다의 경중의 분별이 있다. 성현(聖賢)은 종합적으로 생각하
고 처리하며, 털끝만큼도 어긋나지 않게 한다. 물론 한 자를 굽혀서 한
길을 곧게 하지도 않는다. 또 처음부터 거문고의 안주(雁柱)를 고정시
켜 놓고 거문고를 타지도 않는다. 또 판단의 바탕을 당연한 도리에서
볼 뿐이다.」

曹交問曰 人皆可以爲堯舜 有諸 孟子曰 然 交聞 文
王十尺 湯九尺 今交九尺四寸以長 食粟而已 如何
則可 曰 奚有於是 亦爲之而已矣 有人於此 力不能

---

**勝一匹雛 則爲無力人矣 今日 擧百鈞 則爲有力人
矣 然則擧烏獲之任 是亦爲烏獲而已矣 夫人 豈以
不勝爲患哉 弗爲耳.**

---

조교(이) 문왈 인개가이위요순(이라하니) 유제(이까) 맹자(이) 왈 연(하다) 교
(는) 문 문왕(은) 십척(이오) 탕(은) 구척(이라호니) 금교(는) 구척사촌이장(이
로대) 식속이이(로니) 여하즉가(이이꼬) 왈 해유어시(리오) 역위지이이의(니
라) 유인어차(하니) 역불능승일필추(면) 즉위무력인의(오) 금왈거백균(이면)
즉위유력인의(니) 연즉거오획지임(이면) 시역위오획이이의(니라) 부인(은)
기이불승위환재(리오) 불위이(니라)

<조(曹)나라 임금의 동생> 조교(曹交)가 맹자에게 물었다.「모든 사
람은 다 요(堯)임금ㆍ순(舜)임금같이 될 수 있다고 하니, 사실 그렇습
니까.」맹자가 말했다.「그렇습니다.」조교 :「제가 듣기에는 주(周)나
라 문왕(文王)의 키가 10척이고, 은(殷)나라 탕왕(湯王)의 키는 9척이
라 했습니다. 지금 저 교(交)는 키가 9척 4촌이나 되거늘 곡식만 먹고
있을 뿐이니, 어찌하면 좋겠습니까.」맹자 :「그런 것과 무슨 상관이
있습니까. 다만 요순의 도(道)를 따르고 행하면 됩니다. 여기 한 사람이
있다고 합시다. 그의 힘이 한 마리의 병아리를 들지 못하면, 힘없는
사람입니다. 만약에 백 균(鈞)의 무게를 든다면, 힘있는 사람입니다.
그러나 <옛날의 장사> 오획(烏獲)이 들어올린 만큼의 무거운 짐을
들어올린다면, 그도 역시 오획 같은 장사가 될 것입니다. <그러므로>
사람은 남보다 더 잘하지 못한다고 걱정하지 말고 <자신이 스스로>
하지 않는 것을 걱정해야 합니다.」

▶ 어구 설명
・曹交(조교) : 교(交)는 이름.
・有諸(유제) : 사실 그러합니까.「유지호(有之乎)」와 같다.
・匹(필) : 원래 필(鴄)로 썼으며, 오리[鴨]의 뜻이다. 한쪽을 생략하여 필

(匹)로 쓴 것이다. 예기(禮記)에서 필(匹)은 집오리[鶩]라고 한 것이 이것이다.

· 烏獲(오획) : 고대의 힘이 센 장사. 능히 천 균(鈞)을 들어 옮길 수 있었다.

徐行後長者 謂之弟 疾行先長者 謂之不弟 夫徐行
者 豈人所不能哉 所不爲也 堯舜之道 孝弟而已矣
子服堯之服 誦堯之言 行堯之行 是堯而已矣 子服
桀之服 誦桀之言 行桀之行 是桀而已矣.

서행후장자(를) 위지제(오) 질행선장자(를) 위지부제(니) 부서행자(는) 기인
소불능재(리오) 소불위야(니) 요순지도(는) 효제이이의(니라) 자(이) 복요지
복(하며) 송요지언(하며) 행요지행(이면) 시요이이의(오) 자(이) 복걸지복(하
며) 송걸지언(하며) 행걸지행(이면) 시걸이이의(니라)

「천천히 연장자의 뒤를 따라가는 것을 제(弟)라 하고, 빠른 걸음으로 연장자를 앞질러가는 것을 부제(不弟)라 합니다. 헌데 천천히 걷는 것은 누군들 못하겠습니까. <그런데도 사람들이> 하지 않습니다. '요순지도(堯舜之道)'는 바로 '효제(孝弟)'입니다. 그대가 요(堯)와 같은 법도를 따르고, 요와 같은 말을 하고, 요와 같은 덕행을 행하면, 그대는 바로 요와 같이 될 것입니다. 그대가 걸(桀)과 같은 법도를 따르고, 걸과 같은 말을 하고, 걸과 같은 무도한 짓을 행하면, 그대는 바로 걸같이 될 것입니다.」

[集註 選譯] (1) 陳氏曰 孝弟者 人之良知良能 自然之性也 堯舜人倫之至 亦率是性而已 豈能加毫末於是哉. : 진씨(陳氏)가 말했다. 「효제(孝弟)는 사람의 양지(良知) 양능(良能)이며, 자연의 본성이다. 요순(堯舜)의 도는 인륜의 지극한 도리로, 역시 하늘이 내려준 본성을 따르는 것일 뿐이다. 어찌 털끝만큼이라도 더할 것이 있겠느냐.」

(2) 楊氏曰 堯舜之道大矣 而所以爲之 乃在夫行止疾徐之間 非有甚高難 行之事也 百姓 蓋日用而不知耳. : 양씨(楊氏)가 말했다. 「요순의 도는 지극히 크다. 그러나 그 바탕은 사람들의 동작 속에 있는 것이며, 매우 높고 행하기 어려운 것이 아니다. 모든 백성들이 날로 행하면서도 <그것 을> 바르게 알지 못할 뿐이다.」

(3) 言爲善爲惡 皆在我而已 詳曹交之問 淺陋麤率 必其進見之時 禮貌 衣冠言動之間 多不循理 故孟子告之 如此兩節云. : 「착하게 하거나 악하 게 하거나 다 나 자신에게 달렸음」을 말한 것이다. 조교(曹交)가 맹자에 게 한 질문을 자세히 보면, 천박하고 고루하고 거칠고 경솔했으며, 또 맹자와 만났을 때의 예모나 의관이나 언행에 도리를 따르지 않은 것이 많았다. 그래서 맹자가 다음 두 구절같이 그에게 <홀대를> 한 것이다.

---

曰 交得見於鄒君 可以假館 願留而受業於門 曰 夫 道 若大路然 豈難知哉 人病不求耳 子歸而求之 有 餘師.

---

왈 교(이) 득견어추군(이면) 가이가관(이니) 원류이수업어문(하노이다) 왈 부 도(이) 약대로연(하니) 기난지재(리오) 인병불구이(니) 자(이) 귀이구지(면) 유여사(이리라)

조교(曹交)가 말했다. 「저는 추(鄒)나라 임금을 만나보고 객관을 얻을 수도 있습니다. <그러니 그곳에> 머물면서 <선생님에게> 가르침을 받고 싶습니다.」 맹자가 말했다. 「요순(堯舜)의 도(道)는 큰길과 같습 니다. 어찌 알기 어렵겠습니까. 사람들이 스스로 구하지 않는 것이 병 일 뿐입니다. 그대도 집에 돌아가 스스로 구하면 스승이 남아돌게 될 것입니다.」

[集註 選譯] (1) 言道不難知 若歸而求之 事親敬長之間 則性分之內 萬理皆備 隨處發見 無不可師 不必留此 而受業也 : 「도는 알기 어렵지 않다. 그대도 집에 돌아가 어버이에게 효도하고 연장자에게 공경하거라. 그러는 사이에 도를 구하면, 곧 본성 안에 주어진 모든 도리가 그때마다 나타나 보일 것이다. <일상생활의 모든 것이> 스승이 아닌 것이 없게 되므로 굳이 이곳에 남아서 배울 것이 없다.」

(2) 曹交事長之禮 旣不至 求道之心 又不篤 故孟子敎之以孝弟 而不容其受業 蓋孔子餘力學文之意 亦不屑之敎誨也 : 「조교(曹交)는 어른을 섬기는 예가 이미 지극하지 못했고, 또 도를 구하려는 마음이 독실하지 못했다. 그래서 맹자는 효제(孝弟)를 행하라고 가르치고, <배우겠다는 청을> 받아들이지 않았다.」「이는 곧 공자(孔子)가 말한 바, 『행하고도 여력이 있으면, 글을 배우라』는 뜻이며 동시에 '불설지교회(不屑之敎誨)'이다.」

> 公孫丑問曰 高子曰 小弁小人之詩也 孟子曰 何以言之 曰怨 曰固哉 高叟之爲詩也 有人於此 越人關弓而射之 則己談笑而道之 無他 疏之也 其兄關弓而射之 則己垂涕泣而道之 無他 戚之也 小弁之怨親親也 親親仁也 固矣夫 高叟之爲詩也.

공손추(이) 문왈 고자(이) 왈 소변(은) 소인지시야(이라하더이다) 맹자(이) 왈 하이언지(오) 왈 원(이니이다) 왈 고재(라) 고수지위시야(이여) 유인어차(하니) 월인(이) 관궁이사지(어든) 즉기(이) 담소이도지(는) 무타(이라) 소지야(이오) 기형(이) 관궁이사지(어든) 즉기(이) 수체읍이도지(는) 무타(이라) 척지야(이니) 소변지원(은) 친친야(이라) 친친(은) 인야(이니) 고의부(이라) 고수지위시야(이여)

제자 공손추(公孫丑)가 물었다. 「고자(高子)가 시경 소아(小雅) 소변 (小弁) 시는 소인의 시라고 하더군요.」 맹자가 되물었다. 「왜 그렇다고 하더냐.」 공손추 : 「원망하는 시라 합니다.」 맹자가 말했다. 「고자 노인 의 시 해석은 고루하다. <예를 들어> 여기 한 사람이 있다고 하자. 그리고 만약에 월(越)나라 사람이 활을 당겨 그를 쏘았다 하더라도, 그는 담소하면서 그런 일이 있었다고 말할 것이다. 그 이유는 다른 것이 아니다. 자기와는 무관한 사람들의 일이기 때문이다. 그러나 만약 에 자기 친형이 활을 당겨 그를 쏘았다고 하면, 그는 눈물을 흘리며 말할 것이다. 그것은 다른 이유가 아니다. 자기 형에 대한 측은한 생각 이 있기 때문이다. 소변 시에 나타난 원망은 자기 아버지를 사랑하는 나머지, 나타난 원망의 정이다. 그리고 그렇게 아버지를 사랑하는 것이 바로 인(仁)이다. 그러니 고자 노인의 시를 보는 태도는 참으로 고집불 통이라 하겠다.」

▶ **어구 설명**

· 高子(고자) : 제(齊)나라 사람. 자세히는 알 수 없다. 맹자가 고수(高叟)라 고 했으니, 나이가 높을 것이다.

· 小弁(소변) : 주(周)나라 유왕(幽王)이 신후(申后)를 취하고 태자 의구(宜 臼)를 낳았다. 그후 포사(褒姒)를 얻어 백복(伯服)을 낳고, 신후를 축출하 고 태자 의구를 폐했다. 그래서 의구의 사부가 이 시를 지어, 애통하고 절박한 심정을 서술한 것이다.

· 固(고) : 고루하다.

· 爲詩(위시) : 시를 다스린다, 즉 해석한다는 뜻이다.

· 越(월) : 남쪽 만이(蠻夷)의 나라.

· 道(도) : 말한다는 뜻.

· 親親仁也(친친인야) : 육친을 친애하는 것이 바로 인(仁)의 바탕이다.

曰 凱風 何以不怨 曰 凱風親之過小者也 小弁親之
過大者也 親之過大而不怨 是愈疏也 親之過小而怨
是不可磯也 愈疏不孝也 不可磯亦不孝也 孔子曰
舜其至孝矣 五十而慕.

왈 개풍(은) 하이불원(이니이꼬) 왈 개풍(은) 친지과소자야(이오) 소변(은) 친
지과대자야(이니) 친지과(이) 대 이불원(이면) 시(는) 유소야(이오) 친지과(이)
소 이원(이면) 시(는) 불가기야(이니) 유소(도) 불효야(이오) 불가기(도) 역불
효야(이니라) 공자(이) 왈 순(은) 기지효의(신저) 오십이모(이라하시니라)

공손추가 말했다.「개풍(凱風)의 시에는 왜 원망하는 정이 없습니까.」
맹자가 말했다.「개풍의 경우는 부모의 허물이 작고, 소변의 경우는
부모의 허물이 크다. 부모의 허물이 큰데도 <모른 척하고> 원망하지
않으면 <부모와 자식간의 사이가> 더욱 소원해진다. 부모의 허물이
작은데도 <지나치게 원망하면> 이는 곧 해서는 안 되는 과격한 일이
다. 더욱 소원하게 되는 것도 불효지만, 해서는 안 되는 과격한 일도
역시 불효이다. 공자는 말씀하셨다.『순임금은 참으로 지극한 효자이시
다. 나이 50세에도 부모를 그리워하셨다.』」

▶ 어구 설명

· 凱風(개풍) : 시경 패풍(邶風)에 있는 시. 위(衛)나라에 아들 일곱 명을
둔 어머니가 있었다. 남편이 죽은 다음, 재가(再嫁)하려는 생각을 하고
집안을 잘 다스리지 못했다. 이에 일곱 아들이 자신들의 효성이 부족하다
고 반성하고 지극한 효성으로 어머니를 받들었다. 그래서 어머니가 재가하
지 않았다는 내용을 적은 시다.

· 磯(기) : 물결이 바위에 부딪친다는 뜻. 즉 부모의 작은 허물을 자식이
심하게 말하고 대든다는 뜻.

[集註 選譯] (1) 趙氏曰 生之膝下 一體而分 喘息呼吸 氣通於親 當親而

疏 怨慕號天 是以 小弁之怨 未足爲愆也. : 조씨(趙氏)가 말했다. 「자식
은 부모의 슬하에서 태어나 자라고, 한 몸에서 나누어지고, 호흡하는
숨결에서 기가 부모와 통한다. 그러니 자식이 부모로부터 소원하게 되
면 원모(怨慕)하고, 하늘에 대고 울게 마련이다. 그러므로 소변 시의
원모하는 정은 잘못이 아니다.」

---

宋牼將之楚 孟子遇於石丘 曰 先生將何之 曰 吾聞
秦楚構兵 我將見楚王 說而罷之 楚王不悅 我將見
秦王 說而罷之 二王 我將有所遇焉 曰 軻也 請無問
其詳 願聞其指 說之將何如 曰 我將言其不利也 曰
先生之志則大矣 先生之號則不可.

---

송경(이) 장지초(이러니) 맹자(이) 우어석구(하시다) 왈 선생(은) 장하지(오)
왈 오문진초(이) 구병(호니) 아(이) 장견초왕(하야) 설이파지(호대) 초왕(이)
불열(이어든) 아(이) 장견진왕(하야) 설이파지(호리니) 이왕(에) 아(이) 장유
소우언(이리라) 왈 가야(는) 청무문기상(이오) 원문기지(하노니) 설지장하여
(오) 왈 아(이) 장언기불리야(호리라) 왈 선생지지즉대의(어니와) 선생지호즉
불가(하다)

송경(宋牼)이 초(楚)나라로 가려 했다. <마침> 맹자가 석구(石丘)라
는 곳에서 <그를> 만났다. 맹자가 물었다. 「선생은 장차 어디로 가십
니까.」 송경이 말했다. 「제가 들은 바, 진(秦)나라와 초(楚)나라가 전쟁
을 일으키려고 하므로, 내가 초왕을 보고 설득하여 싸움을 그만두게
하고자 합니다. 초왕이 좋아하지 않는다면 저는 진왕을 보고 설득하여
싸움을 그만두게 하고자 합니다. 어찌했건 두 임금을 만나고자 합니다.」
맹자 : 「저는 자세한 것을 묻고자 하지 않습니다. 요지라도 듣고 싶습니
다. 선생은 어떻게 설득하시렵니까.」 송경 : 「저는 서로 싸우는 것이

불리하다는 말을 하려고 합니다.」 맹자 : 「선생의 뜻은 훌륭하시지만, 선생의 구호는 좋지 못합니다.」

▶ 어구 설명

· 宋牼(송경) : 송(宋)은 성, 이름이 경(牼). 제(齊)나라 선왕(宣王) 때에 직하(稷下)의 학자였던 송견(宋鈃)일 것이다. 그는 평화를 주장했다.

· 孟子遇於石丘(맹자우어석구) : 맹자가 송나라 석구라는 곳에서 그를 만났다. 이때 맹자는 나이 71세로, 제나라를 떠나 송나라를 거쳐 설(薛)로 가는 길이었다.

· 構(구) : 「교(交)」의 뜻.

· 遇(우) : 서로 만나 본다는 뜻.

· 軻(가) : 맹자의 이름.

· 我將言其不利也(아장언기불리야) : 전쟁이 불리하다는 말을 하려고 한다.

[集註 選譯] (1) 按莊子書 宋鈃者 禁攻寢兵 救世之戰 上說下敎 强聒不舍 疏云 齊宣王時人 以事考之 疑卽此人也. : 장자(莊子)의 글에 있다. 「송견(宋鈃)이라는 사람이 <모든 나라 임금에게> 남의 나라에 대한 침공을 금하고, 무력 싸움을 잠재우고 세상을 싸움으로부터 구하고자 위로 달래고 아래로 가르쳐서 그의 강력한 주장을 멈추지 않았다.」 소(疏)에는 「제(齊) 선왕(宣王) 때 사람이다」라고 했다. 「이러한 것을 고찰해보면 송경이 바로 송견일 것이다.」

(2) 徐氏曰 能於戰國 擾攘之中 而以罷兵息民爲說 其志可謂大矣 然以利爲名 則不可也. : 서씨(徐氏)가 말했다. 「서로 흩어져 어지럽게 싸우는 전국(戰國)의 와중에서, 전쟁을 멈추고 백성을 쉬게 하라고 설득하는 그 뜻은 가히 위대하다. 그러나 이(利)를 명분으로 삼는 것은 옳지 못하다.」 <* 맹자는 양혜왕(梁惠王)에게도 말했다. 「왜 이(利)를 말하십니까. 역시 인의(仁義)가 있을 뿐입니다.」>

先生 以利說秦楚之王 秦楚之王 悅於利 以罷三軍
之師 是三軍之士 樂罷 而悅於利也 爲人臣者 懷利
以事其君 爲人子者 懷利以事其父 爲人弟者 懷利
以事其兄 是君臣父子兄弟 終去仁義 懷利以相接
然而不亡者 未之有也.

선생(이) 이리(로) 설진초지왕(이면) 진초지왕(이) 열어리(하야) 이파삼군지
사(하리니) 시(는) 삼군지사(이) 낙파이열어리야(이라) 위인신자(이) 회리이
사기군(하며) 위인자자(이) 회리이사기부(하며) 위인제자(이) 회리이사기형
(이면) 시(는) 군신부자형제(이) 종거인의(하고) 회리이상접(이니) 연이불망
자(이) 미지유야(이니라)

「선생께서 이(利)를 내세워 진나라 · 초나라의 임금을 설득하시면, 진
나라 · 초나라의 임금이 이를 좋아하고 삼군의 군사행동을 멈추게 할
것입니다. 그렇게 되면 삼군의 병사들도 싸움을 그만두고 이만을 좋아
하게 될 것입니다. 신하된 사람들도 이만을 생각하고 자기 임금을 섬길
것이며, 자식된 자들도 이만을 생각하고 자기 부모를 섬길 것이며, 동생
도 이만을 생각하고 형을 섬길 것입니다. 그렇게 되면, 군신 · 부자 · 형
제간의 <인륜에 있어> 인의(仁義)를 배제하고 오직 이만을 생각하고
서로 접할 것입니다. <그렇게 국가, 가정에서 사람들이 오직 이만을
구한다면> 그러고도 망하지 않을 자가 없습니다.」

▶ 어구 설명

· 利(이) : 이때의 「이」는 「외형적 · 물질적 · 이기적 · 현재적 · 개인적 이익,
이득」이란 뜻이다. 「내면적 · 정신적 · 이타적 · 역사적 · 전체적 이익, 이득」
이 아니다.

· 三軍(삼군) : 큰 나라의 군대를 말한다.

先生 以仁義說秦楚之王 秦楚之王 悅於仁義 而罷
三軍之師 是三軍之士樂罷 而悅於仁義也 爲人臣者
懷仁義以事其君 爲人子者 懷仁義以事其父 爲人弟
者 懷仁義以事其兄 是君臣父子兄弟 去利 懷仁義
以相接也 然而不王者 未之有也 何必曰利.

선생(이) 이인의(로) 설진초지왕(이면) 진초지왕(이) 열어인의(하야) 이파삼
군지사(하리니) 시(는) 삼군지사(이) 낙파이열어인의야(이라) 위인신자(이)
회인의이사기군(하며) 위인자자(이) 회인의이사기부(하며) 위인제자(이) 회
인의이사기형(이면) 시(는) 군신부자형제(이) 거리(하고) 회인의이상접야(이
니) 연이불왕자(이) 미지유야(이니) 하필왈리(리오)

「선생께서 인의(仁義)의 도리로써 진나라·초나라 임금을 설득하시면,
진나라·초나라 임금이 인의를 좋아하고, 삼군의 군사행동을 멈추게
할 것입니다. 그렇게 되면 삼군의 군사들도 전쟁 폐기를 즐겁게 여기고
<마음으로부터> 인의를 좋아하게 될 것입니다. 신하들도 인의의 도리
를 속에 품고 자기 나라 임금을 섬기고 받들 것입니다. 자식들도 인의
의 도리를 속에 품고 자기 부모를 섬길 것입니다. 어린 사람들도 인의
의 도리를 속에 품고 연장자를 섬길 것입니다. 그렇게 되면, 군신(君臣)
·부자(父子)·형제간의 <인륜 실천에 있어> 이(利)를 배제하고 인의
를 바탕으로 서로 접하게 될 것입니다. 이렇게 되면 <천하를 다스릴>
참다운 임금이 아니 될 수 없습니다. 왜 굳이 이를 주장하십니까.」

[集註 選譯] (1) 此章言 休兵息民 爲事則一 然其心有義利之殊 而其效
有興亡之異 學者所當深察而明辨之也. : 이 장은 다음 같은 뜻을 말한
것이다. 「전쟁을 막고 백성을 쉬게 하는 일은 같다. 그러나 <전쟁 폐지를
주장하는> 심리면에서 의(義)와 이(利)의 차이가 있다. 특히 효과면에
서는 흥(興)과 망(亡)의 차이가 있다.」 그러므로 학자가 마땅히 깊이

살피고 밝게 분별해야 한다.

> 孟子居鄒 季任 爲任處守 以幣交 受之而不報 處於
> 平陸 儲子爲相 以幣交 受之而不報.

맹자(이) 거추(하실새) 계임(이) 위임처수(이러니) 이폐교(한대) 수지이불보
(하시고) 처어평륙(하실새) 저자(이) 위상(이러니) 이폐교(한대) 수지이불보
(하시다)

맹자가 추(鄒)에 있을 때, 계임(季任)이 임(任)나라의 유수(留守)로서,
예물을 보내고 사귀고자 했다. 맹자는 예물은 받았으나, 가서 답례는
하지 않았다. 맹자가 평륙(平陸)에 있을 때, 저자(儲子)가 재상으로 있
으면서, 예물을 보내고 사귀고자 했다. 맹자는 예물은 받았으나, 가서
답례하지 않았다.

▶ 어구 설명
· 季任(계임) : 임(任)나라 임금의 동생.
· 平陸(평륙) : 제(齊)나라의 작은 도읍.
· 儲子(저자) : 제나라의 재상.

> 他日 由鄒之任 見季子 由平陸之齊 不見儲子 屋廬
> 子喜曰 連得間矣 問曰 夫子之任 見季子 之齊不見
> 儲子 爲其爲相與 曰非也 書曰 享多儀 儀不及物 曰
> 不享 惟不役志于享 爲其不成享也 屋廬子悅 或問
> 之 屋廬子曰 季子不得之鄒 儲子得之平陸.

타일(에) 유추지임(하샤) 견계자(하시고) 유평륙지제(하샤) 불견저자(하신대)

옥려자(이) 희왈 연(이) 득간의(외다) 문왈 부자(이) 지임(하샤) 견계자(하시고) 지제(하샤) 불견저자(하시니) 위기위상여(이까) 왈 비야(이라) 서(에) 왈 향(은) 다의(하니) 의불급물(이면) 왈 불향(이니) 유불역지우향(이라하니) 위기불성향야(이니라) 옥려자(이) 열(이어늘) 혹 문지(호대) 옥려자(이) 왈 계자(는) 부득지추(이오) 저자(는) 득지평륙(일새니라)

후일 맹자는 추(鄒)에서 임(任)으로 가서, 계임을 만나보았다. <그러나> 평륙(平陸)에서 제(齊)나라에 갔을 때는 저자(儲子)를 만나지 않았다. 이에 <맹자의 제자> 옥려자(屋廬子)가 기쁜 듯이 말했다. 「나는 이제 <질문할 좋은> 기회를 얻었다. 선생님께서 임나라에 가시어, 계자(季子)는 만나보셨으나, 제나라에 가셔서는 저자를 만나지 않으셨으니, 그가 재상이었기 때문입니까.」 맹자가 말했다. 「아니다. 서경(書經)에 이르기를 『예물을 보낼 때는 예의를 다각적으로 갖추어야 한다. 예의가 예물에 미치지 못하면 예물을 보내지 않음과 같다. 그것은 정성을 기울여 예물을 보내지 않은 것이기 때문이다.』라고 하였다. 내가 <저자를 만나지 않은 것은 예의를 갖추고> 예물을 올리지 않았기 때문이다.」 <맹자의 말을 듣고> 옥려자는 좋아했으며, 어떤 사람이 질문하자, 옥려자가 대답했다. 「계자는 추를 떠날 수 없었다. 그러나 저자는 평륙으로 갈 수 있었다. <그런데 가지 않았으니 예를 다하지 못한 것이다.>」

▶ 어구 설명

· 連(연) : 옥려자의 이름.
· 書曰(서왈) : 서경 주서(周書) 낙고편(洛誥篇)의 글.
· 享(향) : 바쳐 올리다.
· 物(물) : 폐백, 즉 예물의 뜻.
· 役志(역지) : 「마음과 정성을 기울이다」는 뜻.

[集註 選譯] (1) 言雖享 而禮意不及其幣 則是不享矣 以其不用志於享故也. : 곧 다음 같은 뜻을 말한 것이다. 「비록 예물을 올리기는 해도 예절

을 지키려는 성의(誠意)가 예물에 미치지 못하니, 이는 곧 봉상이 아니다. 예물을 바쳐 올리는 데, 정성을 다하지 않았기 때문이다.」

(2) 徐氏曰 季子爲君居守 不得往他國以見孟子 則以幣交而禮意已備 儲子爲齊相 可以至齊之境內 而不來見 則雖以幣交 而禮意不及其物也. : 서씨(徐氏)가 말했다.「계자는 임금을 대신해서 나라를 지키므로 다른 곳에 가서 맹자를 볼 수 없었다. 그래서 예물을 보낸 것으로 예의 뜻을 다 갖춘 것이다.」「저자는 제나라 재상이므로 제나라 경내에 갈 수 있었다. 그런데도 가서 보지 않았으니, 비록 예물을 보내도 예의 뜻이 예물에 미치지 못했던 것이다.」

淳于髡曰 先名實者爲人也 後名實者自爲也 夫子在三卿之中 名實未加於上下 而去之 仁者固如此乎 孟子曰 居下位 不以賢事不肖者 伯夷也 五就湯五就桀者 伊尹也 不惡汚君不辭小官者 柳下惠也 三子者不同道 其趨一也 一者何也 曰 仁也 君子亦仁而已矣 何必同.

순우곤 왈 선명실자(는) 위인야(이오) 후명실자(는) 자위야(이니) 부자(이) 재삼경지중(하샤) 명실(이) 미가어상하 이거지(하시니) 인자(도) 고여차호(이까) 맹자(이) 왈 거하위(하야) 불이현 사불초자(는) 백이야(이오) 오취탕(하며) 오취걸자(는) 이윤야(이오) 불오오군(하며) 불사소관자(는) 유하혜야(이니) 삼자자(이) 부동도(하나) 기추(는) 일야(이니) 일자(는) 하야(오) 왈 인야(이라) 군자(는) 역인이이의(니) 하필동(이리오)

순우곤이 맹자에게 물었다.「명분과 실적을 앞세우는 사람은 백성을 위하고, 명분과 실적을 뒤로 돌리는 사람은 자신을 위한다고 했습니다. 선생께서는 삼경(三卿)의 자리에 계시면서, 명분이나 실적을 위에도 아래에도 더하시지 않고, 이 나라를 떠나려고 하시니, 인자(仁者)는 원래 그렇습니까.」 맹자가 대답해서 말했다. 「낮은 자리에 있을지언정, 현명한 지혜를 가지고, 어리석은 임금을 섬기려 하지 않은 사람이, 바로 백이(伯夷)입니다. 다섯 번 탕왕(湯王)에게 갔다가, 다섯 번 걸왕(桀王)에게 갔다가 하면서 <천하를 바로잡으려고 한 사람이> 바로 이윤(伊尹)입니다. 우매한 임금도 싫어하지 않고, 낮은 벼슬도 사퇴하지 않은 사람이, 바로 유하혜(柳下惠)였습니다. 세 사람의 태도는 같지 않으나 뜻하고 나가려는 방향은 하나였습니다. 그 하나가 무엇이냐 하면, 곧 인입니다. 군자는 역시 인만을 위할 뿐입니다. <그 방법이나 태도가> 반드시 같을 필요가 없습니다.」

## ▶ 어구 설명

· 淳于髡(순우곤) : 순우(淳于)가 성, 곤(髡)이 이름. 제(齊)나라의 귀족이며, 학식이 많았다.

· 名實(명실) : 「명(名)은 명분, 명예, 명성」. 「실(實)은 실적, 공적」.

· 爲人也(위인야) : 남을 위하는 사람이다. 즉 백성이나 임금을 위해서 일을 하고 공을 세운다.

· 三卿(삼경) : 임금 다음가는 높은 자리이다. 교육을 담당하는 사도(司徒), 군사를 담당하는 사마(司馬), 외교를 담당하는 사공(司空) 등이다. 법을 다스리는 사구(司寇)를 넣기도 한다. 같은 경에도 상경(上卿), 아경(亞卿), 하경(下卿)이 있다. 상(相)과 장(將)은 경 다음으로 친다. 맹자는 제(齊)나라에서 객경(客卿)으로 대접을 받고 있었다.

[集註 選譯] (1) 仁者 無私心而合天理之謂 楊氏曰 伊尹之就湯 以三聘之勤也 其就桀也 湯進之也 湯豈有伐桀之意哉 其進伊尹以事之也 欲其悔過遷善而已 伊尹旣就湯 則以湯之心爲心矣 及其終也 人歸之 天命之 不得已而伐之耳 若湯 初求伊尹 卽有伐桀之心 而伊尹遂相之以伐桀 是以取天下爲心也 以取天下爲心 豈聖人之心哉. : 「인(仁)」은 「사사로운 욕심 없이, 오직 하늘의 도리에 맞게 한다는 뜻이다.」 양씨(楊氏)가 말

했다. 「이윤이 탕왕에게 붙은 것은, 탕왕이 부지런히 세 번이나 예를 갖추고 불렀기 때문이다. 이윤이 걸왕에게 접근한 것은 탕왕이 나가서 보라고 했기 때문이다. 탕왕이 어찌 걸왕을 토벌하려는 생각을 가지고 있었겠느냐. 이윤을 내보내어 걸을 섬기고, <걸로 하여금> 개과천선하게 하려던 것이었다. 이윤은 그 전에 탕왕을 섬겼으므로 탕왕의 마음을 자기의 마음으로 삼고 있었다. 그러나 끝내 <걸이 개과천선하지 않았으며> 백성들이 탕왕에게 귀순(歸順)하고, 천명(天命)이 내렸으므로 부득불 걸을 토벌했던 것이다. 만약에 탕왕이 처음부터 이윤을 얻어 걸을 치려는 마음이 있었고, 또 이윤도 탕왕을 도와서 걸을 토벌했다면 이는 천하를 무력으로 취하려는 마음을 가진 것이다. 천하를 취하려는 마음이 어찌 성인의 마음이겠는가.」

> 曰 魯繆公之時 公儀子爲政 子柳子思爲臣 魯之削
> 也滋甚 若是乎 賢者之無益於國也 曰 虞 不用百里
> 奚而亡 秦穆公 用之而霸 不用賢則亡 削何可得與.

왈 노목공지시(에) 공의자(이) 위정(하고) 자류 자사(이) 위신(이로대) 노지삭야(이) 자심(하니) 약시호 현자지무익어국야(이여) 왈 우(이) 불용백리해 이망(하고) 진목공(이) 용지 이패(하니) 불용현즉망(이니) 삭(을) 하가득여(리오)

순우곤이 말했다. 「노나라 목공(繆公) 때에는 공의자(公儀子)가 국정을 다스렸고, 자류(子柳)와 자사(子思)가 신하로 있었는데, 노나라의 국토가 더욱 심하게 <다른 나라에게> 빼앗기고 깎이었으니, 그와 같이 현인들은 나라에 무익한 존재입니까.」 맹자가 말했다. 「우(虞)나라는 백리해(百里奚)를 등용하지 않아서 망했고, 진(秦)나라의 목공(穆公)은 그를 등용해서 패자(霸者)가 되었습니다. 현인을 쓰지 않으면 나라가 망합니다. 어찌 땅을 깎이는 것으로 끝나겠습니까.」

## ▶ 어구 설명

· 魯繆公(노목공) : B.C. 409～B.C. 377년 재위. 「무(繆)」는 「목(穆)」으로 읽는다.

· 公儀子(공의자) : 성이 공의(公儀), 이름은 휴(休). 노나라의 박사(博士)로 목공 밑에서 재상을 지냈으며 백성들을 잘 교화했다.

· 子柳(자류) : 설류(泄柳). 자(字)가 자류. 노나라 목공이 가서 만나고자 했으나, 처음에는 문을 닫고 거절했으며 후에는 자사(子思)와 같이 임금의 사부(師傅)가 되었다.

· 子思(자사) : 공자의 손자. 이름은 급(伋).

· 削(삭) : 토지를 빼앗기는 것.

日 昔者王豹處於淇 而河西善謳 綿駒處於高唐 而齊右善歌 華周杞梁之妻善哭其夫 而變國俗 有諸內必形諸外 爲其事而無其功者 髡未嘗睹之也 是故無賢者也 有則髡必識之.

왈 석자 왕표(이) 처어기 이하서선구(하고) 면구(이) 처어고당 이제우(이) 선가(하고) 화주기량지처(이) 선곡기부 이변국속(하니) 유제내(면) 필형제외(하나니) 위기사 이무기공자(를) 곤(이) 미상도지야(로니) 시고(로) 무현자야(이니) 유즉곤필식지(니이다)

순우곤이 말했다. 「옛날에 왕표(王豹)가 기수(淇水) 가에 살자, 하서(河西) 사람들이 노래를 잘 불렀고, 면구(綿駒)가 고당(高唐)에 살자, 제나라 서쪽 사람들이 노래를 잘했으며, 제나라 대부인 화주(華周)와 기량(杞梁)의 두 부인이 자기들의 남편이 죽자, 애통하게 곡을 잘했으므로, 나라의 기풍을 변하게 했다고 합니다. 속에 차 있으면, 반드시 밖으로 나타나게 마련입니다. 또 일을 잘했는데, 그 공이 없다는 예를

나, 곤(髡)은 보지 못했습니다. 그러므로 현자가 없으므로 <내가 아무 것도 보지 못하는 것입니다.> 있다면 나 곤이 반드시 알 것입니다.」

▶ 어구 설명
・淇(기) : 기수(淇水). 하남성(河南省)에 있는 강.
・綿駒(면구) : 제나라 사람. 역시 노래를 잘했다.
・高唐(고당) : 제나라 서쪽에 있는 읍(邑).
・華周(화주)・杞梁(기량) : 두 사람 다 제나라 대부로 충신이며, 전사(戰死)
　했다.
・睹(도) : 「睹(볼 도)」

---

曰 孔子爲魯司寇 不用 從而祭 燔肉 不至 不稅冕而行
不知者以爲爲肉也 其知者以爲爲無禮也 乃孔子則欲
以微罪行 不欲爲苟去 君子之所爲 衆人固不識也.

---

왈 공자(이) 위로사구(이러시니) 불용(하고) 종이제(에) 번육(이) 부지(어늘)
불탈면이행(하시니) 부지자(는) 이위위육야(이라하고) 기지자(는) 이위위무
례야(이라하니) 내공자즉욕이미죄행(하샤) 불욕위구거(하시니) 군자지소위
(를) 중인(이) 고불식야(이니라)

맹자가 말했다. 「공자께서 노나라의 사구(司寇)로 계셨으나, 임금이 <공자의 뜻과 도를> 쓰지 않았습니다. <그래서 공자는 떠나려고 했던 것입니다.> 마침 노나라 제사가 있어 참여했으나, 임금이 번육(燔肉)을 내려주지 않았으므로, 공자는 면관(冕冠)조차 벗지 않고, 노나라를 뒤로하고 떠나셨던 것입니다. 알지 못하는 사람은 번육 때문이라 생각하고, 아는 사람은 임금이 무례(無禮)해서라고 생각했습니다. 허나 사실은 공자께서 전부터 작은 잘못을 핑계로 삼고 떠나려 하셨으며, 이유없이 떠났다는 오해받기를 원치 않으셨던 것입니다. 이렇듯이 군자의

행동은 일반 사람들이 알 수 없는 것입니다.」

▶ 어구 설명

· 司寇(사구) : 형벌(刑罰)을 다스리는 관직. 육경(六卿)의 하나.
· 燔肉(번육) : 제사에 바친 고기.
· 不至(부지) : 임금이 내려주지 않았다.
· 稅(탈) : 「탈(脫)」과 같다.

[集註 選譯] (1) 孟子言以爲爲肉者 固不足道 以爲爲無禮 則亦未爲深知 孔子者 蓋聖人於父母之國 不欲顯其君相之失 又不欲爲無故而苟去 故不 以女樂去 而以膰肉行 其見幾明決 而用意忠厚 固非衆人所能識也 然則 孟子之所爲 豈髡之所能識哉 尹氏曰 淳于髡 未嘗知仁 亦未嘗識賢也 宜 乎其言若是. : 위의 글은 맹자가 다음 같은 뜻을 말한 것이다. 「고기 때 문이라고 생각한 사람은 말할 것도 없고, 무례했기 때문이라고 생각한 사람도 역시 공자의 깊은 뜻을 모른다.」「대개 성인은 부모의 나라에서 는 그 임금이나 재상의 실수를 드러내지 않고자 한다. 또 이유없이 함부 로 떠나려고도 하지 않는 법이다.」「그러므로 <공자가> 여악을 핑계로 하지 않고, 번육 때문에 떠난 것은 <곧 공자가> 기미를 살피고 결단을 밝힌 것이다.」「아울러 그의 마음씀이 충성되고 돈후하며, 대중들이 알 수 있는 바가 아니다.」「그러나 이와 같은 맹자의 생각을 순우곤이 어찌 알 수 있겠는가.」윤씨(尹氏)는 말했다. 「순우곤은 처음부터 인(仁)을 모르고, 또 현인을 알지 못했다. 그러므로 그렇게 말했던 것이다.」

五霸 桓公爲盛 葵丘之會 諸侯束牲載書 而不歃血
初命曰 誅不孝 無易樹子 無以妾爲妻 再命曰 尊賢
育才 以彰有德 三命曰 敬老慈幼 無忘賓旅 四命曰

士無世官 官事無攝 取士必得 無專殺大夫 五命曰
無曲防 無遏糴 無有封而不告 曰 凡我同盟之人 旣
盟之後 言歸于好 今之諸侯 皆犯此五禁 故曰 今之
諸侯 五霸之罪人也.

오패(에) 환공(이) 위성(하더니) 규구지회(에) 제후(이) 속생재서이불삽혈(하
고) 초명왈 주불효(하며) 무역수자(하며) 무이첩위처(이라하고) 재명왈 존현
육재(하야) 이창유덕(이라하고) 삼명왈 경로자유(하며) 무망빈려(이라하고)
사명왈 사무세관(하며) 관사무섭(하며) 취사필득(하며) 무전살대부(이라하
고) 오명왈 무곡방(하며) 무알적(하며) 무유봉이불고(이라하고) 왈 범아동맹
지인(은) 기맹지후(에) 언귀우호(이라하니) 금지제후(이) 개범차오금(하나니)
고(로) 왈 금지제후(는) 오패지죄인야(이라하노라)

「오패 중에서도 제나라 환공이 가장 위세가 컸었다. 규구(葵丘)에서
회맹(會盟)했을 때에, 여러 제후는 다만 희생으로 바치는 소를 묶어놓
고, 그 위에 맹서하는 글을 올려놓았을 뿐, <소를 죽이고> 피를 핥아먹
는 일은 없었다. <그리고 다음같이 맹약(盟約)했다.> 제1조 : 불효한
자를 죽인다. 세자를 바꾸지 않고, 첩을 정실로 삼지 않는다. 제2조 :
현인을 존중하고, 재능있는 자를 육성하고, 덕을 발휘하고 빛나게 한다.
제3조 : 노인을 공경하고 아이들을 자애하고, 객지에서 온 빈객이나
여행자를 소홀하게 하지 않는다. 제4조 : 사(士)의 벼슬은 세습할 수
없으며, 관직을 겸유할 수 없다. 사를 취할 때는 반드시 인재를 등용할
것이며, 대부를 함부로 죽일 수 없다. 제5조 : 제방은 굽게 쌓지 말고,
이웃나라의 재황(災荒)을 구제하기 위해 양곡을 파는 것을 막지 말고,
또 토지를 봉상(封賞)하면 반드시 보고해야 한다. 그리고 다시 부대조
건으로 모든 동맹 국가는 맹약한 후에는 다같이 우호 협화(協和)해야

한다고 하였다. 그런데, 지금의 제후들은 이와 같은 다섯 가지 금지 조항을 지키지 못하고 범하고 있다. 고로 오늘의 제후들은 오패의 죄인이다.」

▶ 어구 설명

· 葵丘之會(규구지회) : 제환공이 제후들과 회맹(會盟)한 곳. 당시에는 송(宋)나라에 속했다. 하남성(河南省) 고성현(考城縣) 동쪽에 있다.
· 樹(수) : 세우다.
· 無曲防(무곡방) : 제방은 꺾어 쌓지 않다.
· 言(언) : 어조사.

---

### 長君之惡 其罪小 逢君之惡 其罪大 今之大夫 皆逢君之惡 故曰 今之大夫 今之諸侯之罪人也.

장군지악(은) 기죄(이) 소(하고) 봉군지악(은) 기죄(이) 대(하니) 금지대부(이)
개봉군지악(하나니) 고(로) 왈 금지대부(는) 금지제후지죄인야(이라하노라)

「신하로서 임금의 악덕이나 악정(惡政)을 막을 수 없어, 어쩔 수 없이 임금의 악을 자라게 하는 것은, 그 죄가 비교적 작다. <그러나> 임금의 악정이나 악덕에 영합(迎合)하면, 그 죄가 크다. <헌데> 오늘의 대부들은 모두가 임금의 악에 영합하고 <함께 악을 저지르고> 있다. 그러므로『오늘의 대부들은 오늘의 제후들의 죄인이라』고 말하는 것이다.」

▶ 어구 설명

· 長(장) : 자라게 하다.
· 逢(봉) : 「아첨하고 영합한다」는 뜻.

[集註 選譯] (1) 君有過 不能諫 又順之者 長君之惡也 君之過未萌 而先意導之者 逢君之惡也. : 「임금이 잘못해도 간하지 못하고 순종하는 것이 '장군지악(長君之惡)'이다. 임금의 잘못의 싹이 미처 돋아나지 않았

는데 앞서 악을 유도하는 것을 '봉군지악(逢君之惡)'이라 한다.」

(2) 林氏曰 邵子有言 治春秋者 不先治五霸之功罪 則事無統理 而不得聖人之心 春秋之間 有功者 未有大於五霸 有過者亦未有大於五霸 故 五霸者 功之首 罪之魁也. : 임씨(林氏)가 말했다. 「소자(邵子)가 다음같이 말했다. 『춘추(春秋)를 논하면서, 먼저 오패(五霸)의 공과 죄를 지적하지 않는다면, 역사적 사실에 대한 통일된 도리가 없고, 또 성인의 마음을 이해하지 못한다.』 춘추시대에는 공(功)에 있어 오패보다 더 큰 자가 없고, 잘못에 있어서도 오패보다 더 큰 자가 없다. 고로 오패는 공의 으뜸이요, 죄의 괴수이다.」

(3) 孟子此章之義 其若此也與 然五霸得罪於三王 今之諸侯得罪於五霸 皆出於異世 故得以逃其罪 至於今之大夫 其得罪於今之諸侯 則同時矣 而諸侯非惟莫之罪也 乃反以爲良臣而厚禮之 不以爲罪而反以爲功 何其謬哉. : 「맹자의 이 장의 뜻도 대략 이와 같을 것이다. 그러므로 오패는 삼왕(三王)에게 죄를 짓고, 오늘의 제후들은 오패에게 죄를 지었다. 이들은 시대가 같지 않으므로 죄를 면할 수 있었다. 그러나 오늘의 대부는 오늘의 제후에게 죄를 얻었으며, 시대가 같다. 그런데도 제후들은 그들 대부의 죄를 모르고 도리어 훌륭한 신하라고 여기고 후하게 예우한다. 죄를 모르고 반대로 공으로 여기니 얼마나 큰 잘못이냐.」

魯欲使愼子 爲將軍 孟子曰 不敎民而用之 謂之殃民 殃民者 不容於堯舜之世 一戰勝齊 遂有南陽 然且不可 愼子 勃然不悅曰 此則滑釐所不識也.

노(이) 욕사신자(로) 위장군(이러니) 맹자(이) 왈 불교민이용지(를) 위지앙민(이니) 앙민자(는) 불용어요순지세(나라) 일전승제(하야) 수유남양(이라도) 연차불가(하니라) 신자(이) 발연불열 왈 차즉골리(이) 소불식야(이로다)

노나라가 신자(愼子)로 하여금 장군을 삼고자 했다. 맹자가 말했다. 「백성을 교화하지 않고 <싸움판에 내다가> 쓰는 것은 곧 백성에게 재앙을 주는 짓이다. <그와 같은 짓은> 요임금·순임금 때에는 용납되지 않았다. 설사 한 번 싸워 제(齊)나라에게 이기고, 다시 <잃었던> 남양(南陽)의 땅을 되찾는다 해도 <전쟁하는 것 자체가> 좋지 못하다.」 신자가 발끈하고 성난 듯이 말했다. 「그런 것은 나 골리(滑釐)가 알 바 아니오.」

▶ 어구 설명

· 愼子(신자) : 노나라의 신하로, 이름이 골리(滑釐). 혹은 법가(法家) 사상가 신도(愼到)와 같은 사람이라는 설도 있다.

· 敎民(교민) : 백성에게 예의를 가르치고, 안에서는 부형을 섬기고, 밖에서는 어른을 섬길 줄 알게 함이다.

· 而用之(이용지) : <전쟁터에 내다가> 싸움하게 하는 것은.

· 南陽(남양) : 당시는 제나라 땅인데 원래는 노나라 땅이었다.

· 勃然不悅(발연불열) : 발연(勃然)은 「안색을 변하고 발끈하다」. 불열(不悅)은 「성을 내고」.

今魯方百里者五 子以爲有王者作 則魯在所損乎在所益乎 徒取諸彼 以與此 然且仁者不爲 況於殺人以求之乎 君子之事君也 務引其君以當道 志於仁而已.

금로(이) 방백리자(이) 오(이니) 자(이) 이위유왕자(이) 작 즉로(이) 재소손호(아) 재소익호(아) 도취제피(하야) 이여차(이라도) 연차인자(이) 불위(어늘) 황어살인이구지호(아) 군자지사군야(는) 무인기군이당도(하야) 지어인이이(니라)

「지금 노나라의 영토는 사방 백 리 넓이의 땅이 다섯이나 된다. <제후

의 나라로서 영토가 다섯 배나 크다.> 그대는 어떻게 생각하는가. 장차 <천하를 다스릴> 진정한 임금이 나타나면, 즉 노나라 영토를 <법에 따라> 줄이겠는가, 더 늘여 주겠는가. 어느 쪽이라고 생각하는가. 힘들이지 않고 맨손으로 저쪽에서 <땅을> 취해서, 이쪽에게 주는 그런 일을 조금이라도 인자는 하지 않는다. 하물며 살인하고, 남의 땅을 취하는 그런 일을 하겠느냐. 군자가 임금을 섬길 때에는 힘써 자기 임금을 잘 인도하여 마땅히 도(道)를 행하게 노력해야 한다. 그리고 군자나 임금이나 오직 인(仁)에 뜻을 두어야 한다.」

▶ 어구 설명
· 徒(도) : 맨손으로.
· 當道(당도) : 모든 일을 천리(天理)에 맞게 한다는 뜻.
· 志於仁(지어인) : 마음을 인(仁)에 둔다는 뜻.

孟子曰 今之事君者曰 我能爲君 辟土地 充府庫 今之所謂良臣 古之所謂民賊也 君不鄕道 不志於仁而求富之 是富桀也 我能爲君 約與國 戰必克 今之所謂良臣 古之所謂民賊也 君不鄕道 不志於仁 而求爲之强戰 是輔桀也 由今之道 無變今之俗 雖與之天下 不能一朝居也.

맹자(이) 왈 금지사군자(이) 왈 아(이) 능위군(하야) 벽토지(하며) 충부고(이라 하나니) 금지소위량신(이오) 고지소위민적야(이라) 군불향도(하야) 부지어인(이어든) 이구부지(하니) 시(는) 부걸야(이니라) 아(이) 능위군(하야) 약여국(하야) 전필극(이라하나니) 금지소위량신(이오) 고지소위민적야(이라) 군불향도(하야) 부지어인(이어든) 이구위지강전(하니) 시(는) 보걸야(이니라) 유금지도(하야) 무변금지속(이면) 수여지천하(이라도) 불능일조거야(이니라)

맹자가 말했다. 「오늘날 임금을 섬기는 자들은 말한다. 『나는 임금을 위해서 토지나 영토를 넓히고, 창고에 곡식이나 재물을 가득 차게 할 수 있다.』 그러니 오늘의 소위 양신(良臣)은 바로 옛날의 이른바 백성을 해치는 도둑들이다. 임금으로 하여금 도(道)를 따르게 하지 않고, 인(仁)을 지향하지 않고 재물만 구하게 하니 <이런 자는 곧> 악덕한 걸(桀)을 부강하게 만드는 자이다. 『나는 능히 임금을 위해서, 다른 나라와 동맹을 맺고, 싸우면 반드시 이긴다.』고 말하는 오늘의 양신은 곧 옛날의 백성을 해치는 도둑이다. <임금이> 도를 따라 가게 하지 않고, 인을 지향하지 않고 억지로 전쟁만 하게 하는 그런 자는 곧 악덕한 걸(桀)을 더욱 악덕하게 도와주는 자이다. 오늘의 악덕한 부국강병(富國强兵)의 도를 따르고, 또 오늘의 악덕한 정치풍토나 버릇을 고치지 않는다면 비록 천하를 준다 해도 단 하루아침을 견디지 못하고. <망할 것이다.>」

▶ 어구 설명
· 辟(벽) : 개간(開墾)의 뜻.
· 與國(여국) : 서로 화친하고 좋아하는 나라의 뜻.

白圭曰 吾欲二十而取一何如 孟子曰 子之道貉道也 萬室之國 一人陶則可乎 曰不可 器不足用也 曰夫 貉五穀不生 惟黍生之 無城郭宮室宗廟祭祀之禮 無 諸侯幣帛饔飧 無百官有司 故二十取一而足也 今居 中國 去人倫無君子 如之何其可也 陶以寡 且不可 以爲國 況無君子乎 欲輕之於堯舜之道者 大貉小貉 也 欲重之於堯舜之道者 大桀小桀也.

백규(이) 왈 오욕이십이취일(하노니) 하여(하니이꼬) 맹자(이) 왈 자지도(는)
맥도야(이로다) 만실지국(에) 일인(이) 도 즉가호(아) 왈 불가(하니) 기부족용
야(이니이다) 왈 부맥(은) 오곡(이) 불생(하고) 유서생지(하나니) 무성곽궁실
종묘제사지례(하며) 무제후폐백옹손(하며) 무백관유사(이라) 고(로) 이십(에)
취일이족야(이니라) 금(에) 거중국(하야) 거인륜(하며) 무군자(이면) 여지하
기가야(이라) 도이과(이라도) 차불가이위국(이온) 황무군자호(아) 욕경지어
요순지도자(는) 대맥(에) 소맥야(이오) 욕중지어요순지도자(는) 대걸(에) 소
걸야(이니라)

백규(白圭)가 말했다. 「저는 전부(田賦)를 20분의 1만 받고자 합니다.
그러면 어떻겠습니까.」 맹자가 말했다. 「그대의 도리는 <북쪽 오랑캐>
맥(貉)의 도리이다. 만 호(戶)가 있는 나라에서 단 한 사람만이 도기(陶
器)를 만든다면 되겠는가.」 백규 : 「안 됩니다. 그릇이 쓰기에 부족합니
다.」 맹자 : 「허기는 맥나라에서는 오곡(五穀)도 자라지 않고, 오직 기
장[黍]만 자란다. 또 성곽, 궁실, 종묘도 없고 제사 같은 의식이나 예절
도 없다. 제후에게 폐백(幣帛)을 내리거나, 빈객(賓客)에게 잔치를 베
푸는 일도 없다. <뿐만 아니라> 나라를 다스리는 백관(百官)이나 유사
(有司)들도 없다. 그러므로 오랑캐 나라에서는 세금을 적게 취해도 족
하다. 만약 지금 <문화국가인> 중국을 다스리면서 인륜 도덕을 안
지키고, 또 군자들을 무시한다면 어떻게 되겠느냐. 도기가 적어도 나라
살림을 잘하기 어렵거늘, 하물며 <나라를 바르게 다스릴> 군자가 없
어서 되겠는가. 요순(堯舜)의 세법보다도 적게 거두려는 사람은 곧 크
고 작은 오랑캐 나라와 같은 자다. 요순의 세법보다도 더 무겁게 세금
을 거두려는 사람은 곧 크고 작은 폭군 걸(桀) 같은 자다.」

▶ 어구 설명
· 白圭(백규) : 주(周)나라 사람으로 이름이 단(丹)이다. 혹 위(魏)나라 사람
  으로 돈을 많이 번 사람이라는 설도 있다.
· 貉(맥) : 북쪽 오랑캐 나라 이름.
· 萬室之國(만실지국) : 만 호(戶)가 되는 나라.

・饔飧(옹손) : 「饔(아침밥 옹), 飧 = 飱(저녁밥 손)」
・於堯舜之道者(어요순지도자) : 요순의 세법, 즉 10분의 1보다도 적게 거두자는 것이다.

[集註 選譯] (1) 林氏曰 按史記 白圭能薄飮食 忍嗜欲 與童僕同苦樂 樂觀時變 人棄我取 人取我與 以此居積致富 其爲此論 蓋欲以其術 施之國家也. : 임씨(林氏)가 말했다. 「사기(史記)에 보면, 백규는 음식을 간소하게 하고, 기욕(嗜慾)을 참고, 동복(童僕)과 같이 고락을 함께했으며, 시대의 변화를 잘 살피고, 남이 버리는 것을 주워 갖고, 남이 취하면 자기가 주었다. 그런 태도로 재물을 축적하고 치부하였다. 그가 세금을 감소하자고 한 것도 아마 그런 식으로 국가 재정을 다스리고자 한 것이리라.」

(2) 無君臣祭祀交際之禮 是去人倫 無百官有司 是無君子. : 「군신의 예절과, 제사를 지내는 의식과, 빈객과 사귀고 대접하는 예의가 없는 것이 곧 거인륜(去人倫)이다.」「<나라를 다스릴> 백관(百官)이나 유사(有司)가 없는 것이 곧 무군자(無君子)다.」

(3) 什一而稅 堯舜之道也 多則桀 寡則貉 今欲輕重之 則是小貉 小桀而已. : 「10분의 1을 거두는 세법이 요순(堯舜)의 방식이다. 그 이상 많이 거두면 걸왕(桀王)의 방식이고, 적으면 오랑캐의 방식이다.」「지금 가볍게 하거나 무겁게 하려고 하니, 이는 곧 작은 오랑캐 나라, 혹은 작은 걸이라 하겠다.」

白圭曰 丹之治水也 愈於禹 孟子曰 子過矣 禹之治水 水之道也 是故 禹以四海爲壑 今吾子以鄰國爲壑 水逆行謂之洚水 洚水者 洪水也 仁人之所惡也 吾子過矣.

백규(이) 왈 단지치수야(이) 유어우(호이다) 맹자(이) 왈 자(이) 과의(로다)
우지치수(는) 수지도야(이니라) 시고(로) 우(는) 이사해위학(이어시늘) 금(에)
오자(는) 이린국위학(이로다) 수역행(을) 위지홍수(이니) 홍수자(는) 홍수야
(이라) 인인지소오야(이니) 오자(이) 과의(로다)

백규가 말했다. 「저, 단(丹)의 치수(治水)는 우(禹)임금의 치수보다도
월등 좋습니다.」 맹자가 말했다. 「그대의 치수 방법은 잘못된 것이다.
우임금의 치수 방법은 물길을 따라 순리대로 잘 흐르게 한 것이다.
그러므로 우임금은 사해(四海)를 골짜기로 삼고, 모든 물이 바다로 흘
러들게 했다. 그러나, 지금 그대는 이웃 나라를 골짜기로 삼고, 모든
물이 이웃나라로 흘러들게 했다. 강물이 역으로 흐르는 것을 홍수(洚
水)라 한다. 역행하는 큰물이 곧 홍수(洪水)다. <큰물을 역류시키는
일을> 인자(仁者)는 나쁘게 생각하고 싫어한다. <그러므로> 그대는
잘못한 것이다.」

▶ 어구 설명

· 丹(단) : 백규(白圭)의 이름.

· 子過矣(자과의) : 그대의 치수는 잘못된 것이다.

· 壑(학) : 물을 받아들이는 곳.

· 水逆行 謂之洚水(수역행 위지홍수) : 강물이 역으로 흐르는 것을 홍수(洚
　水)라 한다. 「洚(큰물 홍)」

· 洚水者 洪水也(홍수자 홍수야) : 역행하는 큰물이 곧 홍수(洪水)다.

[集註 選譯] (1) 趙氏曰 當時諸侯有小水 白圭爲之築隄 壅而注之他
國. : 조씨(趙氏)가 말했다. 「당시 제후국에 작은 홍수가 있었으며, 백규
가 제방을 쌓고, 물을 막아 다른 나라로 흐르게 했다.」

(2) 順水之性也. : 「<우임금의 치수는> 흐르는 물의 성질에 맞게 한 것
이다.」

(3) 水逆行者 下流壅塞 故水逆流 今乃壅水以害人 則與洪水之災無異

矣.:「물의 역행은 하류가 막혔기 때문에 물이 역류하는 것이다. 그런데 지금 바로 물을 막고 남을 해치니, 이는 곧 홍수의 재해와 다를 것이 없다.」

> ## 孟子曰 君子不亮 惡乎執.

　　맹자(이) 왈 군자(이) 불량(이면) 오호집(이리오)

맹자가 말했다. 「군자가 신의를 안 지키면, 무엇을 할 수 있겠느냐.」

▶ **어구 설명**

· 亮(양) : 신(信)이며, 양(諒)과 같다.
· 惡乎執(오호집) : 「모든 일이 구차하여 잡을 것이 없다」는 뜻.

> ## 魯欲使樂正子爲政 孟子曰 吾聞之喜而不寐 公孫丑曰 樂正子强乎 曰否 有知慮乎 曰否 多聞識乎 曰否 然則奚爲喜而不寐 曰其爲人也好善 好善足乎 曰 好善 優於天下 而況魯國乎 夫苟好善 則四海之內 皆將輕千里而來 告之以善.

　　노(이) 욕사악정자(로) 위정(이러니) 맹자(이) 왈 오(이) 문지(하고) 희이불매(호라) 공손추(이) 왈 악정자(는) 강호(이까) 왈 부(이라) 유지려호(이까) 왈 부(이라) 다문식호(이까) 왈 부(이라) 연즉해위희이불매(이니이꼬) 왈 기위인야(이) 호선(이니라) 호선(이) 족호(이이까) 왈 호선(이) 우어천하(이온) 이황로국호(이다야) 부 구호선 즉사해지내(이) 개장경천리이래(하야) 고지이선(하고)

노나라가 악정자로 하여금 나라를 다스리게 하자 맹자가 말했다. 「그 소식을 듣고, 나는 좋아서, 잠도 자지 못했다.」 공손추가 물었다. 「악정

자는 정치 실력이 강합니까.」 맹자가 대답했다. 「아니다.」 공손추 : 「그
는 잘 알고 사려가 깊은가요.」 맹자 : 「아니다.」 공손추 : 「그는 박학다
식합니까.」 맹자 : 「아니다.」 공손추 : 「그런데, 선생님께서 왜 좋아하시
고 잠을 못 주무셨습니까.」 맹자 : 「그는 사람됨이 선을 좋아한다.」
공손추 : 「선을 좋아하면, 족합니까.」 맹자 : 「선을 좋아하면, 천하를
다스리고도 남음이 있거늘, 하물며 노나라야. <다스리고도 남음이 있
을 것이다.> 허기는 <다스리는 사람이> 선을 좋아하면, 사해 안에
있는 사람들이 모두, 천리 멀리에서 가벼운 마음으로 달려와서 <그에
게> 선한 것을 일러준다.」

▶ **어구 설명**

- 樂正子(악정자) : 맹자의 제자. 성이 악정(樂正), 이름은 극(克). 노나라의
  대부로 재상이 되었다.
- 優(우) : 남음이 있다.
- 輕(경) : 쉽다는 뜻. 즉 천리 길을 어렵게 여기지 않는다는 뜻.

[集註 選譯] (1) 喜其道之得行. : 「바르게 도가 행해질 수 있으므로 기
뻐한 것이다.」

(2) 此三者 皆當世之所尚 而樂正子之所短 故丑疑而歷問之. : 「셋을 당
시 사람이 높였다. 허나 악정자는 부족했다. 고로 공손추가 의아하게
여기고 물은 것이다.」

夫苟不好善 則人將曰 訑訑予旣已知之矣 訑訑之聲
音顔色 距人於千里之外 士止於千里之外 則讒諂面
諛之人至矣 與讒諂面諛之人居 國欲治可得乎.

부구불호선 즉인장왈 이이(를) 여(이) 기이지지의(로라하리니) 이이지성음안

색(이) 거인어천리지외(하나니) 사(이) 지어천리지외 즉참첨면유지인(이) 지의(리니) 여참첨면유지인(으로) 거(이면) 국욕치(인들) 가득호(아)

<맹자의 말> 「허기는 만약에 <윗사람이> 선(善)을 좋아하지 않으면, 곧 모든 사람들이 <다음같이> 말할 것이다. 나는 이미 그가 『그래, 그래, 나도 안다』할 줄 알았다고 말할 것이다. <그와 같이 윗사람이 남의 좋은 말을 안 듣고> 혼자 잘난 체하는 소리를 하고, 또 얼굴 표정을 지으면, <착하고 현명한 사람들을> 천리 밖으로 멀리 떨어져 나가게 한다. <착하고 현명한> 선비가 천리 밖으로 멀리 나가면, 즉 남을 헐뜯고 아첨하거나, 면전에서 아부하는 <간신들만이> 모이게 된다. <이와 같이 윗사람이> 남을 헐뜯고 아첨하고, 또 면전에서 아부하는 간신들과 함께 있으면, 나라를 잘 다스리려고 해도 되겠느냐.」

▶ 어구 설명

· 訑訑(이이) : <윗사람이>『그래, 그래, 나도 안다』하고 잘난 체하는 태도. 「訑(으쓱거릴 이)」

· 則讒諂面諛之人至矣(즉참첨면유지인지의) : 즉 남을 헐뜯고 아첨하거나, 면전에서 아부하는 간신들만이 모이게 된다. 「讒(참소할 참), 諂(아첨할 첨), 諛(아첨할 유)」

· 國欲治可得乎(국욕치가득호) : 나라를 잘 다스리려고 해도 되겠느냐.

[集註 選譯] (1) 君子小人 迭爲消長 直諒多聞之士遠 則讒諂面諛之人至 理勢然也. :「군자와 소인은 서로 바뀌어 나타났다가 사라지게 마련이다.」「정직하고 신의가 있고, 또 박학다식한 좋은 선비가 멀어지면, 참언하고 아첨하고 면전에서 아부하는 <간신이> 가까이 오는 것이 당연한 이치라 하겠다.」

(2) 此章言 爲政不在於用一己之長 而貴於有以來天下之善. : 다음 같은 뜻을 말한 것이다. 「나라를 바르게 다스리기 위해서는 자기만의 장점을 활용하는 데 머물지 않고, 천하의 모든 선(善)이 오는 것을 귀하게 여겨

야 한다.」

陳子曰 古之君子何如則仕 孟子曰 所就三 所去三
迎之致敬以有禮 言將行其言也 則就之 禮貌未衰
言弗行也 則去之 其次 雖未行其言也 迎之致敬以
有禮 則就之 禮貌衰 則去之 其下 朝不食 夕不食飢
餓不能出門戶 君聞之曰 吾大者不能行其道 又不能
從其言也 使飢餓於我土地 吾恥之 周之 亦可受也
免死而已矣.

진자(이) 왈 고지군자(이) 하여즉사(이니이꼬) 맹자(이) 왈 소취(이) 삼(이오)
소거(이) 삼(이니라) 영지치경이유례(하며) 언장행기언야 즉취지(하고) 예모
미쇠(나) 언불행야 즉거지(니라) 기차(는) 수미행기언야(이나) 영지치경이유
례 즉취지(하고) 예모쇠 즉거지(니라) 기하(는) 조불식(하며) 석불식(하야) 기
아불능출문호(이어든) 군(이) 문지 왈 오(이) 대자(론) 불능행기도(하고) 우불
능종기언야(하야) 사기아어아토지(를) 오(이) 치지(라하고) 주지(인댄) 역가
수야(이어니와) 면사이이의(니라)

진자(陳子)가 물었다. 「옛날의 군자는 어떻게 해야 출사(出仕)했습니
까.」 맹자가 대답했다. 「나가서 벼슬하는 경우가 세 가지 있고, 물러나
는 경우가 세 가지 있다. 임금이 공경을 다하고 예를 갖추어 맞이하고,
또 임금이 군자의 의견을 받아들이고 행하겠다고 언약하면 나가서 벼
슬한다. 그러나 겉으로 지키는 예의는 시들지 않아도 군자의 의견을
받아들이고, 실행을 안하면 곧 물러난다. 다음은 군자의 건의를 실행하
겠다는 언약은 없어도 <임금이> 공경과 예를 갖추어 맞이하면 나가서
벼슬한다. 그러나 예의나 태도가 시들고 쇠하면 곧 벼슬에서 물러난다.
그 다음의 마지막 경우는 군자가 아침도 먹지 못하고, 저녁도 먹지

못하고, 기아에 시달려 문밖에 나가지 못하게 되자 임금이 그런 사정을
알고『비록 내가 대도(大道)에 있어서는 군자의 도를 행할 수 없고,
또 군자의 말을 따를 수 없으나, 내 나라 안에서 군자를 굶주리게 하는
것은 창피하다』고 말하고, 군자를 구제해 준다면 역시 나가서 녹을
받아도 된다. 그러나 그때에는 죽음을 면할 정도의 낮은 벼슬과 녹만을
받아야 한다.」

▶ 어구 설명

· 陳子(진자) : 맹자의 제자, 이름은 진(臻).
· 所就三(소취삼) : 세 가지 경우에는 나가서 벼슬하고.
· 所去三(소거삼) : 세 가지 경우에는 물러난다.
· 則就之(즉취지) : 즉 나가서 벼슬한다.
· 吾大者 不能行其道(오대자 불능행기도) : 내가 크게는 도(道)를 행할 수
  없다.
· 周之(주지) : 구제한다.「周 = 賙(진휼할 주)」

[集註 選譯] (1) 所謂見行可之仕 若孔子於季桓子是也 受女樂而不朝 則
去之矣. :「이른바 행해질 수 있음을 보고 출사한다는 단계다.」곧「공자
가 계환자(季桓子)에게 <벼슬한 경우와> 같다.」「그러나 그가 <제(齊)
나라의> 여악(女樂)을 받아들이고 조회를 하지 않자, 공자는 물러났던
것이다.」

(2) 所謂 際可之仕 若孔子於衛靈公 是也 故與公遊於囿 公仰視蜚鴈而後
去之. :「이른바 할 만하면 출사한다는 단계이다.」「이는 곧 공자가 위
(衛)나라 영공(靈公)에 대한 경우와 같다. 공자가 영공과 같이 원유(苑
囿)에 갔을 때, 영공이 비안(蜚鴈)을 바라보자, 공자가 떠났던 것이다.」
<* 사기 공자세가(孔子世家)에 나온다.>

(3) 所謂公養之仕也 君之於民 固有周之之義 況此又有悔過之言 所以可
受 然未至於飢餓不能出門戶 則猶不受也 其曰 免死而已 則其所受亦有

節矣. : 「이른바 공적으로 부양받기 위한 출사 단계다. 임금은 백성을 구휼할 의무가 있다. 임금이 자기의 과오를 뉘우치는 말까지 했으니 군자가 구휼을 받아도 된다.」「단 굶주리고 문밖에 나가지 못할 정도로 쪼들리지 않으면 받지 않아야 한다.」「죽음을 면할 정도라고 말한 것은 〈구휼을〉 절도에 맞게 받는다는 뜻이다.」

---

孟子曰 舜發於畎畝之中 傅說擧於版築之間 膠鬲擧
於魚鹽之中 管夷吾擧於士 孫叔敖擧於海 百里奚擧
於市.

---

맹자 왈 순(은) 발어견무지중(하시고) 부열(은) 거어판축지간(하고) 교격(은) 거어어염지중(하고) 관이오(는) 거어사(하고) 손숙오(는) 거어해(하고) 백리해(는) 거어시(하니라)

맹자가 말했다. 「순임금은 논밭에서 일하다가 발탁되었다. 부열(傅說)은 부암(傅巖 : 山西省)에서 노예로 담을 쌓다가 높이 등용되었다. 교격(膠鬲)은 생선과 소금 장사를 하다가 주(周) 문왕(文王)에게 등용되었다. 관중(管仲)은 선비로 옥에 갇혔다가 풀려 등용되었다. 손숙오(孫叔敖)는 바닷가에 있다가 등용되었다. 백리해(百里奚)는 여러 나라를 방랑하다가 진(秦) 목공(繆公)에게 등용되어 재상이 되었다.」

▶ 어구 설명
· 版築(판축) : 토석(土石)으로 담이나 성벽을 쌓는 일.
· 膠鬲(교격) : 은(殷)나라의 현인.
· 管夷吾(관이오) : 제(齊)나라의 관중. 처음에는 공자(公子) 규(糾)를 도왔다가 실패하고, 잡혀 옥에 갇혔다. 그러나 포숙(鮑叔)의 도움으로 풀려났으며, 마침내는 제나라 환공(桓公)의 재상이 되어 환공을 패자로 만들었다.
· 孫叔敖(손숙오) : 춘추시대(春秋時代) 초(楚)나라의 대부. 초나라 장왕(莊

王)에게 등용되어 영윤(令尹)이 되었으며, 장왕을 패자로 만들었다.

·百里奚(백리해) : 만장장구 상(萬章章句 上)에 나온다.

> 故天將降大任於是人也 必先苦其心志 勞其筋骨 餓
> 其體膚 空乏其身 行拂亂其所爲 所以動心忍性 曾
> 益其所不能.

고(로) 천장강대임어시인야(이신댄) 필선고기심지(하며) 노기근골(하며) 아
기체부(하며) 공핍기신(하야) 행불란기소위(하나니) 소이동심인성(하야) 증
익기소불능(이니라)

「그런 고로 하늘이 사람에게 큰 임무를 내리려고 하면, 우선 그들의 마음
과 뜻을 괴롭히고, 그들의 근육을 수고롭게 하고, 몸을 굶주림에 시달리
게 하고, 몸에 지닌 것을 없게 하고, 또 그들의 하는 일을 어긋나게 만든
다. <이는 하늘이 그들에게 시련을 주고> 마음을 흔들고 인내심을 키워
서 전에 하지 못했던 일들을 더욱 할 수 있게 하기 위해서이다.」

▶ 어구 설명

·降大任(강대임) : 그로 하여금 큰 일을 맡아 다스리게 함이다.

·空乏(공핍) : 공(空)은 궁(窮)의 뜻. 핍(乏)은 절(絶)의 뜻.

·拂(불) : 여(戾 : 어긋나다)의 뜻.

·動心忍性(동심인성) : 「마음을 섬뜩하게 하고 성질을 눌러 참게 한다」는
뜻.

[集註 選譯] (1) 然所謂性 亦指氣稟食色而言耳 程子曰 若要熟也, 須從
這裏過. :「여기서 말하는 성(性)은 역시 기질적 식색(食色)을 말한다.」
정자(程子)가 말했다. 「만일 무르익고자 하면 이와 같은 시련을 다 거쳐
야 한다.」

---

人恒過 然後能改 困於心 衡於慮 而後作 徵於色 發
於聲 而後喩.

---

인항과연후(에) 능개(하나니) 곤어심(하며) 형어려이후(에) 작(하며) 징어색
(하며) 발어성이후(에) 유(이니라)

「사람은 항상 잘못한 다음에 고칠 수 있다. 마음이 막히고 생각이 오락
가락한 다음에 비로소 바르게 잡힌다. 안색에 나타나고 소리로 말한
다음에 비로소 알 수가 있다.」

▶ 어구 설명

· 恒(항) : 항상(恒常)이며, 대개와 같은 뜻이다.
· 困於心(곤어심) : 마음고생을 한다.
· 衡(형) : 「횡(橫)」과 같다. 「순탄치 않다」는 뜻.
· 作(작) : 「분기(奮起)」의 뜻.
· 徵(징) : 「징험(徵驗)」의 뜻.
· 喩(유) : 「알다」의 뜻.

[集註 選譯] (1) 此又言 中人之性 常必有過然後 能改 蓋不能謹於平日
故必事勢窮蹙 以至困於心 橫於慮 然後能奮發而興起 不能燭於幾微 故
必事理暴著 以至驗於人之色 發於人之聲然後 能警悟而通曉也. : 이 말
도 역시 다음 같은 뜻을 말한 것이다. 「중간쯤 가는 사람의 '기질적 성
(性)'은 언제나 반드시 잘못을 한 다음에 비로소 고칠 수 있다.」 「대개
평소에 근신하지 못하므로 반드시 일이나 형세가 궁핍하고 위축되며,
그런 다음에 마음고생을 하고, 이리저리 생각한다. 연후에 능히 분발하
고 일어난다.」 「기미(幾微)한 것을 밝게 알 수 없다. 그러므로 반드시
사리가 드러나고, 사람의 안색에 나타나 보이고, 또 사람의 음성으로
나타난 연후에 깨닫고 통달하게 된다.」

## 入則無法家拂士 出則無敵國外患者 國恒亡 然後知 生於憂患 而死於安樂也.

입즉무법가불사(하고) 출즉무적국외환자(는) 국항망(이니라) 연후(에) 지생 어우환 이사어안락야(이니라)

「나라 안 조정에는 법도(法道)를 지키는 세가(世家)나 임금의 잘못을 고쳐주는 현명한 선비가 없고, 나라 밖으로는 적국이나 외환에 대처할 장군이 없으면, 그 나라는 망하게 마련이다. 그래야 비로소 안다.『우환 (憂患) 속에 살고, 안락(安樂) 속에 죽는다.』」

▶ 어구 설명

·法家拂士(법가불사) : 법가(法家)는 법도를 지키는 세신(世臣)의 뜻. 불사 (拂士)는 임금을 보필하는 현사(賢士)의 뜻.
·國恒亡(국항망) : 나라는 망한다.

[集註 選譯] (1) 以上文觀之 則知人之生全 出於憂患 而死亡由於安樂 矣.: 위의 글을 보면 곧 「사람의 삶의 온전함은 우환에서 나오고, 사망 은 안락에서 연유함을 알 수 있다.」

(2) 尹氏曰 言困窮拂鬱 能堅人之志 而熟人之仁 以安樂失之者多矣.: 윤 씨(尹氏)가 말했다. 「곤궁하고 울적함은 사람의 의지를 굳게 하고, 또 사람의 인덕(仁德)을 무르익게 할 수 있다. 반대로 안락한 <육신적 삶을 사는 사람은 도를> 잃는 사람이 많다.」

## 孟子曰 敎亦多術矣 予不屑之敎誨也者 是亦敎誨之 而已矣.

맹자(이) 왈 교역다술의(니) 여불설지교회야자(는) 시역교회지이이의(니라)

맹자가 말했다. 「가르치는 방법 역시 다양하다. 내가 가르치기를 싫어하는 것도 역시 가르치는 한 가지 방법이다.」

[集註 選譯] (1) 多術 言非一端 屑潔也 不以其人爲潔而拒絶之 所謂不屑之敎誨也 其人若能感此 退自修省 則是亦我敎誨之也. : 「다술(多術)은 한 가지만이 아니라는 뜻을 말한 것이다.」「설(屑)은 산뜻하고 좋게 여긴다[潔]는 뜻이다.」 즉 「그자를 좋지 않게 여기고, 가르치기를 거절한다」는 뜻이 곧 이른바 「불설지교회(不屑之敎誨)」다. 「만약에 그 사람이 느끼고, 스스로 물러나 반성할 수 있다면, 그것 역시 <그에 대한> 나의 가르침이다.」

(2) 尹氏曰 言或抑或揚 或與或不與 各因其材而篤之 無非敎也. : 윤씨(尹氏)가 말했다. 「혹은 억제하고, 혹은 치켜세운다. 혹은 아는 척하고, 혹은 모른 척한다. 저마다의 재질에 따라 돈독하게 한다. 그 모든 것이 가르침이 아닌 것이 없다.」

## 진심장구 상(盡心章句 上)의 명언 명구

孟子曰 盡其心者 知其性也 知其性 則知天矣 存其
心 養其性 所以事天也 夭壽不貳 修身以俟之 所以
立命也.

맹자(이) 왈 진기심자(는) 지기성야(이니) 지기성(이면) 즉지천의(니라) 존기
심(하야) 양기성(은) 소이사천야(이오) 요수(에) 불이(하야) 수신이사지(는)
소이립명야(이니라)

맹자가 말했다. 「<하늘이 내려준 본연의 착한> 마음을 <온전하게 간
직하고> 충분히 다 발휘하는 사람은 <하늘이 부여해준> 본성의 도리
를 안다. 또 본성의 도리를 알면 하늘과 하늘의 도리를 안다. 하늘이
준 본심을 잘 간직하고 착한 본성의 도리를 키우는 것이 바로 하늘을
섬기는 바탕이다. 수명이 짧거나 길거나 <천명을> 의심하면 안 된다.
항상 수신하고 기다려야 한다. 그렇게 하는 것이 바르게 천명을 따르고,
바르게 사는 태도이다.」

▶ 어구 설명
·存(존) : 「간직하고 버리지 않는다」는 뜻.
·養(양) : 「따르고 해치지 않는다」는 뜻.
·事(사) : 「받들어 섬기고 어기지 않는다」는 뜻.

· 夭壽(요수) : 하늘이 내려주는 수명이 짧기도 하고, 혹 길기도 하다. 「夭(일찍 죽을 요), 壽(목숨 수, 오래 살 수)」
· 不貳(불이) : 하늘이나 하늘의 도리를 의심하거나 어기지 마라.
· 修身以俟之(수신이사지) : 항상 수신(修身)하고 천명(天命)을 기다려야 한다. 즉 「진인사 대천명(盡人事 待天命)」해야 한다.
· 立命(입명) : 하늘이 내려준 생명과 본성을 바르게 세움이다. 곧 천도를 따라 산다는 뜻.

[集註 選譯] (1) 心者 人之神明 所以具衆理 而應萬事者也 性則心之所具之理 而天又理之所從以出者也. : 「마음[心]은 사람의 신명(神明)이다. <우주 천지 만물의> 모든 도리를 갖추고 만물 만사에 대응하는 바탕이다.」「성은 곧 마음에 갖추어져 있는 도리이며, 하늘은 곧 모든 도리가 나오는 근원이다.」

(2) 人有是心 莫非全體 然不窮理 則有所蔽而無以盡乎此心之量 故能極其心之全體 而無不盡者 必其能窮夫理 而無不知者也. : 「사람은 이와 같은 마음을 가지고 있으므로 우주적·본체적 존재가 아닐 수 없다.」「그러나 궁리하지 않으면, 마음이 <욕심에> 가리고 덮여 마음을 다하지 못한다.」「고로 마음의 전체를 끝까지 미치고 다하지 않음이 없는 사람은 반드시 하늘의 도리를 추궁하고 알지 못하는 바가 없게 된다.」

(3) 旣知其理 則其所從出 亦不外是矣. : 먼저 도리를 바르게 알고 행하면, 곧 그 근원이 되는 하늘도 다른 것이 아님을 알게 된다.

(4) 以大學之序言之 知性則物格之謂 盡心則知至之謂也. : 「대학의 서문을 가지고 말하면 '지성(知性)은 곧 물격(物格)이고, 진심(盡心)은 곧 지지(知至)'이다.」

(5) 程子曰 心也 性也 天也 一理也 自理而言 謂之天 自稟受而言 謂之性 自存諸人而言 謂之心 : 정자(程子)는 말했다. 「마음[心], 본성[性], 하늘[天]은 다 같은 하나의 이(理)이다. 즉 천리(天理)다. 근원을 말할

때는 천(天)이라 하고, 받아 지니고 있는 <만물의 입장에서는> 성리(性理)라 하고, 특히 사람에게 주어진 성리를 간직하고 있는 곳을 말할 때는 마음이라 한다.」

(6) 張子曰 由太虛 有天之名 由氣化 有道之名 合虛與氣 有性之名 合性與知覺 有心之名. : 장자(張子)는 말했다. 「태허(太虛)에서 천(天)이란 이름이 나왔고, 기화(氣化)에서 도(道)란 이름이 나왔고, 허(虛)와 기(氣)를 합친 데서 성(性)이란 이름이 나왔고, 성(性)과 지각을 합친 것을 마음이라 한다.」

(7) 愚謂 盡心 知性而知天 所以造其理也 存心養性以事天 所以履其事也 不知其理 固不能履其事 然徒造其理 而不履其事 則亦無以有諸己矣. : 나, 주자는 생각한다. 「진심(盡心), 지성(知性) 및 지천(知天)이 도리에 이르는 바탕이다. 존심(存心), 양성(養性)으로 사천(事天)하는 것이 <모든 사물을 바르게> 행하는 바탕이다. 도리를 모르면 당연히 사물을 바르게 행하지 못한다. 그러나 다만 도리를 알고 일을 바르게 행하지 않으면 역시 자기에게 <도리가> 없는 것이라 하겠다.

(8) 知天 而不以夭壽貳其心 智之盡也 事天而能修身以俟死 仁之至也 智有不盡 固不知所以爲仁 然智而不仁 則亦將流蕩不法 而不足以爲智矣. : 하늘을 알고 수명의 짧고 긴 것으로써 마음으로 의심하지 않는 것이 지(智)를 다함이다. 하늘을 섬기고 능히 수신하고 죽음을 기다리는 것이 인(仁)의 지극함이다. 지혜가 극진하지 못하면 당연히 인(仁)을 행하는 바탕을 알지 못하게 된다. 그러나 지혜롭되 어질지 못하면 역시 방탕하고 법도를 따르지 않을 것이므로 역시 족히 지혜롭다고 할 수 없다.」

孟子曰 莫非命也 順受其正 是故 知命者 不立乎巖
墻之下 盡其道 而死者 正命也 桎梏死者 非正命也.

맹자(이) 왈 막비명야(이나) 순수기정(이니라) 시고(로) 지명자(는) 불립호암
장지하(하나니라) 진기도 이사자(는) 정명야(이오) 질곡사자(는) 비정명야(니
라)

맹자가 말했다. 「천명(天命)이 아닌 것이 없다. 순리로 정명(正命)을
받고 따라야 한다. 그러므로, 지명자(知命者)는 <무너져 내릴 듯한 위
험한> 암석이나 장벽 밑에 서지 않는다. 자기의 도리를 다하고 죽는
것이 정명이다. 감옥에 갇히거나 묶여서 죽는다면 <그것은> 정명이
아니다.」

▶ 어구 설명

· 莫非命也(막비명야) : 천명(天命)이 아닌 게 없다. <크게는 우주 천지 자
연 만물의 생성, 변화 및 발전에서부터 작게는 나에게 미치는 길흉화복(吉
凶禍福)에 이르기까지, 모든 것이 천명으로 주어지는 것이다.>
· 順受(순수) : 순리와 순종으로써 받고 누려야 한다.
· 其正(기정) : 하늘의 정명(正命).
· 巖墻(암장) : 「넘어지려는 위험한 장벽」을 말한다.
· 桎梏(질곡) : 죄인을 구속하는 도구. 질(桎)은 족쇄, 곡(梏)은 쇠고랑.

[集註 選譯] (1) 人物之生 吉凶禍福 皆天所命 然惟莫之致 而至者 乃爲
正命 故君子修身 以俟之 所以順受乎此也. : 인간이나 자연만물의 생육
발전이나 길흉화복 모두가 하늘이 절대명령으로 내려주는 것이다. 그러
나 <내가 애를 쓰고> 당기지 않아도 스스로 오는 것이 곧 정명(正命)이
다. 고로 군자는 수신하고 기다려야 한다. 그러므로 <군자는> 정명을
순탄하게 받아들이는 것이다.

(2) 盡其道 則所値之吉凶 皆莫之致 而至者矣. : 나의 도리를 다하면,

즉 <나에게> 닥쳐오는 길흉(吉凶) 모두가 억지로 당기지 않아도 저절로 오게 마련이다.

(3) 言犯罪而死 與立巖牆之下者 同皆人所取 非天所爲也 此章與上章 蓋一時之言 所以發其末句未盡之意. : 즉 「죄를 짓고 죽는 것이나, 위험한 장벽 밑에 있는 것이나 다 사람이 스스로 취하는 재화로 하늘이 내리는 것이 아님을 말한다.」 「이 장은 앞장과 더불어, <맹자가> 같은 시기에 한 말인 듯하다. 앞의 말 끝에서 미진한 뜻을 말하기 위한 것 같다.」

> 孟子曰 求則得之 舍則失之 是求 有益於得也 求在我者也 求之有道 得之有命 是求 無益於得也 求在外者也.

맹자 왈 구즉득지(하고) 사즉실지(하니) 시구(는) 유익어득야(이니) 구재아자야(일새니라) 구지유도(하고) 득지유명(하니) 시구(는) 무익어득야(이니) 구재외자야(일새니라)

맹자가 말했다. 「인의예지(仁義禮智)는 애써서 구하면 얻고, 내버려두면 잃는다. 이와 같이 애를 쓰고 구하는 것이 얻는 데 유익하다. 인의예지는 바로 내 안에 있는 것이다. 부귀나 작록(爵祿)을 구할 때에도, 바른 도를 따라야 하며, 얻는 데에도 명(命)을 따라야 한다. <부귀, 작록을> 억지로 구하면 도리어 얻는 데 유익하지 못하다. 그 이유는 밖에 있는 것을 구하기 때문이다.」

▶ 어구 설명

· 在我者(재아자) : 인의예지(仁義禮智)의 덕을 말한다. 덕은 모든 사람의 본성 속에 있다.
· 求之有道(구지유도) : 함부로 망령되게 구하면 안 된다는 뜻.
· 求之有命(구지유명) : 천명(天命)에 의해서 얻어야 한다. 반드시 얻을 수

있는 것이 아니라는 뜻이다.

· 在外者(재외자) : 부(富)와 귀(貴), 이(利) 및 달(達) 등이고, 외재적(外在的) 사물을 다 포함한 뜻이다.

[集註 選譯] (1) 趙氏曰 言爲仁由己 富貴在天 如不可求 從吾所好. : 조씨(趙氏)가 말했다. 「<공자가 다음같이 말했다.> 『인을 행하는 것은 자신에게 달려 있고, 부귀는 하늘에 매여 있다. <그러므로> 구할 수 없다면, 차라리 나는 좋아하는 바 도를 따르겠다.』」

> ## 孟子曰 萬物皆備於我矣 反身而誠 樂莫大焉 強恕而行 求仁莫近焉.

맹자(이) 왈 만물(이) 개비어아의(니) 반신이성(이면) 낙막대언(이요) 강서이행(이면) 구인(이) 막근언(이니라)

맹자가 말했다. 「만물의 도리가 다 나의 본성 속에 갖추어져 있다. 항상 자신을 돌이켜보고 성실하게 하면, 그보다 더 즐거울 수가 없다. 힘써 남을 용서하고 <도를> 행하는 것이 인덕을 구하는 가까운 길이다.」

▶ 어구 설명

· 萬物(만물) : 총체적으로는 우주 천지 자연 만물의 도리, 윤리도덕적으로는 인의예지(仁義禮智)의 도리.

· 皆備於我矣(개비어아의) : 다 나에게 갖추어져 있다. 하늘이 사람에게 내려준 탁월한 선본성(善本性) 속에 모든 도리가 갖추어져 있다. 그래서 성리학(性理學)에서는 「성즉리(性卽理)」라고 한다.

· 反身而誠(반신이성) : 자신을 돌이켜보고 성실하게 한다는 것은 곧 본성 속에 있는 당연한 도리를 항상 살피고 성실하게 행하고 열매를 맺는다는 뜻이다.

· 樂莫大焉(낙막대언) : 이보다 더 큰 즐거움이 없다. 사람은 하늘의 소생(所

生)이다. 하늘의 도리를 실천하고 열매를 맺는 것이 최고의 선가치(善價
値)이고, 또 즐거움일 것이다.

· 強(강) :「노력하고, 애를 쓰고, 적극적으로」의 뜻.

· 恕(서) : 남을 용서한다. 조기(趙岐)는 충서(忠恕)라고 풀었다.

· 而行(이행) : 좁게는 충서를 행한다. 크게는 천리(天理) 및 윤리도덕의 도
리를 따르고 행한다.

[集註 選譯] (1) 此言理之本然也 大則君臣父子 小則事物細微 其當然之
理 無一不具於性分之內也 :「도리의 근본과 당연함을 말한 것이다. 크
게는 군신·부자의 윤리에서부터, 작게는 사물을 대하고 처리하는 미세
한 것에 이르기까지 당연한 도리가 본성 속에 갖추어져 있지 않은 것이
없다.」

(2) 誠實也 言反諸身 而所備之理 皆如惡惡臭 好好色之實然 則其行之不
待勉強 而無不利矣 其爲樂孰大於是. :「성(誠)은 실(實)이다. 즉 다음
같은 뜻을 말한 것이다.」「자신을 돌이켜보면 본성 속에 갖추어진 이
(理)는 악취를 싫어하고 미색(美色)을 좋아하는 실제와 같으며, 그 이
(理)의 실행은 자연스럽게 이루어지며, 이롭지 않은 것이 없다. 그러므
로 그보다 더 큰 즐거움이 없다.」

(3) 反身而誠則仁矣 其有未誠 則是猶有私意之隔 而理未純也 故當凡事
勉強 推己及人 庶幾心公理得 而仁不遠也. :「나의 본성 속에 주어진 천
리로 돌아가 <그 천리를> 성실하게 지키고 행하고 열매를 맺는 것이
인(仁)이다.」「성실하지 못하면, 사사로운 생각이나 욕심이 끼어든다.」
「그래서 천리가 순수하게 되지 못한다.」「그러므로 모든 일에 있어 적극
적으로 노력해서 추기급인해야 한다. <그래야 비로소> 마음이 공정하
고 도리를 얻게 되며, 또 인에서 멀지 않게 된다.」

(4) 此章言萬物之理 具於吾身 體之而實 則道在我而樂有餘 行之以恕 則
私不容而仁可得. :「이 장은 다음 같은 뜻을 말한 것이다.」「만물의 도

리, 즉 천리가 다 내 속에 갖추어져 있다. <그 천리를> 체득하고 열매를 맺어야 한다. 곧 도가 나에게 있으며, 즐거움이 남음이 있게 된다.」「<사람에게> 서(恕)를 베풀면, 즉 사의(私意)나 사욕(私欲)이 끼어들지 않고, 따라서 인을 얻게 된다.」

## 孟子曰 行之而不著焉 習矣而不察焉 終身由之 而不知其道者 衆也.

맹자(이) 왈 행지 이부저언(하며) 습의 이불찰언(이라) 종신유지 이부지기도자(이) 중야(이니라)

맹자가 말했다. 「행하면서도 그 도리를 밝게 알지 못하고, 습관이 된 일에 대해서도 살필 줄 모르고, 평생을 따라하면서도 그 도리를 모르는 경우가 많다.」

▶ 어구 설명
· 著(저) : 밝게 안다는 뜻.
· 察(찰) : 정밀하게 식별한다는 뜻.

[集註 選譯] (1) 言方行之 而不能明其所當然 旣習矣 而猶不識其所以然 所以終身由之 而不知其道者多也. : 다음 같은 뜻을 말한 것이다. 「지금 행하면서도 그 당연한 바를 밝게 알지 못하고, 이미 익숙하게 행하면서도 그 이유를 알지 못하고, 또 평생을 따라 행하면서도, 그 도리를 알지 못하는 사람이 많다.」

## 孟子曰 人不可以無恥 無恥之恥 無恥矣.

맹자(이) 왈 인불가이무치(니) 무치지치(면) 무치의(니라)

맹자가 말했다. 「사람은 수치를 모르면 안 된다. 수치를 모르는 것을
부끄럽게 여기면, <결국에는> 창피한 일도 없게 된다.」

[集註 選譯] (1) 趙氏曰 人能恥己之無所恥 是能改行 從善之人 終身無
復有恥辱之累矣. : 조씨(趙氏)가 말했다. 「누구나 자기의 무치(無恥)를
부끄럽게 여길 줄 알면, 곧 행동을 고치고 남의 선행을 따를 수 있다.
<그래서> 종신 다시는 창피하고 욕되는 일을 거듭 하지 않을 것이다.」

---

## 孟子曰 恥之於人 大矣 爲機變之巧者 無所用恥焉 不恥不若人 何若人有.

맹자(이) 왈 치지어인(에) 대의(라) 위기변지교자(는) 무소용치언(이니라) 불
치(이) 불약인(이면) 하약인유(리오)

맹자가 말했다. 「사람에게는 창피를 안다는 것이 중대한 일이다. 임기
응변(臨機應變)으로 간교하게 꾸미고 거짓말을 잘하는 자는 <하늘이
내려준 본연의> 수치심(羞恥心)을 쓸 수가 없다. 온전한 사람같이 창
피를 모른다면, 무엇으로 사람 같다고 하겠느냐.」

▶ 어구 설명

· 恥之於人 大矣(치지어인 대의) : 「치지(恥之)」는 「창피를 알고, 창피하게
  여긴다.」「어인(於人)」은 사람에게 있어, 「대의(大矣)」는 가장 중대한 일
  이다.
· 機變(기변) : 임기응변(臨機應變).
· 何若人有(하약인유) : 무엇을 가지고 사람 같다고 하겠느냐.

[集註 選譯] (1) 恥者 吾所固有羞惡之心也 存之則進於聖賢 失之則入於
禽獸 故所繫爲甚大. : 「치(恥)는 내가 하늘로부터 내려받은 바, 본연의
수오지심(羞惡之心)이다.」「<그 마음을> 잘 간직하고 따르면 곧 성현

의 경지에 들어갈 수 있지만, 〈반대로〉 잃고 따르지 않으면 곧 금수 같은 존재가 된다.」「고로 수치심을 간직하느냐 잃느냐 하는 것은 매우 중대한 고리라 하겠다.」〈* 소계위심대(所繫爲甚大)를 의역했다.〉

(2) 爲機械變詐之巧者 所爲之事 皆人所深恥 而彼方且自以爲得計 故無所用其愧恥之心也. : 「임기응변(臨機應變)으로 거짓말을 하고, 남을 속이는 간악(奸惡)한 자의 소행을 모든 사람들은 깊이 창피하게 여긴다. 그러나 그들은 〈그러한 악덕한 짓을〉 도리어 계략을 써서 이득을 얻는 것이라 착각하고 있다. 그러므로 〈그들은 하늘이 내려준〉 수치심을 쓰고 있지 않은 것이다.」

(3) 但無恥一事 不如人 則事事不如人矣 或曰 不恥其不如人 則何能有如人之事 其義亦通 或問 人有恥不能之心 如何. : 「수치를 모르는 한 가지만으로도 〈그자는〉 온전한 사람과 같지 않다. 그러므로 모든 일에 있어서도 온전한 사람과 같을 수가 없다.」「혹은 『남과 같지 않은 것을 부끄럽게 여기지 않는다면, 어찌 남들같이 일을 할 수 있겠느냐』라고 풀어도 역시 뜻이 통한다.」「혹자가 물었다. 『사람에게는 불능을 부끄럽게 여기는 마음이 있다고 풀면 어떻습니까.』」

(4) 程子曰 恥其不能而爲之 可也 恥其不能而掩藏之 不可也. : 정자(程子)가 말했다. 『내가 못하는 것을 부끄럽게 여기고 노력한다』로 풀면 좋다. 『불능한 것을 창피하게 여기고 숨긴다』로 풀면 안 된다.

〈* 윤리나 도덕적인 면에서 잘못했을 때 창피를 알고, 창피하게 여겨야 한다. 권력이나 돈이 없는 것을 창피하게 여기는 것이 아니다.〉

〈* 천도(天道)와 하늘이 내려준 본연의 성리(性理)를 따르지 않고, 오직 동물적 욕심을 채우려는 악덕한 인간, 즉 수치심이 없다는 것은 도의, 정의 및 의리가 없다는 뜻이다. 그러므로 온갖 악덕을 다 저지르게 마련이다.〉

孟子曰 古之賢王 好善而忘勢 古之賢士 何獨不然
樂其道而忘人之勢 故王公不致敬盡禮 則不得亟見
之 見且猶不得亟 而況得而臣之乎.

맹자(이) 왈 고지현왕(이) 호선이망세(하더니) 고지현사(이) 하독불연(이리오)
낙기도이망인지세(라) 고(로) 왕공(이) 불치경진례 즉부득기견지(하니) 견차
유부득기(는) 이황득이신지호(아)

맹자가 말했다. 「옛날의 현명한 임금은 선(善)을 좋아하고 세(勢)를 무시했다. 옛날의 현명한 선비들도 어찌 그렇지 않았겠는가. 그들 또한 천도(天道)를 즐겨 따라 행하고, 권세를 무시했다. 고로 왕공(王公)들은 선비를 존경하고 예를 극진히 하지 않으면, 자주 만나볼 수도 없었다. 만나보는 것조차 자주 할 수 없었으니, 하물며 신하로 삼을 수 있었겠는가.」

▶ 어구 설명

· 好善而忘勢(호선이망세) : 착한 도리를 좋아서 따르고 행했으며, 권세나 무력을 제쳐놓고 쓰지 않았다.
· 何獨不然(하독불연) : 어찌 안 그러하겠느냐.
· 亟(기) : 자주, 빈번하게, 수시로.

[集註 選譯] (1) 言君當屈己以下賢 士不枉道而求利 二者勢若相反 而實則相成 蓋亦各盡其道而已. : 다음 같은 뜻을 말한 것이다. 「임금은 마땅히 자기를 굽히고 선비에게 겸손해야 한다. 선비는 도(道)를 굽히고 이(利)를 구하면 안 된다. 두 가지는 형세가 서로 반대되는 것 같으나, 실은 서로 어울려 성취되는 것이다. 그러므로 임금이나 선비나 저마다 바른 도리를 극진히 따르고 지켜야 한다.」

孟子謂宋句踐曰 子好遊乎 吾語子遊 人知之亦囂囂
人不知亦囂囂 曰 何如 斯可以囂囂矣 曰 尊德樂義
則可以囂囂矣 故士窮不失義 達不離道 窮不失義
故士得己焉 達不離道 故民不失望焉 古之人 得志
澤加於民 不得志 脩身見於世 窮則獨善其身 達則
兼善天下.

맹자(이) 위송구천왈 자(이) 호유호(아) 오(이) 어자유(호리라) 인지지(라도) 역효효(하며) 인부지(라도) 역효효(하라) 왈 하여(이라야) 사가이효효의(이꼬) 왈 존덕락 즉가이효효의(니라) 고(로) 사(는) 궁불실의(하며) 달불리도(이니라) 궁불실의 고(로) 사득기언(하고) 달불리도 고(로) 민불실망언(이니라) 고지인(이) 득지(하얀) 택가어민(하고) 부득지(하얀) 수신견어세(하니) 궁즉독선기신(하고) 달즉겸선천하(이니라)

맹자가 송구천(宋句踐)에게 말했다. 「그대는 유세하기를 좋아하지. 내가 그대에게 유세하는 법을 일러주겠네. 남이 알아듣더라도 태연자약하게 말하고, 남이 알아듣지 못해도 태연자약하게 말하거라.」 송구천이 물었다. 「어떻게 하면, 자기 소신대로 태연자약하게 말할 수 있습니까.」 맹자가 말했다. 「인덕(仁德)을 높이고, 의리(義理)를 즐겁게 행하면 곧 자기 소신대로 태연자약하게 말할 수 있다. 고로 선비는 곤궁해도 의를 잃지 않고, 뜻을 달성해도 도를 이탈하지 않는다. 곤궁해도 의리를 잃지 않았다. 고로 선비가 자신을 바르게 지킬 수 있었다. 뜻을 달성하고 <나가서 일을 해도> 도(道)를 이탈하지 않았다. 고로 백성들이 희망을 잃지 않았던 것이다. 옛날의 선비나 군자는 뜻을 달성하고 <나가서 다스리면> 백성들에게 은택(恩澤)을 가해 주었다. 뜻을 얻지 못하고 <은퇴하면> 자신의 몸을 수양하여 <아름다운 이름을 후세에> 남겼다. 궁하면 홀로 자신을 착하게 수양한다. 뜻을 달성하면 천하 만민에게 선덕(善德)을 고르게 베풀어 주었다.」

▶ 어구 설명

· 宋句踐(송구천) : 성이 송(宋), 구천(句踐)은 이름. 도덕을 표방하고 여러
  나라에 가서 유세(遊說)했다.
· 遊(유) : 유세의 뜻.
· 囂囂(효효) : 시끄럽게, 혹은 태연자약하게 중얼중얼 떠든다.
· 得己(득기) : 자기의 본분이나 지조를 잃지 않는다는 뜻.
· 民不失望焉(민불실망언) : 모든 사람들이 평소에 도가 흥성하는 정치를
  바랐거늘, 지금 과연 소망대로 되었다는 뜻을 말한 것이다.
· 見(견) : 명성과 실적이 현저하게 나타난다는 뜻. 「현」으로도 읽음.

[集註 選譯] (1) 德謂所得之善 尊之則有以自重 而不慕乎人爵之榮 義謂
所守之正 樂之則有以自安 而不徇乎外物之誘矣. : 「덕은 인도(仁道)를
행해서 얻어진 선덕(善德)을 말한다.」「존지(尊之)는 곧 자중하고 인작
(人爵)의 부귀영화를 부러워하지 않는다는 뜻이다.」「의(義)는 바른
도리를 지키고, 도를 즐기고 편안하게 살며 외형적인 <권력이나 부귀
에> 유혹되지 않는 경지이다.」

(2) 言不以貧賤而移 不以富貴而淫 此尊德樂義 見於行事之實也. : 다음
같은 뜻을 말한 것이다. 「빈천해도 지조를 옮기지 않고, 부귀해도 음란
하지 않는다.」「이렇게 하는 것이 바로 존덕락의(尊德樂義)이며, 모든
일을 행할 때 알차게 사실로 나타난다.」

(3) 此章言 內重而外輕 則無往而不善. : 이 장은 「내면을 귀중하게 하고,
외면을 가볍게 하면, 어떠한 경우에도 선하지 않음이 없음」을 말한 것이다.

孟子曰 待文王而後興者 凡民也 若夫豪傑之士 雖
無文王 猶興.

맹자(이) 왈 대문왕이후(에) 흥자(는) 범민야(이니) 약부호걸지사(는) 수무문
왕(이라도) 유흥(이니라)

맹자가 말했다. 「일반 백성들은 문왕 같은 성군의 교화를 받아야 비로
소 <도덕적으로> 흥성(興盛)한다. 그러나, 재능이나 지덕(智德)이 뛰
어난 호걸들은 비록 문왕의 교화가 없어도, 스스로 도덕적으로 분발하
고 일어선다.」

▶ 어구 설명
· 興者(흥자) : 감동하고 분발한다는 뜻
· 凡民也(범민야) : 평범한 일반 백성.
· 豪傑之士(호걸지사) : 「힘이 센 장사」의 뜻이 아니고, 「지혜나 재능이 남달
  리 뛰어난 선비」의 뜻이다.

[集註 選譯] (1) 蓋降衷秉彝 人所同得 惟上智之資 無物欲之蔽 爲能無
待於敎 而自能感發以有爲也. : 「허기는 하늘이 속 깊이 내려준 불변의
도덕성은 모든 사람이 동등하게 지니고 있다. 다만 상지(上智)의 자질
은 물욕에 덮이지 않고 맑다. 그러므로 교화를 기다리지 않고도 능히
<도덕성을> 감발(感發)하고 실천할 수 있다.」

---

## 孟子曰 附之以韓魏之家 如其自視欿然 則過人遠矣.

맹자(이) 왈 부지이한위지가(라도) 여기자시감연(이면) 즉과인(이) 원의(나라)

맹자가 말했다. 「<진(晉)나라 경(卿)인> 한씨(韓氏)나 위씨(魏氏) 두
집안의 <권세나 재산을> 붙여 주어도 <자만하지 않고> 스스로 담담
하게 여기는 그런 사람이라야 보통 이상으로 훨씬 잘난 사람이라 하겠
다.」

▶ 어구 설명

·附(부) : 덧붙여 주다.

·欿然(감연) : 스스로 만족하지 않는다는 뜻. 「欿(시름겨울 감)=坎(감)」

[集註 選譯] (1) 尹氏曰 言有過人之識 則不以富貴爲事. : 윤씨(尹氏)가 말했다. 「이는 다음 같은 뜻을 말한 것이다. 『일반 사람과 다른 높은 식견이 있으므로 곧 부귀를 탐내지 않는다.』」

---

## 孟子曰 以佚道使民 雖勞不怨 以生道殺民 雖死不怨殺者.

맹자(이) 왈 이일도사민(이면) 수로(이나) 불원(하고) 이생도살민(이면) 수사(이나) 불원살자(이니라)

맹자가 말했다. 「백성들을 안락하게 해주는 도로써 부리면, 비록 힘이 들어도 원망하지 않는다. 백성들을 잘살게 해주는 도로써 <혹 어쩌다가> 백성을 죽게 해도 <자기를 죽게 한> 사람을 원망하지 않는다.」

[集註 選譯] (1) 程子曰 以佚道使民 謂本欲佚之也 播穀乘屋之類是也 以生道殺民 謂本欲生之也 除害去惡之類是也 蓋不得已而爲其所當爲 則雖咈民之欲 而民不怨 其不然者 反是. : 정자(程子)가 말했다. 「이일도 사민(以佚道使民)이란 곧 백성을 안락하게 하기 위해서, 곡식을 파종하고 지붕을 이는 등의 <노동을> 말한다.」 「이생도살민(以生道殺民)은 본래는 백성을 잘살게 하지만, <불가피하게> 해를 제거하거나 악을 몰아내기 위한 <전쟁 같은 것을 말한다.>」 「원칙적으로 부득이하게 해야 할 바를 하면, 비록 백성들의 생각과 어긋나는 바가 있어도, <결국은> 백성들은 원망하지 않는다. <평소에 백성을 못살게 한 나쁜 사람에 대해서는> 백성들은 반대의 태도를 취할 것이다.」

孟子曰 霸者之民 驩虞如也 王者之民 皞皞如也 殺
之而不怨 利之而不庸 民日遷善而不知爲之者 夫君
子 所過者化 所存者神 上下與天地同流 豈曰小補
之哉.

맹자(이) 왈 패자지민(은) 환우여야(이오) 왕자지민(은) 호호여야(이니라) 살
지이불원(하며) 이지이불용(이라) 민일천선이부지위지자(이니라) 부군자(는)
소과자(이) 화(하며) 소존자(이) 신(이라) 상하(이) 여천지동류(하나니) 기왈
소보지재(리오)

맹자가 말했다. 「패자의 통치를 받고 있는 백성들은 <작은 혜택을 받
아도> 감격하고 좋아한다. 그러나 참다운 왕자에게 인애(仁愛)의 덕치
(德治)를 받고 있는 백성들은 <마치 넓은 하늘의 은혜를 알지 못하듯
이> 덤덤하니 자득자재(自得自在)한다. <덕치의 혜택을 받는 백성들
은> 설사 죽어도 원망하지 않고, 이득을 보고 잘살아도 고맙게 여길
줄 모른다. 그러면서 백성들은 하루하루 선하게 되고, 또 그런 것도
알지 못한다. 백성은 성왕에게 교화된다. 성왕의 덕을 간직하면 마음
이 신통하게 된다. 상하 모두가 천지의 조화와 하나가 되어 흐르고
나갈 것이다. 그러니 어찌 도움이 작다고 하겠는가.」

▶ 어구 설명

· 驩虞如也(환우여야) : 겉으로 좋아한다. 「驩(기뻐할 환), 虞(헤아릴 우)」
  환우(驩虞)를 환오(歡娛)로 푼다.
· 皞皞(호호) : 호호(浩浩)로 푼다.
· 不庸(불용) : 임금의 공덕이나 고마움을 칭송하지 않는다는 뜻.
· 民日遷善(민일천선) : 백성들이 날로 잘살고 발전해도.
· 君子(군자) : 여기서는 참다운 왕자. 성군(聖君).

[集註 選譯] (1) 程子曰 驩虞有所造爲而然 豈能久也 耕田鑿井 帝力何

有於我 如天之自然 乃王者之政. : 정자(程子)가 말했다. 「환우는 인위적으로 좋게 느끼게 한다. 그러니 오래 안 간다. <격양가(擊壤歌)에서> 『밭을 갈고 우물을 파서 먹고 마신다. 임금의 힘이 나에게 무슨 상관이냐』라고 하듯이 왕자의 정치는 하늘처럼 자연스럽게 마련이다.」

(2) 楊氏曰 所以致人驩虞 必有違道干譽之事 若王者則如天 亦不令人喜亦不令人怒. : 양씨(楊氏)가 말했다. 「억지로 남을 즐겁게 해주는 바탕에는 반드시 도를 어기고 칭찬을 얻으려는 잡스런 조작이 있다. 왕자는 하늘과 같으며, <고의로> 남을 기쁘게 하지도 않고, 또 화나게 만들지도 않는다.」

(3) 豐氏曰 因民之所惡而去之 非有心於殺之也 何怨之有 因民之所利而利之 非有心於利之也 何庸之有 輔其性之自然 使自得之 故民日遷善 而不知誰之所爲也. : 풍씨(豐氏)가 말했다. 「백성들이 미워하는 바에 따라 제거할 뿐, 죽이려는 마음이 있는 것이 아니니, 어찌 원망이 있겠는가?」「백성들이 이롭게 여기는 바에 따라 이롭게 할 뿐, 이득을 얻으려는 마음이 있는 것이 아니니, 어찌 공적을 칭송하겠느냐.」「본성의 자연을 도와서, 스스로 얻게 한다. 고로 백성들이 날로 좋게 되어도 누가 그렇게 하는 것인지를 알지 못한다.」

(4) 君子 聖人之通稱也 所過者化 身所經歷之處 卽人無不化 如舜之耕歷山 而田者遜畔 陶河濱 而器不苦窳也. : 「군자는 성인(聖人)의 통칭이다.」「소과자화(所過者化)」는 「성인이 몸소 와서 다스린 곳에서는, 모든 사람들이 교화되지 않음이 없다. 순임금이 역산에서 경작하면, 모든 사람이 서로 밭둑을 양보하고, 강가에서 도자기를 만들면, 찌그러진 그릇이 없게 되는 것과 같다.」

(5) 所存者神 心所存主處 便神妙不測 如孔子之立斯立 道斯行 綏斯來 動斯和 莫知其所以然而然也 是其德業之盛 乃與天地之化 同運並行 擧

一世而甄陶之. :「소존자신(所存者神)」은 「성인의 가르침이나 덕을 내가 마음속에 간직하고 중심으로 삼으면, 곧 신묘불측(神妙不測)하게 된다.」「마치 공자가 <나라를 다스릴 때 백성들을> 바르게 세우고, 도로 인도하고, 편안하고 화합하게 하면서도, <백성들은> 그 이유를 알지 못하고 자연스럽게 따랐다.」「이러한 경지가 바로 성대한 덕업(德業)이며, 천지와 더불어 변화하고 함께 운행하여, 세계를 새로 도야(陶冶)하는 것이다.」

(6) 非如霸者 但小小補塞其罅漏而已 此則王道之所以爲大 而學者所當盡心也. :「<무력을 휘두르는> 패자(霸者)들이 소소하게 틈나고 새는 곳을 땜질하는 것과는 다르다. 그러므로 왕도(王道)가 위대하다. 학자들이 모름지기 마음을 다해야 할 것이다.」

## 【참고 보충】 격양가(擊壤歌)

「해뜨면 일하고 해가 지면 쉰다(日出而作 日入而息)
우물을 파서 물을 마시고, 밭을 갈아서 먹으니(鑿井而飮 耕田而食)
임금의 힘인들 나에게 무슨 상관이냐(帝力于我何哉)」

## 【참고 보충】 논어에 있는 공자의 경지

논어 자장편(子張篇)에서, 자공(子貢)이 말했다. 「하늘에 계단을 놓고 올라갈 수 없듯이, 공자 선생님의 경지를 따를 수 없다.(夫子之不可及也 猶天之不可階而升也)」「선생님이 나라를 맡아 다스리시면 다음같이 하신다.(夫子得邦家者)」「사람을 내세워 일하게 하고, 도로 인도하여 행하게 하고, 평안과 화합을 이룬다.(所謂立之斯立 道之斯行 綏之斯來 動之斯和)」「삶을 번영되게 하고, 죽음을 애도한다. 그런 경지를 어떻게 따르겠는가.(其生也榮 其死也哀 如之何其可及也)」

孟子曰 仁言 不如仁聲之入人深也 善政 不如善教
之得民也 善政民畏之 善教民愛之 善政得民財 善
教得民心.

맹자(이) 왈 인언(이) 불여인성지입인심야(이니라) 선정(이) 불여선교지득민
야(이니라) 선정(은) 민(이) 외지(하고) 선교(는) 민(이) 애지(하나니) 선정(은)
득민재(하고) 선교(는) 득민심(이니라)

맹자가 말했다. 「인이라는 말[仁言]보다, <혜택을 받은 백성들의> 인
에 대한 칭송의 소리[仁聲]가 깊이 마음속에 들어간다. 좋은 정치보다,
좋은 교화가 백성들을 따르게 할 수 있다. 좋은 법치는 백성들로 하여
금 겁을 먹고 따르게 한다. 교화하는 좋은 다스림은 백성들로 하여금
서로 사랑하게 한다. 좋은 법치는 백성에게 재물을 얻게 한다. 착한
교화는 민심을 얻는다.」

▶ 어구 설명
· 仁言(인언) : 임금이 「인을 베풀겠다」고 하는 말.
· 仁聲(인성) : 「우리 임금은 인덕을 잘 베푼다」고 칭찬하는 소리, 명성(名
聲).
· 善政(선정) : 좋은 정치. 법치(法治)와 같은 뜻.
· 善教(선교) : 윤리도덕적 교화.

[集註 選譯] (1) 程子曰 仁言 謂以仁厚之言 加於民 仁聲 謂仁聞 謂有仁
之實 而爲衆所稱道者也 此尤見仁德之昭著 故其感人尤深也. : 정자(程
子)가 말했다. 「인언(仁言)은 말로만 인을 후하게 베푼다고 백성들에게
하는 말이다.」 「인성(仁聲)은 인을 알차게 베푼다고 백성들에게 칭찬을
받는 명성이다.」 「이렇게 되어야 인덕이 더욱 빛나며 사람들이 더욱
깊이 감동한다.」

(2) 得民財者 百姓足而君無不足也 得民心者 不遺其親 不後其君也. : 「득민재자(得民財者)」는 「백성도 풍족하고 임금도 부족함이 없다는 뜻이다.」「득민심자(得民心者)」는 「<백성의 마음을 바로잡아> 자기 부모를 버리고, 자기 임금을 뒤로 돌리지 않는다는 뜻이다.」

<*오늘날은 무력통치, 혹은 법치금령을 바탕으로 한다. 그러나 유교는 윤리도덕 교육을 강조한다. 사람이 착해야 사회와 국가가 안정되고 발전한다. 악한 사람이 많으면 혼란하게 된다. 논어에 있다. 「덕으로 교도하고, 예로 고르게 교화해야, 창피를 알고 바르게 된다.(道之以德 齊之以禮 有恥且格)」>

---

孟子曰 人之所不學而能者 其良能也 所不慮而知者 其良知也 孩提之童 無不知愛其親也 及其長也 無不知敬其兄也 親親仁也 敬長義也 無他 達之天下也.

---

맹자(이) 왈 인지소불학이능자(는) 기량능야(이오) 소불려이지자(는) 기량지야(이니라) 해제지동(이) 무부지애기친야(이며) 급기장야(하야) 무부지경기형야(이니라) 친친(은) 인야(이오) 경장(은) 의야(이니) 무타(이라) 달지천하야(이니라)

맹자가 말했다. 「사람은 배우지 않고도 할 수 있는 능력이 있다. 그것이 양능(良能)이다. 또 생각하지 않고도 아는 능력이 있다. 그것이 양지(良知)이다. 어린아이는 다 자기 친부모를 사랑하지 않는 법이 없다. 차츰 자라면 다 자기 형을 공경하지 않는 법이 없다. 부모를 친애하는 친친(親親)이 곧 인(仁)이고, 연장자를 공경하는 경장(敬長)이 곧 의(義)이다. <인의(仁義)의 도의세계는> 다른 것이 아니다. <친친과 경장을> 천하에 확대하고 달성하게 하는 것이다.」

▶ 어구 설명

· 良(양) : 본연의 선(善)이라는 뜻.

· 孩提之童(해제지동) : 두서너 살 된 아이, 싱글싱글 웃고 손으로 잡고, 또 안아 주는 아이의 뜻. 「孩(어린아이 해), 提(손으로 끌 제)」

· 親親仁也(친친인야) : 부모를 친애하는 것이 바로 인(仁)이다.

· 敬長義也(경장의야) : 연장자를 공경하는 것이 바로 의(義)다.

[集註 選譯] (1) 程子曰 良知良能 皆無所由 乃出於天 不繫於人. : 정자(程子)가 말했다. 「양지(良知) 양능(良能)은 연유를 알 수 없다. 자연스럽게 하늘에 의해서 주어진 것으로, 인위적인 것과 관련이 없다.」

(2) 愛親敬長 所謂良知良能者也. : 「애친(愛親), 경장(敬長)」이 「이른바 양지(良知), 양능(良能)이다.」

(3) 言 親親 敬長 雖一人之私 然達之天下 無不同者 所以爲仁義也. : 다음 같은 뜻을 말한 것이다. 「친친(親親)과 경장(敬長)은 비록 한 사람이 사사롭게 행하는 <윤리도덕이다.> 그러나 <그와 같은 효(孝)와 제(悌)가 천하 만민에게> 확대되므로 <모든 사람이 행하는 효와 제가> 다 같게 마련이며, 그것이 바로 인의의 바탕인 것이다.」

---

孟子曰 舜之居 深山之中 與木石居 與鹿豕遊 其所
以異 於深山之野人者幾希 及其聞一善言 見一善行
若決江河 沛然莫之能禦也.

---

맹자(이) 왈 순지거 심산지중(에) 여목석거(하시며) 여록시유(하시니) 기소이이(니라) 어심산지야인자(이) 기희(러시니) 급기문일선언(하시며) 견일선행(하사는) 약결강하(이라) 패연막지능어야(이러시다)

맹자가 말했다. 「당초에 순(舜)이 깊은 산속에 살았을 때는 나무나 암

석과 어울렸고, 사슴이나 산돼지와 놀았다. 그래서 깊은 산속에 사는 다른 야인들과 별로 다를 바가 없었다. 그러나, 순은 한마디의 착한 말을 듣거나, 한 가지 착한 행동을 보면, 마치 강물이 둑을 뚫고 호탕하게, 또 세차게 흐르듯 <착하게 말하고, 또 착하게 행동했으며> 아무도 그를 막지 못했다.」

▶ 어구 설명
· 居深山(거심산) : 순(舜)이 역산(歷山)에서 경작했을 때를 말한다.
· 幾希(기희) : 거의 희소했다, 없었다.
· 若決江河 沛然莫之能禦也(약결강하 패연막지능어야) : 흡사 막혔던 강물이 둑을 뚫고 흘러 성대하고 넓게 퍼지듯 <천하에 넘쳤으며> 능히 막을 수 없었다. <* 본성적 인의(仁義)의 도덕심이 발동하여 천하에 넘쳤으며, 아무도 막지 못했다.>

[集註 選譯] (1) 蓋聖人之心 至虛至明 渾然之中 萬理畢具 一有感觸 則其應甚速 而無所不通 非孟子造道之深 不能形容至此也.：「본래 성인(聖人)의 마음은 지극히 허명(虛明)하고 <하늘과> 혼연일체(渾然一體)를 이루고 있다.」「그러나 그 속에 모든 천도천리(天道天理)가 갖추어져 있으며, 일단 사물에 감촉(感觸)하면 신속하게 <도리로써> 대응하고 통하지 않는 바가 없다.」「맹자같이 도에 대한 조예(造詣)가 깊은 사람이 아니면, 이와 같이 표현하지 못할 것이다.」

---

### 孟子曰 無爲其所不爲 無欲其所不欲 如此而已矣.

맹자(이) 왈 무위기소불위(하며) 무욕기소불욕(하니) 여차이이의(니라)

맹자가 말했다. 「자기의 본심(本心)이 하지 않는 바를 하지 않고, 또 자기의 본심이 원하지 않는 바를 원하지 않는다. 오직 그렇게만 하면 된다.」

[集註 選譯] (1) 李氏曰 有所不爲不欲 人皆有是心也 至於私意一萌 而不能以禮義制之 則爲所不爲 欲所不欲者多矣 能反是心 則所謂擴充其羞惡之心者 而義不可勝用矣 故曰 如此而已矣. : 이씨(李氏)가 말했다. 「하지 않고 또 원하지 않는 바가 있음은 곧 모든 사람이 그와 같은 마음, 즉 착한 본심을 지니고 있기 때문이다. 그러나 사사로운 욕심이 한번 싹트게 되면, 예도(禮道)나 의리로는 제압하지 못하게 된다. 따라서 해서는 안 될 일을 하고, 또 원하면 안 될 것을 바라는 일이 많게 된다. <그러나> 능히 본심으로 돌아갈 수 있으면, 즉 수오지심(羞惡之心)을 확대하고 충실하게 할 것이므로 의가 넘치고 이루 다 쓸 수가 없게 될 것이다. 그러므로 이와 같을 뿐이라고 말한 것이다.」

---

孟子曰 人之有德慧術知者 恒存乎疢疾 獨孤臣孼子
其操心也危 其慮患也深 故達.

맹자(이) 왈 인지유덕혜술지자(는) 항존호진질(이니라) 독고신얼자(는) 기조심야(이) 위(하며) 기려환야(이) 심(이라) 고(로) 달(이니라)

맹자가 말했다. 「도덕·지혜·기술·지식을 가진 사람은 항상 환난(患難) 속에 있게 마련이다. 특히 버림받은 신하나 서자들은 항상 마음을 위태롭게 쓰고 환난에 대한 사려를 깊이 한다. 그러므로 통달할 수 있다.」

▶ 어구 설명

· 德慧術知(덕혜술지) : 「도덕·지혜·기술·지식」 혹은 「덕행·혜지(慧智)·술수·지능」으로 풀 수도 있다. 주자는 「덕지혜(德之慧)·술지지(術之知)」로 풀었다.
· 疢疾(진질) : 재난이나 우환의 뜻. 「疢(열병 진), 疾(병 질)」
· 獨(독) : 유독, 특히.

· 孤臣(고신) : 임금에게 버림받거나 소외된 신하.
· 孽子(얼자) : 첩의 자식, 서자(庶子). 임금이나 아버지에게 인정되지 못하고, 항상 신변에 환난을 지니고 있는 자들이다.
· 達(달) : 사리에 통달했다는 뜻. 이른바 덕혜(德慧)와 술지(術知)를 말한다.

---

孟子曰 有事君人者 事是君 則爲容悅者也 有安社
稷臣者 以安社稷 爲悅者也 有天民者 達可行於天
下而後 行之者也 有大人者 正己而物正者也.

---

맹자(이) 왈 유사군인자(하니) 사시군 즉위용열자야(이니라) 유안사직신자(하
니) 이안사직 위열자야(이니라) 유천민자(하니) 달가행어천하이후(에) 행지자
야(이니라) 유대인자(하니) 정기이물정자야(이니라)

맹자가 말했다. 「임금 한 사람만을 잘 섬기는 자가 있다. 현재의 임금만을 잘 섬기는 자는 <임금의 은총을 받는 것만을> 즐겁게 여기는 사람이다. 사직을 평안하고, 또 안정되게 만들려는 신하가 있다. <그는> 사직의 평안과 안정만을 기쁘게 여기는 사람이다. 천민(天民)이라고 하는 하늘백성이 있다. 천도(天道)가 천하에 행해질 만한 다음에 나타나 천도를 행하는 사람이다. 참으로 큰사람, 대인(大人)이 있다. 그는 자신을 바르게 하고 아울러 만인(萬人)이나 만물을 바르게 한다.」

▶ 어구 설명
· 有事君人者(유사군인자) : 임금을 잘 섬기는 사람이 있다.
· 事是君 則爲容悅者也(사시군 즉위용열자야) : 임금만을 섬기는 자는 바로 <임금이 주는 덕을> 즐겁게 여기는 천박한 사람이다. <주자(朱子)는 「임금을 기쁘게 해주고 덕을 보려는 자다.」로 풀었다.>
· 有天民者(유천민자) : 「천민(天民)」이라고 이름할 「하늘백성」이 있다.
· 達可行於天下(달가행어천하) : 천도(天道)가 천하에 행해질 만한 때가 되

면. 「달(達)」을 여기서는 「때가 되다, 그와 같은 경지에 이르다」로 푼다.

· 大人(대인) : 하늘과 하나가 된 큰사람.

· 正己(정기) : 자기 자신을 바르게 한다. 정(正)은 하늘과 하나가 된 경지에서 바르다는 뜻.

[集註 選譯] (1) 阿徇以爲容 逢迎以爲悅 此鄙夫之事 妾婦之道也. : 「아첨하고 순종하는 낯을 꾸미고, 임금의 총애를 받는 것을 기쁨으로 여긴다. 이와 같은 태도는 천한 사나이나 첩실 여자들이 취하는 천한 일이나 방식이다.」

(2) 言 大臣之計安社稷 如小人之務悅其君 眷眷於此而不忘也. : 다음 같은 뜻을 말한 것이다. 「대신들은 사직을 평안하게 하려고 도모해야 한다. <그런데> 소인들처럼 임금을 즐겁게 하는 것에만 집착하고 애를 쓰며, 잊지 않는다.」

(3) 民者 無位之稱 以其全盡天理 乃天之民 故謂之天民 必其道可行於天下 然後行之 不然則寧沒世不見知而不悔 不肯小用其道以殉於人也 張子曰 必功覆斯民然後出 如伊呂之徒. : 백성은 하등의 지위도 없는 평민을 말한다. 그들은 전적으로 하늘의 도리만을 따라 사는 「하늘백성」이다. 고로 「천민」이라 일컫는다. 「그들은 반드시 천도가 천하에 행해질 수 있어야, 그 다음에 행동하고, 그렇지 못하면 차라리 일생동안 세상에 묻혀 나타나지 못해도, 후회하지 않는다. 그들은 <대도(大道)가 아닌> 소도(小道)를 구차하게 써서 남에게 추종하지 않는다.」 장자(張子)가 말했다. 「반드시 자기의 공적이 모든 백성에게 혜택을 줄 만한 다음에 나가서 행한다. 즉 이윤(伊尹)이나 여상(呂尙)과 같은 사람이다.」

(4) 大人 德盛而上下化之 所謂 見龍在田 天下文明者. : 「대인(大人)은 덕이 성대하고, 위나 아래를 감화시키는 사람이다.」 「역경(易經)에서 말하는 바, '용이 나타나 밭에 있음'이며, 천하를 문화로 밝게 빛나게 하는 사람이다.」

(5) 此章言 人品不同 略有四等 容悅佞臣 不足言 安社稷則忠矣 然猶一 國之士也 天民則非一國之士矣 然猶有意也 無意無必 惟其所在而物無不 化 惟聖者能之 : 이 장은 다음 같은 뜻을 말한 것이다. 「인품의 차등을 대략 네 등급으로 나누었다. ① 용모를 꾸미고 아첨하는 간신은 말하기 에도 부족하다. ② 사직을 평안하게 하는 것은 곧 충성이다. 그러나 한 나라만을 생각하는 선비에 불과하다. ③ 천민(天民), 즉 '하늘백성'은 한 나라에 매인 선비는 아니다. 그러나 어떻게 하겠다는 뜻이 있다. ④ 필연적 뜻을 가지지 않고 때와 장소에 따라, <자연스럽게> 만물을 감화 하는 사람은 오직 성자(聖者), 즉 대인만이 가능하다.」

<* 맹자가 말한 사자(四者)는 인품이 같지 않으나, 모두 밑에 있는 신하 다. 고로 「건구이(乾九二)」에 해당한다.>

<* 「안사직(安社稷)」은 천리(天理)를 따라야 한다. 그러나 「무열기군 (務悅其君)」은 인욕(人欲)의 경지라 하겠다.>

孟子曰 君子有三樂 而王天下不與存焉 父母俱存 兄弟無故 一樂也 仰不愧於天 俯不怍於人 二樂也 得天下英才 而教育之 三樂也 君子有三樂 而王天 下不與存焉.

맹자(이) 왈 군자(이) 유삼락(이라) 이왕천하(이) 불여존언(이니라) 부모(이) 구존(하며) 형제(이) 무고(이) 일락야(이오) 앙불괴어천(하며) 부부작어인(이) 이락야(이오) 득천하영재 이교육지(이) 삼락야(이니) 군자(이) 유삼락 이왕천 하(이) 불여존언(이니라)

맹자가 말했다. 「군자에게는 삼락(三樂)이 있다. 왕이 되어 천하를 다 스리는 것은 그 속에 들지 않는다. 양친이 생존해 계시고, 형제들이

탈없이 잘 지내는 것이 첫째 즐거움이다. 우러러보아도 하늘에 부끄럽지 않고, 굽어보아도 모든 사람에게 창피하지 않으니, 이것이 둘째 즐거움이다. 천하의 영재들을 모아서 교육하는 일이, 셋째 즐거움이다. 군자에게는 삼락이 있다. 그러나 왕으로서 천하를 통치하는 것은 그 속에 들지 않는다.」

▶ 어구 설명

· 仰不愧於天(앙불괴어천) : 우러러보아도 하늘에 부끄럽게 여길 바가 없다.
· 俯不怍於人(부부작어인) : 굽어보아도 모든 사람에게 부끄럽게 여길 바가 없다. 「怍(부끄러워할 작)」

[集註 選譯] (1) 此人所深願 而不可必得者 今旣得之 其樂可知. : 「이와 같은 일은 사람들이 깊이 원하는 바로, 반드시 그렇게 될 수 있는 것이 아니다. 그런데 이미 그렇게 되었으니, 그 즐거움을 알만하다.」

(2) 程子曰 人能克己 則仰不愧 俯不怍 心廣體胖 其樂可知 有息則餒矣. : 정자(程子)가 말했다. 「사람이 능히 자기의 사사로운 욕심을 억제하고 천도를 따라 살면, 우러러보아도 부끄럽지 않고, 굽어보아도 부끄럽지 않다. 마음이 넓어지고 몸이 피어나니, 그 즐거움을 알만하다. 그러나 멈추면 다시 시들게 된다.」

(3) 盡得一世明睿之才 而以所樂乎己者 敎而養之 則斯道之傳 得之者衆 而天下後世 將無不被其澤矣 聖人之心 所願欲者 莫大於此 今旣得之 其樂爲何如哉. : 세계의 모든 총명하고 지혜로운 수재들을 모아서, 자기가 즐거워하는 바, <인의도덕을> 가르치고 배양(培養)한다. 그러면, <왕도인정(王道仁政)의> 도리가 전파되고, 터득하는 자가 많아진다. 그러면 천하의 후세에 걸쳐, 그 혜택을 입지 않을 사람이 없게 될 것이다. 「성인의 마음이 바라고 원하고 바, 이보다 더 큰 것이 없을 것이다. 그런데 지금 이미 그것을 얻었으니, 그 즐거움이 어떻겠는가.」

(4) 林氏曰 此三樂者 一係於天 一係於人 其可以自致者 惟不愧不怍而已 學者可不勉哉. : 임씨(林氏)가 말했다. 「이 세 가지 즐거움은, 하나는 하늘에 매여 있고, 하나는 사람에게 매여 있다. 자기 자신이 홀로 할 수 있는 것은 오직 우러러보나 굽어보나 부끄럽지 않게 하는 것뿐이다. 학자들은 힘쓰지 않아도 되겠는가.」

> 孟子曰 廣土衆民 君子欲之 所樂不存焉 中天下而
> 立 定四海之民 君子樂之 所性不存焉 君子所性 雖
> 大行 不加焉 雖窮居 不損焉 分定故也 君子所性 仁
> 義禮智根於心 其生色也 睟然見於面 盎於背 施於
> 四體 四體不言而喩.

맹자(이) 왈 광토중민(은) 군자(이) 욕지(나) 소락(은) 부존언(이니라) 중천하 이립(하야) 정사해지민(을) 군자(이) 낙지(나) 소성(은) 부존언(이니라) 군자 소성(은) 수대행(이나) 불가언(이며) 수궁거(이나) 불손언(이니) 분정고야(이 니라) 군자소성(은) 인의례지(이) 근어심(하야) 기생색야(이) 수연현어면(하 며) 앙어배(하며) 시어사체(하여) 사체(이) 불언이유(이니라)

맹자가 말했다. 「나라의 영토가 넓어지고, 백성의 수가 많아지는 것을 군자도 바란다. 그러나 <진정한> 즐거움은 그 속에 있지 않다. 천하의 중심적 존재로서 자리에 올라, 천하의 백성들을 안정시키는 것을 군자는 즐거워한다. 그러나 <아직도 하늘이 내려준> 본성과 천리가 담겨진 것이 아니다. <즉 본성과 천리에 맞는 인의덕치(仁義德治)의 즐거움에는 못 미친다.> 군자는 본성 속에 주어진 천도천리(天道天理)를 터로 삼고 있다. 그러므로 비록 큰 일을 한다 해도 천리가 더 가해지는 것이 아니고, 반대로 곤궁한 처지에 놓였다 해도 <천도천리가> 손상되는 것이 아니다. 원래 하늘로부터 받은 분수가 정해져 있기 때문이다.

군자가 본성을 터로 하고 지니고 있는 바 천리는 곧 마음을 뿌리로
한, 인의예지의 덕성(德性)이다. <그 덕성이> 형색(形色)을 갖추고
살아나면 맑고 밝은 빛이 얼굴에 나타나고, 등에도 두둑하게 넘치고,
또 사지와 몸 전체에도 나타난다. 따라서 말하지 않아도 사지와 전신에
덕성이 넘치는 것을 알 수 있다.」

▶ 어구 설명

· 君子所性(군자소성) : 군자는 본성 속에 주어진 천도천리(天道天理)를 터
  로 한다.
· 大行(대행) : 뜻을 달성하고 천하를 다스린다는 뜻.
· 分(분) : 분수는 천명으로 주어진 절대적인 것이다. 즉 어떠한 경우에도
  천도천리를 따라 살라는 절대명령이다. 그러므로 외형적·세속적 궁달(窮
  達)을 불문하고 항상 천도천리를 따르고 행해야 한다.
· 生(생) : 발현(發現)의 뜻.
· 睟然(수연) : 청명(淸明)하고 빛나는 모양.
· 盎(앙) : 풍성하고 두텁고 넘친다는 뜻.「盎(가득할 앙)」
· 施於四體(시어사체) : 동작이나 예의범절에 나타나 보인다는 뜻.
· 四體不言而喩(사체불언이유) : 사지와 몸이 말하지 않아도 스스로 뜻을
  안다는 뜻.

[集註 選譯] (1) 地闢民聚 澤可遠施 故君子欲之 然未足以爲樂也.:「국
토가 개척되고 백성들이 많이 모이면, 은택을 멀리 베풀 수 있다. 고로
군자가 바란다. 그러나 참다운 즐거움으로 삼기에는 부족하다.」

(2) 其道大行 無一夫不被其澤 故君子樂之 然其所得於天者 則不在是
也.:「도가 크게 행해지면, 모든 사람이 혜택을 받는다. 고로 군자가 즐거
워한다. 그러나 하늘에서 얻은 바 <천리가> 그 속에 있는 것이 아니다.」

(3) 分者 所得於天之全體 故不以窮達而有異.:「분(分)은 하늘의 전체
에서 얻은 것이다. 고로 궁달에 따라 다르지 않다.」

(4) 蓋氣稟淸明 無物欲之累 則性之四德根本於心 其積之盛 則發而著見 於外者 不待言而無不順也. : 「본래, 기품이 청명하고 물욕에 엉키지 않 으면, 본성의 사덕(四德)이 마음에 뿌리를 두고, 그 축적이 성하게 되면, 밖으로 나타난다. 그래서 말하지 않아도 순리대로 된다.」

(5) 程子曰 睟面盎背 皆積盛致然 四體不言而喩 惟有德者能之. : 정자 (程子)가 말했다. 「수면앙배(睟面盎背)」는 「덕성이 쌓이고 넘치면 그 렇게 된다. 사체(四體)가 말하지 않아도 알아서 하는 경지는 오직 유덕 자만이 가능하다.」

(6) 此章言 君子固欲其道之大行 然其所得於天者 則不以是而有所加損 也. : 이 장은 다음 같은 뜻을 말한 것이다. 「군자는 당연히 도를 크게 행하고자 한다. 그러나 하늘에서 얻은 바, 덕성이나 천리는 그렇다고 해서 더하거나 덜하거나 하지 않는다.」

> 孟子曰 伯夷辟紂 居北海之濱 聞文王作興 曰盍歸
> 乎來 吾聞西伯 善養老者 太公辟紂 居東海之濱 聞
> 文王作興 曰盍歸乎來 吾聞西伯 善養老者 天下有
> 善養老 則仁人以爲己歸矣.

맹자(이) 왈 백이(이) 피주(하야) 거북해지빈(이러니) 문문왕작흥(하고) 왈 합 귀호래(리오) 오문서백(은) 선양로자(이라하고) 태공(이) 피주(하야) 거동해 지빈(이러니) 문문왕작흥(하고) 왈 합귀호래(리오) 오문서백(은) 선양로자(이 라하니) 천하(에) 유선양로 즉인인(이) 이위기귀의(리라)

맹자가 말했다. 「백이가 폭군 주(紂)를 피하여 북쪽 바닷가에 가서 살 았다. 주(周)나라 문왕(文王)이 <인정을> 진작했다는 말을 듣고, 말했 다. 『왜 문왕에게 돌아가지 않겠는가. 내가 듣기로는 서백(西伯), 즉

문왕이 노인들을 잘 부양(扶養)한다고 하더라.』강태공(姜太公) 여상 (呂尙)도 주를 피하여 동쪽 바닷가에 살고 있었다. 문왕이 <인정을> 진작한다는 말을 듣고 말했다. 『왜 문왕에게 돌아가지 않겠는가. 내가 듣기로는 서백이 노인을 잘 부양한다고 하더라.』이와 같이 천하에서 노인들을 잘 부양하는 <임금이 있으면> 천하의 인인(仁人)들이 『내가 그에게 돌아간다』고 생각하는 법이다.」

▶ 어구 설명

· 伯夷辟紂 居北海之濱(백이피주 거북해지빈) : 백이(伯夷)가 폭군 주(紂) 를 피하여, 북쪽 바닷가에 가서 살았다. 벽(辟)을 피(避)로 읽는다.

· 聞文王作興(문문왕작흥) : 주(周)나라 문왕(文王)이 <인정(仁政)을> 진 작한다는 말을 듣고.

· 西伯(서백) : 문왕.

· 太公辟紂 居東海之濱(태공피주 거동해지빈) : 강태공(姜太公) 여상(呂尙) 이 주(紂)를 피하여 동쪽 바닷가에 살고 있었다.

· 己歸(기귀) : 내가 돌아간다는 뜻.

所謂西伯 善養老者 制其田里 敎之樹畜 導其妻子
使養其老 五十非帛不煖 七十非肉不飽 不煖不飽
謂之凍餒 文王之民無凍餒之老者 此之謂也.

소위서백(이) 선양로자(는) 제기전리(하야) 교지수휵(하며) 도기처자(하야)
사양기로(이니) 오십(에) 비백불난(하며) 칠십(에) 비육불포(하나니) 불난불
포(를) 위지동뇌(니) 문왕지민(이) 무동뇌지로자(이) 차지위야(이니라)

「이른바 서백, 즉 문왕이 노인을 잘 부양했다는 것은 곧 농토와 농가의 제도를 잘 정하고 <즉 정전제(井田制)를 하고, 농민으로 하여금 뽕나 무를> 심는 일과 가축 사육을 가르치고, 또 농부의 처자식을 잘 교도해

서 노인들을 잘 양육하게 했다는 것이다. 나이 50세가 되면 비단옷이 아니면 따뜻하지 않고, 나이 70세의 노인은 고기반찬이 아니면 배가 든든하지 않는 법이다. 따뜻하지 않고, 배가 든든하지 않은 것을『얼고, 또 주린다』고 말하거늘, 문왕 치하의 백성들로서『추위에 떨고 굶주리는 노인이 없게 했다』는 것은 이를 말한 것이다.」

▶ 어구 설명

· 田里(전리) : 「전(田)」은 백 무(畝)의 농토를 말한다. 「이(里)」는 5무의 택지를 말한다.

· 敎之樹畜(교지수휵) : 수(樹)는 논밭을 경작하고, 또 뽕나무를 심는다는 뜻. 휵(畜)은 닭이나 돼지를 사육한다는 뜻.

· 凍餒(동뇌) : 「凍(얼 동), 餒(주릴 뇌)」

[集註 選譯] (1) 趙氏曰 善養老者 敎導之 使可以養其老耳 非家賜而人益之也. : 조씨(趙氏)가 말했다. 「노인을 잘 부양한다는 것은, 가족들을 가르치고 교도하여, 자기 집안의 노인들을 잘 봉양하게 한다는 뜻이다. 모든 집에 재물을 별도로 내려주고, 사람에게 보태준다는 뜻이 아니다.」

孟子曰 易其田疇 薄其稅斂 民可使富也 食之以時
用之以禮 財不可勝用也 民非水火 不生活 昏暮叩
人之門戶 求水火 無弗與者 至足矣 聖人治天下 使
有菽粟如水火 菽粟如水火 而民焉有不仁者乎.

맹자(이) 왈 이기전주(하며) 박기세렴(이면) 민가사부야(이니라) 식지이시(하며) 용지이례(면) 재불가승용야(이니라) 민비수화(이면) 불생활(이로대) 혼모(에) 고인지문호(하야) 구수화(이어든) 무불여자(는) 지족의(일새니) 성인(이) 치천하(에) 사유숙속(을) 여수화(이니) 숙속(이) 여수화(이면) 이민(이) 언유불인자호(이리오)

맹자가 말했다. 「논밭을 잘 경작하고, 또 경계를 잘 구분하고, 아울러 세금 징수를 가볍게 하면 백성을 부자가 되게 할 수 있다. 때맞추어 생산하고 또 먹으며, 씀씀이를 절도있게 하면, 재물이 다 쓸 수 없을 만큼 넘치게 된다. 사람들은 물과 불이 아니면 살지 못한다. <그러나> 어두운 밤에 남의 집 문을 두드리고, 물과 불을 달라고 해도, <물과 불을> 주지 않는 사람이 없다. <그 까닭은 물과 불이> 지극히 충분히 있기 때문이다. 성인은 천하를 다스림에 있어 <백성이 먹고 살> 곡식을 물과 불같이 충분히 있게 해야 한다. 곡식이 물과 불같이 충분하면 백성이 어찌 어질지 않겠느냐. <민생(民生)이 풍족하면, 백성이 어질게 된다.>」

▶ 어구 설명

· 易其田疇(이기전주) : 논밭을 잘 다스리다. 즉 경작을 잘하고, 또 경계를 잘 구분한다. 「이(易)」는 「다스릴 치(治)」의 뜻. 「疇(밭두둑 주, 경계)」

· 禮(예) : 「절도에 맞게 절약한다」는 뜻.

· 菽粟(숙속) : 곡식의 뜻. 「菽(콩 숙), 粟(조 속)」

[集註 選譯] (1) 敎民節儉 則財用足也. : 「백성에게 절제와 검약을 가르치면, 재물과 씀씀이가 풍족하게 된다.」

(2) 水火 民之所急 宜其愛之 而反不愛者 多故也 尹氏曰 言禮義 生於富足 民無常産 則無常心矣. : 「물과 불은 사람이 사는 데 긴요한 것이므로 의당 아끼고 소중히 여겨야 한다. 그런데도 아끼지 않고 <남에게 줄 수 있는 것은> 워낙 많기 때문이다.」 윤씨(尹氏)가 말했다. 「예의는 <백성들의 생활이> 부유하고 풍족해야 살아난다. 백성에게 일정한 생산이 없으면, 일정한 마음이 없음을 말한 것이다.」

> 孟子曰 孔子登東山 而小魯 登太山 而小天下 故觀
> 於海者難爲水 遊於聖人之門者難爲言 觀水有術 必
> 觀其瀾 日月有明 容光必照焉 流水之爲物也 不盈
> 科 不行 君子之志於道也 不成章 不達.

맹자(이) 왈 공자(이) 등동산이소로(하시고) 등태산이소천하(하시니) 고(로) 관어해자(에) 난위수(이오) 유어성인지문자(에) 난위언(이니라) 관수(이) 유술(하니) 필관기란(이니라) 일월(이) 유명(하니) 용광(에) 필조언(이니라) 유수지위물야(이) 불영과(이면) 불행(하니) 군자지지어도야(에도) 불성장(이면) 부달(이니라)

맹자가 말했다. 「공자께서 동산에 올라가 보시고 노나라를 작게 여기시고, 태산에 올라가 보시고 천하를 작게 여기셨다. 고로 넓은 바다를 본 사람은 <작은 물을> 진짜 물이라고 말하기를 어려워한다. 또 성인의 문하에서 글을 배운 사람은, <중인들의 말을 도에 맞는> 말이라고 말하기 어려워한다. 물의 본질을 보고 아는 특별한 술법이 있다. 반드시 세차게 솟아 흐르는 물을 관찰해야 한다. 해와 달에는 밝은 빛이 있으며, 빛을 드리울 만한 틈만 있으면, 반드시 속까지 비쳐준다. 흐르는 물의 성질은 웅덩이를 채우지 않고서는 더 흘러가지 않는다. 군자가 성인의 도에 뜻을 둔 이상, <자기의 도덕 수양이> 찬란하게 빛을 내지 않으면, 높은 경지에 도달하지 못하는 것이다.」

▶ 어구 설명

· 東山(동산) : 노나라 도성(都城) 동쪽에 있는 높은 산.
· 太山(태산) : 태산(泰山). 동산(東山)보다 더 높은 산이다.
· 遊於聖人之門者 難爲言(유어성인지문자 난위언) : 성인의 문도(門徒)가 되어서 「인의(仁義)의 대도(大道)」를 터득한 사람은, <범인(凡人)이나 대중(大衆)의 말을> 말같이 여기기 어렵게 마련이다.

· 必觀其瀾(필관기란) : 반드시 세차게 솟고 힘차게 흐르는 물을 관찰해야
  한다. <웅덩이에 고인 죽은 물을 보면 안 된다.> 「瀾(물결 란)」
· 不成章 不達(불성장 부달) : 자신의 수양 도덕이 찬란하게 빛을 내지 않으
  면, 도에 달성한 것이 아니다.

[集註 選譯] (1) 此言聖人之道大也 此言所處益高 則其視下益小 所見既
大 則其小者不足觀也 難爲水 難爲言 猶仁不可爲衆之意. : 「이것은 성인
의 도가 크다는 것을 말한 것이다.」 이는 다음 같은 뜻을 말한 것이다.
「높이 올라가면 눈 아래의 땅이 더욱 작게 보이고, 먼저 큰 것을 보면
작은 것은 보기에 부족하다.」 「난위수(難爲水), 난위언(難爲言)」은 「인
(仁)은 <최고의 덕이다. 그러므로> 저속하고 잡다한 것이 될 수 없다는
뜻과 같다.」

(2) 此言道之有本也 瀾水之湍急處也 明者 光之體 光者明之用也 觀水之
瀾 則知其源之有本矣 觀日月於容光之隙 無不照則知其明之有本矣. : 이
것은 「도에 근본이 있음」을 말한 것이다. 「난(瀾)」은 「물이 소용돌이치
며 급하게 흐르는 곳이다.」 「명(明)은 빛의 체(體)이고, 광(光)은 빛의
용(用)이다.」 「세차게 흐르는 물을 보면, 그 근원에 뿌리가 있음을 알고,
해나 달이 빛을 빈틈에 다 들어가 안 밝히는 곳이 없는 것을 보면, 빛의
본체에 뿌리가 있음을 알게 된다.」

(3) 言 學當以漸 乃能至也 成章 所積者厚 而文章外見也 達者 足於此
而通於彼也 此章 言聖人之道 大而有本 學之者必以其漸 乃能至也. : 「학
문은 마땅히 점진적으로 해야 이를 수 있음을 말한 것이다.」 「성장(成
章)」은 「두텁게 축적되고 문화적 빛이 밖에 나타난다는 뜻이다.」 「달
(達)은 이곳에서 족하면 저곳에서도 통한다는 뜻이다.」 「이 장은 성인
의 도는 크고도 뿌리가 있으므로, 학자는 반드시 점진적으로 공부해야
하며, 그래야 도에 이를 수 있음을 말한 것이다.」

> 孟子曰 雞鳴而起 孳孳爲善者 舜之徒也 雞鳴而起
> 孳孳爲利者 蹠之徒也 欲知 舜與蹠之分 無他 利與
> 善之間也.

맹자(이) 왈 계명이기(하야) 자자위선자(는) 순지도야(이오) 계명이기(하야)
자자위리자(는) 척지도야(이니) 욕지 순여척지분(인댄) 무타(이라) 이여선지
간야(이니라)

맹자가 말했다. 「닭이 울자 일어나서 부지런히 착한 일을 하는 사람은
순임금의 무리이다. 닭이 울자 일어나서 부지런히 이득만을 채우는
자는 곧 도척의 무리이다. 순임금과 도척의 분별은 다름이 아니다. 이
(利)와 선(善)의 차이니라.」

▶ 어구 설명
· 孳孳(자자) : 근면(勤勉)의 뜻. 「孳(부지런할 자)」
· 蹠(척) : 도척(盜跖). 춘추시대의 강도로, 도당이 9천 명 있었다. 「척(蹠)=
척(跖)」

[集註 選譯] (1) 程子曰 言間者 謂相去不遠 所爭毫末耳 善與利公私而
已矣 出於善便以利言也. : 정자(程子)가 말했다. 「간(間)은 서로의 거
리가 멀지 않고, 서로 다투는 바, 그 차이가 털끝 같이 작다는 뜻이다.」
「선(善)과 이(利)의 구분은 공(公)과 사(私)의 차이일 뿐이다.」「선에
서 벗어난 것은 곧 이(利)라고 말할 수 있다.」

(2) 楊氏曰 舜蹠之相去遠矣 而其分乃在利善之間而已 是豈可以不謹 然
講之不熟 見之不明 未有不以利爲義者 又學者所當深察也. : 양씨(楊氏)
가 말했다. 「순임금과 도척은 서로 거리가 멀다. 그러나 그 구분은 바로
이(利)와 선(善)의 사이일 뿐이다.」「그러니 어찌 삼가지 않을 수 있겠
는가.」「그러나 공부가 성숙하여 밝게 보지 못하면, 이(利)를 의(義)로

착각할 자가 없지 않다. <그러므로> 역시 학자가 마땅히 깊이 살펴야
한다.」

(3) 或問 雞鳴而起 若未接物 如何爲善 程子曰 只主於敬 便是爲善. :「혹
자가 물었다. 『닭이 울면 일어나되, 미처 사물을 접하지 않았으니, 어떻
게 선을 행합니까.』 이에 정자가 말했다. 『오직 마음을 경(敬)에 집중하
면 곧 선(善)하게 된다.』」

<* 선과 악은 같은 마음에서 나온다. 그래서 사이가 멀지 않다. 그러나
목적하는 바가 크게 다르다. 즉 공과 사에 따라, 크게 다르게 된다.>

---

孟子曰 楊子 取爲我 拔一毛而利天下 不爲也 墨子
兼愛 摩頂放踵 利天下 爲之 子莫執中 執中爲近之
執中無權 猶執一也 所惡執一者 爲其賊道也 擧一
而廢百也.

---

맹자(이) 왈 양자(는) 취위아(하니) 발일모이리천하(이라도) 불위야(하니라)
묵자(는) 겸애(하니) 마정방종(이라도) 이천하(인댄) 위지(하니라) 자막(은)
집중(하니) 집중(이) 위근지(나) 집중무권(이) 유집일야(이니라) 소오집일자
위기적도야(이니) 거일이폐백야(이니라)

맹자가 말했다. 「양자는 자기만을 위하는 <철저한 이기주의자다.> 머
리털 하나를 뽑아 <바치면> 온 천하가 이롭게 된다고 해도 하지 않는
자였다. 묵자는 <무차별적> 겸애사상(兼愛思想)을 주장하고, 머리털
이 빠지도록 <애를 쓰고>, 발뒤꿈치가 닳토록 <사방으로 다니면서>
천하를 이롭게 하는 데, 몸을 바치고 일했다. 자막(子莫)은 중간을 고집
했다. 중간을 고집하는 것은 근사하다. <그러나> 중간을 고집하고,
권형(權衡)이 없으면, 역시 하나만을 고집하는 것과 같다. 하나만을

고집하는 것을 미워하는 이유는 도(道)를 해치기 때문이다. 하나만을 드러내고, 백을 폐기하기 때문이다.」

▶ **어구 설명**

· 楊子取爲我(양자취위아) : 양자는 극단적 이기주의를 주장했다. 전국시대 사람으로 이름은 주(朱). 열자(列子)에 보인다. 취(取)는 만족한다는 뜻. 취위아(取爲我)는 자기를 위하는 것만을 만족하게 여기고, 남을 위하지 않는다는 뜻이다.

· 墨子兼愛(묵자겸애) : 묵자도 전국시대 노(魯)나라 사람이다. 이름은 적(翟). 겸애는 모든 사람을 평등하게 사랑하라는 일종의 박애주의(博愛主義)다.

· 摩頂放踵(마정방종) : 마정(摩頂)은 그 이마를 갈고 부딪친다는 뜻. 방(放)은 지(至)와 같은 뜻이다. 노심초사하고, 또 이리저리 뛰어다니면서.

· 子莫(자막) : 노(魯)나라의 현인이라고 한다.

· 執中(집중) : 양자의 중간, 혹은 절충점(折衷點)을 취했다. <중용(中庸)에서 말하는 중(中)이 아니다.>

· 近(근) : 도(道)에 가깝다.

· 執中無權(집중무권) : 추를 한 곳에 고정시키고, 위치를 옮길 줄 모른다는 뜻으로, 역시 한 가지만을 고집함이다. 「권(權)은 권형(權衡), 즉 균형을 잡는다」는 뜻.

[集註 選譯] (1) 程子曰 中字最難識 須是默識心通 且試言 一廳則中央爲中 一家則廳非中而堂爲中 一國則堂非中而國之中爲中 推此類可見矣. : 정자(程子)가 말했다. 「중(中)의 뜻은 바르게 알기 어렵다. 말없이 알고 마음으로 통해야 한다.」「시험삼아 말하자면, 대청에서는 중앙이 중이 된다. 그러나 한 집안에서는 대청이 중이 아니라, 당이 중이 된다. 한 나라에서는 당이 중이 아니라, 국가정치의 중심이 중이 된다. 이렇게 유추해서 알 수 있다.」

(2) 又曰 中不可執也 識得則事事物物 皆有自然之中 不待安排 安排著

則不中矣. : 또 말했다. 「무조건 중간을 고집하면 안 된다. 바르게 알면 모든 사물의 자연의 중도(中道)가 보인다. 중도는 인위적으로 만든 것이 아니다. 인위적으로 만든 것은 참다운 중도가 아니다.」

(3) 此章言 道之所貴者中 中之所貴者權. : 「이 장은 도(道)에서 귀중한 것은 중(中)이고, 중에서 귀중한 것은 권(權)임을 말한 것이다.」

(4) 楊氏曰 禹稷 三過其門而不入 苟不當其可 則與墨子無異 顔子在陋巷 不改其樂 苟不當其可 則與楊氏無異. : 양씨(楊氏)가 말했다. 「우왕(禹王)과 후직(后稷)은 자기 집 문앞을 세 번이나 지나면서 들어가지 않았으니, 만일 부당하게 그렇게 했다면, 묵자와 다를 바가 없을 것이다.」 「안자(顔子)가 누추한 곳에 살면서도 <도를 지키는> 즐거움을 고치지 않았다. 만일 부당하게 그렇게 했다면, 양주(楊朱)와 다를 바가 없을 것이다.」

(5) 子莫執爲我兼愛之中而無權 鄕鄰有鬪而不知閉戶 同室有鬪而不知救之 是亦猶執一耳. : 자막(子莫)은 <무조건> 위아(爲我)와 겸애(兼愛)의 중간을 고집하고 저울질하지 않았다. 즉 그는 이웃에서 싸워도 문을 닫을 줄 모르고, 또 <자기가 있는> 방안에서 싸움이 있어도 말릴 줄 몰랐으니, 그 역시 하나만을 고집한 것과 같다.

(6) 故孟子以爲賊道 禹稷顔回易地則皆然 以其有權也 不然則是亦楊墨而已矣. : 고로 맹자가 『도를 해친다』고 한 것이다. 「우왕·후직·안자가 만약 그런 처지에 있었다면, <그들은 융통성있게> 저울질하고 적절하게 했을 것이다. 그렇게 하지 않으면, 역시 양주나 묵자같이 될 것이다.」

> 孟子曰 饑者甘食 渴者甘飮 是未得飮食之正也 饑
> 渴害之也 豈惟口腹有饑渴之害 人心亦皆有害 人能
> 無以饑渴之害 爲心害 則不及人 不爲憂矣.

맹자(이) 왈 기자(이) 감식(하고) 갈자(이) 감음(하나니) 시(는) 미득음식지정
야(이라) 기갈(이) 해지야(니라) 기유구복(이) 유기갈지해(리오) 인심(이) 역
개유해(하나라) 인능 무이기갈지해(로) 위심해 즉불급인(을) 불위우의(리라)

맹자가 말했다. 「굶주린 사람은 달게 먹고, 목마른 사람은 달게 마신다. 그러나 그것은 음식의 바른 맛을 알고 <먹고 마시는 것이> 아니다. 굶주림과 목마름 때문에 <정상적인 입맛을> 해쳤기 때문이다. 어찌 입이나 배만이 굶주림과 목마름의 해를 받겠는가. 사람의 마음도 역시 다 장해를 받는다. 사람이 능히 기갈(饑渴) 때문에, 마음을 상하게 하지 않을 수 있다면, <비록 부귀(富貴)가> 남에 미치지 못해도 걱정하지 않을 것이다.」

[集註 選譯] (1) 口腹爲飢渴所害 故於飮食 不暇擇而失其正味 人心爲貧 賤所害 故於富貴 不暇擇而失其正理.:「구복(口腹)이 기갈(饑渴)에 시달리면, 따라서 음식을 가릴 틈이 없게 된다. 그래서 바른 맛을 잃게 되는 것이다.」「인심(人心)도 빈천에 시달리면, 부귀를 가릴 여유가 없게 된다. 그래서 바른 도리를 잃게 되는 것이다.」

(2) 人能不以貧賤之故 而動其心 則過人遠矣.:「사람이 빈천해도, 자기 마음을 흔들리지 않을 수 있다면, 그는 범인의 경지를 훨씬 멀리 초과한 사람이다.」

> 孟子曰 柳下惠 不以三公 易其介.

맹자(이) 왈 유하혜(는) 불이삼공(으로) 역기개(하니라)

맹자가 말했다. 「유하혜(柳下惠)는 삼공(三公)의 높은 자리에 올라도, 자신의 절개를 바꾸지 않았다.」

▶ 어구 설명
· 柳下惠(유하혜) : 노(魯)나라의 현인.
· 三公易其介(삼공역기개) : 삼공은 태사(太師)·태부(太傅)·태보(太保)로 최고의 벼슬. 기개(其介)는 독립독행(獨立獨行)하는 태도의 뜻.

[集註 選譯] (1) 柳下惠 進不隱賢 必以其道 遺佚不怨 阨窮不憫 直道事人 至於三黜 是其介也. : 「유하혜는 나가서 벼슬할 때에는 자신의 현명함을 숨기지 않고, 도를 따라 발휘했다. <반대로> 버림을 받아도 원망하지 않았다. 또 곤궁한 지경에 빠져도 고민하지 않고, 곧게 도를 지키면서 남을 섬겼다. 세 번 쫓겨나도 <자신을 잘 지켰으니> 이것이 곧 그의 절개를 분별있게 지킨 것이다.」

(2) 此章言 柳下惠和而不流 與孔子論夷齊不念舊惡 意正相類 皆聖賢微顯闡幽之意也. : 이는 곧 다음 같은 뜻이다. 「유하혜는 '화이불류(和而不流)'했으니, 공자가 백이와 숙제를 논하면서 '불념구악(不念舊惡)'이라 한 것과 뜻이 같다. 성현은 미묘하게 깊은 뜻을 천명한다.」

孟子曰 有爲者 辟若掘井 掘井九軔 而不及泉 猶爲棄井也.

맹자(이) 왈 유위자(이) 비약굴정(하니) 굴정구인 이불급천(이면) 유위기정야(이니라)

맹자가 말했다. 「도를 행하고자 하는 사람을 우물 파는 사람에 비유하겠다. 우물을 아홉 길까지 팠어도, 물줄기에 이르지 못하고 <그만둔다

면> 이는 마치 우물을 포기하는 것과 같다.」

▶ **어구 설명**

· 有爲者(유위자) : 인의의 덕치(德治)를 구현하려는 사람.
· 辟若掘井(비약굴정) : 우물 파는 데 비유한다. 「비(辟) = 비(譬)」
· 軔(인) : 8척(尺)이 인(仞)이다. 「인(軔)=인(仞)」

[集註 選譯] (1) 言鑿井雖深 然未及泉而止 爲自棄其井也. : 「우물 파기를 깊게 해도, 샘 줄기에 미치지 못하고 중지하면, 이는 우물을 포기하는 것과 같다」는 뜻을 말한 것이다.

(2) 呂侍講曰 仁不如堯 孝不如舜 學不如孔子 終未入於聖人之域 終未至於天道 未免爲半塗而廢 自棄前功也. : 여시강(呂侍講)이 말했다. 「인덕(仁德)이 요임금 같지 못하고, 효순(孝順)이 순임금 같지 못하고, 학문이 공자 같지 못하면, 끝내 성인의 경지에 들어갈 수 없으며, 천도에도 이르지 못할 것이다. <그러므로> 도중에서 폐하고, 스스로 먼저 쌓은 공부마저 포기하게 됨을 면치 못하게 될 것이다.」

---

**孟子曰 堯舜性之也 湯武身之也 五霸假之也 久假而不歸 惡知其非有也.**

---

맹자(이) 왈 요순(은) 성지야(이오) 탕무(는) 신지야(이오) 오패(는) 가지야(이니라) 구가이불귀(하니) 오지기비유야(이리오)

맹자가 말했다. 「요임금이나 순임금은 본성대로 인정(仁政)을 폈다. 탕왕이나 무왕은 몸소 수양하고 인정을 폈다. 그러나 오패(五霸)는 무력으로 남을 제패하면서 인정을 가장했다. 오래도록 가식할 줄만 알고, 본성의 인(仁)으로 돌아가지 않았으니, 어찌 본래 있는 것이 아님을 알았겠느냐.」

[集註 選譯] (1) 歸還也 有實有也 言竊其名以終身 而不自知其非眞有. : 「귀(歸)는 본성으로 되돌아감이다.」「유(有)는 실지로 있는 것이다.」「명분을 훔치고, 평생을 마쳤다. 그러니 참으로 자신에게 있는 인심(仁心)이 아님을 알지 못했음」을 말한 것이다.

(2) 或曰 蓋歎世人莫覺其僞者 亦通 舊說 久假不歸 卽爲眞有 則誤矣. : 「혹자는 말했다. 세상 사람들이 거짓을 깨닫지 못하는 것을 개탄한 것이다. 그래도 역시 통한다.」「오래 가식하고 본성에 돌아가지 않으면 가짜가 진짜가 된다고 한 구설은 잘못이다.」

(3) 尹氏曰 性之者 與道一也 身之者 履之也 及其成功則一也 五霸則假之而已 是以功烈 如彼其卑也. : 윤씨(尹氏)가 말했다. 「성지(性之)는 도와 하나가 된다는 뜻이고, 신지(身之)는 실천한다는 뜻이며, 성공한 단계에서는 다 같다.」「오패(五霸)는 명분을 빌렸으며, 무력을 세차게 행사했다. 그러므로 더욱 비열했던 것이다.」

公孫丑曰 伊尹曰 予不狎于不順 放太甲于桐 民大悅 太甲賢 又反之 民大悅 賢者之爲人臣也 其君不賢 則固可放與 孟子曰 有伊尹之志則可 無伊尹之志則簒也.

공손추(이) 왈 이윤(이) 왈 여불압우불순(이라하고) 방태갑우동(한대) 민(이) 대열(하고) 태갑(이) 현(커늘) 우반지(한대) 민(이) 대열(하니) 현자지위인신야(에) 기군(이) 불현 즉고가방여(이까) 맹자(이) 왈 유이윤지지 즉가(커니와) 무이윤지지 즉찬야(이니라)

공손추(公孫丑)가 맹자에게 물었다. 「이윤(伊尹)이 『선왕의 도리를 따르지 않는 <임금과는> 어울릴 수 없다.』하고 <어린 임금> 태갑(太

甲)을 <선왕의 묘가 있는> 동(桐)으로 보내자 백성들이 좋아했으며, <후에> 태갑이 현명해져 다시 되돌리자, 백성들이 좋아했다고 하더군 요. 이윤같이 현명한 분이 신하가 되어 임금이 현명하지 못하다고, 고집스럽게 추방할 수 있습니까.」맹자가 말했다.「이윤같이 성실한 뜻이 있으면, 그럴 수도 있다. 그러나 이윤과 같은 뜻이 없이 <그렇게 하면> 찬탈이 된다.」

▶ 어구 설명

· 予不狎于不順(여불압우불순) : 서경 태갑편(太甲篇)의 글. 「압(狎)」은 친숙하게 본다는 뜻. 「불순(不順)」은 태갑이 하는 일이 의리에 따르지 않는다는 뜻. 「狎(익숙할 압)」

· 則簒也(즉찬야) : 그러면, 찬탈이 된다.

[集註 選譯] (1) 伊尹之志 公天下以爲心 而無一毫之私者也. : 「이윤의 뜻은 천하 만민을 공정하게 잘살게 하자는 마음만 있고, 일호(一毫)의 사사로운 욕심도 없었다.」

---

公孫丑曰 詩曰 不素餐兮 君子之不耕而食何也 孟子曰 君子居是國也 其君用之 則安富尊榮 其子弟從之 則孝弟忠信 不素餐兮 孰大於是.

공손추(이) 왈 시왈 불소찬혜(라하니) 군자지불경이식(은) 하야(이꼬) 맹자(이) 왈 군자(이) 거시국야(에) 기군(이) 용지 즉안부존영(하고) 기자제(이) 종지 즉효제충신(하나니) 불소찬혜(이) 숙대어시(리오)

제자 공손추가 물었다.「시경 위풍(魏風) 벌단(伐檀)에『공없이 나라의 녹을 거저 먹지 않는다』라고 했습니다. 그런데 군자는 스스로 농사를 짓지 않으면서 <나라의 녹을> 먹는 이유가 무엇입니까.」맹자가 말했다.「군자가 나라에 살고 있는데, <만약에> 그 나라 임금이 그를 등용해 쓰면 곧 나라가 안정되고 부유해지고, 또 존귀하고 번영을 누리게 된다. 또 그 나라의 자제들이 군자의 가르침을 따르고 배우면 가정에서는 효제(孝弟)하고, 나라에서는 충신(忠信)하게 된다. <그러니 군자는> 거저 녹을 먹는 것이 아니다. 그보다 더 큰 공이 있겠는가.」

▶ 어구 설명

· 不素餐兮(불소찬혜) : 「소(素)」는 아무 공적도 없이. 「찬(餐)」은 녹을 먹는다는 뜻.

· 孰大於是(숙대어시) : 그보다 더 큰 일이 또 있겠느냐.

---

王子塾問曰 士何事 孟子曰 尙志 曰 何謂尙志 曰
仁義而已矣 殺一無罪非仁也 非其有而取之非義也
居惡在 仁是也 路惡在 義是也 居仁由義 131大人
之事備矣.

왕자점(이) 문왈 사(는) 하사(이꼬) 맹자(이) 왈 상지(니라) 왈 하위상지(니이꼬) 왈 인의이이의(니) 살일무죄(이) 비인야(이며) 비기유이취지(이) 비의야(이니) 거오재(오) 인(이) 시야(이오) 노오재(오) 의(이) 시야(이라) 거인유의(면) 대인지사(이) 비의(니라)

왕자 점(塾)이 물었다. 「선비는 무슨 일을 합니까.」 맹자가 말했다. 「선비는 뜻을 높입니다.」 왕자 점 : 「무엇을 상지(尙志)라 합니까.」 맹자 : 「인의의 실현입니다. 죄 없는 사람을 한 사람이라도 죽이면 인(仁)이 아닙니다. 내 것이 아닌 것을 취하는 것은 의(義)가 아닙니다. 선비가 어느 곳에 사느냐 하면, 바로 인입니다. 선비가 어느 길을 가느냐 하면, 바로 의입니다. <선비가 이와 같이> 인에 살고 의를 따르면, 대인의 자격을 구비한 것입니다.」

## ▶ 어구 설명

· 塾(점) : 제왕(齊王)의 아들 이름.
· 尙志(상지) : 「상(尙)」은 고상(高尙)의 뜻. 「지(志)」는 마음이 나가는 바다.
· 居惡在 仁是也(거오재 인시야) : 선비가 살 곳은 어디인가. 바로 인(仁)이다.
· 路惡在 義是也(노오재 의시야) : 선비가 갈 길이 어디냐. 바로 의(義)이다.
· 居仁由義(거인유의) : 인에 살고 의를 따르면.
· 大人之事備矣(대인지사비의) : 대인으로서 할 일을 다한 것이다. <그만하
  면 녹을 받아먹어도 된다.>

[集註 選譯] (1) 士既未得行公卿大夫之道 又不當爲農工商賈之業 則高
尙其志而已. : 「사(士)는 <원래 속된> 공경대부 같은 길을 갈 수 없다.
또 농업·공업 및 상업 같은 직업에도 종사하기에 부당하다. 그러나
마땅히 <천하를 인의로 덕화(德化)하려는> 뜻을 높이고 <또 애를 쓰
고> 있는 것이다.」

(2) 非仁非義之事 雖小不爲 而所居所由 無不在於仁義 此士所以尙其志
也 大人謂公卿大夫. : 「인(仁)이 아니고, 의(義)가 아닌 일은, 비록 작아
도 하지 않는다. 그리고 <몸을 의지하고> 사는 곳이나, <따라> 가는
길은 오직 인의가 아닌 것이 없다. 이렇게 하는 것이 곧 선비가 뜻을
높이는 바이다.」 「<여기서 말하는> 대인(大人)은 공경이나 대부의 뜻
이다.」

(3) 言士雖未得大人之位 而其志如此 則大人之事體用已全 若小人之事
則固非所當爲也. : 즉 다음 같은 뜻을 말한 것이다. 「선비가 비록 대인의
지위를 얻지 못해도, 뜻을 이와 같이 높이 지니고 있다면, 공경대부의
일을 체용(體用) 양면으로 다한 것이다. <그러니> 소인들이 할 일은
물론 당연히 하지 않을 것이다.」

> 孟子曰 仲子不義 與之齊國而弗受 人皆信之 是舍
> 簞食豆羹之義也 人莫大焉 亡親戚君臣上下 以其小
> 者 信其大者 奚可哉.

맹자(이) 왈 중자(이) 불의(로) 여지제국이불수(를) 인개신지(어니와) 시(이)
사단사두갱지의야(이라) 인막대언(이어늘) 망친척군신상하(하니) 이기소자
(로) 신기대자(이) 해가재(리오)

맹자가 말했다. 「진중자(陳仲子)는 『만약에 의(義)에 맞지 않게, 제(齊)
나라를 준다 해도 받지 않을 것이다.』라고 하여, 사람들이 그를 믿었다.
그러나 <그가 지킨 신의는> 한 도시락의 밥과 한 그릇의 국을 물리친
정도의 <작은> 신의다. 사람에게는 <인륜도덕보다> 더 큰 의리가
없다. <그렇거늘> 그는 부모·친척 및 군신·상하의 모든 <인륜을>
지키지 않았다. <그와 같이> 작은 신의를 지켰다고, <인륜도덕의 근
본이 되는> 큰 신의를 지키는 일이 어찌 가하겠느냐.」

▶ 어구 설명

· 仲子(중자) : 제(齊)나라 사람, 진중자(陳仲子).
· 人皆信之(인개신지) : <그 말을> 사람들이 다 믿었다. 그러나 사실은 형이
  불의하게 높은 자리에서 녹을 먹는다고 비난하고 그는 집을 버리고 떠났다.
  이를 두고 사람들이 중자(仲子)를 신의 있는 사람이라고 한 것이다.
· 是舍簞食豆羹(시사단사두갱) : 「사(舍)=사(捨)」, 「단사(簞食)」는 한 도시
  락의 밥. 「두갱(豆羹)」은 나무 주발에 담은 국 한 그릇.
· 人莫大焉(인막대언) : 사람에게는 <윤리도덕보다> 더 중대한 일이 없다.
· 以其小者(이기소자) : 작은 청렴을 지켰다고.

[集註 選譯] (1) 言仲子設若非義而與之齊國 必不肯受 齊人皆信其賢 然
此但小廉耳 其辟兄離母 不食君祿 無人道之大倫 罪莫大焉 豈可以小廉
信其大節 而遂以爲賢哉 : 다음 같은 뜻을 말한 것이다. 「중자는 만약에

의가 아니게 제나라를 준다고 해도 반드시 받지 않을 것이라고 제나라 사람이 모두 그의 현명함을 믿었다.」「그러나 그것은 다만 작은 청렴이다.」「형을 피하고 어머니를 떠나고, 또 임금의 녹을 먹지 않은 것은 인류의 대도를 무시한 것이다. 그보다 더 큰 죄가 없다.」「어찌 작은 청렴만으로 인류의 대절(大節)을 행할 수 있으며, 또 현명하다고 하겠는가.」

> 桃應問日 舜爲天子 皐陶爲士 瞽瞍殺人 則如之何 孟
> 子日 執之而已矣 然則舜不禁與 日夫舜惡得而禁之
> 夫有所受之也 然則舜如之何 日 舜視棄天下 猶棄敝
> 蹝也 竊負而逃 遵海濱而處 終身訢然樂而忘天下.

도응(이) 문왈 순(이) 위천자(이오) 고요(이) 위사(이어든) 고수(이) 살인 즉여지하(이까) 맹자(이) 왈 집지이이의(니라) 연즉순(은) 불금여(이까) 왈 부순(이) 오득이금지(시리오) 부유소수지야(이니라) 연즉순(은) 여지하(이꼬) 왈 순(이) 시기천하(하샤대) 유기폐사야(하사) 절부이도(하샤) 준해빈이처(하샤) 종신흔연 낙이망천하(하시리라)

도응(桃應)이 물었다. 「순(舜)이 천자이고, 고요(皐陶)가 <그 밑에서> 사법관으로 있는데, <만약 순의 아버지> 고수(瞽瞍)가 살인을 했다면 어떻게 할까요.」 맹자가 말했다. 「<법에 따라> 집행할 따름이다.」 도응 : 「그러나, 순임금이 말리지 않겠습니까.」 맹자 : 「순임금이 어떻게 말리겠느냐. <고요는> 법을 다스릴 직책을 받고 있다.」 도응 : 「그러면 순임금은 어떻게 해야 합니까.」 맹자 : 「순임금은 천하를 보거나 버리기를 마치 헌 짚신같이 하고, 몰래 자기 아버지를 등에 업고 도망가, 바닷가에 가서 살 것이며, 평생을 흔연하게 부모를 즐겁게 모시고 살며 천하를 잊어야 한다.」

## ▶ 어구 설명

· 桃應(도응) : 맹자의 제자.

· 皐陶(고요) : 순임금 때의 현신.

· 爲士(위사) : 법관(法官)이나 재판관이 되었다.

· 敝蹝(폐사) : 「敝(해질 폐), 蹝(짚신 사)」

· 遵海濱而處(준해빈이처) : 「준(遵)」은 따를 순(循)이다. 바닷가에 가서 자
리를 잡고 산다.

[集註 選譯] (1) 其意以爲舜雖愛父 而不可以私害公 皐陶雖執法 而不可
以刑天子之父 故 設此問 以觀聖賢用心之所極 非以爲眞有此事也. : 다음
같은 뜻이다. 「순임금이 비록 아버지를 사랑해도 사사로운 정으로 공을
해칠 수 없고, 고요는 비록 법을 집행해도 천자의 아버지에게 형을 내릴
수 없다고 생각했다.」「그래서 이와 같이 묻고 성현의 마음씀의 극치를
보고자 한 것이지, 사실로 그런 일이 있다고 생각한 것은 아니다.」

(2) 言皐陶之心知有法而已 不知有天子之父也. : 「법을 집행하는 고요
의 마음에는 법이 있음을 알 뿐, 천자의 아버지가 있음을 알지 못한다는
뜻을 말한 것이다.」

(3) 桃應問也 言皐陶之法有所傳受 非所敢私 雖天子之命 亦不得而廢之
也. : 도응이 물었다. 「고요의 법 집행은 천자로부터 내려받은 것으로
감히 사사로이 할 수 없는 것이다. 비록 천자의 명령이라 해도 역시
법을 폐할 수 없음을 말한 것이다.」

(4) 言舜之心 知有父而已 不知有天下也. : 「순임금의 마음에는 아버지
만이 있고, 천하가 있음을 알지 못함을 말한 것이다.」

(5) 孟子嘗言 舜視天下 猶草芥 而惟順於父母 可以解憂 與此意互相
發. : 맹자는 전에 말했다. 「순임금은 천하 보기를 초개같이 하였고, 오
직 부모에 순종하여, 근심 걱정을 해소할 수 있었다고 했다. 이 뜻과

서로 어울린다.」

(6) 此章言爲士者 但知有法 而不知天子父之爲尊 爲子者但知有父 而不知天下之爲大. : 이 장은 다음 같은 뜻을 말한 것이다. 「남의 선비 된 자는 다만 법이 있음을 알고, 천자의 아버지가 높다는 것을 알지 못한다. 한편 자식 된 자는, 다만 아버지가 있음을 알고, 천하가 위대함을 알지 못한다.」

(7) 蓋其所以爲心者 莫非天理之極 人倫之至 學者察此而有得焉 則不待較計論量 而天下無難處之事矣. : 「무릇 마음으로 삼는 바탕은 천리의 극치와 인륜의 지극함이 아닌 것이 없다.」 「학자가 이 점을 살피고 터득하면 〈다른 것을〉 계산하고 수량을 헤아리지 않아도 천하를 다스림에 있어 대처하기 어려운 일이 없을 것이다.」

孟子 自范之齊 望見齊王之子 喟然嘆曰 居移氣養
移體 大哉居乎 夫非盡人之子與 〈孟子曰〉 王子宮
室車馬衣服 多與人同 而王子若彼者 其居使之然也
況居天下之廣居者乎 魯君之宋 呼於垤澤之門 守者
曰 此非吾君也 何其聲之似我君也 此無他 居相似
也.

맹자(이) 자범지제(러시니) 망견제왕지자(하시고) 위연탄왈 거이기(하며) 양이체(하나니) 대재(라) 거호(이여) 부비진인지자여(아) 〈맹자왈〉 왕자궁실거마의복(이) 다여인동 이왕자(이) 약피자(는) 기거사지연야(이니) 황거천하지광거자호(아) 노군(이) 지송(하야) 호어질택지문(이어늘) 수자(이) 왈 차비오군야(로대) 하기성지사아군야(오하니) 차(는) 무타(이라) 거상사야(이니라)

맹자가 범읍(范邑)에서 제(齊)나라 도성으로 가서, 멀리서 제나라 임금의 아들을 바라보고 감탄하면서 말했다. 「<왕자로서 궁중에 살면> 기상이 저렇게 높아지고, <윤택하고 호화롭게> 봉양하면 신체가 저렇게 빛나게 되는가. 참으로 신분이나 환경의 영향이 크구나. 허기는 그도 사람의 아들로 태어나지 않았는가. <그런데 저렇게 홀로 훤하게 피어나고 빛이 나는구나.> 왕자의 궁이나, 거마(車馬)나 의복은 <근본적으로는> 사람들의 <집, 수레, 옷과> 같은 것이다. 그런데 저렇게 <왕자의 기상이 높고 신체가 빛나게> 보이는 것은 결국 그의 환경과 지위가 그렇게 만든 것이다. 하물며 천하의 가장 넓은 집이라고 할 인(仁)에 살고 있는 성현(聖賢)들은 어떠하겠는가. <말할 것도 없이 그 기상이 높고 몸에서 빛이 날 것이 아닌가.> 노(魯)나라 임금이 송(宋)나라에 갔을 때, 질택(垤澤)의 성문에서 큰 소리로 <문을 열라고> 명하였다. <그러자> 성문지기가 말했다. 『우리나라 임금님이 아닌데 어쩌면 목소리가 우리나라 임금님과 흡사할까.』 이는 다름이 아니다. 그 자리와 지위가 같기 때문이다.」

▶ **어구 설명**

- 范(범) : 제(齊)나라의 성읍(城邑).
- 居移氣(거이기) : 생활 환경이 기상(氣象)을 바꾼다. 거(居)는 거처하는 지위.
- 養(양) : 봉양(奉養)의 뜻.
- 多與人同(다여인동) : 사람들과 같다.
- 況居天下之廣居者乎(황거천하지광거자호) : 하물며 천하 만인들이 깃들어 살아야 할 인(仁)이란 넓은 집에 살고 있는 성현(聖賢)은 얼마나 기상이 높겠는가.
- 垤澤(질택) : 송나라의 성문(城門) 이름.
- 守者(수자) : 문지기.

[集註 選譯] (1) 言人之居處 所繫甚大 王子亦人子耳 特以所居不同 故 所養不同 而其氣體有異也. : 다음 같은 뜻을 말한 것이다. 「사람은 그

거처와 지위가 매우 크게 영향을 준다. 왕자(王子)도 사람의 자식이다. 그러나 특히 거처나 지위가 〈남들과〉 같지 않고, 또 봉양되는 바가 같지 않으므로, 그 기상이나 신체가 다르게 마련이다.」

(2) 尹氏曰 睟然見於面 盎於背 居天下之廣居者然也. : 윤씨(尹氏)가 말했다. 「맑은 빛이 얼굴에 돌고, 등에 덕이 차는 것은 오직 '천하광거(天下廣居), 인(仁)'에 살고 있는 사람만이 그럴 수 있다.」

---

**孟子曰 食而弗愛 豕交之也 愛而不敬 獸畜之也 恭敬者 幣之未將者也 恭敬而無實 君子不可虛拘.**

맹자(이) 왈 사이불애(면) 시교지야(이오) 애이불경(이면) 수휵지야(이니라) 공경자(는) 폐지미장자야(이니라) 공경이무실(이면) 군자불가허구(니라)

맹자가 말했다. 「음식을 주어 먹이기만 하고 사랑하지 않는 것은, 돼지를 기르는 태도이고, 사랑을 하되 〈마음속으로〉 공경하지 않는 것은 짐승을 사육하는 태도라 하겠다. 공경하는 마음은 예물을 보내기 전부터 지녀야 한다. 〈겉으로만〉 공경하고 진실이 없으면, 〈임금이라 해도〉 군자를 허례로 머무르게 할 수 없다.」

▶ **어구 설명**

- 食(사) : 「사(飼)」와 같다.
- 交(교) : 교접(交接)의 뜻.
- 畜(휵) : 키우다.
- 將(장) : 봉(奉)과 같은 뜻이며, 시경 소아(小雅) 녹명편(鹿鳴篇)에 『광주리로 받아서 이를 바친다(承筐是將)』라고 있다.
- 拘(구) : 「머무를 류(留)」와 같다.

[集註 選譯] (1) 程子曰 恭敬雖因威儀幣帛而後發見 然幣之未將時 已有

此恭敬之心 非因幣帛而後有也. : 정자(程子)가 말했다. 「공경은 <외형적> 위의(威儀)나 폐백(幣帛)으로 나타나 보이지만, 그러나 폐백을 바치기 전부터 공경하는 마음이 이미 있으며, <형식적인> 폐백에 의해서 나타나는 것이 아니다.」

(2) 此言 當時諸侯之待賢者 特以幣帛爲恭敬 而無其實也. : 이는 「당시의 제후들이 현자를 대함에 있어, 오직 <예물인> 폐백만으로 공경하는 척하고, 진실성이 없다는 뜻을 말한 것이다.」

## 孟子曰 形色天性也 惟聖人然後 可以踐形.

맹자(이) 왈 형색(은) 천성야(이니) 유성인연후(에) 가이천형(이니라)

맹자가 말했다. 「<밖으로 나타나 보이는> 형상이나 기색은 <내재하고 있는> 천성(天性)이다. 오직 성인의 경지에 오른 다음에야 비로소 <외형적 존재인 만물을, 천리대로 바르게> 쓸 수 있다.」 <만물 속에는 사람도 포함된다.>

[集註 選譯] (1) 人之有形有色 無不各有自然之理 所謂天性也 踐如踐言之踐 蓋衆人有是形而不能盡其理 故無以踐其形. : 「사람의 <모든 언행 동작에는> 형상과 기색이 있으며, 그 모든 것은 자연의 도리가 아닌 것이 없다. 그래서 천성(天性)이라고 말한다.」 「천(踐)은 행하고 말한다는 뜻을 합친 뜻의 천(踐)이다.」 「대개 일반 사람들은 형상으로 나타내기는 해도, 속의 도리를 다 표현할 수가 없다. 그러므로 형상만으로는 속의 도리를 다 표현하지 못한다.」

(2) 惟聖人 有是形而又能盡其理 然後 可以踐其形而無歉也. : 「오직 성인만이 형상을 가지고 속의 도리를 표현할 수 있다. 그러므로 <성인은> 형상을 가지고 속의 도리를 부족함 없게 나타낼 수 있는 것이다.」

(3) 程子曰 此言聖人 盡得人道而能充其形也 蓋人得天地之正氣而生 與萬物不同 旣爲人 須盡得人理然後 稱其名 衆人有之而不知 賢人踐之而未盡 能充其形 惟聖人也. : 정자(程子)가 말했다. 「이는 성인만이 사람의 도리를 다할 수 있고, 또 충분히 형상으로 나타낼 수 있음을 말한 것이다.」「무릇 인간만이 천지의 정기(正氣)를 얻어 지니고 태어났으므로 만물과 같지 않다. 이미 사람이 된 이상, 모름지기 사람의 도리를 다 터득하고 행해야 사람이란 이름에 어울린다.」「중인(衆人)은 〈본성을〉 알지 못한다. 현인(賢人)은 그것을 실천하되 다하지 못한다. 능히 형상으로 충분히 나타낼 수 있는 사람은 오직 성인뿐이다.」

(4) 楊氏曰 天生烝民 有物有則 物者形色也 則者性也 各盡其則 則可以踐形矣. : 양씨(楊氏)가 말했다. 「하늘은 모든 백성을 낳고, 〈아울러〉 자연 만물과 모든 법칙을 있게 했다. 이때의 〈자연 만물이〉 형색(形色)에 해당하고, 법칙이 천성에 해당한다. 〈그러므로〉 모든 일에 있어, 그 법칙을 다하는 것은 곧 〈하늘에 의해서 주어진〉 형색을 마냥 행할 수 있는 것이다.」

齊宣王欲短喪 公孫丑曰 爲朞之喪 猶愈於已乎 孟子曰 是猶或紾其兄之臂 子謂之姑徐徐云爾 亦敎之孝弟而已矣 王子有其母死者 其傅爲之請數月之喪 公孫丑曰 若此者何如也 曰 是欲終之而不可得也 雖加一日 愈於已 謂夫莫之禁而弗爲者也.

제선왕(이) 욕단상(이어늘) 공손추(이) 왈 위기지상(이) 유유어이호(인저) 맹자(이) 왈 시유혹(이) 진기형지비(어든) 자위지고서서운이(로다) 역교지효제이이의(니라) 왕자(이) 유기모사자(이어늘) 기부(이) 위지청수월지상(이러니) 공손추(이) 왈 약차자(는) 하여야(이꼬) 왈 시욕종지이불가득야(이라) 수가일

일(이나) 유어이(하니) 위부막지금이불위자야(니라)

제(齊) 선왕(宣王)이 <삼년상(三年喪)을> 단축하고자 하자 공손추가
말했다. 「일년상(一年喪)으로 정하는 것이 폐하는 것보다 좋겠습니다.」
맹자가 <공손추에게> 말했다. 「그와 같은 <생각은> 마치 어떤 사람이
<무례하게> 자기 형의 팔을 비트는 것을 보고『살살 비틀라』고 말하는
것과 같다. 역시 <모든 사람에게> 효제(孝弟)를 가르쳐 주어야 한다.」
<제나라의> 왕자로 자기 어머니가 죽자 왕자의 사부(師傅)가 임금에
게 몇 달간의 복상을 <허락해 달라고> 청했다. 이에 대하여, 공손추가
맹자에게 물었다. 「이러한 일은 어떻게 해야 합니까.」 맹자가 말했다.
「<왕자가 삼년상을 지내려 해도 할 수 없어서> 그렇게 한 것이다. 비록
하루를 더 해도 그만두는 것보다는 좋다. <제 선왕의 경우는> 남이
막는 것도 아닌데 그만두고자 한 것이며, 그것은 안 된다.」

▶ 어구 설명

· 爲朞之喪(위기지상) : 일년상(一年喪)으로 하고자 했다. 「朞(돌 기)」
· 猶愈於已乎(유유어이호) : 아주 없애는 것보다는 좋다. 이(已)는 지(止)와
  같다.
· 或紾其兄之臂(혹진기형지비) : 어떤 사람이 <무례하게> 자기 형의 팔을
  비트는 것을 보고. 「紾(비틀 진), 臂(팔 비)」
· 姑徐徐云爾(고서서운이) : 「서서히 하시오」라고 말하는. <것과 같다.>

[集註 選譯] (1) 孔子曰 子生三年然後 免於父母之懷 予也有三年之愛於
其父母乎 所謂敎之以孝弟者如此. : 공자가 말했다. 「자식은 태어나 3년
만에, 부모의 품에서 벗어난다. 재여(宰予)도 3년 동안 부모에게 사랑을
받았을 것이다.」「이른바 효제를 가르치면 이와 같이 <스스로 깨닫고>
행하게 한다.」

(2) 蓋示之以至情之不能已者 非强之也. : 「무릇 지극한 정으로 <삼년
상을> 그만둘 수 없음을 알게 한다. 억지로 강요하는 것이 아니다.」

(3) 陳氏曰 王子所生之母死 厭於嫡母而不敢終喪 其傅爲請於王 欲使得行數月之喪也 時又適有此事 丑問如此者 是非何如. : 진씨(陳氏)가 말했다. 「왕자의 생모가 죽었으나, 적모(嫡母)에 눌려, 끝까지 복상을 할 수 없었다. 그래서 그의 사부(師傅)가 대신해서 임금에게 몇 달만이라도 복상을 허락해 달라고 청했다. 마침 그때 이런 일이 있었다. 그래서 공손추가 물었다. 『이런 경우는 어떻게 해야 합니까.』」

(4) 按儀禮 公子爲其母 練冠麻衣縓緣 旣葬除 疑當時此禮已廢 或旣葬而未忍卽除 故請之也. : 의례(儀禮)에 의하면 「공자(公子)는 자기 생모를 위해 연관(練冠)을 쓰고, 삼베옷을 입고, 붉은 동정을 달고, 장사를 마친 후에는 벗는다 하였다.」 「의심나는 바 당시에는 이와 같은 예절은 이미 다 폐지되었을 것이다. 그런데 혹 장사가 다 끝났는데도 미처 상복을 벗지 못해서 <임금에게> 청한 듯이 생각된다.」

(5) 言 王子欲終喪而不可得 其傅爲請 雖止得加一日 猶勝不加 我前所譏 乃謂夫莫之禁而自不爲者耳. : 다음 같은 뜻을 말한 것이다. 「왕자는 삼년상을 마치려 해도 할 수가 없어서, 그 사부가 대신 청한 것이다. 그러므로 단 하루를 더 해도, 더 하지 않는 것보다 낫다. 내가 앞에서 비난한 것은, 아무도 금하는 자가 없는데 스스로 하지 않겠다고 함을 비난한 것이다.」

(6) 此章言 三年通喪 天經地義 不容私意 有所短長 示之至情 則不肖者有以企而及之矣. : 「이 장에서 말한 삼년상은 천하에 통하는 '천경지의(天經地義)'로 사사로운 뜻으로 용납하거나 혹은 단축하거나 연장할 수 있는 것이 아니다. 부모에 대한 지극한 정을 나타낸다면, 즉 불초한 자들도 미치고 행할 수 있는 예절이다.」

孟子曰 君子之所以敎者五 有如時雨化之者 有成德
者 有達財者 有答問者 有私淑艾者 此五者 君子之
所以敎也.

맹자(이) 왈 군자지소이교자(는) 오(야라) 유여시우(이) 화지자(하면) 유성덕
자(하며) 유달재자(하며) 유답문자(하며) 유사숙애자(하니) 차오자(는) 군자
지소이교야(이니라)

맹자가 말했다. 「군자가 <사람들을> 가르치는 데 다섯 가지 방법이
있다. 때맞추어 내리는 비가 <초목을> 잘 자라게 하는 듯한 방법이
있다. 스스로 덕을 이루게 하는 방법이 있다. 자신의 재능을 달성케
해주는 방법이 있다. 문답을 통해서 알게 하는 방법도 있다. 직접 배우
지 않고, 스스로 따르고 배워서, 자신을 수양하고 바르게 하는 방법도
있다. 이상의 다섯 가지가 군자가 사람들을 가르치는 방법이다.」

▶ 어구 설명

· 時雨(시우) : 때맞추어 내리는 비.
· 有達財者(유달재자) : 자기 재능을 달성케 해주는 방법이 있다. 재(財)는
  재(材)와 같다.
· 有私淑艾者(유사숙애자) : 직접 배우지 않고, 스스로 따르고 배워 자신을
  수양하고 스스로 좋게 된다. 사(私)는 혼자 한다는 뜻. 숙(淑)은 선(善)의
  뜻. 애(艾)는 나쁜 것을 버리고, 착하게 된다는 뜻.
· 君子之所以敎也(군자지소이교야) : 군자의 교육 방법이다.

[集註 選譯] (1) 下文五者 蓋因人品高下 或相去遠近先後之不同. : 「다
음과 같이 다섯 가지다.」 「대략 인품의 고하, 혹은 상호관계의 원근(遠
近)과 선후(先後)에 따라 같지 않다.」

(2) 草木之生 播種封植 人力已至 而未能自化 所少者雨露之滋耳 及此時
而雨之 則其化速矣 敎人之妙 亦猶是也 若孔子之於顔曾是已. : 「초목을

재배할 때에는 파종하고 흙을 덮어주는 등 인력을 다 기울인다. 그러나 그것만으로는 스스로 자라지 않는다. 부족한 것이 바로 비와 이슬 같은 〈하늘의〉 자양분이다.」「때맞추어 비가 내리면 그 자라남이 빠르게 된다.」「사람을 교화하는 묘법도 역시 그와 같다.」「공자가 안자(顔子)나 증자(曾子)를 때맞추어 교육한 것과 같다.」

(3) 人或不能及門受業 但聞君子之道於人 而竊以善治其身 是亦君子敎誨之所及 若孔孟之於陳亢夷之是也 孟子亦曰 予未得爲孔子徒也 予私淑諸人也. : 「사람이 어쩌다가 문하에서 직접 배우지 못하고 다만 다른 사람을 통해서 그 군자의 도를 듣고 혼자서 자신을 수양하고 좋은 사람이 된다. 이렇게 하는 것도 역시 군자의 가르침이 미치는 것이다.」「공자와 맹자가 진항(陳亢)과 이지(夷之)에게 끼친 영향이 바로 그것이다.」「맹자 역시 말했다. 『나는 전에 공자의 문도가 되지 못하고 나 혼자서 여러 사람에게 사숙하였다.』」

(4) 聖賢施敎 各因其材 小以成小 大以成大 無棄人也. : 「성현이 교육할 때, 각자의 재질에 따라 작은 사람은 작게 가르치고, 큰 사람은 크게 되게 교육한다. 아무도 버리는 사람이 없다.」

公孫丑曰 道則高矣美矣 宜若登天然 似不可及也 何不使彼爲可幾及而日孳孳也 孟子曰 大匠不爲拙工 改廢繩墨 羿不爲拙射 變其彀率 君子引而不發 躍如也 中道而立 能者從之.

공손추(이) 왈 도즉고의미의(나) 의약등천연(이라) 사불가급야(이니) 하불사 피(로) 위가기급이일자자야(이꼬) 맹자(이) 왈 대장(이) 불위졸공(하야) 개폐 승묵(하며) 예(이) 불위졸사(하야) 변기구율(이니라) 군자(이) 인이불발(하야) 약여야(하야) 중도이립(이어든) 능자종지(니라)

제자 공손추가 <맹자에게> 말했다. 「도(道)는 높고 아름답습니다. <그러나 도를 터득하는 것은> 마치 하늘에 오르는 것 같아서, 좀처럼 미치기 어렵습니다. 어떻게, 우리들도 도를 가까이하고, 매일같이 노력하게 해주실 수 없으십니까.」 맹자가 말했다. 「큰 목수는 졸렬한 목수를 위해서, 먹줄을 고치거나 폐지하지 않는다. 명궁 예(羿)는 활을 못 쏘는 사람을 위해서, 활 당기는 법도를 변경하지 않는다. 군자는 <도를 가르칠 때, 흡사 활 쏘는 자가> 활을 힘껏 당기고 화살을 날릴 듯하면서 날리지 않고 마냥 긴장하고, 또 천도에 맞게 우뚝 높은 자세로 서 있는 것같이 한다. <고로> 능히 배울 수 있는 사람만이 따를 수 있다.」

▶ 어구 설명

· 道則高矣美矣(도즉고의미의) : 도(道)는 참으로 높고 아름답다.
· 羿(예) : 활의 명수 후예(后羿).
· 彀率(구율) : 「활을 당기는 요령이나 법도」의 뜻. 「彀(당길 구)」
· 引(인) : 활을 당기다.
· 躍如也(약여야) : 당장에라도 뛰어오를 듯이.
· 中道而立(중도이립) : 또 군자는 항상 도(道)에 맞게 행동하고 우뚝 높이 서 있다.

[集註 選譯] (1) 言敎人者 皆有不可易之法 不容自貶 以殉學者之不能也. : 「남을 가르치는 데는 바꿀 수 없는 법도가 있다. 그러므로 따라오지 못하는 자를 위해 <원칙이나 법도를> 폄하하는 것을 용납하지 않는다는 뜻이다.」

(2) 而言君子敎人 但授以學之之法 而不告以得之之妙 如射者之引弓而不發矢 然其所不告者 已如踊躍而見於前矣. : 「군자가 사람에게 도를 가르칠 때에는 다만 배우는 방법만을 가르쳐 주고, 도를 터득하는 묘법(妙法)은 말해 주지 않는다. 마치 활을 쏘는 사람이 활을 당기기만 하고 화살을 쏘지 않는 것과 같다.」 「그러나 말로 고해 주지는 못해도 <몸에

도가 충만한 상태는> 앞에 있듯이 당장이라도 벌떡 뛰어나갈 듯하다.」

(3) 此章 言道有定體 教有成法 卑不可抗 高不可貶 語不能顯 黙不能藏. : 이는 다음 같은 뜻을 말한 것이다. 「도는 일정한 본체(本體)가 있고, 교육은 이루는 법도가 있다. 낮은 것을 높여서도 안 되고, 높은 것을 낮춰서도 안 된다. 말로 능히 드러낼 수 없고, 말없이 감출 수도 없다.」

---

**孟子曰 天下有道 以道殉身 天下無道 以身殉道 未聞以道殉乎人者也.**

---

맹자(이) 왈 천하(이) 유도(엔) 이도순신(하고) 천하(이) 무도(엔) 이신순도(하나니) 미문이도(로) 순호인자야(케라)

맹자가 말했다. 「천하에 도가 행해질 때에는, 나 자신도 도를 따르고 행한다. 천하에 도가 행해지지 않으면 나 자신 혼자라도, 도를 따르고 행한다. 도를 지키는 군자가 <무도한> 사람을 따른다는 말을 듣지 못했다.」

▶ **어구 설명**

· 天下有道(천하유도) : 천하에 도가 행해진다. <즉 상하 모든 사람이 인의, 충신, 효제 등 윤리도덕을 따르고 행한다.>
· 以道殉身(이도순신) : 내가 도덕을 따르고 행한다. 순(殉)은 순장(殉葬)의 순(殉)과 같은 뜻이다.

[集註 選譯] (1) 以死隨物之名也 身出則道在必行 道屈則身在必退 以死相從而不離也. : 「죽음으로써 사물의 도를 따른다는 말이다.」 「내가 천하에 나갔을 때, 도가 있으면 나도 반드시 도를 행한다. <반대로 천하에> 도가 굽고 막히면 나 자신만이라도 도를 지키고 반드시 <도 없는 세상에서는> 물러난다. <이와 같이 도를 지키는 태도를> 죽음으로써 따르고

이탈하지 않고 지킨다.」

(2) 以道從人 妾婦之道. : 「도에서 <무도한> 자를 따르는 것은 곧 첩(妾)의 태도이다.」

> 公都子曰 滕更之在門也 若在所禮 而不答何也 孟子曰 挾貴而問 挾賢而問 挾長而問 挾有勳勞而問 挾故而問 皆所不答也 滕更有二焉.

공도자(이) 왈 등경지재문야(에) 약재소례 이부답(은) 하야(이꼬) 맹자(이) 왈 협귀이문(하며) 협현이문(하며) 협장이문(하며) 협유훈로이문(하며) 협고이문(이) 개소부답야(이니) 등경(이) 유이언(하니라)

제자 공도자(公都子)가 맹자에게 물었다. 「등경(滕更)은 <우리> 문하에 있으므로 예(禮)로써 대해 주어야 할 것 같은데 <그가 물어도 선생님께서> 응대를 안하시니 그 까닭이 무엇입니까.」 맹자가 말했다. 「무릇 존귀한 척하고 묻거나, 현명한 척하고 묻거나, 연장자인 척하고 묻거나, 공훈이 있는 척하고 묻거나, 연고를 내세우면서 묻는 자에게는 모두 다 대답을 하지 않는 법이다. <그런데> 등경은 <이상 다섯 가지 중> 두 가지 <잘못된 태도를> 가지고 물었다.」

▶ 어구 설명

· 滕更之在門也(등경지재문야) : 「등경(滕更)」은 등(滕)나라 문공(文公)의 동생이다. 「재문(在門)」은 문하에서 배우고 있다는 뜻.

· 若在所禮(약재소례) : 제자로서 예우(禮遇)해 주어야 할 것 같다.

[集註 選譯] (1) 尹氏曰 有所挾 則受道之心 不專所以不答也 此言君子 雖誨人不倦 又惡夫意之不誠者. : 윤씨(尹氏)가 말했다. 「<마음속에> 잡된 생각이 끼어 있으면 도를 배우려는 마음이 한결같지 못하게 된다.

그래서 대답을 하지 않은 것이다.」「이는 군자가 비록 '회인불권(誨人不倦)'하지만 뜻이 성실하지 않은 자를 싫어했다는 뜻을 말한 것이다.」

> 孟子曰 於不可已 而已者 無所不已 於所厚者薄 無所不薄也 其進銳者 其退速.

맹자(이) 왈 어불가이 이이자(는) 무소불이(오) 어소후자박(이면) 무소불박야(이니라) 기진(이) 예자(는) 기퇴(이) 속(이니라)

맹자가 말했다. 「그만둘 수 없는 일을 그만두는 사람은 끝맺지 않을 것이다. 두텁게 해야 할 일을 박하게 하는 사람은 <무슨 일이든지> 박하게 하지 않는 바가 없다. 예민하게 나서는 자는 물러날 때에도 빠르다.」

▶ 어구 설명

· 於不可已(어불가이) : 그만두면 안 된다. 「이(已)는 지(止)이다.」
· 無所不已(무소불이) : 그만두지 않는 바가 없다.
· 所厚(소후) : 마땅히 후하게 해야 한다는 뜻이다.
· 其進銳者(기진예자) : 나가는 데 약빠르고 세찬 사람. 즉 깊이 생각하지 않고 명리(名利)만을 생각하고 후딱 덤벼든다는 뜻.

[集註 選譯] (1) 進銳者用心太過其氣易衰 故退速三者之弊 理勢必然 雖過不及之不同 然卒同歸於廢弛.：「진예자(進銳者)는 <도리를 생각하지 않고> 겉욕심이 지나치게 많다. 그러므로 기력도 쉽게 시들고, 따라서 물러나는 것도 빠르다.」「이상의 세 가지 폐단은 그 도리와 형세가 필연적으로 일치한다. 지나친 것과 못 미치는 것은 같지 않다. 그러나, 끝에 가서는 다 무너지고 부서지게 마련이다.」

## 孟子曰 君子之於物也 愛之而弗仁 於民也 仁之而 弗親 親親而仁民 仁民而愛物.

맹자(이) 왈 군자지어물야(에) 애지이불인(하고) 어민야(에) 인지이불친(하나 니) 친친이인민(하며) 인민이애물(이니라)

맹자가 말했다. 「군자는 만물에 대하여 사랑을 베푼다. <만물을> 사랑 하되, 인애(仁愛)하지는 않는다. 모든 백성에 대해서는 인애를 베풀지만, 친애(親愛)하지는 않는다. <부모나 형제에 대해서는> 친친(親親)하고, 다음에 백성을 인애한다. 백성을 인애하고, 다음에 만물을 사랑한다.」

[集註 選譯] (1) 物謂禽獸草木 愛謂取之有時 用之有節. :「물(物)은 금 수초목(禽獸草木)을 말한다.」「애(愛)는 <동물이나 초목을> 취함에 때 를 가리고, 씀에 절도있게 한다는 뜻이다.」

(2) 程子曰 仁推己及人 如老吾老 以及人之老 於民則可 於物則不可 統 而言之 則皆仁 分而言之 則有序. : 정자(程子)가 말했다. 「인(仁)은 자 기로부터 남에게 미루어 나가는 것이다. 먼저 자기 집 노인을 공경하고 남의 집 노인으로 미루어 나간다. 모든 백성에게 인을 미치는 것은 되지 만 동물이나 초목에는 인을 미칠 수 없다.」「<만물에 대한 사랑, 백성에 대한 인애(仁愛), 육친에 대한 사랑, 즉 친친(親親)을> 통틀어 말할 때는 인(仁)이라고 한다.」「그러나 나누어 말할 때는 서열과 차등이 있다.」

(3) 楊氏曰 其分不同 故所施 不能無差等 所謂理一而分殊者也 尹氏曰 何以有是差等 一本故也, 無僞也. : 양씨(楊氏)가 말했다. 「그 분별은 같 지 않다. 고로 베풀 적에 차등이 없을 수 없다. 이른바, 이일분수(理一 分殊)라고 한다.」윤씨(尹氏)가 말했다. 「어째서 차등이 있는가. 근본이 하나이기 때문이다. <만물이 서로 다르지만 역시 하나인 뿌리에서 나온

것이므로> 거짓이 없다.」

<＊ 도리는 하나인 하늘에서 나온다. 만물에 나타날 때는 각기 다르다.>

---

孟子曰 知者無不知也 當務之爲急 仁者無不愛也
急親賢之爲務 堯舜之知 而不徧物 急先務也 堯舜
之仁 不徧愛人 急親賢也 不能三年之喪 而緦小功
之察 放飯流歠 而問無齒決 是之謂不知務.

---

맹자(이) 왈 지자(이) 무부지야(이나) 당무지위급(이오) 인자(이) 무불애야(이나) 급친현지위무(이니) 요순지지(로) 이불편물(은) 급선무야(이오) 요순지인(으로) 불편애인(은) 급친현야(이니라) 불능삼년지상 이시소공지찰(하며) 방반류철 이문무치결(이) 시지위부지무(니라)

맹자가 말했다. 「지혜로운 사람은 모르는 것이 없다. 그러나 당장 해야 할 일을 급하게 한다. 어진 사람은 사랑하지 않는 것이 없다. 그러나 현명한 사람에 대한 사랑을 급선무로 여긴다. 요순(堯舜) 같은 지혜를 가지고 두루 다 다스리지 못하는 것은 먼저 할 일을 급하게 하기 때문이다. 요순 같은 인(仁)을 가지고 두루 사람을 다 사랑하지 못하는 것은 현명한 사람을 급하게 친애하기 때문이다. 삼년상을 지키지 못하면서, 시마(緦麻)나 소공(小功)을 살피고 따지거나, 또 밥을 퍼넣고 국을 흘려 넘기면서, 왜 마른 육포를 이로 끊어 먹지 않느냐고 대드는 <무례한 태도가> 바로 애쓸 바를 모른다고 하는 것이다.」

▶ 어구 설명

· 知者無不知也(지자무부지야) : 지혜로운 사람은 모르는 것이 없다. 「지(知)」는 「알고, 또 다스리다」의 뜻을 겸했다.

· 而緦小功之察(이시소공지찰) : 시마(緦麻)나 소공(小功)만을 살피고 따진다. 시마는 3개월의 복이고, 소공은 5개월의 복으로 가벼운 복이다. 「찰

(察)」은 자상하게 한다는 뜻.

· 放飯流歠(방반류철) : 밥을 막 퍼먹고, 국을 훌쩍훌쩍 마시면서. 식사 때 예의범절을 지키지 않는 태도를 말한다.

· 而問無齒決(이문무치결) : 마른 육포를 <왜> 이로 물어뜯지 않느냐고 대드는. 「문(問)」은 하기를 구하는 뜻이다.

[集註 選譯] (1) 知者 固無不知 然常以所當務者爲急 則事無不治 而其爲知也大矣 仁者 固無不愛 然常急於親賢 則恩無不洽 而其爲仁也博矣. : 「지혜로운 사람은 당연히 모르는 것이 없다. 그러나 언제나, 마땅히 해야 할 일을 급하게 하면, 다스려지지 않는 일이 없고, 따라서 그의 다스림도 크게 된다.」「인자는 마땅히 사랑하지 않는 것이 없다. 그러나, 현명한 사람을 친애하는 것을 급하게 하면, 은혜가 흡족하지 않음이 없고, 그 인이 더욱 넓어진다.」

(2) 此章言君子之於道 識其全體 則心不狹 知所先後 則事有序. : 「이 장은 군자가 도에 대해서 전체를 알면 마음이 협소하지 않고, 먼저 할 바와 뒤에 할 바를 알고, 또 일에 순서가 있게 된다는 뜻을 말한 것이다.」

(3) 豐氏曰 智不急於先務 雖徧知人之所知 徧能人之所能 徒弊精神 而無益於天下之治矣 仁不急於親賢 雖有仁民愛物之心 小人在位 無由下達聰明 日蔽於上 而惡政 日加於下 此孟子所謂不知務也. : 풍씨(豐氏)가 말했다. 「지혜가 있어도, 먼저 할 일을 급하게 서두르지 않으면, 모든 사람의 지혜를 다 알고, 또 모든 사람이 할 수 있는 바를 능히 한다고 해도, 공연히 정신만 피폐해지고 천하를 다스리는 데 도움이 되지 않는다.」「인(仁)에 있어, 현자에 대한 친애를 급하게 여기지 않는다면, 비록 인민애물(仁民愛物)하는 마음이 있어도, <임금과 백성 사이에> 소인들이 자리에 있으므로, 인덕(仁德)이 아래에 도달하지 못하고, 또 총명이 날로 위에 있는 임금으로부터 가려져 악정만이 날로 백성에게 더해질 것이다. 이것이 곧 맹자가 말하는 바, '애쓸 바를 알지 못한다'는 뜻이다.」

## 진심장구 하(盡心章句 下)의 명언 명구

---

孟子曰 不仁哉 梁惠王也 仁者以其所愛 及其所不
愛 不仁者以其所不愛 及其所愛 公孫丑曰 何謂也
梁惠王以土地之故 糜爛其民而戰之大敗 將復之恐
不能勝 故驅其所愛子弟 以殉之 是之謂以其所不愛
及其所愛也.

---

맹자(이) 왈 불인재(라) 양혜왕야(이여) 인자(는) 이기소애(로) 급기소불애(하
고) 불인자(는) 이기소불애(로) 급기소애(니라) 공손추(이) 왈 하위야(이꼬)
양혜왕(이) 이토지지고(로) 미란기민이전지(하야) 대패(하고) 장복지(호대)
공불능승 고(로) 구기소애자제(하야) 이순지(하니) 시지위이기소불애(로) 급
기소애야(이니라)

맹자가 말했다. 「참으로 불인(不仁)하구나. 양 혜왕이여! 인자(仁者)는
<자기가 친히> 사랑하는 사람에게 베푸는 인덕(仁德)을 사랑하지 않
는 사람에게도 미치게 한다. <반대로> 불인자(不仁者)는 사랑하지 않
는 사람에게 가하는 악한 짓을 <친근하게> 사랑하는 사람에게 가하느
니라.」 공손추가 「그게 무슨 뜻입니까.」하고 묻자, 맹자가 말했다. 「양
혜왕은 <남의 나라> 땅을 뺏으려는 욕심으로 자기 나라 백성을 무참
하게 죽이면서 전쟁을 하고, 크게 패했다. 그리고 복수하려고 <다시

싸우다가> 아마 이기지 못하고 <자기 왕자까지 죽게 했느니라.> 그래서 자기가 사랑하는 자제들을 죽게 했으니 이를 곧 『자기가 사랑하지 않는 사람을 죽이려는 악덕을 도리어 자기가 사랑하는 사람에게 끼쳤다』고 하는 것이다.」

▶ 어구 설명
· 以其所不愛(이기소불애) : 자기가 사랑하지 않는 <남이나 적에게> 가하는 무참한 짓을.
· 糜爛(미란) : 문드러지게 하다.
· 將復之(장복지) : 다시 복수하려고. <싸웠다.>
· 恐(공) : 불행하게도.
· 子弟(자제) : 태자(太子) 신(申)이다.

[集註 選譯] (1) 以土地之故 及其民 以民之故 及其子 皆以其所不愛 及其所愛也 : 「토지 때문에 <재앙이> 백성에게 미쳤고, 백성으로 해서 <재앙이> 자식에게 미쳤으니, 『모두 사랑하지 않는 바로써(以其所不愛) 사랑하는 사람에게 미치게 한 것이다.(及其所愛也)』

(2) 此承前篇之末三章之意 言仁人之恩 自內及外 不仁之禍 由疏逮親 : 「이는 전편 끝 3장의 뜻을 받고, 인인(仁人)의 은덕은 속에서 밖으로 미치고, 불인(不仁)한 사람의 재화는 소원한 데서부터 친근한 데로 미친다는 뜻을 말한 것이다.」

孟子曰 春秋無義戰 彼善於此 則有之矣 征者 上伐下也 敵國不相征也.

맹자(이) 왈 춘추(에) 무의전(하니) 피선어차 즉유지의(니라) 정자(는) 상(이) 벌하야(이니) 적국(은) 불상정야(이니라)

맹자가 말했다. 「춘추시대에는 의로운 전쟁이 없었다. 저것보다 이것이 <약간> 좋다고 할 만한 것은 있었다. 정벌이란 위에 있는 천자(天子)가 <잘못한> 아래의 제후(諸侯)를 치는 것이다. <서로 비등하게> 대립하고 있는 <나라들이> 서로 싸우고 친다는 뜻이 아니다.」

[集註 選譯] (1) 春秋每書 諸侯戰伐之事 必加譏貶 以著其擅興之罪 無有以爲合於義而許之者 但就中彼善於此者則有之 如召陵之師之類是也. : 「춘추전은 제후들의 전쟁을 기술할 때마다 반드시 나무라고 평했다. 그래서 제멋대로 싸움을 일으켰다는 죄와 아울러 <모든 싸움이> 의에 맞게 허락할 만한 것이 없음을 밝혔다.」「단 그 중에서도 저것보다는 이것이 약간 좋다는 <비평의 말이> 있다.」「예를 들면 소릉(召陵)의 싸움 같은 것이다.」

(2) 征所以正人也 諸侯有罪 則天子討而正之 此春秋所以無義戰也. : 「정(征)은 사람을 바르게 하는 것이다.」「제후가 죄가 있으면 천자에게 일러 죄를 바로잡게 한다. <그렇게 하지 못했으니>『춘추에는 의로운 싸움이 없다』고 말한 것이다.」

---

**孟子曰 盡信書 則不如無書 吾於武成 取二三策而已矣 仁人 無敵於天下 以至仁伐至不仁 而何其血之流杵也.**

---

맹자(이) 왈 진신서 즉불여무서(이니라) 오어무성(에) 취이삼책이이의(로라) 인인(은) 무적어천하(이니) 이지인(으로) 벌지불인(이어니) 이하기혈지류저야(이리오)

맹자가 말했다. 「서경에 적힌 글을 <그대로 믿는 것보다는 불합리한> 글은 없는 것으로 여기고 안 보느니만 못하다. 나는 무성편(武成篇)의 글에서도 두서너 개의 글만을 취할 뿐이다. 원래 인자(仁者)에게는 천하의 누구도 대적할 수가 없다. 지극히 어진 무왕(武王)이 지극히 잔인한 주(紂)를 토벌했거늘, 어찌 피가 <강물처럼 흘러> 방패를 떠내려가게 했겠느냐.」 <심하게 싸우지 않고 주(紂)를 멸했을 것이다.>

▶ 어구 설명

・盡信書(진신서) : 서경의 글을 문자대로 다 믿는다.
・武成(무성) : 서경 무성편(武成篇)의 기록. 주(周) 무왕(武王)이 주(紂)를 토벌한 기록.
・取二三策而已矣(취이삼책이이의) : 둘이나 세 가지 기록만을 취한다. 나머지는 다 믿을 수 없다는 뜻을 말한다. 책(策)은 죽간(竹簡).
・仁人無敵於天下(인인무적어천하) : 인자(仁者)는 천하의 어느 누구도 적으로 여기지 않는다. <이것이 맹자의 신념이다. 즉 덕이 높으므로 아무도 싸울 자가 없다.>
・以至仁伐至不仁(이지인벌지불인) : 지극히 어진 무왕이, 지극히 포악한 주(紂)를 토벌했다.
・杵(저) : 원래 「절굿공이」의 뜻이다. 여기서는 「방패」의 뜻으로 풀었다.

[集註 選譯] (1) 程子曰 載事之辭 容有重稱 而過其實者 學者當識其義而已 苟執於辭 則時或有害於義 不如無書之愈也. : 정자(程子)가 말했다. 「역사 사실을 기재하면서 지나치게 무게를 두고 과도하게 기술하는 수가 있다. <그러므로> 학자는 마땅히 그 올바른 뜻을 알아야 한다. 혹시라도 적힌 문자에 구애되면 때로 바른 뜻을 해칠 것이다. <그래서 맹자가>『그런 글이 없다고 치는 것이 더 좋다』고 말한 것이다.」

(2) 程子曰 取其奉天伐暴之意 反政施仁之法而已. : 정자가 말했다. 「천명을 받들고 포악한 자를 정벌한 뜻과, 정치를 되돌리고 인정을 베푼 법도에 <관한 글만을> 취했다.」

(3) 孟子言此則其不可信者 然書本意 乃謂商人自相殺 非謂武王殺之也

孟子之設是言 懼後世之惑 且長不仁之心耳. : 「맹자는 『이런 기록을 믿을 수 없다』고 말했다.」「그러나 글의 뜻은 본래 『은나라 사람들이 서로 싸우고 죽인 것이지 무왕이 그들을 죽였다』고 한 것이 아니다.」「맹자가 이 같은 말을 한 것은 『후세 사람들이 의심하고, 또 불인(不仁)한 마음을 조장할까』 두려워서 일부러 한 것이다.」

> 孟子曰 有人曰 我善爲陳 我善爲戰 大罪也 國君好仁 天下無敵焉 南面而征 北狄怨 東面而征 西夷怨 曰奚爲後我 武王之伐殷也 革車三百兩 虎賁三千人 王曰 無畏寧爾也 非敵百姓也 若崩厥角稽首 征之爲言正也 各欲正己也 焉用戰.

맹자(이) 왈 유인(이) 왈 아(이) 선위진(하며) 아(이) 선위전(이라하면) 대죄야(이니라) 국군(이) 호인(이면) 천하(에) 무적언(이니) 남면이정(에) 북적(이) 원(하며) 동면이정(에) 서이(이) 원(하야) 왈 해위후아(오하니라) 무왕지벌은야(에) 혁거(이) 삼백량(이오) 호분(이) 삼천인(이러니라) 왕왈 무외(하라) 영이야(이라) 비적백성야(이라하신대) 약붕궐각(하야) 계수(하니라) 정지위언(은) 정야(이니) 각욕정기야(이니) 언용전(이리오)

맹자가 말했다. 「어떤 사람이 『나는 포진을 잘하고, 나는 전쟁을 잘한다』고 말한다면 그자는 천하의 대죄인이다. 국군(國君)이 인정(仁政)을 좋아하고 실행하면 천하에 적이 없다. 임금이 남쪽에 가서 치면 북쪽 오랑캐가 원망하고, 임금이 동쪽에 가서 치면 서쪽 오랑캐가 원망하고, 『왜 우리를 뒤로 돌리시오』 했던 것이다. 주 무왕이 은나라 주(紂)를 칠 때, 중장비한 전차가 3백 량이고 호랑이같이 용맹한 전사가 3천 명이나 있었다. 무왕이 <은나라 백성에게> 말했다. 『두려워하지 마시오. 나는 그대들을 편안하게 해주려고 왔으므로 그대들 백성을 적으로 삼지 않을 것이오.』그러자, 백성들은 산이 무너져내리듯 머리를 땅에 대고 엎드려 절하고 귀순했다. 정(征)이란 말은 '바로잡을 정(正)'이다. <은나라 백성들은> 저마다 <무왕이> 자기들을 바로잡아 주기를 바랐다. 그러니 어찌 <백성들이 적이 되어> 싸웠겠느냐.」

▶ 어구 설명

· 我善爲陳(아선위진) : 나는 전략이나 포진을 잘한다. 군대의 항렬과 대오를 잘 짜는 것을 진(陳)이라 한다.

· 我善爲戰(아선위전) : 나는 작전이나 전투를 잘한다. 서로 무력으로 싸우는 것을 전(戰)이라 한다.

· 大罪也(대죄야) : 그런 자는 천하의 대죄인(大罪人)이다.

· 無敵(무적) : 두 가지 뜻이 있다. 인군(仁君)이 적으로 삼지 않는다. 인(仁)에 대적할 자가 없다.

· 革車三百兩(혁거삼백량) : 중장비한 전차가 3백 량. 양(兩)은 양(輛)으로 수레의 수를 말한다. 수레 하나에는 차륜이 두개 있다.

· 虎賁三千人(호분삼천인) : 호랑이같이 용맹한 전사가 3천 명 있었다. 「분(賁)」은 「분(奔)」과 같다. 천(千)을 서경 서(序)에서는 백(百)이라 했다.

· 厥角稽首(궐각계수) : 그들의 이마를 땅에 대고 머리를 숙여 절하다. 궐각(厥角)은 그들의 이마.

· 征之爲言正也(정지위언정야) : 정(征)이란 글자의 뜻은 정(正)이다. 정벌(征伐)은 포악을 치고 바르게 한다는 뜻이다.

[集註 選譯] (1) 書太誓文 與此小異 孟子之意 當云王謂商人曰 無畏我也 我來伐紂 本爲安寧汝 非敵商之百姓也 於是商人稽首至地 如角之崩也.:「서경 태서편(太誓篇)의 글은 이와 약간 다르다.」 맹자의 말은 <역사 기록이> 마땅히 다음 같아야 한다는 뜻이다. 「즉 무왕이 은나라 백성에게 『나를 두려워 마라. 내가 와서 주(紂)를 치는 것도 본래는 그대들을 편안하게 해주기 위한 것이다.』라고 하자, 은나라 백성들이 머리를 땅에 대고 절했으니, 흡사 뿔이 무너져 내린 듯하다.」

(2) 民爲暴君所虐 皆欲仁者來正己之國也. :「백성이 폭군에게 학대를 받고 있으므로 모두 인자(仁者)가 와서 자기 나라를 바로잡아 주기를 바랐다.」

---

### 孟子曰 梓匠輪輿 能與人規矩 不能使人巧.

맹자(이) 왈 재장륜여(이) 능여인규구(이언정) 불능사인교(이니라)

맹자가 말했다.「목수나 수레를 만드는 기술자는 남에게 기준이나 법도는 가르쳐 줄 수 있지만, 남으로 하여금 기교를 터득하게 할 수는 없다.」

▶ 어구 설명

·梓匠(재장) : 작은 기물을 만드는 목수. 재(梓)는 자로도 읽는다. 장(匠)은 큰 집을 짓는 대목(大木).
·輪輿(윤여) : 윤(輪)은 수레바퀴를 만드는 기술자. 여(輿)는 차대(車臺)를 만드는 기술자.
·能與人(능여인) : 남에게 가르쳐 줄 수는 있다.
·規矩(규구) : 법도나 기준.「規(그림쇠 규), 矩(곱자 구)」
·不能使人巧(불능사인교) : 도리 이상의 기술을 부리게 할 수 없다.

[集註 選譯] (1) 尹氏曰 規矩法度 可告者也 巧則在其人 雖大匠 亦末如之何也已 蓋下學可以言傳 上達必由心悟 莊周所論斲輪之意 蓋如此. : 윤씨(尹氏)가 말했다.「규구(規矩)는 법도로 말해 줄 수 있다. 기교(技巧)는 본인이 익히는 것으로 큰 기술자라 해도 〈남에게〉 어떻다고 일러 줄 수 없다. 형이하(形而下)의 학문은 말로 가르칠 수 있으나, 형이상의 도에 도달하는 것은 마음으로 터득해야 한다. 장자(莊子)가 논한 바 '수레바퀴를 깎는다는 뜻'이 아마도 이와 같을 것이다.」〈* 착륜지의(斲輪之意) : 장자 천도편(天道篇)〉

> ## 孟子曰 舜之飯糗茹草也 若將終身焉 及其爲天子也
> ## 被袗衣鼓琴 二女果 若固有之.

맹자(이) 왈 순지반구여초야(에) 약장종신언(이러시니) 급기위천자야(하사
는) 피진의고금(하시며) 이녀과(를) 약고유지(러시다)

맹자가 말했다. 「순임금이 <평민으로 가난하게 살 때> 마른 밥을 먹고
푸성귀를 먹었으며, 마치 평생을 그렇게 살다가 끝날 것 같았다. 그러
나 천자가 되어 꽃무늬가 있는 비단옷을 입고 거문고를 타고 요임금의
두 딸을 맞아 뒤를 받들게 하자, 원래부터 그렇게 지체 높게 태어난
분 같기도 했다.」

▶ 어구 설명

· 舜之飯糗(순지반구) : 순이 마른 밥을 먹다. 「糗(볶은 쌀 구)」

· 茹草也(여초야) : 풀을 먹다. 「茹(먹을 여)」

· 被袗衣(피진의) : 수놓은 비단옷을 입다. 진의(袗衣)는 수놓은 비단옷.

· 鼓琴(고금) : 거문고를 타다.

· 二女果(이녀과) : 순임금의 두 딸 아황(娥皇)과 여영(女英)을 부인으로
  맞고, 시중들게 하다. 「과(果)」는 「정숙할 와(婐)」와 같다.

· 若固有之(약고유지) : 원래 지체 높게 태어난 것 같다.

[集註 選譯] (1) 言聖人之心 不以貧賤而有慕於外 不以富貴而有動於中
隨遇而安 無預於己 所性分定故也. : 다음 같은 뜻을 말한 것이다. 「성인
의 마음은 빈천해도 다른 것을 바라지 않는다. 부귀해도 속이 흔들리지
않는다. 어떠한 경우에도 편안하다. 자기를 미리 예정하지 않는다. 성
(性)으로 삼는 바가 분수에 맞기 때문이다.」

> 孟子曰 吾今而後 知殺人親之重也 殺人之父 人亦
> 殺其父 殺人之兄 人亦殺其兄 然則非自殺之也 一
> 間耳.

맹자(이) 왈 오(이) 금이후(에) 지살인친지중야(이로라) 살인지부(이면) 인역
살기부(하고) 살인지형(이면) 인역살기형(하나니) 연즉비자살지야(이언정)
일간이(니라)

맹자가 말했다. 「나는 이제 비로소 남의 집 부모형제를 살해하는 것이
중죄인지를 알았다. 남의 아버지를 죽이면, 그가 내 아버지를 죽일 것
이고, 남의 형을 죽이면, 그가 나의 형을 죽일 것이다. 그러니 내가
손수 죽이지 않아도 결국은 같다.」

▶ 어구 설명

• 吾今而後(오금이후) : 나는 비로소.
• 一間耳(일간이) : 결국 한손 넘어 나의 육친을 죽인 꼴이 된다.

[集註 選譯] (1) 言吾今而後知者 必有所爲而感發也 一間者 我往彼來
間一人耳 其實 與自害其親無異也. 「내가 지금 비로소 알았다고 말한
것은 반드시 어떤 사건이 있어서, 감동했다는 뜻이다.」「하나의 사이」는
「내가 한대로 그가 되돌리니, <결국> 한 사람 사이일 뿐이다. <허나>
사실은 나 자신이 나의 육친을 해친 것과 다를 바가 없다.」

(2) 范氏曰 知此則愛敬人之親 人亦愛敬其親矣. : 범씨(范氏)가 말했다.
「이를 알면, 남의 육친을 사랑하고 존경하면, 남도 나의 육친을 사랑하
고 존경하게 된다.」

<＊ 부자(父子)는 일심동체(一心同體)다. 아버지와 아들은 다 같이 천
도(天道)를 따라 남에게 인애(仁愛)를 베풀어야 한다.>

## 孟子曰 古之爲關也 將以禦暴 今之爲關也 將以爲暴.

맹자(이) 왈 고지위관야(는) 장이어포(이러니) 금지위관야(는) 장이위포(이로다)

맹자가 말했다. 「옛날에는 관문을 만들어 포악한 자의 침입을 막고자 했다. <그러나> 오늘에는 관문을 만들어 <백성을 가두고 위정자가> 포악한 짓을 하고 있다.」

[集註 選譯] (1) 譏察非常 征稅出入 范氏曰 古之耕者 什一 後世或收大半之稅 此以賦斂爲暴也. :「심상치 않은 자를 경계하고 살피는 곳이 <관문이다.>」「<그러나 오늘에는> 출입하는 사람에게 세금을 징수한다.」 범씨(范氏)가 말했다. 「옛날에는 농사짓는 사람으로부터 '10분의 1'의 농지세를 거두었다. 후세에는 혹 수입의 반을 거둔다. 이와 같은 가혹한 세금 징수가 곧 포악한 짓이다.」

(2) 文王之囿 與民同之 齊宣王之囿 爲阱國中 此以園囿爲暴也 後世爲暴 不止於關 若使孟子用於諸侯 必行文王之政 凡此之類 皆不終日而改也. :「주문왕(周文王)의 원유(苑囿)는 백성들과 함께 즐기는 곳이었다. 그러나 제선왕(齊宣王)의 원유는 <백성들을 죄에 빠지게 하는> 나라 안의 함정이었다.」「이와 같이 <나쁜 임금은> 원유를 가지고 포악한 짓을 했다.」「후세 임금들의 포악은 관문에만 머물지 않았다.」「만약 맹자를 등용해서 제후들을 돕게 했다면, <맹자는> 반드시 문왕의 인정(仁政)을 행했을 것이다.」「그러므로 그와 같은 모든 포악한 일이 그날로 고쳐졌을 것이다.」

## 孟子曰 身不行道 不行於妻子 使人不以道 不能行於妻子.

맹자(이) 왈 신불행도(면) 불행어처자(이오) 사인불이도(면) 불능행어처자(이
니라)

맹자가 말했다. 「나 자신이 몸소 도(道)를 행하지 않으면, 도가 나의
처자에게도 행해지지 않게 된다. 남에게 일을 시킬 때 도로써 하지
않는다면, 처자에게도 명령을 할 수 없게 된다.」

## 孟子曰 周于利者 凶年不能殺 周于德者 邪世不能亂.

맹자(이) 왈 주우리자(는) 흉년(이) 불능살(하고) 주우덕자(는) 사세(이) 불능
란(이니라)

맹자가 말했다. 「두루 일하고 곡식을 축적하면 흉년도 그를 죽게 하지
못한다. <도를 따라> 두루 덕을 쌓으면 사악한 세상도 흐트러지게
하지 못한다.」

▶ 어구 설명
· 周于利者(주우리자) : <의역> 이(利)는 농작물, 곡식의 뜻. 주(周)는 두루
많다는 뜻. 부지런히 일하고 곡식을 많이 축적한 사람으로 풀어도 된다.

## 孟子曰 好名之人 能讓千乘之國 苟非其人 簞食豆羹 見於色.

맹자(이) 왈 호명지인(은) 능양천승지국(하나니) 구비기인(이면) 단사두갱(에)
현어색(하나니라)

맹자가 말했다. 「명성 얻기를 좋아하는 사람은 천승의 나라를 사양하는
척 할 수도 있다. 그러나 진정으로 사양하는 자가 아니면, 한 그릇의
밥이나 국에도 <욕심의> 빛을 내보일 것이다.」

▶ 어구 설명

·苟非其人(구비기인) : 진심으로 사양하는 사람이 아니면.

[集註 選譯] (1) 好名之人 矯情干譽 是以能讓千乘之國 然若本非能輕富貴之人 則於得失之小者 反不覺其眞情之發見矣 蓋觀人 不於其所勉 而於其所忽 然後 可以見其所安之實也.「명성(名聲) 얻기를 좋아하는 사람은, 자기 욕심을 숨기고 명예를 얻으려는 거짓된 수작을 내세운다. 그러므로 '천승의 나라'도 사양하는 척 한다.」「그러나 본질적으로 부귀를 경시하는 사람이 아니면 작은 득실에도 도리어 모르게 진짜 속마음을 보이게 마련이다.」「사람을 관찰할 때 그가 애쓰는 것보다 그가 소홀히 하는 바를 살펴야 한다. 그래야 그가 편안히 여기는 실재가 어느 것인지를 알 수 있다.」

---

**孟子曰 不信仁賢 則國空虛 無禮義 則上下亂 無政事 則財用不足.**

맹자(이) 왈 불신인현 즉국(이) 공허(하고) 무례의 즉상하(이) 난(하고) 무정사 즉재용(이) 부족(이니라)

맹자가 말했다.「임금이 어질고 현명한 사람을 믿지 않고 <등용하지 않으면> 나라가 공허해진다. 나라에 예의가 없으면 상하가 문란해진다. 바른 정치를 하지 않으면 재용이 부족하게 된다.」

[集註 選譯] (1) 空虛言若無人然 禮義所以辨上下定民志 生之無道 取之無度 用之無節故也.「공허는 인재가 없음과 같다는 뜻이다.」「예의는 상하를 분별하고 백성의 심지를 안정되게 하는 바탕이다.」「생산에 바른 도리가 없고, 세금 징수에 법도가 없고, 또 무절제하게 쓰기 때문이다.」

(2) 尹氏曰 三者 以仁賢爲本 無仁賢則禮義政事 處之皆不以其道矣. : 윤씨(尹氏)가 말했다.「세 가지 중에서도 인현(仁賢)이 근본이다. 인현이 없으면 예의와 정사도 다 바른 도리에 처하지 못하게 된다.」

> ## 孟子曰 不仁而得國者 有之矣 不仁而得天下 未之有也.

맹자(이) 왈 불인이득국자(는) 유지의(어니와) 불인이득천하(는) 미지유야(이니라)

맹자가 말했다.「어질지 않으면서 나라를 얻은 사람은 있지만, 어질지 않으면서 천하를 얻은 사람은 없었다.」

[集註 選譯] (1) 言不仁之人 騁其私智 可以盜千乘之國 而不可以得丘民之心. : 다음 같은 뜻을 말한 것이다.「불인한 임금이 사욕을 바탕으로 지략을 휘둘러 나라를 도적질하는 수는 있다. 그러나 백성들의 마음을 얻지는 못한다.」

(2) 鄒氏曰 自秦以來 不仁而得天下者有矣 然皆一再傳而失之 猶不得也 所謂得天下者 必如三代而後可. : 추씨(鄒氏)가 말했다.「진(秦) 이래로 어질지 못한 자가 천하를 지배한 예가 있다. 그러나 1대나 2대로 실각했다. 역시 <천하를> 얻지 못한 것과 같다. 천하를 얻었다고 말하려면, 3대는 지속되어야 할 것이다.」

> ## 孟子曰 民爲貴 社稷次之 君爲輕 是故 得乎丘民 而爲天子 得乎天子爲諸侯 得乎諸侯爲大夫 諸侯危社

> 稷 則變置 犧牲旣成 粢盛旣潔 祭祀以時 然而旱乾
> 水溢 則變置社稷.

맹자(이) 왈 민(이) 위귀(하고) 사직(이) 차지(하고) 군(이) 위경(이니라) 시고
(로) 득호구민(이) 이위천자(이오) 득호천자(이) 위제후(이오) 득호제후(이)
위대부(이니라) 제후(이) 위사직 즉변치(하나니라) 희생(이) 기성(하며) 자성
(이) 기결(하야) 제사이시(호대) 연이한건수일 즉변치사직(하나니라)

맹자가 말했다. 「백성이 가장 귀중하고, 그 다음이 사직이고, 임금은
가볍다. 고로 모든 백성들의 마음을 얻고 인정을 받으면 천자가 되고,
천자에게 인정되면 제후가 되고, 제후에게 인정되면 대부가 된다. 제후
가 사직을 위태롭게 하면 <천자는> 그를 바꿔치운다. 희생도 다 마련
했고 곡물도 정결하게 고였으며, 때맞추어 제사를 올렸는데도 한발이
들고 홍수가 넘치면 곧 사직을 옮겨야 한다.」

▶ 어구 설명

· 社稷次之(사직차지) : 사직이 다음으로 중하다. 「사(社)는 토지신(土地神)」,
「직(稷)은 곡신(穀神)」. 옛날에는 나라를 세우면 반드시 사직단(社稷壇)을
만들어 제사를 지냈다. 그러므로 사직은 곧 나라나 영토의 뜻으로 쓰인다.
· 丘民(구민) : 「구(丘)는 중(衆)이다.」「구민(丘民)은 모든 백성이다.」 <집
주는 구민을 농사짓는 백성으로 풀었다.>
· 則變置(즉변치) : <천자가 제후를> 바꿔치운다.
· 粢盛旣潔(자성기결) : 곡식을 정결하게 가꾸고 제기에 고였다.

[集註 選譯] (1) 諸侯無道 將使社稷爲人所滅 則當更立賢君 是君輕於社
稷也.「제후가 무도하여, 장차 사직을 남에게 멸망당하게 할 것 같으
면, <천자는> 마땅히 그를 바꿔치우고 현명한 임금을 내세운다. 그러므
로 임금은 사직보다 가벼운 존재이다.」

(2) 祭祀不失禮 而土穀之神 不能爲民禦災捍患 則毀其壇壝而更置之 亦

年不順成八蜡不通之意 是社稷 雖重於君 而輕於民也. :「제사를 예절에 맞게 올렸는데도 지신(地神)이나 곡신(穀神)이 백성을 위해 재앙이나 환난을 막아주지 못하면, 제단이나 담을 허물고 새로 옮겨 세운다.」「역시 연중행사가 순리대로 이루어지지 않으면, 팔사(八蜡)가 통하지 못한다는 뜻이다.」 <* 팔사는 천자가 연말에 지내는 제사>「이 말은 비록 사직이 임금보다는 중하지만, 백성보다는 가볍다는 뜻이다.」

---

孟子曰 聖人百世之師也 伯夷柳下惠是也 故聞伯夷
之風者 頑夫廉 懦夫有立志 聞柳下惠之風者 薄夫
敦 鄙夫寬 奮乎百世之上 百世之下 聞者莫不興起
也 非聖人而能若是乎 而况於親炙之者乎.

---

맹자(이) 왈 성인(은) 백세지사야(이니) 백이유하혜(이) 시야(이라) 고(로) 문백이지풍자(는) 완부렴(하며) 나부유립지(하고) 문류하혜지풍자(는) 박부돈(하며) 비부관(하나니) 분호백세지상(이어든) 백세지하(에) 문자(이) 막불흥기야(하니) 비성인이능약시호(아) 이황어친자지자호(아)

맹자가 말했다. 「성인은 백 대 후에도 본받을 스승이다. <예를 들면> 백이나 유하혜 같은 사람이다. 고로 백이의 결백한 덕풍을 들으면 완악한 사람도 청렴해지고, 나약한 사람도 뜻을 세웠다. 유하혜의 부드러운 덕풍을 들으면 경박한 사람도 돈후하게 되고, 편협한 사람도 관대하게 되었다. <성인이> 백 대 전에 덕풍을 일게 하자 백 대 후의 사람들이 듣고 모두 다 분발했으니, 성인이 아니고는 그렇게 할 수 있었겠느냐. 하물며 성인에게 친히 배운 사람은 오죽했겠느냐. <더욱 성인에게 교화되었을 것이다.>」

▶ 어구 설명

· 聖人百世之師也(성인백세지사야) : 성인은 백 대 후에도 모든 사람들을 덕

으로 교화하는 스승이다.

·頑夫廉(완부렴) : 완고한 사람도 청렴하게 된다.

·懦夫有立志(나부유립지) : 나약했던 사람도 뜻을 굳게 세운다.

·薄夫敦 鄙夫寬(박부돈 비부관) : 경박했던 사람도 돈후하게 되고, 편협했던 사람도 관대하게 된다.

·奮乎百世之上(분호백세지상) : 백 대 전 옛날에 덕의 바람을 일으켰거늘.

·百世之下 聞者莫不興起也(백세지하 문자막불흥기야) : 백 대 후의 사람들이 듣고 모두 다 분발했다. 흥기(興起)는 감동하고 분발한다는 뜻.

·親炙(친자) : 직접 가까이에서 배우고 감화를 받는다는 뜻.

## 孟子曰 仁也者人也 合而言之道也.

맹자(이) 왈 인야자(는) 인야(이니) 합이언지(하면) 도야(이니라)

맹자가 말했다. 「인(仁)은 인(人)이다. 인(仁)과 인(人)을 합쳐서 도(道)라 한다.」

[集註 選譯] (1) 仁者 人之所以爲人之理也 然仁理也 人物也 以仁之理 合於人之身而言之 乃所謂道者也. : 「인(仁)은 사람을 사람답게 하는 이(理)이다.」「인(仁)은 이(理)이지만, 인(人)은 실체이다. 무형의 이(理)를 실재하는 육신에 합하고 행하는 것을 이른바 도라고 한다.」

(2) 程子曰 中庸所謂率性之謂道 是也. : 정자(程子)가 말했다. 「중용에서 이른바 솔성지위도(率性之謂道)가 바로 그것이다.」

(3) 或曰 外國本 人也之下 有義也者宜也 禮也者履也 智也者知也 信也者實也 凡二十字 今按如此 則理極分明 然未詳其是否也. : 혹자는 말한다. 「외국 책 <고려본(高麗本)>에는 인야(人也) 다음에 '의야자 의야(義也者 宜也), 예야자 이야(禮也者 履也), 지야자 지야(智也者 知也),

신야자 실야(信也者 實也)' 등 총 20자가 더 있다.」「만약 그렇다고 하면 이(理)의 뜻이 지극히 분명하게 나타난다.」「단 그런지 아닌지는 자세히 알 수 없다.」

> **孟子曰 孔子之去魯 曰 遲遲吾行也 去父母國之道 也 去齊接淅而行 去他國之道也.**

　맹자(이) 왈 공자지거로(에) 왈 지지(라) 오행야(이여하시니) 거부모국지도야 (이오) 거제(에) 접석이행(하시니) 거타국지도야(이니라)

맹자가 말했다. 「공자께서 노나라를 떠나실 적에 『나는 느릿느릿 가겠다』 하셨으니, 부모의 나라를 떠나는 도리였다. <한편> 제나라를 떠나실 때는 물에 담근 쌀을 건질 틈도 없이 급하게 떠나셨으니, 그것은 남의 나라를 떠나는 도리였노라.」

▶ **어구 설명**
- 去齊(거제) : 제나라를 떠날 때는.
- 接淅而行(접석이행) : 「석(淅)」은 「물에 담근 쌀.」 「접(接)」은 「손으로 건지다.」 즉 밥도 짓지 않고 그냥 떠났다.

> **孟子曰 君子之戹 於陳蔡之間 無上下之交也.**

　맹자(이) 왈 군자지액 어진채지간(은) 무상하지교야(이니라)

맹자가 말했다. 「공자가 진(陳)나라와 채(蔡)나라 사이에서 곤경에 빠졌던 것은, 두 나라 임금이나 신하들이 서로 교통하지 못했기 때문이다. <공자에게는 하등의 책임이나 잘못이 없다.>」

▶ 어구 설명

· 君子之戹 於陳蔡之間(군자지액 어진채지간) : 군자(君子)는 공자(孔子)다. 액(戹)은 액(厄)과 같다. 공자가 진나라와 채나라 사이에서 양식이 떨어져 심하게 고생했다. 당시 오(吳)나라가 진(陳)나라를 치자, 초(楚)나라가 진나라를 구했다. 그때 공자는 초나라의 초빙을 받고 가려고 하자, 진나라·채나라의 대부가 공자를 가지 못하게 길을 막고 감금했던 것이다. 그래서 고생했다. 논어 위령공편(衛靈公篇)에 보인다. 또 사기(史記) 공자세가(孔子世家)에 설명이 있다.

· 無上下之交也(무상하지교야) : 여러 나라의 임금과 신하가 서로 통하지 않아서 공자가 애매하게 욕을 보았다고 해석하는 것이 좋다.

---

貉稽曰 稽大不理於口 孟子曰 無傷也 士憎玆多口 詩云 憂心悄悄 慍于群小 孔子也 肆不殄厥慍 亦不隕厥問 文王也.

---

맥계(이) 왈 계(이) 대불리어구(호이다) 맹자(이) 왈 무상야(이라) 사(이) 증자 다구(하니라) 시운 우심초초(이어늘) 온우군소(이라하니) 공자야(이시고) 사부진궐온(하시나) 역불운궐문(이라하니) 문왕야(이시니라)

맥계가 말했다. 「저는 여러 사람에게 <이유도 모르게> 비난을 받고 욕을 먹습니다.」 맹자가 말했다. 「걱정하지 마라. <그러기 때문에> 선비는 사람들이 <함부로> 말하고 욕하는 것을 미워했던 것이다. 시경에 있다. 『근심스러운 마음에 맥이 풀렸노라. 많은 소인배들에게 노여움을 받았노라.』 이것은 공자의 경우다. 『비록 그들의 원한과 노여움을 해소시키지 못할 망정, 내 자신의 명성을 떨어뜨릴 수가 없다.』 이것은 문왕의 경우다.」

## ▶ 어구 설명

· 貉稽(맥계) : 성이 맥(貉), 이름이 계(稽)다. 북방의 맥족(貉族) 출신이다.
자세한 것은 모른다. 「맥(貉)」을 「학」으로 읽기도 한다.

· 大不理於口(대불리어구) : 「대(大)」는 「참으로 크게」, 「불리(不理)」는 「이
유도 없이, 까닭 모르게, 억지로」. 「이(理)」를 「순(順)」으로 풀이한다. 「어
구(於口)」는 「입에 오른다」의 뜻이다. 따라서 이 책에서는 「저는 여러
사람에게 <까닭 없이, 억지로> 비난을 받고 욕을 먹는다」로 풀었다. 전에
는 「이(理)」를 「뇌(賴)」로 풀었다. 집주(集註)는 「모든 사람들이 입으로
비방하고 욕한다」로 풀었다. 기타 여러 설이 있다.

· 無傷也(무상야) : 걱정하지 마라, 괜찮다.

· 士憎茲多口(사증자다구) : 선비는 대중이 함부로 시끄럽게 입을 놀리는
것을 미워했다. <이 책에서는 양백준(楊伯峻)의 설을 따라 「증(憎)」으로
풀이했다.>

· 詩云(시운) : 시경(詩經) 패풍(邶風) 백주(柏舟) 및 대아(大雅) 면지(緜之).

· 悄悄(초초) : 걱정하는 모습.

· 慍于群小(온우군소) : 많은 소인배들에게 노여움을 받았노라. 「온(慍)」은
노여워한다는 뜻. 이 시는 위(衛)나라의 인자를 노래한 것이다. 이것을
맹자가 공자에 결부했다.

· 肆不殄厥慍(사부진궐온) : 비록 그들의 원한과 노여움을 해소시키지 못할
망정. 사(肆)는 발어사, 진(殄)은 절(絶)의 뜻.

· 隕厥問(운궐문) : 「운(隕)」은 추(墜)다. 「문(問)」은 명성(名聲)의 뜻.

[集註 選譯] (1) 本言太王事 昆夷雖不能殄絶其慍怒 亦不自墜其聲問之
美 孟子以爲文王之事 可以當之. : 「본래 태왕(太王 : 古公亶父)의 일이
다. 비록 오랑캐 곤이(昆夷)의 노여움을 다 없애지는 못했지만 태왕의
명성을 실추케 하지 않았음을 말한 것이다. 이를 맹자가 문왕의 일에
결부해도 된다고 생각했던 것이다.」

(2) 尹氏曰 言人顧自處如何 盡其在我者而已. : 윤씨(尹氏)가 말했다.

「사람은 어떻게 처신할지를 돌아보아야 한다. 모두가 어디까지나 자신에게 달려 있다.」

## 孟子曰 賢者以其昭昭 使人昭昭 今以其昏昏 使人昭昭.

> 맹자(이) 왈 현자(는) 이기소소(로) 사인소소(이어늘) 금(엔) 이기혼혼(으로) 사인소소(이로다)

맹자가 말했다. 「옛날의 현명한 성왕은 <자신이 깨달은> 밝은 도리로써 백성들을 밝게 깨우치고자 했다. 그러나 지금의 제후들은 자신들이 도리를 모르고 어두우면서 백성들만을 밝게 깨우치고자 한다.」

▶ 어구 설명
· 賢者(현자) : 옛날의 현명한 성왕(聖王).
· 以其昭昭 使人昭昭(이기소소 사인소소) : 자기가 먼저 깨닫고 실천한 밝은 도리를 백성들에게도 밝히고 알게 했다. 소소(昭昭)는 명(明)이다.
· 昏昏(혼혼) : 어둠[闇].

[集註 選譯] (1) 尹氏曰 大學之道 在自昭明德 而施於天下國家 其有不順者寡矣. : 윤씨(尹氏)가 말했다. 「대학지도(大學之道)는 스스로 명덕(明德)을 밝히고 천하나 국가 만민에게 명덕을 베풀었으며, 따르지 않는 사람이 별로 없었다.」

## 孟子謂高子曰 山徑之蹊間 介然用之而成路 爲間不用 則茅塞之矣 今茅塞子之心矣.

> 맹자(이) 위고자왈 산경지혜간(이) 개연용지 이성로(하고) 위간불용 즉모색지

의(하니) 금(에) 모색자지심의(로다)

맹자가 고자에게 말했다. 「산림 안의 좁은 샛길도 사람들이 많이 오가면 큰 길이 된다. 그러나 오랫동안 다니지 않으면 띠가 자라 길을 덮는다. 지금 그대 마음에 띠가 덮여 있노라.」

▶ **어구 설명**
· 高子(고자) : 맹자에게 글을 배웠으나 다른 데로 옮겨갔다.
· 山徑之蹊間(산경지혜간) : 산속에 있는 좁은 사잇길. 「徑(지름길 경), 蹊(지름길 혜)」
· 介然用之(개연용지) : <사람들이> 자주, 많이 다닌다. 「전행일로(專行一路)」의 뜻으로 풀었다. 한편 주자(朱子)는 「개연(介然)」을 「삽시간에(倏然之頃)」로 풀었다.
· 路(노) : 트인 도로. 대로(大路).
· 爲間不用(위간불용) : 한동안 길을 쓰지 않으면. 「용(用)은 유(由)로 푼다.」
· 茅塞(모색) : 띠가 자라서 덮였다는 뜻. 「茅(띠 모)」

[集註 選譯] (1) 言義理之心 不可少有間斷也. : 「의리의 마음을 잠시도 멈추거나 틈이 있으면, 안 된다는 뜻이다.」

---

**高子曰 禹之聲 尙文王之聲 孟子曰 何以言之 曰 以追蠡 曰 是奚足哉 城門之軌 兩馬之力與.**

고자(이) 왈 우지성(이) 상문왕지성(이로소이다) 맹자(이) 왈 하이언지(오) 왈 이추려(이니이다) 왈 시해족재(리오) 성문지궤(이) 양마지력여(아)

고자가 말했다. 「우임금의 음악이 문왕의 음악보다 더 좋습니다.」 맹자가 되물었다. 「어째서 그렇게 말하느냐.」 고자가 말했다. 「종의 고리 끈이 헐고 닳았기 때문입니다.」 맹자가 말했다. 「그것만으로 어찌 그렇다고 할 수 있겠느냐. 성문에 수레바퀴 자국이 깊이 파진 것이 어찌

두 말이 끄는 수레의 힘만이겠느냐.」<오랜 세월 많은 수레 때문에 깊이 파진 것이다.>

▶ 어구 설명

· 尙(상) : 좋다, 격이 높다.
· 以追蠡(이추려) : 「추(追)」는 「종을 매다는 고리의 끈.」「여(蠡)」는 벌레가 파먹은 것처럼 헐었다는 뜻.
· 奚足(해족) : 그것만으로 어찌 그렇다고 알 수 있느냐.
· 軌(궤) : 수레바퀴 자국.
· 兩馬(양마) : 수레 하나를 두 마리 말이 끈다.

[集註 選譯] (1) 言禹時鐘在者 鐘紐如蟲蠡而欲絶 蓋用之者多 而文王之鐘 不然 是以知禹之樂 過於文王之樂也. : 「우임금 때의 종이 남아 있으나, 종의 고리 끈이 벌레가 파먹은 듯이 끊어질 듯하니 아마 <우임금 때의 종을> 많이 썼을 것이다. 그러나 문왕 때의 종은 그렇게 헐지 않았으니, 그것으로 우임금의 음악이 문왕의 음악보다 뛰어나게 좋아서 <많이 연주했음을> 알 수 있다」는 뜻을 말한 것이다.

(2) 豐氏曰 城中之涂容九軌 車可散行 故 其轍迹淺 城門惟容一車 車皆由之 故其轍迹深 蓋日久車多所致 非一車兩馬之力 能使之然也. : 풍씨(豊氏)가 말했다. 「성문 안, 도시의 큰길은 수레 9대가 달릴 수 있다. 그러므로 수레가 흩어져 달리므로 바퀴자국이 얕게 난다. 그러나 성문은 다만 한 대의 수레만 들어갈 수 있으며 모든 수레가 하나씩 지나간다. 고로 바퀴자국이 깊이 파진 것이다.」「원래 오랜 세월에, 많은 수레가 <다녀서> 깊이 파진 것이지, 두 말이 끄는 수레 하나만으로 그렇게 된 것이 아니다.」

(3) 言禹在文王前千餘年 故鐘久而紐絶 文王之鐘則未久而紐全 不可以此而議優劣也. : 「우왕은 문왕보다 천여 년 전에 있었다. 그러므로 종이 오래되고 끈이 낡아서 끊어지게 된 것이다.」「문왕의 종은 그리 오래되

지 않아 끈이 온전한 것이다.」 「그것만으로 음악의 우열을 논하면 안
됨을 말한 것이다.」

齊饑 陳臻曰 國人皆以夫子 將復爲發棠 殆不可復
孟子曰 是爲馮婦也 晉人有馮婦者 善搏虎 卒爲善
士 則之野 有衆逐虎 虎負嵎 莫之敢攖 望見馮婦 趨
而迎之 馮婦攘臂下車 衆皆悅之 其爲士者笑之.

제(이) 기(어늘) 진진(이) 왈 국인(이) 개이부자(로) 장부위발당(이라하니) 태
불가부(이로소이다) 맹자(이) 왈 시위풍부야(이로다) 진인유풍부자(이) 선박
호(하더니) 졸위선사(하야) 즉지야(할새) 유중 축호(하니) 호(이) 부우(이어늘)
막지감영(하야) 망견풍부(하고) 추이영지(한대) 풍부(이) 양비하거(하니) 중
개열지(하고) 기위사자(는) 소지(하니라)

제나라에 기근이 들자, 진진(陳臻)이 <맹자에게> 말했다. 「제나라 사
람들은 선생님께서 다시 한번 임금에게 권하여 당읍(棠邑) 창고에 있
는 곡식을 풀어 구제해 주기를 바라고 있습니다. <그러나> 그러실
수가 없겠지요.」 맹자가 말했다. 「<내가 만약에 임금에게 권한다면>
내가 <무모한> 풍부(馮婦) 꼴이 되고 만다. 진(晉)나라 사람으로 풍부
라는 자가 있었으며, 맨손으로 호랑이를 때려잡았다. 그러나 후에는
착한 선비가 되었다. <어느 날> 그가 들에 나가자, 많은 사람들이
호랑이를 쫓았고, 호랑이가 험한 산모퉁이를 등지고 버티고 섰다. 이에
아무도 접근하지 못했다. 그리고 풍부를 바라보고 달려와 맞이했다.
이에 풍부는 팔을 걷고 수레에서 내리자 모든 사람들이 좋아했다. 그러
나 선비는 그를 비웃었던 것이다.」

▶ 어구 설명
·陳臻(진진) : 맹자의 제자.

· 國人皆以夫子 將復爲發棠(국인개이부자 장부위발당) : 제나라 사람들 모
두가, 선생님께서 다시 한번 <임금에게 권하여> 당읍(棠邑) 창고에 있는
곡식을 풀어. <구제해 주기를 바라고 있습니다.>

· 搏(박) : 맨손으로 잡는 것.

· 卒爲善士(졸위선사) : 그 뒤에는 착한 선비가 되었다.

· 之野(지야) : 들에 나가다.

· 虎負嵎(호부우) : 호랑이가 산모퉁이를 등지다. 부(負)는 등지고의 뜻. 「嵎
(산모롱이 우)」

· 莫之敢攖(막지감영) : 아무도 감히 다가서지 못했다. 「攖(다가설 영)」

· 其爲士者笑之(기위사자소지) : 참다운 선비들은 그를 비웃었다.

[集註 選譯] (1) 先時齊國嘗饑 孟子勸王發棠邑之倉 以振貧窮 至此又饑
陳臻 問言齊人 望孟子復勸王發棠 而又自言恐其不可也. : 「먼저 제나라
에 기근이 들었을 때, 맹자가 왕에게 권하여 당읍의 창고를 열고 빈궁한
백성을 구해준 일이 있었다.」「지금 다시 기근이 들자, 진진이 물으며
말했다.『제나라 사람들이 맹자가 다시 왕에게 권하여 당읍의 창고를
열기를 바란다.』그리고 <진진이> 다시 혼잣말처럼『아마 안 되겠지요.』
라고 했다.」

(2) 疑此時 齊王已不能用孟子 而孟子亦將去矣 故其言如此. : 「아마 이
때 제나라 왕이 이미 맹자를 등용하지 않았고, 맹자도 제나라를 떠나려
고 했을 것이다. 고로 이렇게 말한 것이다.」

孟子曰 口之於味也 目之於色也 耳之於聲也 鼻之於
臭也 四肢之於安佚也 性也 有命焉 君子不謂性也 仁
之於父子也 義之於君臣也 禮之於賓主也 智之於賢
者也 聖人之於天道也 命也 有性焉 君子不謂命也.

맹자(이) 왈 구지어미야(와) 목지어색야(와) 이지어성야(와) 비지어취야(와) 사지지어안일야(에) 성야(이나) 유명언(이라) 군자(이) 불위성야(이니라) 인지어부자야(와) 의지어군신야(와) 예지어빈주야(와) 지지어현자야(와) 성인지어천도야(에) 명야(이나) 유성언(이라) 군자(이) 불위명야(이니라)

맹자가 말했다. 「입이 맛을 알고, 눈이 미색을 가리고, 귀가 좋은 소리를 알고, 코가 냄새를 가리고, 사지가 편하기를 바란다. 그것은 본성적 욕구이며 천명으로 주어진 것이다. <그러나 욕구는 저마다 다르다.> 그래서 군자는 성(性)이라고 말하지 않는다. 부자간에 인(仁)을 행하는 것이나, 군신간에 의(義)를 지키는 것이나, 주객 사이에 예(禮)를 지키는 것이나, 현명한 사람을 지혜롭게 알고 높이는 것이나, 성인의 하는 일이 천도와 일치하는 것 모두가 다 천명으로 주어진 성리(性理)를 바탕으로 한 <윤리도덕성의 실천이다. 그와 같은 도덕성은> 인간의 본성 속에 있으며 <학문 수양으로 깨닫고 실천한다.> 그러므로 군자는 명(命)이라고 말하지 않는다.」

▶ **어구 설명**

· 性也(성야) : 여기서 「성(性)」은 「식색(食色)의 본능성(本能性)」이다. 오늘의 말로 하면, 「육신을 바탕으로 한 기질적(氣質的)·감관적(感官的) 본능성이다.」

· 有命焉(유명언) : 천명으로 주어진 것이다.

· 聖人之於天道也(성인지어천도야) : 천도(天道)에 맞게 성인이 행하고 다스린다.

· 命也(명야) : 하늘이 절대명령으로 사람에게 부여한 성리(性理)를 깨닫고 실천하는 것이다. 「성리」는 「사람의 본성 속에 있는 천리(天理), 도덕성」이다. 즉 사람이 「인의예지와 천도」를 깨닫고 행하는 것은 각자가 스스로 「자기에게 주어진 선본성(善本性), 도덕성」을 깨닫고 행하는 것이다.

· 君子不謂命也(군자불위명야) : 그러므로 군자는 「윤리도덕의 실천」을 숙명, 혹은 운명이라고 말하지 않는다. 각자가 스스로 배우고 깨닫고 실천하는 것이다.

[集註 選譯] (1) 程子曰 五者之欲 性也 然有分 不能皆如其願 則是命也 不可謂我性之所有 而求必得之也. : 정자(程子)가 말했다. 「다섯 가지 욕구는 <육신을 바탕으로 한> 본성이다.」「<그러나 사람마다 타고난> 분수가 있으므로 <누구나> 자기가 원하는 대로 다 채울 수 없다. 그러므로 명(命)이라고 한다.」<* 이 명은 자기에게 주어진 숙명이나 운명의 뜻이다.> 「또 내가 지니고 있는 식색의 본능이라 하고 반드시 다 채우려고 하면 안 된다.」<자기에게 주어진 운명이나 분수대로 참고 살아야 한다.>

(2) 愚按 不能皆如其願 不止爲貧賤 蓋雖富貴之極 亦有品節限制 則是亦有命也. : 나, 주자는 생각한다. 「자기가 원하는 대로 다 채울 수 없다는 뜻은 빈천한 경우에만 그렇게 하는 것이 아니다. 비록 부귀의 극치를 누려도 역시 신분에 따라 절약하고 제한해야 한다. 이것 역시 천명이다.」 <* 육신적 본능인 욕구를 물질로 채울 때도 절제있게 해야 한다.>

(3) 程子曰 仁義禮智天道在人 則賦於命者 所稟有厚薄淸濁 然而性善 可學而盡 故不謂之命也. : 정자가 말했다. 「인의예지와 천도(天道)가 사람에게 있는 것은, 천명(天命)으로 주어진 것이다. <그러나> 받은 바에 있어 후박청탁(厚薄淸濁)의 차이가 있다.」「그러나 <하늘로부터 내려받은 사람의> 본성은 선하므로, 누구나 다 배우면 충분히 행할 수 있다.」「고로 <운명적, 혹은 숙명적> 명(命)이라 하지 않는다.」

(4) 張子曰 晏嬰智矣 而不知仲尼 是非命邪. : 장자(張子)가 말했다. 「안영(晏嬰)은 지혜로운 사람이었으나, 중니(仲尼)를 알지 못했다. 그것이 운명이 아니었겠느냐.」

(5) 愚按 所稟者厚而淸 則其仁之於父子也至 義之於君臣也盡 禮之於賓主也恭 智之於賢否也哲 聖人之於天道也 無不脗合而純亦不已焉 薄而濁則反是 是皆所謂命也. : 나, 주자는 생각한다. 「받은바 <기질이> 돈후하

고 청명하면, 즉 부자간의 인(仁)을 지극하게 하고, 군신간의 의(義)를 다 지키고, 주객 사이의 예를 공경으로 지키고, 현명한 사람인지 아닌지를 지혜롭고 또 밝게 판단하고, 천도에 있어 성인의 하는 일이 부합되지 않는 것이 없고, 또 어디까지나 순수하게 마련이다. 〈그러나 타고난 기질이〉 천박하고 혼탁하면 반대이니, 〈그런 점에서〉 역시 주어진 바 명이라 한다.」

(6) 然世之人 以前五者 爲性 雖有不得 而必欲求之 以後五者爲命 一有不至 則不復致力. : 세상 사람들은, 앞의 다섯 가지 육체적 욕구는 본성으로 치고 〈그 욕구를〉 채우지 못하면 반드시 찾고 채우려고 한다. 〈그러나〉 뒤의 다섯 가지 〈도덕성에 대해서는〉 숙명적인 명이라 여기고, 단 하나를 행하지 않으면서도, 다시 힘을 들이고 애를 쓰지 않는다.」

(7) 故孟子各就其重處言之 以伸此而抑彼也 張子所謂 養則付命於天 道則責成於己 其言約而盡矣. : 「고로, 맹자가 하나하나 중요한 곳을 지적해 말하고, 하늘의 도리를 펴고 인간적 욕심을 억제하려고 한 것이다.」 「장자(張子)의 『양(養)은 천명(天命)에 맡기고, 도는 자기 책임으로 성취한다.』는 말이 간단하면서 할 소리를 다 한 것이다.」

浩生不害問曰 樂正子何人也 孟子曰 善人也 信人也 何謂善 何謂信 曰 可欲之謂善 有諸己之謂信 充實之謂美 充實而有光輝之謂大 大而化之 之謂聖 聖而不可知之 之謂神 樂正子 二之中 四之下也.

호생불해(이) 문왈 악정자(는) 하인야(이꼬) 맹자(이) 왈 선인야(이며) 신인야(이니라) 하위선(이며) 하위신(이니까) 왈 가욕지위선(이요) 유제기지위신(이오) 충실지위미(이오) 충실이유광휘지위대(오) 대이화지 지위성(이오) 성이불가지지 지위신(이니) 악정자(는) 이지중(이오) 사지하야(니라)

호생불해가 물었다. 「악정자는 어떤 사람입니까.」 맹자가 말했다. 「착한 사람이며, 믿을 만한 사람이다.」 호생불해 : 「어떻게 하는 것을 선(善)하다, 신(信)이라고 말합니까.」 맹자 : 「모든 사람이 그렇게 되기를 바라는 것을 선(善)이라 하고, 자기가 <속에 지니고 있는 선덕(善德)을 남에게 베푸는 것을> 신(信)이라 한다. 열매가 알찬 것을 미(美)라 하고, 알차고 밝게 빛나는 것을 대(大)라 하고, 크게 모든 사람을 감화하는 것을 성(聖)이라 하고, 성(聖)이면서 알 수 없는 것을 신(神)이라 한다. 악정자는 두 가지<즉 선(善)과 신(信)>에는 맞게 행하지만, 나머지 네 가지 <즉 미(美)·대(大)·성(聖)·신(神)>에는 미치지 못한다.」

▶ **어구 설명**

・浩生不害(호생불해) : 성이 호생(浩生), 이름이 불해(不害). 제(齊)나라 사람으로 맹자의 제자일 것이다.

・樂正子(악정자) : 성이 악정(樂正), 이름은 극(克). 노(魯)나라 대부로 맹자의 제자였다.

・可欲之謂善(가욕지위선) : 남들이 그렇게 되기를 바라는 것을 선(善)이라 한다. 욕(欲)은 좋아한다는 뜻이다.

[集註 選譯] (1) 不害問也 天下之理 其善者必可欲 其惡者必可惡 其爲人也可欲而不可惡 則可謂善人矣 凡所謂善 皆實有之 如惡惡臭 如好好色 是則可謂信人矣. : 「호생불해가 물은 말이다.」 「천하의 도리에 따라, <사람들은> 선을 반드시 원하고, 악은 반드시 싫어한다. 그의 사람됨을 <남들이> 좋아하고 미워하지 않으면, 즉 선인이라 하겠다.」 「이른바 선은 사실로 열매를 맺어야 한다. 악취를 싫어하고 예쁜 것을 좋아하듯이 <사실로 선을 행하는 것이> 곧 신실(信實)한 사람이다.」

(2) 張子曰 志仁無惡之謂善 誠善於身之謂信 力行其善 至於充滿而積實 則美在其中而無待於外矣 和順積中 而英華發外 美在其中 而暢於四支 發於事業 則德業至盛而不可加矣. : 장자(張子)가 말했다. 「인을 지향하

고 악하지 않은 것을 선이라 하고, 선을 몸으로 성실하게 행하는 것을 신이라 한다.」「내가 힘들여 선을 행하여 충만하고, 또 실질적으로 축적하면, 그 속에 미(美)가 있게 된다. 〈미는〉 밖에서 〈온다고〉 기대하지 말아야 한다.」「온화와 유순이 속에 쌓여 있으면, 예쁜 꽃이 밖으로 피어난다. 속에 있는 아름다움이 사지(四肢)로 나타나면 덕업(德業)이 극히 성대하게 되고, 더 가할 것이 없게 된다.」

(3) 大而能化 使其大者 泯然無復可見之迹 則不思不勉 從容中道 而非人力之所能爲矣. :「〈남보다〉 크고 또 〈남을〉 감화할 수 있으면서 자기의 큼을 감추고 그 자국을 내보이지 않는 것이 곧 생각하지 않고, 또 애를 쓰지 않고도 태연하게 도(道)에 맞는 것이다.」「이러한 경지는 보통사람의 힘으로 할 수 있는 바가 아니다.」

(4) 張子曰 大可爲也 化不可爲也 在熟之而已矣. : 장자(張子)가 말했다.「〈나를〉 크게 할 수는 있다. 그러나 〈남을〉 감화시키는 것은 〈억지로〉 할 수 없다. 〈선덕(善德)이〉 무르익어야 한다.」

(5) 程子曰 聖不可知 謂聖之至妙 人所不能測 非聖人之上 又有一等神人也. : 정자(程子)가 말했다.「성스러움을 알 수 없다고 함은 성스러움이 지묘(至妙)하여 사람이 측정할 수 없음을 말한 것이다. 이는 성인 위가 아니라, 또 다른 단계의 신인(神人)이 있다는 뜻이다.」

(6) 蓋在善信之間 觀其從於子敖 則其有諸己者或未實也. :「아마 선(善)과 신(信) 사이에서 〈악정자가〉 자오(子敖)를 따른 것을 보면 그가 몸에 지닌 바가 혹 충실하지 못했을 것이다.」

(7) 張子曰 顏淵樂正子皆知好仁矣 樂正子志仁無惡而不致於學 所以但爲善人信人而已 顏子好學不倦 合仁與智 具體聖人 獨未至聖人之止耳. : 장자가 말했다.「안연과 악정자는 다 인(仁)을 알고 또 좋아했다. 그러나 악정자는 지인무악(志仁無惡)하되 학문에 힘쓰지 않았다. 그래

서 다만 선인(善人)과 신인(信人)만 된 것이다.」「안연은 호학불권(好學不倦)하고 인(仁)과 지(智)를 합했다. 그래서 성인의 체(體)를 갖추었으나 미처 성인이 되지는 못했다.」

(8) 程子曰 士之所難者 在有諸己而已 能有諸己 則居之安 資之深 而美且大可以馴致矣 徒知可欲之善 而若存若亡而已 則能不受變於俗者鮮矣. : 정자가 말했다.「선비가 어렵게 여기는 것은 <모든 덕을> 자신이 지니고 행하는 것이다. 능히 자신이 지니고 행할 수 있으면 편안하게 살 수 있고, 깊이 밑천 삼아서 아름답고 위대함에 쉽게 이를 수 있다. 공연히 선이 좋다는 것을 알기만 하고 <몸에는> 있으나 마나 하면 세속에 흘러 악하게 변하지 않을 수 없을 것이다.」

(9) 尹氏曰 自可欲之善 至於聖而不可知之神 上下一理 擴充之至於神 則不可得而名矣. : 윤씨(尹氏)가 말했다.「선을 좋다고 생각하는 데서부터 성(聖)이면서 알 수 없는 경지, 즉 신묘한 경지에 이르기까지 위아래가 다 하나의 도리이다. 확충하면 신(神)의 경지에 이르고 말할 수 없게 된다.」

孟子曰 逃墨必歸於楊 逃楊必歸於儒 歸斯受之而已矣 今之與楊墨辯者 如追放豚 旣入其苙 又從而招之.

맹자(이) 왈 도묵(이면) 필귀어양(이오) 도양(이면) 필귀어유(이니) 귀(커든) 사수지이이의(니라) 금지여양묵변자(는) 여추방돈(하니) 기입기립(이어든) 우종이초지(로다)

맹자가 말했다.「묵자 학파에서 도망하면 반드시 양자에게 갈 것이며, 양자 학파에서 도망하면 반드시 유가에게 돌아온다. 돌아오면 다 받아들여야 한다. 오늘 묵자나 양자와 논쟁하는 사람은 <유가에 돌아오려

는 사람을> 마치 도망간 돼지를 쫓듯 한다. 이미 우리 안에 들어왔거늘 다시 잡아서 발을 묶으려 한다.」

▶ 어구 설명

· 逃墨(도묵) : 묵자(墨子) 학파에서 도망을 나오면.

· 放豚(방돈) : 우리 밖으로 도망간 돼지.

· 旣入其苙(기입기립) : 이미 우리 안에 들어왔거늘. 「苙(돼지우리 립)」

· 招之(초지) : 견(罥 : 얽어매다), 즉 돼지의 발을 잡아 묶는다는 뜻.

[集註 選譯] (1) 墨氏 務外而不情 楊氏 太簡而近實 故其反正之漸 大略如此 歸斯受之者 憫其陷溺之久 而取其悔悟之新也. :「묵자는 <우선 집안에서 육친이 서로 사랑해야 한다는 것을 모르고> 밖에서 남을 사랑하는 것만을 강조했다. 이는 사람의 참다운 애정이 아니다.」「양자는 <인간의 공동체 생활을 모르고> 지나치게 단순하게 <나만을> 생각하고, 또 나만 살면 된다고 착각한 것이다.」「그러므로 사람들이 점차 <잘못된 사상을 깨닫고> 바른 유가사상으로 돌아온다는 것을 대략 이렇게 말한 것이다.」「돌아오면 받아주라고 한 것은 그들이 <잘못된 사상에> 오래 빠져 있던 것을 민망히 여기고, 그들이 새삼 뉘우치고 깨달은 것을 받아 주라는 말이다.」

(2) 此章見 聖賢之於異端 距之甚嚴 而於其來歸 待之甚恕 距之嚴故 人知彼說之爲邪 待之恕故 人知此道之可反 仁之至 義之盡也. :「이 장은 성현이 이단에 대해서는 매우 엄하게 거리를 두지만, 그들이 와서 <유가에> 귀순하면, 너그럽게 대함을 보여준 글이다.」「엄하게 거리를 두기 때문에 사람이 그들이 악한 것임을 안다.」「한편 너그럽게 대하므로 사람이 바른 길로 되돌아올 줄 안다.」「지극한 인(仁)이며, 철저한 의(義)라 하겠다.」

## 孟子曰 有布縷之征 粟米之征 力役之征 君子用其 一 緩其二 用其二 而民有殍 用其三 而父子離.

맹자(이) 왈 유포루지정(과) 속미지정(과) 역역지정(하니) 군자(이) 용기일(이 오) 완기이(니) 용기이(면) 이민(이) 유표(하고) 용기삼(이면) 이부자(이) 이 (니라)

맹자가 말했다. 「세금으로 여름에는 베와 비단을 징수하고, 가을에는 곡물을 거두고, 겨울에는 요역(徭役)을 부과한다. <그러나 도를 지키 는> 임금은 한 번에 한 가지만을 부과하고 나머지는 늦추어 준다. 한 번에 두 가지를 다 거두어들이면 백성들 중에 굶어죽는 자가 생기게 마련이다. 동시에 세 가지를 부과하면 백성들은 부자(父子)가 서로 흩 어지게 된다.」

▶ 어구 설명

· 有布縷之征(유포루지정) : 세금으로 여름에는 베와 비단을 징수한다. 「縷 (명주 루)」

· 力役(역역) : 부역.

· 殍(표) : 「殍(굶어죽을 표)」

[集註 選譯] (1) 征賦之法 歲有常數 然布縷 取之於夏 粟米 取之於秋 力役 取之於冬 當各以其時 若幷取之則民力有所不堪矣 今兩稅三限之 法 亦此意也 尹氏曰 言民爲邦本 取之無度 則其國危矣. : 「세금을 부과 하고 징수하는 법도는 매년 정해진 때와 수량이 있다.」「그러므로 베나 비단은 여름에 거두고, 곡물이나 쌀은 가을에 거두고, 노역(勞役)은 겨울에 부과하며, 각각 때에 맞게 해야 한다. 만약에 한번에 다 거두면 백성들이 힘으로 감당할 수 없게 된다.」「지금의 양세(兩稅)나 삼한(三 限)의 법도 역시 그와 같은 뜻이다.」<* 양세는 여름과 가을의 세금. 삼한은 여름·가을·겨울에 걸친다는 뜻이다.> 윤씨(尹氏)가 말했다.

「백성이 나라의 근본이다. <그러므로> 세금을 한없이 거두면 나라가 위태롭게 된다.」

> 孟子曰 諸侯之寶三 土地人民政事 寶珠玉者 殃必
> 及身.

맹자(이) 왈 제후지보(이) 삼(이니) 토지(와) 인민(과) 정사(이니) 보주옥자(는) 앙필급신(이니라)

맹자가 말했다. 「제후가 보배로 삼아야 할 것이 셋이다. 즉 토지와 인민과 정사이다. <그런데 제후가> 재물이나 주옥(珠玉)을 보배로 여긴다면 반드시 재앙이 몸에 미친다.」

[集註 選譯] (1) 尹氏曰 言寶得其寶者安 寶失其寶者危. : 윤씨(尹氏)가 말했다. 「나라의 세 가지 보배를 보배로 여기는 임금은 편안하지만, 그 보배를 보배로 여기지 못하는 자는 위태하다고 말한 것이다.」

> 盆成括仕於齊 孟子曰 死矣 盆成括 盆成括見殺 門
> 人問曰 夫子何以知其將見殺 曰 其爲人也 小有才
> 未聞君子之大道也 則足以殺其軀而已矣.

분성괄(이) 사어제(러니) 맹자(이) 왈 사의(로다) 분성괄(이여) 분성괄(이) 견살(이어늘) 문인 문왈 부자(이) 하이지기장견살(이시니이꼬) 왈 기위인야(이) 소유재(오) 미문군자지대도야(하니) 즉족이살기구이이의(니라)

분성괄이 제나라에서 벼슬을 살게 되자, 맹자가 「분성괄은 죽을 것이다.」라고 말했다. <과연> 분성괄이 피살되었다. 제자가 물었다. 「선생님은 어떻게 그가 피살될 것을 미리 아셨습니까.」 맹자가 말했다. 「그는 사람됨이 작은 재주가 있을 뿐, 군자의 대도를 알지 못했으니 족히 자기 몸을 죽게 했던 것이다.」

▶ 어구 설명

· 盆成括(분성괄) : 성이 분성(盆成), 이름이 괄(括). 한때 맹자에게 배웠으나 도중에 그만두었다.

· 其爲人也小有才(기위인야소유재) : 사람됨이 잔재주를 가지고 농간을 치는 자다. 소유재(小有才)는 기질에 속한다.

· 未聞君子之大道也(미문군자지대도야) : 군자의 대도(大道)를 알지 못했다. 문대도(聞大道)는 학문을 바르게 배우고 심성을 함양함에 있다.

[集註 選譯] (1) 徐氏曰 君子道其常而已 括有死之道焉 設使幸而獲免 孟子之言猶信也. : 서씨(徐氏)가 말했다.「군자는 변하지 않는 천도를 따르고 행해야 한다. 분성괄은 죽을 도리를 따르고 행했다. 설사 요행히 죽음을 모면해도 맹자의 말은 여전히 믿을 만하다.」

孟子之滕 館於上宮 有業屨於牖上 館人求之弗得 或問之曰 若是乎從者之廋也 曰 子以是爲竊屨來與 曰 殆非也 夫子之設科也 往者不追 來者不拒 苟以 是心至 斯受之而已矣.

맹자(이) 지등(하샤) 관어상궁(이러시니) 유업구어유상(이러니) 관인(이) 구지불득(하다) 혹(이) 문지 왈 약시호종자지수야(여) 왈 자(이) 이시(로) 위절구래여(아) 왈 태비야(이라) 부자지설과야(는) 왕자(를) 불추(하며) 내자(를) 불거(하사) 구이시심(으로) 지(어든) 사수지이이의(니이다)

맹자가 등(滕)나라에 가서, <그 나라 임금의> 별궁(別宮)에 유숙했다. 그때 창문 위에 미완성의 마혜(麻鞋)를 놓아두었는데 별궁지기가 찾았으나 끝내 찾지 못했다. 어떤 사람이 맹자에게 물었다.「그렇다면 혹

선생님을 따라온 사람 중에 <누군가가 신을> 숨긴 것이 아닐까요.」
맹자가 되물었다. 「그대는 <나를 따라온 자가> 신을 훔치고자 왔다고
생각하시오.」 <그러자 물었던 사람이> 말했다. 「아마 아니겠지요.
<허나> 선생님께서 글을 가르친다고 하실 때, 『떠나는 사람을 뒤쫓지
않고, 오는 사람을 거절하지 않는다』고 말하시고 <모든 사람을 다 받
아주셨으니> 혹시나 그런 마음을 품은 자가 와도 받아주었을 것이란
말입니다.」

▶ 어구 설명

· 館於上宮(관어상궁) : 별궁(別宮)에 묵었다. 관(館)은 객사(客舍)에 유숙
  하다.
· 有業屨於牖上(유업구어유상) : 만들고 있던 삼신麻鞋을 창문 위에 놓아두
  었는데. 「업구(業屨)는 만들고 있던 신」. 「屨(신 구), 牖(창 유)」
· 廋(수) : 「廋(숨길 수)」와 같다.
· 殆非也(태비야) : 아마 아니겠지요.
· 往者不追 來者不拒(왕자불추 내자불거) : 「싫어서 가는 사람을 뒤쫓지 않
  고, 오는 사람을 거절하지 않는다」고 말했으므로.

[集註 選譯] (1) 孟子答之 而或人自悟其失 因言此從者固不爲竊屨而來
但夫子設置科條 以待學者 苟以向道之心而來 則受之耳 雖夫子亦不能保
其往也 門人取其言 有合於聖賢之指 故記之 : 「맹자가 답하자, 어떤 사
람이 자기가 실언한 것을 깨닫고 <아마> 따라온 제자는 신을 훔치지
않았을 것이라고 말했다.」 「그러나 맹자가 학습할 과목을 내세우고 학
생을 기다렸으므로 만약에 도를 지향하는 마음을 가지고 왔으면 <누구
라도> 받아들였을 것이라고 말한 것이다.」 「비록 선생이라도 그 사람의
과거를 보장할 수 없으므로 문인이 <혹자의 말을> 취해서 성현의 취지
에 맞게 기록한 것이다.」

孟子曰 人皆有所不忍 達之於其所忍仁也 人皆有所
不爲 達之於其所爲義也 人能充無欲害人之心 而仁
不可勝用也 人能充無穿踰之心 而義不可勝用也 人
能充無受爾汝之實 無所往而不爲義也 士未可以言
而言 是以言餂之也 可以言而不言 是以不言餂之也
是皆穿踰之類也.

맹자(이) 왈 인개유소불인(하니) 달지어기소인(이면) 인야(이오) 인개유소불위(하니) 달지어기소위(면) 의야(이니라) 인능충무욕해인지심(이면) 이인(을) 불가승용야(이며) 인능충무천유지심(이면) 이의(를) 불가승용야(이니라) 인능충무수이여지실(이면) 무소왕이불위의야(이니라) 사(이) 미가이언이언(이면) 시(는) 이언첨지야(이오) 가이언이불언(이면) 시(는) 이불언첨지야(이니) 시개천유지류야(이니라)

맹자가 말했다. 「모든 사람에게는 <잔인하고 불쌍한 것을 보면 참을 수 없는> '불인지심(不忍之心)'이 있다. 그 불인지심을 <잔인하고 불쌍한 것을 보고도 모른 척하고> 참고 견디는 <잔인하고 무정한 마음에> 뻗고 미치게 하면 곧 인(仁)이 된다. 또 모든 사람에게는 차마 할 수 없다고 <망설이는 착한 마음씨가> 있다. 그 마음씨를 <무모하게 하자는 마음에> 뻗고 미치게 하면 곧 의(義)가 된다. 사람이 능히 남을 해치고 싶지 않다는 마음을 확충할 수 있으면, 세상에 인을 다 쓸 수 없을 만큼 많이 넘칠 것이다. 사람이 능히 도둑질하지 않겠다는 마음을 확충할 수 있으면, 세상에 의를 다 쓸 수 없을 만큼 많이 넘칠 것이다. 사람이 <남이 너라고 부르는 따위의> 모욕을 받아들이지 않는 <창피를 가리는> 마음을 알차게 채울 수 있으면, 어디에 가도 의를 행하게 될 것이다. 선비가 말할 때가 아닌데, 말하는 것은 말로써 아첨하는 것이다. <한편> 의당 말해야 할 때, 말하지 않는 것은 침묵함으로써 아첨하는 것이다. 이들은 다 담을 뚫고 담을 넘는 도둑과 같은 부류이다.」

▶ **어구 설명**

· 人皆有所不忍(인개유소불인) : 모든 사람에게는 잔인하고 불쌍한 것을 참고 넘길 수 없는 어진 마음이 있다. 이를 곧 「불인지심(不忍之心)」이라고 한다.

· 充(충) : 만(滿)의 뜻.

· 穿踰(천유) : 천(穿)은 구멍을 뚫다. 유(踰)는 담을 넘는다는 뜻으로 둘 다 도둑질한다는 뜻이다.

· 無受爾汝(무수이여) : 남이 너 이놈하고 멸시하는 것을 받아들이지 않는다는 뜻이다.

· 餂(첨) : 「낚는다, 꾀어낸다, 아첨한다」는 뜻.

[集註 選譯] (1) 惻隱羞惡之心 人皆有之 故莫不有所不忍不爲 此仁義之端也 然以氣質之偏 物欲之蔽 則於他事 或有不能者 但推所能 達之於所不能 則無非仁義矣. : 「측은지심(惻隱之心)과 수오지심(羞惡之心)은 사람이 다 가지고 있다. 고로 잔인한 것을 참지 못하는 마음과 부당한 짓을 하지 않으려는 마음이 있다. 이러한 마음이 바로 인의(仁義)의 바탕이다.」「그러나 기질이 치우치고 물욕에 덮이면, 즉 다른 일에 대해서 혹 제대로 하지 못할 수도 있다. 그러나 〈자기가〉 할 수 있는 바를 미루어 하지 못하는 데로 뻗고 도달케 하면, 즉 인의가 아닌 것이 없게 된다.」

(2) 能推所不忍 以達於所忍 則能滿其無欲害人之心 而無不仁矣 能推其所不爲 以達於所爲 則能滿其無穿踰之心 而無不義矣. : 「능히 참지 못하는 마음을 모질게 참는 마음에 도달하게 되면, 곧 남을 해치고 싶지 않은 마음이 충만하게 되며 따라서 인(仁)이 아닌 게 없게 된다.」「하지 말아야 한다는 판단을 미루어 멋대로 하겠다는 〈잘못된〉 생각을 누를

수 있으면, 곧 도둑질하지 않는 마음이 세상에 충만하게 되고 따라서 〈세상에〉 의(義) 아닌 것이 없게 될 것이다.」

(3) 舌取物之也 今人以舌取物曰舌取 卽此意也 便佞隱默 皆有意探取於人 是亦穿踰之類 然其事隱微 人所易忽 故特擧以見例 明必推無穿踰之心 以達於此 而悉去之然後 爲能充其無穿踰之心也. :「첨(舌取)은 찾고 취한 다는 뜻이다.」「오늘 사람이 혀로 물건을 취하는 것을 첨이라 하니, 곧 이 뜻이다.」「즉시 말을 하거나 모른 척 침묵을 하거나 〈속마음은〉 남을 탐지하고 무엇인가를 얻으려는 데 있다.」「그러므로 이들도 역시 도둑 과 같은 부류이다.」「그러나 도둑질같이 몰래 하는 일은 남들이 모르고 소홀히 하기 쉽다. 그러므로 특히 예를 들어 보인 것이다.」「반드시 도둑 질하지 않으려는 착한 마음을 〈몰래 이득을 보려는 음흉한 마음에〉 미루어 〈음흉한 마음을〉 밀어내면, 비로소 도둑질하지 않겠다는 〈마음 이〉 충만하게 될 수 있음을 밝힌 것이다.」

---

**孟子曰 言近而指遠者善言也 守約而施博者善道也 君子之言也 不下帶而道存焉 君子之守 修其身而天 下平 人病 舍其田而芸人之田 所求於人者重 而所 以自任者輕.**

---

맹자(이) 왈 언근이지원자(는) 선언야(이오) 수약이시박자(는) 선도야(이니) 군자지언야(는) 불하대이도(이) 존언(이니라) 군자지수(는) 수기신이천하(이) 평(이니라) 인병(은) 사기전이운인지전(이니) 소구어인자(이) 중(이오) 이소 이자임자(이) 경(이니라)

맹자가 말했다. 「하는 말은 가깝고 쉬우나, 지목하는 바는 원대하고 깊은 것이 좋은 말이다. 자신을 간약(簡約)하게 지키면서 넓게 베푸는 것이 좋은 도리다. 군자의 말은 하체(下體)가 아닌 〈상체(上體)인 마음이나 정신을 기준으로 한 것이며> 그 속에 도리가 존재한다. 군자가 도를 굳게 지키고 <몸을 엄하게 단속한다는 말은> 곧 자신을 수양하여 천하를 화평하게 한다는 뜻이다. 사람들의 병은 곧 자기 밭을 내버려두고 남의 밭을 김매는 것이다. 즉 남에게는 과중하게 요구하고, 자신이 질 책임을 가볍게 하기 때문이다.」

▶ 어구 설명

· 言近而指遠者善言也(언근이지원자선언야) : 말은 친근하고 쉬우면서, 지향하는 바는 원대하고 깊은 말이 좋은 말이다.

· 守約而施博者善道也(수약이시박자선도야) : 자신을 굳게 지키고 몸가짐을 엄하게 단속하지만, 넓게 베푸는 것이 착한 도리다.

· 不下帶(불하대) : 허리띠 밑에 내려가지 않는다. 즉 「상체(上體)에 있는 마음을 중심으로 한다」는 뜻.

[集註 選譯] (1) 古人 視不下於帶 則帶之上 乃目前常見至近之處也 舉目前之近事 而至理存焉 所以爲言近而指遠也. : 「옛사람은 사람을 볼 때, 허리띠 아래를 보지 않는다. 즉 허리띠 위가 눈이 잘 가고 친근하게 보는 곳이다.」 < * 이러한 주는 곡례(曲禮)를 바탕으로 한 풀이다.> 「목전의 친근한 일을 들었으되, 그 속에 지극한 도리가 존재한다. 고로 가까우면 지향하는 바가 멀다고 한 것이다.」

(2) 此所謂守約而施博也. : 이것이 소위 「수약이시박(守約而施博)이다.」

(3) 此言不守約而務博施之病. : 이 말은 「자신은 엄하게 단속하지 않고 다만 넓게 베풀려고 애를 쓴다는 결함을 말한 것이다.」

---

孟子曰 堯舜性者也 湯武反之也 動容周旋 中禮者 盛德之至也 哭死而哀 非爲生者也 經德不回 非以

> 干祿也 言語必信 非以正行也 君子行法 以俟命而
> 已矣.

맹자(이) 왈 요순(은) 성자야(이오) 탕무(는) 반지야(이시니라) 동용주선(이)
중례자(는) 성덕지지야(이니) 곡사이애(이) 비위생자야(이며) 경덕불회(이)
비이간록야(이며) 언어필신(이) 비이정행야(이니라) 군자(는) 행법(하야) 이
사명이이의(니라)

맹자가 말했다. 「요임금·순임금은 본성대로 행하고 성덕을 세웠다.
탕왕이나 무왕은 <애를 쓰고 악을 물리치고> 세상을 바르게 되돌렸
다. 용모나 행동이 두루 원만하고, 또 예법에 맞는 것이 지극한 성덕이
다. 죽은 사람을 통곡하고 슬퍼하는 것은 산 사람에게 보이기 위해서가
아니다. 항상 덕을 바르게 세우고 잘못하지 않는 것은 벼슬을 구하고자
해서가 아니다. 말과 행동이 일치하고 신의를 지키는 것은 자기의 행동
이 바르다는 것을 보이기 위해서가 아니다. 군자는 하늘의 법도를 행하
고, 그리고 천명을 기다릴 뿐이다.」

▶ **어구 설명**

· 堯舜性者也(요순성자야) : 요임금·순임금은 본성 그대로 천하를 다스리
고 성덕(聖德)을 베풀었다.
· 湯武反之也(탕무반지야) : 은나라의 탕왕(湯王)이나 주나라의 무왕(武王)
이 애를 쓰고 악을 물리치고 용케 세상을 되돌렸다. 반지(反之)는 수양하
여 본성을 회복하고 성인의 경지에 이른다는 뜻이다.
· 動容周旋(동용주선) : 동작이나 용모·태도를 누구에게나 두루 원만하게
한다.
· 中禮者(중례자) : 예의에 맞는다.
· 經德不回(경덕불회) : 항상 덕을 행하고 사악한 짓을 하지 않는다. 「경(經)」
은 「항상 바르게 행한다는 뜻」, 「회(回)는 사악하고 굽은 일」.

[集註 選譯] (1) 性者 得全於天 無所汙壞 不假修爲 聖之至也. : 「사람의 본성은 하늘로부터 받은 온전한 것이며 때문고 부서진 것이 아니다. 그러므로 새삼스럽게 닦고 가꾸지 않고도 지극한 성인의 경지에 이를 수 있다.」

(2) 呂氏曰 無意而安行 性者也 有意利行而至於無意 復性者也 堯舜不失 其性 湯武善反其性 及其成功則一也. : 여씨(呂氏)가 말했다. 「의식하지 않고 편안하게 하는 것이 곧 본성이다. 잘하겠다는 의식을 가지고 <수양 하여> 무의식의 경지에 이른 것을 본성 회복이라 한다.」「요임금·순임 금은 본래부터 본성을 잃지 않았다. 탕왕·무왕은 본성으로 잘 돌아왔 다. 그러나 공을 세운 점에서는 다 같다.」 <＊「탕무선반기성(湯武善反其 性)」을 「탕왕·무왕이 노력하고, 마침내 세상이나 모든 사람들을 선본 성(善本性)의 도리로 되돌렸다.」로 풀어야 한다.>

(3) 細微曲折 無不中禮 乃其盛德之至 自然而中 而非有意於中也 經常 也 回曲也 三者亦皆自然而然 非有意而爲之也 皆聖人之事 性之之德 也. : 「세미(細微)한 곡절(曲折)이 다 예에 맞지 않는 것이 없으면, 곧 성덕(盛德)에 도달한 것이다. 자연스럽게 예에 맞으며, 의식적으로 맞 게 하려고 하지 않아도 맞게 된다.」「경(經)은 항상 바르게 한다는 뜻이 다.」「회(回)는 바르지 않다는 뜻이다.」「세 가지는 다 자연스럽게 그렇 게 되는 것이지 의식적으로 그렇게 하려고 한 것이 아니다. 이 모두가 다 성인의 일이며, 본성의 덕이다.」

(4) 法者 天理之當然者也 君子行之 而吉凶禍福 有所不計 蓋雖未至於自 然 而已非有所爲而爲矣 此反之之事 董子所謂 正其義不謀其利 明其道 不計其功 正此意也. : 「법(法)은 당연히 지켜야 할 천리(天理)의 뜻이 다.」「군자는 <천리를> 행하고, 길흉화복은 헤아리지 않는다. 이는 비록 자연의 경지에는 이르지 못했으나, 이미 어떻게 하겠다는 의식적 단계

는 아니다.」「이것은 애를 써서 바르게 되돌아온 경지다.」「동중서(董仲舒)가 말한 바, 『의(義)를 바르게 따르고 이(利)를 꾀하지 않는다. 도를 밝히고 공을 헤아리지 않는다』가 바로 이 뜻이다.」

(5) 程子曰 動容周旋中禮者 盛德之至 行法以俟命者 朝聞道夕死可矣之意也. : 정자(程子)가 말했다. 「『동용주선 중례자(動容周旋 中禮者)』는 지극한 성덕(盛德)이고, 『행법이사명자(行法以俟命者)』는 공자가 말한 바 『조문도석사가의(朝聞道夕死可矣)』의 뜻이다.」

(6) 呂氏曰 法由此立 命由此出 聖人也 行法以俟命 君子也 聖人性之 君子所以復其性也. : 여씨(呂氏)가 말했다. 「천법(天法)을 이렇게 해서 세우고, 천명(天命)을 이렇게 해서 나오게 하는 사람이 성인이다. 천법을 행하고, 천명을 기다리는 사람이 군자다.」「성인은 본성대로 행하지만, 군자는 <애를 써서> 본성으로 복귀한다.」

孟子曰 說大人 則藐之 勿視其巍巍然 堂高數仞 榱題數尺 我得志 弗爲也 食前方丈 侍妾數百人 我得志 弗爲也 般樂飮酒 驅騁田獵 後車千乘 我得志 弗爲也 在彼者 皆我所不爲也 在我者 皆古之制也 吾何畏彼哉.

맹자(이) 왈 세대인 즉막지(하야) 물시기외외연(이니라) 당고수인(과) 최제수척(을) 아(이) 득지(라도) 불위야(이며) 식전방장(과) 시첩수백인(을) 아(이) 득지(라도) 불위야(이며) 반락음주(와) 구빙전렵(과) 후거천승(을) 아(이) 득지(라도) 불위야(이니) 재피자(는) 개아소불위야(이오) 재아자(는) 개고지제야(이니) 오하외피재(리오)

맹자가 말했다. 「권력을 잡은 대인에게 유세할 때는 그를 경시하고

그의 <외면적> 위세나 부귀는 무시해라. 그들의 궁실(宮室) 높이가
여러 길이나 되고, 앞으로 뻗은 서까래 길이가 여러 자이다. <그러나
설사> 내가 뜻을 얻고 <자리에 올라도> 그런 짓은 하지 않을 것이다.
그들은 식사할 때 사방 열 자 넓이의 식탁에, <진수성찬을 고여놓고>
또 수백 명의 시녀와 첩들을 거느린다. <그러나 설사> 내가 뜻을 얻고
<자리에 올라도> 그런 짓은 하지 않을 것이다. 또 그들은 크게 판을
벌이고 연락(宴樂)하고 술을 마시거나, 혹은 말을 세차게 몰아 달리고
사냥하며 <그때> 뒤따르는 수레가 천 대가 된다. <그러나 설사> 내가
뜻을 얻고 <자리에 올라도> 그런 짓은 하지 않을 것이다. 그들의 무식
하고 천박한 짓을 나는 하지 않는다. 내가 마음속에 품고 하고자 하는
바는 모두 옛날 성현들이 제정한 바른 제도이다. 그러니 내가 왜 그들
을 두렵게 여기겠는가.」

▶ **어구 설명**

· 說大人(세대인) : 대인(大人)에게 유세할 때는. 여기서 「대인」은 「권력을
  잡고 부귀를 누리는 임금」의 뜻.
· 則藐之(즉막지) : 곧 경시하라. 「藐(무시할 막, 작을 묘)」
· 巍巍(외외) : 부귀를 높이 내세운 모양. 「巍(높을 외)」
· 堂高數仞(당고수인) : 임금이나 고관들의 집의 높이가 여러 길이 된다.
  「仞(길 인)」
· 榱題數尺(최제수척) : 처마 밑 앞으로 뻗은 서까래의 길이가 여러 자가
  된다. 「榱(서까래 최), 題(앞머리 제)」
· 食前方丈(식전방장) : 진수성찬을 사방 열 자가 되는 상에 차려놓다.
· 侍(시) : 「거느리다」로 풀 수도 있다.
· 般樂(반락) : 크게 잔치를 벌여놓고 연락(宴樂)한다는 뜻.
· 驅騁田獵(구빙전렵) : 말을 몰아 달리고 사냥한다. 「驅(몰 구), 騁(달릴
  빙)」
· 在彼者(재피자) : 그들에게 있는 것. 즉 마음속에 품고 하는 행동.

·在我者(재아자) : 내가 마음에 품고 행하고자 하는 바는.

[集註 選譯] (1) 楊氏曰 孟子此章 以己之長 方人之短 猶有此等氣象 在孔子則無此矣. : 양씨(楊氏)가 말했다. 「맹자가 말한 이 장은 곧 자기의 장점을 내세우고, 그들의 단점을 바로잡고자 한 것이다. <맹자이므로> 이와 같은 기상이 있지, 공자에게 어찌 이런 세찬 기상이 있었겠는가.」

孟子曰 養心莫善於寡欲 其爲人也寡欲 雖有不存焉者寡矣 其爲人也多欲 雖有存焉者寡矣.

맹자(이) 왈 양심(이) 막선어과욕(하니) 기위인야(이) 과욕(이면) 수유부존언자(이라도) 과의(오) 기위인야(이) 다욕(이면) 수유존언자(이라도) 과의(니라)

맹자가 말했다. 「마음을 키우는 데는 과욕(寡欲)보다 더 좋은 것이 없다. 사람됨이 과욕하면 마음속에 <성리(性理)를> 가지지 않은 바가 적다. <반대로> 사람됨이 욕심이 많은 사람이면 마음속에 성리가 적게 마련이다.」

[集註 選譯] (1) 欲如口鼻耳目四支之欲 雖人之所不能無 然多而不節 未有不失其本心者 學者所當深戒也. : 「욕(欲)은 구비이목(口鼻耳目) 및 사지(四肢)의 욕구를 말한다.」 「<욕구는> 비록 사람에게는 없을 수 없다. 그러나 많이 넘치고 절제하지 않으면, 본심의 성리(性理)를 잃지 않을 수 없게 된다. 고로 학자는 마땅히 깊이 경계해야 한다.」

(2) 程子曰 所欲 不必沈溺 只有所向 便是欲. : 정자(程子)가 말했다. 「욕구는 반드시 빠져드는 것만이 아니다. 그렇게 하겠다고 지향하는 것도 바로 욕구이다.」

> 曾晳嗜羊棗 而曾子不忍食羊棗 公孫丑 問曰 膾炙
> 與羊棗孰美 孟子曰 膾炙哉 公孫丑曰 然則曾子何
> 爲食膾炙 而不食羊棗 曰 膾炙所同也 羊棗所獨也
> 諱名不諱姓 姓所同也 名所獨也.

증석(이) 기양조(러니) 이증자불인식양조(하시니라) 공손추(이) 문왈 회자여
양조(이) 숙미(니이꼬) 맹자(이) 왈 회자재(인저) 공손추(이) 왈 연즉증자(는)
하위식회자 이불식양조(이시니이꼬) 왈 회자(는) 소동야(이오) 양조(는) 소독
야(이니) 휘명불휘성(하나니) 성(은) 소동야(이오) 명(은) 소독야(일새니라)

증석(曾晳)은 <생전에> 양조(羊棗)를 좋아했다. 그의 아들 증자(曾子)
는 <돌아가신 아버지를 생각하고> 양조를 차마 먹지 못했다. 공손추
가 맹자에게 물었다.「회나 불고기와 양조는 어느 것이 더 맛이 좋습니
까.」맹자가「회나 불고기가 맛이 더 있다.」라고 말하자, 공손추가 또
물었다.「그렇다면 증자는 <맛이 좋은> 회나 불고기를 먹으면서 <그
만 못한> 양조는 왜 안 먹었습니까.」맹자가 답해서 말했다.「회나
불고기는 다른 사람도 같이 먹는 음식이지만 양조는 <아버지> 혼자
좋아서 먹은 음식이다. <이는 마치> 자기 아버지의 이름 부르기를
휘(諱)하고, 성은 휘하지 않음과 같다. 성은 <한 집안이> 공동으로
쓰지만 이름은 혼자만 쓰는 것이다.」

▶ 어구 설명
· 曾晳(증석) : 공자의 제자. 증자의 아버지.
· 羊棗(양조) : 고욤. 대추의 일종으로 열매가 작으며 검고 둥그렇다. 양시조
(羊矢棗)라고도 한다.
· 而曾子不忍食羊棗(이증자불인식양조) : 그의 아들 증자는 <돌아가신 아버
지를> 생각하고 고욤을 차마 먹지 못했다.
· 膾炙(회자) : 고기를 잘게 자른 것이 회(膾). 고기를 구운 것이 자(炙)다.

「膾(회 회), 炙(불고기 자, 적)」

·諱名不諱姓(휘명불휘성) : 자식은 아버지의 이름은 휘하지만 성은 휘하지
않는다. 「諱(꺼릴 휘)」

---

萬章問曰 孔子在陳曰 盍歸乎來 吾黨之士狂簡進取
不忘其初 孔子在陳 何思魯之狂士 孟子曰 孔子不
得中道 而與之 必也狂獧乎 狂者進取 獧者有所不
爲也 孔子豈不欲中道哉 不可必得 故思其次也.

---

만장(이) 문왈 공자(이) 재진(하샤) 왈 합귀호래(리오) 오당지사(이) 광간(하
야) 진취(하대) 불망기초(이라하시니) 공자(이) 재진(하샤) 하사로지광사(이
시니이꼬) 맹자(이) 왈 공자(이) 부득중도이여지(인댄) 필야광견호(인저) 광자
(는) 진취(오) 견자(는) 유소불위야(이라하시니) 공자 기불욕중도재(시리오마
는) 불가필득 고(로) 사기차야(이시니라)

만장이 맹자에게 물었다. 「공자가 진나라에 계실 때 『어찌 안 돌아가겠
는가. 우리 향당(鄕黨)의 선비들은 기개가 높고 행동이 대범하고 진취
적이며 당초의 뜻을 잊지 않는다.』라고 말하셨습니다. 왜 공자께서 진
나라에 계시면서 노나라의 기개가 높은 선비들 생각을 하셨을까요.」
맹자가 말했다. 「공자께서 도에 맞게 하는 사람과 함께 하지 못할 바에
는 반드시 광견(狂獧)한 사람과 <함께하려고 했다.> 광자(狂者)는 진
취적이고, 견자(獧者)는 <그릇된 일은> 하지 않는다. 공자가 어찌 도
에 맞게 행하는 사람을 원치 않았겠는가. <그러나> 얻을 수 없으니
그 다음가는 사람을 생각한 것이다.」

▶ 어구 설명

·孔子在陳(공자재진) : 공자가 진(陳)나라에서 심하게 고생했을 때.

·盍(합) : 하불(何不).

- 吾黨之士(오당지사) : <노나라에 있는> 우리 향당(鄕黨)의 선비나 젊은이.「향당」은「고향 마을에 사는 무리.」
- 狂簡(광간) :「광(狂)」은「기개(氣槪)가 높고 크고 억세다.」「간(簡)」은「행동이 대범하지만 단순하고 신중하지 못하다.」
- 進取(진취) : 구하고 바라는 바가 높고 원대하다는 뜻.
- 不忘其初(불망기초) : 근본이나 초지(初志)를 잊지 않는다.
- 有所不爲(유소불위) : 부끄러워할 줄 알고 스스로 좋아하는 바가 있어, 불선(不善)을 하지 않는다는 뜻.

## 【참고 보충】「사기(史記)와 논어의 기록」

사마천의「사기 공자세가(孔子世家)」에 다음같이 있다.「공자가 진나라에 3년 간 있었으나, 늘 피해만 당했다. 이에 공자는『돌아가자, 돌아가자. 우리 고향의 젊은이들은 광간(狂簡)하고, 진취적이고, 초지(初志)를 잊지 않는다.』고 말하고, 진나라를 떠났다.(孔子居陳三歲 陳常被寇 孔子曰 歸與歸與 吾黨之小子 狂簡進取 不忘其初 於是孔子去陳)」

논어 위령공(衛靈公) 제1장에 다음같이 있다.「진나라에 있을 때 늘 양식이 떨어졌으며, 제자들이 병들어 일어나지 못했다. 자로가 성을 내고,『군자도 역시 궁핍해야 합니까.』하자 공자가 말했다.『군자는 당연히 궁핍하다. 소인은 궁핍하면 문란하게 된다.(在陳絶糧 從者病莫能興 子路慍見曰 君子亦有窮乎 子曰 君子固窮 小人窮斯濫矣)』」

敢問何如 斯可謂狂矣 曰 如琴張曾晳牧皮者 孔子
之所謂狂矣 何以謂之狂也 曰 其志嘐嘐然 曰 古之
人 古之人 夷考其行而不掩焉者也 狂者 又不可得
欲得不屑不潔之士而與之 是獧也 是又其次也.

감문 하여(이라야) 사가위광의(니이꼬) 왈 여금장 증석 목피자(이) 공자지소위 광의(니라) 하이위지광야(이니이꼬) 왈 기지(이) 효효연 왈 고지인 고지인(아 여호대) 이고기행 이불엄언자야(이니라) 광자(는) 우불가득(이어든) 욕득불설 불결지사이여지(하시니) 시(이) 견야(이니) 시(이) 우기차야(이니라)

만장 : 「감히 묻겠습니다. 어떠한 사람을 광(狂)이라 합니까.」 맹자 : 「금장(琴張)·증석(曾晳)·목피(牧皮) 같은 사람이 공자가 말하는 바 광(狂)에 해당한다.」 만장 : 「어떻게 하는 것을 광(狂)이라 합니까.」 맹자가 말했다. 「그들은 뜻이나 말이 지나치게 크고 과장되며, 늘『옛날의 성인이여! 옛날의 성인이여!』하고 외쳤다. <그러나> 평소에 그들이 하는 행동을 살펴보면 <말이나 뜻에> 어울리지 않는 사람들이다. 그와 같은 광자(狂者)도 같이 어울리지 못할 바에는 더러운 짓을 하지 않는 사람이라도 얻어 사귀고자 할 것이다. 이와 같은 태도가 곧 견(獧)이다. 이들 견자(獧者)는 광자 다음가는 사람이다.」

## ▶ 어구 설명

· 琴張 曾晳 牧皮(금장 증석 목피) : 금장(琴張)은 공자의 제자로 이름이 뇌(牢), 자가 자장(子張)이다. 그는 친구 종로(宗魯)가 죽었다는 소식을 듣고 도둑이 날뛰는 위험을 무릅쓰고 달려가 조문했다. 자상호(子桑戶)가 죽자, 금장이 문상(問喪) 가서 노래했다고 하는 기록이 장자(莊子) 대종사편(大宗師篇)에 보인다. 꼭 그렇지는 않겠지만 근사한 일은 있었을 것이다. 증석(曾晳)은 증자(曾子)의 아버지. 계무자(季武子)가 죽자, 증석이 그 집 문에 기대고 노래를 불렀다는 기록이 예기(禮記) 단궁편(檀弓篇)에 보인다. 목피(牧皮)는 공자의 제자라고 전한다. 자세한 것은 알 수 없다.

· 嘐嘐(효효) : 그 뜻이 크고 하는 말이 과장되다. 「嘐(큰소리 효)」

· 夷考其行(이고기행) : 평소 하는 행동을 살펴보면. 「이(夷)」는 평소, 일상(日常).

· 不掩焉者也(불엄언자야) : 행동이 말과 같지 않다. 엄(掩)은 복(覆)과 같다. 즉 행동이 말을 덮어 가리지 못한다.

· 欲得不屑不潔之士而與之(욕득불설불결지사이여지) : 「불설불결지사(不

屑不潔之士)」를 「얻어서 함께 어울리고자 한다.(欲得而與之)」. 「불결(不潔)은 결백하지 않은 것.」 「불설(不屑)은 좋게 여기지 않는다.」 즉 「불결한 것을 좋게 여기지 않는 선비」.

[集註 選譯] (1) 程子曰 曾晳言志 而夫子與之 蓋與聖人之志同 便是堯舜氣象也 特行有不掩焉耳 此所謂狂也. : 정자(程子)가 말했다. 「증석이 뜻을 말하자 공자가 찬성했다.」<* 논어 선진편 25장>「대개 성인의 뜻은 같다. 이것이 바로 요순(堯舜)의 기상이다. 다만 행실이 <높은 기상을> 덮지 못할 뿐이다. 이것이 이른바, 광(狂)이다.」

(2) 此因上文所引 遂解所以思得獧者之意 狂有志者也 獧有守者也 有志者能進於道 有守者不失其身. : 「이는 앞의 글을 인용한 것으로, 결국 견자(獧者)를 얻으려고 생각한 이유를 해석한 것이다.」「광(狂)은 뜻이 있는 사람이다. 견(獧)은 지키는 바가 있는 사람이다. 뜻이 있는 사람은 도를 발전해 나갈 수 있고, 지키는 바가 있는 사람은 자기 몸을 잃지 않는다.」

---

孔子曰 過我門而不入我室 我不憾焉者 其惟鄉原乎
鄉原德之賊也 曰 何如 斯可謂之鄉原矣 曰 何以是
嘐嘐也 言不顧行 行不顧言 則曰 古之人 古之人 行
何爲踽踽涼涼 生斯世也 爲斯世也 善斯可矣 閹然
媚於世也者 是鄉原也.

---

공자(이) 왈 과아문이불입아실(이라도) 아불감언자(는) 기유향원호(인져) 향원(은) 덕지적야(이라하시니) 왈 하여(이면) 사가위지향원의(니이꼬) 왈 하이시효효야(하야) 언불고행(하며) 행불고언(이오) 즉왈 고지인 고지인(이여하며) 행하위우우량량(이리오) 생사세야(이라) 위사세야(하야) 선사가의(라하야) 엄연미어세야자(이) 시향원야(이니라)

만장 : 「공자가 『내 집 문을 지나면서, 내 방에 들어가지 않아도 유감으로 여기지 않는 사람은 오직 향원(鄕原)이다』라고 말하시고『향원은 덕(德)을 해치는 사람이다』라고 하셨습니다. 어떻게 하는 사람을 가히 향원이라 말할 수 있습니까.」 맹자가 대답해서 말했다. 「<향원은 광자(狂者)를 보고 다음같이 욕한다.>『왜 저렇게 뜻만 높고 큰소리만 하느냐. 말이 행동에 맞지 않고, 행동이 말을 돌아보지 않는다. 그러면서 항상 '옛날 성인이여, 옛날 성인이여'하고 외치기만 한다.』<또 향원은 견자(獧者)를 다음같이 욕한다.>『왜 외따로 고독하게 차갑게 행동하느냐. 이 세상에 태어났으니, 이 세상 사람들과 어울려 사는 것이 좋을 것이다.』그러면서 그들은 음흉하고 남모르게 속세에 아첨한다. 그런 자가 바로 향원이다.」

▶ 어구 설명
· 原(원) : 원(愿)과 같다.
· 何以是嘐嘐也(하이시효효야) : <광자 그들은> 왜 저렇게 뜻이 높고 큰소리만 치느냐. 「嘐(큰소리 효)」
· 踽踽涼涼(우우량량) : 「우우(踽踽)는 홀로 행동하고 앞으로 전진하지 않는 태도다.」「양량(涼涼)은 박정(薄情)하고 남에게 친후(親厚)하게 대하지 못하는 사람이다.」
· 閹然(엄연) : 내시가 임금에게 아첨하듯. 엄(閹)은 엄인(奄人)의 엄(奄)과 같이 폐장(閉藏)되었다는 뜻이다.<＊ 맹자가 비판한 향원은 사이비(似而非)의 점잖은 사람, 겉으로 점잖은 척하지만, 속세의 권력에 아첨하는 음흉한 사람이다.>

[集註 選譯] (1) 孔子以其似德而非德 故以爲德之賊 過門不入而不恨之 以其不見親就 爲幸深惡而痛絶之也. : 「공자는 <향원이 표면적으로는> 덕이 있는 사람 같으나, 실은 덕을 갖춘 사람이 아니므로, '덕의 적(德之賊)'이라고 생각했던 것이다.」「문앞을 지나면서 들어가지 않아도 한스럽게 여기지 않았다는 뜻은 <향원에게 친근하게 접하지 않은 것을>

다행스럽게 생각했다는 뜻이며, 이는 곧 향원을 깊이 미워하고 심하게 배척했다는 뜻이기도 하다.」

(2) 孟子言 此深自閉藏 以求親媚於世 是鄉原之行也. : 맹자는 다음 같은 뜻을 말한 것이다. 「그와 같이 자신을 숨기고 세상의 환심을 사려고 하는 자가 향원의 수작이다.」

> 萬章曰 一鄉皆稱原人焉 無所往而不爲原人 孔子以爲德之賊 何哉 曰 非之無擧也 刺之無刺也 同乎流俗 合乎汙世 居之似忠信 行之似廉潔 衆皆悅之 自以爲是而不可與入堯舜之道 故曰德之賊也.

만장(이) 왈 일향(이) 개칭원인언(이면) 무소왕이불위원인(이어늘) 공자(이) 이위덕지적(은) 하재(이꼬) 왈 비지무거야(이오) 자지무자야(하야) 동호류속(하며) 합호오세(하야) 거지사충신(하며) 행지사렴결(하야) 중개열지(어든) 자이위시 이불가여입요순지도(이니) 고(로) 왈 덕지적야(이라하시니라)

만장이 물었다. 「한 마을에서 모든 사람이 근실한 사람이라고 칭찬하면 어디에 가도 근실할 것입니다. 그런데 공자께서 '덕을 해치는 자(德之賊)'라고 평하신 까닭은 어째서입니까.」 맹자가 말했다. 「원인(原人)은 비난을 하려고 해도 드러내놓을 잘못이 없다. 찌르고 공격하려고 해도 찌르고 공격할 것이 없다. <그들은> 유속(流俗)과 하나가 되고, 오염된 세상과 합치고 사이비(似而非) 충신(忠信)에 몸을 담고 사이비 청렴을 행한다. <그러므로> 대중들이 좋아하고, 또 자신도 옳다고 생각하고 있다. 그러나 <그들과 더불어> 요순(堯舜)의 도리를 펴는 덕의 경지에 들어갈 수가 없다. 그래서 그들을 덕을 해치는 자들이라고 말한 것이다.」

▶ 어구 설명

· 原人(원인) : 원인(愿人). 즉 근엄(謹嚴)하고 성실한 사람, 점잖고 의젓한 사람.
· 同乎流俗 合乎汙世(동호류속 합호오세) : 유속(流俗)은 풍속이 퇴폐(頹廢) 했다는 뜻. 물이 아래로 흐르듯이 대중이 다 퇴폐하고 타락했다는 뜻이다. 「오(汙)」는 탁하고 흐리다의 뜻으로 오(汚)와 같다.
· 似(사) : 사이비(似而非).

[集註 選譯] (1) 呂侍講曰 言此等之人 欲非之則無可擧 欲刺之則無可 刺也. : 여시강(呂侍講)이 말했다. 「이 같은 사람들은 비난하려고 해도 드러낼 것이 없고, 찌르고 공격하려고 해도 찌를 곳이 없다.」

孔子曰 惡似而非者 惡莠恐其亂苗也 惡佞恐其亂義也 惡利口恐其亂信也 惡鄭聲恐其亂樂也 惡紫恐其亂朱也 惡鄉原恐其亂德也 君子反經而已矣 經正則庶民興 庶民興 斯無邪慝矣.

공자(이) 왈 오사이비자(하노니) 오유(는) 공기란묘야(이오) 오녕(은) 공기란의야(이오) 오리구(는) 공기란신야(이오) 오정성(은) 공기란악야(이오) 오자(는) 공기란주야(이오) 오향원(은) 공기란덕야(이라하시니라) 군자(이) 반경이이의(니) 경정 즉서민(이) 흥(하고) 서민(이) 흥(이면) 사무사특의(리라)

「공자께서 말하셨다. 비슷하면서 아닌 것을 미워한다. 강아지풀[莠]을 미워하는 것은 곡식의 싹을 어지럽힐까 두려워서이다. 아첨하는 자를 미워하는 것은 의(義)를 흐리게 할까 두려워서이다. 입빠른 자를 미워하는 것은 신(信)을 흐리게 할까 두려워서이다. 정(鄭)나라의 음악을 미워하는 것은 <음란하고 쓸데없이 많은 소리로> 정도(正道)의 음악을 혼란케 할까 두려워서이다. 자색(紫色)을 미워하는 것은 <원색인>

주색(朱色)을 혼란케 할까 두려워서이다. 향원(鄕原)을 미워하는 것은 덕(德)을 혼란케 하는 것을 두려워서이다. 군자는 바른 도리에 되돌아 온다. <군자가> 항상 바른 도리를 따르고 지키므로, 서민들도 도덕적 으로 홍성하게 되고, 서민들이 도덕적으로 홍성하게 되면, <상하가 모두> 사특(邪慝)한 짓을 하지 않게 된다.」

## ▶ 어구 설명

· 惡似而非者(오사이비자) : 비슷하면서 아닌 것을 미워한다.
· 莠(유) : 「莠(강아지풀 유)」
· 佞(영) : 영악한 사람을 일컫는다.
· 鄭聲(정성) : 정(鄭)나라의 음악. 음탕하고 복잡하게 군소리가 많은 음악이다.
· 惡紫 恐其亂朱也(오자 공기란주야) : 중간색 자색(紫色)을 미워하는 것은 <원색인> 주색(朱色)을 혼란케 할까 두려워서이다.
· 君子反經而已矣(군자반경이이의) : 군자는 언제나, 바른 도리에 되돌아온 다. 「반(反)은 되돌아온다는 뜻.」 「경(經)은 불변의 바른 도리의 뜻.」
· 興(흥) : 선도(善道)를 홍기(興起)한다는 뜻.
· 邪慝(사특) : 향원(鄕原)같이 간사(奸邪)하고 악한 짓거리를 말한다.

[集註 選譯] (1) 世衰道微 大經不正 故人人得爲異說 以濟其私 而邪慝 幷起 不可勝正 君子於此 亦復其常道而已 常道旣復 則民興於善 而是非 明白 無所回互 雖有邪慝 不足以惑之矣. : 「세상이 쇠퇴하고 도리가 미 약해지고, 대경(大經)이 바르지 않게 된다. 고로 사람들이 저마다 이설 (異說)을 내세우고, 자신의 이익을 얻으려고 한다. 그래서 사특한 짓거 리가 성행하고 바로잡을 수 없게 된다.」 「이에 군자가 다시 상도(常道) 를 복귀하고, 백성들에게 선(善)을 진작케 하는 것이다. <이는 원칙적으 로> 시비가 명백하고, 서로 바꿀 수 없다. <그러므로> 비록 <향원들의> 사특이 있어도, 미혹될 수 없는 것이다.」

(2) 尹氏曰 君子取 夫狂猥者 蓋以狂者 志大而可與進道 猥者 有所不爲

而可與有爲也 所惡於鄕原 而欲痛絕之者 爲其似是而非 惑人之深也 絕之之術 無他焉 亦曰反經而已矣. : 윤씨(尹氏)가 말했다. 「군자가 광견자(狂獧者)에게 취할 것은 <다음과 같다.> 광자(狂者)에게는 뜻이 크고 함께 도를 밀고 나갈 수 있다는 점이다. 견자(獧者)에게는 <나쁜 일을> 하지 않으므로, <좋은 일을> 함께할 수 있다는 점이다.」「향원을 미워하고 절대로 단절하려고 한 까닭은 그가 사이비(似而非)의 <위선자로> 사람들을 심하게 미혹하게 하기 때문이다. 단절하는 방법은 다름이 아니다. 역시 <자기가> 불변의 대도로 되돌아가는 것뿐이다.」

孟子曰 由堯舜至於湯 五百有餘歲 若禹皋陶則見而知之 若湯則聞而知之 由湯至於文王 五百有餘歲 若伊尹萊朱則見而知之 若文王則聞而知之 由文王至於孔子 五百有餘歲 若太公望散宜生則見而知之 若孔子則聞而知之 由孔子而來 至於今 百有餘歲 去聖人之世 若此其未遠也 近聖人之居 若此其甚也 然而無有乎爾 則亦無有乎爾.

맹자(이) 왈 유요순지어탕(이) 오백유여세(니) 약우고요즉견이지지(하시고) 약탕즉문이지지(하시니라) 유탕지어문왕(이) 오백유여세(니) 약이윤래주즉견이지지(하고) 약문왕즉문이지지(하시니라) 유문왕지어공자(이) 오백유여세(니) 약태공망산의생즉견이지지(하고) 약공자즉문이지지(하시니라) 유공자이래(로) 지어금(이) 백유여세(니) 거성인지세(이) 약차기미원야(이며) 근성인지거(이) 약차기심야(이로대) 연이무유호이(하니) 즉역무유호이(로다)

맹자가 말했다. 「요임금·순임금으로부터 탕왕에 이르기까지, 5백년이 되었다. 우왕이나 고요는 직접 <요순의 도를> 보고 알았으나 탕왕은 듣거나 배워서 알았던 것이다. 은나라 탕왕에서 주나라 문왕에 이르기까지 약 5백년 전후였다. 이윤이나 내주는 바로 탕왕의 도리를 직접 보고 알았다. 그러나 주나라 문왕은 듣고 배워서 알았던 것이다. 문왕부터 공자에 이르기까지 5백년 전후가 되었다. <문왕을 보좌했던> 태공망이나 산의생 같은 분은 <문왕의 도리를> 직접 보고 알았다. 그러나 공자는 듣거나 배우고 알 수 있었던 것이다. 공자로부터 오늘에 이르기까지, 백여 년밖에 안 되고, 성인 공자가 사시던 때로부터 이와 같이 <시간적으로> 멀지 않으며, 또 성인 공자가 사시던 곳과 <지리적으로도> 매우 가깝다. 그러면서 오늘의 사람들이 <도가 이루어지는 것을> 눈으로 보지 못할까 두렵고, 또 도를 듣고 배우고 알지 못할까 두렵구나.」

▶ 어구 설명

· 伊尹萊朱(이윤래주) : 이윤은 우상(右相), 내주는 좌상(左相)으로 탕왕을 도왔다. 내주(萊朱)는 중훼(仲虺)라고도 한다.

· 知(지) : 그 도리를 안다는 뜻이다.

· 太公望散宜生(태공망산의생) : 태공망은 곧 여상(呂尙), 산의생은 문왕의 현신(賢臣). 산(散)은 성(氏), 의생(宜生)이 이름이다.

· 則亦無有乎爾(즉역무유호이) : 또 도를 듣고 배우고 알지 못할까 두렵구나.

[集註 選譯] (1) 趙氏曰 五百歲而聖人出 天道之常 然亦有遲速 不能正五百年 故言有餘也. : 조씨(趙氏)가 말했다. 「5백년 만에 성인이 출현하는 것이 천도(天道)의 정해진 법이다. 그러나 다소 늦거나 빠를 수 있으므로 정확히 5백년이라고 말할 수 없다. 고로 유여(有餘)라고 말한 것이다.」

(2) 子貢曰 文武之道 未墜於地 在人 賢者識其大者 不賢者識其小者 莫不有文武之道焉 夫子焉不學 此所謂聞而知之也. : 자공(子貢)이 말했다. 「문왕과 무왕의 도리는 아직도 땅에 떨어지지 않고 사람 <마음속에 살아> 있다. 현자(賢者)는 큰 도리를 알고, 불현자(不賢者)는 작은 도리

를 안다. <모든 사람은> 문왕·무왕의 도리를 속에 다 지니고 있다. <그러니> 공자께서 어찌 배우지 않았겠느냐.」「이를 이른바 문이지지 (聞而知之)라고 한다.」

(3) 林氏曰 孟子言孔子至今時未遠 鄒魯相去又近 然而已無有見而知之 者矣 則五百餘歲之後 又豈復有聞而知之者乎. : 임씨(林氏)가 말했다. 「맹자가『공자 때부터 오늘에 이르기까지, 시간적으로도 멀지 않고, 또 <맹자의 고향> 추(鄒)와 <공자의 고향> 노(魯)는 지리상으로도 가깝 다. 그런데 <성인 공자를> 보고 <공자의 학문과 사상을> 아는 사람이 없으니, <앞으로 다시> 5백년 후면, 어찌 다시 듣고 배우고 알 사람이 있겠는가.』하고 말한 것이다.」

(4) 愚按 此言 雖若不敢自謂已得其傳 而憂後世遂失其傳 然乃所以自見 其有不得辭者 而又以見夫天理民彝不可泯滅 百世之下 必將有神會而心 得之者耳 故於篇終 歷序群聖之統 而終之以此 所以明其傳之有在 而又 以俟後聖於無窮也 其指深哉. : 나, 주자는 생각한다. 「맹자의 말은 감히 자신이 전할 수 있다고 말하지 못하고, 다만 후세에는 그와 같은 전통이 상실될까 우려한다고 했다. 그러면서 자기로서도 <성인의 도를 전하는 일을> 그만둘 수 없다는 뜻과 아울러 원래 천리민이(天理民彝)는 민멸 (泯滅)할 수 없는 바, 백세 후에는 반드시 신령(神靈)을 만나 마음으로 터득할 사람이 있을 것이라는 뜻을 내비친 것이다.」「고로 이 편의 끝에 서 모든 성인이 이어온 도통을 역사적으로 서술하고, 이 장의 글을 가지 고 끝을 맺었다. <그것으로써> 도통이 전승되고, 또 무궁하게 성현(聖 賢)을 기다려야 하는 까닭을 밝힌 것이다.」「그 취지가 깊다고 하겠다.」

(5) 有宋元豐八年 河南程顥伯淳卒 潞公文彦博 題其墓曰 明道先生 而其 弟頤正叔 序之曰 周公歿 聖人之道不行 孟軻死 聖人之學不傳 道不行 百 世無善治 學不傳 千載無眞儒 無善治 士猶得以明夫善治之道 以淑諸人 以傳諸後 無眞儒 則天下貿貿焉莫知所之 人欲肆而天理滅矣 先生 生乎

千四百年之後 得不傳之學於遺經 以興起斯文 爲己任 辨異端 闢邪說 使
聖人之道 渙然復明於世 蓋自孟子之後一人而已 然學者於道 不知所向
則孰知斯人之爲功 不知所至 則孰知斯名之稱情也哉. : 송(宋) 원풍(元
豊) 8년(1085년)에 하남(河南)의 정호(程顥 : 자는 伯淳)가 사망했다.
노공(潞公) 문언박(文彦博)이 묘비에 '명도선생(明道先生)'이라고 제
(題)했다. 그리고 그의 동생 이(頤 : 자는 正叔)가 <다음같이> 글을
썼다. 「주공(周公)이 작고한 다음 성인의 도가 행해지지 않았다. 맹가
(孟軻)가 죽은 다음 성인의 학문이 전하지 않았다. 도가 행해지지 않으
므로 백세에 걸쳐 선치(善治)가 없었고, 학문이 전하지 않아서 천재(千
載)에 걸쳐 진유(眞儒)가 없었다.」「<허나 비록> 선치는 없어도 선비는
역시 선치의 도를 밝혀 많은 사람들을 따르게 하고, 후세에 전하게 했다.」
「<그러나> 진유가 없으면 천하의 모든 사람들이 우매하게 되고, 갈 곳을
알지 못하고, 인간적 욕심을 멋대로 부린다. 그래서 천리가 소멸되는
것이다.」

「정호 선생은 맹자보다 1400년 후에 출생하셨으며, 전해지지 않았던
전통을 유경(遺經 : 남아있는 경서, 즉 六經)을 연구하여 바른 도리를
전하는 글의 흥기(興起)를 자기 소임으로 여기고, 이단(異端)을 분별하
고 사설(邪說)을 배척하고 성인의 도를 찬연하게 세상에 밝혔다.」「무
릇 맹자 이후에 선생이 유일한 분이니라. 그러나 학자가 도(道)에 있어
나아갈 바를 알지 못하면, 이분의 공을 누가 알겠으며, 또 도달할 곳을
알지 못하면, 누가 그의 명성이 실정에 맞는 것을 알겠는가.」

# 찾아보기

ㅁ

## ㅂ

## ㅈ

## 맹자의 명언 명구

초판 인쇄 – 2013년 6월 15일
초판 발행 – 2013년 6월 20일

編 著 – 張 基 槿
발행인 – 金 東 求
발행처 – 명 문 당(창립 1923년 10월 1일)
　　　　서울특별시 종로구 안국동 17-8
　　　　우체국 010579-01-000682
　　　　전 화 (02) 733-3039, 734-4798
　　　　FAX (02) 734-9209
　　　　Homepage www.myunmundang.net
　　　　E-mail mmdbook1@kornet.net
　　　　등록 1977.11.19. 제1-148호

■